~~Bb 250/24,3,1~~

D1935914

Ausgeschieden aus dem Bestand der
Johann Wolfgang Goethe-Universität

Hist. Seminar
Universität
Frankfurt a. M.

FRANCIA

Forschungen zur westeuropäischen Geschichte

deutsches
historisches
institut
historique
allemand

paris

~~Bc 250/24,3~~

Hist. Seminar
Universität
Frankfurt a. M.

FRANCIA

Forschungen zur westeuropäischen Geschichte

Herausgegeben vom
Deutschen Historischen Institut Paris
(Institut Historique Allemand)

Band 24/3 (1997)
19./20. Jahrhundert – Histoire contemporaine

Jan Thorbecke Verlag Sigmaringen

1998

OZINA 3995-24,3(1997)

Die Deutsche Bibliothek – CIP-Einheitsaufnahme

[Francia / 03]
Francia: Forschungen zur westeuropäischen Geschichte / hrsg. vom Dt. Histor. Inst. Paris. 3, Zeitgeschichte = Epoque contemporaine. – Sigmaringen: Thorbecke. 1998
Erscheint jährl. – Aufnahme nach Bd. 22. 1995
Hervorgegangen aus: Francia
Bd. 24. 1997

98/385

ISSN 0937-7751. ISBN 3-7995-7250-3

Francia – Forschungen zur westeuropäischen Geschichte
Herausgeber: Prof. Dr. Werner Paravicini.
Redaktion: Dr. Martin Heinzelmann (Mittelalter), Prof. Dr. Jürgen Voss (Frühe Neuzeit, 16.–18. Jh.), Dr. Stefan Martens (Zeitgeschichte, 19./20. Jh.)
Anschrift: Deutsches Historisches Institut (Institut Historique Allemand) Hôtel Duret de Chevry, 8, rue du Parc Royal, F-75003 Paris

Aufsatzmanuskripte bitte an den Herausgeber adressieren, Zusendungen, die den Rezensionsteil betreffen, jeweils an den Redakteur des betreffenden Teilbandes (Mittelalter, Frühe Neuzeit, Zeitgeschichte).
Francia erscheint dreimal jährlich, im Umfang von jeweils ca. 320 Seiten. Teilbände im Abonnement je DM 58.–, Einzelpreis je 68.– DM. Abonnement aller drei Teilbände: 148.– DM. Die Autoren erhalten kostenlos von den Aufsätzen 40 Sonderdrucke, von den Besprechungen 5 Belege. Bis zu 40 weitere Sonderdrucke der Aufsätze liefert der Verlag zum Selbstkostenpreis, wenn die Bestellung spätestens mit der Rücksendung der Fahnenkorrektur erfolgt.
Herausgeber und Redaktion übernehmen keine Verantwortung für den Inhalt der Artikel und Rezensionen.

Prière d'adresser les manuscrits des articles au directeur de la revue, les envois destinés à la rubrique des comptes rendus, au rédacteur du volume respectif (Moyen Age, Epoque moderne, Epoque contemporaine).
Les auteurs recevront, à titre gratuit, 40 tirages à part de leurs articles, 5 épreuves de leurs comptes rendus. Sont livrés par les éditions des tirages à part supplémentaires, jusqu'à 40 exemplaires, des articles, au prix de revient si la commande en est effectuée, au plus tard, à l'occasion du renvoi des épreuves corrigées.
Les textes publiés n'engagent que leurs auteurs.

Dieses Buch ist aus säurefreiem Papier hergestellt und entspricht den Frankfurter Forderungen zur Verwendung alterungsbeständiger Papiere für die Buchherstellung.

Umschlagabbildung: Der allgemeine Weltfriede geschlossen im Jahre 1814: Den hohen Verbündeten Mächten bringt der Genius den von den Völkern so lange ersehnten Oelzweig. Frankreich, mit dem Lilienmantel umgethan, hebt seinen rechtmäßigen König wieder auf den Thron. Die feindlichen Krieger umarmen sich nun wie Brüder. Aber der Weltverwüster wird in den Abgrund geschleudert, und mit ihm der Adler samt dem Tiger, welche die deutsche Tapferkeit ferner zu bewachen wissen. Bildarchiv Preußischer Kulturbesitz, Berlin.

Umschlagentwurf: NeufferDesign, Freiburg i. Br.
Instituts-Logo: Heinrich Paravicini, unter Verwendung eines Motivs am Hôtel Duret de Chevry

Verlagsadresse: Jan Thorbecke Verlag GmbH & Co., Karlstraße 10, D-72488 Sigmaringen

© 1998 by Jan Thorbecke Verlag GmbH & Co., Sigmaringen
Gesamtherstellung: M. Liehners Hofbuchdruckerei GmbH & Co. Verlagsanstalt, Sigmaringen
Printed in Germany

INHALTSVERZEICHNIS

AUFSÄTZE

ZUR FORSCHUNGSGESCHICHTE UND METHODENDISKUSSION

MISZELLEN

REZENSIONEN

(Les astérisques signalent les comptes rendus en langue française)

ANZEIGEN

Reiner Marcowitz

KONGRESSDIPLOMATIE 1815–1823: FRANKREICHS RÜCKKEHR IN DAS EUROPÄISCHE KONZERT

»Aufstieg und Fall der großen Mächte« gehören zu den interessantesten Themen der Geschichtsschreibung[1]. Dies gilt erst recht für den militärischen Zusammenbruch und den politischen *Wieder*aufstieg von Staaten. Hiervon zeugt nicht nur die deutsche, sondern auch die französische Historie z.B. der ersten Hälfte des 19. Jahrhunderts. Um sie – Frankreichs Kapitulation am Ende der Revolutions- bzw. Napoleonischen Kriege 1814 und die Wiederaufnahme des Landes in den Kreis der europäischen Großmächte – geht es im folgenden. Dabei soll zunächst das Ausmaß der französischen Niederlage erörtert, dann der besondere Charakter des anschließenden Friedensschlusses untersucht und schließlich der wiedergewonnene Status Frankreichs in der europäischen Pentarchie der Jahre 1818 bis 1823 dargelegt werden.

Die *Grande Révolution* von 1789 veränderte nicht nur grundlegend die politische Landschaft Frankreichs, sondern sehr bald auch die politische Landkarte Europas[2]. Der eigene Erfolg vermittelte den französischen Revolutionären ein »Sendungsbewußtsein«[3], das sie scheinbar berechtigte, ja verpflichtete, auch ihre Nachbarn mit den Idealen von *liberté, égalité, fraternité* zu beglücken. Diese »Mission« beflügelte die französischen Massenheere in den Revolutionskriegen seit 1792. Spätestens unter Napoleon I. entartete das französische Sendungsbewußtsein aber auch zum kaum verhüllten Expansionismus und Ausweis »aggressiver Ruhmsucht«[4]; hiergegen erhoben sich die unterdrückten Völker, und die übrigen Großmächte schmiedeten eine Allianz. Diese richtete sich nie gegen Frankreich allgemein, lange Zeit noch nicht einmal gegen Napoleon persönlich, sondern nur gegen dessen hegemoniale Hybris: Bis zum Frühjahr 1814 erschien selbst der französische Kaiser den Verbündeten noch als möglicher Partner einer neuen europäischen Friedensordnung, die Frankreichs Größe erhalten, seine Vorherrschaft indes beseitigen sollte. Erst seine Unbelehrbarkeit, die das Scheitern des Kongresses von Châtillon hinlänglich bewies, führte das durch den Vertrag von Chaumont begründete Bündnis Großbritanniens, Rußlands, Österreichs und Preußens im März 1814 faktisch in eine »Anti-

1 Paul W. Kennedy, Aufstieg und Fall der großen Mächte. Ökonomischer Wandel und militärischer Konflikt von 1500 bis 2000, Frankfurt/M. 1989.

2 Elisabeth Fehrenbach, Vom Ancien Régime zum Wiener Kongreß, München 1981 (Oldenbourg-Grundriß der Geschichte, 12) S. 38–50.

3 Karl Epting, Das französische Sendungsbewußtsein im 19. und 20. Jahrhundert, Heidelberg 1952.

4 Wolf-D. Gruner, Die deutsche Frage in Europa 1800–1990, München, Zürich 1993, S. 87.

Napoleon-Koalition« über[5]. Fortan mutete eine Einigung mit dem französischen Kaiser wegen dessen Bellizismus unmöglich an – sie hätte nur bedeutet: »éterniser la guerre«[6].

Mit der Abdankung Napoleons I. am 6.4.1814 war das primäre Kriegsziel der »Großen Allianz« erreicht. Die Sieger proklamierten sowohl den künftigen Ausschluß des Usurpators von der Macht als auch die politische und territoriale Integrität Frankreichs wie sein politisches Selbstbestimmungsrecht[7]. Im Hinblick auf die konkreten Bestimmungen des nun anstehenden Friedensvertrags gab es zunächst zwar erhebliche Meinungsunterschiede zwischen denen, die – wie die Staaten des ehemaligen »Heiligen Römischen Reichs Deutscher Nation« – eine mehrjährige französische Besatzung erlebt hatten, und jenen – dem Rest der Koalition –, für welche die Franzosen nur militärische Gegner gewesen waren. Doch letztlich verschloß sich kein Verbündeter der vor allem von den beiden leitenden Staatsmännern der Koalition – dem österreichischen Außenminister Clemens von Metternich und seinem britischen Kollegen Robert Stewart Viscount Castlereagh – propagierten Erkenntnis, daß eine dauerhafte Friedensordnung erforderte, der Großmacht Frankreich weiterhin »une des premières places dans le système européen«[8] einzuräumen. Vorbedingung hierfür war allerdings – darin stimmten die Siegermächte ebenfalls überein –, daß Frankreich sich nach innen und außen wieder stabilisierte, daß seine innenpolitische Befriedung mit außenpolitischer Friedfertigkeit einherging. Nach anfänglichem Zögern anerkannte die »Große Allianz«, daß eine Inthronisation Ludwigs XVIII. für beides die beste Gewähr bot[9]. Die äußerst gemäßigten Bestimmungen des Ersten Pariser Friedens vom 30.5.1814, der Frankreich die Grenzen von 1792 zusätzlich einiger päpstlicher Enklaven und deutscher Gebiete sowie die in ganz Europa geraubten Kunstschätze beließ, sollten daher auch die Restauration des Bourbonen festigen helfen[10]. Nicht ohne Grund vermochte der neue

5 Henry KISSINGER, Das Gleichgewicht der Großmächte. Metternich, Castlereagh und die Neuordnung Europas 1812–1822, ND Zürich 1986, S. 241–273. Eine formelle Absage an Verhandlungen mit Napoleon I. erfolgte allerdings erst nach dem Einzug der Alliierten in Paris, am 31.3.1814 (vgl. Pierre RAIN, L'Europe et la Restauration des Bourbons 1814–1818, Paris 1908, S. 77).

6 Proklamation König Friedrich Wilhelms III. vom 7.4.1815. Zit. n. Archives Parlementaires. De 1789 à 1860. Recueil Complet des Débats Législatifs & Politiques des Chambres Françaises. Deuxième série (1800 à 1860) (AP), T. XIV: Du 3 Décembre 1814 Au 9 Juillet 1815, Paris 1869, S. 442.

7 Vgl. die entsprechende Erklärung Zar Alexanders I. anläßlich seines Einzugs in Paris zusammen mit dem preußischen König Friedrich Wilhelm III. am 31.3.1814. In: AP, T. XII: Du 31 Mars 1814 Au 1er Octobre 1814, Paris 1868, S. 7.

8 Extrait du procès-verbal des conférences des puissances signataires du traité de Paris. Conférence du 12 juin 1815. Zit. n. AP, T. XIV (wie Anm. 6) S. 329. Vgl. Reiner POMMERIN, Das europäische Staatensystem zwischen Kooperation und Konfrontation 1739–1856. In: Helmut NEUHAUS (Hg.), Aufbruch aus dem Ancien Régime. Beiträge zur Geschichte des 18. Jahrhunderts, Köln, Weimar, Wien 1993, S. 79–99 (S. 95 ff.).

9 RAIN (wie Anm. 5) S. 12–37, 52–57 und 73–84; E. J. KNAPTON, Some aspects of the Bourbon Restoration of 1814. In: The Journal of Modern History 6 (1934) S. 405–424; Charles K. WEBSTER, The Foreign Policy of Castlereagh 1812–1815. Britain and the Reconstruction of Europe, ND London 1963, S. 233–252; Philip MANSEL, How Forgotten were the Bourbons in France between 1812 and 1814? In: European Studies Review 13 (1983) S. 13–38.

10 Der Vertrag ist abgedruckt in: Comte DE ANGEBERG (Hg.), Le congrès de Vienne et les traités de 1815. Précédé et suivi des actes diplomatiques qui s'y rattachent, Bd. 1, Paris 1863, S. 161–176.

französische König diesen »Friedensvertrag des Gleichgewichts«[11] in der Abgeordnetenkammer am 4.6.1814 als eine Konsolidierung französischer Kriegserfolge in Friedenszeiten zu stilisieren: »Le rang que la France a toujours occupé parmi les nations n'a été transféré à aucune autre et lui démeure sans partage. Tout ce que les autres Etats acquièrent de sécurité accroît également la sienne; et, par conséquent, ajoute à sa puissance véritable. Ce qu'elle ne conserve pas de ses conquêtes ne doit pas être regardé comme retranché de sa force réelle. La gloire des armées françaises n'a reçu aucune atteinte; les monuments de leur valeur subsistent, et les chefs-d'œuvre des arts nous appartiennent desormais par des droits plus stables et plus sacrés que ceux de la victoire«[12].

Den umfassenden Anspruch der siegreichen Koalition, die eben nicht nur auf eine Beendigung der Revolutionskriege abzielte, sondern auch auf die Schaffung eines neuen Europa, die Bildung eines funktionierenden europäischen Mächtesystems, das dem Kontinent nach gut zwei Jahrzehnten Kriegswirren endlich wieder eine andauernde Friedensperiode bescheren sollte, dokumentierte Artikel XXXII des Friedensvertrags vom 30.5.1814, der die Zusammenkunft eines Kongresses in Wien bis Jahresende stipulierte. Frankreich wurde hierzu zwar eingeladen, doch hatte man seinem Vertreter lediglich eine Zuschauerrolle zugedacht. Tatsächlich gelang es Charles-Maurice de Talleyrand indes kraft persönlichen Geschicks, vor allem aber dank günstiger Umstände auf dem Wiener Kongreß vom 18.9.1814 bis 9.6.1815 sehr bald, eine aktive Rolle zu spielen – zunächst als scheinbar uneigennütziger Vertreter der »Kleinen«, schließlich als notwendiger Partner der »Großen«, nachdem die Kriegskoalition an der sächsisch-polnischen Frage zerbrach und Großbritannien wie Österreich seiner bedurften, um die überzogenen territorialen Ansprüche Preußens und Rußlands abzuwehren[13]. Napoleons Rückkehr von Elba machte diesen französischen Erfolg allerdings wieder weitgehend zunichte: Obwohl sich die rasch reformierte »Große Allianz« formell erneut »einzig und allein gegen Bonaparte und keineswegs gegen Frankreich«[14] richtete, Frankreich ihr sogar angehörte, schwand das Vertrauen der Verbündeten in die französische Restauration in dem Maße, wie sich zeigte, daß zahlreiche Franzosen ihrem früheren Kaiser folgten und ihm dadurch immerhin eine Herrschaft von »Hundert Tagen« ermöglichten. Der Enttäuschung und dem Mißtrauen gegenüber der weiteren Entwicklung Frankreichs trugen die – gemessen am ersten Friedensvertrag – sehr viel härteren Bestimmungen des Zweiten Pariser Friedens vom 20.11.1815 Rechnung: Dieser sah – mit

11 KISSINGER (wie Anm. 5) S. 271.

12 Zit. n. AP, T. XII (wie Anm. 7) S. 32.

13 Vgl. Karl GRIEWANK, Der Wiener Kongreß und die europäische Restauration 1814/15, Leipzig ²1954, S. 118–258; KISSINGER (wie Anm. 5) S. 274–334; Karl-Heinz BENDER, Die französische Außenpolitik auf dem Wiener Kongreß. In: DERS./Klaus BERGER/Mario WANDRUSZKA (Hg.), Imago Linguae. Beiträge zu Sprache, Deutung und Übersetzen. Fs. zum 60. Geburtstag von Fritz Paepcke, München 1977, S. 45–59 und Alexandra VON ILSEMANN, Die Politik Frankreichs auf dem Wiener Kongreß. Talleyrands außenpolitische Strategien zwischen Erster und Zweiter Restauration, Hamburg 1996, S. 87–338.

14 Talleyrand an Ludwig XVIII. am 19.3.1815. Zit. n. Herzog VON BROGLIE (Hg.), Memoiren des Fürsten Talleyrand, Bd. 3, Berlin 1891, S. 93f. (S. 94). Vgl. Talleyrand an Ludwig XVIII. am 19.3.1815, ebd., S. 95 sowie den Text der erneuerten Quadrupelallianz vom 25.3.1815, ebd., S. 106–109.

leichten Abweichungen – die Zurückdrängung Frankreichs auf seine Grenzen von 1790, die Zahlung von 700 Millionen Francs als Kriegsentschädigung, eine alliierte Besatzung von bis zu 150000 Mann für drei bis fünf Jahre sowie die Rückgabe der in den vergangenen Kriegen gestohlenen Kunstschätze vor[15]. Die meisten Franzosen empfanden ihn als ebenso demütigend wie ungerecht, und seine Revision sowie die der weiteren Beschlüsse des Wiener Kongresses geriet zum Leitthema der französischen Außenpolitik. Dabei blieb selbst der Zweite Pariser Frieden dank Castlereagh sowie Zar Alexander I. noch weit hinter den, auf eine regelrechte Bestrafung der Franzosen in Form eines »Démembrement total de la France«[16] abzielenden preußischen Annexionsforderungen zurück, denen sich auch Österreich nicht mehr gänzlich verschloß. Allerdings drückten er sowie die Fortschreibung der »Anti-Napoleon-Koalition« in Form der »Quadrupelallianz« vom 20.11.1815[17] und in gewisser Weise auch die »Heilige Allianz« vom 26.9.1815[18] das tiefe Mißtrauen aus, das die europäischen Mächte den Franzosen nun entgegenbrachten.

Ende 1815 war Frankreich eine besiegte Macht unter alliierter Kuratel, jedoch kein »Paria«[19] innerhalb des europäischen Staatensystems: Es blieb hierin eingebunden – als Mitglied der »Heiligen Allianz«, der es bereits am 19.11.1815 beigetreten war[20], aufgrund seiner diplomatischen Beziehungen zu den übrigen europäischen Mächten[21] und wegen seines als legitim anerkannten Herrscherhauses. Es war nicht als ein Aussätziger ausgestoßen, sondern es wurde eher als ein krankes Land angesehen, das wegen des andauernden unversöhnlichen Gegensatzes zwischen Revolutionsanhängern und ultra-royalistischen Konterrevolutionären innenpolitisch noch nicht vollends geheilt schien von seinen revolutionären Fieberstößen und von dem daher eine latente Ansteckungsgefahr ausging[22]. Aber niemand bezweifelte, daß Frankreich wieder ein gleichberechtigtes Mitglied des europäischen Mächtesystems werden sollte, denn dies mutete für dessen Stabilität unabdingbar an – offen blieb

15 Der Vertrag ist abgedruckt in: ANGEBERG (wie Anm. 10), Bd. 2, S. 1595–1604.

16 Projet d'un Démembrement total de la France. Constaté par le témoignage public des apôtres du cabinet prussien, Paris 1815. Archives du Ministère des Affaires Etrangères (AMAE). Correspondance Politique (CP) Allemagne 752. Vgl. GRUNER (wie Anm. 4) S. 115 und GRIEWANK (wie Anm. 13) S. 313–355.

17 Der Vertrag ist abgedruckt in: Guillaume DE BERTIER DE SAUVIGNY, La Sainte Alliance, Paris 1972, S. 105–108.

18 Das Abkommen ist abgedruckt in: Werner NÄF, Zur Geschichte der Heiligen Allianz, Bern 1928 (Berner Untersuchungen zur Allgemeinen Geschichte, 1) S. 31 ff.

19 Karl HAMMER, Die französische Diplomatie der Restauration und Deutschland 1814–1830, Stuttgart 1962 (Pariser Historische Studien, 2) S. 25.

20 Ernst Rudolf HUBER, Deutsche Verfassungsgeschichte seit 1789, Bd. 1: Reform und Restauration 1789 bis 1830, 2. verb. Aufl. Stuttgart, Berlin, Köln 1990, S. 689. Vgl. NÄF (wie Anm. 18) S. 22 und zur Bedeutung des Abkommens Wolfram PYTA, Idee und Wirklichkeit der »Heiligen Allianz«. In: Frank-Lothar KROLL (Hg.), Neue Wege der Ideengeschichte. Fs. für Kurt Kluxen zum 85. Geburtstag, Paderborn usw. 1996, S. 315–345.

21 Zur Wiederaufnahme diplomatischer Beziehungen vgl. Maurice DEGROS, Les créations de postes diplomatiques et consulaires français de 1815 à 1870. In: Revue d'histoire diplomatique 100 (1986) S. 25–64 (S. 26–37) und Timothy Ronald WALTON, The French ambassadors, 1814–1914: The transition from patronage to professionalism, Ph.D. Univ. of Virginia 1984, S. 27–94.

22 Zur innenpolitischen Spaltung Frankreichs vgl. Jean TULARD, Frankreich im Zeitalter der Revolutionen 1789–1851, Stuttgart 1989 (Geschichte Frankreichs, 4) S. 292 ff.

nur, wann der richtige Zeitpunkt hierfür gekommen war. Spürbarster und für die Franzosen schmerzhaftester Ausdruck dieses Vorbehalts sowie der Beschneidung der eigenen Souveränität waren die Konferenz der Botschafter der vier Siegermächte in Paris, die sich seit Ende 1815 mindestens einmal wöchentlich unter Leitung des alliierten Oberkommandierenden, des Herzogs von Wellington, traf, um die innere Entwicklung Frankreichs zu diskutieren und dessen Regierung zu beraten, sowie vor allem ihr bewaffneter Arm, jene Besatzungsarmee, die in Nord- und Ostfrankreich stationiert war[23]. Deren Abzug wurde zunächst zum Hauptziel der französischen Außenpolitik, das Ministerpräsident Armand-Emmanuel de Richelieu schließlich auf einem neuen Kongreß der Großmächte in Aachen vom 29.9. bis 21.11.1818 erreichte[24]. Überdies luden die Vertreter der ehemaligen Siegermächte Frankreich hier ein, künftig an ihren Beratungen teilzunehmen, wie sie Artikel VI des »Vierbundes« vom November 1815 vorsahen[25]. Gleichzeitig bestätigten sie sich aber in einer geheimen Abmachung vom 19.10.1818 – über die Richelieu und durch ihn der französische König indes informiert wurden – die andauernde Gültigkeit der Kontrollaufgabe, die ihnen aus der »Quadrupelallianz« erwachsen war[26].

Die Beschlüsse des Kongresses von Aachen befreiten Frankreich zwar einerseits aus seiner Außenseiterrolle als besiegter und besetzter Staat, andererseits gaben sie dem Land erneut einen Sonderstatus: Aufgrund seiner momentanen relativen Stabilität wurde es gleichberechtigtes Subjekt des Europäischen Konzerts[27], doch aufgrund seiner Vergangenheit und seiner latenten Instabilität blieb es auch Objekt der andauernden Überwachung durch den »Vierbund«. Die Franzosen wurden durch die Aachener Beschlüsse in eine doppelte Verantwortung genommen: Außenpoli-

23 Vgl. Rain (wie Anm. 5) S. 207 ff. und 270–284.

24 Zu Verlauf und Ergebnissen des Kongresses vgl. Rain (wie Anm. 5) S. 468–477; Alfred Stern, Geschichte Europas seit den Verträgen von 1815 bis zum Frankfurter Frieden 1871, Bd. 1, Berlin 1894, S. 460–480; Maurice Bourquin, Histoire de la Sainte Alliance, Genf 1954, S. 217–246; Walter Alison Philipps, The Confederation of Europe. A Study of the European Alliance, 1813–1823 as an Experiment in the International Organization of Peace, ND New York 1966, S. 159–191; Kissinger (wie Anm. 5) S. 406–436. Für die Treffen von Vertretern der vier Großmächte in Aachen, Troppau, Laibach und Verona wird im folgenden der Begriff »Kongreß« verwandt, obwohl sie nicht alle dem in der Forschung postulierten Kriterium entsprechen, reine Treffen von Monarchen oder zumindest deren Außenministern zu sein (vgl. Paul W. Schroeder, Metternich's Diplomacy at Its Zenith 1820–1823, Austin/Texas 1962, S. XI; Irby C. Nichols, The European Pentarchy and the Congress of Verona, 1822, The Hague 1971, S. 325 und Winfried Baumgart, Vom Europäischen Konzert zum Völkerbund. Friedensschlüsse und Friedenssicherung von Wien bis Versailles, 2. erw. Aufl. Darmstadt 1987 (Erträge der Forschung, 25) S. 8). Diese enge Definition hat sich für die genannten Zusammenkünfte in der Literatur letztlich nicht durchgesetzt (vgl. zuletzt Anselm Doering-Manteuffel, Vom Wiener Kongreß zur Pariser Konferenz. England, die deutsche Frage und das Mächtesystem 1815–1856, Göttingen, Zürich 1991 (Veröffentlichungen des Deutschen Historischen Instituts London, 28) S. 42; ders., Die Deutsche Frage und das Europäische Staatensystem 1815–1871, München 1993 (Enzyklopädie Deutscher Geschichte, 15) S. 11 und Paul W. Schroeder, The Transformation of European Politics 1763–1848, Oxford 1994, S. 583–636).

25 Die Einladung ist abgedruckt bei Bertier de Sauvigny, Sainte Alliance (wie Anm. 17) S. 145–148. Am 15.11.1818 unterzeichneten die fünf Großmächte ein entsprechendes Protokoll (vgl. ebd., S. 148 ff.).

26 Das Geheimprotokoll ist abgedruckt ebd., S. 143–145.

27 Zum Begriff des Europäischen Konzerts, der hier synonym für die konfliktvermeidende bzw. krisensteuernde Kooperation der Großmächte verwendet wird, vgl. Baumgart (wie Anm. 24) S. 1–19.

tisch durch eine Verankerung ihrer nationalen Außenpolitik in ein übernationales Konzert der europäischen Großmächte, innenpolitisch in Form eines Junktims zwischen ihrer inneren Stabilität und ihrer wiedergewonnenen äußeren Gleichberechtigung. Insofern bedeuteten sie nur eine zeitgemäßere Form der bisherigen Kontrolle, nachdem der unmittelbare militärische Zugriff wegen seiner politischen und wirtschaftlichen Belastungen zunehmend die innere Stabilität Frankreichs zu gefährden, also kontraproduktiv zu werden drohte. Daher fiel das Ergebnis der Konferenz von Aachen aus französischer Sicht ambivalent aus: Vordergründig war es ein großer Erfolg der Regierung Richelieu, der die öffentliche Meinung des Landes befriedigte und damit die Herrschaft Ludwigs XVIII. festigte[28]. Indes hielt das Mißtrauen der ehemaligen Sieger gegenüber dem einstigen Besiegten an: Frankreich blieb für sie »le pays le moins disposé à respecter la tranquillité générale, le mieux placé et le mieux organisé pour la troubler, et celui qui, après quelques années, pourra l'entreprendre avec le plus succès«[29]. In den folgenden Jahren kalkulierten zumindest der französische König und seine wechselnden Regierungen diesen »espèce de préjugé«[30] ein. Daher waren sie gewillt, fortan ein loyales Mitglied des Konzerts der europäischen Großmächte zu sein, auf außenpolitische Alleingänge zu verzichten und sich überhaupt nach Möglichkeit nicht in europäische Händel zu verstricken, zumal dies der weiteren Beruhigung des innenpolitischen Klimas zugute kommen mußte: »La France doit [...] nourrir des sentiments de bienveillance pour ces cours [Rußland, Großbritannien, Österreich und Preußen]; par les actes d'Aix-la-Chapelle, elle s'est unie à elles, si ce n'est pas par une alliance formelle, du moins par d'étroites relations de bonne intelligence et d'harmonie; elle a franchement renoncé à toute idée d'ambition et de conquêtes, et quand elle ne profiterait pas à cet égard de l'expérience cruelle du passé le soin d'assurer sa tranquillité intérieure, de rétablir son administration garantirait assez son désir de ne pas troubler le repos dont jouit enfin l'Europe«[31].

Allerdings erwies sich die internationale Politik der folgenden Jahre als äußerst bewegt, so daß die französische Regierung schon bald gezwungen war, ihre außen-

28 Vgl. die Adresse der Abgeordnetenkammer an den König vom 23.12.1818. In: AP, T. XXII: Du 16 Avril 1818 Au 13 Février 1819, Paris 1872, S. 520 f.

29 Denkschrift Gentz' mit Bilanz des Kongresses von Aachen vom November 1818. Zit. n. Fürst Richard von Metternich-Winneburg (Hg.), Aus Metternich's nachgelassenen Papieren, Bd. 2/1, Wien 1881, S. 164–170 (S. 168).

30 Dessolles an Bonnay am 13.1.1819. Archives Diplomatiques de Nantes (AD). Ambassade de Berlin. Série A. 10: 1818–1822, S. 185r.

31 Instruktion für La Ferronays vom 16.1.1819. AMAE. CP Russie 159: 1819, S. 20v–22r. Dies gegen Wolf D. Gruner, Frankreich in der europäischen Ordnung des 19. Jahrhunderts. In: Ders./Klaus-Jürgen Müller (Hg.), Über Frankreich nach Europa. Frankreich in Geschichte und Gegenwart, Hamburg 1996 (Beiträge zur deutschen und europäischen Geschichte, 10) S. 201–274 (S. 210–214), der der französischen Außenpolitik nach 1818 zu undifferenziert Revisionsstreben unterstellt. Auch ignoriert er den Gegensatz zwischen defensiver Regierungspolitik und ambitiöser öffentlicher Meinung in Frankreich. Richelieu hatte bereits in einem Schreiben an Metternich vom 18.5.1818 den Wunsch seines Landes nach Zulassung zu den Beratungen der übrigen vier Großmächte mit der Notwendigkeit der außenpolitischen Einbindung Frankreichs begründet, das nicht erneut zur Bedrohung Europas werden dürfe (vgl. Guillaume de Bertier de Sauvigny, Metternich et la France après le Congrès de Vienne, Bd. 1: De Napoléon à Decazes 1815/1820, Paris 1968, S. 194).

politische Zurückhaltung aufzugeben: Fünf Jahre nach dem Wiener Kongreß wurde das dort geschaffene europäische Ordnungswerk durch die Revolutionen in Spanien im März 1820 sowie in Neapel-Sizilien im Juli und schließlich auch in Piemont-Sardinien im März 1821, welche die betroffenen Monarchen zu erheblichen verfassungspolitischen Konzessionen zwangen, erstmals in Frage gestellt[32]. Die Pentarchie benötigte drei Zusammenkünfte – in Troppau 1820, Laibach 1821 und Verona 1822 –, um der neuen Herausforderung zu begegnen. Eine vordergründige Betrachtung vermag hierin auch den Ausdruck eines sukzessive wiedergewonnenen französischen Prestiges zu entdecken – schließlich wurde Frankreich doch bereits vier Jahre nach seiner formellen Wiederzulassung zur Pentarchie autorisiert, zugunsten der spanischen Bourbonen zu intervenieren[33]. Tatsächlich prägten die Diskussionen in Troppau, Laybach und Verona ein Grundsatzstreit über die Frage, ob den Großmächten ein umfassendes Interventionsrecht zugunsten bedrohter Monarchien in ganz Europa zukomme. Er sprengte letztlich das Einvernehmen der ehemaligen Siegermächte und verwandelte das auf einer Interessen- und Wertegemeinschaft beruhende »Wiener System« in die materiell wie ideell sehr viel lockerere »Wiener Ordnung«[34]. Frankreich sah sich vor diesem Hintergrund mit besonders heiklen Entscheidungen konfrontiert, denn die außenpolitische Spaltung der Pentarchie zwischen den interventionsfreudigen Ostmächten Rußland, Österreich sowie Preußen und dem zurückhaltenderen Großbritannien schlug sich unmittelbar in der innenpolitischen Agitation von Ultra-Royalisten und Liberalen im eigenen Land nieder. Obwohl dies die verfassungsmäßig verbürgte außenpolitische Prärogative des Königs nicht unmittelbar beeinträchtigte, gebot die Erfahrung der Französischen Revolution und die öffentliche Diskussion von Regierungsentscheidungen in Abgeordnetenkammer und Presse, auf innenpolitische Stimmungen Rücksicht zu nehmen[35]. Angesichts dieser äußeren und inneren Herausforderungen stellte der Ver-

32 SCHROEDER, Diplomacy (wie Anm. 24) S. 30 ff.; Günther HEYDEMANN, Konstitution gegen Revolution. Die britische Deutschland- und Italienpolitik 1815–1848, Göttingen, Zürich (Veröffentlichungen des Deutschen Historischen Instituts London, 36) S. 67–89 und 112–126; SCHROEDER, Transformation (wie Anm. 24) S. 612 f.

33 Dies suggerieren die meisten Darstellungen, sei es, weil sie Frankreichs Politik in der Kongreßzeit nur sehr knapp behandeln wie DOERING-MANTEUFFEL, Deutsche Frage (wie Anm. 24) S. 11; HAMMER (wie Anm. 19) S. 41 f. und 101ff. und Walter BUSSMANN (Hg.), Europa von der Französischen Revolution zu den nationalstaatlichen Bewegungen des 19. Jahrhunderts, Stuttgart 1981 (Handbuch der Europäischen Geschichte, 5) S. 45 oder sei es, weil sie trotz ausführlicherer Erörterung der Kongreßzeit die innen- und außenpolitischen Dilemmata Frankreichs weitgehend ausblenden wie Peter BURG, Der Wiener Kongreß. Der Deutsche Bund im europäischen Staatensystem, München 1984, S. 59 ff.; F. R. BRIDGE/Roger BULLEN, The Great Powers and the European System 1815–1914, London 1980, S. 36–44 sowie SCHROEDER, Transformation (wie Anm. 24) S. 606–614 und 621–628.

34 DOERING-MANTEUFFEL, Wiener Kongreß (wie Anm. 24) S. 41–56.

35 Zur französischen Verfassung der Restauration, der *Charte constitutionnelle* von 1814, vgl. Paul BASTID, Les institutions politiques et la Monarchie parlementaire française (1814–1848), Paris 1954, S. 38–69; Hans GANGL, Die Verfassungsentwicklung in Frankreich 1814–1830. In: HZ 202 (1966) S. 265–308; Jean-Jacques CHEVALLIER, Histoire des institutions et des régimes politiques de la France de 1789 à nos jours, Paris [5]1977 (Etudes Politiques, Economiques et Sociales, 6) S. 162–166 und Peter Claus HARTMANN, Französische Verfassungsgeschichte der Neuzeit (1450–1980). Ein Überblick, Darmstadt 1985 (Grundzüge, 61) S. 75–82. Zum entstehenden politischen Parteienwe-

such, gegenüber den Revolutionen in Spanien und Italien einen eigenen außenpolitischen Standort zu finden, die französischen Regierungen der Jahre 1820 bis 1823 zeitweise auf die Zerreißprobe. Zudem erwies sich in diesem Prozeß außenpolitischer Selbstfindung, wie gegenwärtig die Erinnerung an die *Grande Révolution* nicht nur im Ausland, sondern auch im eigenen Land bei Befürwortern wie Gegnern noch war und wie schwierig es war, diese »beiden Frankreich« miteinander zu versöhnen.

Im Hinblick auf die spanischen Ereignisse verhielten sich die Regierungen Großbritanniens, Frankreichs, Österreichs und Preußens zunächst abwartend: Trotz aller Empörung über diesen Verstoß gegen das »monarchische Prinzip« herrschte noch das Gefühl vor, daß die neue spanische Führung moderat sei. Auch hegte man die Hoffnung, daß sich die Revolution auf der abgeschiedenen iberischen Halbinsel dank erfolgreicher innerer Abwehr schließlich selbst verzehren werde. Jede auswärtige Einmischung mußte die Lage aufgrund des spanischen Nationalstolzes hingegen nur verschlimmern, zumal wenn sie auf eine gewaltsame Wiedereinsetzung des spanischen Königs Ferdinands VII. in seine absolutistische Herrschaft abzielte, wie der russische Zar zunächst beabsichtigte, bis auch er sich der Meinung der übrigen Großmächte anschloß[36]. Hingegen betraf die Revolution im Königreich Neapel-Sizilien die Pentarchie unmittelbar. Sie alarmierte zunächst die Österreicher, die sich als italienische Vor- und Ordnungsmacht herausgefordert fühlten und eine Revolutionierung der gesamten Appeninen-Halbinsel befürchteten. Daher waren sie zur raschen Niederschlagung der Unruhen bereit, was wiederum auch die übrigen Großmächte auf den Plan rief. Hierbei ergab sich schnell ein diametraler Gegensatz zwischen Großbritannien und Rußland[37]: Jenes war unter dem Einfluß Castlereaghs zur stillschweigenden Duldung einer einmaligen Polizeiaktion Österreichs bereit, die nicht durch eine entsprechende Grundsatzerklärung aller Großmächte ideologisch überhöht wurde und die britische Regierung peinlichen Fragen im Parlament aussetzte. Alexander I. hingegen trat erneut für eine abgestimmte Intervention der Pentarchie ein, die sowohl deren Solidarität als auch ihren grundsätzlichen Anspruch auf eine Intervention zugunsten bedrohter Monarchen in anderen Ländern demonstrierte. Hierin traf er sich mit den französischen Überlegungen: Nach Bekanntwerden der neapolitanischen Ereignisse traten Richelieu und der französische Außenminister Etienne-Denis de Pasquier für eine Abstimmung der Großmächte entsprechend jenem Krisenmechanismus ein, den man 1815 mit dem »Vier-

sen vgl. Rudolf von ALBERTINI, Parteiorganisation und Parteibegriff in Frankreich 1789–1940. In: HZ 193 (1961) S. 529–600 (S. 547–557) und TULARD (wie Anm. 22) S. 315–327. Zur Entwicklung der französischen Presse der Zeit Claude BELLANGER u.a (Hg.), Histoire générale de la presse française, Bd. 2: De 1815 à 1871, Paris 1969, S. 79–90.

36 Zur Reaktion der Großmächte auf die spanische Revolution vgl. SCHROEDER, Transformation (wie Anm. 24) S. 608; speziell zur französischen Haltung Pasquiers vertrauliches Memorandum vom Juli 1820 (AD. Ambassade de Berlin. Série A. 10: 1818–1822, S. 287r-298v) und NICHOLS (wie Anm. 24) S. 27–34.

37 Charles K. WEBSTER, The Foreign Policy of Castlereagh 1815–1822. Britain and the European Alliance, London 1963, S. 259–276.

bund« in Wien geschaffen und 1818 in Aachen unter Einbeziehung Frankreichs bestätigt hatte[38].

Die französische Forderung nach einem von allen Großmächten sanktionierten Mandat für Österreich sollte verhindern, daß die Habsburgermonarchie eine Intervention zum Ausbau ihrer Vormachtstellung in Italien nutzte. Dies hätte nicht nur Frankreichs machtpolitischen Einfluß in diesem Gebiet noch weiter eingeschränkt, als es aufgrund der Entscheidungen des Wiener Kongresses ohnehin schon der Fall war, sondern auch innenpolitische Kritik der französischen Liberalen provoziert, die in den letzten Jahren zunehmend an politischer Bedeutung gewonnen hatten[39]. Sicherte sich Frankreich ein Mitspracherecht bei der österreichischen Intervention in Neapel, bot sich ihm vielleicht sogar noch die Möglichkeit einer Mittlerrolle: Eine »Befreiung« Ferdinands VII. bei gleichzeitiger Anregung eines einmaligen Gnadenerweises in Form einer Verfassung, die das monarchische Prinzip unangetastet ließ, hätte die französische Regierung sowohl für die Ultra-Royalisten, welche die Wiedereinsetzung des Königs in seine Rechte verlangte, als auch für die Liberalen, die eine Unterstützung der Aufstandsbewegung forderten, unangreifbar gemacht und zudem ihrer gemeinsamen Forderung nach französischer »Größe« Rechnung getragen[40]. Schließlich entsprach eine solche Politik der Position Ludwigs XVIII. als Chef der Bourbonen, der einem bedrohten Verwandten Hilfe schuldete, wie als derjenige Monarch, der seinem Volk mit der *Charte constitutionnelle* von 1814 als erster eine Verfassung gewährt hatte. Trotz aller innen- und außenpolitischen Belastungen fühlten König und Regierung sich den übrigen Großmächten doch insofern überlegen, als sie die Zeichen der Zeit richtig erkannt zu haben glaubten: »(L)e Gouv^t. Français considerait l'époque actuelle comme le passage d'un ère à un autre ère, d'un ordre d'idées à un autre ordre d'idées, d'une forme de Gouv^t. à un autre forme de Gouv^t.: il pensait que la tranquillité ne serait assurée en Europe que quand ce grand changement serait consommé: que le devoir des Gouv^ts. était d'en rendre la transition aussi douce aussi insensible que possible en la faisant dériver du principe de Légitimité«[41].

Da die französische Regierung die Zustimmung Rußlands für ihren Kongreßvorschlag gewann, mußte der widerstrebende Metternich schließlich zu einem Treffen nach Troppau vom 23.10. bis 8.12.1820 einladen[42]. Indes zeigte sich im Falle Frankreichs rasch, wie schwer einer innenpolitisch schwachen Regierung starkes außenpolitisches Auftreten fallen mußte. Weil Großbritannien wegen seiner grundsätzli-

38 Richelieu an Metternich am 28.7.1820. In: Guillaume De Bertier de Sauvigny (Hg.), France and the European Alliance 1816–1821. The Private Correspondence between Metternich and Richelieu, Notre Dame/Indiana 1958, S. 93 ff.; Mémoire confidentiel, Août 1820. AD. Ambassade de Berlin. Série A. 10, S. 314r–324v. Vgl. Guillaume De Bertier de Sauvigny, Metternich et la France après le Congrès de Vienne, Bd. 2: Les grands congrès – 1820/1824, Paris 1970, S. 319 ff.

39 Chevallier (wie Anm. 35) S. 172 ff.

40 Richelieu an La Ferronays und Caraman am 23.11.1820. In: Bertier de Sauvigny, Metternich (wie Anm. 38) S. 396.

41 Congrès de Troppau et de Laybach. AMAE. PA-AP Desages 52, S. 14v–234r (S. 35r).

42 Zum Verlauf vgl. Stern (wie Anm. 24) S. 118–141; Bourquin (wie Anm. 24) S. 269–293; Schroeder, Diplomacy (wie Anm. 24) S. 61–103; Kissinger (wie Anm. 5) S. 465–504 und Heydemann (wie Anm. 32) S. 90–103.

chen Vorbehalte gegen ein neues Treffen lediglich Beobachter nach Troppau schickte[43], glaubten sich Richelieu und Pasquier gezwungen, diesem Beispiel zu folgen, um nicht im eigenen Land in den Verdacht der Komplizenschaft mit den bekanntermaßen interventionsbereiten Ostmächten zu geraten und den Briten allein die Rolle eines liberalen Protektors in Italien zu überlassen[44]. Die gleichzeitige Versicherung Richelieus, daß sein Land im Gegensatz zu Großbritannien weiterhin hinter der Allianz stehe[45], konnte kaum den schlechten Eindruck verhindern, den die eingeschränkte Präsenz Frankreichs auf einem von ihm gewünschten Kongreß hervorrief, zumal der Ministerpräsident selber wegen der Eröffnung der neuen Parlamentssession auch noch in Paris unabkömmlich war und Frankreich daher nur durch seine Botschafter in St. Petersburg, Pierre de La Ferronays, und in Wien, Victor-Louis de Caraman, vertreten war. Dieser Vorbehalt verstärkte sich noch, als sich herausstellte, daß die beiden die französische Politik sehr verschieden darstellten. Ihre Instruktionen schrieben ihnen vor, eine einfache Restauration in Neapel abzulehnen und statt dessen die Vermittlung eines Verfassungskompromisses zwischen König Ferdinand I. und seinem Volk durch die Großmächte anzuregen[46]. Bereits zu Beginn der Troppauer Gespräche erwies sich jedoch, daß La Ferronays und Caraman ihre Anweisungen höchst unterschiedlich umsetzten: Während jener am 26.10.1822 ein Memorandum vorlegte, das die Sonderstellung seines Landes betonte, sowie unter Hinweis auf die labile innerfranzösische Lage vor einem österreichischen Einmarsch in Neapel warnte, widersprach dieser und stimmte Metternichs Interventionsplan zu[47]. Die Wirkung dieses Rollenspiels »war denkbar miserabel«[48]: Metternich konnte darauf hinweisen, daß er »zwei Frankreich« sehe, was insofern zutraf, als sich hier zwei verschiedene außenpolitische Konzepte ausdrückten. Doch dem österreichischen Außenminister ging es um mehr: Seine Bemerkung suggerierte, daß sich auch in der aktuellen Außenpolitik der Regierung Richelieu die bekannte innenpolitische Spaltung Frankreichs offenbarte – einerseits das traditionelle sozialkonservative und außenpolitisch berechenbare royalistische Lager, andererseits die revolutionäre Partei, die für inneren und äußeren Umsturz stand. Tatsächlich hatte La Ferronays die französische Sonderrolle allenfalls etwas überbetont – wie auch Richelieu später kritisierte[49] –, im Kern entsprach sie indes seinen Instruktionen, die wiederum auf der französischen Erfahrung von 1814/15 beruhten, derzufolge dosierte Reform maßloser Reaktion eindeutig vorzuziehen war: »Nous n'avons certes pas envie d'aller semant partout des constitutions et des révolutions. Nous souhaitons des constitutions quand elles sont nécessaires pour prévenir ou calmer les révolutions, nous en voulons une à Naples, et c'est vouloir jeter de

43 Webster (wie Anm. 37) S. 276–282.

44 Pasquier an Decazes am 25.9.1820. In: Bertier de Sauvigny, Metternich (wie Anm. 38) S. 353. Vgl. Schroeder, Diplomacy (wie Anm. 24) S. 56 f.

45 Richelieu an Metternich im Dezember 1820. In: Bertier de Sauvigny, France (wie Anm. 38) S. 111 f. Vgl. Bertier de Sauvigny, Metternich (wie Anm. 38) S. 354.

46 Duc d'Audriffet-Pasquier (Hg.), Mémoires du Chancelier Pasquier, Teil 2, Bd. 5, Paris [3]1894, S. 15 f. Vgl. Bertier de Sauvigny, Metternich (wie Anm. 38) S. 361 f.

47 Léon de Crousaz-Crétet, Le Duc de Richelieu en Russie et en France 1766–1822, Paris 1897, S. 402 f.

48 Kissinger (wie Anm. 5) S. 500.

49 Crousaz-Cretet (wie Anm. 47) S. 403.

l'eau sur le feu«[50]. Zudem trug dieser außenpolitische Kurs dem labilen inneren Gleichgewicht des Landes Rechnung. Entscheidend war, daß sich Frankreich im Gegensatz zu Großbritannien nicht gegen ein gemeinsames Vorgehen der Großmächte wandte und damit das gerade etablierte Europäische Konzert eher stärken als schwächen wollte. Dennoch diskreditierte es sich in Troppau weit mehr als Großbritannien: »Les Puissances sont disposées à reconnaître dans l'isolement de l'Angleterre une suite nécessaire de ses complications intérieures, tandis que l'isolement de la France apparaîtrait comme une décision de son gouvernement de rompre l'Alliance et mériterait de faire considérer la France comme digne d'une surveillance militaire«[51]. Das war sicher auch Metternichs Werk:

Dem österreichischen Außenminister war weiterhin an der Zusammenarbeit mit Großbritannien, namentlich mit Castlereagh, gelegen. Daher vermied er, dessen Abstinenz in Troppau deutlich zu kritisieren, zumal er wußte, daß die britische Regierung die aktuellen Ziele einer österreichischen Intervention in Italien durchaus guthieß. Überdies bot sich das Feindbild Frankreich und jene Fiktion eines »comité directeur révolutionnaire« in Paris, die Metternich gerne beschwor, als geeignetes Mittel an, die übrigen Großmächte auf österreichischen Kurs zu bringen, vor allem Alexander I., der sich in den letzten Jahren wiederholt als Protektor Frankreichs betätigt und vor dem Troppauer Kongreß den französischen Vorstellungen hinsichtlich konstitutioneller Reformen in Neapel und einer Vermittlung der Großmächte angehangen hatte[52]. Gegen Ende der Beratungen war der Zar indes hinlänglich davon überzeugt, daß eine revolutionäre Bewegung ganz Europa bedrohe, man ihr gegenüber keine Kompromisse machen dürfe und die französische Regierung labil sei, ja weite politische Kreise in Frankreich sogar einen Umsturz planten. Doch Metternichs Diskreditierung wäre nicht so erfolgreich gewesen, hätte er nicht latente Vorbehalte gegen Frankreich, die aus der Zeit der Revolution herrührten, ansprechen können und hätte sich die Regierung Richelieu wegen ihrer innenpolitischen Probleme nicht gezwungen gesehen, eine Sonderstellung in der Pentarchie einzunehmen, die sich sowohl vom Interventionismus Österreichs, Rußlands und Preußens unterschied als auch von der ambivalenten Haltung Großbritanniens, das ein allgemeines Eingriffsrecht der Großmächte leugnete, allerdings bereit war, von Fall zu Fall wohlwollende Neutralität zu üben.

Am 19. November einigten sich lediglich die drei Ostmächte auf ein Protokoll, das den österreichischen Einsatz in Italien mit einem grundsätzlichen Interventionsrecht zugunsten des »monarchischen Prinzips« begründete[53]. Aufgrund ihrer

50 Pasquier an La Ferronays am 23.11.1820. Zit. n. BERTIER DE SAUVIGNY, Metternich (wie Anm. 38) S. 395.

51 Nesselrode an Pozzo di Borgo am 9.11.1820. Zit. n. Aleksandr A. POLOVTSOV (Hg.), Correspondance diplomatique des ambassadeurs et ministres de Russie en France et de France en Russie avec leurs gouvernements de 1814 à 1830, Bd. 3, St. Petersburg 1907, S. 497 f.

52 BERTIER DE SAUVIGNY, Metternich (wie Anm. 38) S. 503. Wie erfolgreich Metternichs Propaganda auch in Preußen war, belegen die Briefe Chateaubriands an Pasquier vom 20.2.1821 (In: Louis THOMAS (Hg.), Correspondance générale de Chateaubriand, Bd. 2, Paris 1912, S. 161–166), 10.3.1821 (ebd., S. 190 ff.) und 24.3.1821 (ebd., S. 207–210).

53 BERTIER DE SAUVIGNY, Metternich (wie Anm. 38) S. 405–408; ebd., S. 413 ff. das Protokoll. Vgl. SCHROEDER, Transformation (wie Anm. 24) S. 610 f.

innenpolitischen Lage konnten weder die Briten noch die Franzosen dieser »umfassende[n] antirevolutionäre[n] Interventionspolitik«[54] zustimmen, wobei die französische Regierung wieder glaubte, dem britischen Vorbild folgen zu müssen: Erneut drohte Großbritannien, sie in den Augen der liberalen Öffentlichkeit an die Wand zu spielen, und die Billigung eines formellen Einmischungsrechts der Pentarchie – oder zumindest einer neuen »Quadrupelallianz« ihrer interventionsbereiten Mitglieder – hätte zudem einen gefährlichen Präzedenzfall geschaffen für die spanische Revolution. Allerdings vermied die französische Regierung einen förmlichen Protest wie die Briten und belegte damit erneut ihr ungleich größeres Interesse an einer Einheit der Großmächte[55]. Letztlich isolierte sie sich aber nun vollends: Mit ihrer Weigerung, das *Protocole préliminaire* zu unterzeichnen, verprellte sie die interventionsbereiten Ostmächte, während sie sich durch ihre Unterstützung einer Einladung Ferdinands I. gleichzeitig Großbritannien entfremdete, das auch dies als eine unzulässige Einmischung in die inneren Angelegenheiten eines anderen Staates ablehnte[56]. Die französische Regierung verband hingegen mit diesem Schritt kurzzeitig erneut die Hoffnung auf eine Mittlerrolle, da der Monarch vor seiner Abreise noch schwor, die ihm oktroyierte Verfassung zu verteidigen. Die Instruktionen Richelieus und Pasquiers für den französischen Gesandten in Neapel, Casimir de Blacas – der Ferdinand I. zum neuen Konferenzort Laibach begleitete –, vom 9.1.1822 sahen zwar erstmals vor, daß die französischen Bevollmächtigten eine österreichische Intervention billigen durften, sofern alle Vermittlungsbemühungen gescheitert waren und die italienischen Staaten ebenfalls zustimmten[57]. Doch zunächst sollten sie sich weiterhin um eine friedliche Lösung bemühen, zumal Pasquier Blacas in einer gesonderten Mitteilung auf die Gefahren hinwies, die gerade Frankreich aus »une guerre dont les opinions politiques seraient le prétexte« erwüchsen[58]: Die französische Armee sei solchen Einsätzen noch nicht gewachsen, da sie in Italien, aber auch in Spanien und Deutschland gegen ehemalige Waffenbrüder kämpfen müßte. Das sofortige Einschwenken Ferdinands I. auf Metternichs Kriegskurs machte die französische Hoffnung auf eine Vermittlungslösung allerdings rasch obsolet. Letztlich mußten sich König Ludwig XVIII. und seine Regierung gegen die Kritik der Liberalen in Frankreich, aber gedrängt durch die eigenen Ultra-Royalisten – die bei den Wahlen im November 1820 einen großen Sieg errungen hatten und nun zwei Minister stellten[59] – zur Billigung der österreichischen Intervention in Italien entschließen, um die völlige Isolation sowie einen ausschließlichen Einfluß Österreichs auf der Halbinsel zu vermeiden[60]. Am Ende zeigten sie sich überwiegend über den

54 Doering-Manteuffel, Deutsche Frage (wie Anm. 24) S. 11.

55 Webster (wie Anm. 37) S. 300–308. Erst im Februar 1821 sah sich Pasquier gezwungen, in einer Verbalnote gegen eine österreichische Erklärung zu protestieren, derzufolge sein Land letztlich dem Troppauer Protokoll zugestimmt habe (vgl. Pasquier an Chateaubriand am 24.2.1821 mit einer Kopie der Note. AD. Ambassade de Berlin. Série A. 10: 1818–1822, S. 369r–373r; Pasquier (wie Anm. 46) S. 148–153 und Bertier de Sauvigny, Metternich (wie Anm. 38) S. 466–470.

56 Kissinger (wie Anm. 5) S. 500.

57 Pasquier (wie Anm. 46) S. 119 f.

58 Ebd., S. 121.

59 Chevallier (wie Anm. 35) S. 174 f.; Guillaume de Bertier de Sauvigny, La Restauration, ND Paris 1990, S. 172 f.

60 Pasquier (wie Anm. 46) S. 135 ff.; Bertier de Sauvigny, Metternich (wie Anm. 38) S. 417 ff.

raschen österreichischen Erfolg im Königreich Neapel-Sizilien ebenso erleichtert wie über die anschließende schnelle Niederschlagung der Revolte in Piemont, deren Ausbruch gerade in Frankreich große Beunruhigung ausgelöst hatte[61].

Nach den Kongressen von Troppau und Laibach schmeichelte sich die französische Regierung, eine erfolgreiche Doppelstrategie betrieben zu haben, indem sie statt der von den Briten praktizierten Neutralität »un role *actif dans l'intérêt de la conciliation*: – séparée des principes et unie à l'action du congrès«[62] praktiziert habe: Dadurch sei ein österreichischer Alleingang verhindert worden, der die italienische Unabhängigkeit sowie den europäischen Frieden bedroht hätte, und dem von Alexander I. gewünschten »établissement d'un nouveau droit public continental«[63] vorgebeugt worden. Tatsächlich erwies sich die französische Diplomatie in Troppau und Laibach als »un fiasco presque total«[64], weil ihr Versuch, eine eigenständige Politik zu verfolgen, scheiterte und sie sich aufgrund innen- und außenpolitischer Überlegungen nicht zu einer klaren Entscheidung für die interventionistische Haltung Rußlands, Österreichs und Preußens bzw. die isolationistische Position Großbritanniens durchgerungen hatte. Allen anderen Großmächten galt Frankreich daher als ein unsicherer Partner, dessen instabile Regierung die Ruhe Europas in ähnlichem Maße gefährdete, wie dies seine revolutionäre Opposition tat. Zeitweise mußten die Franzosen sogar fürchten, daß Alexander I. seine Truppen in Frankreich einmarschieren ließ, um auch dort die Verfassung zu beseitigen[65]. Über die Frage, welche Konsequenzen aus dieser Situation zu ziehen seien, kam es zwischen Außenminister und Ministerpräsident zum offenen Dissens: Pasquier befürchtete, daß Frankreich zum Satelliten Österreichs wie Rußlands werde und begrüßte daher den sich abzeichnenden Zusammenbruch des Bündnisses der fünf europäischen Großmächte[66]. Richelieu bezeichnete ein solches Kalkül hingegen als überholt – aus

61 Ebd., S. 483 ff.

62 Congrès de Troppau et de Laybach. AMAE. PA-AP Desages 52, S. 14v–234r (S. 229r) (Hervorhebung im Original).

63 Ebd., S. 229rf. Vgl. a. Pasquier (wie Anm. 46) S. 137.

64 Bertier de Sauvigny, Metternich (wie Anm. 38) S. 471. So richtig diese Einschätzung Bertier de Sauvignys sicher ist, so fraglich scheint, ob seine Überlegung ebd. zutrifft, die französische Regierung hätte selbst militärisch intervenieren müssen, um Frankreichs Großmachtstatus zu demonstrieren, seinen Einfluß in Italien zu vergrößern, folglich dem französischen Patriotismus zu schmeicheln und damit letztlich auch die innenpolitische Opposition zu konterkarieren. Tatsächlich zeigte die Spanien-Expedition sehr bald schon, daß selbst ein großer militärischer Erfolg zumindest keine Garantie für dauerhaften außenpolitischen Einfluß bot. Die Crux der französischen Diplomatie sowohl gegenüber Neapel als auch später in Spanien war, daß die betroffenen Herrscher – Ferdinand I. bzw. Ferdinand VII. – nicht zu den politischen Reformen bereit waren, welche die französische Regierung fördern wollte und deren Erfolg ihr zumindest in den betroffenen Ländern Einfluß gesichert hätte.

65 Révolution de Piemont, 1821. AMAE. PA-AP Desages 26: Italie 1796–1848, S. 44r–155v (S. 59v–63r).

66 Bertier de Sauvigny, Metternich (wie Anm. 38) S. 434 f. Pasquier hatte bereits in einem Memorandum vom August 1820 einmal die Möglichkeit eines isolierten französischen Vorgehens in Italien durchgespielt und die vermeintlich guten Chancen einer solchen Politik betont, auch wenn er sie zunächst noch zugunsten einer einvernehmlichen Haltung der Großmächte zurückzustellen bereit war (Mémoire confidentiel, Août 1820. AD. Ambassade de Berlin. Série A. 10: 1818–1822, S. 314r–324v [S. 321vf.])

außen- wie innenpolitischen Gründen sei Frankreich an der Wahrung der Solidarität der Pentarchie interessiert: »(L)'alliance des cinq puissances écartait toute cause de guerre, et sans lui donner l'extension que la Russie prétend qu'elle doit avoir, on doit cependant reconnaître que le lien qui unissait les grandes puissances décourageait les factieux de tous les pays«[67]. Indes sah sich diese Politik, die vermied, kurzfristige Erfolge durch spektakuläre Alleingänge zu erzielen, und statt dessen auf eine Zusammenarbeit aller Großmächte setzte, die Europa dauerhaften Frieden und Frankreich langfristige Stabilität sicherte, gerade nach Troppau und Laibach scharfer innenpolitischer Kritik vor allem der Liberalen ausgesetzt: Diese warfen der Regierung vor, eine »politique timide et incertaine« zu betreiben und sich im Gegensatz zu Großbritannien dem Diktat der »Heiligen Allianz« zu fügen[68]. Es gelang der französischen Regierung auch in den folgenden Monaten nicht, die sowohl auf der Linken als auch im rechten Lager verbreitete Ansicht zu widerlegen, sie passe sich international zu sehr an und verrate damit französische Interessen. Mitte Dezember 1821 mußte Richelieu schließlich zurücktreten, nachdem Liberale und Ultra-Royalisten sogar gemeinsam eine Adresse an den König durchgesetzt hatten, die davor warnte, Frankreichs Einvernehmen mit den übrigen Großmächten auf Kosten der französischen Ehre zu wahren[69].

Nachdem das italienische Problem gerade gelöst war, drängte die spanische Krise auf die europapolitische Agenda: Die französische Regierung sah sich hier noch stärker vor eine Entscheidung gestellt – schließlich war Spanien ein direkter Nachbar Frankreichs und Ludwig XVIII. als Chef des bourbonischen Hauses seit längerem Adressat verschiedener Hilferufe seines spanischen Vetters[70]. Doch bis zum Spätsommer 1821 entzogen sich der König und Ministerpräsident Richelieu ihnen ebenso wie dem Drängen des russischen Zaren auf eine französische Intervention und hielten an jener strikten Neutralität fest, zu der man sich im Frühjahr 1820 entschlossen hatte. Dies erschien außenpolitisch weiterhin opportun; vor allem aber war es innenpolitisch geboten: Jede konservative Polizeiaktion entsprechend dem österreichischen Vorgehen in Italien konnte zwar auf den Beifall der Ultra-Royalisten zählen, vermochte diese aber auch weiter zu stärken, während man sich gleichzeitig der liberalen Kritik sicher sein konnte[71]. Auch vertraute die Regierung den eigenen Truppen nicht, und selbst wenn sich die Interventionsarmee nicht vom revolutionären Bazillus anstecken ließ, drohte den Soldaten doch zumindest ein neuer Partisanenkampf wie bereits einmal im spanischen Unabhängigkeitskampf gegen

67 Bertier de Sauvigny, Metternich (wie Anm. 38) S. 435.

68 So der liberale Abgeordnete Sébastiani in der Sitzung der Abgeordnetenkammer vom 2.3.1821. In: AP, T. XXX: Du 12 Février 1821 Au 13 Avril 1821, Paris 1870, S. 249. Vgl. auch die Ausführungen der liberalen Abgeordneten Camille-Teisselre (ebd., S. 251 f.) und Bignon (ebd., S. 253) sowie Bastid (wie Anm. 34) S. 286 f.

69 Joseph De Villele, Mémoires et Correspondance du Comte de Villèle, Bd. 2, Paris 1888, S. 487–499; Chevallier (wie Anm. 35) S. 175 und Bertier de Sauvigny, Restauration (wie Anm. 59) S. 175 ff.

70 Ulrike Schmieder, Preußen und der Kongreß von Verona. – Eine Studie zur Politik der Heiligen Allianz in der spanischen Frage, Diss. Phil. Leipzig 1992, S. 84 ff.

71 Charles R. Hiscocks, Der Einfluß der innenpolitischen Lage Frankreichs auf seine Beziehungen zu den Großmächten 1815–1823. (Vom Zweiten Pariser Frieden bis zum Eingriff Frankreichs in Spanien), Dresden 1935, S. 82.

Napoleon zwischen 1808 und 1814. Die Regierung nahm allerdings den Ausbruch des Gelbfiebers in Spanien im August 1821 zum Anlaß, an der gemeinsamen Grenze einen »Gesundheitskordon« zu bilden. Gleichzeitig wurde Graf Augustin de La Garde als neuer französischer Botschafter mit dem Auftrag in die spanische Hauptstadt entsandt, ein Bündnis zwischen den Gemäßigten auf seiten der Royalisten wie der Aufständischen schmieden zu helfen und die Cortez von jeder Provokation Frankreichs abzuhalten, die zum Krieg zwischen beiden Ländern führen konnte[72]. Indes verschärfte sich die Lage zum einen, weil die spanische Revolution zwischen Ende Dezember 1821 und Februar 1822 eine Reihe von Aufständen französischer Carbonari in Belfort, Neuf-Brisach, Colmar, Saumur und La Rochelle hervorrief[73]; zum anderen gewannen in Madrid in dem Maße Radikale die Oberhand, wie Royalisten mit Hilfe des Königs versuchten, die Revolution zu beseitigen. Im August wurde die bisherige gemäßigte Regierung schließlich durch ein radikales Kabinett abgelöst[74].

Trotz der Verschlechterung der französisch-spanischen Beziehungen hielt auch das seit Dezember 1821 amtierende ultra-royalistische Kabinett an der bisherigen defensiven Politik fest. Dem führenden Politiker der neuen Regierung, Finanzminister Joseph de Villèle – der im September 1822 auch Ministerpräsident wurde –, und mit ihm den gewerbe- und handeltreibenden Kreisen war die wirtschaftliche Stabilität des Landes wichtiger als eine Militäraktion ohne Not und mit völlig unsicherem Ausgang. Er strebte für Frankreich allenfalls erneut eine Vermittlerrolle zugunsten einer Einführung des französischen Verfassungsmodells an; einen Krieg billigte er nur für den Fall eines spanischen Angriffs, einer Verletzung der französischen Ehre oder eines Übergriffs auf die spanische Königsfamilie[75]. Außenminister Mathieu de Montmorency allerdings war einer Militäraktion nicht abgeneigt, da er keine andere Möglichkeit für eine royalistische Restauration sah und er überdies eine Intervention der Ostmächte fürchtete, die zwangsläufig zum Durchmarsch fremder Truppen durch Frankreich führen mußte, was wiederum eine allgemeine Empörung im Land provoziert hätte[76]. Entsprechend argumentierte er auf einer Konferenz der Großmächte in Wien vom 7.9. bis 3.10.1822[77], vor allem aber auf dem anschließenden neuen Kongreß der europäischen Großmächte in Verona vom 20.10.1822 bis 14.2.1823[78]. Frankreich entsandte hierzu wiederum mehrere Vertreter – geradezu »une sorte de grand conseil de cabinet«[79], dem neben Delegationsleiter Montmoren-

72 Nichols (wie Anm. 24) S. 29 f.

73 Ebd., S. 30; Tulard (wie Anm. 22) S. 328 f.

74 Nichols (wie Anm. 24) S. 30.

75 Villèle an La Garde am 6.9.1822. In: Marquis De Gabriac, Chateaubriand et la guerre d'Espagne. In: La Revue des Deux Mondes 143 (1897) S. 535–568 (S. 552 f.)

76 Montmorency an La Garde am 29.7.1822. In: Ebd., S. 550f. (S. 551); Pasquier (wie Anm. 46) S. 305 f.; Hiscocks (wie Anm. 71) S. 82; Nichols (wie Anm. 24) S. 25 ff.

77 Zu dieser Konferenz vgl. Nichols (wie Anm. 24) S. 40–62.

78 Zu den unterschiedlichen Ausgangspositionen der verschiedenen Großmächte in Verona vgl. Schmieder (wie Anm. 70) S. 96 ff. (Großbritannien), S. 98 ff. (Frankreich), S. 100 (Rußland) und S. 100 ff. (Österreich). Zum Verlauf des Kongresses ebd., S. 111–131; Schroeder, Diplomacy (wie Anm. 24) S. 195–236 und nichols (wie Anm. 24) S. 65–274 (zur Erörterung der Spanien-Frage S. 84–136).

79 Pasquier (wie Anm. 46) S. 444.

cy erneut La Ferronays und Caraman sowie erstmals der französische Botschafter in Berlin, François-René de Chateaubriand – ein Vertrauter Villèles –, angehörten. In seinen Instruktionen hatte Villèle den Außenminister und die übrigen Delegierten davor gewarnt, als »rapporteurs des affaires d'Espagne« aufzutreten[80]; vielmehr müsse ihr Grundsatz sein »que la France étant la seule puissance qui doive agir par ses troupes, elle sera seule juge de cette nécessité«[81]. Daher sollten sie sich nur um eine grundsätzliche Unterstützung der übrigen Großmächte für den – möglichst zu vermeidenden – Fall eines Krieges mit Spanien sowie eine Übereinkunft über eine eventuelle Anerkennung der spanischen Kolonien bemühen. Dahinter steckte die Sorge Villèles vor einem Konflikt mit Großbritannien im Falle einer etwaigen französischen Intervention in Spanien, denn die Briten konnten hierdurch ihre Handelsinteressen gefährdet sehen. Auch hegte er den Verdacht, Großbritannien werde aus den Unabhängigkeitsbestrebungen der spanischen Kolonien einseitig wirtschaftlichen Profit ziehen. Dennoch erklärte Montmorency bereits auf der ersten Sitzung des Kongresses einen Krieg mit Spanien »comme possible, peut-être comme probable«[82] und forderte die Vertreter der übrigen Großmächte auf zu erklären, ob sie bei einem Abbruch der diplomatischen Beziehungen zwischen Frankreich und Spanien ihre Gesandten ebenfalls aus Madrid abzögen sowie sein Land in einem Krieg moralisch und materiell unterstützten[83]. Die folgenden Diskussionen über die Opportunität einer französischen Intervention und den Umfang der alliierten Unterstützung erwiesen, wie leicht Frankreich nun Gefahr lief, die eigene Handlungsfreiheit zu verlieren. Denn Russen, Österreicher und Preußen stimmten darin überein, daß Frankreich sich im Falle eines Krieges »comme un agent de la grande alliance« betrachten müßte, da diese Intervention »entièrement Européenne« wäre[84]. Am 30.10.1822 erhielt Montmorency schließlich die gewünschten Antworten: Während der britische Delegierte die französische Interventionsbereitschaft scharf kritisierte und ihr jegliche Unterstützung verweigerte, stellten der russische und der österreichische sowohl moralische als auch materielle Hilfe uneingeschränkt in Aussicht; der preußische Vertreter beschränkte sich zunächst auf eine Zusage ideeller Unterstützung[85]. Anfang November einigten sich Rußland, Österreich, Preußen und Frankreich schließlich auch auf die Forderung nach einer Freilassung Ferdinands VII. und die Wiedereinsetzung des Königs in seine vollen Rechte, eine entsprechende Mitteilung an die spanische Regierung in Form von getrennten Noten ähnlichen Inhalts, und einen eventuell folgenden Abzug ihrer Botschafter aus Madrid[86]. Ein am 19.11.1822 unterzeichnetes Schlußprotokoll definierte den Casus foederis und ermöglichte Frankreich faktisch, beinahe jeden Zwischenfall zum Anlaß einer Kriegserklärung an Spanien zu machen[87].

80 Zit. n. François-René de Chateubriand, Congrès de Vérone. Guerre d'Espagne. Négociations: Colonies espagnoles, Leipzig 1838, S. 70 ff. (S. 70).
81 Zit. n. ebd. Vgl. Villèle (wie Anm. 69), Bd. 3, S. 35–38 und Bertier de Sauvigny, Metternich (wie Anm. 38) S. 616 f.
82 Zit. n. Chateaubriand (wie Anm. 80) S. 73.
83 Bertier de Sauvigny, Metternich (wie Anm. 38) S. 633 f.
84 Congrès de Vérone. Mémoire de Boislecomte, 1821–1822. AMAE. PA-AP Desages 53, S. 107.
85 Chateaubriand (wie Anm. 80) S. 81 ff.; Bertier de Sauvigny, Metternich (wie Anm. 38) S. 638.
86 Ebd., S. 640; Nichols (wie Anm. 24) S. 104 f. und Schmieder (wie Anm. 70) S. 116.
87 Das Protokoll ist abgedruckt in Bertier de Sauvigny, Metternich (wie Anm. 38) S. 661.

Montmorency hatte sich in Verona zwar zumindest formal der grundsätzlichen Zustimmung immerhin der drei Ostmächte für eine französische Spanien-Expedition versichert, doch blieb fraglich, ob seine Regierung ihm dies dankte. Gegenüber den Vertretern der übrigen Mächte mußte er einräumen, daß er zwar die verabredete scharfe Instruktion für den französischen Botschafter entwerfen werde, doch nicht sicher sei, ob seine Regierung sie wirklich abschicke[88]. Am 8.11.1822 hatte La Ferronays eine Konferenz der französischen Delegation erzwungen, auf der er und Chateaubriand sich für, Caraman gegen einen Krieg ausgesprochen hatten[89]. Obwohl Montmorency erneut einer klaren Stellungnahme auswich, weil er einen Dissens mit Villèle vermeiden wollte, konnte an seiner Kriegsbereitschaft kein Zweifel bestehen. Allerdings unterschieden sich La Ferronays und Chateaubriand insofern von ihm, als sie – wie der Ministerpräsident – die Unabhängigkeit ihres Landes gewahrt wissen wollten, weil sie sich von einer Intervention – die Villèle wiederum eher ablehnte – in französischer Eigenregie einen erheblichen Prestigegewinn für ihr Land versprachen[90]. Die innerfranzösischen Differenzen verunsicherten die Vertreter der übrigen Großmächte. Metternich nutzte sie erneut, um den Zaren die Unberechenbarkeit Frankreichs vor Augen zu führen und seine These zu belegen, eine stärkere materielle Unterstützung der spanischen Royalisten sei sinnvoller als eine französische Intervention, die leicht scheitern und eine neue Revolution in Frankreich mit allen ihren verhängnisvollen Folgen für ganz Europa auslösen könne. Von der Behandlung der italienischen Fragen wurden die französischen Delegierten auf Betreiben des österreichischen Staatskanzlers in Verona sogar ausgeschlossen[91].

Die Irritationen der übrigen Mächte mehrten sich noch, nachdem bekannt wurde, daß man das Ergebnis des Kongresses in Paris mit gemischten Gefühlen aufnahm, ja zwischen Montmorency und Villèle hierüber sogar ein offener Konflikt ausbrach. Dieser nahm erneut Züge eines Grundsatzstreits über Frankreichs Stellung in der Pentarchie an, wie dies bereits einmal im Jahr zuvor zwischen Richelieu und Pasquier geschehen war. Allerdings vertrat nun der Regierungschef eine isolationistische Position, während der Außenminister sich emphatisch zur »union morale et politique des grandes puissances conservatrices de l'Europe«[92] bekannte und die Notwendigkeit von Kompromissen hervorhob[93]. Villèle hielt dennoch die parallele Übersendung einer Instruktion an den französischen Botschafter in Madrid, die zudem ähnlich scharf ausfiel wie die bereits vorliegenden Noten der Ostmächte, für unzweckmäßig, da sie zum Bruch mit Spanien, wohl sogar zum Krieg führte: Hierfür schien ihm Frankreich nur ungenügend gerüstet, zudem schadete ein Militärcoup der französischen Wirtschaft, während allein Großbritannien und eventuell

88 Congrès de Vérone. Mémoire de Boislecomte, 1821–1822. AMAE. PA-AP Desages 53, S. 138r.

89 Ebd., S. 145r. Vgl. Pasquier (wie Anm. 46) S. 458 ff. und Nichols (wie Anm. 24) S. 107 ff.

90 Schroeder, Transformation (wie Anm. 24) S. 624 f. Vgl. die von La Ferronays angeregte ausführliche Darlegung der Argumente, die für bzw. gegen einen Krieg mit Spanien sprachen, in: Congrès de Vérone. Mémoire de Boislecomte, 1821–1822. AMAE. PA-AP Desages 53, S. 152v.

91 Ebd., 163rf. Zu den entsprechenden Verhandlungen vgl. Nichols (wie Anm. 24) S. 191–217 und Alan Reinerman, Metternich, Italy and the Congress of Verona, 1821–22. In: The Historical Journal 14 (1971) S. 263–287.

92 Montmorency an Metternich am 13.1.1823. Zit. n. Bertier de Sauvigny, Metternich (wie Anm. 38) S. 691–694 (S. 693).

93 Montmorency an Villèle am 12.11.1822. AMAE. Mémoires et Documents (MD) France 721.

die auf eine Niederlage und einen anschließenden Umsturz hoffenden Radikalen im eigenen Land von einer solchen Entwicklung profitierten[94]. Am 25.12.1822 überstimmten ihn in dieser Frage auf einer Kabinettssitzung zwar alle Minister, doch setzte sich der Regierungschef dank der Unterstützung des anwesenden Königs noch einmal durch[95].

Das Votum vom 25. Dezember sollte für Villèle einem »Pyrrhussieg«[96] gleichkommen, denn der im starken ultra-royalistischen Lager angesehene Montmorency erklärte daraufhin zwar seinen Rücktritt, doch sein Nachfolger wurde drei Tage später Chateaubriand, der nicht weniger auf einen Krieg hinarbeitete als sein Vorgänger. Er hatte bereits die österreichische Intervention in Italien 1821 gutgeheißen[97] und Villèle während des Kongresses von Verona wiederholt auf die »occasion, peut-être unique, de replacer la France au rang des puissances militaires, de rehabiliter la cocarde blanche dans une guerre courte, presque sans danger«[98] hingewiesen. Indes hatte er sich immer gehütet, den Regierungschef zu stark zu drängen, und ihm suggeriert, letztlich vor allem sein loyaler Parteigänger zu sein[99]. Dieser Umstand und die Tatsache, daß Chateaubriand sowohl Ansehen im Ausland – vor allem beim Zaren –, als auch in Frankreich selber – weit über das eigene ultraroyalistische Lager hinaus – besaß, bewogen den Ministerpräsidenten, ihn zu berufen. In dem außenpolitischen Prinzipienkonflikt, der sich zwischen Villèle und Montmorency in der Frage ergeben hatte, ob die französische Regierung sich auch einmal der Allianz unterordnen müsse, stand Chateaubriand dem Regierungschef nahe: »Je veux la guerre en dehors de l'Europe coalisée et par la seule volonté de la France«[100]. Ein erfolgreiches militärisches Unternehmen sollte Frankreich endlich den »Alptraum«[101] von Revolution und Niederlage vergessen machen und das Land um die Bourbonen einen. In seiner späteren Darstellung der Ereignisse hat er die französische Intervention als »seinen Krieg« dargestellt, den er zielstrebig herbeigeführt habe[102]. Tatsächlich waren die Voraussetzungen Anfang 1823 aber auch äußerst günstig für eine solche Politik: Bereits in den Jahren 1821/22 hatte in der französischen Innenpolitik ein deutlicher Rechtsruck stattgefunden, der Ausdruck einer um sich greifenden Angst vor anarchistischer Bedrohung und sozialen Unruhen war[103]. Gleichzeitig fühlten sich die Ultra-Royalisten durch die österreichischen Erfolge in Italien ermutigt. Zudem hatte sich die Lage in Spanien 1822 immer mehr zugespitzt, so daß die Regierung den Cordon Sanitaire nach dem Abklingen des Gelbfiebers in ein Beobachtungsheer umgewandelt und weiter verstärkt

94 Bertier de Sauvigny, Metternich (wie Anm. 38) S. 674.

95 Villèle (wie Anm. 69) Bd. 2, S. 274 ff.; Bertier de Sauvigny, Restauration (wie Anm. 59) S. 188 f.

96 Ebd., S. 188.

97 Vgl. Chateaubriands Schreiben an Villèle vom 27.1.1821 (in: Thomas (wie Anm. 52) S. 122–127) und 20.2.1821 (ebd., S. 158).

98 Chateaubriand an Villèle am 31.10.1822. Zit. n. Chateaubriand (wie Anm. 80) S. 98 f.

99 Ebd., S. 170. Vgl. Chateaubriand an Villèle am 19.11.1822. In: Villèle (wie Anm. 69) Bd. 3, S. 230 f. und Chateaubriand (wie Anm. 80) S. 122.

100 Zit. n. Jean-Guillaume Hyde de Neuville, Mémoires et Souvenirs, Bd. 2, Paris 1880, S. 45.

101 Chateaubriand (wie Anm. 80) S. 69.

102 Ebd., S. 50 f. Vgl. Nichols (wie Anm. 24) S. 302.

103 Bastid (wie Anm. 35) S. 102 f.

hatte[104]. Angesichts dieser Situation isolierte sich Villèle zunehmend mit seiner Politik eines »système d'expectative et de préparatifs«[105], die einerseits half, den Krieg vorzubereiten, ihn andererseits aber nicht wagen wollte: In der Abgeordnetenkammer sah er sich einer »opposition furieuse«[106] von links und rechts gegenüber – vor allem seines eigenen ultra-royalistischen Lagers, wo einige bereits seine Ablösung planten[107]. Fünf Sechstel der Kammer gehörten mittlerweile zur Kriegspartei, während es im Jahr zuvor nur ein Fünftel gewesen war[108]: Die französischen Royalisten und die Klerikalen betrachteten den Krieg nicht nur als einen legitimen Kreuzzug gegen die Revolution, sondern auch als eine günstige Gelegenheit, den Thron durch militärischen Ruhm zu festigen. Hinzu traten antibritische Ressentiments und der Eindruck, eine französische Intervention in Spanien schade England. Auch hatten etliche Ultra-Royalisten Anleihen einer königlichen Regentschaft gezeichnet, die sich im spanischen Gebirgsort Seo de Urgel gebildet hatte, und daher bei einem Sieg hohe Gewinne zu erwarten[109]. Außer dem »Journal des Débats« unterstützte den Regierungschef keines der ultra-royalistischen Presseorgane[110]. Selbst einige Linksradikale befürworteten einen Krieg, weil sie auf eine Niederlage sowie einen anschließenden Sturz der Bourbonen hofften.

Wollte Villèle im Amt bleiben, mußte er ebenfalls auf den Kriegskurs einschwenken, um sich so zumindest die Unterstützung der Konservativen im eigenen Land zu sichern. Daher brach Frankreich im Januar 1823 – kurz nach den Ostmächten – die diplomatischen Beziehungen zu Spanien ab[111], und am 28. Januar kündigte Ludwig XVIII. in einer Thronrede einen französischen Einmarsch an, sollte Ferdinand VII. nicht seine volle Handlungsfreiheit zurückerhalten[112]. Trotz scharfer Kritik der liberalen Opposition, für die Frankreich zum »Instrument«[113] der Autokratien von St. Petersburg und Wien geworden war und der eine Intervention ebenso unnötig wie gefährlich anmutete, wurde sie in der Pairskammer mit 99 gegen 28 Stimmen bei 16 Enthaltungen[114] und im Parlament mit 202 gegen 93 Stimmen[115] angenommen. Noch war indes offen, ob Frankreich wirklich militärisch intervenierte und inwiefern die übrigen Alliierten an dieser Entscheidung beteiligt würden. Besonders Metternich mißtraute mittlerweile den Motiven der französischen Regierung und fürchtete einen Alleingang Frankreichs, der eventuell zu einem Handel mit den spanischen Revolutionären führte, erst recht nachdem Chateaubriand in einer Rede vor

104 Nichols (wie Anm. 24) S. 33. Vgl. Congrès de Vérone. Mémoire de Boislecomte, 1821–1822. AMAE. PA-AP Desages 53, S. 190rff.

105 Villèle (wie Anm. 69) Bd. 3, S. 56.

106 Claude De Barante (Hg.), Souvenirs du Baron de Barante, Bd. 3, Paris 1893, S. 65.

107 August Ludwig von Rochau, Geschichte Frankreichs vom Sturze Napoleons bis zur Wiederherstellung des Kaiserthums. 1814–1852, Leipzig 1858, S. 124.

108 Nichols (wie Anm. 24) S. 310.

109 Rochau (wie Anm. 107) S. 123.

110 Pasquier (wie Anm. 46) S. 443 ff.

111 Schmieder (wie Anm. 70) S. 125 ff.

112 AP, T. XXXVIII: Du 1er Août 1822 Au 22 Mars 1823, Paris 1878, S. 245.

113 Sébastiani am 8.2.1823 in der Abgeordnetenkammer. In: Ebd., S. 294. Zur Adreßdebatte in der Pairskammer vgl. ebd., S. 263 ff.; zur Debatte in der Abgeordnetenkammer ebd., S. 279 ff. und Pasquier (wie Anm. 46) S. 484 f.

114 AP, T. XXXVIII (wie Anm. 112) S. 272.

115 Ebd., S. 300.

der Pairskammer am 28.1.1823 bzw. in der Abgeordnetenkammer am 25. Februar offen an den militärischen Chauvinismus der Abgeordneten appelliert und hervorgehoben hatte, daß Frankreich weder im Auftrag der übrigen Großmächte handle, noch den Spaniern politische Institutionen aufzwingen, sondern König und Volk ihre Handlungsfreiheit wiedergeben werde[116]. Hingegen befürchtete der Außenminister nur, daß eine zu starke Betonung französischer Solidarität mit den Ostmächten die britische Regierung provozierte. Auch versuchte seine Argumentation, der geplanten Intervention, die sowohl kostspielig als auch – nach den Erfahrungen der Napoleonischen Kriege – riskant werden konnte, eine breite Zustimmung im konstitutionellen Frankreich zu sichern: »Avec la liberté de la presse et avec la Tribune, il faut que le gouvernement rende raison de tout ce qu'il fait; et quand il fait marcher des bataillons, et quand il demande à La Chambre des députés des sommes considérables, il ne peut dire qu'il s'agisse simplement de mettre quelques révoltes à la raison«[117]. Die Demonstration französischer Unabhängigkeit schien um so angebrachter, als gerade die Diskussion um die Kriegskredite bewies, ein welch starker historischer Bezugspunkt »1789« noch für die Abgeordneten war, wie tief der Stachel der Niederlage von 1814/15 saß und wie sehr sich in den politischen Debatten der Gegenwart das einstige Ringen zwischen Revolution und Konterrevolution niederschlug. Augenfällig wurde dieser Befund durch den Eklat, den jeweils eine Bemerkung Villèles in der Adreßdebatte vom 8.2.1823 bzw. des liberalen Abgeordneten Jacques-Antoine Manuels während der Beratungen über den Kriegskredit am 26. Februar auslöste: Der Regierungschef provozierte die Empörung vor allem der Liberalen durch seine unglückliche Feststellung, die Regierung habe nur die Wahl zwischen einer Bekämpfung der Revolution jenseits der Pyrenäen oder einer Verteidigung Frankreichs an der Nordgrenze. Dies drückte zwar lediglich die zutreffende Sorge vor einer erneuten Revolutionierung Frankreichs durch die spanischen Ereignisse und einen dann folgenden neuen Krieg mit den übrigen Großmächten aus, doch sahen jetzt einige ihren Verdacht bestätigt, Frankreich sei lediglich ein Werkzeug der Ostmächte[118]. Manuel wiederum konterte den gängigen Hinweis der Kriegsbefürworter auf die Notwendigkeit, hierdurch das Leben Ferdinands VII. zu schützen, mit der Bemerkung, Ludwig XVI. sei im Zuge einer ausländischen Intervention gerade zu Tode gekommen. Das klang wie eine Rechtfertigung des Königsmords von 1793 und trug dem Abgeordneten auf Druck der Ultra-Royalisten sogar den – verfassungswidrigen – Ausschluß aus der Kammer ein, obwohl er sich gegen die ihm unterstellte Interpretation entschieden verwahrte[119].

Da Metternich wenig Verständnis für die Zwänge eines konstitutionellen Systems besaß, offenbarte das Vorgehen der französischen Regierung in den ersten Monaten des Jahres 1823 für ihn nur eine deutliche Distanzierung Frankreichs von den restaurativen Vorstellungen der Ostmächte, die in Spanien die Alleinherrschaft Ferdi-

116 Ebd., S. 271; Pasquier (wie Anm. 46) S. 484f. und 488 f.; Bertier de Sauvigny, Sainte Alliance (wie Anm. 17) S. 255 ff.; Ders., Metternich (wie Anm. 38) S. 722.

117 Chateaubriand an Caraman am 11.3.1823. Zit. n. ebd., S. 724.

118 Rochau (wie Anm. 107) S. 124; Pasquier (wie Anm. 46) S. 485 ff.; Bertier de Sauvigny, Metternich (wie Anm. 38) S. 714.

119 Rochau (wie Anm. 107) S. 124 f.; Pasquier (wie Anm. 46) S. 489–495; Bastid (wie Anm. 35) S. 261 ff. und Bertier de Sauvigny, Restauration (wie Anm. 59) S. 189.

nands VII. wiederherstellen wollten. Vergeblich versuchte er, Rußland und Preußen, vor allem aber sich selber ein Mitspracherecht bei der endgültigen Entscheidung über einen Krieg bzw. die Kontrolle über das militärische Vorgehen der Franzosen zu sichern[120]. Aber auch der Zar stellte La Ferronays in einem Gespräch Ende März die bündnispolitische Gretchenfrage: »La France veut-elle agir seule«[121]? Und er warnte davor, aus der Intervention »une opération exclusivement française« zu machen[122]. Der britische Außenminister George Canning bemühte sich seinerseits darum, einen Konflikt noch zu verhindern, indem er die spanische Regierung zur Abschwächung der dem König oktroyierten Verfassung zu bewegen, gleichzeitig Frankreich durch kaum verhüllte Kriegsdrohungen von einer Intervention abzuschrecken versuchte. Doch wegen der andauernden spanischen Intransigenz und der Irritation, die Cannings Verhalten in Rußland wie Österreich hervorgerufen hatte, erklärte sich Großbritannien Ende März für neutral[123]. Damit war der Weg frei: Am 7.4.1823 marschierten französische Truppen in Spanien ein; dank der Unterstützung der Königstreuen zogen sie bereits am 24. Mai in Madrid ein und konnten Anfang Oktober auch König Ferdinand VII. in Cadiz befreien[124].

Der überzeugende Sieg der französische Truppen war zweifellos ein großer Prestigewinn für die französische Regierung, der sich vor allem innenpolitisch rasch auszahlte[125]. Selbstverständlich beeindruckte der schnelle Erfolg der französischen Soldaten, die sich überdies – entgegen allen Befürchtungen – als völlig diszipliniert erwiesen hatten, auch die übrigen Großmächte[126]. Doch gerade außenpolitisch erbrachte er keine langfristigen Gewinne: So errang Frankreich keinen dauerhaften Einfluß in Spanien, denn König Ferdinand VII. versuchte, möglichst rasch sein reaktionär-klerikales Herrschaftssystem zu restaurieren, und empfand schon bald nicht die Franzosen, die wiederholt auf Mäßigung und Reformen drängten, als seine Partner, sondern die autokratischen Ostmächte. Die spanischen Liberalen hingegen stützten sich fortan auf Großbritannien, das auch noch als erste europäische Großmacht im Alleingang die Unabhängigkeit der einstmals spanischen Kolonien in Südamerika anerkannte und den lukrativen Handel mit ihnen kontrollierte[127]. Vor

120 Bertier de Sauvigny, Metternich (wie Anm. 38) S. 711–742; Schroeder, Transformation (wie Anm. 24) S. 626 f.

121 La Ferronays an Chateaubriand am 24.3.1823. AMAE. CP Russie 164, S. 277r–300v (S. 287r).

122 Ebd.

123 Allerdings verlangten die Briten, daß Frankreich Spanien nicht andauernd besetze, die portugiesische Grenzen sowie die Unabhängigkeit des Landes achte und sich seine Intervention vom spanischen König nicht durch die Abtretung spanischer Kolonien honorieren lasse (vgl. Bertier de Sauvigny, Metternich (wie Anm. 38) S. 717 f. und Ders., Sainte-Alliance (wie Anm. 17) S. 233).

124 Geoffrey de Grandmaison, L'expédition française d'Espagne en 1823, Paris 1928; Bertier de Sauvigny, Metternich (wie Anm. 38) S. 743–803 und Ders., Restauration (wie Anm. 59) S. 189 ff.

125 Zur unterschiedlichen Beurteilung der Ergebnisse der Expedition vgl. Schroeder, Transformation (wie Anm. 24) S. 627 f. Eine unmittelbare innenpolitische Folge war der überwältigende Regierungssieg in den vorgezogenen Neuwahlen zur Abgeordnetenkammer Ende Februar/Anfang März 1824 (vgl. Bastid (wie Anm. 35) S. 105 und Tulard (wie Anm. 22) S. 332).

126 Richard Holroyd, The Bourbon Army, 1815–1830. In: The Historical Journal 14 (1971) S. 529–552 (S. 534–537); Douglas Porch, Army and Revolution. France 1815–1848, London, Boston 1974, S. 9–13.

127 Philipps (wie Anm. 24) S. 251–265 und 281–291; Bourquin (wie Anm. 24) S. 365–425; William Spence Robertson, France and Latin-American Independance, ND New York 1967, S. 226–343 und Nichols (wie Anm. 24) S. 137–160 und 321 f.

allem aber galt Frankreich den übrigen Großmächten weiterhin als ein schwer kalkulierbarer außenpolitischer Faktor, der aufgrund seiner andauernden innenpolitischen Kämpfe, auch um die französische Rolle in der Pentarchie, das gerade etablierte Gleichgewicht der Kräfte latent gefährdete: »La France a été, en 1818, associée aux Alliés, mais elle n'a jamais pu paraître, ni pour elle-même, ni pour les autres puissances, dans l'attitude d'une partie intervenante dans le système véritable de l'Alliance; cette attitude était incompatible avec le régime révolutionnaire sous lequel elle était placée dans son intérieur«[128]. Dieser Vorwurf resultierte zum einen aus Frankreichs revolutionär-kriegerischer Vergangenheit, die nach wie vor ein Trauma der übrigen Großmächte darstellte, das vor allem Metternich aus echter Überzeugung wie taktischen Erwägungen am Leben erhielt[129]. Zum anderen aus seiner Position *sui generis* unter den europäischen Mächten: Als ein konstitutionelles System mit politischer Öffentlichkeit unterschied sich Frankreich zwar deutlich von den Autokratien Rußland, Österreich und Preußen, ohne indes – trotz vieler Parallelen – eindeutig dem britischen Modell zu entsprechen: Das innenpolitisch gefestigte und außenpolitisch renommierte Großbritannien konnte – wie unter Canning und später Palmerston geschehen[130] – im Ausland mehr Reformen zulassen und dafür auch einmal eher einen offenen Bruch mit seinen europäischen Partnern riskieren als Frankreich, das sich im Innern mit einer Systemopposition von links wie rechts auseinandersetzen mußte und von außen nach wie vor als potentieller Unruhestifter angesehen wurde. Letztlich war das Frankreich der ersten Hälfte des 19. Jahrhunderts aber zumeist eine stärkere Stütze der Wiener Nachkriegsordnung als der oft gelobte *Balancer* Großbritannien, insofern als es trotz aller Betonung seiner nationalen Selbständigkeit aufgrund seiner latenten innenpolitischen Bedrohung abhängiger vom Ausland und vom friedenserhaltenden Funktionieren des Europäischen Konzerts war als das selbstbewußte britische Inselreich.

Résumé français

L'article aborde la rentrée de la France au cercle des puissances européennes après sa défaite à la fin des Guerres napoléoniennes. C'est déjà en 1818 que les vainqueurs l'invitent au congrès d'Aix-la-Chapelle à participer à leurs délibérations. En même temps ils maintiennent leur alliance anti-française de 1814. Par conséquent la France redevient un sujet égal en droits au concert européen, mais reste aussi un objet de la méfiance des autres grandes puissances. Louis XVIII et ses gouvernements le savent et c'est pourquoi ils montrent une grande réserve dans la politique étrangère. Mais les révolutions espagnoles et italiennes en 1820/21 les forcent de prendre parti. Par la suite la France s'isole aux congrès de Troppau en 1820, Laybach en 1821 et Vérone en 1822, parce qu'elle évite de prendre position pour l'interventionnisme de la Russie, l'Autriche et la Prusse d'une part et pour l'isolationnisme de l'Angleterre d'autre part à cause de la scission de sa politique intérieure entre les ultraroyalistes et les libéraux. Le succès de l'expédition française d'Espagne en 1823 n'en change rien: Les autres grandes puissances persistent à croire que la France un jour révolutionnera l'Europe encore une fois, quoique les dirigeants français soient plus intéressés que l'Angleterre par l'accord de la Pentarchie européenne.

128 Metternich an Lebzeltern am 5.3.1824. Zit. n. Bertier de Sauvigny, Metternich (wie Anm. 38) S. 871.

129 Ebd., S. 802 f.

130 Doering-Manteuffel, Wiener Kongreß (wie Anm. 24) S. 50–55 und 89 ff.

Victor Conzemius

DÖLLINGER ET LA FRANCE: BILAN D'UNE ALLIANCE INTIME

Pour le grand public, le nom de l'historien de l'Église Ignace de Döllinger est lié à son opposition aux dogmes de l'infaillibilité et du primat de juridiction du Souverain Pontife. En dehors des cercles de spécialistes, on sait moins qu'il ne fut pas seulement un esprit négatif, mais un des grands innovateurs et inspirateurs du catholicisme allemand. Si ses travaux historiques lui ont valu la notoriété dans le monde savant, ses interventions politiques en tant que député au Landtag de Bavière et à la diète de Francfort l'ont fait connaître bien au-delà des cercles érudits. On a dit de lui à juste titre qu'il fut un des piliers de l'ultramontanisme en Allemagne – ultramontanisme entendu ici comme engagement pour la cause catholique en tant que telle et non pas comme idéologie sectaire s'arrogeant un rôle d'orthodoxie exclusive dans le catholicisme. Il serait tentant de suivre son évolution intellectuelle qui l'a fait évoluer d'un certain triomphalisme confessionnel à des positions plus ouvertes jusqu'à une prise de conscience œcuménique, rare pour son époque, une évolution qui fut coupée brutalement par le concile de Vatican I après 1870[1].

Notre sujet n'en est cependant pas moins passionnant puisqu'il traite des relations d'un homme d'Église allemand avec ses coreligionnaires d'outre-Rhin à une époque qui, à première vue, se distingue plutôt par un nationalisme assez étroit. Il existe sur ce sujet un ouvrage de fond, écrit par un professeur de Tübingen, peu après la Deuxième Guerre mondiale et publié en 1955 par une sous-commission de l'Académie de Bavière[2]. M. Lösch, professeur d'exégèse néo-testamentaire, avait rencontré Döllinger en préparant l'édition de la correspondance de Johann Adam Möhler, ami de Döllinger, lequel avait déterminé Möhler à échanger l'université de Tübingen contre celle de Munich. Les relations internationales de Döllinger avaient fasciné M. Lösch à tel point qu'il entreprit une étude très approfondie des relations de Döllinger avec la France. Son ouvrage qui joint la démarche patiente de l'exégète à l'engouement romantique de l'auteur pour son sujet est une mine d'informations; il reste un instrument de travail indispensable non seulement pour la biographie de Döllinger mais pour quiconque s'intéresse aux relations intellectuelles franco-allemandes. Malheureusement les conditions dans lesquelles M. Lösch a dû travailler dans l'après-guer-

1 La biographie de fond sur Döllinger reste toujours J. Friedrich, Ignaz v. Döllinger, 3 vol., Munich 1899–1901; en français on consultera V. Conzemius, Aspects ecclésiologiques de l'évolution de Döllinger et du Vieux-catholicisme, in: Revue des sciences religieuses XXXIV (1960) p. 247–279. W. Müller, Döllinger, in: Dictionnaire d'histoire et de géographie ecclésiastiques, t. XIV, 1960, p. 553–563; bibliographie plus récente: V. Conzemius, art. Döllinger in: Theologische Realenzyklopädie, t. IX, 1982, p. 20–26.

2 S. Lösch, Döllinger und Frankreich. Eine geistige Allianz 1823–1871, Munich 1955.

Hist. Seminar Universität Frankfurt a. M.

re ne favorisaient pas son travail. Il n'a jamais pu consulter personnellement ce qui a survécu des papiers de Döllinger, il ne lui était pas possible d'entreprendre des voyages d'archives et il n'a pas toujours pu recourir aux originaux pour établir la correspondance de son héros. Au cours de mes propres travaux sur Döllinger et ses correspondants anglais, j'ai retrouvé des correspondances françaises qui avaient échappé à Lösch; un hasard me fit récupérer entre autres 25 lettres de Montalembert qui avaient disparu. En ce qui concerne les lettres inédites, ma documentation est presque trois fois plus élevée que celle que M. Lösch a pu rassembler[3].

Dans cet exposé j'ai groupé les matériaux sous cinq points: 1. Munich – La Chênaie. Vision d'une société nouvelle; 2. La petite colonie sur l'Isar; 3. Les grandes amitiés, 4. L'échange des théologiens et enfin 5. Le bilan d'une alliance intime.

1. Munich–La Chênaie

Les premiers contacts de Döllinger avec la France s'insèrent dans le contexte du mouvement d'idées dans le catholicisme allemand de l'époque de la restauration. Celle-ci considère le catholicisme comme seule force capable de fonder, après la Révolution Française, l'ordre social en Europe. Il s'agit ici de groupes informels qui s'étaient formés dans certaines villes allemandes, p. ex. à Mayence et à Munich, clercs et laïcs travaillant dans le sens d'une alliance nationale et d'un échange international. Pour cette tâche, le jeune Döllinger apporta des qualités exceptionnelles. Son père, professeur de médecine à l'université de Würzburg et fondateur de l'embryologie en médecine, avait tenu à donner à son fils une instruction soignée dans les langues modernes. »Très jeune, mon père me fit apprendre le français. À l'âge de dix ans, je lisais déjà Corneille et Molière et je dévorais tout livre français que je pus me procurer«[4]. À côté des langues classiques, le jeune homme apprenait aussi avec brio l'anglais et l'italien. On l'a comparé à Pic de la Mirandole. Nous retenons qu'il s'exprimait parfaitement en français et qu'il gardera toute sa vie durant un penchant pour la culture française.

En 1826, le transfert de l'université récemment fondée de Landshut à Munich ouvrit au jeune Privat-Dozent Döllinger des perspectives dont il n'avait pu que rêver jusque-là: un noyau de collègues jeunes, dynamiques et entreprenants, animés des mêmes idéaux, réunis autour du vieux Görres, jacobin converti, sous l'enseigne d'un journal dont le titre signifiait un programme: ›L'Eos ou l'Aurore des temps nouveaux‹. Déjà avant la fondation de ›l'Eos‹, il était entré en relations avec l'abbé Andreas Raess, vicaire-général à Mayence et futur évêque de Strasbourg, traducteur prolifique d'ouvrages français d'édification[5]. Döllinger pensait à établir, à un niveau théologique supérieur, un échange avec la France catholique. L'Alsacien Raess dirigeait depuis 1822 le journal ›Der Katholik‹ et donnait une large place aux informations religieuses de la France. C'est ce journal qui, dès le début des années 20, a fait

3 Parmi les correspondances dont M. Lösch n'a pas pu tenir compte et dont je garde les transcriptions, je signale les suivantes: Albert du Boÿs (4 lettres), Dupanloup (9), Gratry (12), Martin de Noirlieu (4), Maret (25), Meignan (16), Montalembert (30).

4 FRIEDRICH (voir n. 1) p. 63.

5 Sur Raess et ses relations avec Döllinger voir l'index des ouvrages de FRIEDRICH ibid. et de LÖSCH (voir n. 2).

connaître en Allemagne les travaux du cercle qui s'était constitué autour de Lamennais; l'écho extradordinaire que les affaires de ›L'Avenir‹ trouveront plus tard en Allemagne n'aurait pas été possible sans cette information continue[6]. D'un autre côté, le médecin-philosophe Franz von Baader avait fait connaître à Döllinger le journal ›Le Catholique‹ rédigé par le baron d'Eckstein. Baader s'intéressait vivement au système philosophique de Lamennais parce qu'il croyait y déceler une parenté d'idées sur les points du sens commun, de l'importance de la religion pour le fondement de la société et de la critique du protestantisme qui aurait remplacé l'autorité générale par la raison individuelle. En bref, faire connaître Lamennais en Allemagne équivalait pour lui à une approbation de ses propres idées; se faire des amis en France lui donnait par contre la possibilité de répandre ses théories dans un milieu dont il pouvait attendre une réception favorable[7].

Chez Döllinger, un autre motif entra en jeu. À une époque où la censure pesait encore sur la libre expression des idées, on publiait à l'étranger, sous la forme de correspondances ou de récits de voyages, des articles anonymes pour exercer une pression sur les milieux officiels du propre pays qu'on ne pouvait atteindre autrement. Ainsi le jeune Döllinger rédigea une longue lettre sur la nouvelle université de Munich que Raess s'engagea à traduire et qui parut en 1828 dans le ›Mémorial Catholique‹[8]. L'article – Döllinger avait insisté sur l'anonymat –, fut présenté sous la forme d'impressions d'un voyageur français. Il avait un but stratégique précis: formuler le programme de la nouvelle université dans une perspective catholique et dénoncer les obstacles qui s'y opposaient. À côté des mises en garde face à l'avance du protestantisme et des protestants dans le corps enseignant de l'université, l'article critiquait le maintien dans leur fonction de professeurs de la vieille garde des lumières et la pusillanimité des évêques face à la bureaucratie de l'État. La lettre a, semble-t-il, fait sensation à Paris et à Munich où les ennemis du cercle de Baader-Görres brandissaient le spectre de la Congrégation pour faire croire au roi que le groupe de ›L'Eos‹ ne représentait qu'une variante bavaroise de la fameuse société secrète de la France. Car les adversaires du groupe Baader-Görres ne restaient pas inactifs et employaient les mêmes procédés pour faire discréditer leurs ennemis dans des journaux étrangers et français. En 1829, Döllinger fut accusé d'avoir glorifié la Saint-Barthélemy, ce qui mit en danger quelque temps sa chaire universitaire[9].

En 1828, la fondation de la revue ›L'Eos‹ fournit au groupe munichois non seulement un organe de presse; elle intensifia aussi les relations avec la France. Dans le comité de rédaction, Döllinger assuma le rôle de correspondant pour les affaires

6 Voir l'étude très fouillée de J. R. Derré, Lamennais, ses amis et le mouvement des idées à l'époque romantique (1824–1834), Paris 1962; G. Valerius, Deutscher Katholizismus und Lamennais. Die Auseinandersetzung in der katholischen Publizistik 1817–1854, Mayence 1983.

7 P. Koslowski (éd.), Die Philosophie, Theologie und Gnosis Franz v. Baaders. Spekulatives Denken zwischen Aufklärung, Restauration und Romantik, Vienne 1993.

8 Lettre de Munich sur la nouvelle université de cette ville, in: Le Mémorial catholique, t. X, nov. p. 314–321; W. Schmitz, München – Wien – Paris. Die »liberale« und die »kirchliche« Parthey unter König Ludwig I. von Bayern in ihren Beziehungen zum Ausland, in: Actes du XIIe congrès de l'Association Internationale de Littérature Comparée. Espaces et frontières, t. I, Munich 1990, p. 143–151.

9 H. Gollwitzer, Ludwig I. v. Bayern. Königtum im Vormärz. Eine politische Biographie, Munich 1986, p. 555.

Hist. Seminar Universität

françaises. Nous retrouvons dans ›L'Eos‹ toute une série d'articles ayant trait à l'histoire religieuse de la France, en particulier aux événements d'actualité. Parmi ceux-ci, les informations sur Lamennais, ses publications et ses activités, occupent une place prépondérante. Döllinger prend la défense de Lamennais et de Chateaubriand contre des professeurs protestants de Leipzig[10], il publie des extraits de ›L'Essai sur l'indifférence en matière de religion‹.

Au moment de l'apparition de ›L'Avenir‹, les références au journal français se multiplient. La réception de Lamennais par Döllinger est sélective. Döllinger assume le mot d'ordre de ›L'Avenir‹ »Dieu et la liberté« mais il n'a de l'intérêt que pour la liberté de l'Église. Il ne donne guère écho au programme de libéralisme catholique de Lamennais qui, en union avec les libéraux, demande les libertés civiles pour tout le monde. Döllinger s'intéresse presque exclusivement à la lutte contre l'assujettissement du catholicisme par la bureaucratie de l'État, il s'insurge contre la paralysie de la liberté d'action de l'Église par une législation étatiste qui réclame des droits de contrôle sur les activités de l'Église en raison d'un droit de regard périmé[11].

La réception de ›L'Avenir‹ par Baader met un autre accent. Baader s'intéresse de son côté à définir la position des catholiques par rapport à l'État. Entre les deux extrêmes de la monarchie absolue et le principe de la souveraineté inconditionnée de tous ou la démocratie absolue, il accepte l'ordre de la foi préconisé par Lamennais qui fonde la légalité en faisant référence à la justice. Cette obéissance à une justice préexistante ou préordonnée relativise la démocratie aussi bien que la monarchie. La loi fondamentale de la justice est compatible avec toutes les formes de gouvernement.

Nous n'entrons pas ici dans l'exposé des difficultés de ›L'Avenir‹ avec les autorités françaises, ecclésiastiques et autres. Retenons qu'en novembre 1831, Lamennais, Lacordaire et Montalembert se mirent en route pour obtenir du Saint-Père, à qui ils avaient remis filialement le sort de leur journal, une décision tranchant les débats. Lorsqu'après sept mois d'attente aucune décision ne fut prise, les pèlerins de Rome et de Dieu décidèrent de rentrer à Paris en faisant un crochet par la Bavière[12]. Ils savaient qu'à Munich, l'Athènes allemande, comme dit avec quelque exagération le P. Lecanuet, biographe de Montalembert, on avait accueilli ›L'avenir‹ avec enthousiasme. Ce fut Montalembert qui suggéra à Monsieur Féli l'idée de rentrer par Florence, Venise, Munich et Bruxelles à Paris. À Venise, ils rencontrent Alexis François Rio, le futur historien de l'art, qui, deux années plus tôt, avait fait un séjour de trois mois à Munich[13]. Rio servit de guide à ses amis français et les introduisit auprès des Munichois dont il avait fait connaissance lors de son séjour précédent, Baader et Döllinger.

Lamennais a décrit l'arrivée à Munich le 10 août 1832 en des termes poétiques:

»Nous arrivâmes à Munich par un jour d'orage, vers le soir. Le ciel achevait de s'éclaircir; quelques nuages seulement restaient encore suspendus à l'horizon. Rien n'égale le spectacle qui vint nous ravir au coucher du soleil, quand ses derniers rayons se réfractant dans ces vapeurs flottantes les teignirent de couleurs dont nul

10 Valerius (voir n. 6) p. 87.
11 Ibid. p. 125.
12 Ibid. p. 197.
13 Voir Lösch (voir n. 2) p. 24–44.

langage ne saurait peindre la richesse, l'éclat et les nuances infinies perpétuellement changeantes«[14].

Le biographe de Montalembert ajoute que les pèlerins ne s'aperçurent pas qu'un orage plus terrible se préparait derrière eux; dans quelques jours les foudres romaines les frapperaient. Laissons le récit de cet événement à Lecanuet:

»Le surlendemain (30 août) Schelling, Görres, Baader, Döllinger, les principaux écrivains et artistes de Munich, offrirent aux voyageurs français un banquet d'adieu aux portes de la ville. Le repas fut servi avec magnificence. On y but à Lamennais, à l'union des catholiques de France et d'Allemagne. Pour couronner la fête, le jeune peintre Schottlauer fit entendre les chansons nationales des montagnards de la Bavière. Tous les cœurs vibraient à l'unisson. ›C'était, dit Montalembert, un de ces moments de joie aveugle qui précèdent la chute dans l'abîme.‹ Soudain la porte s'entrouvit et Lamennais sortit si doucement que l'artiste n'y prit pas garde et continua de chanter.

Quelques minutes se passèrent; Lamennais rentra. Il paraissait calme, presque souriant, absolument maître de lui. Personne n'eût pu se douter qu'il venait de recevoir une nouvelle qui déchirait son âme et brisait sa vie. Il insista gracieusement pour que l'artiste répétât les couplets chantés en son absence. Quand on sortit, il prit Lacordaire par le bras et lui dit à voix basse: ›Je viens de recevoir une encyclique du Pape contre nous; nous ne devons pas hésiter à nous soumettre.‹

Puis, il se mit à causer de la façon la plus aimable avec les philosophes allemands qui l'entouraient. On suivit les bords de l'Isar, pour aller prendre le café au charmant village de la Nosker Schweige. Pendant cette excursion assez lointaine, Lamennais ne se départit pas un seul instant de son sang-froid. Pas un mot, pas un geste qui trahit la profonde douleur qui rongeait son âme. Quant à Montalembert, ne sachant rien, il était, nous di-til, d'une gaieté folle.

Le soir, lorsque Lamennais se retrouva seul avec ses trois compagnons, son cœur put se soulager; il leur lut le document pontifical; sa voix tremblait d'émotion, mais il ne lui échappa aucune parole d'amertume contre le Saint-Siège«[15].

Lamennais évolua dans une direction que ses amis ne pouvaient pas prévoir alors. M. Le Guillou a remarqué que ce fut moins le choc de l'encyclique ›Mirari Vos‹ avec sa condamnation des idées de ›L'Avenir‹ qui aggravait la crise religieuse de Lamennais que les événements politiques en Pologne et leur répression sanglante. De même j'ajouterai que ce ne fut pas l'encyclique qui mit fin à l'alliance intime des Munichois avec la France, mais que celle-ci fut redimensionnée à des proportions plus réalistes. Certes, il y a eu des ruptures; en premier lieu, celle de l'ange déchu, de Lamennais lui-même. Bien avant l'encyclique, Lamennais avait mis en garde le critique d'art A. F. Rio contre le mysticisme de Baader qui lui semblait un esprit confus, se complaisant dans des spéculations conjecturales. »Nous devons apprendre à nous limiter, à explorer la science de cette vie et à laisser à l'autre vie celle qui lui appartient et que Dieu a réservée à lui-même«[16]. M. Susini, l'éditeur français de la corres-

14 E. Lecanuet, Montalembert, d'après ses papiers et sa correspondance, Paris 1896–1902, t. 1, p. 319.

15 Charles de Montalembert, Journal intime inédit, Texte établi par L. Le Guillou et Nicole Roger-Taillade, présenté et annoté par L. Le Guillou, t. II, 1830–1833, Paris 1990, p. 346.

16 E. Susini, Lettres inédites de Franz v. Baader, Paris 1942.

pondance de Baader, signale que Baader attachait beaucoup plus d'importance à Lamennais qu'inversement. Je ne peux que confirmer cette observation. Baader restant attaché longuement encore à ce qu'il considérait comme le message central du maître de La Chênaie. Aussi critiqua-t-il d'une façon indirecte la décision romaine[17], ce ne fut que bien des années après qu'il se rendit compte des divergences de leurs systèmes dans lesquels il avait cru voir une harmonie préétablie.

Quant à Döllinger, d'autres complications survinrent. Après le départ des amis français, Döllinger écrivit à Lamennais: »Les heures que j'ai eu le bonheur de passer avec vous resteront toujours les plus mémorables de ma vie. Désormais un voyage en France sera un de mes projets de prédilection, et si alors je ne vous trouve pas à Paris, je ne manquerai pas de vous poursuivre jusqu'en Bretagne«[18]. Lorsqu'en 1839, Döllinger put enfin visiter la France, il n'était plus question de rendre visite à Lamennais. Celui-ci s'était emporté vivement à propos de Döllinger, à qui il avait confié un manuscrit ›Essai d'un système de philosophie catholique‹ dont l'original s'avéra introuvable. Lamennais parla d'abus de confiance et de ›caverne de brigands‹. En 1836, la publication du manuscrit lui apparut au plus haut degré désagréable; indirectement il fit prier Döllinger de le détruire si jamais il fût retrouvé. Le manuscrit en question fut publié seulement en 1906 par Christian Maréchal d'après d'autres copies que celles confiées à Döllinger[19].

Ce ne furent donc pas les foudres romaines qui brisaient les liens des Mennaisiens avec les Munichois, mais l'évolution intellectuelle de Lamennais et l'abus de confiance dont il accusa Döllinger. La francophilie de celui-ci ne subit aucun dommage; au contraire, elle s'affirmait d'une façon toujours plus nette, alors que Lamennais déclarait maintenant a Montalembert que »l'Allemagne est peut-être de l'Europe le pays le plus retardé«[20].

2. La petite colonie sur l'Isar

En 1829, les amis de Lamennais avaient suggéré de fonder une ›Association des Études Allemandes‹: des contributions volontaires devraient permettre à de jeunes Français de s'immatriculer à des universités allemandes pour y parfaire leurs études[21]. Quatre ans plus tard, ce projet prit des formes plus concrètes sous l'impulsion du germaniste Léon Boré et du publiciste Eloi Jourdain. Conscients de la supériorité des Allemands, surtout dans les domaines de la recherche historique, ils ambitionnaient de stimuler de jeunes Français à étudier en Allemagne. Rentrés en France, ceux-ci devraient former les cadres de l'université catholique dont Lamennais avait conçu l'idée. À la suite de Boré et de Jourdain, Edmond de Cazalès et François Lachat, un Jurassien, s'établiront pour quelque temps à Munich. La ›Revue Européenne‹ qui prit la relève de ›L'Avenir‹ crut devoir mettre ses lecteurs en garde devant une germanophilie excessive et signala les limites du génie allemand en ces termes: »Ce qu'il a en patience lui manque en promptitude; ce qu'il a en imagination

17 F. Hartl, Franz v. Baader und die Entwicklung seines Kirchenbegriffs, Munich 1970, p. 154ss.
18 Döllinger à Lamennais, 12 oct. 1832, Lösch (voir n. 2) p. 374.
19 Voir Lösch (voir n. 2) p. 103ss.
20 Voir Conzemius (voir n. 27) p. 25.
21 Ibid. p. 45.

lui manque en justesse. Érudit et rêveur, il ne parle point, il n'agit point, il ne se fait point entendre. C'est une parole qui meurt vague et imprononcée; c'est un esprit qui ne sait jamais aboutir«[22]. Döllinger ouvrit sa bibliothèque aux membres de la petite colonie et leur prodigua ses conseils.

Avec la disparition de la ›Revue Européenne‹ en 1834, l'effort d'établir d'une façon systématique l'échange culturel entre les deux pays avait échoué. Cependant, les relations personnelles sont devenues aussi stables qu'elles continuent à privilégier des contacts avec d'autres amis français. Deux considérations pratiques de Döllinger contribuent à maintenir la liaison: le recours à ces correspondants pour assurer des commandes de livres français; d'un autre côté, l'habitude de professeurs allemands d'accueillir en pension des étudiants de bonne famille pour augmenter leurs revenus. La passion de Döllinger de rassembler une bibliothèque sur l'histoire de l'Église de France ne connaît pas de limites. Elle s'étend à toutes les périodes et à tous les sujets. Les amis et connaissances sont mis à contribution pour acheminer les livres à Munich[23].

L'accueil d'étudiants français donne une occasion pratique de faire des commandes plus nourries, les frais de transport étant assumés par les familles des jeunes pensionnaires. Parmi ceux qui ont trouvé gîte et couvert auprès du professeur munichois, nous trouvons Albert de Rességuier (1816–1876), plus tard député à l'Assemblée nationale, le vicomte Armand Elie de Gontaut-Biron (1817–1890), premier ambassadeur de France à la cour impériale de Berlin et Amédée de Rauzan, fils du duc du même nom. Albert de Falloux, futur ministre des cultes, fut lui aussi l'hôte de Döllinger lorsqu'en 1838 il visita son ami de Rességuier et passa quelques semaines à Munich[24]. Cette liste n'est pas complète; un dépouillement systématique de la matricule universitaire de Munich pourrait nous démontrer quelle attraction l'université de cette ville a exercé sur des étudiants français au XIXe siècle.

3. Les grandes amitiés

Trois correspondants français de Döllinger se distinguent soit par l'intensité des relations réciproques, soit par l'ampleur de l'échange épistolaire: Alexis François Rio[25], le baron d'Eckstein et Montalembert. La correspondance avec Rio (1798–1874), l'historien de l'art, est la plus ancienne, elle date de 1830 et s'étend jusqu'en 1870. C'est une correspondance à laquelle toute la famille, la femme de Rio et ses deux filles, participent. Elle reste très affectueuse bien que les sympathies de Rio pour Louis Veuillot répondissent à la longue moins au goût de Döllinger.

La correspondance de Döllinger avec le fameux baron d'Eckstein ou baron Bouddha[26] n'est pas intense et ne semble pas l'avoir été: cependant, du point de vue

22 Derré (voir n. 6) p. 521.
23 Voir Friedrich (voir n. 1) t. II, p. 89.
24 A. de Falloux, Mémoires d'un royaliste, t. 1, 3e éd. Paris 1888; reproduit aussi dans H. Raab (éd.), Joseph Görres, Gesammelte Schriften, Ergänzungsband 1, Paderborn 1985, p. 451.
25 Voir Lösch (voir n. 2) p. 24–44.
26 Ibid. p. 176–208; M. Lanthenay in: Dict. de biographie française t. XII, 1970, p. 1112ss; voir aussi L. Le Guillou, Lettres inédites du baron d'Eckstein. Société et littérature à Paris 1838–1840, Paris 1984.

des idées, c'est probablement l'influence individuelle la plus marquante sur la pensée politique de Döllinger. Correspondant de la ›Gazette d'Augsbourg‹ et éditeur du ›Catholique‹ (1826–1829) d'Eckstein exerça son influence dans les deux directions. Lorsqu'il mourut en 1861, Döllinger recueillit une documentation sur lui en vue d'une biographie. Celle-ci ne fut jamais écrite, mais le projet de Döllinger et les matériaux qu'il avait réunis montrent jusqu'à quel degré il se sentait lié à ce semeur d'idées exceptionnel, dont l'ampleur des intérêts et les extravagances de style nous ont privé jusqu'ici d'un travail de fond sur son rôle de médiateur franco-allemand.

Il y a une relation cependant qui mérite d'être esquissée un peu plus amplement: celle avec Montalembert[27]. C'est une amitié qui ne connut pas d'éclipse et qui se termina avec la mort de Montalembert en 1870. De toutes les correspondances françaises, elle a laissé les traces épistolaires les plus personnelles et les plus riches. Montalembert rencontra Döllinger la première fois à Munich lors du séjour des pèlerins de Dieu en 1832. On se lia d'amitié; Montalembert promit de rentrer aussitôt que possible et de servir entre-temps d'agent littéraire à Döllinger chez les bouquinistes de Paris. Montalembert de son côté trouvait chez le jeune professeur de Munich un expert, capable de le conseiller dans ses études historiques. Mais il y a plus: tous les deux étaient des hommes d'action, avides d'assurer au catholicisme un avenir de choix, prolongeant ainsi la vision du prophète trop tôt infidèle – Lamennais – et sauvant cette vision à travers toutes les vicissitudes. Croisés pour la même cause, ils échangeaient leurs expériences avec la même franchise, s'encourageant mutuellement à persévérer dans la lutte pour la liberté de l'Église. L'euphorie des premiers temps qui partit de la fausse assomption d'une identité de vues et de programme d'action se dissipa bientôt. Ainsi Montalembert, en retournant en 1833 en Allemagne, constatait que deux idées chères aux Français étaient inacceptables aux Allemands: l'idée d'une collaboration avec les libéraux et la théorie de la séparation de l'Église et de l'État. Döllinger ne voulut même pas attribuer comme Lamennais aux libéraux un effet purificateur à l'instar d'un orage. Selon lui, il fallait faire »cause commune avec les princes, malgré leur oppression parce qu'ils [les catholiques] ont encore beaucoup moins à craindre d'eux que des libéraux vainqueurs.« D'un autre côté, la conception romantique des relations de l'Église et de l'État de Görres empêcha celui-ci de voir un élément positif dans l'idée de la séparation de l'Église et de l'État. À son avis, leurs relations mutuelles présentaient une analogie à l'union hypostatique des deux natures du Christ[28].

Malgré ces divergences qui m'autorisent à avancer la thèse qu'il n'y eut pas de véritable catholicisme libéral en Allemagne[29], les contacts amorcés en 1832 se maintinrent et se développèrent. Lorsqu'en automne 1839, Döllinger entreprit son premier voyage en France à la suite d'une invitation d'Albert de Rességuier, il ne put

27 Voir Lösch (voir n. 2) p. 138–175; V. Conzemius, Montalembert et l'Allemagne, in: Revue de l'histoire de l'Église de France, LVI (1970) p. 17–46.

28 Voir Conzemius, ibid. p. 25.

29 Voir Conzemius, Les foyers internationaux du catholicisme libéral hors de France au XIXe siècle. Esquisse d'une géographie historique, in: J. Gadille (éd.), Les catholiques libéraux au XIXe siècle, Grenoble 1974, p. 15–51; voir aussi ma contribution sur le même sujet dans Theologische Realenzyklopädie, t. XXI, p. 68–73.

rendre visite à Montalembert au château de La Roche-en-Brény puisqu'il se fixait à Paris pour étudier des manuscrits à la Bibliothèque nationale[30]. Mais il rencontra de vieux amis et en fit de nouveaux. Ainsi il visite le salon de Mme de Swetchine, rencontre le doyen J. B. Glaire de la faculté de théologie de la Sorbonne ainsi que l'abbé Maret, l'abbé Nicolas Théodore Olivier, curé de Saint-Roch et futur évêque d'Évreux, ainsi que Mgr Affre, à ce moment encore coadjuteur de Strasbourg. Parmi les laïcs, la rencontre la plus importante fut celle avec Ferdinand d'Eckstein. Il rendit visite à l'abbé Dupanloup au séminaire de Saint-Nicolas-du-Chardonnet et lorsqu'il lui demanda quel serait le plus prometteur des étudiants, celui-ci pointa vers un jeune homme qui s'appelait Ernest Renan. À plusieurs reprises, Döllinger s'est plu à raconter cette visite en ajoutant que la vie de Jésus de Renan était devenue encore plus célèbre que celle de Friedrich Strauß[31]. À première vue, Döllinger avait discerné en Dupanloup qu'il appelera le 'doux Dupanloup' un candidat à l'épiscopat. Ses contacts avec le futur évêque d'Orléans n'étaient pas très intimes, mais furent ravivés à l'époque du premier concile du Vatican.

Lord Acton, disciple anglais de Döllinger, fit plus tard une observation intéressante à propos des préférences de son ancien précepteur. »Je pense que vous aviez montré depuis tous les temps moins de préférences pour le clergé français, contrairement aux laïcs français«[32]. Cette observation est très juste et il faut attendre le discours de 1863 sur le passé et l'avenir de la théologie pour que Döllinger livre son appréciation de la théologie française dans le contexte de la théologie de l'époque. La relève pastorale de la France – c'est le moment où Lacordaire rétablit l'ordre des dominicains – l'a moins frappé que le manque d'une théologie solide. Les plaintes et lamentations de ses amis français sur l'infériorité de la théologie française l'ont confirmé dans ses vues[33].

La ville de Paris l'impressionna fortement. Est-ce depuis ce séjour qu'un grand plan de la ville de Paris orna son bureau de travail? Une fois il pointa son index vers le plan de Paris et dit: »Ça c'est Paris. Si jamais je voulais me fixer quelque part en dehors de l'Allemagne, ce serait à Paris«[34].

L'intention de retourner en France ne se laissa réaliser qu'en 1855. En compagnie du jeune John Acton, il partit après le 15 août pour la Savoie, où il passa quelques jours avec Dupanloup au château de La Combe de leur ami mutuel Albert du Boÿs, rencontra au château de Menthon près d'Annecy le baron d'Eckstein et continua son voyage au sud de la France par la Grande-Chartreuse à Lyon, Avignon, Arles et Marseille pour rentrer par Nîmes, Montpellier, Valence, Lyon, Dijon à La Roche-en-Brénil[35]. Montalembert lui avait tracé un itinéraire pittoresque par Le Puy et l'Auvergne. Mais la perspective de voyager en diligence dans la chaleur estivale ne convenait pas du tout à Acton d'une corpulence nettement accusée. Döllinger fut du même avis et accepta une invitation de Dupanloup pour Orléans, ce qui lui permit de voyager en train et de rentrer par Paris. Les hôtes munichois restèrent dix

30 Sur ce voyage voir Friedrich, t. II (voir n. 1) p. 88–105.
31 Ibid. p. 97.
32 Ibid. p. 100.
33 Voir la correspondance inédite mentionnée dans la n. 3.
34 Voir Friedrich (voir n. 1) t. II, p. 103.
35 Sur ce deuxième voyage en France, voir Lösch, p. 433.

jours à La Roche-en-Brénil. En rentrant par Paris, Döllinger n'eut pas la chance de voir des amis. Ce fut son dernier voyage en France. L'intention de rentrer en 1857 à Paris ne se reálisa pas. Par contre, Montalembert logea en 1861 avec sa famille chez son ami Döllinger lorsqu'au cours d'un voyage en Autriche il fit escale à Munich. Lui aussi ne put réaliser son projet de se fixer pour quelques mois à Munich pour des études historiques.

À l'avant-plan de leur correspondance, se trouve l'échange d'informations au sujet des événements politiques et religieux en Europe. Ce n'est pas une correspondance continue, à l'exemple de celle que Döllinger entretenait avec le jeune Acton[36]. Ce n'est qu'occasionnellement que Montalembert s'épanche en profondeur auprès de son confident munichois. Les deux hommes sont trop occupés à entretenir une correspondance exclusive. Toutefois, les occasions de marquer un point de vue personnel ne manquent pas à Montalembert: il défend Louis-Philippe, met en garde contre le bonapartisme et le veuillotisme, fustige la servilité du clergé français à l'égard du régime politique et se plaint de la formation intellectuelle du clergé.

Vers la fin des années 50, la Question romaine les rapproche. Montalembert s'intéresse vivement aux conférences de l'Odéon de Döllinger (1860) où celui-ci développe son idée de la non-nécessité de l'État pontifical pour l'avenir de l'Église[37]. Le ›Correspondant‹ donne un écho très large à ces conférences. L'Allemand et le Français se rejoignent pour lutter cette fois-ci non pas pour la liberté de l'Église mais pour la liberté dans l'Église. Tous les deux tombent en disgrâce à Rome et se rapprochent dans leur lutte contre l'intégrisme qui compromet l'Église par sa condamnation indifférenciée des libertés modernes. Montalembert s'attire des réprobations romaines avec son discours de Malines de 1863; Döllinger en esquissant les tâches de la théologie au premier congrès des théologiens allemands à Munich la même année. Döllinger prend une allure plus combative que Montalembert. Celuici, accablé par le progrès de la maladie, ressent de plus en plus son isolement et partage les appréhensions de Döllinger à l'approche de Vatican I et le félicite de son opposition. Le courant absolutiste qui risque d'étouffer la liberté d'expression dans l'Église et l'idolâtrie de la personne du pape sont pour lui des manifestations de décomposition de l'Église. »C'est du Rhin aujourd'hui que nous vient la lumière. L'Allemagne a été choisie pour opposer une digue à ce torrent de fanatisme servile qui menaçait de tout engloutir … L'Allemagne, qui paraissant depuis si longtemps éclipsée par la France a reconquis un ascendant significatif. J'en suis humilié comme Français mais je m'en console comme chrétien, d'autant plus que je suis fier d'avoir beaucoup de sang germanique dans mes veines«[38].

Avant de s'éteindre le 13 mars 1870 au milieu des débats de Vatican I, il prend soin de faire parvenir à Döllinger sa célèbre lettre à l'avocat de Lallemand publiée peu après dans la ›Gazette de France‹, dans laquelle il fustige les théologiens de l'absolutisme dans l'Église. Ils »ont commencé par faire litière de toutes nos libertés … pour

36 Voir les trois volumes de la correspondance Acton-Döllinger, V. Conzemius (éd.), Ignaz v. Döllinger, Briefwechsel, 3 vol., Munich 1963–71.

37 I. v. Döllinger, L'Église et les Églises, la papauté et son pouvoir temporel. Traduit de l'allemand par l'abbé A. Bayle, Paris 1863; sur l'écho en France voir Friedrich (voir n. 1) t. III, p. 248.

38 Voir V. Conzemius (voir n. 27) p. 42.

venir ensuite immoler la justice et la vérité, la raison et l'histoire, en holocauste à l'idole qu'ils se sont érigée au Vatican«[39].

Tout porte à croire cependant que Montalembert, malgré son indignation, n'aurait pas suivi Döllinger dans son opposition contre Vatican I. D'autre part, il est peu probable qu'il aurait pu retenir Döllinger de la voie que lui dictait sa conscience. Dans ces conditions, la lettre émouvante que Catherine de Montalembert, qui avait accompagné en 1861 ses parents à Munich, envoyait à l'excommunié du couvent du Sacré-Cœur de Conflans[40], où elle avait pris le voile, était d'avance vouée à un échec.

4. L'échange des théologiens

Avec aucun Français, Döllinger n'a entretenu des rapports aussi cordiaux qu'avec Montalembert. Cela confirme l'opinion d'Acton que son ancien professeur donnait plus de crédit aux laïcs qu'au clergé. Avec Lamennais, il y eut la brouille à cause du manuscrit égaré, avec Lacordaire il n'y eut pas de rapports suivis. Toutefois, on ne saurait affirmer, comme J. Friedrich, le biographe de Döllinger, l'insinue, que celui-ci se désintéressait de Lacordaire. Leurs intérêts allaient dans des directions diverses.

En 1861, à la mort de Lacordaire, Döllinger écrivit à Montalembert: »Bien que je n'aie vu Lacordaire qu'une seule fois dans ma vie et que je ne lui aie pas même parlé vingt mots, je pense quand même apprécier toute la grandeur de la perte que vous, la France et l'Église subissent avec sa disparition. Pensez-vous que sa fondation, l'Ordre des dominicains réformé, aura un grand avenir en France? En dehors de la France cet ordre a en partie complètement disparu ou se trouve dans une décadence lamentable«[41].

Döllinger eut quand même des rapports assez intenses, au moins à certains moments, avec des membres du clergé et durant son premier voyage en 1839, il avait fait la connaissance des abbés Maret[42] et Dupanloup[43]. Si le contact avec Dupanloup n'a pas trouvé d'écho substantiel du point de vue épistolaire, ils se connaissaient, échangeaient leurs publications et maintenaient des contacts par des amis communs qu'ils se recommandaient réciproquement lors de voyages en France et respectivement en Allemagne. L'abbé Maret avait un intérêt plus direct à cultiver les relations avec l'Allemagne. C'est par son entremise que Guillaume Meignan, futur archevêque de Tours et cardinal, fut encouragé à faire ses études notamment d'exégèse en Allemagne.

Les correspondants français de Döllinger convenaient avec celui-ci que l'épiscopat s'occupait trop peu d'une réforme des études théologiques et surtout que l'enseignement supérieur n'était pas à la hauteur de sa tâche. Les plaintes sur la déca-

39 Ibid. p. 42.
40 Voir Lösch (voir n. 2) p. 348–360.
41 Döllinger à Montalembert (Lösch [voir n. 2]) p. 447.
42 Sur Döllinger et Maret voir Lösch (voir n. 2) p. 209–229.
43 Neuf lettres de Dupanloup à Döllinger ont pu être repérées, voir n. 3 et n. 47; voir aussi A. Mitchell, Partners in faillure: Dupanloup, Doellinger and the doctrine of papal infallibility, in: Francia X (1983) p. 381–390.

dence des études supérieures en théologie, vivement ressentie à cause de la poussée de la critique rationaliste, reviennent comme un leitmotiv dans les correspondances de Döllinger avec des ecclésiastiques français. Meignan, qui fit plusieurs séjours d'études à Munich, est particulièrement sensible à ces déficiences. Il écrit le 14 janvier 1860 à son ami de Munich: »Je voudrais avoir d'autres nouvelles plus agréables à vous raconter de Paris, qui touchent le clergé; mais nous ne faisons quotidiennement que pleurer sur le sort du Pape et maudire les Piémontais et d'autres encore: Temps triste en vérité, où l'on s'abêtit dans les larmes au lieu de penser à ses affaires en hommes raisonnables et de les régler avec prudence. Nous attendons chaque matin un miracle qui ne vient point. Nous ressemblons à la foule qui encombre l'Église métropolitaine de Naples au jour de la fête de S. Janvier. Nous comptons positivement sur un miracle imminent. Nous nous abordons dans l'Église et dans la rue en nous demandant: è fatto il miracolo? Le clergé en France s'abêtit. Du moins conservez le feu de la science et le flambeau de la raison dans vos universités, ces antiques boulevards de la religion«[44].

Les plaintes des amis français, l'absence d'une littérature religieuse capable de mener le dialogue avec la critique philosophique et exégétique de l'époque, l'avidité avec laquelle ses amis français lui arrachent ses propres publications pour les traduire en français, tout cela autorise Döllinger à parler d'une décadence de la théologie française par rapport aux XVIIe et XVIIIe siècles. Dans son discours de 1863 sur le présent et l'avenir de la théologie[45], il assure que la France porta au XVIIe siècle le flambeau catholique, ce XVIIe qui eut pour lui une importance comparable à la scolastique au moyen âge. Il fait le panégyrique de la théologie française et affirme: »C'était l'Église de France qui a donné naissance et forme à la patristique; c'est elle qui nous donna avec Fleury la première histoire de l'Église et dans le grand ouvrage de Tillemont un modèle unique de recherche historique. En Bossuet elle a donné à la chrétienté un Père de l'Église qui allie la formation scolastique avec le savoir le plus riche en histoire et en patristique, la maîtrise de la Sainte Écriture avec la rhétorique la plus brillante.« Dans la phalange des grands historiens, il énumère Morin, Thomassin, Arnauld, Nicole, du Perron, Richard Simon, Calmet et souligne les mérites de la théologie française pour le dépassement de la casuistique en théologie morale. En somme, l'Église de France était l'éducatrice de toutes les nations catholiques.

Mais vers le milieu du XVIIIe, cette tradition s'estompe. Il n'y a plus de Bossuet et plus de Pascal, plus de Malebranche ou de Fénelon. La destruction de la Sorbonne par la Révolution est à son avis un des événements les plus douloureux de l'époque parce qu'au moins pour la théologie elle n'a pas été remplacée. Un rapide tour d'horizon de la théologie européenne au milieu du XIXe siècle donne une impression pessimiste surtout par rapport à l'Italie, où Döllinger ne voit pas de lueur d'espoir.

»Heureusement on peut dire mieux, beaucoup mieux de la France. Là nous constatons ce qui manque complètement à l'Italie, une élite de laïcs distingués et courageux qui représentent la cause de la foi et de l'Église dans la littérature avec dignité

44 Meignan à Döllinger, 14 janv. 1860 (lettre inédite, voir n. 3).

45 Cette conférence n'a pas été traduite en français à ma connaissance; je cite d'après l'édition des Kleinere Schriften, Stuttgart 1890, p. 161–196.

et esprit. Quant au clergé il suffit de mentionner les noms de Gerbet, Maret, Lacordaire, Gratry, Bautain, Dupanloup, Ravignan, Félix et on admettra que dans les rangs du clergé français il y a des hommes qui comprennent les besoins de leur époque et de leur temps ... Mais demandez-vous maintenant: est-ce qu'il n'y a pas de Dalberg[46]? Où en France se trouvent les vrais théologiens, les parents d'esprit des Pitou, Bossuet et Arnauld, les hommes d'une science profonde et universelle; il n'y a pas de réponse à cette question. La France n'a pas de théologiens déjà en partie parce qu'elle n'a pas d'école des hautes études théologiques et pas même une seule école de niveau universitaire reconnue par l'Église. Elle a 80 ou 85 séminaires qui en tant que centres de formation pastorale peuvent être très utiles mais qui ne sauraient donner la formation approfondie qu'il faut pour notre époque ... Cela ne restera plus longtemps ainsi car les craintes se multiplient que le clergé français sera de plus écarté de la société et de la vie nationale qu'il sera réduit dans une position à part et qu'il perdra son influence déjà faible sur la partie masculine de la population.« Döllinger conclut que l'Allemagne n'en est pas encore à ce point là, qu'il lui revient de porter maintenant le flambeau de la théologie.

On a tort de voir dans ces déclarations l'arrogance du théologien-professeur, souvent identifié avec raison à un certain type de professeur allemand. On tiendra compte du fait que ce sont là des constatations de réalités, l'écho des plaintes de ses amis français. Döllinger n'en déduit pas une supériorité teutonique, mais il assigne à la théologie allemande comme grande tâche d'avenir le travail œcuménique pour guérir la blessure de la division des chrétiens: la Réforme a pris naissance en Allemagne, il incombe aux théologiens allemands d'y porter remède.

Le Concile du Vatican raviva les contacts avec la France, mais il marqua aussi une césure. Döllinger avait à cœur de contacter ses amis français en vue d'une action d'opposition concertée contre les visées des romanistes. Trois de ses amis, Maret, Dupanloup et Meignan étaient désormais dans l'épiscopat; pour autant qu'on peut le constater, il y eut des concertations seulement avec Maret et Dupanloup. Maret rendit visite à Döllinger en 1868 avec l'intention d'arranger une traduction de son ouvrage ›Du pape et du concile‹. En août 1869, Döllinger rencontra Dupanloup[47] au château de Herrnsheim sur les bords du Rhin chez leur ancien élève John Acton qui venait d'être promu à la pairie quelques semaines auparavant, comme premier catholique anglais depuis la Réforme. Bien qu'au Concile Acton fît son possible pour assurer les contacts entre les différentes nations de la minorité, assisté de la comtesse Charlotte de Leyden, une jeune bavaroise disciple de Döllinger et de Dupanloup, l'alliance internationale restait très fragile. Si Döllinger avait des difficultés à trouver l'adhésion des évêques de l'opposition à la façon dont il menait la lutte contre l'absolutisme dans l'Église, il ne put compter sur l'assentiment de l'épiscopat français envers qui il nourrissait une méfiance foncière précisément à cause des plaintes de

46 Ibid. En 1494 l'empereur Maximilien Ier concéda à la famille Dalberg, nobles de la région de Worms, le privilège d'être en premiers armés chevaliers aux diètes impériales. Avant l'ouverture de la séance le héraut impérial devait demander: Est-ce qu'il n'y a pas de Dalberg? La locution est devenue usuelle en Allemagne.

47 Sur les relations de Dupanloup avec Döllinger voir V. Lösch (voir n. 2) p. 230ss. et la correspondance de Döllinger avec Charlotte Lady Blennerhassett, éd. Conzemius, Munich 1981, index des personnes.

Bibl. Sambler Universität

ses amis français[48]. Alphonse Gratry et l'abbé Michaud[49] applaudissaient à son opposition: la guerre franco-allemande mit fin à toute éventualité d'une action concertée de la minorité de l'épiscopat après le concile.

5. Le bilan d'une alliance intime

1870 marque une césure. Montalembert meurt pendant le concile, Gratry peu après. Maret se retire, Meignan ne se fait plus entendre, Dupanloup a d'autres problèmes. Que reste-t-il donc de l'alliance intime avec la France? À la séance de rentrée de l'université de Munich de l'année académique 1871/72 le recteur Döllinger prononça un discours sur l'Allemagne politique dans lequel il fit une large part à la France[50]. Contrairement aux Français qui crient vengeance et vouent à l'Allemagne une haine inexorable, l'Allemagne reste attachée au »principe que chaque nation a reçu du ciel une mission particulière pour le développement du genre humain.

C'est pourquoi nous ne verrons pas d'un œil d'envie les Français se relever des blessures cruelles qu'ils ont reçues; et en ce qui nous concerne, nous recommencerons volontiers à échanger avec eux les liens intellectuels. Il est vrai que des bords de la Seine et de la Loire, aucune voix ne s'élève pour exhorter les Français à renouer avec nous les liens antiques créés par les bons offices réciproques; mais c'est pour cette raison même qu'il est de notre devoir à nous, les vainqueurs, de constater l'existence d'une sympathie ancienne, ineffaçable entre l'Allemagne et la France. Les deux nations ont une commune origine historique, toutes deux sont issues de l'empire carolingien. L'Allemagne et la France sont destinées à se compléter réciproquement, de même que l'histoire de l'Allemagne est inintelligible sans celle de la France et celle de la France sans celle de l'Allemagne.«

Döllinger poursuit en qualifiant le rôle joué par l'Allemagne dans ces relations comme passif. Il faudrait qu'elle sorte désormais de cette passivité. Il s'étend alors sur la corruption des Français – preuve le ›Juif Errant‹ d'Eugène Sue avec 14 traductions allemandes – et leur déification de la nation renfermée en trois propositions: 1. Le peuple français est le plus noble des peuples et ne peut jamais se tromper; 2. il a un droit imprescriptible sur le peuple allemand et sur le territoire qui s'étend jusqu'au Rhin; 3. L'armée française est invincible.

Le journal français qui publiait une version française de ce discours avisa ses lecteurs qu'ils y trouveraient cet étonnement hypocrite des Allemands marquant leur surprise de la haine que leurs gardent les Français, après une guerre, où les Allemands ont arraché à la France deux provinces essentiellement françaises. »Tenons du moins compte au recteur Döllinger du bien qu'il dit de nous, s'il le dit sincèrement«[51].

48 Voir Lösch (voir n. 2) index des personnes et surtout les lettres inédites mentionnées dans ma n. 3.

49 Voir Conzemius, Eugène Michauds Briefe an Ignaz v. Döllinger, in: Revue d'histoire ecclésiastique de Suisse LVIII (1964) p. 309–356.

50 I. v. Döllinger, Die Bedeutung der großen Zeitereignisse für die deutschen Hochschulen, Rektoratsrede vom 23. Dez. 1871, Munich 1871; réimpression dans Akademische Vorträge, t. III, p. 11–36.

51 (Anonyme) L'Allemagne politique et religieuse de Doellinger, in: Revue politique et littéraire, t. IX, 2 janv. 1872, p. 725–728.

A cela il n'y avait pas de doute. Döllinger lui-même ne sombra pas après Sedan dans ce triomphalisme germanique qui aveuglait une bonne partie de ceux qui se réclamaient de son opposition. Abandonnant en quelque sorte la théologie, il se tourna en tant que président de l'Académie de Bavière dans ses conférences vers des sujets d'histoire profane. Ici encore la France occupe une place de choix: deux études remarquables, l'une sur le règne de Louis XIV, l'autre sur Mme de Maintenon en témoignent[52]. Lorsqu'en 1886, la princesse Adelaïde de Bragance l'invita à se réconcilier avec la papauté, l'excommunié en appela aux théologiens français du XVIIe siècle pour justifier son opposition. On ne saurait demander de lui un assentiment à des doctrines qu'un Bossuet aurait rejetées.

Döllinger mourut nonagénaire le 10 janvier 1890. En France, il ne fut pas complètement oublié. Le ›Correspondant‹ lui consacra un article nécrologique noble et bienfaisant de la plume du vicomte H. de Bégouën[53]. Deux années après, l'abbé Kannengieser versa son fiel dans un compte-rendu de publications récentes sur le professeur munichois[54]. Mais ce furent les protestants français qui le découvrirent maintenant. Le pasteur Bonet-Maury, qui édita plusieurs ouvrages posthumes de Döllinger en français, lui consacra sa leçon inaugurale à la rentrée de la Faculté de théologie protestante de Paris[55]. La »Revue de l'histoire des religions« rendit hommage non seulement au savant mais aussi à l'homme: »Ce qu'il y a de plus frappant dans la vie de Döllinger, c'est la transformation qui s'opéra en lui à un âge, où les hommes en général ont leur siège fait et ne modifient plus guère leurs idées. Vers l'âge de soixante ans, il eut une seconde jeunesse; de champion du catholicisme intransigeant il se transforma en défenseur d'un catholicisme large et tolérant, de sectaire il devint homme de science et historien«[56].

Cette appréciation peut rester en suspens. Mais il faudrait contredire l'affirmation de M. Derré, à qui nous devons un ouvrage fondamental sur le cercle de Lamennais, que le bilan des relations de Döllinger avec la France fut assez maigre[57]. Tous les ouvrages majeurs et même quelques opuscules mineurs de Döllinger ont été traduits en français; des revues françaises ont publié des traductions de ses articles et le 'Correspondant' a donné un large écho à certaines de ses publications. Le cercle des amis mennaisiens surtout opéra comme multiplicateur. D'autre part, la liste des ouvrages français dont Döllinger suggéra la traduction à ses amis Manz de Ratisbonne et

52 Akademische Vorträge, t. I, p. 265–325; sur Mme de Maintenon, Akademische Vorträge, t. I, p. 326–417; on remarquera aussi les articles sur Garcin de Tassy et F. A. Mignet, in: Akademische Vorträge, t. II, p. 280–309 et 310–324.

53 H. de Bégouën, Ignace de Doellinger, in: Le Correspondant, 25 janv. 1890, p. 255–265.

54 A. Kannengieser, Doellinger d'après des documents nouveaux, in: Le Correspondant, juillet-septembre 1892, p. 609–632 (Compte rendu des publications posthumes de Doellinger ainsi que des biographies de Jörg, Kobell, Acton, E. Michael).

55 G. Bonet-Maury, Ignace Doellinger (1799–1890), Leçon d'ouverture de M. le professeur G. B. M., in: Séance de rentrée des cours de la faculté de théologie protestante de Paris le jeudi 3 novembre 1892, Paris 1892, p. 15–41.

56 Article nécrologique non signé dans: Revue de l'histoire des religions XXI (1890) p. 132–133.

57 Derré (voir n. 6) p. 527, n. 234: »bilan finalement assez mince de ses relations«.

Herder de Fribourg[58], les deux grandes maisons catholiques d'Allemagne, est encore à faire. Dans le monde des théologiens catholiques ou protestants de son siècle, extrêmement rares sont ceux qui aient pris leur rôle de médiateur aussi au sérieux que Döllinger, intégrant les intérêts particuliers du théologien spécialiste dans une approche globale de la culture française.

58 A. Meiner, G. J. Manz. Person und Werk 1830–1955, Munich, Dillingen 1957; ainsi que les catalogues de la maison Herder, surtout la correspondance de Benjamin Herder avec Doellinger qui se trouve dans les papiers Doellinger à la Bayerische Staatsbibliothek de Munich.

Thomas Raithel

DIE INNERE EINHEIT DES KRIEGSBEGINNS ALS ERFAHRUNG UND MYTHOS IN DEUTSCHLAND UND FRANKREICH 1914–1919

Constatons tout d'abord que l'Union Sacrée a existé dans sa plénitude, dans sa splendeur surhumaine. Son image est aussi impérissable que le serait celle d'un éclair pour qui ne verrait qu'un seul éclair au cours de sa vie[1].

Angesichts tiefer politischer und gesellschaftlicher Zerklüftungen und heftiger innerer Konflikte in der Vorkriegszeit wirkte das Bild der Geschlossenheit, das Deutschland wie Frankreich bei Beginn des Ersten Weltkriegs boten, vielfach wie ein »Wunder«[2]. Der beiderseits verbreitete Topos spiegelt freudige Überraschung über ein kaum für möglich gehaltenes Maß an Konsens und Eintracht, verweist aber auch darauf, daß das ungewohnte Ereignis sofort einem Prozeß der Verklärung unterworfen wurde. Diese Mythisierung setzte sich während des Krieges und in der Zwischenkriegszeit fort und prägte lange Zeit auch die Geschichtsschreibung, in der die innere Einheit des Kriegsbeginns häufig mit verbreiteter »Kriegsbegeisterung« erklärt oder gleichgesetzt wurde.

Die in der Forschung seit einiger Zeit erkennbaren Tendenzen zum Abbau des Klischees von der Begeisterung[3] sowie zur Offenlegung taktischer Motive und fortbestehender Divergenzen bei der politischen Kooperation und bei der Begründung

1 *Revue de Paris*, 15.9.1916, S. 471–486, »L'avenir de l'Union sacrée« (Jules Sageret), hier S. 481 mit Bezug auf den Kriegsbeginn.

2 Vgl. z.B. *Neue Preußische Zeitung*, 12.8.1914, Abendausg., S. 1, »Das deutsche Volk im Kampfe um seine Unabhängigkeit und seine Zukunft«: »Welch eine große, gewaltige Veränderung in unserm Volke heute! Die Deutschen, die sich noch vor wenigen Monaten in erbittertem Parteikampfe befehdeten, stehen heute wieder in jener wunderbaren geschlossenen Einheit da, nach der wir uns in den langen Friedensjahren so vergeblich gesehnt haben.« *Le Figaro*, 31.8.1914, S. 1, »En plein miracle«: »Oh! cette unité sans pareille, cette gerbe des volontés, ce faisceau des forces, ce chœur des âmes, cet unisson des pensées, cet amen formidable de toute la race; c'est avec cela que furent faites les cathédrales.«

3 Zu Frankreich vgl. Jean-Jacques Becker, 1914: Comment les Français sont entrés dans la guerre, Paris 1977. Regionalstudien bestätigten diesen Ansatz, vgl. z.B. zum Departement Isère: P. J. Flood, France 1914–18: public opinion and the war effort, London 1990, S. 5–16. – Auf deutscher Seite wurde das Klischee zunächst von Lokalstudien zur Arbeiterbewegung in Frage gestellt. Den Anfang machte Klaus Dieter Schwarz, Weltkrieg und Revolution in Nürnberg. Ein Beitrag zur Geschichte der deutschen Arbeiterbewegung, Stuttgart 1971, S. 106–111. Eine erste breit angelegte »begeisterungskritische« Darstellung mit landesweiter Perspektive in: Jeffrey Todd Verhey, The »spirit of 1914«: The myth of enthusiasm and the rhetoric of unity in World War I Germany, Ph. D. Berkeley 1991, Ann Arbor 1993, S. 85–215; Lokalstudie mit ähnlicher Tendenz: Michael Stöcker, »Augusterlebnis 1914« in Darmstadt. Legende und Wirklichkeit, Darmstadt 1994.

des »Burgfriedens«[4] sind notwendige Entwicklungen, um zu einer realistischen Sicht des Kriegsbeginns zu gelangen. Darüber hinaus stellt sich aber auch die Aufgabe, das Phänomen »innere Einheit«, das die deutsche wie die französische Öffentlichkeit spektakulär beherrscht hat, einer umfassenden Betrachtung zu unterziehen, es als prägende Erfahrung ernstzunehmen, ohne auf einen kritischen Ansatz zu verzichten. Die Methode des Vergleichs ist hier besonders geeignet, Zusammenhänge besser zu erkennen und nationale Spezifika schärfer zu erfassen[5]. Wesentliche Ergebnisse einer derartigen Analyse[6] werden im ersten Teil der folgenden Ausführungen dargelegt. Darauf aufbauend folgen im zweiten Teil Überlegungen zur Frage, wie sich das zum historischen Mythos[7] verklärte Bild von der Einheit des Kriegsbeginns während des Krieges und im Übergang zur Nachkriegszeit inhaltlich und funktional fortentwickelt hat.

I.

Ähnlich war 1914 in Deutschland und Frankreich der grobe Verlauf: Die rasche Durchsetzung einer breiten und intensiven Stimmung nationaler Einheit Ende Juli, die Hochphase Anfang August und das Verblassen seit Anfang September bei gleichzeitigem Ausbau der politischen Zensur. Die Betrachtung dieses Prozesses erfolgt hier auf zwei Ebenen der Öffentlichkeit. Bezug genommen wird auf die politische Öffentlichkeit, das heißt insbesondere führende Presseorgane und öffentliche Äußerungen von Parteien und Verbänden, sowie auf das Verhalten der Bevölkerung in ausgewählten Städten[8]. Dabei ist es hilfreich, verschiedene Komponenten zu un-

4 Vgl. vor allem Wolfgang KRUSE, Krieg und nationale Integration. Eine Neuinterpretation des sozialdemokratischen Burgfriedensschlusses 1914/15, Essen 1994; BECKER (wie Anm. 3) S. 369–485. Vgl. auch unten S. 18 zum Begriff »Burgfrieden«.

5 Vgl. zum Diskussionsstand: Heinz-Gerhard HAUPT, Jürgen KOCKA, Historischer Vergleich: Methoden, Aufgaben, Probleme. Eine Einleitung, in: DIES. (Hg.), Geschichte und Vergleich. Ansätze und Ergebnisse international vergleichender Geschichtsschreibung, Frankfurt/M., New York 1996, S. 9–45.

6 Thomas RAITHEL, Das »Wunder« der inneren Einheit. Studien zur deutschen und französischen Öffentlichkeit bei Beginn des Ersten Weltkrieges, Bonn 1996 (Pariser Historische Studien, 45) (zugl. Diss. Erlangen-Nürnberg 1994). Als wichtigste Quellen dienten Presse, Publizistik, Polizei- und Verwaltungsakten und autobiographische Literatur. Ausgeklammert bleiben im folgenden die im Rahmen der Dissertation behandelten Fragen nach Strukturen der Öffentlichkeit, nach mittel- und langfristigen Erklärungen für das Verhalten der Öffentlichkeit sowie nach der unmittelbaren politischen Relevanz »öffentlicher Meinung«. Soweit die Ausführungen der folgenden Seiten (Teil I) nicht gesondert belegt sind, sei auf diese Arbeit verwiesen; ibid. auch weiterführende Literaturangaben.

7 Zum Begriff »Mythos« vgl. A. HORSTMANN, »Mythos, Mythologie«, in: Historisches Wörterbuch der Philosophie, hg. von Joachim RITTER und Karlfried GRÜNDER, Bd. 6, Darmstadt 1984, Sp. 281–318; Karl GABRIEL, »Mythos«, in: Staatslexikon. Recht – Wirtschaft – Gesellschaft, in 5 Bänden, hg. von der Görres-Gesellschaft, 7. völlig neu bearbeitete Auflage, Bd. 3, Freiburg u.a. 1987, Sp. 1256–1260. Zum Thema »politische Mythen« vgl. auch Raoul GIRARDET, Mythes et mythologies politiques, Paris 1986, S. 9–24; zur vielfältigen Bedeutung des französischen Mythos von der »unité« im 19. und 20. Jahrhundert ibid. S. 139–173.

8 Für Deutschland: Berlin, Hamburg, Köln, Königsberg, Straßburg und Fürth; für Frankreich: Paris, Marseille, Bordeaux, Grenoble, Nancy und Rennes.

terscheiden, die jeweils zum komplexen Klima innerer Einheit beitrugen: Konsens der Meinungen innerhalb der politischen Öffentlichkeit zu den wesentlichen Fragen der Julikrise und des beginnenden Krieges; demonstrative »Gesten der Einheit« in Politik und politischer Öffentlichkeit; das Verhalten der städtischen Bevölkerung sowie die übergreifende Thematisierung der »Einheitserfahrung« in der politischen Öffentlichkeit.

Konsens der Meinungen innerhalb der politischen Öffentlichkeit zu den wesentlichen Fragen der Julikrise und des beginnenden Krieges

Zur Grundlage der inneren Einheit wurde der breite Konsens in der Beurteilung der Julikrise. Obgleich dies ein Ergebnis der letzten Juliwoche war, liegen die Ansätze bereits in der Zeit vor Übergabe des österreichisch-ungarischen Ultimatums an Serbien am 23. Juli. Ausgangspunkt war die unterschiedliche Beurteilung des Verbrechens von Sarajevo: Während es in Frankreich meist als individuelle Tat erschien, wurde Serbien im Großteil der deutschen Presse zumindest mit einer moralischen Verantwortung belastet, wobei eine vom Auswärtigen Amt geförderte Kontrastierung zwischen Serbien und der Kultur »Europas« schon auf die Zuspitzung der Krise vorbereitete. Im Hinblick auf die Wahrnehmung des Konfliktpotentials kann man diese Phase als »verdeckte« Krise bezeichnen: Die Informationen über die zu erwartende Reaktion der Wiener Führung nach dem Attentat waren knapp und widersprüchlich, und die eigene Regierung trat zunächst nur in einer sekundären Rolle auf. Dies senkte die Aufmerksamkeit und trug dazu bei, ein frühzeitiges Erwachen des extrem nationalistischen Lagers sowie Widerspruch von links zu verhindern. Ende Juli war für die von der Kriegsgefahr überraschte politische Öffentlichkeit beider Seiten eine reflektierte Beurteilung kaum mehr möglich. Aufgrund der in der Vorkriegszeit aufgefrischten Stereotypen von der russischen bzw. deutschen »Gefahr«[9], eingeschränkter Informationen über den Krisenverlauf und amtlicher Pressebeeinflussung wurden Rußland bzw. Deutschland, die bald als Drahtzieher hinter Serbien und Österreich-Ungarn galten, stark belastet. Parallel dazu gelang es beiden Regierungen, ihre nach außen hin abwartend wirkende Krisenpolitik gegenüber der eigenen Öffentlichkeit als Option für den Frieden darzustellen. Seit Bekanntwerden des österreichisch-ungarischen Ultimatums formte sich unter diesen Umständen der Konsens über die gegnerische Kriegsverantwortung, die eigene Bereitschaft zum Verteidigungskrieg und die notwendige Unterstützung der Regierung. Dieser Bewertung schlossen sich mit einer gewissen Verzögerung in beiden

9 Die Vorstellung einer »russischen Gefahr« hatte sich in Deutschland im Frühjahr 1914 im Kontext einer deutsch-russischen »Pressefehde« intensiviert, wobei vor allem der Wettlauf in der Heeresrüstung eine Rolle spielte. Eine Stimulierung durch die deutsche Regierung ist meines Erachtens unwahrscheinlich; gegenteiliger Ansicht ist Klaus WERNECKE, Der Wille zur Weltgeltung. Außenpolitik und Öffentlichkeit im Kaiserreich am Vorabend des Ersten Weltkrieges, Düsseldorf 1970, S. 244–287. In der französischen Öffentlichkeit war die Furcht vor der »menace allemande« seit 1913 infolge der Diskussion um die deutsche Heeresrüstung und um die Verlängerung der französischen Wehrdienstzeit auf drei Jahre stark gewachsen; vgl. Gerd KRUMEICH, Aufrüstung und Innenpolitik in Frankreich vor dem Ersten Weltkrieg. Die Einführung der dreijährigen Dienstpflicht 1913–14, Wiesbaden 1980.

Staaten auch sozialistische Stimmen an[10]. Die während der letzten Julitage stattfindenden sozialistischen Antikriegsdemonstrationen waren nicht in der Lage, den nationalen Konsens zu gefährden: Aus Überzeugung, patriotischer Grundhaltung oder auch aus taktischen Motiven verzichteten sie beiderseits darauf, die Friedfertigkeit der eigenen Regierung zu bestreiten, und bekundeten für den Notfall – in Frankreich stärker als in Deutschland – die Bereitschaft zum Verteidigungskrieg. Unter diesen Umständen verzichteten die Staatsführungen jeweils auf die vorbereiteten repressiven Maßnahmen.

Der öffentliche Konsens, der durch die Eskalation der Krise zum Krieg nur noch bestärkt wurde, mußte sich schon bald in der Meinungsbildung zu militärischen Vorgängen, Feindbildern, nationalem Selbstverständnis, »Sinngebung« des Krieges und konkreten Kriegszielen bewähren. In der politischen Öffentlichkeit Deutschlands blieben diese Fragen ohne verbindende Antworten, die »Einheitserfahrung« stieß hier bereits während der ersten Kriegswochen an deutliche Grenzen. So erwies sich die Prämisse vom Verteidigungskrieg bald als brüchig. Zwar wurde der Krieg, von Ausnahmen auf der Rechten abgesehen, nicht offen begrüßt – von einer »Kriegsbegeisterung« in diesem Sinne kann kaum die Rede sein –, doch verbreiteten sich bellizistische Hoffnungen auf eine kriegerische »Läuterung« des deutschen Volkes und offensive Spekulationen über den Sinn des Krieges. Letztere blieben heterogen: völkische Weltmachtphantasien, der Glaube an eine Entfaltung deutschen »Wesens« und deutscher »Kultur« zum Wohle der Menschheit oder – vor allem auf der Linken – die Aussicht auf eine »Befreiung« des Ostens von zaristischer Zwangsherrschaft. Infolge zunehmender Englandfeindschaft in großen Teilen der Öffentlichkeit und betontem Festhalten an der primären Feindschaft gegen Rußland bei einer überwiegend linken Minderheit entstanden konkurrierende »Hauptfeindbilder«. Anläßlich des vermeintlichen belgischen »Franktireurkriegs« ergaben sich erste Differenzen in der Beurteilung der eigenen Kriegführung[11]. Die Mitte August während des Vormarsches im Westen einsetzende Diskussion um Kriegsziele sorgte sogar für deutliche Konflikte. Führend waren einerseits annexionistische Stimmen der nationalistischen Rechten, andererseits sozialdemokratische Forderungen nach einem Verzicht auf »Eroberungen« und günstigen Friedensbedingungen für das scheinbar schon geschlagene Frankreich. Der aufbrechende Streit wurde bald durch strikte Zensur unterdrückt und die Kriegszieldiskussion, deren Aktualität nach der Marneschlacht sank, in eine zunehmend von den Alldeutschen beherrschte Sphäre der »vertraulichen« Denkschriften abgelenkt.

10 Eine bemerkenswerte Ausnahme war der *Vorwärts*. Das führende Organ der SPD verzichtete zwar seit Ende Juli auf offene Kritik an der deutschen Politik, verweigerte aber zunächst jede affirmative Äußerung zum Thema Krieg. Mit dieser Haltung gehörte der *Vorwärts* – bis zu seiner Disziplinierung durch die Partei 1916 – zu einer »burgfriedenskritischen« Minderheit innerhalb der SPD-Presse. Vgl. Gerhard EISFELD, Kurt KOSZYK, Die Presse der deutschen Sozialdemokratie. Eine Bibliographie, Bonn ²1980, S. 22 ff.

11 Dabei ging es um die Frage nach den deutschen »Gegenmaßnahmen«. – Zu den Hintergründen jetzt zusammenfassend: Alan KRAMER, »Greueltaten«. Zum Problem der deutschen Kriegsverbrechen in Belgien und Frankreich 1914, in: Gerhard HIRSCHFELD, Gerd KRUMEICH (Hg.), in Verbindung mit Irina RENZ, Keiner fühlt sich hier mehr als Mensch… Erlebnis und Wirkung des Ersten Weltkriegs, Essen 1993, S. 85–114.

In Frankreich blieben die Koordinaten im Grundkonsens »Verteidigungskrieg« unverändert, der militärische Rückzug verstärkte noch das Bewußtsein der Defensive. Immerhin bestand hier Klarheit über den Hauptfeind, auch wenn sich Meinungsverschiedenheiten in der Betrachtung Deutschlands abzeichneten. Die Urteile schwankten zwischen einer »integral« negativen Dämonisierung der deutschen »Barbaren«[12] und einer Differenzierung zwischen Volk und Führung, die besonders in der sozialistischen Presse ausgeprägt war. Im nationalen Selbstverständnis und in der Sinngebung des Krieges ist durchaus ein gewisser Konsens zu erkennen. Zumindest gab es die alle Lager verbindende Perspektive des Kampfes für die »civilisation«, und die Vorstellung, nicht nur für Frankreich, sondern im Dienste der Menschheit um »droit« und »liberté« zu kämpfen, fand – mit Einschränkungen für die äußerste Rechte – große Resonanz. Unbestritten war das grundsätzliche Ziel, Elsaß-Lothringen zu »befreien«. Auch über die Aufgabe, die deutsche Gefahr dauerhaft auszuschalten, war man sich letztlich einig, wenngleich unterschiedliche Perspektiven, von der territorialen Zersplitterung bis zur Errichtung einer deutschen Republik, entwickelt wurden. Das gefährlichste, durch die Wende im Kriegsverlauf Mitte September freilich bald entschärfte Konfliktpotential lag in den Reaktionen auf die militärischen Mißerfolge. Im Vorfeld der Marneschlacht wuchs aus traditionellen innenpolitischen Frontstellungen heraus Kritik an der militärischen, administrativen und parlamentarischen Elite; an diesem Punkt setzte Anfang September die Etablierung einer politischen Zensur an. Insgesamt aber herrschte in der französischen Öffentlichkeit ein höheres Maß an Konsens über die wesentlichen Fragen des Krieges als in der deutschen.

Demonstrative »Gesten der Einheit« in Politik und politischer Öffentlichkeit

Während der ersten Kriegswochen erfolgten in der Sphäre der Politik und der politischen Öffentlichkeit demonstrative, auf nationale Versöhnung und Einordnung zielende »Gesten der Einheit«, die in ihrer Summierung wesentlich zum öffentlichen Klima beitrugen. Sie reichten von der Presseäußerung bis zur politischen Aktion und brachten – unabhängig davon, ob aus Überzeugung, aus Kalkül oder unter Druck – in gezielter Wirkungsabsicht und in auffallender Weise einen Appell zur Einheit der innenpolitischen Kräfte, einen Brückenschlag zum politischen Gegner oder, im Fall bisheriger »Außenseiter«, die Einordnung in die nationale Gemeinschaft zum Ausdruck. Höhepunkt dieser Entwicklung war der 4. August. Die wohlinszenierten Parlamentssitzungen wurden zu paradigmatischen Schauspielen, in denen die einstimmige Bewilligung der Kriegskredite erfolgte und die innere Einheit beschworen wurde, in Frankreich unter anderem erstmals in Poincarés Wendung von der »union sacrée«[13]. Zuvor hatte beiderseits eine charakteristische politi-

12 Zur Intensität des französischen Feindbildes vgl. jetzt auch Michael JEISMANN, Das Vaterland der Feinde. Studien zum nationalen Feindbegriff und Selbstverständnis in Deutschland und Frankreich 1792–1918, Stuttgart 1992, S. 339–363. Die These einer »Ethnisierung« der Feindschaft scheint mir allerdings überzogen.

13 Poincaré schrieb die Formel in seine durch Ministerpräsident Viviani verlesene Botschaft: »Elle (›la France‹; Th.R.) sera héroïquement défendue par tous ses fils, dont rien ne brisera devant l'ennemi l'union sacrée et qui sont aujourd'hui fraternellement assemblés dans une même indignation

sche Manifestation stattgefunden. Im Berliner Schloß eröffnete der Kaiser vor Vertretern des gesellschaftlichen Lebens und vor Abgesandten der Reichstagsparteien – SPD-Abgeordnete nahmen allerdings traditionellerweise nicht teil – den Reichstag mit einer Thronrede. Wilhelm II. gab dabei die vor allem auf die Anhänger der Sozialdemokratie zielende Versicherung »Ich kenne keine Parteien mehr, ich kenne nur noch Deutsche«[14], und ließ sich anschließend von den Parteiführern per Handschlag die Treue geloben. In Paris sammelten sich Vertreter der Regierung, darunter als Trauerredner auch Ministerpräsident Viviani, und fast aller politischen Kräfte am Grab des ermordeten sozialistischen Parteivorsitzenden Jean Jaurès; aus der Begräbnisfeier wurde eine »manifestation de solidarité nationale et de foi patriotique en face de la violation du territoire«[15].

Meist lag die »Gestik« der Einheit spiegelbildlich zur bisherigen Konstellation der Konflikte und Zerklüftungen. In Deutschland, wo die Distanz der sozialistischen Linken zu Staat und bürgerlichen Parteien größer war, stand die SPD als Akteur oder Bezugsobjekt im Mittelpunkt. In Frankreich war die Ausrichtung der Gesten ausgeglichener, nicht selten ging es dabei auch um das Verhältnis zwischen Laizismus und Katholizismus. Auffallend ist zudem ein Unterschied in der Ausprägung der Aktionsformen. In Deutschland dominierte ein deklamatorischer Charakter – etwa in der Kaiserrede und dem Gelöbnis der Parteiführer im Schloß, der SPD-Fraktionserklärung im Reichstag oder dem Konfliktverzicht innenpolitischer Kampfverbände. In Frankreich hingegen erfolgte eine Verbindung mit politischem Handeln im weitesten Sinn – so in der politischen Instrumentalisierung der Trauerfeier für Jaurès, der persönlichen »réconciliation« von Politikern, der Zusammenarbeit gegensätzlicher Kräfte im nationalen Wohlfahrtswesen und den Kabinettsumbildungen vom 3. und 26. August, die jeweils das politische Spektrum erweiterten. Besonders hervorzuheben ist der angesichts der drohenden Niederlage erfolgte Regierungseintritt zweier Sozialisten[16]. Die Gesten der Einheit besaßen in Frankreich mehr Substanz, sie gingen über in einen öffentlich demonstrierten Prozeß pragmatisch-politischer Kooperation, während es in Deutschland weitgehend bei der spektakulären Pose blieb.

Das Verhalten der städtischen Bevölkerung

Als wichtiger Indikator der nationalen Geschlossenheit erschien das in der Presse und in amtlichen Berichten sorgsam registrierte Verhalten der Bevölkerung. In den Zentren größerer Städte herrschte während der letzten Juli- und ersten Augusttage

contre l'agresseur et dans une même foi patriotique.« *Journal Officiel, Chambre des Députés, Débats parlementaires*, 1914, S. 3111. Zur Genese vgl. Raymond POINCARÉ, Au service de la France, Bd. 4, Paris 1927, S. 544 ff.

14 Eine ähnliche, inhaltlich aber nicht gesicherte Wendung hatte Wilhelm II. schon in einer Rede von einem Balkon des Schlosses am 1.8. gebraucht. Zur Entstehungsgeschichte des »Kaiserworts« vgl. den Bericht des daran beteiligten Chefs der Presseabteilung im Auswärtigen Amt: Otto HAMMANN, Um den Kaiser, Berlin 1919, S. 96, Anm. 1.

15 *Le Temps*, 5.8.1914, S. 4, »Les obsèques de Jaurès«. Das Spektrum der Teilnehmer reichte nach rechts bis zu Maurice Barrès.

16 Am 26.8. wurden Marcel Sembat Minister für öffentliche Arbeiten und Jules Guesde Minister ohne Geschäftsbereich. Vgl. auch Anm. 51.

vor allem in den Abendstunden immer wieder starker Menschenandrang, wobei das Verlangen nach neuesten Informationen durch Zeitungen und Extrablätter eine wesentliche Triebkraft war. Das Klischee von der breiten und freudigen »Kriegsbegeisterung« vermittelt für diese Tage ein verzerrtes Bild. Parallel zur Entwicklung in der politischen Öffentlichkeit schwankte die Stimmungslage zwischen Kriegsfurcht und demonstrativem Patriotismus. Trotz mancher lautstarken, überwiegend von Jugendlichen getragenen Kundgebung dominierte letztlich eine eher ernste, wenngleich entschlossene Akzeptanz des Krieges. In Deutschland nahm die Beteiligung an »patriotischen« Umzügen, aber auch an sozialistischen Antikriegskundgebungen größeren Umfang an. Aufsehen erregten vor allem die von Studenten und Gymnasiasten beherrschten Berliner Demonstrationen, die am 25. und 26. Juli in unmittelbarer Nähe der politischen Zentren und wichtigen Botschaften akklamativ Unterstützung für Österreich-Ungarn manifestierten.

Auch für die ersten Kriegswochen ist das Bild allgemeiner »Kriegsbegeisterung« in der Regel nicht angebracht. Doch der reibungslose Verlauf der Mobilmachung, die hohe Zahl freiwilliger Meldungen[17], die breite, auch die Arbeiterschaft erfassende patriotische Identifikation und eine unter dem Druck der Ereignisse wachgewordene zwischenmenschliche Solidarität förderten ein Klima der Gemeinschaft, in dem die sozialen Schranken zeitweilig zu verblassen schienen. Insbesondere die von überall her vermeldete »Opferfreudigkeit« und Hilfsbereitschaft ließen sich als Zeichen eines verheißungsvollen Neubeginns werten. Beiderseits zeigte sich allerdings auch eine Kehrseite feindseliger, gewalttätiger und geradezu hysterischer Ab- und Ausgrenzung gegenüber allem, was mit dem Kriegsfeind in Verbindung gebracht werden konnte, vom Fremdwort in einer Firmenaufschrift bis zum vermeintlichen Attentäter und Spion. Markante nationale Unterschiede sind erst seit Ende August zu erkennen. Während sich in Frankreich eine gewisse Unruhe breitmachte, herrschte in deutschen Städten freudige Begeisterung über die militärischen Erfolge. In Berlin, wo von proletarischen Mietskasernen plötzlich zahllose Reichsfahnen wehten, sorgte zudem die starke Anteilnahme der Arbeiterschaft für Aufsehen. Mitte September fand die Anfangsphase intensiver öffentlicher Reaktionen auf den Krieg dann ein allmähliches Ende. Nach dem Steckenbleiben der Westoffensive kühlte sich die deutsche Siegesfreude ab, ohne daß es – nicht zuletzt auch infolge unzureichender Informationen – zu einer deutlichen Verschlechterung gekommen wäre. In Frankreich hingegen wuchs wieder das Vertrauen in die Führung, wobei der Sieg an der Marne eher verhaltene Freude auslöste.

Die übergreifende Thematisierung der »Einheitserfahrung« in der politischen Öffentlichkeit

In beiden Staaten begann sofort eine vielfältige und häufig euphorisch gestimmte Thematisierung der scheinbar erreichten inneren Einheit. Gegründet auf nationale Traditionen politischer Ideologie und Kultur wurden hier wesentliche Grundlagen

17 So zumindest die zeitgenössische Wahrnehmung. Gegen eine bis heute wirksame Überschätzung der deutschen Freiwilligenzahlen wendet sich Bernd ULRICH, Kriegsfreiwillige. Motivationen – Erfahrungen – Wirkungen, in: Berliner Geschichtswerkstatt e.V. (Hg.), August 1914: Ein Volk zieht in den Krieg, Berlin 1989, S. 232–241, hier S. 234 f.

für die weitere Mythisierung gelegt. Wichtigste deutsch-französische Gemeinsamkeit war dabei die Kontrastierung mit früherer Uneinigkeit. »Aller Haß der Parteien ist wie ein Nachtgespenst verschwunden«, hieß es beispielsweise in der konservativen *Kreuzzeitung*[18], und der rechtsrepublikanische *Temps* sprach von einer »réconciliation instantanée«[19]. Teilweise sah man die überraschende Einheit auch eingebettet in einen Prozeß nationaler »Gesundung«, »Läuterung« oder »résurrection«.

In Deutschland fand eine stärkere Ideologisierung der aktuellen Erfahrung statt. Der in konservativer Tradition wurzelnde und im Aufschwung des völkischen Denkens intensivierte Mythos eines homogenen »Volkes«[20] erschien plötzlich als Realität. Maßgeblich wurde die Vorstellung vom Volk als eines »Körpers«, der eine individuelle »Seele«, ein spezifisches »Wesen« oder einen »Volksgeist« besitzt und alle Teile in einer organischen »Gemeinschaft« verbindet. Diese Annahmen waren in den Blättern der Rechten am stärksten ausgebildet, prägten aber den Diskurs der gesamten bürgerlichen Presse[21]. Vor dem Krieg war das Bild vom organischen Volk durch die gesellschaftlich-politische Realität in Frage gestellt worden. »Und ein Volk, in dem solcher Hader waltet, soll eine einheitliche Seele haben?« faßte der Rechtshistoriker Otto von Gierke seine Zweifel rückblickend im *Tag* zusammen[22]. Seit Kriegsbeginn meinte man nun die »innere Gemeinschaft aller Volksschichten« wiederzuerkennen[23]. Das »einige Volk von Brüdern«, wie es in Anlehnung an Schillers »Wilhelm Tell« häufig formelhaft hieß, bewies darüber hinaus in der »Erhebung« des Kriegsbeginns seine »sittlichen Kräfte«, überwand Materialismus und Egoismus und widerlegte kulturpessimistische »Zweifel am tüchtigen Kern des deutschen Wesens«[24]. Bestätigt konnte sich sehen, wer die bisherigen Gegensätze nur als »künstlich« bewertete[25], verursacht durch jene, die »einen Keil in den

18 *Neue Preußische Zeitung*, 12.8.1914 (wie Anm. 2). Die *Neue Preußische Zeitung* wurde nach dem Untertitel traditionellerweise *Kreuzzeitung* genannt.

19 *Le Temps*, 8.8.1914, S. 4, »Paris en guerre – La rue«.

20 Zum verengten Volksbegriff und zum »sprachimmanenten« Ideologiegehalt infolge der »semantisch unterstellten Totalität des Volkes« vgl. Reinhart KOSELLECK in: »Volk, Nation, Nationalismus, Masse«, in: Geschichtliche Grundbegriffe. Historisches Lexikon zur politisch-sozialen Sprache in Deutschland, hg. von Otto BRUNNER, Werner CONZE, Reinhart KOSELLECK, Bd. 7, Stuttgart 1992, S. 141–431, hier S. 392.

21 Angemerkt sei, daß in der SPD-Presse und besonders im *Vorwärts* vereinzelt Widerspruch laut wurde; so in *Vorwärts*, 1.9.1914, S. 1 f., »Ein Monat Krieg«: »Was man schreibt oder sagt von der neuen Einheit, die der Krieg geschmiedet haben soll, ist im Grunde doch nicht viel mehr als ein schöner Traum«. Der »Kampf der Klassen, der sich spiegelt im Kampf der politischen Parteien«, gehe »mit Notwendigkeit« weiter. Könne der Krieg die »inneren Auseinandersetzungen« aufhalten, so sei dies keine »Läuterung«, sondern nur »eine Verzögerung jener wichtigsten und größten ›Läuterung‹«, die Ersetzung der »Klassenherrschaft« durch die »klassenlose Gesellschaft«.

22 *Tag/Illustrierter Teil*, 30.8.1914, S. 1 f., »Volksgeist I«. Besonders im Blick hatte Gierke Wirken und Erfolge der SPD.

23 *Kölnische Zeitung*, 2.8.1914, 2. Morgenausg., S. 1, »Stimmung in Berlin«.

24 *Das Größere Deutschland*, 8.8.1914, S. 505, »Der europäische Krieg« (Ernst Jäckh); *Kölnische Zeitung*, 16.8.1914, 2. Morgenausg., S. 1, »Das Stahlbad«.

25 Vgl. z.B. *Kölnische Volkszeitung*, 8.8.1914, Abendausg., S. 1, »Der Krieg als Künder sittlicher Kraft«: »Es hat sich gezeigt, daß Schranken zwischen den Gesellschaftsschichten, die sich in den letzten Jahrzehnten in Deutschland zu erheben schienen und eine soziale Gefahr bedeuteten, zu einem guten Teil nur künstlich sind; diese Schranken kommen uns jetzt wie weggefegt vor«.

Eichenstamm unsres deutschen Volkes« getrieben hatten[26]. Wilhelm II., der vor dem Krieg die Rolle eines »Volkskaisers« keineswegs hatte ausfüllen können[27], galt nun, nicht zuletzt dank des »herrlichen Worts« vom 4. August[28], als Personifikation der Einheit. Das deutsche Volk stand, so schien es, einmütig »hinter seinem Kaiser«[29]. Mit der monarchischen Ideologisierung verbanden sich Ausführungen über die Bedeutung des deutschen Staatsbewußtseins. »Niemals in der Weltgeschichte«, so bemerkte beispielsweise Gierke in dem bereits zitierten Artikel, waren »Volk und Staat inniger verschlungen (...) als heute in Deutschland«[30].

Derartige Vorstellungen ließen wenig Raum für die Würdigung des politischen »Burgfriedens« und der konkreten Kooperation. Die angesichts der noch immer tiefen Kluft zwischen Sozialdemokratie und Staat geradezu sensationelle Haltung der SPD-Reichstagsfraktion am 4. August erfuhr innerhalb des bürgerlichen Spektrums lediglich in der liberalen Tagespresse deutliche Anerkennung. Äußerst zurückhaltend gaben sich konservative Zeitungen. Das Ergebnis der Parlamentssitzung erschien hier nur als Bestätigung der spontanen Einheit des »Volkes«[31], das Lob galt – wie bei Theodor Schiemann in der *Kreuzzeitung* – allein der Opferbereitschaft »unserer Arbeiter in Stadt und Land«[32]. Das Verhalten der Bevölkerung während der ersten Kriegswochen bestärkte diese Sicht. So stellte die *Deutsche Tageszeitung* Ende August befriedigt fest, daß sich »sozialistische landesverräterische Hetze« der Gewalt »vaterländischer Begeisterung« »beugen« mußte[33].

Durch die Erfahrung des Kriegsbeginns bestätigte sich auch aus französischer Sicht eine als intakt wiedererkannte Ganzheit. »La France«, die »nation« oder »race« war einig im Patriotismus und zeigte sich nach der »résurrection« als »France immortelle« mit traditionellen Qualitäten und traditioneller humanitärer Sendung. Im Unterschied zu Deutschland fehlte den französischen Vorstellungen aber die Basis eines »körperlichen« Volksbegriffs. Das nur selten im ethnischen Sinne gebrauchte »peuple« und auch »race« blieben unverbindlicher als das organisch verstandene »Volk« und standen dem weiten Begriff der »nation« nahe, der mehr Raum ließ für unterschiedliche politische Traditionen. Auch die Wendungen von Frankreichs »âme«, »cœur« oder »esprit« waren allgemeiner als die Konzepte eines spezifischen und als homogene Individualität definierten »deutschen Wesens« oder »Volksgeistes«. Charakteristisch für das weit gefaßte Verständnis sind die traditio-

26 *Neue Preußische Zeitung*, 5.8.1914, Morgenausg., Beilage, S. 1, »Kriegs-Bettag«.

27 Vgl. Elisabeth FEHRENBACH, Wandlungen des deutschen Kaisergedankens 1871–1918, München, Wien 1969, S. 89–199.

28 *Tag/Illustrierter Teil*, 30.8.1914 (wie Anm. 22).

29 Vgl. z.B. bereits *Kölnische Zeitung*, 2.8.1914, 2. Morgenausg., S. 1, »Die große Stunde«: »So steht das deutsche Volk Mann für Mann hinter seinem Kaiser, in dem sich unsere nationale Einheit verkörpert.«

30 *Tag/Illustrierter Teil*, 1.9.1914, S. 2, »Volksgeist II.«. Von diesem Ansatz läßt sich eine Linie zur späteren Diskussion um die »Ideen von 1914« ziehen, in der auch die These einer spezifisch deutschen Staatlichkeit eine Rolle spielte; vgl. unten S. 16ff.

31 Vgl. z.B. *Alldeutsche Blätter*, 8.8.1914, S. 289, »Vom deutschen Volke dieser Tage«: »Das deutsche Volk ist einig (...); das erleben wir auf Gassen und Straßen, lesen es in den Zeitungen und finden es jetzt erfreulich bestätigt im Deutschen Reichstage.«

32 *Neue Preußische Zeitung*, 12.8.1914, Morgenausg., S. 1, »Die äußere Politik der Woche«.

33 *Deutsche Tageszeitung*, 26.8.1914, Beilage, S. 2, »Was ist der Krieg?«

nellen republikanischen Topoi der Nation als »Familie« und Frankreichs bzw. der »patrie« als »Mutter«. Die im politischen Leben streitenden Kräfte waren Angehörige einer »grande famille«, die sich nun in einer »réconciliation« wiederfand[34]. In diesem Kontext gewann, gelegentlich mit Erinnerung an die revolutionäre Tradition, auch der Begriff der »fraternité« eine politische Bedeutung[35].

Die zurückliegenden Konflikte konnten auf der Grundlage dieser Ganzheitsvorstellung als Normalität oder sogar als etwas für die Gesamtheit Produktives begriffen werden. So sah *L'Opinion* Mitte August ein brüderliches Frankreich, in dem sich die gegensätzlichen »puissances d'héroïsme« von Bouvines bis zur Commune in einer Koalition vereint hatten[36]. Frankreich als historisch gewachsene Synthese – dies entsprach dem in der Vorkriegsepoche propagierten Geschichtsbild der Dritten Republik[37]. Eine Ideologisierung unter Bezug auf die republikanisch-demokratische Staatsform entwickelte sich nur vereinzelt im linksrepublikanischen Spektrum von Radicaux und Sozialisten. Die Einheit galt als spontane »concorde civique«[38] der Nation angesichts der »patrie en danger«, der Mythos der Freiwilligen von 1792 wurde – bezogen auf die gesamte Gesellschaft – zur scheinbaren Realität. Die »union« und die mit ihr verbundene »énergie« waren, wie die sozialistische *Humanité* anläßlich der Kammersitzung vom 4. August darlegte, dem »régime républicain« zu verdanken, denn heute verteidigte sich die »nation«, während 1870 das »Empire« ein dynastisches Interesse verfolgt hatte[39]. Umgekehrt stand die neoroyalistische *Action Française* vor dem Problem, erklären zu müssen, warum nationale Einheit auch ohne König möglich war[40].

34 Zur Vorstellung der »Familie« vgl. z.B. *Bulletin des Armées*, 16.8.1914 »Pour ceux qui se battent« (Ernest Lavisse), in: Histoire de la guerre par le Bulletin des Armées (15 août 1914–31 août 1914), Paris o.J., S. 12: »A l'heure même où vous partiez, toutes nos discordes se sont apaisées: nous ne sommes plus qu'une grande famille, de qui la jeunesse est partie pour aller défendre à la frontière le patrimoine sacré légué par nos ancêtres.« Zum revolutionären Topos »famille« vgl. Elisabeth FEHRENBACH, »Nation«, in: Handbuch politisch-sozialer Grundbegriffe in Frankreich 1680–1820, hg. von Rolf REICHARDT und Eberhard SCHMITT, Heft 7, München 1986, S. 75–107, hier S. 91. Der Begriff »réconciliation« ist für das zeitgenössische Verständnis der »union sacrée« meines Erachtens bedeutsamer als die bloße Vorstellung vom »Waffenstillstand« («trêve«), die Becker für charakteristisch hält; vgl. z.B. BECKER (wie Anm. 3) S. 581f.

35 Vgl. z.B. *La Guerre Sociale*, 12.8.1914, S. 1, »Rappel à la pudeur« (Gustave Hervé): »C'est en une heure comme celle que nous vivons que, en 1792, le mot de fraternité a jailli des cœurs de tous les patriotes!« Selbst die *Action Française* sprach von »fraternité«, stellte allerdings klar, daß die französische »fraternité« angesichts der Bedrohung durch den Feind schon unter der Monarchie begründet worden war; *L'Action Française*, 10.8.1914, S. 1, »A Versailles«.

36 *L'Opinion*, 22.8.1914, S. 161f., »Pour la patrie – pour la civilisation«, hier S. 162. Im Juni 1914 war der 700. Jahrestag der Schlacht von Bouvines im Mitte-rechts-Spektrum als nationale Abwehr einer deutschen Bedrohung kommemoriert worden.

37 Vgl. vor allem Pierre NORA, Ernest Lavisse: son rôle dans la formation du sentiment national, in: Revue Historique 228 (1962) S. 73–106. Die integrative Kraft dieses Bildes war zweifellos breiter als der Geltungsbereich der »idée républicaine«; vgl. zu letzterer: Serge BERSTEIN, Odile RUDELLE (Hg.), Le modèle républicain, Paris 1992.

38 *Le Radical*, 17.9.1914, S. 1, »Réconciliation: oui. Réaction: non!«

39 *L'Humanité*, 5.8.1914, S. 2, »Une séance historique«.

40 Vgl. z.B. *L'Action Française*, 27.8.1914, S. 1, »L'embusqué«: »Le royal souci de l'unité nationale n'habite ni le cerveau ni le cœur des membres du Parlement. Mais les conducteurs et les guides de l'opinion ont gardé (...) les préoccupations auxquelles ces esclaves publics sont devenus absolument étrangers.«

Bereits während der ersten Kriegswochen wurde in der öffentlichen Diskussion beider Staaten deutlich, daß die inneren Gegensätze keineswegs überwunden waren. Daraus darf allerdings nicht geschlossen werden, die Erfahrung innerer Einheit hätte »keine bewußtseinsprägende Kraft« besessen[41]. Sehr schnell zeigte sich, daß das Gemeinschaftserlebnis geradezu eine Intensivierung politisch-ideologischer Konflikte zur Folge haben konnte, da sich gegensätzliche Konzepte nationaler Integration ermutigt fühlten. Dies gilt vor allem für Deutschland: Einerseits wurden schon bald Forderungen laut nach einer die Sozialdemokratie einbeziehenden »Neuorientierung«, das heißt zunächst besonders nach einer Reform des preußischen Wahlrechts. Andererseits formierte sich ein durch die »Einheit« des »Volkes« bestärkter Widerstand gegen jedes demokratisierende Zugeständnis, und auf der Rechten wurde bereits die Hoffnung geäußert, daß diese Einheit »herrliche, ewige Wahrheit« werde[42]. Umgekehrt erhob sich in Frankreich linksrepublikanischer Widerspruch, als Maurice Barrès Mitte September im *Echo de Paris* gegen politische Aktivitäten unter den mit der Regierung nach Bordeaux ausgewichenen Parlamentariern polemisierte und sich selbst die Aufgabe zuwies, über den Fortbestand der »fraternité« zu wachen[43]. Das »Wunder« der Einheit verblaßte auch deshalb schon nach wenigen Wochen, weil öffentlich begonnen wurde, Gedanken über die innenpolitische Zukunft zu äußern.

Trotz mancher deutsch-französischer Ähnlichkeiten im anfänglichen Klima innerer Einheit ist resümierend vor allem auf einen Unterschied hinzuweisen. Geht man davon aus, daß sich in beiden Staaten eine Diskrepanz zwischen Wahrnehmung und Thematisierung der scheinbar umfassenden Einheit und der politisch-gesellschaftlichen Wirklichkeit aufbaute, und berücksichtigt man ferner, daß in Deutschland die strukturellen Zerklüftungen tiefer reichten, so muß für Deutschland eine erheblich höhere Spannung konstatiert werden: Die Meinungsbildung zu den wesentlichen Fragen des Krieges fand keine gemeinsame Basis und ließ Konfliktbereitschaft erkennen, die »Gesten der Einheit« besaßen weniger Substanz, und in großen Teilen der politischen Öffentlichkeit herrschte eine starke Tendenz zur Ideologisierung der »Einheit« auf der Grundlage eines engen ethnischen Volksbegriffes.

II.

In der Erinnerung an die dargestellten Erfahrungen, deren Komplexität und auch Begrenztheit hier nochmals betont seien, formte sich im öffentlichen Diskurs Deutschlands und Frankreichs die vereinfachte, verklärte und bildhaft verdichtete

41 So Stefan MEINEKE, Friedrich Meinecke. Persönlichkeit und politisches Denken bis zum Ende des Ersten Weltkrieges, Berlin, New York 1995, S. 217, im Hinblick auf die »verschiedenen Interpretationen, die man dem Augusterlebnis gab.«

42 *Deutsche Tageszeitung*, 15.8.1914, Abendausg., S. 3, »Des Krieges Segen«.

43 *L'Echo de Paris*, 11.9.1914, S. 1, »Des mainteneurs de fraternité«. Scharfer Widerspruch besonders in *Le Radical*, 17.9.1914 (wie Anm. 38): »La réconciliation nationale ne doit devenir le manteau d'aucune politique ni le voile d'aucune réaction. Elle doit être la réconciliation nationale tout simplement. (...) Or, nous assistons, depuis quelques semaines déjà, sous le couvert du silence noblement consenti par les partis, à des campagnes très habiles de presse en faveur d'un retour à l'on ne sait quelle dictature religieuse et administrative.«

Überlieferung von der inneren Einheit des Kriegsbeginns[44]. Erste Weichenstellungen erfolgten, wie oben dargelegt, bereits in der anfänglichen Thematisierung. Ebenso bedeutsam aber wurden die innenpolitischen Entwicklungen der folgenden Jahre sowie das für beide Nationen gegensätzliche Ende des Krieges. Der historische Mythos stand dabei in einer Wechselbeziehung zur Gegenwart: Er diente als »beispielhaftes Vorbild«[45] und wurde dazu benutzt, integrativ auf Politik und Gesellschaft einzuwirken, sein Aufgreifen und seine Fortbildung aber waren immer auch eine Funktion der aktuellen politischen Lage. Es soll daher zunächst knapp gegenübergestellt werden, wie sich die innenpolitischen Konstellationen bis 1919 entwickelt haben.

In Deutschland kam es während des Krieges zu schweren inneren Konflikten, die auch durch die Zensur nur zeitweise gedämpft werden konnten[46]. Der kooperative Impuls des Kriegsbeginns entfaltete im Rahmen der bestehenden politischen Strukturen nur beschränkte Wirkungen. Hoffnungen auf eine beschleunigte Demokratisierung und Parlamentarisierung scheiterten – bis zur verspäteten »Oktoberreform« des Jahres 1918 – am Widerstand auf der Rechten, am Machtgewinn der Obersten Heeresleitung und auch an der lähmenden Politik der »Diagonale«, mit der Bethmann Hollweg die »Einheit des Volkes« über den Krieg retten wollte[47]. Das Thema »Neuorientierung« wurde statt dessen zu einer der großen Streitfragen. Hinzu kamen 1916/17 die Kontroverse um den U-Boot-Krieg sowie die Ende 1916 wieder für die Öffentlichkeit freigegebene Diskussion um Kriegsziele und Friedensschluß. Zwar verringerte sich dabei die Distanz zwischen SPD und bürgerlicher Mitte, gleichzeitig vergrößerte sich aber der schon vor dem Krieg angedeutete Riß zur politischen Rechten. Trotz komplizierterer Fronten im einzelnen lassen sich 1917 vor allem zwei innenpolitische Lager erkennen: Befürworter einer Verfassungsrevision und einer eher vorsichtigen Haltung hinsichtlich Kriegszielen und Methoden der Kriegsführung standen gegen jene Kräfte, die ihre konservativen oder reaktionären innen- und gesellschaftspolitischen und ihre auf »Weltmacht« zielenden außenpolitischen Vorstellungen mit einem rücksichtslos erkämpften »Siegfrieden« verwirklichen wollten. Der Sturz Bethmann Hollwegs im Juli 1917 hatte seine tiefere Ursache darin, daß es dem Reichskanzler nicht gelungen war, diesen Konflikt politisch zu beherrschen. Im Laufe des Krieges entstand zudem eine

44 Die folgenden Ausführungen beziehen sich auf Politik und politische Öffentlichkeit. Ausgeklammert bleiben Mythisierungen im Bereich der Literatur und bildenden Kunst.

45 Vgl. GABRIEL (wie Anm. 7) Sp. 1256: »Beispielhaftes Vorbild und nachahmende Wiederholung stehen im Zentrum der mythischen Bewußtseinsstruktur«.

46 Zur Entwicklung in Deutschland siehe insbesondere: Fritz FISCHER, Griff nach der Weltmacht. Die Kriegszielpolitik des kaiserlichen Deutschland 1914/18, Nachdruck der Sonderausgabe 1967, Düsseldorf 1984 (zuerst 1961); Reinhard PATEMANN, Der Kampf um die preußische Wahlreform im Ersten Weltkrieg, Düsseldorf 1964; Susanne MILLER, Burgfrieden und Klassenkampf. Die deutsche Sozialdemokratie im Ersten Weltkrieg, Düsseldorf 1974; Manfred RAUH, Die Parlamentarisierung des Deutschen Reiches, Düsseldorf 1977, S. 289–469; Klaus HILDEBRAND, Das vergangene Reich. Deutsche Außenpolitik von Bismarck bis Hitler 1871–1945, Stuttgart 1995, S. 302–379; Wolfgang J. MOMMSEN, Bürgerstolz und Weltmachtstreben. Deutschland unter Wilhelm II. 1890 bis 1918, Berlin 1995 (Propyläen Geschichte Deutschlands, 7/2), S. 564–892.

47 Theobald von BETHMANN HOLLWEG, Betrachtungen zum Weltkriege, 2. Teil: Während des Krieges, Berlin 1921, S. 35: »Um der Einheit des Volkes willen konnte während des Krieges keine andere Politik als die der Diagonale geführt werden.«

sich bis zur Parteispaltung und Gründung der USPD vertiefende Kluft innerhalb der Sozialdemokratie, da eine Minderheit nicht mehr bereit war, die kooperative »Politik des 4. August«[48] zu unterstützen. Auch in der Bevölkerung deuteten sich seit dem Hungerwinter 1916/17 zunehmende Spannungen an. Das Kriegsende brachte Deutschland schließlich in eine Lage, die als antithetisch zum Beginn erscheint: eine angesichts jahrelanger Illusionen vielfach als unverständlich empfundene Niederlage statt der Hoffnung auf einen Sieg, Revolution und bürgerkriegsähnliche Zustände statt demonstrativer Einheit. In der Wende von 1918/19 gelang allerdings auch ein Entwicklungssprung zur parlamentarischen Demokratie, von dem 1914 wohl auch die entschlossensten Anhänger einer »Neuorientierung« nicht geträumt hatten.

In Frankreich konnte die vor allem seit dem sozialistischen Regierungseintritt bedeutsame Kooperation auf Regierungsebene zunächst weiter an Breite gewinnen[49]. Der Begriff »union sacrée« erhielt so auch die Bedeutung eines tragenden innenpolitischen »Prinzips«[50]. Die Spannweite des Kabinetts reichte Mitte 1917 von der sozialistischen Partei (SFIO) bis zur katholischen Rechten[51]. Auch auf der parlamentarischen Ebene, die unter den Bedingungen des Krieges ihre politische Bedeutung behalten konnte, fand ein Prozeß intensiver Kooperation statt. Daß in der Diskussion um die Kriegsziele trotz mancher Differenzen keine der deutschen Situation analoge Polarisierung auftrat, lag nicht nur am Einschreiten der Zensur. Die Prämissen eines breiten Konsenses blieben erhalten, besonders dank der Zielsetzung, Elsaß-Lothringen wiederzugewinnen und die »deutsche Gefahr« dauerhaft zu bannen. Jede Akzeptanz eines Friedens, der diese Vorgaben verfehlte, galt dem Großteil der politischen Öffentlichkeit als Defätismus oder Verrat und hatte die Ausgrenzung zur Folge. Dies betraf zum einen führende Politiker der »Radicaux«, bis hin zur Kriminalisierung von Caillaux und Malvy seit dem Regierungsantritt Clemenceaus im November 1917, zum anderen aber die sozialistische Partei, die sich

48 Innerhalb der SPD wurde die »Politik des 4. August« zur Bezeichnung für den umstrittenen Kurs der Parteimehrheit. Eine relevante Mythisierung dieses Tages ist hier nicht erkennbar.

49 Zur Entwicklung siehe insbesondere: Georges und Édouard BONNEFOUS, Histoire politique de la Troisième République, Bd. 2–3, Paris ^{2}1967–^{2}1968; Patrick FRIDENSON (Hg.), 1914–1918, l'autre front, Paris 1977; Heinrich GROSSHEIM, Sozialisten in der Verantwortung. Die französischen Sozialisten und Gewerkschafter im ersten Weltkrieg 1914–17, Bonn 1978; Jean-Jacques BECKER, Les Français dans la Grande Guerre, Paris 1980; Serge BERSTEIN, Histoire du Parti Radical, Bd. 1, Paris 1980, S. 87–135; David STEVENSON, French war aims against Germany 1914–1919, Oxford 1982; Jean-Jacques BECKER, La France en guerre (1914–1918). La grande mutation, Bruxelles 1988; John N. HORNE, Labour at war. France and Britain 1914–1918, Oxford 1991; zur Situation 1919 vgl. auch: Eugen WEBER, Action Française. Royalism and reaction in twentieth-century France, Stanford/Cal. 1962, S. 124–129; Nicolas ROUSSELLIER, Phénomène de majorité et relation de majorité en régime parlementaire: le cas du Bloc national en France dans le premier après-guerre européen, (ungedruckte) Thèse Paris, 3 Bde., Paris 1991, Bd. 1, S. 11–213.

50 Vgl. z.B. *Le Temps*, 14.9.1917, S. 1, »Le ministère Painlevé«, zur Nichtbeteiligung der SFIO an der Regierung: »On peut le regretter pour le principe de l'›union sacrée‹ (...)«. Allgemein zur pragmatischen Konzeption der »union sacrée« vgl. auch Jean-Jacques BECKER, Union sacrée et idéologie bourgeoise, in: Revue Historique 264 (1980) S. 65–74, hier S. 69–72.

51 Die SFIO besetzte seit Mai 1915 mit Albert Thomas das wichtige Amt eines Staatssekretärs, später dann Ministers für die Kriegsproduktion. Guesde gehörte seit 1915, Sembat seit 1916 nicht mehr der Regierung an. Der Rechtskatholik Denys Cochin war seit Oktober 1915 zunächst »ministre d'Etat«, dann Staatssekretär für Auswärtige Angelegenheiten.

seit September 1917 an keinem der Kriegskabinette mehr beteiligte[52]. Die Distanz der SFIO zur »union sacrée« wuchs auch dadurch, daß – im Gegensatz zur SPD – jene Gruppen, welche die Kriegführung nicht mehr unterstützten oder Sympathien für die bolschewistische Entwicklung in Rußland zeigten, noch innerhalb der Partei blieben. Die Freude über den Sieg und die Wiederherstellung Frankreichs in den Grenzen vor 1871 vereinte kurzfristig nochmals nahezu alle politischen Kräfte. Die Bestrebungen zu einer Verlängerung der »union sacrée« über den Krieg hinaus in einem »Bloc national« reichten nach rechts bis zur Action Française, in ihrer maximalen Ausdehnung nach links aber nur bis zu den angeschlagenen Radicaux, führten vor den Wahlen von 1919 zu einer Fülle regional unterschiedlich breiter Sammlungslisten und begünstigten schließlich in Kombination mit einem neuen Wahlrecht den Erfolg der parlamentarischen Rechten.

In den skizzierten politischen Bezugsfeldern nahm die Mythisierung der anfänglichen Einheit in Deutschland und Frankreich unterschiedliche Entwicklungen. Dies betrifft Intensität und Inhalte des Mythos, aber auch die Frage, ob der Anfangsmythos eher als Auftakt einer fortdauernden Einheit oder als Kontrast zu einer durch erneute Konflikte belasteten Gegenwart gesehen wurde.

Die Erinnerung an die innere Einheit des Kriegsbeginns bediente sich in Deutschland häufig des Schlagworts vom »August 1914«, das eine relativ breite Bedeutung besaß und dessen positive Aufladung zweifellos auch mit den militärischen Erfolgen dieses Monats zusammenhängt. Besonders lebendig blieb in Deutschland die Erinnerung an den in den Folgejahren zum nationalen Gedenktag oder auch zum »unvergeßlichen Höhepunkt« des eigenen »politischen Lebens« stilisierten 4. August[53]. Er galt als allgemeines »Wahrzeichen der erhebenden Einigkeit und Geschlossenheit«[54], und der »Geist des 4. August« wurde beschworen[55]. Der konkrete Bezug galt nicht nur der Reichstagssitzung, auch das berühmte »Kaiserwort« und das »Treuegelöbnis« der Parteiführer gegenüber Wilhelm II. behielten einen gewissen Stellenwert[56]. Dies sollte freilich nicht über das Schwinden der kaiserlichen Integrationskraft hinwegtäuschen[57]: Das Potential der monarchischen Gewalt wurde

52 Auslöser war die Weigerung der Regierung, französische Delegierte zur Verständigungskonferenz in Stockholm reisen zu lassen.

53 Vgl. z.B. Reichskanzler Michaelis am 4.8.1917: »Der 4. Aug. soll in der Geschichte des deutschen Volkes aller Zeiten ein Erinnerungstag höchster vaterländischer, todesmutiger und siegesgewisser Entschlußfreudigkeit sein (...)«; zitiert nach: SCHULTHESS' Europäischer Geschichtskalender, Neue Folge 33 (1917), hg. von Wilhelm STAHL, Erste Hälfte, München 1920, S. 742f.; *Neue Preußische Zeitung*, 4.8.1918, Morgenausg., S. 1, »Die innere Politik des vierten Kriegsjahres«: »Heute ist der vierte Jahrestag jenes 4. August 1914, der jedem, der ihn miterleben durfte, ein unvergeßlicher Höhepunkt seines politischen Lebens sein und bleiben wird.«

54 *Neue Preußische Zeitung*, 4.8.1918 (wie Anm. 53).

55 Vgl. z.B. die Versäumnisse einklagende Betrachtung in *Vossische Zeitung*, 4.8.1918, Morgenausg., S. 1f., »Der Geist des 4. August«.

56 Allerdings geriet das »Kaiserwort« in den Strudel der innenpolitischen Diskussion, so daß z.B. die konservative *Deutsche Tageszeitung*, 1.8.1917, Morgenausg., S. 1, »Zum 1. August«, auf Distanz ging: »Gerade diejenigen, die sich so laut und geflissentlich auf das bekannte Kaiserwort, dessen Augenblickberechtigung natürlich niemand bestreitet, berufen (...) betätigen sich am zielsichersten als Parteimenschen (...).«

57 Vgl. FEHRENBACH (wie Anm. 27) S. 216–220. Auch die Fülle an rituellen Huldigungen, z.B. zu »Kaisers Geburtstag«, sollte nicht überbewertet werden.

nicht genutzt, statt dessen kam es zur Machtfülle der Obersten Heeresleitung, aber auch zu einem Bedeutungsgewinn des Parlaments. Wilhelm II. rückte schon bald in den Schatten des zum überragenden Militärführer verklärten Hindenburg.

Ähnlich wie bereits Anfang August 1914 ging es beim Bezug auf die Reichstagssitzung vom 4. August oft weniger um die Erinnerung an den politischen Vorgang als um die Evokation einer eng verstandenen Einheit des »Volkes«, die klar im Mittelpunkt der deutschen Mythisierung stand. Symptomatisch erscheint die eher als Ständeversammlung denn als parlamentarische Veranstaltung inszenierte Gedenkfeier am 4. August 1917 in der Wandelhalle des Reichstags. In den Reden spielte die politische Aktion vom 4. August 1914 kaum eine Rolle. Reichstagspräsident Kaempf, der die Feier angeregt hatte, sprach beispielsweise nur davon, daß »zum dritten Male (...) der Tag wiedergekehrt« sei, »an dem, um seinen Kaiser geschart, 1914 das gesamte deutsche Volk in heiligem Zorn sich wie ein Mann erhoben hat, um alles, was ihm heilig, gegen die frevelnden Angriffe zu verteidigen«[58].

Wie hier bereits anklingt, konkretisierte sich die Vorstellung vom Handeln eines homogenen Organismus »Volk« häufig in Personifikationen, die jeweils eine anfängliche Aktion bzw. Reaktion bezeichnen. Mit weitem Bezug, der die »sittliche« »Erhebung« mit einschließen konnte, war davon die Rede, das Volk habe sich »erhoben« oder es sei »aufgestanden«. Ebenso verbreitet waren Metaphern, die auf den Akt des Kriegsbeginns verweisen: Das deutsche Volk habe »zu den Waffen gegriffen«, »den Fehdehandschuh aufgenommen« etc. Eine personifizierende Tendenz besitzt auch der nicht selten formelhaft ergänzte Vergleich »wie ein Mann«. Unter den näheren Kennzeichnungen des einigen Volkes ragt das Motiv der »Begeisterung« heraus, etwa in Wendungen wie »begeisterte Einmütigkeit«, »im Sturm der Begeisterung« oder in analogen Metaphern. Betont sei, daß mit »Begeisterung« meist weniger ein Zustand der Freude gemeint war als Begeisterung im Sinne leidenschaftlichen patriotischen Eifers[59]. Dieser ursprünglichen Bedeutung der »Begeisterung« als geistiger Inspiration nahestehend, sprach man auch davon, daß am 4. August und allgemein im August 1914 ein einheitlicher bzw. einigender »Geist« das deutsche Volk beherrscht habe oder – wie sich Wilhelm II. im August 1917 ausdrückte – »aus der Tiefe der Volksseele hervorbrach«[60].

Teilweise wurde, meist mit explizitem Bezug auf den »August«, von einer versöhnlichen und auch kooperativen Dimension dieses Geistes ausgegangen; beispielsweise war die als Forum für gegensätzliche politische Kräfte im November 1915 gegründete »Deutsche Gesellschaft 1914« von einem derartigen Ansatz geprägt[61]. Die Annahme von der Wirksamkeit eines besonderen »Geistes« bildete aber

58 Zitiert nach *Frankfurter Zeitung*, 6.8.1917, Morgenblatt, S. 3, »Feier in der Wandelhalle des Reichstags«.

59 Vgl. z.B. *Frankfurter Zeitung*, 12.9.1917, 2. Morgenblatt, S. 1, »Der Aufruf an die Philister«: Das deutsche Volk habe sich am 4. August 1914 »in heroischer Entflammung (...) wie ein Mann um das Banner des Reiches« geschart.

60 Antwort auf das am 4.8.1917 in der Gedenkfeier verabschiedete Huldigungstelegramm; SCHULTHESS 1917 (wie Anm. 53) S. 743.

61 Die integrative Funktion blieb, nach breiteren Anfängen, allerdings nur auf einen innenpolitischen Sektor beschränkt, der selbst in eine politische Frontstellung geriet. Der regierungsnahen Organisation gehörten vor allem liberale Vertreter aus Politik, Militär und Wissenschaft an sowie einige

auch die Basis für jene auf eine herausragende ideengeschichtliche Bedeutung zielenden und in der Geschichtsschreibung vielbeachteten Konzepte der Mythisierung, die sich mit den Wendungen »Geist von 1914« und »Ideen von 1914« verbinden. Vor einem allzu großzügigen Umgang mit den diffusen Kategorien ist allerdings zu warnen. Dies gilt für die verkürzende Gleichsetzung mit der »nationalen Begeisterung des August 1914«[62] ebenso wie für die Subsumierung sehr unterschiedlicher, während der Anfangsphase des Krieges geäußerter, später auf den Kriegsbeginn oder auch allgemein auf die Sinngebung des Krieges bezogener Vorstellungen[63]. Aufschlußreich ist es allerdings, die in den zeitgenössischen Definitionen des »Geistes von 1914« und der »Ideen von 1914« verbreiteten Grundannahmen näher zu betrachten. Dabei zeigt sich sowohl ein breiter, ideologisch aufgeladener Anfangsmythos als auch die allgemeine Verklärung der in der Situation des Kriegsbeginns vermeintlich manifestierten Haltungen und »Ideen«.

Die seit Herbst 1914 anzutreffende Formel »Geist von 1914« erinnerte in der Regel an die Einheit des Kriegsbeginns und bestärkte den Mythos einer anfänglichen patriotischen »Begeisterung«. Darüber hinaus besaß sie – ebenso wie der »August 1914« – häufig einen »sittlichen« oder religiösen Aspekt, wenn sie sich auf die patriotische Überwindung von Egoismus und Materialismus oder auf das intensivierte religiöse Leben bezog[64]. In diesem Sinne wurde der »Geist von 1914« ein wichtiges Motiv für die protestantische Kriegspredigt, die ihn als göttliche Offenbarung

revisionistische Sozialdemokraten. Vgl. Bericht über die Gründungsveranstaltung und die Festrede des Gründers Wilhelm Solf, Staatssekretär im Reichskolonialamt: *Deutsche Tageszeitung*, 29.11.1915, S. 4, »Deutsche Gesellschaft 1914«; vgl. auch: Eberhard von VIETSCH, Wilhelm Solf, Botschafter zwischen den Zeiten, Tübingen 1961, S. 142ff.; Johanna SCHELLENBERG, Deutsche Gesellschaft 1914 (DG). 1915–1934, in: Dieter FRICKE u.a. (Hg.), Lexikon zur Parteiengeschichte. Die bürgerlichen und kleinbürgerlichen Parteien und Verbände in Deutschland (1789–1945), Bd. 1, Köln, Leipzig 1983, S. 700–703.

62 So z.B. Wolfgang GREIVE, Die Auseinandersetzung mit dem »Geist von 1914«. Vorwort und Einführung, in: DERS. (Hg.), Der Geist von 1914. Zerstörung des universalen Humanismus?, Rehburg, Loccum 1990, S. 5–12, hier S. 5.

63 So häufig in der Literatur; vgl. z.B.: Hermann LÜBBE, Politische Philosophie in Deutschland. Studien zu ihrer Geschichte, Basel, Stuttgart 1963, S. 173–238 zu den »Ideen von 1914«; Wolfgang J. MOMMSEN, Der Geist von 1914: Das Programm eines politischen »Sonderwegs« der Deutschen, in: DERS., Der autoritäre Nationalstaat. Verfassung, Gesellschaft und Kultur im deutschen Kaiserreich, 1990, S. 407–421. Von einer sehr breiten Kategorie »spirit of 1914«, die den verschiedensten Äußerungen und Themen als Etikett angeheftet wird, geht insbesondere die materialreiche Arbeit von VERHEY (wie Anm. 3) S. 259–458 aus; in der additiven Darstellung verschwimmt das zeitgenössische Grundverständnis des »Geistes von 1914«. Dabei entstehen auch übermäßige Generalisierungen, so z.B. die Behauptung, »between 1914 and 1933, all political factions attempted to identify their program with the ›spirit of 1914‹« (S. 489). Wesentliche Entwicklungen der »rhetoric of unity« bleiben dagegen unklar; vgl. auch Anm. 76.

64 Als erster Beleg fand sich: *Preußische Jahrbücher* 158 (Okt.–Dez. 1914) S. 377–391, »Der Geist von 1914« (Ernst Rolffs); die Definition enthält auch schon Merkmale der späteren »Ideen von 1914«, ibid. S. 383: »(...) das deutsche Volk ist seit den Befreiungskriegen zum erstenmal wieder von einer einmütigen Gesinnung erfüllt, die sich als monarchisch gefärbtes Nationalgefühl, durchdrungen von einem theistisch gerichteten Glauben an die sittliche Weltordnung, charakterisiert.« »(...) einer mehr oder weniger religiös fundierten, gehobenen und freudigen Gesinnung, die durch den modernen Wirklichkeitssinn zu einem opferbereiten und zuchtvollen Pflichtbewußtsein abgeklärt ist.«

interpretierte[65]. Die meist stärker explizierten »Ideen von 1914«, verstanden als Antwort auf die revolutionären »Ideen von 1789«, waren Ergebnisse intellektueller Standortbestimmung und Sinnkonstruktion. Die Breitenwirkung dieser heterogenen Vorstellungen, die in den 1913 anläßlich der Erinnerung an die Befreiungskriege propagierten »Ideen von 1813« bereits einen Vorläufer hatten[66], darf allerdings nicht überschätzt werden. Pointiert, doch durchaus treffend meinte Max Weber im August 1916: »›Geistreiche‹ Personen haben sich zusammengetan und die ›Ideen von 1914‹ erfunden, aber niemand weiß, welches der Inhalt dieser ›Ideen‹ war.«[67] In den grundlegenden Konzepten des Volkswirtschaftlers Johann Plenge ging es nicht um eine allgemeine Mythisierung des »August 1914«, sondern um den Versuch, die Voraussetzungen für eine trotz internationaler Isolation erfolgreiche Führung des »Wirtschaftskrieges« zu skizzieren. Nach Plenge, der sich – anknüpfend an eine breite Mythisierung deutscher »Organisationskraft«[68] – vor allem auf die »Idee der Organisation« bezieht, war das »Grundbewußtsein von 1914« »die bewußt gewollte Gesinnung der Eingliederung in das Ganze«[69]. Andere Autoren erweiterten das Bedeutungsfeld, die Annahme einer spezifisch deutschen Fähigkeit zur Bewältigung einer großen Gemeinschaftsaufgabe blieb aber zentral, wobei auch die Überlegenheit des deutschen »Idealismus« und der Staatstradition herausgestellt wurde[70]. Im Kern dieses hier nicht weiter zu analysierenden »Sonderbewußtseins« verbarg sich wohl vor allem eine Hoffnung: Da das »deutsche Volk« mit dem Kriegsbeginn kooperative Kraft bewiesen hatte, schienen die in der kulturellen Elite gewachsenen Ängste vor Zerfall, Zersplitterung und zerstörerischen »Massen« widerlegt, schien

65 Vgl. Wilhelm PRESSEL, Die Kriegspredigt 1914–1918 in der evangelischen Kirche Deutschlands, Göttingen 1967, S. 15–22.

66 Vgl. den Historiker Adalbert WAHL, Die Ideen von 1813. Festrede, Tübingen 1913, vgl. hierzu auch Wolfram SIEMANN, Krieg und Frieden in historischen Gedenkfeiern des Jahres 1913, in: Dieter DÜDING u.a. (Hg.), Öffentliche Festkultur. Politische Feste in Deutschland von der Aufklärung bis zum Ersten Weltkrieg, Reinbek bei Hamburg 1988, S. 298–320, hier S. 311.

67 Vortrag »An der Schwelle des dritten Kriegsjahres«, in: Max WEBER, Zur Politik im Weltkrieg. Schriften und Reden 1914–1918, hg. von Wolfgang J. MOMMSEN in Zusammenarbeit mit Gangolf HÜBINGER, Tübingen 1984 (Max Weber Gesamtausgabe, I/15), S. 656–689, hier S. 660; vgl. ibid. auch eine gewisse inhaltliche Kennzeichnung: »Sich im Kriege zusammenzuschließen und zu organisieren, ist nichts Besonderes; dazu braucht man keine neuen Ideen.« Zitiert auch in MOMMSEN (wie Anm. 63) S. 418.

68 Vgl. z.B. Bethmann Hollweg am 2.12.1914 im Reichstag: »Deutschlands Organisationskraft und Organisationskunst sucht in immer neuen Formen Übeln vorzubeugen, Schäden auszugleichen.« Zitiert nach: Friedrich THIMME (Hg.), Bethmann Hollwegs Kriegsreden, Stuttgart, Berlin 1919, S. 21f.; ähnlich z.B. *Deutsche Tageszeitung*, 31.7.1915, Abendausg., S. 1, »Ein Jahr Weltkrieg«.

69 Johann PLENGE, 1789 und 1914. Die symbolischen Jahre in der Geschichte des politischen Geistes, Berlin 1916, Zitate S. 87, 90; grundlegend bereits: DERS., Der Krieg und die Volkswirtschaft, Münster 1915. Zu Plenge vgl. Axel SCHILDT, Ein konservativer Prophet moderner nationaler Integration. Biographische Skizze des streitbaren Soziologen Johann Plenge (1874–1963), in: Vierteljahrshefte für Zeitgeschichte 35 (1987) S. 523–570. Vgl. in diesem Kontext auch die einflußreiche Schrift von Rudolf KJELLÉN, Die Ideen von 1914. Eine weltgeschichtliche Perspektive, Leipzig 1915 (zuerst schwedisch).

70 Vgl. vor allem Ernst TROELTSCH, Die Ideen von 1914, in: DERS., Deutscher Geist und Westeuropa. Gesammelte kulturphilosophische Aufsätze und Reden, hg. von Hans BARON, Tübingen 1925, S. 31–58 (zuerst 1916).

Deutschland als organische Einheit den Herausforderungen der Moderne gewachsen wie keine andere Nation.

Die mit dem »Geist von 1914« und den »Ideen von 1914« verbundenen Vorstellungen besitzen nicht nur eine große inhaltliche Spannweite, sie bleiben oft auch in ihrem zeitlichen Bezug unklar. Der Zusatz »von 1914« kann ebenso als historisch abgegrenzte Zuordnung wie als Bezeichnung für ein seit 1914 andauerndes bzw. 1914 erstmals manifestiertes Phänomen aufgefaßt werden. Diese Ambivalenz prägte zunächst auch das engere Thema der inneren Einheit. Während der ersten Kriegsjahre stand nicht selten neben dem Anfangsmythos eine Wendung, welche die andauernde Einheit betont. Der »August 1914« wurde so gleichsam zum Auftakt für einen neuen, einigen Zustand des deutschen »Volkes«. Diese Fiktion war allerdings einer zunehmenden Erschütterung durch die politisch-gesellschaftliche Realität ausgesetzt. Obgleich den schon frühzeitig aufgebrochenen Meinungsverschiedenheiten durch die Zensur zunächst ihre Sprengkraft genommen wurde, ließ sich kaum verbergen, daß trotz oder gerade wegen des Krieges innere Konflikte schwelten. Dies mußte der Vorstellung von der inneren Einheit um so gefährlicher werden, als es in Deutschland kein tragfähiges politisches Prinzip gab, das mit der fortdauernden Einheit hätte identifiziert werden können. Die mühsam gewahrte Praxis des »Burgfriedens« – ein Begriff, der »in erster Linie etwas Negatives« im Sinne eines Konfliktverzichts bezeichnete[71] – konnte hierzu ebenso wenig dienen wie die vor allem in der SPD so benannte »Politik des 4. August«, deren kooperative Intention auf den Bereich der bürgerlichen Mitte und der Mehrheitssozialdemokratie beschränkt blieb und die gerade dadurch ein Faktor des innenpolitischen Konflikts wurde. Daß es dennoch nur zögernd zu einer Absage an die These von der fortdauernden Einheit kam, hing sicher auch mit der verbreiteten Vorstellung zusammen, nur Einigkeit werde den militärischen Sieg sichern[72]. Gerade die erkennbare Auflösung führte daher zu verstärkten Einigkeitsappellen und auch zur Bekräftigung des Anfangsmythos. Die erwähnte Gedenkfeier am 4. August 1917 im Reichstag, wenige Wochen nach dem Sturz Bethmann Hollwegs und der umstrittenen Friedensresolution der Reichstagsmehrheit, bildete noch einmal einen großangelegten Versuch, die Einheit des Kriegsbeginns als Auftakt für eine fortdauernde Einheit zu interpretieren. Doch war bereits offenkundig, was Hans Delbrück – nach einer einschränkenden Vorbemerkung über die angeblich ungebrochen breite Siegeszuversicht – Ende 1917 in den *Preußischen Jahrbüchern* formuliert hat: »Ein tiefer Riß geht durch unser Volk, ein Riß, der sich keineswegs deckt mit den alten Parteigegensätzen«[73].

71 Vgl. *Sozialistische Monatshefte*, 24.6.1915, S. 569–575, »Der Sinn des Burgfriedens« (Hugo Heinemann), S. 570; vgl. ibid.: »Nur die Betonung des Trennenden sollte während der Kriegsdauer ausgeschaltet werden (…).« Der Autor skizziert im Anschluß eine vor allem ökonomisch aufgefaßte kooperative Dimension des »Burgfriedens« – eine Bedeutungsvariante, die sich jedoch kaum durchsetzte.

72 Vgl. z.B. *Deutsche Tageszeitung*, 1.1.1916, Morgenausg., S. 1, »Vorwärts mit Gott!«: »Wenn der Sieg unser bleiben und uns sicher werden soll, dann ist allerdings die felsenfeste, unerschütterliche Einigkeit die unerläßliche Vorbedingung.« Deutlich wird hier bereits die Sorge geäußert, daß die »Front im Innern« nicht »geschlossen« bleibt.

73 *Preußische Jahrbücher* 170 (Okt.-Dez. 1917) S. 148–153, »Politische Korrespondenz. Wider den Kleinglauben«, hier S. 148; als eigenständiger Druck: Hans DELBRÜCK, Wider den Kleinglauben. Eine Auseinandersetzung mit der deutschen Vaterlandspartei, Berlin 1918.

Anlaß für dieses Urteil waren erste Verlautbarungen der in Reaktion auf die Friedensresolution als »Einigungspartei«[74] der nationalistischen Rechten gegründeten »Deutschen Vaterlandspartei«. Der »August 1914« geriet hier, ähnlich wie schon in der Rechtspresse[75], ganz explizit zu einer antithetischen Projektion, während gleichzeitig Schuldzuweisungen für den Verlust der »Begeisterung und Einmütigkeit« erfolgten[76]. Verantwortlich erschienen Regierung und Parlamentsmehrheit, denen mangelnde »Führung« vorgeworfen wurde, sowie die politischen Parteien als »Pioniere dieser Minierarbeit wider die feste Burg unserer deutschen starken Einheit«[77]. Hier spiegelte sich ein auf der extremen Rechten vertretenes totalitäres Einigungskonzept: Die 1914 erreichte Einheit hätte durch Unterdrückung parteipolitischer Tätigkeit, Propaganda und Vorgabe großer Kriegsziele gesichert werden müssen. Noch im Oktober 1918 hoffte der Alldeutsche Verband in diesem Sinne, daß eine Regierung der »Nationalen Verteidigung« »dem Volke mit flammenden Worten die Gebote der völkischen Ehre verkünden und den Geist von 1914 wiederherstellen« werde[78]. Daß die Verantwortung für den Verlust der Einheit im Lager der Reformkräfte gerade umgekehrt gesehen wurde, versteht sich von selbst. So meinte die linksliberale *Frankfurter Zeitung* zu den Einigungsparolen der Vaterlandspartei: »(...) das tun die Leute, die Jahr und Tag die innere Einheit mit allen Mitteln rücksichtslosester Demagogie unterwühlt und zerstört (...) haben«[79].

Die seit 1917 vor allem auf dem rechten Flügel der politischen Öffentlichkeit deutlich gewordene Kontrastierung zwischen Gegenwart und »August 1914« verstärkte sich infolge von Niederlage und revolutionärem Umbruch. Ähnlich wie die Einheit des Kriegsbeginns auch im Kontext einer moralischen »Erhebung« des deutschen Volkes gesehen wurde, erschien das Ende nun auch als Folge eines moralischen Scheiterns. »Woher aber kam es,« so fragte selbst der gemäßigte Hans Delbrück, »daß dieses selbe Volk, welches am 4. August in so wunderbarer Einmütigkeit zu den Waffen gegriffen hatte, das nationale Dasein zu verteidigen, jetzt im

74 «Großer Aufruf« vom 2.9.1917, in: Karl WORTMANN, Geschichte der Deutschen Vaterlands-Partei 1917–1918, Halle/Saale 1926, S. 29–32, Zitat S. 30.

75 Vgl. z.B. *Deutsche Tageszeitung*, 1.8.1917 (wie Anm. 56): »Der nationale und monarchische Geist, der in den Augusttagen alle mit fortriß, ist vielfach dem neu erwachenden Parteizwist erlegen.«

76 Rede Sr. Hoheit des Herzogs JOHANN ALBRECHT ZU MECKLENBURG, in: Rede Sr. Hoheit des Herzogs JOHANN ALBRECHT ZU MECKLENBURG und Sr. Exzellenz des Großadmirals VON TIRPITZ am Montag, dem 24. September 1917, Berlin o.J., S. 3f.: »Mit seltener Begeisterung und Einmütigkeit hat im August 1914 das deutsche Volk den ihm hingeworfenen Fehdehandschuh aufgenommen (...) Schwere Sorge aber bedrückt uns (...), daß die berufenen Führer und Vertreter des Volkes ihrer großen Aufgabe nicht immer gewachsen waren (...) anstatt einzig und allein alles aufzubieten, um die äußeren Feinde zu bekämpfen, wurde der Burgfriede gebrochen; häuslicher Streit entbrannte, der unsern bis dahin so starken Arm zu lähmen droht.« Gegenüberstellung von Gegenwart und »August 1914« z.B. auch in A. v. GRAEFE, Die politischen Parteien, in: v. KLUCK u.a., Das Deutsche Volk und der Friede. Dreißig Stimmen über die Ziele der Deutschen Vaterlands-Partei, Berlin 1918, S. 11ff. – Vgl. zur Vaterlandspartei auch VERHEY (wie Anm. 3) S. 413–426; der antithetische Ansatz in der Mythisierung der Einheit wird hier jedoch nicht thematisiert.

77 V. GRAEFE (wie Anm. 76) S. 12.

78 Entschließung des »Geschäftsführenden Ausschusses« vom 20.10.1918; in: Otto BONHARD, Geschichte des Alldeutschen Verbandes, Leipzig, Berlin 1920, S. 255, Anlage 8.

79 *Frankfurter Zeitung*, 12.9.1917 (wie Anm. 59).

letzten Kampfe in so großen Teilen versagt hat?«[80] Die hauptsächliche Erklärung, die auf diese und ähnliche Fragen gegeben wurde, ist bekannt. Der »Dolchstoß« in den Rücken der kämpfenden Armee wurde die Antithese zur »wunderbaren Einmütigkeit« des Kriegsbeginns[81]. Zumindest implizit blieb der Anfangsmythos daher stets präsent, auch wenn von ihm Ende 1918 und 1919 nur noch relativ selten die Rede war.

Es ist hier nicht der Ort, verschiedene Spielarten der Dolchstoßlegende darzulegen. Angemerkt sei aber, daß neben der Anprangerung von »revolutionärer Verhetzung« oder »Parteisucht«[82] auch Vorwürfe gegen das »deutsche Volk« im ganzen gerichtet wurden, was der Diskussion eine grundsätzlichere Dimension gab. Der Zusammenbruch resultierte nach einer ersten Diagnose der *Alldeutschen Blätter* auch aus einem Mangel an »Nationalgefühl« und einem Übermaß an individuellem Egoismus[83]. Hier ging es nicht nur um den Vorwurf mangelnder Pflege des »Geistes von 1914«[84], verantwortlich für die Schwäche des deutschen Volkes erschien vielmehr auch die zersetzende Wirkung eines fremden »Geistes«. So klagten die *Alldeutschen Blätter* im Januar 1919 über die »drei Internationalen, die schwarze, rote und goldene«, die sich »während des Krieges zu nie geahnter Blüte entwickelt« hätten, und stellten den von der »goldenen Internationale« verbreiteten »jüdischen Geist« als besonders gefährlich dar[85]. Diese antisemitische Wendung bei der Erklärung, warum sich der »nationale Geist, der in den Augusttagen des Jahres 1914 mächtige Wogen schlug«[86], im Laufe des Krieges verflüchtigt hatte, förderte 1919 die erhebliche Zunahme antisemitischer Propaganda[87].

80 *Preußische Jahrbücher* 177 (Juli–Sept. 1919) S. 301–311, »War unser Niederbruch unabwendbar?«, hier S. 304.

81 Vgl. ibid.: »Es ist nur zu wahr, daß der kämpfenden Armee zuletzt der Dolch von hinten in den Rücken gestoßen worden ist; daß es die moralische Auflösung von innen heraus gewesen ist, die unsere letzte Widerstandskraft verzehrt hat.« Allerdings meint Delbrück auch, daß der »Nährboden« durch »nationale Hybris« der Alldeutschen bereitet worden wäre. Die Bewertung Delbrücks als entschiedenen Gegner der Dolchstoßlegende in Annelise THIMME, Hans Delbrück als Kritiker der Wilhelminischen Epoche, Düsseldorf 1955, S. 147, bedarf aber zumindest der Modifikation. Allgemein zu den Anfängen der Dolchstoßlegende: Friedrich Frhr. HILLER VON GAERTRINGEN, »Dolchstoß«-Diskussion und »Dolchstoßlegende« im Wandel von vier Jahrzehnten, in: DERS., Waldemar BESSON (Hg.), Geschichte und Gegenwartsbewußtsein, Festschrift für Hans Rothfels, Göttingen 1963, S. 122–160, hier S. 122–139. Die Dialektik von »August 1914« und »Dolchstoß« wird z.B. auch von PRESSEL (wie Anm. 65) S. 26ff. betont.

82 Zitate aus: *Preußische Jahrbücher* 177 (wie Anm. 80) S. 304; *Deutsche Tageszeitung*, 19.11.1918, Abendausg., S. 1f., »Unsere Pflicht und Hoffnung am Bußtage«, bezogen auf die SPD.

83 *Alldeutsche Blätter*, 23.11.1918, S. 373–376, »Die deutsche Revolution«, hier S. 374.

84 Vgl. z.B. *Deutsche Tageszeitung*, 19.11.1918 (wie Anm. 82): »Wenn auch der öffentliche Geist der Nation sich begreiflicherweise nicht auf der anfänglichen Höhe der feiertäglichen Stimmung erhalten konnte, so hätte doch ein Herabsinken, wie wir es in zunehmendem Maße erlebt, vermieden werden müssen.« Erich LUDENDORFF, Meine Kriegserinnerungen 1914–1918, Berlin 1919, S. 607 zur Regierung: »So weit hatte sie den Geist von 1914 verderben lassen.«

85 *Alldeutsche Blätter*, 25.1.1919, S. 28, »Die Ursache des Zusammenbruchs«; vgl. ibid.: Eine »Erhebung« des am Boden liegenden Deutschland werde es erst geben, »wenn der Deutsche die Ursachen des Zusammenbruchs völlig erkennt, wenn er sich dem alljüdischen Einfluß entzieht«.

86 Ibid.

87 So wurde in der »Bamberger Erklärung« des Alldeutschen Verbandes im Februar erstmals öffentlich eine antisemitische Programmatik verkündet; vgl. BONHARD (wie Anm. 78) Anlage 10, S. 263.

Für jene Kräfte, die den revolutionären Wandel und die Etablierung der Weimarer Republik begrüßten oder akzeptierten, konnte der positiv bewertete Mythos von der anfänglichen Einheit 1918/19 keine erkennbare Funktion gewinnen, obwohl zweifellos auch hier Sehnsucht nach erneuerter innerer Einheit herrschte[88]. Eine positive Kontrastierung zur revolutionären Gegenwart hätte ebensowenig Sinn gegeben wie der Versuch einer Parallelisierung. Der denkbare Bezug auf die am 4. August intensivierte politische Kooperation zwischen SPD und bürgerlicher Mitte war hingegen chancenlos. Zu eng war die politische Spannweite dieser Kooperation, zu beschränkt die politische Kompetenz während des Krieges, zu stark auch die ideologische Aufblähung des Anfangsmythos, die nun nicht mehr nur auf der extremen Linken zum Widerspruch reizte. So bezeichnete am 4. August 1919 DDP-Mitbegründer Hellmut von Gerlach in der *Welt am Montag* den 4. August 1914 als »Höhepunkt des deutschen Militarismus«[89], und ein Artikel der dem rechten Flügel der SPD zuzuordnenden *Sozialistischen Monatshefte* vom selben Tag proklamierte eine kontrastive Betrachtung unter umgekehrten Vorzeichen wie die nationalistische Rechte: Zukunftsweisender historischer Bezugspunkt sei nicht der 4. August 1914, sondern der 4. August 1789, die »unsinnige Professorentheorie« des »Geistes von 1914« sei zu Unrecht als »Überwinder des Geistes von 1789 vorgestellt worden«, dieser »Überwinder« liege »jetzt nach 5 Jahren am Boden«[90].

Auch in Frankreich erinnerte man sich während des Krieges in verklärter Form an die anfängliche innere Einheit. Eine dem »August 1914« gleichwertige Formel gab es hier allerdings nicht. Die Erwähnung des »août 1914« konnte zwar auch auf das Thema Einheit verweisen[91], sie hatte aber auch andere Funktionen und war insgesamt weniger positiv besetzt. Dies lag zum einen an der von pazifistischer Rhetorik und nationalem Totenkult geprägten und mit der Anklage gegen die deutsche Aggression verbundenen Kommemoration des Kriegsbeginns. So bezeichnete *Le Temps* im August 1917 den »anniversaire du mois d'août« als »grave fête du cœur« und »notre véritable Toussaint«[92]. Zum anderen wurde mit dem »août 1914« auch ein für Frankreich bedrohlicher Kriegsverlauf verbunden[93]. Erst das »Wunder« an

Zu den Hintergründen: Brewster Searing CHAMBERLIN, The enemy on the right. The Alldeutsche Verband in the Weimar Republic, 1918–1926, Ph.D. Maryland 1972, Ann Arbor 1973, S. 109–112; Werner JOCHMANN, Die Ausbreitung des Antisemitismus in Deutschland 1914–1923, in: DERS., Gesellschaftskrise und Judenfeindschaft in Deutschland 1870–1945, Hamburg 1988, S. 99–170, 377–413 (zuerst 1971).

88 Vgl. z.B. *Frankfurter Zeitung*, 1.8.1919, Abendausg., S. 1, »Frankfurt, 1. August«.

89 *Die Welt am Montag*, 4.8.1919, S. 1f., »Die Welt ohne Waffen«.

90 *Sozialistische Monatshefte*, 4.8.1919, S. 685–691, »Der 4. August« (Heinrich Peus), hier S. 690f. Vgl. ibid.: »Aber mit neuer Kraft erhebt sich nach 130 Jahren der scheinbar Überwundene, dessen Ideen noch immer unerfüllt sind und erst vom Sozialismus erfüllt werden können, dem also die Zukunft gehört.«

91 *L'Echo de Paris*, 27.9.1917, »L'union sacrée contre la trahison«, in: Maurice BARRÈS, Chronique de la Grande Guerre X, 1er juillet – 1er décembre 1918, Paris 1936, S. 175–181.

92 *Le Temps*, 5.8.1917, S. 1, »In memoriam«.

93 Vgl. z.B. *Revue de Paris*, 15.1.1916, S. 517–539, »Une grave question de l'après-guerre« (E. du Vivier de Streel), hier S. 539: »(...) des jours aussi sombres que ceux dont l'angoisse inoubliable étreignit nos cœurs au mois d'août 1914.«

der Marne, das gleichrangig neben das »Wunder« der Einheit trat, sorgte dann im September für eine positive Erinnerung an den militärischen Kriegsbeginn[94].

Im Vergleich zu Deutschland war bei der Thematisierung der anfänglichen Einheit die inhaltliche Ausweitung und Ideologisierung des Mythos geringer. Zwar wurde auch hier die 1914 bewiesene Haltung in das Gesamtbild des einigen Kriegsbeginns einbezogen, wobei sowohl von »Begeisterung« als auch von Ruhe und Ernsthaftigkeit die Rede war. Doch erreichte die moralisierende Überhöhung keine analoge Intensität, und angesichts der Einbettung in ein breites Bündnis und des Kampfes für universelle Werte fehlten auch die Impulse zu einer angestrengten Mythisierung spezifisch nationaler Qualitäten. Entscheidend dürfte aber auch gewesen sein, daß es in Frankreich, dies sei nochmals betont, keine Entsprechung für den engen ethnischen Volksbegriff gab. Wenn es in ähnlichen Wendungen wie in Deutschland hieß, »Frankreich« habe sich im August 1914 in einem »si magnifique élan« »erhoben« («dressé«, »levé«)[95], wenn über Floskeln wie der »soudaine cristallisation de l'âme française«[96] oder dem Erwachen des »génie de la France«[97] der Bezug auf ein kollektives »Wesen« hergestellt wurde, so stand dahinter ein weiter Begriff der Nation, der Raum läßt für sehr unterschiedliche Kräfte und Eigenschaften, der aber auch eine aktivische Komponente enthält[98].

In diesem Sinne akzentuierte die französische Mythisierung des Kriegsbeginns immer wieder die Vorstellung von spontaner Eintracht und Kooperation. Dies geschah beispielsweise in Formulierungen, welche die Totalität auch des emotionalen Gleichklangs – die »union sacrée des esprits, des volontés et des cœurs«[99] – oder das sofortige Vertrauen in die Führung herausstellten[100]. Besonders charakteristisch aber sind metaphorische Wendungen, die auf das Zusammenwirken in einer Notsituation verweisen. So war von der Abwehr einer Gefahr durch die Mitglieder einer Familie die Rede[101], vom gemeinsamen »Eilen« an die bedrohte Grenze[102] oder von

94 Beide Aspekte z.B. in: *Revue des deux Mondes*, 15.4.1915, S. 876–898, »Le miracle français«; *Revue des deux Mondes,* 1.8.1917, S. 570–600, »Le miracle français II. Trois ans après« (Victor Giraud).

95 Vgl. z.B. *Le Temps*, 3.8.1918, S. 1, »La cinquième année«: »Lorsque la France, en août 1914, s'est levée d'un si magnifique élan pour défendre l'indépendance nationale (...)«.

96 *Revue des deux Mondes,* 15.4.1915 (wie Anm. 94) S. 877, 880.

97 Maurice BARRÈS, Les diverses familles spirituelles de la France, Paris 1917, S. 2.

98 Erinnert sei an Renans Diktum »L'existence d'une nation est un plébiscite de tous les jours.« Ernest RENAN, Qu'est-ce qu'une nation?, in: DERS., Œuvres complètes, hg. von Henriette PSICHARI, Bd.1, Paris 1947, S. 887–907, hier S. 904 (zuerst 1882).

99 *Revue des deux Mondes*, 15.4.1915 (wie Anm. 94) S. 880. Gleichzeitig spiegelte sich hier eine traditionelle mystische Komponente in der französischen Thematisierung nationaler Einheit; vgl. GIRARDET (wie Anm. 7) S. 162f.

100 Vgl. z.B. *Revue des deux Mondes*, 1.8.1917 (wie Anm. 94) S. 572: »La confiance, – une confiance quasi mystique, – s'était implantée dans l'âme française pour n'en plus sortir, dès le 1er août 1914.«

101 *La Dépêche de Toulouse*, 25.9.1917, S. 1, »L'union sacrée«, zum Kriegsbeginn: »Lorsqu'un danger grave menace une famille, – la mort ou la ruine du père, – les disputes cessent au foyer, la jalousie quitte les enfants et tous s'entendent pour lutter contre la maladie ou le désastre menaçant.«

102 *Revue des deux Mondes*, 15.4.1915 (wie Anm. 94) S. 880: »On se représente donc assez bien les raisons diverses auxquelles ont obéi les différents partis qui se disputent la direction de la France contemporaine, en courant sans hésitation, d'un même élan, à la frontière menacée. Les uns vivaient de préférence dans les souvenirs de l'ancienne France, celle des Croisades, de saint Louis, de Jeanne d'Arc (...). Les autres se complaisaient dans la France rationaliste et libre penseuse, le

den Reaktionen auf das Sturmläuten (»tocsin«), mit dem die Mobilmachung vielfach verkündet worden war. Die plötzliche Notlage und das schnelle Heraustreten aus dem bisherigen Zustand ließen sich hier ebenso assoziieren wie das Sammeln zur gemeinsamen Hilfe, die individuelle Bereitschaft aller ebenso wie der Einsatz unterschiedlicher politischer Kräfte[103]. Die Erinnerung an die früheren Konflikte hob das »miracle d'union agissante«[104] noch hervor, wobei das Bewußtsein vom Nutzen der Vielfalt durchaus lebendig blieb[105]. Die Kammersitzung vom 4. August wurde in dieses Bild einer spontanen Wandlung zur Eintracht eingepaßt[106].

Vom anfänglichen »Wunder« aus wurde in Frankreich eine klare Linie kontinuierlicher Einheit bis in die eigene Gegenwart gesehen. »Union sacrée« diente als Kurzformel sowohl für den Mythos des Anfangs als auch für die Vorstellung von einer fortdauernden Einheit. Poincarés Begriffsprägung[107] kam dieser Synthese entgegen: Mit dem Adjektiv »sacrée« hatte die »union« des Kriegsbeginns eine gewisse Weihe erhalten, gleichzeitig aber auch einen auf die nationale Verteidigung bezogenen Sonderstatus, der sich mit der Verlängerung des Krieges ebenfalls verlängerte. Entscheidend aber wurde, daß »union sacrée«, wie bereits erwähnt, auch das fortwirkende Prinzip einer breiten innenpolitischen Kooperation bezeichnete. Damit fand eine gewisse Politisierung des Begriffs statt, die in bezeichnendem Gegensatz steht zur deutschen Mythisierung der Volkseinheit.

Als die politische Praxis der »union sacrée« 1917 erschüttert wurde, zeigten sich auch partielle Ansätze einer antithetischen Mythisierung des kooperativen Anfangs. Der rechtsrepublikanische Meinungsführer *Le Temps* hielt der SFIO im September 1917 vor, daß die Sozialisten zu Beginn des Krieges vorbehaltlos – »sans réserve et sans condition« – ihre Unterstützung für Regierung, »union sacrée« und »défense nationale« erklärt hätten, während die Partei jetzt über ihre Mitarbeit verhandeln wolle[108]. Wenn im selben Kontext an die »sentiments profonds« erinnerte wurde, aus denen 1914 die »union sacrée« entstanden sei, dann lag hier auch ein Vorwurf an die SFIO des Jahres 1917[109]. Eine zusätzliche Erschütterung der politischen »union

pays de Voltaire et de Diderot. Les autres enfin tournaient plus habituellement leur pensée vers la France démocratique et égalitaire, la France de la Révolution, la patrie par excellence des revendications sociales et des libertés politiques.«

103 Barrès formulierte beispielsweise 1917 in seiner Eloge auf die »familles spirituelles« Frankreichs: »Mais les cloches sonnent le tocsin, et voici que le dormeur (»le génie de la France«; Th.R.) se réveille dans un élan d'amour. Catholiques, protestants, israélites, socialistes, traditionalistes, soudain laissent tomber leurs griefs.« BARRÈS (wie Anm. 97) S. 2.

104 *Revue bleue*, 22.–29.5.–5.6.1916, S. 193–197, »Vers la victoire« (Louis Barthou), hier S. 194 mit Bezug auf den Kriegsbeginn.

105 Vgl. z.B. Georges CLEMENCEAU, »La seule question«, in: *L'Homme enchaîné*, 25.8.1915, in: DERS., La France devant l'Allemagne, Paris 1918, S. 267f., zur Vorkriegssituation: »Jusque dans ces implacables discordes, il y avait des rivalités pour l'achèvement d'une France supérieure.«

106 Vgl. z.B. *Revue des deux Mondes*, 15.4.1915 (wie Anm. 94) S. 877: »La Chambre, subitement élevée au-dessus d'elle-même, dans une séance inoubliable, donne l'exemple de la concorde«.

107 Vgl. oben Anm. 13.

108 *Le Temps*, 10.9.1917, S. 1, »La crise et les partis«. Vergessen war, daß eine analoge Kritik bereits im August 1914 geübt worden war; vgl. vor allem *Le Temps*, 10.8.1914, S. 1, »Commencez!«

109 *Le Temps*, 11.11.1917, S. 1, »Union sacrée«, zur Stellung des Präsidenten: »Mais il faut qu'il puisse s'adresser en toute confiance et en toute sécurité aux sentiments profonds d'où naquit, en 1914, l'union sacrée.«

sacrée« bedeuteten die verschiedenen Verratsaffären in Verbindung mit den Affären um Malvy und Caillaux[110]. Die Rückwirkung auf den Mythos von der anfänglichen Einheit war wohl ambivalent. Einerseits gab es Forderungen nach einer erneuerten innenpolitischen Sammlung, die sich auch auf den »août 1914« beriefen[111], andererseits wurde von rechts eine wesentliche Grundlage des Konzepts einer freiwilligen und spontanen »union« rückwirkend attackiert, indem man Malvy zur Unterfütterung der Verratsthesen auch vorwarf, 1914 als Innenminister die für den Kriegsbeginn vorbereitete Verhaftung führender Sozialisten und Syndikalisten nicht umgesetzt zu haben.

Wenngleich seit 1917 das Bewußtsein von der Labilität der politischen »union sacrée« deutlich stieg, kann von einer Absage an die Vorstellung von ihrer Fortdauer nicht die Rede sein[112]. Mit dem sozialistischen Rückzug aus der Regierung, dem vorhergehenden Rücktritt des einzigen rechtskatholischen Staatssekretärs[113] und der relativ engen Kabinettsbildung Clemenceaus[114] war zwar die Breite der »union sacrée« reduziert worden, das Prinzip innenpolitischer Kooperation bestand aber trotz der autoritären Politik Clemenceaus in eingeschränktem Umfang und eingeschränkter Form fort[115], zumal die grundsätzliche Notwendigkeit einer »union nationale« zur Verteidigung auch von der SFIO mehrheitlich nicht bestritten wurde[116]. Und die Abschiebung führender »Pazifisten« und »Defätisten« in den kriminellen Dunstkreis des Verrats und der »Boches de l'intérieur«[117] kann, darauf deutet

110 Vgl. neben der Literatur in Anm. 49: Jean-Claude ALLAIN, Joseph Caillaux, l'oracle. 1914–1944, Paris 1981, S. 117–154; Jean-Baptiste DUROSELLE, Clemenceau, Paris 1988, S. 646–649.

111 So bildete sich im September 1917 ein vor allem von Radicaux getragener Verband »Droit et Liberté, ligue républicaine de défense nationale«, dessen Programm fordert: »Pour le salut de la France et de la civilisation, il importe d'entretenir, d'exalter dans les âmes cet amour passionné du Droit et cette confiance qui, dès août 1914, ont rassemblé contre l'agresseur toutes les forces de la nation.« Zitiert nach: *L'Echo de Paris*, 27.9.1917, »L'union sacrée contre la trahison«, in: Maurice BARRÈS, Chronique de la Grande Guerre X, 1er juillet – 1er décembre 1918, Paris 1936, S. 175–181.

112 Charakteristisch hierfür *L'Humanité*, 1.8.1918, S. 3, »L'union sacrée et les prochaines élections anglaises«: »L'union sacrée est décidément passée de mode. En France, on en parle toujours; on ne la dénonce pas, mais on la viole.«

113 Cochin trat im August 1917 infolge religionspolitischer Differenzen zurück. In einem nichtöffentlichen Brief an Ministerpräsident Ribot bezeichnete er die »union sacrée« als gescheiterten Versuch; vgl. Jean-Marie MAYEUR, Le catholicisme français et la Première Guerre mondiale, in: FRANCIA 2 (1974) S. 377–397, hier S. 390f.

114 Dies gilt sowohl für die beschränkte politische Spannweite als auch für die geringe Zahl markanter Persönlichkeiten; ausgeglichen wurde dies allerdings durch die persönliche Autorität Clemenceaus; vgl. auch DUROSELLE (wie Anm. 110) S. 632–642.

115 Übertrieben scheint mir die Einschätzung, daß sich die »union sacrée« seit 1917 zur »idéologie portant en elle les valeurs de la ›bourgeoisie‹« gewandelt hätte; vgl. BECKER (wie Anm. 50) S. 74. Treffender ist die mit der politischen Entwicklung begründete Bewertung als »dérive droitière de l'union sacrée« in: DERS. (wie Anm. 49) S. 78.

116 Vgl. z.B. aus der im Oktober 1917 auf dem Parteitag in Bordeaux verabschiedeten Resolution: »Le Parti socialiste est et reste résolu à l'union nationale pour la défense du pays et pour la guerre du droit, dégagée de tout impérialisme.« *L'Humanité*, 11.10.1917, S. 1, »Le programme d'action du Parti socialiste«.

117 *L'Echo de Paris*, 17.7.1918, »Qu'est-ce que la trahison?«, in: Maurice BARRÈS, Chronique de la Grande Guerre XII, 24 avril – 7 août 1918, Paris 1938, S. 330.

die Verunsicherung innerhalb der Radicaux, auch als Entschärfung eines potentiell größeren Konflikts um Kriegsziele und Friedensschluß gesehen werden.

Zum stärksten Argument für die These von der seit 1914 herrschenden Kontinuität innerer Einheit wurde das siegreiche Kriegsende. Angesichts der Problemfülle der unmitelbaren Zukunft wuchs in dieser Lage im bürgerlichen Spektrum auch die Hoffnung, die politische »union« der Kriegszeit über den Krieg hinaus verlängern zu können. Da die »union sacrée« aber seit 1917 sichtbar angeschlagen war, gab es gleichzeitig ein Verlangen nach Neubelebung. Diese Ambivalenz von Fortführung und Neuanfang, sicherlich auch ein Ergebnis der kaum noch aufzulösenden Synthese von Anfangsmythos und kontinuierlicher politischer Kooperation im gemeinsamen Begriff der »union sacrée«, spricht beispielsweise aus dem Appell, den Jules Siegfried als Alterspräsident am 14. Januar 1919 an die Abgeordneten der Kammer richtete. Darin bezeichnete er die »union sacrée« als »testament de nos morts glorieux«, forderte sie aber auch als »le premier des actes qui s'impose à nous«[118]. Politischer Ausdruck dieser Stimmung waren die Bemühungen um einen breiten »Bloc national« für die Kammerwahlen im November 1919[119], wobei freilich der integrative Impetus nicht für das gesamte politische Spektrum galt. Während die Radicaux an den Rand der Sammlungsbewegung gedrängt wurden, blieb die in sich gespaltene SFIO ausgeschlossen, Folge eigener Abkapselung und propagandistischer Ausgrenzung. Immer mehr gerieten die Sozialisten insgesamt in den Verdacht des Bolschewismus, den die Polemik der politischen Rechten mit einiger Resonanz als Instrument ungebrochenen deutschen Aggressionswillens darstellte und so gleichsam den äußeren Feind durch den inneren, den barbarischen »boche« durch den »bolcheviste« ersetzte[120]. Symptomatisch für die Entwicklung zu einer deutlich eingeschränkten »union« wurde am 8. Dezember 1919 die erste Zusammenkunft der »Chambre bleu horizon«, die als Versuch begann, in einer Neuauflage des 4. August 1914 nationale Eintracht zu demonstrieren[121]. Während der erste Teil der Sitzung, in dem der gefeierte Einzug der elsaß-lothringischen Ab-

118 *Journal Officiel, Chambre des Députés, Débats parlementaires*, 1919, S. 1f.

119 Vgl. Aufruf zum »Bloc national« am 26.10.1919: »(...) un programme dont l'adoption prolongerait, dans la paix, l'union si heureusement réalisée dans la guerre (...)«; zitiert nach BONNEFOUS 3 (wie Anm. 49) S. 63. Zum hohen Stellenwert des Themas »union« 1919 vgl. auch die Analyse von Wahlaussagen («professions de foi«) bürgerlicher Kandidaten in ROUSSELLIER (wie Anm. 49) S. 93–98.

120 Vgl. z.B. *L'Action Française,* 2.6.1919, S. 1, »L'alliance socialo-allemande et la manœuvre de Cachin« (Léon Daudet): »La propagande boche a pris chez nous le prétexte bolcheviste, mais le casque à pointe est nettement visible sous les bonnets crasseux de Lénine, de Trotsky et de Zinovief.« *Le Temps,* 13.10.1919, S. 1, »Pour l'union« »Quand il s'est agi de faire front à l'Allemand agresseur, pillard et brutal, on n'a pas recherché les opinions politiques des Français. Le bolcheviste, c'est l'ennemi de l'intérieur, c'est l'international contre la nation (...)«. – Vgl. hierzu auch Andreas WIRSCHING, Vom Weltkrieg zum Bürgerkrieg? Politischer Extremismus in Deutschland und Frankreich 1918–1933/39. Berlin und Paris im Vergleich, München 1998, Erstes Kapitel, III.

121 Vgl. in diesem Sinne auch ROUSSELLIER (wie Anm. 49) S. 180–184; ibid. auch zum folgenden. Protokoll in: *Journal Officiel, Chambre des Députés, Débats parlementaires,* 1919 (ohne reguläre Seitenzählung, entspricht S. 5277–5281). – Schon die Kammersitzung vom 11.11.1918 konnte in Analogie zur Sitzung vom 4.8.1914 gesehen werden, allerdings – infolge der Freude über den Sieg – auch als Gegenstück. *Le Temps* prägte hierfür die Metapher des Diptychons; *Le Temps,* 13.11.1918, S. 1, »Un immortel diptyque«.

geordneten stattfand, zu einer »admirable manifestation d'union nationale« wurde[122], kam es anschließend zu heftigen Tumulten – ausgelöst durch eine gesonderte Erklärung des Ex-Ministers Albert Thomas im Namen der elsaß-lothringischen Sozialisten. Als symbolische Bekräftigung des Ausschlusses der SFIO aus der verlängerten und neubegründeten »union« wurde diesen Ausführungen im Gegensatz zu den vorhergehenden Reden die Ehre einer »affichage« verweigert.

Zusammenfassend bleibt für Zeit bis 1919 festzuhalten: Auf deutscher Seite sind vor allem zwei Entwicklungen zu erkennen. Zum einen verband sich der Mythos von der inneren Einheit des Kriegsbeginns mit einer weiteren Intensivierung der Vorstellung vom homogenen »Volk« sowie mit einer breiten Verklärung der 1914 vom »einigen Volk« bewiesenen Haltung. Zum anderen wurde unter dem Druck wachsender innerer Konflikte seit 1917 die Fiktion einer fortbestehenden Einheit weitgehend aufgegeben. Statt dessen stellte sich häufig ein kontrastiver Umgang mit dem Anfangsmythos ein, bis hin zu der auf der politischen Rechten verbreiteten Dolchstoßlegende als Antithese zum »August 1914«. In Frankreich erreichte die Mythisierung des Kriegsbeginns keine analoge inhaltliche Breite, es blieb meist bei einer bildkräftigen Evokation der anfänglichen Harmonie und Zusammenarbeit unterschiedlicher Kräfte. Verantwortliche innenpolitische Kooperation im »Geiste« der Einheit mußte nicht eingefordert werden, sondern wurde im Rahmen des französischen Parlamentarismus zu einer pragmatischen Praxis und zur Grundlage für die Verbindung des Anfangsmythos mit der Vorstellung von der fortbestehenden Einheit. Nachdem die kooperative Praxis 1917 eingeschränkt worden war, kam es 1918/19 zu dem paradoxen Versuch, eine politisch verengte »union sacrée« über den Krieg hinaus zu verlängern und gleichzeitig Analogien zum Auftakt von 1914 zu schaffen.

So unterschiedlich die Entwicklungen waren, beiderseits hatte sich das »Wunder« der inneren Einheit 1919 zum Irrlicht gewandelt. In Deutschland, wo bereits 1914 die Kluft zwischen Realität und Ideologisierung größer war, gewann es eine gefährliche ideologische Dimension: Die kontrastive Verheißung von der realen Existenz einer homogenen Volksgemeinschaft[123] bestärkte die extreme Rechte in ihrer Anklage gegen »jüdischen Geist« und »Novemberverbrecher« und in ihrem Streben nach totalitärer Verwirklichung völkischer »Einheit«. In Frankreich war eher ein politisches Irrlicht entstanden: Die im Mitte-rechts-Spektrum herrschende Illusion von der neu zu belebenden kooperativen »union sacrée«, die gleichzeitig eine beschränkte Spannweite akzeptierte oder sogar anstrebte, begründete ein politisches Handlungsmuster in Krisensituationen[124], das den Begriff der Nation verengte und die neu aufgerissene Kluft zur sozialistischen Linken vertiefte.

122 *Le Temps*, 10.12.1919, S. 1, »Les débuts«; vgl. zum folgenden auch *L'Humanité*, 9.12.1919, S. 1, »La chambre réactionnaire refuse d'entendre la voix de la classe ouvrière d'Alsace et de Lorraine«.

123 Hinzu kam das Gemeinschaftserlebnis an der Front, gleichsam als beschränkte, aber ungebrochene Verlängerung des »August 1914«. Allgemein zur Bedeutung der Kriegserfahrung in der Weimarer Republik vgl. Überblick in Gerd KRUMEICH, La place de la guerre de 1914–1918 dans l'histoire culturelle de l'Allemagne, in: Vingtième Siècle 41 (1994) S. 9–17.

124 So auch die Regierungsbildungen im Zeichen der »Union nationale« 1926 und 1934. Der breitere Ansatz Reynauds, der 1940 mehrere Sozialisten in sein Kabinett aufnahm, wollte in der extremen Notlage des erneuten Kriegsbeginns wieder hinter diese Verengung zurück, fand aber in der Mitte und auf der Rechten zu wenig Unterstützung.

RÉSUMÉ FRANÇAIS

Au début de la Première Guerre mondiale, la France autant que l'Allemagne donnaient une image d'unanimité nationale. Après les déchirures intérieures de l'avant-guerre, cela était perçu comme un »miracle«. Or, cette notion du miracle signifie aussi une mythification de la réalité qui s'est d'ailleurs perpétuée pendant la guerre et l'entre-deux-guerres. Pendant longtemps cela a marqué l'historiographie en ce sens qu'elle a souvent transmis l'image simpliste d'une union née de l'enthousiasme de guerre.

Depuis quelque temps déjà, les historiens s'efforcent de détruire ce cliché de l'enthousiasme généralisé, de dévoiler le maintien des dissensions lors de la formation de la »trêve des partis« et de démasquer les motivations tactiques de la coopération politique. Outre cette rectification nécessaire, il faut tenir compte de la perception de l'époque et analyser ce phénomène spectaculaire d'union nationale dans toute sa complexité. La comparaison est un moyen d'analyse approprié pour révéler certaines analogies, pour discerner les causalités internes, mais aussi pour identifier les spécificités nationales.

Durant l'été 1914 les deux pays ont connu un développement analogue: L'atmosphère d'unité nationale se répand très vite au cours des derniers jours de juillet, elle est à son comble début août et à partir de début septembre elle se dissipe au fur et à mesure que les conflits publics s'aggravent et que la censure politique est instaurée.

En vue d'une analyse différenciée de l'unité il est nécessaire de distinguer plusieurs éléments y ayant contribué:

a) Le consensus politique est un facteur essentiel. A la fin de la »crise de juillet« – dont l'ampleur avait été sous-estimée dans les deux pays –, il s'est établi un large consentement quant à l'acceptation de la guerre et quant à la façon dont on jugeait les responsabilités. Mais, les manifestations d'unité étaient-elles fondées sur un réel sentiment d'unité par rapport aux actions militaires, à l'image dessinée de l'ennemi ainsi qu'à ce qui fut l'objectif déclaré de la nation? Le sens attribué à la guerre et, surtout, la concrétisation des objectifs de cette guerre étaient-ils appuyés par l'unanimité? En Allemagne, l'opinion publique était extrêmement divisée, en France, par contre, on peut constater un certain consensus à l'égard de ces propos.

b) Pendant les premières semaines de la guerre, la vie publique a connu de nombreux „gestes d'unité« visant à la réconciliation et à l'intégration nationale. Cela allait de la simple notice journalistique à l'action politique concrète. Souvent, ces gestes étaient issus des conflits et des clivages de l'avant-guerre. Etant plus substantiels en France, ces »gestes d'unité« se sont transformés en un processus de coopération pragmatique, alors qu'ils se limitaient, en Allemagne, à des manifestations spectaculaires.

c) Autre indicateur important de l'accord national: les sentiments et le comportement de la population, surtout dans les grandes villes. A la fin du mois de juillet, l'état d'esprit oscillait entre la peur de la guerre et le patriotisme démonstratif. Ni pour cette période ni pour les premières semaines de la guerre on ne peut parler d'enthousiasme général. Mais que la guerre soit acceptée, que la mobilisation se passe sans accroc, que le nombre de volontaires soit si élevé, que l'identification patriotique, même chez les travailleurs, soit si intense, et le fait que la population se solidarise sous l'effet des événements, tout cela favorisa un climat d'unité où les barrières sociales semblaient avoir disparu.

d) Dans les deux pays, ce phénomène d'union intérieure qui semblait retrouvée devenait aussitôt le centre du débat politique. En Allemagne, on peut constater un poids idéologique plus important: Pour le centre et la droite, le mythe de l'homogénéité du peuple, ancré dans le conservatisme et intensifié par l'essor du nationalisme, semblait devenu soudainement réalité splendide. En France, par contre, la définition de ›nation‹ était plus vaste et la discussion politique était dominée par l'idée de réconciliation et de coopération des forces antagonistes.

En somme, dans les deux pays s'est formée une divergence entre la réalité sociopolitique et la perception d'une unité presque totale. Mais il est évident que la situation était beaucoup plus tendue en Allemagne: D'une part, les clivages structuraux étaient plus profonds, d'autre part, les opinions sur les questions essentielles de la guerre ne reposaient pas sur une base commune, les »gestes d'unité« étaient moins solides et le courant de l'unité nationale »ethnique« (»völkisch«) était très fort.

La deuxième partie de l'article décrit comment s'est formé, pendant et au lendemain de la guerre, ce souvenir d'unité initiale. Fondé sur les perceptions de l'été 1914, ce mythe historique était en corrélation avec le temps présent: De par son caractère exemplaire, ce mythe était censé avoir un effet d'intégration, et en même temps il était fonction de la situation politique du moment.

Hist. Seminar Universität Frankfurt a. M.

En ce qui concerne l'Allemagne, on constate deux évolutions: D'une part, le mythe de l'union initiale était lié à l'intensification de la conception du peuple homogène, glorifié pour son comportement au début de la guerre. D'autre part, vu la pression de l'aggravation des conflits intérieurs, on a abandonné la fiction d'une union nationale qui avait été maintenue depuis 1914. Par conséquent, le débat sur la notion d'union initiale devient contrasté et dans le discours de la droite, la fameuse légende du »coup de poignard dans le dos« apparaît comme antithèse à »août 1914«. En France, l'influence idéologique restait assez restreinte. On se contentait d'évoquer- souvent de façon métaphorique – l'harmonie initiale et la coopération des forces antagonistes. Suite à la solidarité pragmatique du parlementarisme français, le mythe de l'union de 1914 se confondait avec l'idée d'une union continue. Après l'échec de cette vaste coopération en 1917 – désormais sans l'appui d'une grande partie de la gauche – on essaya de faire perdurer l'»Union sacrée« au-delà de la guerre sous forme d'un »Bloc national« et de créer une analogie avec la situation d'août 1914.

A l'issue d'évolutions très différentes dans les deux pays, le »miracle de l'unité« s'était transformé en feu follet, marqué d'une dominante idéologique très dangereuse en Allemagne et d'un caractère plutôt politique en France. Se fiant aux promesses de l'existence d'une communauté nationale (»Volksgemeinschaft«) homogène, l'extrême droite allemande intensifiait sa recherche de l'unité ethnique totale et son accusation contre ceux qu'elle déclarait responsables de la destruction de l'»esprit de 1914«. Le centre et la droite en France étaient guidés par l'illusion que l'»Union sacrée« était renouvelable malgré son envergure limitée. Cette attitude était à la base d'un modèle d'action pour les situations de crise caractérisé par la restriction de la notion de nation et par l'accroissement du clivage entre le centre politique et la gauche socialiste.

Christiane Tichy

EIN PROTESTANTISCHER SIEBURG

Pfarrer Hans-Helmut Peters in Frankreich zwischen 1930 und 1944

In den Kulturbeziehungen zwischen Deutschland und Frankreich in der Zeit »zwischen Locarno und Vichy« haben die sogenannten »Mittler« eine besondere Rolle gespielt. Mittler im Kulturbereich sind Personen, die aufgrund ihrer beruflichen Tätigkeit, meist intellektueller Art, einen Austausch von »symbolhaft-ideellen Produkten«, also von Kunstwerken oder anderen geistigen Inhalten von einem in das andere Land leisten[1]. Das Bild, das man sich in der jeweiligen nationalen Öffentlichkeit vom Nachbarn macht, ist in hohem Maße von diesen Multiplikatoren bestimmt. Bekanntes Beispiel ab Mitte der zwanziger Jahre war der Korrespondent der Frankfurter Zeitung, Friedrich Sieburg, dessen Buch »Gott in Frankreich?«, 1930 erschienen, das Bild vom Nachbarn nachhaltig prägte.

Ein solcher Mittler war auch der evangelische Auslandspfarrer Hans-Helmut Peters (1908–1987). Dies mag zunächst überraschen, da man diese Berufsgruppe üblicherweise nicht in dieser Funktion erwartet, wie sich schon bei einem flüchtigen Blick auf die Kulturbeziehungen nach 1918 zeigt.

Die unmittelbare Nachkriegszeit war durch den fast vollständigen Abbruch jeder Art von Austausch zwischen den Staaten gekennzeichnet. Erst mit dem Vertrag von Locarno im Herbst 1925 entstanden Möglichkeiten von deutsch-französischen Begegnungen, die gerade im kulturellen Bereich rasch an Zahl und Intensität zunahmen, so daß man geradezu von einem »Geist von Locarno« sprechen konnte, der dem »Rapprochement« – so der Schlüsselbegriff – verpflichtet war.

Es fällt nun auf, daß bei Hermann Hagspiel, der solche Initiativen aus dem »Geist von Locarno« im kulturellen Bereich zusammenstellt[2], Protestanten nicht vertreten sind. Die Katholiken dagegen setzten sich in hervorragendem Maße und mit eigenen Konzepten für die deutsch-französische Verständigung ein. Die deutschen Protestanten jedoch, d.h. präziser: die Kirchenleitungen der Landeskirchen und der Deutsche Evangelische Kirchenausschuß (DEKA) als einzige zentrale Instanz,

1 Hans Manfred Bock unterscheidet die Kulturbeziehungen von den Wirtschaftsbeziehungen und den diplomatisch-politischen Beziehungen. Sie sind von diesen grundlegenden Austauschprozessen zwar beeinflußt, aber nicht völlig abhängig, sondern entwickeln eine eigene Dynamik, so Bock in seinem Einleitungsaufsatz zum Sammelband: Hans Manfred Bock, Michael Trebitsch, Reinhart Meyer-Kalkus (Hg.), Entre Locarno et Vichy. Les relations culturelles franco-allemandes dans les années 1930, 2 Bände. Paris 1993. Bd. 1, S. 28.

2 Hermann Hagspiel, Verständigung zwischen Deutschland und Frankreich? Die deutsch-französische Außenpolitik der zwanziger Jahre im innenpolitischen Kräftefeld beider Länder, Bonn 1987 (Pariser Historische Studien, 24) S. 350–377.

blieben in einer nationalistisch rechthaberischen Haltung, gewissermaßen im traditionellen Staats- und Nationbegriff befangen[3].

Für die Kulturbeziehungen der dreißiger Jahre hat die Tagung des DAAD »Zwischen Locarno und Vichy« im Herbst 1990 eine erste Sammlung von Einzelstudien ergeben, die sich jeweils mit kleinen Mittlergruppen oder Einzelpersonen beschäftigen[4]. Sieht man sich die darin untersuchten gesellschaftlichen Gruppen an, so fällt wiederum auf, daß zwar mehrere Studien über katholische Kontakte und Initiativen erschienen sind, aber auch hier die evangelische Kirche nicht erwähnt wird[5].

Trotzdem gab es protestantische Mittler – einen kleinen Verein, die »Evangelisch-Christliche-Einheit« (ECE) des französischen Pfarrers Jules Rambaud[6], und eben die beiden Pfarrer der deutschen Auslandsgemeinden in Frankreich[7]. Sie blieben einer breiteren Öffentlichkeit in beiden Staaten weitgehend unbekannt[8], allerdings aus unterschiedlichen Gründen.

Jules Rambaud arbeitete nämlich bewußt auf persönlicher, privater Ebene, fast im Verborgenen unter Ausschluß der Presse, da ihm dies eine Vorbedingung von Versöhnung schien, wenn die öffentliche Meinung auf beiden Seiten nach 1918 nur Haß verbreitete. Daß er halb vergessen ist und von der Forschung erst spät entdeckt wurde, ist deshalb nicht erstaunlich. Die Einschätzung der Zeitgenossen, zumindest der deutschen, war darüberhinaus von Mißtrauen geprägt: die Leitungen der Landeskirchen und des DEKA blieben auf Distanz – seine deutschen Kontakte konzentrierten sich auf die Herrenhuter Brüdergemeinde, die eine sektenartige Randexistenz führte. In französischen Kirchenkreisen war Rambaud allerdings anerkannt[9].

Der Grund wiederum, warum bislang die deutschen Auslandspfarrer nicht als Mittler wahrgenommen wurden, ist darin zu finden, daß sie eine solche Funktion von Amts wegen auch gar nicht ausüben sollen. Denn zum korrekten Verständnis

3 »Protestantismus« kommt bei Hagspiel nur als Bestimmungsfaktor der nationalistisch-preußischen Rechten vor, parteipolitisch in der DNVP und PVP, soziologisch im preußischen Adel konzentriert, z.B. Hagspiel (wie Anm. 2) S. 400, 364.

4 Siehe Anm. 1.

5 Darauf wies Michael Trebitsch bei der Vorstellung der beiden Bände im Goethe-Institut Paris im November 1993 ausdrücklich als Lücke hin. Zu den Katholiken siehe Kapitel III des 1. Teiles: Réseaux chrétiens, S. 219–267.

6 Jules Rambaud (1879–1949) gründete bereits 1920 die ECE. Siehe Dietrich Meyer, Jules Rambaud und die Evangelisch-Christliche Einheit, in: Allgemeine Mitteilungen der Arbeitsgemeinschaft der Archive und Bibliotheken in der evangelischen Kirche Nr. 28, Februar 1990, S. 3–48.

7 Der ältere war Erich Dahlgrün (1894–1978), von 1927 bis 1939 in Paris tätig. Für eine vollständige Geschichte beider Auslandsgemeinden zwischen 1918 bis 1944 siehe meine Dissertation, die im Sommersemester 1996 von der Philosophischen Fakultät der Albert-Ludwigs-Universität Freiburg angenommen worden ist. Christiane Tichy, Deutsche Evangelische Auslandsgemeinden in Frankreich 1918–1944, phil. Diss. Freiburg i.Br. 1996.

8 Eine Ausnahme bildete die innerkirchliche Öffentlichkeit der kleinen Minderheit der französischen Protestanten. Gerade sie hatte wohl die besten Informationen über Deutschland, insbesondere während des Dritten Reiches, siehe unten Anm. 70.

9 Siehe auch die Kontroverse zur Frage, wie groß der Einfluß der ECE eigentlich war, bei Rainer Lächle, Frankreich und der französische Protestantismus in der Zeit der Weimarer Republik: Perspektiven protestantischer Publizistik in deutschen Kirchenzeitungen und Zeitschriften, in: Revue d'Allemagne 21 (1989) S. 531–551. Lächle bezieht sich auf: Daniel Robert, Les Protestants français et la guerre de 1914–18, Francia 2 (1975) S. 415–430.

kirchlicher Auslandsarbeit muß betont werden, daß eine Auslandsgemeinde gerade keine Verständigungsorganisation im eigentlichen Sinne ist. Sie wird zur kirchlichen Versorgung der im Ausland lebenden deutschen, bzw. deutschsprachigen Protestanten gegründet und hat primär die Aufgabe, diese Deutschen mit Predigt, Seelsorge und kirchlichen Amtshandlungen zu versorgen, also zu taufen, zu trauen, zu konfirmieren und zu bestatten. »Brückenfunktionen« erhält sie erst quasi nebenbei dadurch, daß Kontakte zu den einheimischen Kirchen teils für die praktische Arbeit unumgänglich, teils diplomatisch geboten sind. Als Träger von Kulturbeziehungen zwischen Deutschen und Franzosen kommen vor allem die Pfarrer selber in Frage, da ihr Engagement in erster Linie bestimmte, wie weit oder tief die Gemeinden die Berührung mit den einheimischen Kirchen suchten und wie sie den Kontakt verstanden.

Alle Auslandsgemeinden hingen von 1922 an organisatorisch und finanziell vom Auslandsreferat des DEKA[10], ab Februar 1934 vom umorganisierten und neu benannten Kirchlichen Außenamt (KA) unter Bischof Theodor Heckel ab. Die Geschichte dieses Amtes ist bis heute nicht geschrieben, so daß auch die jeweiligen Rollen der Auslandspfarrer nicht untersucht sind[11]. Generell kann man sagen, daß vor 1945 Auslandsgemeinden Horte eines starken Nationalgefühls waren. Schon der kulturkämpferische Doppelbegriff: deutsch-evangelisch, der sich nach 1871 entwickelte, weist auf eine von evangelischer Seite behauptete enge Zusammengehörigkeit von Konfession und Nation hin, die unter den Auslandsdeutschen besonders gepflegt wurde[12]. Im Verhältnis zu Frankreich wurde nach 1918 dieser Effekt noch durch die Kriegsschuldfrage verschärft. Die Erinnerung an die »Schmach« wurde mit den kirchlichen Mitteln der Gedenkgottesdienste und Kanzelabkündigungen wachgehalten[13]. Jegliche kirchliche Mittlertätigkeit von Einzelpersonen muß also in diesem Kontext gesehen werden.

10 Im 19. Jahrhundert war es Sache der Landeskirchen, Auslandsgemeinden zu unterhalten. Nach Neugründung des DEKA 1922 wurde ihm die gesamte Auslandsarbeit (einschließlich ökumenischer Kontakte) zugeordnet.

11 Es gibt Einzelstudien, wie die von Martin Norbert DREHER, Kirche und Deutschtum in der Entwicklung der Evangelischen Kirche Lutherischen Bekenntnisses in Brasilien, Göttingen 1978 (Arbeiten zur Kirchlichen Zeitgeschichte, 6), oder von Wolfgang KROGEL, Die evangelische Kirchengemeinde Genua im Spiegel ihres Archivs. Festvortrag zum 125jährigen Bestehen der Gemeinde, in: Aus evangelischen Archiven 33 (1994). Im Auftrag des Verbandes kirchlicher Archive in der Arbeitsgemeinschaft der Archive und Bibliotheken in der evangelischen Kirche hg. von B. HEY und G. STÜBER, S. 85–96. Und es gibt eine Lebensbeschreibung des Auslandsbischofs Heckel: Rolf-Ulrich KUNZE, Theodor Heckel. Eine Biographie, Stuttgart 1997 (Konfession und Gesellschaft, 13). Siehe auch: Birger MAIWALD, Eine biographische Notiz: Theodor Heckel, in: Kirchengemeinschaft – Anspruch und Wirklichkeit. Festschrift für Georg Kretschmar zum 60. Geburtstag, Stuttgart 1986, S. 189–233.

12 Gemäß dem geänderten Selbstverständnis der Evangelischen Kirche Deutschlands nach 1945 haben allerdings die Auslandsgemeinden diesen nationalen Charakter verloren und wurden bewußt als »Brücke« in die Kirchen des Gastlandes hinein konzipiert, so z.B. von Adolf WISCHMANN in einem Vortrag 1965 formuliert, abgedruckt im Kirchlichen Jahrbuch für die evangelische Kirche Deutschlands 1984, S. 93–102.

13 Siehe dazu Kurt NOWAK, Evangelische Kirche und Weimarer Republik. Zum politischen Weg des deutschen Protestantismus zwischen 1918 und 1932, Weimar 1988 (Arbeiten zur Kirchengeschichte, 7) S. 108–125.

In dem vorliegenden Aufsatz soll es um den jüngeren der beiden Auslandspfarrer, Hans-Helmut Peters, gehen, der von 1930 an bis in die Zeit der Bundesrepublik fast ohne Unterbrechung in Frankreich bzw. im deutsch-französischen Rahmen tätig war. 1930 bis 1931 kam Peters als Vikar in die Deutsche Evangelische Gemeinde in Paris, 1933 bis 1939 lebte er als Reiseprediger in Südfrankreich mit Wohnsitz in Nizza und wirkte 1940 bis 1944 als Gemeinde- und Gefängnispfarrer und als Sonderbeauftragter des Kirchlichen Außenamtes im besetzten Paris. Nach 1945 hat er aktiv am Aufbau des Deutsch-Französischen Bruderrates mitgewirkt[14].

Diese wenigen Daten weisen bereits auf eine Besonderheit hin, die ihn von anderen Mittlern der Kulturbeziehungen unterscheidet: eine Kontinuität der Tätigkeit von der Weimarer Republik über die NS-Zeit und den Zweiten Weltkrieg bis in die Bundesrepublik, die der Erklärung bedarf.

Denn gemeinhin geht man nach den Erkenntnissen von Hans Manfred Bock davon aus, daß es im Bereich der Kulturbeziehungen keine Kontinuität zwischen der Verständigungspolitik von Locarno und den Kollaborationsangeboten während der vierziger Jahre gegeben habe. Die Brüche überwiegen, sowohl was die Organisationen angeht, als auch von den Personen her, obwohl man oberflächlich gesehen zeitliche Überlappungen feststellen kann. Die Kontinuitätslinien 1925 bis 1933 und 1933 bis 1944 bezieht Bock sowohl auf die offiziösen – also privat initiierten, jedoch staatlich geförderten – als auch auf die rein privaten Kulturbeziehungen. Für beide Bereiche stellt er die These auf, daß Verständigungspolitik im Sinne von Locarno unvereinbar mit der NS-Propaganda der dreißiger, erst recht mit der der vierziger Jahre gewesen sei. Entweder sei man Locarno-Anhänger oder NS-Propagandist gewesen. Die »Renegaten des ›Geistes von Locarno‹« bestimmten das Bild während der NS-Zeit[15].

So hätten die nach 1933 neu gegründeten deutsch-französischen Vereine weder konzeptionell dieselben Ziele wie die Organisationen der zwanziger Jahre vertreten noch sich auf dieselben Bevölkerungsgruppen stützen können. Die führenden Vertreter des »Geistes von Locarno« seien in die Emigration gegangen oder hätten sich ins Privatleben zurückgezogen[16]. Alle im Rahmen von Locarno nach 1925 gegründeten Vereine verschwanden im Laufe der dreißiger Jahre oder wurden in unverkennbarer Weise gleichgeschaltet, wie z.B. die Deutsch-Französische Gesellschaft, die nur noch den Namen mit der damaligen Verständigungsorganisation gemeinsam gehabt habe[17].

Dieses Schicksal teilte die deutsche evangelische Auslandsgemeinde in Paris unter der Leitung des Pfarrers Erich Dahlgrün. Unter dem Druck, der von den gleichgeschalteten Vereinen der Deutschen Kolonie ausging, isolierte sie sich immer mehr, wurde zahlenmäßig kleiner, reduzierte die Kontakte zu den französischen Protestanten und wurde bei Kriegsausbruch im August 1939 geschlossen[18].

14 Die Nachkriegszeit ist nicht untersucht, nur die etwa 20 Dossiers zu diesem Thema im Nachlaß im Evangelischen Zentralarchiv in Berlin lassen eine intensive Aktivität erahnen.

15 Bock (wie Anm 1) S. 57.

16 Ibid S. 46–50.

17 So Bocks Zusammenfassung ibid S. 45.

18 Dazu siehe die detaillierte Darstellung in Tichy (wie Anm. 7) Kapitel 2.

Ein widersprüchlicheres Bild zeigt die Berufskarriere des zweiten Auslandspfarrer Hans-Helmut Peters. Die oben skizzierte Kontinuität sperrt sich gegen die starre Gegenüberstellung von Locarno und Non-Locarno, die ja auch eine im nachhinein gemachte ist und im analysierenden Rückblick der Historiker erst als solche erscheint, nicht im Blick der Zeitgenossen.

Diese benutzten durchgehend denselben Schlüsselbegriff der Zeit: »Rapprochement«. Die unterschiedliche Sichtweise von Zeitgenossen und Historikern hat ihren Grund in einer unterschwelligen, nur halb bewußten Doppelbedeutung des Begriffs Rapprochement. Kern dieser Doppeldeutigkeit ist die von Hagspiel herausgearbeitete Unterscheidung im französischen und im deutschen Sprachgebrauch von »Rapprochement« bzw. »Verständigung«[19]. Rapprochement im Wortsinne muß ja mit »Annäherung« oder »Wiederannäherung« übersetzt werden und meint die versöhnende Geste der Begegnung mit dem früheren Kriegsgegner, als sich selbst genügendes Ziel aus humanitären Gründen, als Selbstzweck. Damit solche menschliche Begegnung geschehen kann, muß der Status quo akzeptiert sein und von beiden Seiten als unveränderbar angesetzt werden. »Annäherung/Rapprochement« schließt also Revisionsabsichten in bezug auf den Versailler Vertrag aus. Dies war verständlicherweise bevorzugt die französische Interpretation.

»Verständigung« als offizielles deutsches Äquivalent für das französische »rapprochement« dagegen meint Verhandlung als friedliche Methode der Berichtigung der Kriegsergebnisse und impliziert damit gerade die Revision des nicht akzeptierten Friedensvertrages von Versailles. Sie schließt zwar Gewalt aus, betont also in ihren angewandten Mitteln einen qualitativen Unterschied zur nationalistischen deutschen Rechten, besteht aber nichtsdestoweniger auf der Änderung des einmal geschlossenen Vertrages im Sinne einer Wiederherstellung des Zustandes vor dem Krieg. So die Sicht der Dinge hauptsächlich aus deutscher Perspektive.

Hagspiel hat in diesem inneren Widerspruch einen der Gründe für das Scheitern der Friedensbemühungen nach Locarno gesehen. Als für die Franzosen Annäherung/Rapprochement gelungen und beendet war, fing für die Deutschen die eigentliche Arbeit erst an, nämlich von der Gleichberechtigung aus die Revision des Versailler Vertrages zu erreichen.

Für das »protestantische Rapprochement« muß man die weltlichen Begriffe »Annäherung/Verständigung« auf kirchlich-religiöses Leben und Denken beziehen. Dabei bedeutet Annäherung/Rapprochement gemeinsame Religionsausübung beider Nationen, ein Akzeptieren des ehemaligen Kriegsgegners als Glaubensbruder, mit dem gemeinsame Gottesdienste, Gebete und Begegnungen von Christen möglich und fruchtbar sind.

Verständigung/Rapprochement meint im Gegenteil immer den Versuch, Ergebnisse des Ersten Weltkrieges zu revidieren, Zustände von vor 1914 wiederherzustellen, letztlich kirchliche (Macht)positionen der Vergangenheit zurückzuerobern, bzw. neu zu etablieren.

Denn nicht nur im allgemeinpolitischen Bereich gab es nach 1918 zwischen Deutschland und Frankreich ungelöste Konflikte, auch die Kirchen hatten ein Erbe zu verwalten, das letztlich aus dem 19. Jahrhundert stammte. Die deutschsprachige

19 Für das Folgende siehe Hagspiel (wie Anm. 2) S. 493–501.

lutherische Auslandsgemeinde in Paris ist nämlich aus einer Kirchengemeinschaft mit den französischen Lutheranern ab 1840 hervorgegangen, die zuerst grundsätzlich 1871 in Frage gestellt wurde und mit Kriegsausbruch 1914 endgültig zerbrach. Aus diesen Zeiten waren materielle Streitwerte wie ehemals gemeinsame Kirchengebäude und 1914 beschlagnahmte Vermögenswerte unerledigt geblieben[20].

Eine Kontinuität in den protestantischen Kirchenbeziehungen von 1930 bis in die fünfziger Jahre hinein ist nun deshalb möglich gewesen, weil hinter dem selben Begriff sich unterschiedliche Bedeutungen verbargen, deren Akzent sich von der einen zur anderen verschieben konnte. Vom Zeitpunkt der Wiederaufnahme von Beziehungen zwischen deutschen und französischen Protestanten etwa 1923/24 an bis zum Kriegsende 1945 kann man beide Bedeutungen von Rapprochement nebeneinander beobachten und analytisch unterscheiden.

Im folgenden wird zunächst die Person, das Weltbild und Rollenverständnis des Auslandspfarrers Peters charakterisiert. Danach werden für jeden der erwähnten Zeitabschnitte Beispiele für das Rapprochement dargestellt, die zeigen, wie je nach Zeitumständen die versöhnende oder die Revisionsbedeutung dominierte und in welchem Verhältnis sie zueinander standen.

Die Person[21]

In Charakter und Weltbild von Hans-Helmut Peters findet sich viel Typisches für seine Generation, das ihn mit den anderen Mittlern der dreißiger Jahre verband. Peters gehörte mit seinem Geburtsjahrgang 1908 zur »Kriegsjugendgeneration«, die noch nicht am Krieg teilnehmen durfte, deren Jugend jedoch stark vom Heimatkriegserlebnis und vor allem vom völligen Zusammenbruch aller bisher gültigen Werte 1918 geprägt worden war[22].

Peters hat in einer Selbstdarstellung seine Motivation zu Theologiestudium und seine Berufswahl mit der als Jugendlicher beobachteten Not des Krieges erklärt. Er wollte Menschen in Notsituationen helfen, interessierte sich intensiv für soziale Brennpunkte, in denen für ihn die Hilfe für den Einzelnen im Sinne der individuellen Seelsorge im Vordergrund stand[23]. Soziale Aktivitäten während seiner Ausbildung bestätigen diese Selbstsicht[24]. Hinzu kam eine ausgesprochene Kommunika-

20 Im Prinzip gilt diese Verknüpfung für alle ehemaligen deutschsprachigen Gemeinden in Frankreich, die es in Nizza, Menton, Bordeaux, Le Havre und Lyon gab. Dazu siehe Wilhelm von der RECKE (Hg.), Fluctuat nec mergitur. Deutsche Evangelische Christuskirche 1894–1994. Beiträge zur Geschichte der lutherischen Gemeinden deutscher Sprache in Paris und in Frankreich, Sigmaringen 1994, S. 16–30.

21 Dies ist ein Kurzporträt des Pfarrers, das nicht einzelne Phasen unterscheidet, ausführlicher dazu siehe TICHY (wie Anm. 7) S. 222–238.

22 Die Beschreibung der z.T. stilisierten Generationsunterscheidung entnehme ich Ulrich HERBERT, Best. Biographische Studien über Radikalismus, Weltanschauung und Vernunft 1903 bis 1989, Bonn 1996, S. 42–45. Der Ausdruck Kriegsjugendgeneration stammt von Gunther Gründel, dem Herausgeber der »Tat«.

23 Angaben nach dem eigenhändigen Lebenslauf in der Personalakte Peters im Landeskirchenarchiv Hannover, in die ich dank des Engagements des Archivleiters, Herrn Dr. Otte, und der Hilfsbereitschaft des ältesten Sohnes Burkhard Peters Einsicht erhielt.

24 So arbeitete er als Student in Berlin in der »Sozialen Arbeitsgemeinschaft« Prof. Siegmund-Schultes mit und half 1930 in Paris bei der Obdachlosenarbeit der Reformierten Kirche.

tionsbegabung, die ihn mühelos Zugang zu sehr unterschiedlichen Menschen finden ließ, ein Faktor, der bei seinen französischen Kontakten nicht zu unterschätzen ist.

Theologisch gesehen stammte Peters aus dem traditionellen konfessionellen Luthertum und wurde im Studium stark durch Paul Althaus geprägt. Althaus' Schöpfungstheologie, um 1930 führende Strömung in der deutschen Theologie (sieht man von Karl Barths Ansatz ab), auf deren Grundlage sich die NS-nahen »Deutschen Christen« entwickeln konnten, nahm die damals herrschenden Begriffe von »Volk« und »Volkstum« theologisch auf. Das »deutsche Volk« erhielt als von Gott geschaffene blutsmäßige Einheit eine höhere Weihe, der christliche wurde zu einem je nach Nation, bzw. Volk unterschiedlichen Glauben, so daß man die Reformation als wesensmäßg deutsch und Luther als Prototyp des tief veranlagten deutschen Menschen verstehen konnte[25].

Seine Rolle als Pfarrer verstand Peters strikt persönlich und unpolitisch: Der Pfarrer habe sich aus gesellschaftlichen Problemen herauszuhalten. Mit dieser Trennung von Seelsorge für den Einzelnen und »Politik« in einem sehr weiten Sinne kam Peters dem Hitlerschen Kirchenverständnis recht nahe, der den »unpolitischen« Pastor rühmte, der sich aus der Gesellschaft heraushalten und nur für den privatesten Bereich und das Jenseits zuständig sein sollte[26]. So konnte Peters unbedenklich nichtarische Christen in seiner Gemeinde willkommen heißen und gleichzeitig ein Urteil darüber ablehnen, ob Juden aus der deutschen Gesellschaft ausgeschlossen werden sollten. Eine solche Entscheidung sei Sache des Staates[27].

In bezug auf die deutsch-französischen Beziehungen kann man für die dreißiger Jahre bei Peters eine nahe Verwandtschaft mit der Vorstellungswelt anderer Mittler, Karl Epting und Otto Abetz, feststellen, die letztlich auf Klischees und Topoi von Friedrich Sieburgs »Gott in Frankreich?« zurückgingen und in verschiedenen Varianten in den Artikeln der Deutsch-Französischen Monatshefte/Cahiers Franco-allemands nachzulesen sind. Dort wird das traditionelle, vormoderne, rückständige Frankreich der Rentiers dem modernen, geeinten, dynamischen Deutschland gegenübergestellt, die dekadenten westlichen »Ideen von 1789« mit dem aufstrebenden »Volk« konfrontiert. Auch Peters folgte dem »doppelt zwiespältigen Frankreich-Klischee« des geistig hochstehenden und politisch-sozial rückständigen Frankreich, das Bock für die Autoren der dreißiger Jahre als Grundkategorie herausgestellt hat[28].

Eingeschlossen in diese Gegenüberstellung ist die nationalkonservative Trennung des deutschen Sonderweges vom dekadenten Westen, in seiner kirchlichen Variante

25 Zu diesen begrifflichen Verbindungen siehe Nowak (wie Anm. 12) S. 215–261.

26 John S. Conway, Die nationalsozialistische Kirchenpolitik. Ihre Ziele, Widersprüche und Fehlschläge, Dt. Ausgabe München 1969, S. 98. – Folgerichtig wurde die Bekennende Kirche, die sich diesem restriktiven Kirchenideal nicht einpassen wollte, als »politisierende« Kirche denunziert, was sie ihrem eigenen Selbstverständnis nach gerade nicht sein wollte.

27 Explizit stellte Peters diese Haltung in seinen beiden 1933 geschriebenen theologischen Examensarbeiten dar. Die Titel: »Die politische Haltung des Gemeindepfarrers« und »Wie hat sich in Deutschland das Verhältnis von Kirche und Staat historisch entwickelt und wie ist es theologisch zu beurteilen«, zeigen ein starkes Interesse für die Problematik. Beide Arbeiten in der Personalakte Peters im Landeskirchenarchiv (LKA) Hannover.

28 Hans-Manfred Bock, Tradition und Topik des populären Frankreich-Klischees in Deutschland 1925–1955, in: Francia 14 (1986) S. 475–508, hier: S. 488–489.

im Klischee des oberflächlichen, angelsächsischen Calvin der Reformierten und des deutschen Luther, der den Nationalcharakter des tief veranlagten deutschen Menschen verkörpert.

Insgesamt verstand Peters sich selber als positiver Mittler für den Bereich der protestantischen Kirchen zwischen beiden Nationen im Sinne dessen, der Verständnis und Sympathie für die andere Seite wecken will[29].

1930–1931: Pariser Lehrjahre im Zeichen von Annäherung und Verständigung

Die soziologische Basis der Locarnovertreter war in beiden Nationen gleichermaßen das gebildete Bürgertum. Unterschiedlich jedoch waren die ideologischen Prägungen: auf französischer Seite dominierte eine universalistische Werthaltung, politisch dem »parti radical« nahestehend, bzw. ein republikanischer Konsens mit sozialistischen Sympathien. Auf deutscher Seite dagegen waren es Teile des nationalliberalen Bürgertums mit konservativer Grundhaltung, die eine Annäherung mit Frankreich trugen[30]. In beiden Öffentlichkeiten waren die Rapprochement-Vertreter eine Minderheit, die sich verteidigen mußte.

Diese Unterschiede findet man auch im protestantischen Milieu. Die französischen Protestanten, als sehr kleine Minderheit in der französischen Gesellschaft überwiegend aus dem gehobenen Mittelstand kommend, standen im 19. Jahrhundert mehrheitlich auf republikanischer Seite, schon weil sie der Dritten Republik ihre gesellschaftliche und politische Gleichstellung zu verdanken hatten[31]. Sie hatten in deren Anfängen eine herausragende politische Rolle inne, so daß z.B. zahlreiche Minister der Kabinette vor 1914 Protestanten waren. Nach 1918 verlor sich dieser Einfluß, auch weil die Katholiken sich mit der Republik aussöhnten und deshalb eine spezielle konfessionelle Identifikation nicht mehr in gleichem Maße nötig war.

Aufgrund ihrer Minderheitsposition und einer starken innerkirchlichen konfessionellen Zersplitterung, die ein Erbe aus dem 19. Jahrhundert war, entwickelte insbesondere die Reformierte Kirche eine Vorreiterrolle in der internationalen Ökumenebewegung, die nach 1918 die vor dem Krieg begonnenen Ansätze entfaltete.

29 Dies ist eine klare Tendenz bei seinen Artikeln der dreißiger Jahre in kirchlichen Blättern: Hans-Helmut PETERS, Frankreichs junge Generation, in: Die Christliche Welt (1936) Sp. 657–659 und Hans-Helmut PETERS, Luthers Einfluß und deutsche Lutheraner in Frankreich während des 16. Jahrhunderts. Studien zur Geschichte des Luthertums und des Deutschtums in Frankreich, in: Jahrbuch Auslandsdeutschtum und Evangelische Kirche 9 (1939) S. 229–285.

30 BOCK (wie Anm 1) S. 32.

31 Ganz so einheitlich wie vor 1914 war »der« Protestantismus nicht mehr, es gab zum 1. Mal monarchistische und stark konservative Gruppen wie die »Association Sully«, allerdings als kleine Minderheiten. Siehe dazu den Rapport von André ENCREVÉ zur politischen Situation der Protestanten 1918 bis 1940 und den Beitrag von Grace DAVIE zur protestantischen extremen Rechten in: Société de l'Histoire du Protestantisme Français (Hg), Les protestants français pendant la Seconde Guerre mondiale. Actes du colloque de Paris, Palais du Luxembourg, 19–21 novembre 1992, réunis par André ENCREVÉ et Jacques POUJOL. Supplément au Bulletin de la SHPF Nr 3, juillet/août/septembre 1994, S. 33–54 und 91–104.

Der 1909 gegründete Dachverband »Fédération Protestante de France« (FPF), dem viele Einzelkirchen angehörten, entsandte mehrere Vertreter zum ersten ökumenischen Kongreß in Stockholm 1925.

Die deutschen evangelischen Kirchen befanden sich nach 1918 unter der Schockwirkung der Revolution und des Endes des »evangelischen« Kaisertums, von dem sie sich nur langsam erholten. Bezeichnenderweise bot die DNVP ihnen eine parteipolitische Heimat. Erst ab 1926/27 gab es vereinzelte Kirchenvertreter (übrigens gerade im für die Auslandsarbeit zuständigen DEKA), die zu einer vernunftrepublikanischen Haltung zum Weimarer Staat und zur Revisionsfrage gefunden hatten[32]. Im Vergleich mit den Franzosen war die gesellschaftliche Basis des Rapprochement auf deutsch-evangelischer Seite noch wesentlich schmaler als in nicht konfessionell bestimmten Kreisen[33].

Die deutsch-französischen Kirchenbeziehungen standen nach 1918 in beiden Nationen lange unter dem Vorbehalt der Frage der Kriegsschuld, deren Eingeständnis die pazifistischen französischen Protestanten von den deutschen forderten, schon aus Gründen der Selbstrechtfertigung, da sie 1914 dem Krieg zugestimmt hatten, in der Meinung, er sei gerecht[34]. Da sie außerdem unter einer antiprotestantischen Propaganda während des Krieges zu leiden gehabt hatten, die »protestantisch« mit »deutsch« identifizierte und aus den Protestanten, insbesondere aus den Lutheranern, Vaterlandsverräter machte, waren die Vorbehalte nach 1918 groß[35]. Der »Geist von Locarno« wirkte auch hier abmildernd, wenn auch die deutsch-französischen Kirchenbeziehungen aus französischer Sicht keinen gesonderten Stellenwert erhielten, sondern in die internationale Ökumene eingebunden wurden. Der französische Universalismus zeigte sich hier in kirchlicher Ausprägung und übersprang das binationale deutsch-französische Problem durch Internationalisierung. In gewisser Hinsicht versuchten damit die französischen Protestanten einen ähnlichen Weg wie der Katholizismus, der durch seine übernationale Integrationsfigur des Papstes leichtere Wege zur Überwindung von Grenzen finden konnte, als der je national geteilte Protestantismus.

Auf deutscher Seite gab es in der Frühzeit vor Locarno in bezug auf die Auslandsgemeinde in Paris eine deutliche Revisionstendenz. Handelte es sich um die Wiedergabe von kirchlichem Eigentum, ging man in der Kirche hartnäckig und mit Ausdauer daran, mit allen diplomatischen Mitteln Wiedergutmachung der erlittenen Schäden zu erreichen. Die Rückgabe des 1914 beschlagnahmten Kirchengebäudes in der Rue Blanche in Paris im Jahre 1924 an die deutsche Gemeinde war das

32 Zur evangelischen Kirche in der Weimarer Republik siehe Jonathan R. C. WRIGHT, »Über den Parteien«. Die politische Haltung der evangelischen Kirchenführer, Göttingen 1977 (Arbeiten zur Kirchlichen Zeitgeschichte, 2) und NOWAK (wie Anm. 12).

33 Nicht zufällig dominierten bei den Verständigungsinitativen in Paris die Katholiken auch gesellschaftlich. Dazu siehe Tichy (wie Anm. 7) S. 68.

34 Siehe Jean BAUBÉROT, La mouvance protestante française du »christianisme social« et l'Allemagne, de la première guerre mondiale à l'avènement du nazisme, in: Revue d'Allemagne 21 (1989) S. 522–530, der m.E. aber 1925 als Datum des beginnenden Tauwetters zu früh ansetzt.

35 Jean BAUBÉROT, L'antiprotestantisme politique à la fin du XIXe siècle, in: Revue d'histoire et de philosophie religieuse 1 (1972) S. 449–484, 2 (1973) S. 177–221.

Ergebnis eines zähen Ringens mit dem französischen Staat und mit den französischen Kirchen und wurde als eine Art Sieg betrachtet[36].

Kontakte auf glaubensbrüderlicher Versöhnungsbasis zwischen der deutschen Gemeinde und den Pariser französischen Kirchen begannen erst spät (sieht man von der diplomatisch-formelhaften Begegnung bei der Eröffnungsfeier im Dezember 1927 ab), nämlich mit Beginn des Jahres 1930. Die Deutschen wurden als eine der vielen Auslandskirchen immer selbstverständlicher in die ökumenischen Begegnungen in Paris einbezogen[37]. Es gab gemeinsame Gottesdienste, Jugendbegegnungen, Gebetswochen und gegenseitige karitative Hilfe.

In diese sich normalisierende Sitation paßte sich der im Oktober 1930 ankommende 22jährige Vikar Hans-Helmut Peters ein. Sein zehn Monate dauernder Aufenthalt diente in jeder Hinsicht dem Kennenlernen einer anderen Welt. Er bemühte sich intensiv, die Sprache zu erlernen, und alle Zeugnisse weisen darauf hin, daß er so umfassend wie möglich Kontakte jeder Art knüpfen wollte, was vom Beobachten der Obdachlosenarbeit der Reformierten Kirche in Paris über die Teilnahme an Seminaren an der Theologischen Fakultät bis hin zur deutsch-französischen Jugendarbeit ging.

Peters suchte nach Konzepten für die deutsch-französischen Beziehungen. Er beschäftigte sich mit den katholischen Europa-Konzeptionen, die ihm offenbar vorbildlich schienen, da sie sich in einer Gestalt wie Albertus Magnus verkörpern konnten. Daß eine gemeinsame geistige Welt notwendig war, stand für ihn außer Frage, eine Europa-Idee, vergleichbar den Entwürfen von Koudenhove-Kalergis Pan-Europa müsse man haben. An die Protestanten richtete er die Aufforderung, ähnliche Konzeptionen zu entwickeln[38].

Er bemühte sich bei der Deutschen Botschaft um Unterstützung für eine Tagung von deutschen und französischen Protestanten, worin ausdrücklich die »Annäherung« (also im versöhnenden, französischen Sinne) erstrebt wurde und die bewußt als Paralleltagung zu einer katholischen Veranstaltung geplant war[39].

Der von der deutschen Gemeinde, d.h. von den jeweiligen Vikaren, organisierte Christlicher Verein Junger Männer (CVJM) machte gerade ab 1930 eine intensive Annäherungsphase an die französische Parallelorganisation der Union Chrétienne de Jeunes Gens (UCJG) durch, so daß regelmäßige gesellschaftliche Treffen und gemeinsame Gottesdienste möglich waren. Alle Kontakte waren bewußt und absicht-

36 Zu den Interventionen anderer Stellen, wie der Schwedischen Botschaft und den amerikanischen Kirchen, siehe Kapitel 1.5. in Tichy (wie Anm. 7) S. 132–137.

37 Tichy (wie Anm. 7) S. 108–124.

38 Hans-Helmut Peters, Deutschland und Frankreich. Die Annäherungsversuche der Katholiken beider Länder, in: Das Evangelische Deutschland (1931) S. 138–140, hier: S. 140.

39 Briefwechsel im Juni/Juli 1931 von Peters mit Botschaftsrat Gerth zur Planung einer protestantischen Tagung nach dem Vorbild des bereits durchgeführten katholischen Treffens, in: Politisches Archiv des Auswärtigen Amtes (PA) Bonn, Deutsche Botschaft Paris 1021 Bd. III 12 r. Das Treffen fand im Herbst 1931 unter Beteiligung des Pfarrers Dahlgrün statt. Inwieweit Peters sogar Initiator der Tagung gewesen sein könnte, konnte nicht geklärt werden. Immerhin widmet er der katholischen Paralleltagung einen lobenden Aufsatz (siehe Anm. 38).

lich als unpolitische, rein religiöse Treffen geplant und durchgeführt, also im Geiste der Annäherung/Rapprochement[40].

Ein Versuch, im Norden Frankreichs eine deutsche Pfarrbetreuung unter deutschsprachigen polnischen Bergleuten einzurichten, schlug fehl, weil von französischer Seite »reichsdeutscher Einfluß« nicht wohlgelitten war, vermutlich auf diplomatischen Druck Polens hin. Dahlgrün, der Pariser Amtsinhaber, gab danach jegliche Bemühung auf, Peters jedoch hielt privat weiter Kontakt mit den französischen Pastoren der Gegend[41].

Die Pariser Vikarszeit war Lehrzeit. Peters kam in eine Situation, die kirchlicherseits eine Blütezeit der Versöhnung und Normalisierung der Beziehungen war, allgemeinpolitisch jedoch bereits von Abkühlung und wiederbeginnender Rivalität zwischen den Nationen geprägt wurde. Er hat sozusagen die letzten Ausläufer des genuinen »Geistes von Locarno« noch miterlebt und ist von diesem geprägt worden. Alles weist darauf hin, daß er ernsthaft an einer Aussöhnung beider Völker interessiert war und dies auch als echte kirchliche Aufgabe begriff. Nur in seiner Hartnäckigkeit bei den polnischen Bergleuten verrät sich eine gewisse Revisionsabsicht in einem weiten Sinne als Macht- bzw. Einflußzuwachs der deutschen evangelischen Kirche in Frankreich[42].

1933–1939: Der Reiseprediger an der Côte d'Azur

Die Bedingungen für den weiteren Aufbau von Beziehungen zwischen französischen und deutschen Protestanten waren mit Hitlers »Machtergreifung« erheblich verschlechtert worden. Die französischen Protestanten nämlich beobachteten von Beginn an die Entwicklung im Reich mit großem Mißtrauen, im Gegensatz zu der vorherrschenden öffentlichen Meinung in Frankreich, die Hitler mit Bismarck verglich und ein wiedererstarktes Preußen sah, den Nationalsozialismus also in bekannte antideutsche Klischees einordnete. Außerdem glaubte keiner an eine lange Dauer der NS-Herrschaft. Die Protestanten jedoch mit ihren Erfahrungen als verfolgte Minderheit hatten sehr bald ein waches Gespür für den NS-Antisemitismus und reagierten dementsprechend ablehnender als andere Gruppen. Bereits früh engagierte sich Marc Boegner, der Präsident der FPF, öffentlich in der Emigrantenhilfe[43]. Als führender Theologe galt Karl Barth, dessen Theologie ab 1930 von den

40 Der Initiator auf französischer Seite, André Chanu, schilderte es auf Befragen als damals völlig aussichtslos, über politische Fragen zu diskutieren, nur eine ganz persönliche Begegnungsebene sei in Frage gekommen. Siehe TICHY (wie Anm. 7) S. 119 Anm. 383.

41 Er begegnete ihnen zum Teil nach 1942 als gefangenen Widerstandskämpfern in deutschen Gefängnissen wieder, z.B. Pastor Marcel Heuzé.

42 Eine Neigung, möglichst überall deutschen, also per se wohltätigen Einfluß zu entdecken, zeigt auch sein Bericht über diese Arbeit: Hans-Helmut PETERS, Deutschsprechende Protestanten in Nordfrankreich, in: Das Evangelische Deutschland (1931) S. 259–260.

43 Nachzuvollziehen sind diese Aktivitäten Boegners in den Protokollen der Sitzungen der Fédération Protestante de France, im Archiv der FPF, z.B. PV CN/FPF vom 10.10.1933. Ausführlicher dazu siehe TICHY (wie Anm. 7) S. 214–217. – Einen Beleg für diese außergewöhnliche Haltung habe ich durch die Zeugenaussage von George Mosse, Sohn des 1937 emigrierten Zeitungsverlegers Mosse, erhalten, der Boegner als einzige Ausnahme in einem gegenüber Emigranten ausgesprochen ablehnenden Frankreich erwähnt. Mitteilung von Annette Schöler an die Verfasserin.

jungen französischen Theologen rezipiert wurde und dessen ablehnende Haltung gegenüber dem neuen Reich deshalb wache Zuhörer fand[44]. Folgerichtig verstanden die Protestanten die Bekennende Kirche als politischen Widerstand aus religiösen Gründen, was allerdings der ambivalenten Haltung der evangelischen Landeskirchen zu Hitler und dem Nationalsozialismus nicht gerecht wurde[45].

Einem Vertreter der Deutschen Evangelischen Kirche, die sozusagen als »gleichgeschaltete« Kirche im Gegensatz zur »Bekennenden Kirche« anzusehen war, standen so die französischen Protestanten mit äußersten Mißtrauen gegenüber, das auch Peters zu spüren bekam.

In den Monaten des Vikariats war Peters naturgemäß durch seine mangelnen Landes- und Sprachkenntnisse und durch die Oberaufsicht seines Ausbildungspfarrers Dahlgrün gehemmt gewesen. Als er Ende des Jahres 1933 als Reiseprediger nach Südfrankreich gesandt wurde und sich in Nizza niederließ, konnte er seinen Vorstellungen von deutsch-französischen Kontakten wesentlich freier folgen. Zu diesen biographischen Faktoren kommen wahrscheinlich atmosphärische der ersten Monate der NS-Zeit. Durch das Aufbruchgefühl der »NS-Revolution« wurden die vorher eher diplomatisch verdeckt gehaltenen Revisionswünsche bestärkt, konnten selbstbewußter zugegeben und offener geäußert werden. Peters war immer sehr empfänglich für Zeitströmungen, paßte sich an, ohne daß man von regelrechtem, bewußten Opportunismus sprechen kann. Eine Art Sog der normativen Kraft des Faktischen, oberflächlich auch als Mode, Zeitgeist zu begreifen, leitete ihn mit sicherem Instinkt.

Rapprochement als Verständigung/Revision erhielt so einen hohen Stellenwert in Peters' Handeln, ohne die Ebene der Annäherung und Versöhnung völlig zu verdrängen. Beide konnten nebeneinander existieren.

Bereits die Bedingung seiner Arbeit, die Einrichtung einer Reisepredigerstelle in Südfrankreich, war eigentlich ein Stück Revision, durchgesetzt gegen den ausdrücklichen Willen der französischen Lutheraner. Denn im Süden Frankreichs gab es vielleicht insgesamt wenige hundert Reichsdeutsche, an die sich das Angebot richtete[46]. Seit den ersten Kontakten ab 1930, als zunächst sporadisch ein deutscher Pfar-

44 Zur öffentlichen Meinung in Frankreich siehe René Rémond, L'image de l'Allemagne dans l'opinion publique française de mars 1936 à septembre 1939, in: Klaus Hildebrand, Karl Ferdinand Werner (Hg.), Deutschland und Frankreich 1936–1939. 15. Deutsch-Französisches Historikerkolloquium des Deutschen Historischen Institutes Paris (Bonn 26.–29. September 1979) veranstaltet in Zusammenarbeit mit dem Comité français d'Histoire de la Deuxième Guerre Mondiale und dem Militärgeschichtlichen Forschungsamt Freiburg, München 1981, S. 3–16. – Die Rezeption von Barth in Frankreich kann als ein Beispiel für einen Kulturtransfer angesehen werden, wie ihn Bock darstellt. Siehe Bock (wie Anm 1) S. 30.

45 Ihr starker Nationalismus brachte die Kirche in eine zwiespältige Lage, da sie nur zu gern Hitler vorbehaltlos zugejubelt hätte, wenn der NS-Staat sie in ihren kirchlichen Anliegen nicht hätte gleichschalten wollen. Es gibt gerade von den ersten Monaten viele öffentliche Äußerungen von Bischöfen, die das Dilemma ausdrückten, gleichzeitig ein »treuer Nationalsozialist« und ein guter Christ sein zu wollen. Siehe z.B. Bischof Theophil Wurm, in: Recke (wie Anm. 19) S. 130 Anm. 2.

46 Die deutschen Emigranten an der Côte d'Azur waren ausdrücklich nicht mitinbegriffen. In den Akten der Reisepredigerstelle ist von ihnen nur an vereinzelten Stellen die Rede, und dann negativ, da sie ein »Interesse an der Aufrechterhaltung des gegenwärtigen (sc. spannungsvollen) Zustandes« zwischen Deutschen und Franzosen hätten, so Peters in einem Bericht vom 15.11.1934, in: Evangelisches Zentralarchiv 5/1368.

rer aus Italien kam, um Gottesdienste zu halten, war dem DEKA, der für die Auslandsarbeit zuständig war, deutlich geworden, daß die französischen Lutheraner von der Wiedereinrichtung einer deutschen Gemeinde alles andere als beglückt waren, in erster Linie wohl aus Existenzangst. Es gab wenige Lutheraner an der Mittelmeerküste, man war auf die lutherischen Fremden als Ergänzung zumindest während der Saison angewiesen[47]. Eine ähnliche Konkurrenzsituation gab es zu den französischen Reformierten: schon 1920 hatten Vertreter der Reformierten Gemeinde die Lutheraner gebeten, von der Einrichtung einer weiteren, speziell lutherischen Pfarrstelle Abstand zu nehmen, da es bereits zehn Gemeinden (einschließlich Baptisten und anglikanische Fremdenkirchen) gebe, die zur Betreuung der etwa anderthalb tausend Protestanten ausreichten.

Trotz der ablehnenden Haltung entschied man in Berlin beim DEKA zugunsten einer deutschen Pastoration in Form einer Reisepredigerstelle, deren Amtsinhaber den ganzen Süden Frankreichs bis Lyon zu betreuen hatte.

Es verwundert deshalb nicht, daß der Beginn der Arbeit in Nizza ausgesprochen schwierig war. Peters gelang es z.B. nur mit Mühe, eine Gemeinde zu finden, die bereit war, ihre Kirche den deutschen Protestanten als Gottesdienstraum zu vermieten.

Am schwierigsten gestaltete sich das Verhältnis zu den örtlichen Lutheranern, das ja von vornherein belastet war. Da Peters aber von Anfang an offen revisionistisch handelte, also Ergebnisse des Ersten Weltkrieges revidieren wollte, verschärften sich die Auseinandersetzungen noch. Dabei ging es um das Besitzrecht an dem Kirchengebäude in Nizza, das um 1865 von der damals deutsch-französisch gemischten lutherischen Gemeinde mit zum Teil erheblichen deutschen Zuschüssen erbaut worden war. Ab 1871 lebten beide Gemeindeteile in ständigen Auseinandersetzungen, die erst 1905, bei Einführung des französischen Separationsgesetzes, eine formale Lösung durch die Trennung und Gründung von zwei Associations cultuelles fanden. Allerdings konnte man sich nicht über die Teilung des Besitzes einigen. Ein jahrelanger Rechtsstreit begann. 1908, in letzter Instanz 1912, sprachen französische Gerichte das Gebäude den französischen Lutheranern zu. 1914 wurde das Gebäude beschlagnahmt, jedoch der Besitztitel des Französisch-Lutherischen Konsistoriums anerkannt. 1918 nahmen die Lutheraner die Kirche in Besitz und begannen mit dem Wiederaufbau einer lutherischen Gemeinde.

Diesen verlorenen Prozeß bemühte sich Peters ab April 1934, also wenige Wochen nach seiner Ankunft in Nizza, wieder aufzurollen, indem er die Deutsche Botschaft und die Fédération Protestante de France einschaltete, um das Besitzrecht, oder doch wenigstens ein Nutzungsrecht für seine deutsche Gemeinde im Aufbau zu erhalten. Selbst das Kirchliche Außenamt warnte Peters vor zu viel Eifer in dieser Angelegenheit[48].

Insgesamt herrschte an der Côte d'Azur eine ausgesprochen deutschfeindliche Stimmung, was sich z.B. an der Weigerung der örtlichen Zeitungen, Gottesdienstankündgungen der deutschen Gemeinde abzudrucken, ablesen läßt.

47 Über die ganze Situation siehe Tichy (wie Anm. 7) S. 129/130.

48 Die Akten sind voll von Stellungnahmen, juristischen Gutachten, Briefen an die Botschaft etc. in: Evangelisches Zentralarchiv 5/1367 und 5/1368.

Peters identifizierte sich vollständig mit der reichsdeutschen Kolonie, die bald mit der NS-orientierten »Deutschen Gemeinschaft« identisch war. Er versuchte jedoch in seiner Berufsrolle zwischen dem Seelsorger und dem politischen Menschen (als »Deutscher«, würde er vermutlich sagen) zu unterscheiden. Deshalb gab es neben diesen eindeutigen NS-freundlichen Aktivitäten im Sinne von Rapprochement/Revision auch andere, versöhnlichere Handlungsweisen von ihm. Er versuchte, persönliche Beziehungen, wo er konnte, aufzubauen, und war glücklich über Einladungen, z.B. zu Pfarrkonferenzen der Reformierten Kirche, die er für Kontakte zu nutzen verstand. Hier ging es in seinem Selbstverständnis um die Begegnung von Mensch zu Mensch, die Versöhnung zwischen Deutschen und Franzosen praktizierte und um eine genuin christliche Grundhaltung, der nur der Mitmensch wichtig war, unabhängig von Nationalität, Sprache und politischer Einstellung. Ein Beispiel ist seine persönliche Freundschaft mit dem reformierten Pastor Jean Cadier aus der Erweckungsbewegung »Reveil«, der übrigens sehr kritisch gegenüber dem Dritten Reich eingestellt war und nach 1940 in die Résistance ging.

An dieser Stelle zeigt sich, wie sein Verständnis vom unpolitischen Seelsorger eine Schlüsselrolle für seine Reaktionen spielte. Einer der stärksten Vorwürfe, die Peters einem Kollegen machen konnte, war, er sei ein »politisierender Pfarrer«. Dementsprechend hatte er für theologische Argumentationen gegen das Dritte Reich, die in der französischen Reformierten Kirche verbreitet waren, kein Verständnis. Was jedoch sein Ideal von Annäherung/Rapprochement betrifft, so fiel dies mit seinem Seelsorgerbild zusammen: Christliche Nächstenliebe hatte versöhnend die einzelnen Menschen zusammenzubringen. Nur, die Gesellschaft nach den Werten der Bibel umzugestalten oder auch nur an deren Maßstäben zu messen – das war nicht erlaubt. Versöhnung und Revision standen unverbunden nebeneinander.

In solchen glaubensbrüderlichen Beziehungen zu einzelnen Pastoren legte er Grundlagen für Handlungsmöglichkeiten während der späteren Besatzungszeit, in diesem Bereich kann man ihn parallel zu Abetz und Epting sehen, deren Kollaborationsangebote ab 1940 in ihren Kontakten der dreißiger Jahre wurzelten[49].

1940–1944: Der Mittler im Dienste der Besatzungsmacht

Im Laufe der dreißiger Jahre hatte sich Peters also eine berufliche Kompetenz als Mittler zwischen Deutschen und Franzosen aufgebaut, die ihn als die einzig geeignete Person erscheinen ließen, als das Kirchliche Außenamt im Frühsommer 1940 einen Vertreter der DEK im besetzten Frankreich suchte. So kam er zunächst im Juli 1940 zu einem Erkundungsbesuch ins gerade von den Deutschen besetzte Paris und arbeitete ab September 1940 als »Sonderbeauftragter des Kirchlichen Außenamtes« im Rahmen des Deutschen Institutes von Karl Epting für die Kollaboration. Gleichzeitig war er Gemeindepfarrer der deutschen Zivilgemeinde Paris, in der er 1930 als Vikar gewirkt hatte.

Zu diesen Funktionen kam ab Herbst 1941 die Tätigkeit als »Standortpfarrer im Nebenamt«, die ihm die Betreuung der französischen Zivilgefangenen in den deut-

49 Das Phänomen ist vielfach untersucht und dargestellt, z.B. von Rita THALMANN, La mise au pas. Idéologie et stratégie sécuritaire dans la France occupée, Paris 1991.

schen Gefängnissen in Paris, soweit sie protestatisch waren, zuwies. Diese Tätigkeit nahm an Bedeutung durch den Kriegsverlauf und die steigenden Zahlen von inhaftierten Résistancekämpfern immer mehr zu, so daß er ab 1943 vor allem in diesem Feld tätig war.

Gemessen am Maßstab der oben eingeführten Doppelbedeutung von Rapprochement kann man die Handlungen als Sonderbeauftragter des Kirchlichen Außenamtes als Revision, seine Bemühungen als Gefängnispfarrer dagegen als Versöhnungsarbeit im Geiste von Locarno betrachten, so daß sich ergibt, daß die ersten zwei Jahre 1940 bis 1942 von der Verwirklichung der Revision beherrscht waren, wie auch die Herrschaft der Deutschen über Europa von Dauer zu sein schien. Die restliche Zeit im Zeichen der Kriegswende und der drohenden Niederlage stand jedoch unter der Herrschaft der Versöhnung, die, je näher die Niederlage rückte, desto intensiver wurde, also nicht frei von Opportunismus war.

1940–1942: Der Pfarrer in der Kollaboration – Versöhnung als Mittel zum Zweck

Nachdem Paris im Juni 1940 von den deutschen Truppen besetzt worden war, richteten sich die deutschen Dienststellen ein. Neben die Militärverwaltung trat die »Deutsche Botschaft« unter Otto Abetz mit nicht ganz geklärten politischen Kompetenzen. Angegliedert wurde das »Deutsche Institut«, gegründet und geleitet von Karl Epting[50]. Hier sammelten sich junge Intellektuelle zu der Aufgabe, die Franzosen vom Nutzen der Kollaboration, d.h. von der Anerkennung der deutschen Überlegenheit, zu überzeugen. Im Sommer 1940 sah es ganz nach einem endgültigen deutschen Sieg im »Neuen Europa« aus.

Hans-Helmut Peters übernahm in der Mannschaft Eptings den Part, die französischen Protestanten zur Zusammenarbeit mit den Deutschen zu überreden. Er verfügte über ein Büro und eine Sekretärin im Deutschen Institut[51].

Im ursprünglichen Konzept der »Kollaboration« von Abetz scheint eine solche Aufgabe nicht vorgesehen gewesen zu sein. Seine Mitarbeit hat offenbar Peters selber initiiert, als er im Juli 1940 für zehn Tage in Paris zu einem Erkundungsbesuch war. Er besuchte jedenfalls Otto Abetz mit dieser Absicht, und mit dem Datum vom 21. Juli 1940 wurde er von Generalkonsul Rudolf Schleier, Abetz' Stellvertreter, offiziell als »Sonderbeauftragter« angefordert. Der Text ist eindeutig: Peters solle vom Kirchlichen Außenamt nach Paris entsandt werden, zur »laufenden Fühlungnahme und Einflussnahme auf die Führung der französischen protestantischen Kirche. Nach dem Abtreten des bisherigen 1. Pastors Boegner muß die Leitung der protestantischen Kirche Frankreichs zum mindesten für das besetzte Gebiet in neue Hände gelegt werden. Es scheint dringend erforderlich, von vornherein Einfluss auf diese neuen Kreise zu gewinnen. Das ist nur möglich durch einen ständig in Paris anwesenden Vertreter des Auslandsbischofs, der zur Verhinderung von Misstrauen

50 Siehe dazu: Eckard MICHELS, Das Deutsche Institut in Paris 1940–1944. Ein Beitrag zu den deutsch-französischen Kulturbeziehungen und zur auswärtigen Kulturpolitik des Dritten Reiches, Stuttgart 1993 (Studien zur modernen Geschichte, 46).

51 Ibid S. 89/90.

gleichzeitig Geistlicher der deutschen evangelischen Kirchengemeinde Paris sein müsste. Vorgesehen wird (...) Pastor Peters, der für diese Aufgabe weltanschaulich und auch wegen seiner guten Kenntnisse der französischen Kirchenverhältnisse besonders geeignet erscheint. Eine Rückkehr Dahlgrüns ist nach hiesiger Auffassung unerwünscht.« Mit Peters sei auch der Sonderbeauftragte für Kirchenfragen bei der SS einverstanden[52].

Bischof Heckel stimmte der Aufgabenstellung zu. Peters begann ab September 1940 seine Tätigkeit als Sonderbeauftragter und als Gemeindepfarrer in Paris[53].

Hinter dieser Bereitwilligkeit der DEK, ihr Personal sozusagen politisch benutzen zu lassen, standen eigene Pläne des Auslandsbischofs Heckel, eine Ökumene nach seinem Geschmack aufzubauen, die die angelsächsischen Kirchen von ihrer bisherigen Führungsrolle verdrängen sollte und eine deutschlutherische Kirchengemeinschaft mit dem Mittelpunkt Deutschland an ihre Stelle setzen wollte. Die Präsenz von Vertretern des Kirchlichen Außenamtes in den besetzten Gebieten war ein erster Schritt zur Führungsrolle der Deutschen Evangelischen Kirche im »Neuen Europa«. Da bis heute eine Gesamtdarstellung der Geschichte des Kirchlichen Außenamtes fehlt, ist eine solche Behauptung dadurch zu relativieren, daß sie nur auf einer beschränkten Quellenbasis beruht. Soweit es jedenfalls Paris bzw. Frankreich betraf, war Peters dazu auserwählt, die französischen Pastoren von ihrer prowestlichen, d.h. anglikanischen Orientierung abzubringen und die Deutsche Evangelische Kirche als »Mutterkirche der Reformation« anzuerkennen[54].

Peters hatte also bei seinen Kontakten mit den französischen Protestanten die doppelte Aufgabe, politisch und kirchlich für eine Zusammenarbeit zwischen deutschen und französischen Kirchen zu sorgen. In einem ganz besonderen Sinne handelt es sich dabei im kirchlichen Bereich um Revision als Wiederherstellung des Zustandes vor 1914. Die französischen Protestanten waren im 19. Jahrhundert theologisch in hohem Maße von der deutschen Universitätstheologie beeinflußt, was erst durch den Ersten Weltkrieg beendet wurde. Der Einfluß der USA nach 1918 machte sich auf kirchlichem Gebiet als Orientierung an den anglikanischen Kirchen bemerkbar[55].

Die französischen Protestanten befanden sich im Sommer 1940 in ähnlich desolater Lage wie alle Franzosen. Die meisten Gemeindepfarrer des Nordens und die Führung der FPF waren vor den deutschen Besatzern geflohen, viele Pfarrer und Gemeindeglieder galten als vermißt, bzw. waren Kriegsgefangene, die Kirchensprengel waren durch die Demarkationslinie geteilt, die Gemeinden verwaist.

Politisch hatten sich führende Reformierte wie Marc Boegner bereits in den dreißiger Jahren als Gegner des Dritten Reiches, insbesondere mit Blick auf die

52 Siehe Abschriften im Bundesarchiv Potsdam 09.01.69368: Deutsches Evangelisches Kirchenwesen. Juli 1911 bis August 1940, und im PA Bonn, Deutsche Botschaft Paris 1372.

53 Eine detaillierte Rekonstruktion der Reise nach Paris siehe TICHY (wie Anm. 7) S. 263–273.

54 Zur Person von Bischof Heckel siehe die Biographie von KUNZE (wie Anm. 10). Leider beschäftigt sich Kunze mit der Tätigkeit des Kirchlichen Außenamtes während des Zweiten Weltkrieges nur am Rande, siehe ibid S. 161–181.

55 Die Protokolle der zentralen Beratungsgremien der französischen Kirchen nach 1918 sind voll von Schilderungen von Besuchen, von Geldsendungen und Kontakten zu den amerikanischen Kirchen. Dies gilt sowohl für das Französisch-Lutherische Konsistorium wie für die FPF.

Judenverfolgung, bekannt gemacht, so daß automatisch die Pastoren von der Gestapo als »weltanschauliche Gegner« kategorisiert wurden.

Kirchenpräsident Marc Boegner selber ging mit der Regierung Pétain in die unbesetzte Zone. Er entwickelte eine rege Propagandatätigkeit zugunsten des Marschalls, indem er in den Gemeinden in öffentlichen Vorträgen um Unterstützung warb. Pétain ernannte ihn zum Mitglied des »Conseil National«, eine von den Protestanten hochgeschätzte Anerkennung ihrer Kirche als wichtigem Gesellschaftsmitglied.

Einer aktiven, d.h. letztlich militärischen Résistancetätigkeit[56] stand Boegner allerdings aus prinzipiellen Gründen skeptisch gegenüber: Gewaltanwendung komme dem Christen nicht zu. Er förderte jedoch jede Hilfe für Verfolgte, insbesondere für Juden. In dieser Hinsicht kritisierte er auch Pétains antisemitische Maßnahmen, zunächst in persönlichen Gesprächen, da er an seinen Einfluß als geistlicher Berater glaubte, später auch in öffentlichen Hirtenbriefen, die im Gottesdienst verlesen wurden. Die umfangreiche Hilfstätigkeit evangelischer Gemeinden für Juden in den Cevennen ist bekannt[57].

Peters arbeitete nun ab Juli 1940 systematisch daran, auf einer menschlichen Ebene bei den Problemen des Sommers 1940 zu helfen, so daß er bald zum Adressaten für alle hilfesuchenden Pastoren wurde. Er forschte nach Vermißten, übermittelte Nachrichten von Kriegsgefangenen, organisierte Freilassungen, setzte sich für das Weitererscheinen der französischen Kirchenblätter bei der Propagandastaffel ein[58], versuchte Sondergenehmigungen für kirchlich oder persönlich notwendige Reisen aus der unbesetzten in die besetzte Zone zu vermitteln usw.[59].

Ein zentrales Arbeitsfeld war außerdem die Zusammenarbeit mit französischen Pastoren bei der Herstellung von gedruckten Predigten für die französischen Kriegsgefangenen in Deutschland. Es gelang Peters, Originalbeiträge von Franzosen zu erhalten, die über die zuständige Dienststelle von Dr. Fritz Bran in Berlin hochoffiziell an die betreffenden Stammlager (Stalag) weitergeleitet wurden. Da man sich auf »rein geistlichen« Zuspruch zu den christlichen Festen wie Ostern, Pfingsten und Weihnachten beschränkte – die Zustimmung der französischen Mitarbeiter konnte Peters ausdrücklich erhalten – war diese Arbeit in Peters' Augen »unpolitisch«.

Vielleicht zeigt sich an diesem letzten Beispiel am klarsten das Ineinander von »rein menschlicher Hilfe« und Propaganda, das Peters' Charakteristikum wurde. Die rein seelsorgerischen Predigten zielten auf den Einzelnen, hatten jedoch unweigerlich eine Erhöhung des Vertrauens des Gefangenen in die deutschen Gefängnisleitungen, die solche Originalbeiträge in französischer Sprache zuließen, zur Folge, wirkten also stabilisierend zugunsten des Dritten Reiches.

56 Es gab zahlreiche und prominente Protestanten in der Résistance, man kann jedoch nicht von einer »protestantischen Résistance« sprechen, die als solche von nicht-protestantischer zu unterscheiden wäre. Siehe dazu: Les protestants français pendant la Seconde Guerre mondiale (wie Anm. 31) S. 315–317.

57 Ibid p. 311–405.

58 Dabei konnte er allerdings auch zwanglos die »deutschfreundlicheren« Personen bevorzugen und als Zensor fungieren, Beispiele siehe Tichy (wie Anm. 7) S. 314–316.

59 Im Evangelischen Zentralarchiv 663/77. Die Korrespondenzordner des Nachlasses 663 enthalten hunderte von Briefen, Anfragen und Dankschreiben von Pastoren.

Ein ähnlicher Effekt trat im besetzten Frankreich ein. So blieben alle rein menschlichen Erleichterungen völlig »unpolitisch« und könnten deshalb oberflächlich gesehen als vom Geist von Locarno oder von einem genuin christlichen Geist getragen gelten. Dies waren sie natürlich auch, aber nicht ausschließlich. Sie dienten auch als Mittel zum Zweck, denn sie dienten dem Ziel der Kollaboration: die Protestanten zu beeinflussen, die ebenso wie die Katholische Kirche bei der deutschen Propaganda als notorisch deutschfeindlich galten. Versöhnung als Mittel zur Revision war Peters' Methode.

Daneben kann man feststellen, daß er die in der Equipe von Epting üblichen Wege der Beeinflussung im protestantischen Bereich nachahmte. So sorgte er für Übersetzungen deutscher theologischer Literatur, gab ein Gemeindeblatt in französischer Sprache heraus, das in denselben Klischees wie die Deutsch-Französischen Monatshefte/Cahiers franco-allemands Propaganda betrieb und an Pastoren als »Information«, wie Peters es nannte, verteilt wurde.

Mit Epting verbanden ihn gemeinsame theologische Interessen und konkrete Zusammenarbeit in Einzelfällen, wo es darum ging, Personen gegen Gestapo oder Parteistellen zu schützen. Ein besonders gut dokumentiertes Beispiel ist die gemeinsame Rettungsaktion des Landgerichtsrates Dr. Robert Marx und seiner Frau, die seit Jahrzehnten in Paris lebten und jüdischstämmige Gemeindeglieder der Auslandsgemeinde waren. Trotz staatlicher Sondergenehmigung für den Auslandswohnsitz geriet das Ehepaar mit der deutschen Besetzung ganz Frankreichs in Gefahr deportiert zu werden. Epting, Peters, General Speidel und weitere Botschaftsbeamte setzten sich mit allen diplomatischen Mitteln für ihre Rettung ein, die letztlich auch gelang[60].

Eine Revision im juristischen Sinne gelang Peters, als er das Eigentumsproblem des Kirchengebäudes in der Rue Blanche mit Hilfe seiner Beziehungen in der Militärverwaltung und in der Deutschen Botschaft löste. Denn der formale Eigentumstitel war 1924, als die Kirche zurückgegeben wurde, offen geblieben, und es gelang auch der vereinten Arbeit von mehreren Anwälten und Botschaftsbeamten bis 1939 nicht, die Frage zu klären.

Peters nun ging schon im Juli 1940 daran, das Kirchengebäude formell der Association cultuelle der Gemeinde übertragen zu lassen – mit Erfolg: im Dezember 1943 erschien im »Journal Officiel« die endgültige Bestätigung[61].

Peters' Arbeit im Rahmen des Deutschen Institutes blieb nicht unbeeinflußt von den Machtkämpfen zwischen den Parteistellen und dem Auswärtigem Amt im Laufe des Jahres 1942. Epting wurde als Leiter von Dr. Gerhard Krüger abgelöst, und

60 Mehr Details siehe Tichy (wie Anm. 7) S. 308/309. Aktengrundlage ist die Akte der Deutschen Botschaft Paris 1321 »Einsatzstab Rosenberg« im PA Bonn. Auch für russische Emigranten und zugunsten von Marc Boegner setzten Peters und Epting sich gemeinsam ein. Siehe Tichy (wie Anm. 7) S. 319 und 369/370.

61 Dadurch löste er übrigens eine heftige antikirchliche Attacke der Münchner Parteikanzlei aus, die hinterher forderte, daß die Kirche an den Staat hätte gegeben werden müssen, der wiederum die Gemeinde als Mieter hätte zulassen können. Dies steht mit den intensiven Versuchen Bormanns in Verbindung, die Partei wieder stärker bestimmen zu lassen, dazu siehe Tichy (wie Anm. 7) S. 288–292.

praktisch alle Mitarbeiter wurden zur Wehrmacht eingezogen[62]. Auch Peters' Stellung wurde von der Parteizentrale und im AA von Unterstaatssekretär Martin Luther in Frage gestellt: die Funktion eines »Sonderbeauftragten des Kirchlichen Außenamtes« schien zumindest überflüssig, wenn nicht schädlich. Der Auslandsbischof Heckel selber verlor seine bisherige Unterstützung im Auswärtigen Amt. Seine bisher großzügig unterstützten Auslandsreisen und -kontakte zu den Kirchen Nord- und Südosteuropas wurden von der Parteikanzlei verboten.

Mit dem neuen Kulturreferenten im AA, Franz Alfred Six, ab Frühjahr 1943 ergaben sich für Peters wieder – oberflächlich gesehen – positivere Perspektiven. Six nämlich wollte die Kirchen viel intensiver als früher in die Propaganda einspannen und benutzte dafür Informationen aus dem kirchlichen Leben der besetzten Länder, die er unter anderen auch von Peters erhielt. Daß dies nichts mit einer echten Förderung der Kirchen zu tun hatte, sondern sie nur propagandistisch benutzt wurden, ist offensichtlich[63].

1943–1944: Gefängnisseelsorge als Versöhnungsarbeit

Peters wurde, wie auch der katholische Pfarrer Abbé Stock, am 1. Oktober 1941 als »Standortpfarrer im Nebenamt« eingesetzt, dem in Paris auch die Betreuung der Zivilgefangenen in den Gefängnissen und die Begleitung der zum Tode Verurteilten zur Hinrichtung oblag[64].

Seine Arbeit habe zu zwei Dritteln den Reichsdeutschen, zu einem Drittel den Franzosen gegolten, so Peters in einem offiziellen Schreiben im Februar 1942[65]. Er wird zu diesem frühen Zeitpunkt noch seine Bemühungen um nach Kriegsausbruch von den Franzosen internierte Deutsche miteingerechnet haben; faktisch galt die Seelsorgearbeit in Fresnes nur verhafteten Franzosen, für die er »aumônier des prisonniers civils à Paris« war.

Die Bedeutung dieser Arbeit wuchs ständig, sowohl von ihrem zeitlichen Umfang her gesehen, als auch in ihrem psychischen Gewicht für ihn persönlich, bis sie in den ersten Monaten des Jahres 1944 den größten Teil seiner Arbeitszeit verschlang.

Zu den Zahlen der besuchten Personen gibt es nur eine einzige konkrete Angabe, von Peters nach dem Krieg gegenüber Bischof Wurm geäußert: 800 bis 1000 Gefangene seien es insgesamt gewesen[66]. Die etwa 70 Erwähnungen in der Korrespondenz im Nachlaß können nur einen Teil der besuchten Gefangenen ausmachen, da der Normalfall war, daß Peters bei seinen wöchentlichen Besuchen von der Gefäng-

62 Michels (wie Anm. 49) S. 102–114.

63 Der Zusammenhang kann hier nur angedeutet werden, ausführlicher siehe Tichy (wie Anm. 7) S. 260–291.

64 Siehe den Vertrag im Evangelischen Zentralarchiv 5/1380.

65 Diese Angaben machte Peters in einem Brief an Schleier, in dem er um Hilfe bei der U.K.-Stellung bat, vom 16.2.1942 (PA Bonn, Deutsche Botschaft Paris 1372).

66 So Peters in einer Denkschrift 1946 an Bischof Wurm, in: Evangelisches Zentralarchiv 663/10.

nisleitung Protestanten signalisiert erhielt, die er ohne Aufforderung von Dritten besuchte. Etwa 40 Namen sind heute noch identifizierbar[67].

An einem Einzelfall soll sein Verhalten dargestellt werden, so daß an diesem Beispiel deutlich wird, daß er aus seinem Verständnis der Seelsorgerrolle heraus tatsächlich Rapprochement als Annäherung und Versöhnung praktizierte in einer Situation, die von extremer Frontstellung zwischen Besatzungsmacht und Widerstandskämpfer geprägt war.

Peters besuchte in Fresnes mehrfach den Philosophen und Mathematiker Jean Cavaillès, dessen Schwager Marcel Ferrières und seine Schwester Gabrielle Ferrières[68]. Cavailles gilt selber mit einigem Recht als einer der Mittler der dreißiger Jahre[69], in erster Linie aufgrund seines Interesses für deutsche Philosophie und deutsche Theologie und aufgrund seiner Zusammenarbeit mit deutschen Mathematikern, etwa mit Emmy Noether in Göttingen. Er trug nach 1933 durch eine Reihe von Aufsätzen in französischen Kirchenzeitungen dazu bei, daß die Situation der deutschen evangelischen Kirche in Frankreich besser verstanden wurde[70]. Er beschäftigte sich jedoch nicht nur mit der Theologie Karl Barths (wie die ganze junge französische Theologengeneration der Zeit), sondern auch intensiv mit anderen Strömungen, wie dem Berneuchener Kreis und dem Luthertum[71]. Die Auslandsgemeinde in Paris, bzw. deren Pfarrer Dahlgrün, fungierte im Februar 1934 als Kontaktvermittler zwischen Cavaillès und dem Berneuchener Professor Wilhelm Stählin, der zu einem Vortrag in Paris war und von dem Cavaillès direkte Nachrichten über die deutsche Kirche erhielt[72].

Gabrielle und Marcel Ferrières und Jean Cavaillès wurden am 28. August 1943 in Paris verhaftet. Der Grund, sich in der Résistance zu engagieren, sei Patriotismus gewesen: Solange der Feind auf französischem Boden stehe, müsse man ihn bekämpfen, so Madame Ferrières im Rückblick[73]. Résistance sei eine Sache der Familie gewesen, deshalb hätten auch alle drei zusammengearbeitet. Sie seien nach Fresnes gebracht worden, ihr Bruder und ihr Mann zusammen in einer gemeinsamen

67 Davon 23 in der Korrespondenz Boegner – Peters (Archiv der FPF), die übrigen im Nachlaß 663 im Evangelischen Zentralarchiv. Leider ließ sich sein Gefängnisnotizbuch, von dem Peters noch 1975 schrieb, nicht ausfindig machen. Hierin habe er Daten, Namen, Gesprächsinhalte, besondere Wünsche usw. der besuchten Gefangenen eingetragen, um eine Kontinuität bei wiederholten Begegnungen zu ermöglichen, so Peters' Inhaltsangabe in einem Selbstverständigungstext von 1975 mit dem Titel »Begegnung und Wiedersehen« (in Familienbesitz).

68 Quellen sind 1. Ausagen von G. Ferrières, die ich ausführlich befragen konnte und 2. die persönliche Aufzeichnung von Peters (wie Anm. 67), die Auszüge aus seinem Gefängnisnotizbuch enthält.

69 Siehe den Beitrag von Gerhard HEINZMANN über Cavaillès als Mathematiker und Philosoph, in BOCK, TREBITSCH, MEYER-KALKUS (wie Anm. 1) S. 405–416.

70 Aufsätze: Jean CAVAILLÈS, Le conflit à l'intérieur du protestantisme allemand, in: Politique 2 (1934), DERS., Crise du protestantisme allemand, in: Esprit 2 (1933) und mehrere Artikel in der Revue du Christianisme social zwischen 1933 und 1938.

71 Der Nachlaß in der École Normale Superieure gibt darüber Auskunft, daß er sich während seines Aufenthaltes 1930/31 in Deutschland mit dem Rockefeller-Stipendium intensiv mit dem Luthertum auseinandergesetzt hat (Fond Cavaillès A: 36). Seine Biographin G. Ferrières benutzt seine Briefe der Zeit, in denen viel vom Berneuchener Kreis die Rede ist.

72 Gabrielle FERRIÈRES, Jean Cavaillès. Un philosoph dans la guerre, 1903–1944, Paris [2]1982, S. 95.

73 Die folgende Darstellung nach einem Gespräch der Verfasserin mit Gabrielle Ferrières am 6. Dezember 1993 in Paris.

Zelle, sie dagegen sei zunächst in eine Einzelzelle gekommen und dort ohne Kontakte etwa vier Monate gehalten worden. Danach sei sie in eine Zelle mit drei Frauen gebracht worden, zwei Katholikinnen und einer jungen Jüdin, die zum Katholizismus konvertiert war. Durch die Heißluftheizung in Fresnes habe sie die Nachricht empfangen, man solle sich vor Pastor Peters hüten, er sei ein Spion der Gestapo. Eines Tages sei Abbé Stock in Uniform gekommen, für die Katholikinnen, aber auch sie sei sehr beeindruckt gewesen von seiner Persönlichkeit.

Im Dezember sei Peters gekommen, ohne daß sie nach ihm gefragt habe, sie sei aus der Zelle herausgeholt worden, so daß er allein mit ihr gesprochen habe, und er habe ihr Grüße von ihrem Bruder und ihrem Mann gebracht, die ersten Nachrichten seit ihrer Verhaftung, was sie sehr erleichtert habe.

Die Gefängnisaufzeichnungen von Peters geben Auskunft über mehrere Besuche seit der Verhaftung aller drei Familienmitglieder. Er (Peters) sorgte für frische Wäsche für Cavaillès, entdeckte mit ihm gemeinsame Bekannte wie die französischen Pastoren Jean Cadier und Philippe de Felice und sprach über gemeinsame philosophische Lektüre von Hegel, Heidegger und Sartre. Er war am 23. November 1943, 11. Januar und 1. Februar 1944 bei Cavaillès. Die letzte Aufzeichnung von Peters datiert vom 25. Februar 1944, Datum, unter dem die Überführung von Marcel Ferrières ins KZ Buchenwald notiert wurde.

Cavaillès wurde vermutlich im Laufe des Februar vor Gericht gestellt und sofort erschossen. Der genaue Hergang konnte nie geklärt werden[74].

Wie hier in diesem Einzelfall wurde Peters von den französischen Pastoren, die sich um ihre verhafteten Gemeindeglieder kümmerten, zunehmend als vertrauenswürdig angesehen. In seiner Sprechstunde in der Kirche Rue Blanche stand er für Nachforschungen nach Verschwundenen und zur Nachrichtenübermittlung zur Verfügung. Französische Pastoren verwiesen Angehörige auf diese Möglichkeit[75]. Typisch war Boegners Einschätzung, die er im Sommer 1944 vor dem Conseil National der FPF äußerte. Das Protokoll verzeichnet: »Il [Boegner] rend hommage à M. Peters pour la manière dont il a rempli sa tâche d'aumônier auprès des prisonniers politiques protestants auxquels il a toujours témoigné beaucoup de sympathie«[76].

Peters war allerdings kein heimlicher Widerstandskämpfer, wie Boegner zu meinen schien. Alles, was er für die Gefangenen tat, blieb im Rahmen einer rein menschlichen Begegnung und Hilfe, wozu er sich als Seelsorger verpflichtet fühlte. Damit allerdings verletzte er bereits eindeutig Regeln des Gefängnisses. Eine Nachrichtenübermittlung zwischen Gefangenen und Angehörigen über den Pastor war verboten, insbesondere für sogenannte »Nacht und Nebel«-Gefangene[77], das Mitbrin-

74 Siehe Ferrières (wie Anm. 72) S. 201–205.

75 Dies ergibt sich aus Zeugenaussagen, wie z.B. von Madame Girardet, der Gattin des Historikers Raoul Girardet, am 4.12.1992 gegenüber der Verfasserin. Kontaktaufnahmen zeigen auch Briefe Boegners an Peters (als Durchschlag und einige Antwortbriefe von Peters erhalten im Archiv der FPF).

76 PV des CN/FPF vom 7. August 1944, in Archiv FPF. Boegners wachsendes Vertrauen beruhte darauf, daß er selber erlebt hatte, daß Peters unerlaubterweise Informationen weitergegeben hatte, siehe Tichy (wie Anm. 7) S. 378.

77 Siehe Tichy (wie Anm. 7) S. 377.

gen von Geschenken ebenfalls. So geriet er in eine Art Widerstand wider Willen, der sich letztlich als Bedingung der Möglichkeit der Wiederaufnahme von Beziehungen zwischen deutschen und französischen Protestanten nach 1945 erwies, wie sich schon an der zitierten Einschätzung Boegners andeutete.

Peters verließ Paris im August 1944. Nach Kriegsende wurde er Landesjugendpfarrer in der Hannoverschen Lutherischen Landeskirche, später Landessuperintendent in Celle, wo er 1987 im Ruhestand starb. Beruflich hatte er also nichts mehr mit Auslandsgemeinden zu tun. Seine Tätigkeit in Frankreich wurde später vor allem mit seiner Tätigkeit als Gefängnispfarrer der letzten Phase identifiziert, so daß er z.B. für den kirchenintern sehr umstrittenen Auslandsbischof Heckel in einem Untersuchungsverfahren als Entlastungszeuge eintreten konnte[78].

Das Kirchengebäude in Paris wurde 1944 von der protestantischen Hilfsorganisation CIMADE (Comité Inter-Mouvements auprès des Évacués) treuhänderisch übernommen und ab 1954 schrittweise der wiedergegründeten deutschen Gemeinde zurückgegeben.

Peters trat nach 1945, sobald es technisch möglich wurde, wieder in Verbindung mit den französischen Protestanten, engagierte sich von Beginn an für den Deutsch-Französischen Bruderrat und begleitete informell als Ratgeber die Gemeinde bis zu seinem Tod 1987. Äußerlich bruchlos führte er also sein deutsch-französisches Verständigungsengagement unter den veränderten Umständen weiter und wurde in dieser Rolle auch von den französischen Kirchenmitgliedern ohne Vorbehalte akzeptiert[79].

Schluß

Soweit es die kirchlichen Beziehungen zwischen Deutschen und Franzosen betraf, gab es aufgrund der Doppelbedeutung des Wortes eine geheime Kontinuität des »rapprochement«. Je nach Zeitumständen wurde die versöhnende oder die Revisionskomponente dominant und sicherte so letztlich die Kontinuität des Geistes von Locarno.

Beide Bedeutungen sind auch komplementär aufeinander verwiesen. Der revisionistische Begriff des Rapprochement in der Propaganda funktionierte nur, weil ihm tatsächlich noch grundlegende Elemente der Versöhnungsidee von Locarno trugen. Christliche Mitmenschlichkeit wurde als Mittel eingesetzt, Dominanz zu befestigen, und konnte in dem Moment, als das politische Ziel zusammenbrach, als Selbstzweck bruchlos weiterexistieren und so den Geist von Locarno wieder tragen.

Vielleicht läßt sich in diesem Sachverhalt auch eine Begründung dafür finden, daß – wie Hagspiel vermutet (und Bock folgt ihm darin auf der Grundlage der Beiträge zur DAAD-Tagung von 1990)[80] – der »Geist von Locarno« viel länger und tiefer,

78 Briefwechsel zu diesem Thema in dem Teil des Nachlasses, der im Landeskirchenarchiv Hannover aufbewahrt wird.

79 Dies kann man den Aussagen von französischen Pastoren und Laien entnehmen (z.B. von Madeleine Barot, Jacques Maury, Albert Greiner, Gérard Ruckwied), siehe Protokolle im Gemeindearchiv der Christuskirche Paris. – Zur Nachkriegszeit siehe auch Anm. 14.

80 Hagspiel (wie Anm. 1) S. 525/526.

sozusagen untergründig in den allgemein menschlichen und in den Kulturbeziehungen gewirkt hat und lebendiger geblieben ist, als im eigentlich politischen Bereich.

Ob es sich hier um einen spezifisch kirchlich-religiösen Sachverhalt handelt, der auf Kirche beschränkt ist, oder ob man ähnliche Doppelbedeutungen auch bei anderen Mittlern und in anderen Kulturfeldern feststellen kann, wäre vielleicht eine Untersuchung wert. Für Otto Abetz z.B. stellt Bock eine »kaum entwirrbare« Mischung von echtem Verständigungswillen und Anpassung an den NS-Macht- und Revanchewillen fest[81], der einer ähnlichen Doppelung in eine menschlich-sachliche Versöhnungskomponente und eine nationalistische, vom NS-Staat zu benutzende Komponente bei Peters entspricht.

Résumé français

L'article esquisse la vie professionnelle du pasteur allemand Hans-Helmut Peters (1908–1987) qui travailla en France comme »médiateur« pour le rapprochement franco-allemand dès 1930 jusqu'en 1944. Une telle suite sans interruption est exceptionnelle. D'habitude, on fait la différence entre les »vrais médiateurs« de la période de Locarno et les »propagandistes« du Troisième Reich, qui furent suivis par des »collaborateurs« pendant l'occupation (souvent les mêmes personnes, comme Otto Abetz.) Peters peut être considéré exemplaire d'un rapprochement protestant continuel possible justement grâce à son éthique professionnelle de pasteur qui permettait de garder le sens originel du »rapprochement«: réconciliation, même si le mot était utilisé par les propagandistes nazis.

Déjà »l'apprentissage« de Peters en 1930/31 (il était vicaire de la paroisse allemande à Paris) était empreint du »Geist von Locarno« réconciliateur. Etant nationaliste cela ne l'empêcha pas de se mettre au service du Troisième Reich plus tard. Peters travaillait sur la Côte d'Azur de 1934 à 1939 dans la fonction d'un pasteur ambulant qui avait pour tâche de rassembler tous les Allemands habitant le sud de la France. Il était observé avec beaucoup de méfiance par les pasteurs français parce que ceux-là suivaient très attentivement l'évolution antidémocratique en Allemagne.

Quant au »rapprochement«, le mot devenait ambigu, signifiant plutôt: réviser le traité de Versailles pour fortifier l'Allemagne contre la France comme c'était le but et des nationalistes et des national-socialistes. Bien que Peters fût un représentant convaincu du Troisième Reich, il arriva à persuader quelques pasteurs français à continuer de le rencontrer dans un esprit fraternel et chrétien.

A partir de juillet 1940 Peters travailla dans le cadre du »Deutsches Institut«, fondé par Karl Epting, pour faire avancer la »collaboration« franco-allemande, dans le rôle du »spécialiste du protestantisme«. Grâce à ses relations d'avant-guerre il réussit à convaincre les pasteurs français de »collaborer«, c'est-à-dire à utiliser les ressources au niveau de l'aide humanitaire dont Peters disposait – sans toutefois changer leurs opinions politiques hostiles envers l'occupant.

Pendant les derniers mois de l'occupation Peters fut même pris pour un résistant. Car en tant qu'aumônier de la prison de Fresnes il faisait tout ce qu'il pouvait pour aider les prisonniers protestants, souvent dans l'illégalité. Mais il était résistant malgré lui, car son motif était l'amour chrétien du prochain; politiquement, il resta loyal envers sa nation jusqu'à la fin de l'occupation.

Après la guerre, il s'engagea pour la réconciliation franco-allemande jusqu'à sa mort sans revenir en France en tant que pasteur.

81 Bock (wie Anm. 1) S. 39.

Zur Forschungsgeschichte und Methodendiskussion

Herbert Maks

ZUR INTERDEPENDENZ INNEN- UND AUSSENPOLITISCHER FAKTOREN IN BISMARCKS POLITIK IN DER LUXEMBURGISCHEN FRAGE 1866/67*

I

Die größte und auf jeden Fall am stärksten in Erinnerung gebliebene Leistung Bismarcks ist zweifelsohne die kleindeutsche Einigung von 1870/71. Trotzdem wird jeder, der sich mit der bismarckschen Politik beschäftigt, mit der Frage konfrontiert, welche Bedeutung der norddeutsche Bundeskanzler dieser Einigung beimaß und inwiefern er seine Innen- und Außenpolitik dieser Zielsetzung unterordnete. Bekannt ist die Bemerkung Jakob Burckhardts: »Man wird überhaupt mit der Zeit darüber klar werden, bis zu welchem Grade die drei Kriege aus Gründen der inneren Politik sind unternommen worden. Man genoß und benützte sieben Jahre lang die große Avantage, daß alle Welt glaubte, nur Louis Napoleon führe Kriege aus inneren Gründen. Rein vom Gesichtspunkt der Selbsterhaltung aus war es höchste Zeit, daß man die drei Kriege führte«[1].

Seit den siebziger Jahren haben mehrere Historiker die Auffassung vertreten, daß die Außenpolitik unter dem Primat der Innenpolitik zu betrachten sei. Der bekannteste Vertreter dieser Richtung, Hans-Ulrich Wehler, meint daß die große Zahl der internationalen Krisen während der Bismarckzeit auf die Störungen und Spannungen in der preußisch-deutschen Innenpolitik zurückzuführen ist[2]. Demgegenüber haben Historiker wie Hillgruber, Hildebrand, Gall und Nipperdey hervorgehoben, daß die Außenpolitik einen autonomen Bereich darstellt und diese, was Preußen-Deutschland anbetrifft, in erster Linie in Beziehung auf die geographische Lage des Deutschen Reiches in der Mitte Europas untersucht werden muß (wobei allerdings die Bedeutung innenpolitischer Faktoren nicht verneint wird)[3]. Dieser Gegensatz[4] kehrt

* Dieser Aufsatz beruht auf einer Arbeit, die im November 1991 unter dem Titel »Das Großherzogtum Luxemburg im Kräftespiel der europäischen Politik, 1839–1872« von der Fakultät der Humaniora der Universität Utrecht als Dissertation angenommen wurde und die voraussichtlich im Jahre 1998 in Buchform erscheinen wird.

1 Zitiert nach Joseph Becker, Der Krieg mit Frankreich als Problem der kleindeutschen Einigungspolitik Bismarcks 1866–1870, in: Michael Stürmer (Hg.), Das kaiserliche Deutschland, Düsseldorf 1970, S. 75–88, S. 87.

2 Hans-Ulrich Wehler, Bismarck und der Imperialismus, München 1969; Ders., Krisenherde des Kaiserreichs von 1871–1918. Studien zur Sozial- und Verfassungsgeschichte, Göttingen 1970; Ders., Das deutsche Kaiserreich, 1871–1918, Göttingen 1973.

3 Andreas Hillgruber, Bismarcks Außenpolitik, Freiburg 1972; Lothar Gall, Bismarck. Der weiße Revolutionär, Wien 1980; Thomas Nipperdey, Deutsche Geschichte 1800–1866. Bürgerwelt und starker Staat, München 1984.

4 Zu dieser Diskussion und weiteren Literaturhinweisen: Otto Pflanze, Bismarcks Herrschaftstechnik als Problem der gegenwärtigen Historiographie, in: Historische Zeitschrift 234 (1982) S. 561–599, hier S. 562f.; Lothar Gall, Europa auf dem Weg in die Moderne 1850–1890, München, Wien 1984, S. 157–165; Klaus Hildebrand, Deutsche Außenpolitik 1870–1918, München 1989, insbesondere S. 93–106; Volker Berghahn, Germany and the Approach of War in 1914, Hong Kong 1993, 2. Auflage (1. Auflage 1973) S. 1–14.

zurück in der Kontroverse zwischen Becker[5] und Kolb[6] über die Ursachen des deutsch-französischen Krieges.

In diesem Aufsatz wird die Interdependenz innen- und außenpolitischer Faktoren in Bismarcks Politik in der luxemburgischen Frage untersucht. Das Großherzogtum Luxemburg, das mit den Niederlanden in Personalunion verbunden war, hatte bis zur Auflösung des Deutschen Bundes in 1866 zu diesem Staatenbund gehört. Preußen stellte aber auch nach der Auflösung des Deutschen Bundes noch immer, wie 1815 vereinbart worden war, die Besatzung der Festung der Stadt Luxemburg. Das Großherzogtum sollte 1867 den Anlass zu einer Krise zwischen Frankreich und Preußen bilden. Da im April 1867, während der luxemburgischen Krise, in Berlin die konstituierende Reichstagsversammlung zur Errichtung des Norddeutschen Bundes stattfand, läßt sich anhand von Bismarcks Politik in der luxemburgischen Frage der Einfluß innenpolitischer Faktoren auf die Außenpolitik untersuchen. Diese Wechselwirkung zwischen außen- und innenpolitischen Faktoren kann in bezug auf die luxemburgische Frage auch deswegen so gut untersucht werden, da es, anders als in den Monaten vor dem Ausbruch der Julikrise von 1870 der Fall gewesen ist, in den Monaten vor dem Ausbruch der luxemburgischen Krise intensive Verhandlungen zwischen Berlin und Paris gegeben hat[7].

II

Die Zielsetzungen in der Außenpolitik Bismarcks bis 1866 bezogen sich in erster Linie auf eine Ausweitung der Möglichkeiten preußischer Außenpolitik[8]. Kurz nach seinem Antritt im Jahre 1851 war er als Bundestagsgesandter zu der Überzeugung gekommen, daß die Position, die Preußen innerhalb des Deutschen Bundes einnahm, nicht der wirklichen Macht dieses Staates entspräche, und seiner Meinung nach zu Unrecht von Österreich und dem Deutschen Bund in seiner Politik beeinträchtigt werde[9]. Bismarck widersetzte sich allerdings jeder Zusammenarbeit der preußischen Regierung mit der nationalliberalen Bewegung in der Form, wie sie 1848/49 in Erscheinung getreten war. Für ihn gab es nur einen Weg zur preußischen Hegemonie in Deutschland: Den deutschen Staaten sollte aufgezeigt werden, daß sie in militärischer und wirtschaftlicher Hinsicht auf Preußen angewiesen seien. Erstens sollte Preußen den Einfluß Österreichs in Deutschland auf ein Minimum reduzieren, und, wenn möglich, Österreich als Machtfaktor in Deutschland ausschalten. Zweitens sollte Preußen durch militärische Konventionen und Abkommen auf dem Gebiet des Handels, der Post und der Eisenbahnen auf jeden Fall die Gebiete, die durch ihre geographische Position auf Preußen angewiesen waren – und hier betraf es die norddeutschen

5 Josef Becker, Zum Problem der Bismarckschen Politik in der Spanischen Thronfolge, in: Historische Zeitschrift 212 (1971) S. 529–607.

6 Eberhard Kolb, Der Kriegsausbruch 1870: politische Entscheidungsprozesse und Verantwortlichkeiten in der Julikrise 1870, Göttingen 1970.

7 Zu diesen Verhandlungen: Karl August Schierenberg, Die deutsch-französische Auseinandersetzung und die Luxemburger Frage dargestellt vor allem an der Luxemburger Angelegenheit des Jahres 1867, Luxemburg 1933 (Publications de la Section historique de l'Institut Grandducal, 65); W.A. Fletcher, The mission of Vincent Benedetti to Berlin 1864–1870, Den Haag 1965.

8 Vgl. Eberhard Kolb, Großpreußen oder Kleindeutschland? Zu Bismarcks deutscher Politik im Reichsgründungsjahrzehnt, in: Johannes Kunisch (Hg.), Bismarck und seine Zeit, Berlin 1992 (Forschungen zur brandenburgischen und preußischen Geschichte, Neue Folge, Beiheft 1) S. 11–36.

9 Zum folgenden: Gall (wie Anm. 3) S. 127–172; Heinrich Lutz, Zwischen Habsburg und Preußen. Deutschland 1815–1866, Berlin 1985, S. 394ff., 304 f.; Vgl. Otto Becker, Bismarcks Ringen um Deutschlands Gestaltung (Hg. Alexander Scharff), Heidelberg 1958, S. 67–73; In dieser wichtigen Arbeit wird die Politik Bismarcks zu sehr als kleindeutsch-nationale Politik betrachtet.

Staaten –, von sich abhängig machen[10]. Diese Ziele sind 1866 im preußisch-österreichischen Krieg mit dem preußischen Sieg über Österreich realisiert worden. Das Ausscheiden Österreichs, die Auflösung des Deutschen Bundes und die Errichtung des Norddeutschen Bundes sind beim Frieden von Prag am 23. August 1866 vereinbart worden. Die preußische Dominanz im außerösterreichischen Deutschland wurde noch weiter bestätigt, als die preußische Regierung im August 1866 mit Baden, Württemberg und Bayern Schutz- und Trutzbündnisse abschloß. Diese Verträge wurden allerdings zunächst geheim gehalten, da beim Frieden von Prag vereinbart worden war, daß die süddeutschen Staaten die Möglichkeit erhalten sollten, einen international unabhängigen Südbund zu bilden.

Die französische Politik hinsichtlich der deutschen Angelegenheiten wurde bis Juli 1866 von zwei Tendenzen bestimmt[11]. Konservative und Katholiken befürworteten eine traditionelle Politik, die Frankreich weiterhin die Möglichkeit einer Intervention in deutsche Angelegenheiten sichern sollte. Demgegenüber stand die Auffassung mehrerer Politiker wie Rouhers, de la Valettes und Persignys, die der Meinung waren, daß die französische Machtposition am Besten gesichert wäre bei einer europäischen Ordnung auf Grundlage von Nationalstaaten; Frankreich solle beim Zustandekommen dieser Ordnung eine entscheidende Rolle spielen. Auch in liberalen und republikanischen Kreisen neigte man zu dieser Auffassung. Obwohl dieser Gedanke sehr zukunftsorientiert war, blieb es zweifelhaft, ob Frankreich die von ihm in dieser Neuordnung angestrebte Führungsrolle würde spielen können, und deswegen war diese Politik nicht ohne Risiko. Im Laufe der sechziger Jahre hatte die Kritik am kaiserlichen Regime Napoleons III. zugenommen, und alle oppositionellen Gruppierungen, nicht nur auf der rechten, sondern auch auf der linken Seite, nahmen die kaiserliche Außenpolitik als Ausgangspunkt ihrer Angriffe. Deshalb bestand die Gefahr, daß sich die Erfolge Bismarcks auf die Position Napoleons III. ungünstig auswirkten.

Kurz nach dem Krieg, im August 1866, mischte die französische Regierung sich als Vermittler in den preußisch-österreichischen Konflikt ein und versuchte dabei, einige Grenzgebiete zu erwerben. Nachdem erste Versuche, preußische und süddeutsche Gebiete durch geheime Verhandlungen mit Bismarck zu erwerben, mißlungen waren, entschloß sich der französische Kaiser zu einem anderen Kurs, der vor allem vom Ersten Minister Rouher getragen wurde. Dieser führte zu dem bemerkenswerten Vorschlag, den der französische Gesandte Benedetti im September 1866 Bismarck machte: erstens wollte Frankreich den Norddeutschen Bund anerkennen und dafür von Preußen Unterstützung bei einer Einverleibung des Großherzogtums Luxemburg haben, und zweitens wollte Frankreich in Zukunft, sobald die deutsche Einigung in Gang gesetzt sein würde, von Preußen Unterstützung haben bei einer Annexion von Gebieten aus dem französischsprachigen Teil Belgiens. Das Abkommen sollte als ein Allianzvertrag, der die freundschaftlichen Beziehungen zwischen Frankreich und Preußen betonen sollte, abgeschlossen werden[12]. Es wurde deutlich,

10 Bismarck, Die gesammelten Werke, 15 Bde., Berlin 1923–1935, I., S. 17; S. 218f; II., S. 321f; Ch. SEMPELL, The Rastatt dispute 1857–58. New light on Bismarck's policy in the federal Diet, in: Journal of Central European Affairs 11 (1952) S. 397–406; BECKER (wie Anm. 9) S. 73; Andreas KAERNBACH, Bismarcks Bemühungen um eine Reform des Deutschen Bundes 1849–1866, in: Oswald HAUSER (Hg.), Preußen, Europa und das Reich, Köln–Wien 1987 (Neue Forschungen zur brandenburg-preußischen Geschichte, VII) S. 199–221.

11 Elisabeth FEHRENBACH, Preußen-Deutschland als Faktor der französischen Außenpolitik in der Reichsgründungszeit, in: Eberhard KOLB (Hg.), Europa und die Reichsgründung, München 1980 (Historische Zeitschrift, Beiheft 6) S. 109–137, vor allem S. 118f.; Winfried RADEWAHN, Europäische Fragen und Konfliktzonen im Kalkül der französischen Außenpolitik vor dem Krieg von 1870, in: Eberhard KOLB (Hg.), Europa vor dem Krieg von 1870. Mächtekonstellation – Konfliktfelder – Kriegsausbruch, München 1987, S. 33–64.

12 Hermann ONCKEN, Die Rheinpolitik Kaiser Napoleons III. von 1863 bis 1870 und der Ursprung des Krieges von 1870/71, 3 Bde., Berlin Leipzig 1926, II., S. 85; S. 94f.

daß dieses Projekt auf der oben erwähnten Nationalitätenpolitik basierte, und so wurde der Plan von französischer Seite auch verteidigt. Es war auffallend, daß nur der Teil des Abkommens, der sich auf Luxemburg bezog, veröffentlicht werden sollte. Zur Beantwortung der Frage, welche Bedeutung die Einverleibung des kleinen Großherzogtums für Frankreich hatte, kann auf zwei entgegengesetzte Zielsetzungen hingewiesen werden:

1. Luxemburg bildete den Ausgangspunkt für eine weitere Ausdehnung des französischen Einflußbereichs in Belgien. Dieser Einfluß konnte auf zwei Weisen verwirklicht werden. Erstens wollte die französische Regierung durch den Erwerb des luxemburgischen Eisenbahnnetzes mehr Einfluß auf die belgischen Eisenbahnen ausüben[13]. Zweitens konnte Frankreich nach dem Erwerb Luxemburgs Belgien stärker unter Druck setzen, damit es einem französich-luxemburgisch-belgischen Zollverein beitrat. Kurz nach Beendigung der luxemburgischen Krise, im Mai 1867, sollte die französische Regierung dazu noch Pläne entwickeln[14].

2. Weiterhin sollte die Einverleibung Luxemburgs, und dies stimmte Bismarck sehr bedenklich, einen günstigen Einfluß auf die französische öffentliche Meinung ausüben. Da die französischen Wünsche hinsichtlich einer belgischen Einverleibung geheimgehalten werden sollten, konnte der luxemburgische Trumpf nur in einer Weise ausgespielt werden. Den machtpolitisch orientierten Kräften gegenüber sollte die kaiserliche Regierung argumentieren, sie habe es geschafft, mit dem Einvernehmen Bismarcks das als deutsch geltende Großherzogtum zu erwerben, und habe damit die preußische Regierung und die nationale Bewegung Deutschlands voneinander getrennt[15]. Daß diese zwei Zielsetzungen in einem krassen Widerspruch zueinander standen, zeigte sich an der Tatsache, daß die erste auf einer engen Zusammenarbeit zwischen Frankreich und Preußen beruhte, während die zweite gerade den preußischen Interessen entgegenstand.

Bismarck hat den Vertrag nie unterschrieben, und vier Jahre später sollte er, während des deutsch-französischen Krieges, den Text bekanntgeben mit dem Ziel, in England die öffentliche Meinung gegen Frankreich aufzuwiegeln[16]. Es ist unwahrscheinlich, daß er sich wirklich überlegt hat, dem Vertrag in dieser Form zuzustimmen. Eine feste Verpflichung, mit Truppen Frankreich im Falle einer Annexion Belgiens behilflich zu sein, ging ihm sicherlich zu weit. Nachdem Bismarck in den letzten Jahren durch eine sehr vorsichtige und präzise geführte Diplomatie den Krieg mit Österreich vorbereitet und durchgeführt hatte, war er sicherlich nicht bereit, sich durch ein Offensiv- und Defensivbündnis, von dem übrigens auch die Dauer nicht festgelegt war[17], an Frankreich zu binden. Obwohl nicht absehbar war, wie Großbritannien im Falle einer Verletzung der belgischen Neutralität reagieren würde[18], war nicht auszuschließen, daß England, das ein großes Interesse an der Er-

13 Daß mit dieser Möglichkeit gerechnet wurde, sollte sich 1869 im belgisch-französischen Eisenbahnkonflikt zeigen. Paul Hymans, Frère-Orban, 2 Bde., Brussel 1905, II., S. 154ff., 168f.; Ginette Kurgan-van Hentenryk, Le réseau de chemins de fer Prince-Henri et les intérêts français dans le Grand-Duché de Luxembourg (1868–1877), in: Raymond Poidevin, Gilbert Trausch (Hg.), Les relations franco-luxembourgeoises de Louis XIV à Robert Schumann. Actes du Colloque de Luxembourg, Metz 1978, S. 119–136, hier S. 125.

14 Oncken (wie Anm. 12) II., S. 379f.; Les Origines diplomatiques de la guerre de 1870, Recueil de documents publié par le Ministre des Affaires Etrangères, 29 Bde., Paris 1910–1932, XVI, S. 370f.

15 Oncken (wie Anm. 12) II., S. 81f.; Vgl. idem, S. 101–109; S. 140; S. 143–150; S. 165–168; Vgl. Randbemerkungen König Wilhems, idem, S. 109.

16 Horst Lademacher, Die belgische Neutralität als Problem der europäischen Politik, 1830–1914, Bonn 1971, S. 239f.

17 Vgl. die Bemerkung Napoleons, Oncken (wie Anm. 12), II., S. 95.

18 Richard Millman, British Foreign Policy and the Coming of the Franco-Prussian War, Oxford 1965, S. 40ff.; S. 50ff.; Vgl. Lademacher (wie Anm. 16) S. 200–251.

haltung der belgischen Unabhängigkeit und Souveränität hatte[19], auf die bisher verfolgte Politik der Nichtintervention verzichten würde und entweder intervenieren oder versuchen würde, mit Österreich und Rußland eine gegen Paris und Berlin gerichtete Koalition zu bilden. Ebensowenig konnte ausgeschlossen werden, daß Rußland die Gelegenheit ergreifen würde, den Einfluß auf Südeuropa auszudehnen[20]. In diesem Falle würde die preußisch-französische Abmachung über Belgien eine grundlegende Umwandlung des europäischen Mächtesystems zufolge haben, wobei das Ergebnis einer derartigen Änderung für Deutschland sehr ungewiß war. Angesichts der Tatsache, daß Bismarck in den Jahren 1866–1870 sich vor allem bemühen sollte, den Norddeutschen Bund zu konsolidieren und in diesem Zeitraum darauf verzichten sollte, die kleindeutsche Einigung mit Gewalt voranzutreiben, ist es wohl sicher, daß er auch damals, im Herbst 1866, nicht ernsthaft erwogen hat, sich lediglich mit dem Zweck einer deutschen Einigung vertraglich vollständig von der französischen Regierung abhängig zu machen.

Wenn auch der Vertrag unannehmbar für Bismarck war, so versuchte der Minister doch noch immer, die Aufmerksamkeit der französischen Regierung auf die belgische Frage abzulenken. Es ist nicht unmöglich, daß Bismarck sich überlegt hat, im Falle einer Annexion belgischer Gebietsteile eine neutral-wohlwollende Haltung zu betrachten. Entscheidend war allerdings, daß Bismarck weiterhin daran interessiert war, einen Bruch in den Beziehungen zu Paris zu verhindern, da Frankreich noch immer in der Lage war, Preußen Schwierigkeiten zu bereiten. Erst zu dieser Zeit, am 23. August, wurde unter Vermittlung des französischen Kaisers der Friede von Prag zwischen Preußen, Österreich und den übrigen Staaten geschlossen. Die Verhandlungen mit Frankreich über Belgien und Luxemburg wollte er denn auch nicht abbrechen. Außerdem ist nicht ausgeschlossen, daß Bismarck diese Verhandlungen mit dem Ziel fortsetzte, eine Entzweiung zwischen Paris und London zu bewirken. Daß er diese Möglichkeit auf jeden Fall erwog, sollte sich vier Monate später zeigen. Am 14. Januar 1867 sollte Bismarck seinen Botschafter in London, Bernstorff, beauftragen, zu untersuchen, welche Bedeutung die Unabhängigkeit Belgiens für England habe. Wie aus dieser Anweisung hervorgeht, schien er zu erwägen, die französischen Annexionsgelüste hinsichtlich Belgiens ausnutzend, England zu einer aktiveren und mehr den preußisch-deutschen Interessen entsprechenden Politik auf dem Kontinent zu veranlassen. Bismarck sollte in dieser Weisung sogar drohend andeuten, daß Preußen sich in Zukunft vielleicht gezwungen fühlen werde, Frankreich in Belgien gewähren zu lassen, wenn Großbritannien auf der Politik der Enthaltung und Nichteinmischung beharren würde[21]. Übrigens, auch drei Jahre später, während des belgisch-französischen Eisenbahnkonflikts von 1869, sollte Bismarck versuchen, England zu zwingen, in der belgischen Frage gegen Frankreich Stellung zu nehmen[22].

Da Bismarck bestrebt war, eventuelle französische Annexionsgelüste auf Belgien abzulenken, war es nicht erstaunlich, daß er sich in seinen Ende August geführten Verhandlungen mit Frankreich in der luxemburgischen Frage behilflich zeigte. Dabei sollte jedoch, so hob er in den Gesprächen mit Benedetti hervor, Frankreich die Initiative ergreifen. Wenn

19 Zur englischen Politik in der belgischen Frage: Millman (wie Anm. 18) S. 37–45; Vgl. Klaus Hildebrand, Großbritannien und die deutsche Reichsgründung, in: Kolb (wie Anm. 11/1980) S. 9–62, hier: S. 20; S. 25; Peter Alter, Weltmacht auf Distanz. Britische Außenpolitik 1860–1870', in: Kolb (wie Anm. 11/ 1987) S. 77–91, hier: S. 90f.

20 Dietrich Beyrau, Russische Orientpolitik und die Entstehung des deutschen Kaiserreiches, 1866–1870/71, Wiesbaden 1974, S. 54.

21 Die Auswärtige Politik Preußens 1858–1871: Diplomatische Akten, Hg. v. der Historischen Reichskommission, 10 Bde., Oldenburg 1931–1941, VIII., S. 299–303; S. 403–407; Bismarck (wie Anm. 10) VI., S. 230–233; Vgl. Lademacher (wie Anm. 16) S. 212f.

22 Millman (wie Anm. 18) S. 140f.; Gordon A. Craig, Great Britain and the Belgian Railways Dispute of 1869, in: American Historical Review 50 (1945) S. 738–761, hier S. 756ff.

der niederländische König bereit sei, das Großherzogtum abzutreten, und die luxemburgische Bevölkerung den Wunsch zum Abzug der preußischen Garnison aus der Festung äußern würde, könnte Preußen auf des Garnisonsrecht verzichten. Die Abtretung des Großherzogtums an Frankeich könnte allerdings nur stattfinden, wenn die deutsche öffentliche Meinung und das deutsche Nationalgefühl genügend berücksichtigt würde[23].

Zwischen Paris und Berlin kam es als Folge der dilatorischen Haltung Bismarcks in den nächsten Monaten nicht zu weiteren Abmachungen in bezug auf Luxemburg. Allmählich nahm jedoch, wie sich bereits Anfang 1867 in der französichen Presse zeigte und auch Bismarck auffiel, die Unzufriedenheit in der französichen Bevölkerung über die vermeintliche Passivität der Regierung zu[24]. Nachdem einige Monate ergebnislos vergangen waren, mußte die französische Regierung sich ganz für den Erwerb Luxemburgs einsetzen, zumal sie während der für März 1867 geplanten Debatten im Corps Législativ wieder mit vehementer Kritik rechnen mußte. Es war zu erwarten, daß die Opposition auch die als schwächlich empfundene Außenpolitik anprangern würde. Es zeigte sich, daß bei den Versuchen, Luxemburg zu erwerben, die zweite der in diesem Aufsatz erwähnten Zielsetzungen die Oberhand gewann: es ging für die französische Regierung vor allem darum, der öffentlichen Meinung zu zeigen, daß sie noch immer imstande sei, der preußischen Expansionspolitik entgegenzutreten. Während der Debatten, die Mitte März 1867 im Corps Législativ[25] stattfanden, gab die französische Regierung zu erkennen, daß es ihr Verdienst sei, daß Bismarck bisher den Schritt über den Main nicht gemacht habe. Von einer preußisch-französischen Freundschaft konnte danach auch kaum noch die Rede sein.

Inzwischen hatte die französische Regierung im Haag mit König Wilhelm III. und der niederländischen Regierung Verhandlungen eingeleitet. Eine Rolle spielte dabei, daß seit Mitte Februar Gerüchte über preußische Expansionswünsche kursierten. Diese Gerüchte bezogen sich vor allem auf die niederländische Provinz Limburg, die wie Luxemburg seit 1839 zum Deutschen Bund gehört hatte. Dabei gab die französische Regierung sich der Hoffnung hin, die niederländische Regierung, die, wie bekannt war, wenig Interesse an der Fortsetzung der Personalunion mit Luxemburg hatte, werde unter dem Eindruck dieser Gerüchte den König dazu drängen, sein Großherzogtum gegen eine finanzielle Kompensation an Frankreich abzutreten. Im Tausch würde Frankreich mit den Niederlanden einen Allianzvertrag, der natürlich stillschweigend auch den Niederlanden weiterhin den Besitz der Provinz Limburg garantieren sollte, abschließen. Diese Rechnung ging tatsächlich auf: am 26. März 1867 entschloß sich der niederländische König, von seinem Außenminister dazu veranlaßt, zur Abtretung des Großherzogtums an Frankreich[26], wobei er allerdings die Zustimmung der preußischen Regierung zur Bedingung machte.

Die französische Regierung war jedoch nicht mehr bereit, diese einzuholen und gab sich der Hoffnung hin, Preußen vor ein Fait accompli stellen zu können. Obwohl der französischen Regierung aus Berichten deutlich geworden war, daß die Mehrheit der luxemburgischen Bevölkerung keine Einverleibung in Frankreich wünschte und die Erhaltung des

23 ONCKEN (wie Anm. 12) II., S. 87f.; S. 139f.

24 Lynn M. CASE, French opinion on war and diplomacy during the Second Empire, Philadelphia 1955, S. 226f.; Winfried RADEWAHN, Die Pariser Presse und die deutsche Frage unter Berücksichtigung der französischen Pressepolitik im Zeitalter der Bismarckschen Reichsgründung (1866–1870/71), Frankfurt a.M., Bern, Las Vegas 1977, S. 177–184.

25 Zu den Verhandlungen im Corps Législatif: CASE (wie Anm. 24) S. 229f.; RADEWAHN (wie Anm. 24) S. 185–190.

26 Zu den französisch-niederländischen Verhandlungen: Algemeen Rijksarchief, Den Haag, Tweede Afdeling, BUZA 3486; Origines diplomatiques (wie Anm. 14) XV., S. 122ff.; C. A. TAMSE, Nederland en België (1859–1871). De zelfstandigheidspolitiek van twee kleine staten, Den Haag 1973, S. 62–72.

Status Quo bevorzugte[27], wurde ein hoher Beamter in der letzten Märzwoche nach Luxemburg geschickt und beauftragt, die Einverleibung vorzubereiten[28]. Nach den vielen Gerüchten in bezug auf das Schicksal des Großherzogtums war es nicht erstaunlich, daß die Luxemburger verwirrt und verärgert auf diese letzten Entwicklungen reagierten. Aber auch die deutsche Öffentlichkeit, die sich schon einige Wochen über die Gerüchte einer bevorstehenden Einverleibung des Großherzogtums in Frankreich erregt hatte, reagierte gereizt und vor allem die Nationalliberalen, die diese Angelegenheit bereits in den letzten Wochen mit reger Aufmerksamkeit verfolgt hatten, spielten die Sache hoch[29]. Am 30. und 31. März gab es zwischen Bismarck und konservativen Abgeordneten des Norddeutschen Reichstags Überlegungen zu einer Interpellation in der luxemburgischen Frage. Nachdem Bismarck zu erkennen gegeben hatte, eine Interpellation von Seiten der Nationalliberalen vorzuziehen, wurde am 1. April vom Abgeordneten von Bennigsen eine Interpellation eingebracht[30], die Bismarck tatsächlich zu einer Stellungnahme zwang. Obwohl der preußische Regierungschef ziemlich beherrscht reagierte[31], gab er doch deutlich zu erkennen, daß er eine Einverleibung des Großherzogtums nicht hinnehmen würde. Jetzt mußte damit gerechnet werden, daß Preußen Frankreich den Krieg erklären würde, wenn Frankreich die Einverleibung vollzöge.

Obwohl in erster Linie die französische Regierung für den Ausbruch der luxemburgischen Krise verantwortlich war, ist die Frage, inwiefern Bismarck sich wirklich Mühe gegeben hat, die Krise zu vermeiden, angebracht. Bismarck ist vorzuwerfen, daß er in der luxemburgischen Frage Frankreich gegenüber nie deutlich Stellung bezogen hat. In Gesprächen hat er oft die Verantwortung für die Krise dem niederländischen König und seinen Bestrebungen, in Berlin offiziell die Genehmigung zum Verkauf des Großherzogtums zu erlangen, zugeschoben. Am 9. April 1867 vertraute er jedoch von Bennigsen an, er habe nie eine Abtretung im Sinn gehabt und er habe Napoleon III. hinters Licht geführt[32]. Die Behauptungen Bismarcks über die Möglichkeiten einer Allianzbildung mit Frankreich und eine Kompensationsleistung bleiben widersprüchlich[33]. In späteren Gesprächen mit Diplomaten oder Politikern hat er abwechselnd versucht, sich entweder den Ruf eines Staatsmannes zu erwerben, mit dem sich unter Umständen auch ein Geschäft auf Kosten der Nationalinteressen machen ließ, oder aber den eines Fallenstellers, der den französischen Kaiser meisterhaft irregeführt hatte[34].

Der österreichische Kanzler Ferdinand von Beust zeigte sich hellsichtiger als die französische Regierung, als er am 22. März von der bevorstehenden Abtretung des Großherzogtums vernahm, und bemerkte: »Le terrain sur lequel il s'agit de manœuvrer est excessive-

27 Berichte Jacquinots vom 5.3., 10.3 und 12.3.1867 und der Bericht Mahons vom 10.3.1867. In den Archives du Ministère des Affaires Etrangères, Paris, MD Hollande Vol 149. Ich habe Kopien dieser Akten, die sich in den ›Archives de l'Etat‹, Luxemburg befinden, benutzt.

28 Bericht Paul de Boignes, vom 26.3.1867 (s.a. letzte Anmerkung); Emmanuel SERVAIS, Le Grand-Duché de Luxembourg et le traité de Londres du 11 mai 1867, Paris 1987, S. 109; Vgl. August COLLART, Am Wege zur Unabhängigkeit Luxemburgs, Luxemburg 1938, S. 385f.

29 Paul WENTZCKE, Zur Naturgeschichte der Luxemburger Frage. Beiträge zur Kritik und zum Verständnis des deutschen Grenzwissens, in: Die Westmark. Rheinische Monatsschrift für Politik, Wirtschaft und Kultur 2 (1922) Nr. 12, S. 813–850.

30 Hermann ONCKEN, Rudolf von Bennigsen. Ein deutscher liberaler Politiker. Nach seinen Briefen und hinterlassenen Papieren, Stuttgart und Leipzig 1910, 2 Bde., II., S. 33ff.

31 BISMARCK (wie Anm. 10) X., S. 364–367.

32 ONCKEN (wie Anm. 30) II., S. 61.

33 BISMARCK (wie Anm. 10) VII., S. 181–195; insbesondere sind die Äußerungen in den Gesprächen, die der Minister mit von Friesen, von Unruh und von Bennigsen am 8. und am 10. April führte, widersprüchlich (Ebenda, 189–192); Andere Äußerungen Bismarcks zu seiner Politik in der luxemburgischen Frage: s. auch BECKER (wie Anm. 9) S. 420.

34 BECKER (wie Anm. 9) S. 420.

ment favorable à Mr. de Bismarck, le marché conclu de cabinet à cabinet sur une population censée jusqu'ici allemande, faisant partie du Zollverein, au profit de la caisse d'une maison princière – les Prussiens en possession d'une place forte ayant été considerée jusqu'ici comme un rempart de l'Allemagne, voilà certes de quoi échauffer toute l'Allemagne en cas de conflit«[35]. Beust war bis zum Sommer in Sachsen Regierungschef gewesen, war nach Abschluß des preußisch-österreichischen Krieges auf Betreiben Bismarcks dort entlassen worden und nahm erst seit kurzem als Regierungsleiter und Außenminister die Regierungsgeschäfte in Wien wahr. Sicherlich hatte er in dieser Situation eher für Frankreich als für Preussen Sympathien[36]. Außerdem hoffte die österreichische Regierung in der europäischen Politik auf eine ›entente constante‹ mit Paris. Beust war denn auch geneigt, Frankreich in der luxemburgischen Frage behilflich zu sein[37]. Es ist bezeichnend, daß der österreichische Regierungschef, der in Deutschland als der fähigste Gegner Bismarcks galt, sich über die französische Politik in der luxemburgischen Frage so skeptisch äußerte.

Zunächst ist festzustellen, daß Bismarck in seinen Weisungen an Goltz, den preußischen Botschafter in Paris, zwar immer wieder hervorgehoben hat, daß er die Möglichkeit einer Abtretung des Großherzogtums nicht ausschließen wollte[38], daß allerdings die Bedingungen, die er zu dieser Abtretung stellte, kaum zu verwirklichen waren. Es ist schon mehrmals darauf hingewiesen worden, daß die französischen Bemühungen, Luxemburg zu erwerben, auf zwei Zielsetzungen basierten: einerseits auf den Plänen, in Zukunft im Einvernehmen mit der preußischen Regierung belgische Gebietsteile zu erwerben; und andererseits auf dem Bedürfnis, die innenpolitische Position des Kaisers zu verstärken. Während der Verhandlungen hatte die zweite Zielsetzung angesichts der wachsenden innenpolitischen Probleme der französischen Regierung immer mehr die Oberhand bekommen. Bismarck war, wie aus seinen Berichten an Goltz hervorgeht, davon überzeugt, daß die französische Regierung die Erwerbung des kleinen Grenzgebietes innenpolitisch nur ausnutzen könnte, wenn sie diese als einen der preußischen Regierung abgerungenen Erfolg darstellen könnte – womit natürlich die preußische Regierung nicht nur Prestigeverluste, sondern auch eine Entfremdung mit der deutschen Nationalbewegung riskieren würde. Daß unter der von Bismarck gestellten Bedingung – daß das deutsche Nationalgefühl keinen Grund zur Beunruhigung habe – eine Abtretung des Großherzogtums noch zu verwirklichen war, ist angesichts dieser Argumentation kaum vorstellbar. Dazu kam, daß Bismarck wußte, daß eine andere von ihm gestellte Bedingung, und zwar, daß der Wunsch zum Abzug der preußischen Garnison aus der Festung »aus dem Schoße der Bevölkerung« geäußert werde[39], kaum erfüllbar war, da die Bevölkerung eine Einverleibung durch Frankreich nicht wünschte und außerdem die luxemburgische Regierung bereits im September 1866 bei der preußischen Regierung den Antrag gestellt hatte, in einer neuen Konvention die Besatzung der Festung durch eine preußische Garnison festzulegen[40]. Die preußische Regierung hatte auf diese Bitte übrigens nie reagiert. In diesem Sinne ist eine am 23. März von der preußischen Regierung ausgegangene Initiative jedoch bemerkenswert[41]. Der Kriegsminister von

35 ONCKEN (wie Anm. 12) II., S. 254.

36 Zur Persönlichkeit Beusts: Heinrich POTTHOFF, Die deutsche Politik Beusts. Von seiner Berufung zum österreichischen Außenminister Oktober 1866 bis zum Ausbruch des deutsch-französischen Krieges 1870/71, Bonn 1968, passim; Helmut RUMPLER, Die deutsche Politik des Freiherrn von Beust 1848–1850, Wien 1972, S. 15–36; Heinrich LUTZ, Österreich-Ungarn und die Gründung des Deutschen Reiches, Wien 1972, S. 20f.; S. 42–45; Vgl. Alan SKED, The Decline and Fall of the Habsburg Empire 1815–1918, London, New York 1989, S. 241f.

37 ONCKEN (wie Anm. 12) II., S. 254; POTTHOFF (wie Anm. 36) S. 95f.

38 Auswärtige Politik Preußens (wie Anm. 21) VIII., S. 387ff.

39 Ibid., S. 388.

40 ›Archives de l'Etat‹, Luxemburg, G 48; Auswärtige Politik Preußens (wie Anm. 21) VIII., S. 107f.

41 Auswärtige Politik Preußens (wie Anm. 21) VIII., S. 498f.

Roon erteilte dem Festungsgouverneur von Brauschnitz die Weisung, dem luxemburgischen Regierungschef De Tornaco mündlich, und nicht im Nahmen der preußischen Regierung, mitzuteilen, »an dem augenblicklichen Status quo nicht zu rütteln« und keine Forderungen oder Anträge zum Abschluß einer Militärkonvention zu stellen. Nur auf diese Weise könne die preußische Regierung den Wünschen der luxemburgischen Bevölkerung zur Erhaltung des autonomen Status nachkommen. Die Mitteilungen des Kriegsministers an den Festungsgouverneur gingen dahin, daß eine Fortsetzung des Status Quo (Fortsetzung der preußischen Besatzung der Festung ohne eine offizielle Bestätigung durch eine neue Militärkonvention) die beste Garantie für die luxemburgische Unabhängigkeit sei. Diese Instruktion lehrt, daß die preußische Regierung kaum noch dazu neigte, die Garnison aus Luxemburg zurückzuziehen und damit die Annexion seitens Frankreichs zu ermöglichen.

Obwohl, wie hier gezeigt, die preußische Zustimmung zur Einverleibung des Großherzogtums in Frankreich kaum zu erwarten war, hat Bismarck sich bis zum Ende des Monats sehr zurückgehalten und erst am 30. März interveniert[42]. Eine große Mitverantwortung für den Ausbruch der Krise trug er sicherlich, da er erst sehr spät eingegriffen hat und bis zu diesem Zeitpunkt durch sein Stillschweigen die französische Regierung gewähren ließ. Als Goltz Ende März in Paris mitteilte, daß die preußische Regierung nach einer eventuellen Abtretung des Großherzogtums durch Wilhelm III. an Frankreich nicht ohne weiteres die Garnison aus der Festung zurückziehen würde, warf Moustier Bismarck vor, lediglich die Absicht verfolgt zu haben, Frankreich eine Falle zu stellen[43]. Der Vorwurf der französischen Regierung, daß Bismarck in Wirklichkeit die französische Regierung angeregt habe, die Verhandlungen mit dem König-Großherzog zur Erwerbung des Großherzogtums fortzusetzen, ist hier zu prüfen. Ende Februar und Anfang März 1867 haben zwischen Bismarck und Benedetti mehrere Gespräche stattgefunden[44]. Der französische Botschafter hatte bei diesen Gelegenheiten versucht, Bismarck dazu zu veranlassen, zu bestätigen, daß Preußen die Garnison aus der luxemburgischen Festung zurückziehen würde, sobald der König-Großherzog oder die luxemburgische Bevölkerung dies wünschen oder sobald der König-Großherzog das Großherzogtum an Frankreich abtreten würde. Benedetti hatte Bismarck ein zu diesem Ziel von Moustier hergestelltes Memorandum, das als Zusammenfassung der Ergebnisse der bisher geführten Verhandlungen gelten sollte, vorgelegt. In diesem Memorandum war nicht nur davon die Rede, daß Preußen nach einer Abtretung des Großherzogtums die Garnison zurückziehen sollte, sondern auch, daß Bismarck die Versuche der französischen Regierung, die niederländische Regierung zur Abtretung des Großherzogtums zu drängen, nicht als eine gegen Preußen gerichtete Tat betrachten würde. Bismarck würde es sogar, so wurde in dieser Denkschrift hervorgehoben, der französischen Regierung nicht verübeln, wenn Paris wegen des Zögerns der niederländischen Regierung, Luxemburg abzutreten, den Abschluß eines Bündnisses vorschlagen sollte, das die Niederlande gegen preußische oder deutsche Angriffe schützen sollte. Hier zeigt sich, daß Bismarck bereits am 8. März genau über die französischen Pläne, durch Verhandlungen mit den Niederlanden und durch den Abschluß eines französisch-niederländischen Vertrags Luxemburg zu erwerben, unterrichtet worden war. Von Bedeutung ist allerdings, daß der Botschafter die verschiedenen Äußerungen Bismarcks so interpretierte, als werde Bismarck gegen die Verhandlungen und gegen die Abtretung des Großherzogtums nichts

42 Auswärtige Politik Preußens (wie Anm. 21) VIII., S. 532.

43 Ibid., S. 552; Joseph Maria von Radowitz, Aufzeichnungen und Erinnerungen aus dem Leben des Botschafters Joseph Maria von Radowitz; 2 Bde.; Hg. v. Hajo Holborn, Berlin, Leipzig 1925, I., S. 136f.

44 Origines diplomatiques (wie Anm. 14) XV., S. 6–9; S. 38–41; Auswärtige Politik Preußens (wie Anm. 21) VIII, S. 441f.; S. 448; Fletcher (wie Anm. 7) S. 162ff.

einwenden und nach Abschluß dieser Verhandlungen die preußische Garnison aus Luxemburg zurückziehen. Es waren die optimistischen Berichte des Botschafters, die die französische Regierung dazu veranlaßten, weiterhin mit dem niederländischen König über Luxemburg zu verhandeln.

Bismarck hat diese Interpretation Benedettis der mit ihm geführten Gespräche in einem Schreiben an Goltz zwar zurückgewiesen. Es ist jedoch bemerkenswert, daß Bismarck sehr lange, bis zum 21. März, darauf verzichtet hat, der französischen Regierung mitzuteilen, daß Benedetti seine Äußerungen falsch interpretiert habe. Nachdem Goltz am 15. März seinen Regierungschef um die Erlaubnis gebeten hatte, bei der französischen Regierung vorstellig zu werden, lehnte Bismarck es am 21. März (d.h. mindestens zwei Wochen nachdem die Gespräche stattgefunden hatten) ab, schriftlich auf das Memorandum Moustiers zu reagieren, und beschränkte sich darauf, Goltz zu bitten, die französische Regierung darauf hinzuweisen, daß Preußen im Falle einer Vereinbarung zwischen dem König-Großherzog und Napoleon III. nicht ohne weiteres die Garnison zurückziehen könne[45]. Der Text dieser Anweisung war, verglichen mit anderen Instruktionen Bismarcks, sehr unverbindlich. Auffallend ist, daß Bismarck diese wichtige Anweisung Goltz nicht durch ein Telegramm mitteilte, was angesichts der Tatsache, daß die Verhandlungen zwischen der französischen und der niederländischen Regierung inzwischen sehr weit vorangekommen waren, wohl naheliegend gewesen wäre. Die Folge war, daß Goltz und der Legationsrat Radowitz die französische Regierung erst am 24. März auf die Ansichten der preußischen Regierung hinwiesen[46]. Aus diesem Vorgang könnte schon geschlossen werden, daß es Bismarck inzwischen angenehm war, daß die französische Regierung weiterhin versuchte, Luxemburg zu erwerben. Auf jeden Fall hätte er mehr unternehmen können, um eine Krise zu verhindern.

Außerdem ist die Frage berechtigt, ob Bismarck durch sein Verhalten und insbesondere in seinen Gesprächen mit Benedetti nicht die französische Regierung zu sehr ermutigt hat, weiterhin den Erwerb Luxemburgs anzustreben. Dagegen ist vielleicht einzuwenden, daß der französische Botschafter und sein Außenminister in ihrem Wunsch, die Annexion des Großherzogtums endlich herbeizuführen, die Hinweise, daß eine Abtretung des Großherzogtums an Frankreich unter gewissen Umständen nicht auszuschließen wäre, mit Absicht so interpretiert haben, als werde Bismarck die Einverleibung des Großherzogtums ohne weiteres hinnehmen. Daß jedoch Bismarck in seinen Gesprächen mit Benedetti sehr weit gegangen ist und auch wirklich den Eindruck erweckt hat, die Abtretung des Großherzogtums wahrscheinlich hinzunehmen, wird durch eine andere Tatsache bestätigt. Am 29. März verzichtete Bismarck in einem Gespräch mit dem niederländischen Gesandten Van Bylandt darauf, sich über die luxemburgische Angelegenheit auszusprechen. Er erklärte, er »wolle nicht wissen, ob eine luxemburgische Frage zwischen dem Großherzog und der französischen Regierung schwebe«; deswegen könne er auch nicht mitteilen, wie die preußische Regierung sich in diesem Fall verhalten würde. Nach diesem Gespräch hatte Van Bylandt trotzdem den Eindruck, daß Bismarck im Grunde genommen die Abtretung des Großherzogtums an Frankreich begrüßte[47]. Im Gegensatz zu Benedetti war Van Bylandt nicht bestrebt, die Abtretung des Großherzogtums gegen den Willen der preußischen Regierung herbeizuführen, und aus diesem Grund keineswegs geneigt, Äußerungen des Ministers in optimistischem Sinne zu interpretieren. Daß Bismarck bei dem niederländischen Gesandten den gleichen Eindruck wie bei Benedetti erweckte, macht die Vermutung des französischen Außenministers wahrscheinlich, Bismarck wolle, ohne sich formell

45 Auswärtige Politik Preußens (wie Anm. 21) VIII., S. 476–478; S. 496.
46 Radowitz (wie Anm. 43) S. 136.
47 Bylandt an Van Zuylen, am 29.4.1867 und am 30.4.1867, Algemeen Rijksarchief, Den Haag, Tweede Afdeling, BUZA 3486.

festzulegen, die französische Regierung ermutigen, weiterhin den Erwerb des Großherzogtums anzustreben.

Bis Ende Februar hatte Bismarck versucht, eine Entscheidung in der luxemburgischen Frage hinauszuzögern. Aus den hier angeführten Tatsachen geht jedoch hervor, daß Bismarck im März nicht mehr alles auf eine Karte gesetzt hat, um den Ausbruch einer Krise zu verhindern. Obwohl deutlich war, daß die Abtretung des Großherzogtums an Frankreich kaum durchzuführen war, und daß es damit zwischen Berlin und Paris mit Sicherheit zu einer Krise kommen würde, hat er darauf verzichtet, den französischen Bemühungen, um Luxemburg zu erwerben, entgegenzutreten. Dabei ist noch zu bemerken, daß es im März Bismarck noch nicht an Mitteln gefehlt hat, um eine Krise zu verhindern. Im Februar hatte Goltz bereits vorgeschlagen, auf Luxemburg als Kompensationsobjekt zu verzichten und zu versuchen, die Beziehungen zwischen Paris und Berlin mit anderen Mitteln, z.B. durch Abschluß eines Freundschaftsvertrags oder durch den Entschluß, die Bundesfestungen zu schleifen[48], zu bessern. Derartige Vorschläge hat Bismarck allerdings abgelehnt.

Es ist bereits darauf hingewiesen worden, daß Bismarck oft die Verantwortung für die Krise dem niederländischen König und seinen Bestrebungen, in Berlin offiziell die Genehmigung zum Verkauf des Großherzogtums zu erlangen, zugeschoben hat. Daß Bismarck eine Einverleibung des Großherzogtums in Frankreich hingenommen hätte, wenn er nicht in offizieller Weise vom Vorhaben des niederländischen Königs in Kenntnis gesetzt worden wäre, ist allerdings angesichts der Stimmung in der deutschen Öffentlichkeit unwahrscheinlich. Bereits am 15. März schrieb Goltz, der wohl besser als andere Diplomaten in der Lage war, die Entwicklungen in der luxemburgischen Frage zu beurteilen, an Bismarck, es sei »ein beispielloser Leichtsinn von seiten des Pariser Kabinetts, wenn es sich ohne unsere vorherige förmliche Zustimmung in den Besitz von Luxemburg setzen wollte. Es kann sich nicht verhehlen, daß, wenn wir hinterdrein diese Zustimmung, respektive die Verzichtleistung auf das Besatzungsrecht (welche für uns, solange der König von Holland Souverän des Großherzogtums ist, leichter sein dürfte als dem Kaiser Napoleon als seinem Rechtsnachfolger gegenüber) verweigern, ihm nur die Wahl zwischen einer schweren politischen Niederlage und dem Kriege bleibt. Letzteren muß der Kaiser zu vermeiden wünschen, da er, wie Eure Exzellenz dies aus dem Bericht des Oberstleutnant Freiherrn v. Loë ersehen werden, im laufenden Jahre höchstens nur 235000 Mann, wovon die Hälfte unvollständig ausgebildete Rekruten, aufstellen kann«[49]. Es war jedoch gerade dieses Verfahren, die Abtretung des Großherzogtums ohne Miteinbeziehung der preußischen Regierung stattfinden zu lassen, das Bismarck sowohl der französischen als auch der niederländischen Regierung empfahl.

Daß die Aufregung in Deutschland über die bevorstehende Abtretung für Bismarck als eine Überraschung kam, ist höchst unwahrscheinlich. Auf jeden Fall war ihm die ablehnende Meinung des Königs und mehrerer Generale schon längst bekannt[50]. Es gibt außerdem mehrere Hinweise, daß spätestens seit dem 30. März Bismarck eine nationale Erregung wünschte. Von Bennigsen schrieb seiner Frau, daß die Aufregung unter den Reichstagsabgeordneten groß war, und daß Bismarck »sich gerne drängen« ließ[51]. Bemerkenswert ist es auch, daß Bismarck in bezug auf Bemühungen der »preußischen Partei« in Württemberg, dort eine Aufregung wegen Luxemburg zu schüren, dem Gesandten in Stuttgart schrieb: »Die Sache ist uns nicht zuwider, aber Sie dürfen sich dort gegen niemand in diesem Sinne äußern«[52]. Die hier angeführten Tatsachen zeigen, daß Bismarck einer diplomatischen Krise nicht mehr aus dem Weg gehen wollte.

48 Auswärtige Politik Preußens (wie Anm. 21) VIII., S. 375ff.
49 Ibid., S. 477.
50 Ibid., S. 316f.; Radowitz (wie Anm. 43) I., S. 115f., 119, 134 und 136.
51 Oncken (wie Anm. 30) II., S. 34.
52 Auswärtige Politik Preußens (wie Anm. 21) VIII., S. 531.

Gegen diese Interpretation ist vielleicht einzuwenden, daß Bismarck am 31. März die französische Regierung plötzlich ersuchte, in Hinblick auf die deutsche öffentliche Meinung auf die Einverleibung des Großherzogtums einstweilen zu verzichten und diese erst später vorzunehmen[53]. Diese an die französische Regierung gerichtete Bitte war eine Reaktion auf ein Telegramm des Botschafters in Paris vom 30. März[54]. Goltz teilte in diesem Bericht mit, daß inzwischen Moustier und Benedetti den Kaiser aus innenpolitischen Gründen zu einem Krieg drängten. Die Interpellation der Nationalliberalen und die Reaktion Bismarcks, die einer Ablehnung der Einverleibung Luxemburgs gleichkommen würde, waren allerdings bereits geplant[55]. Auch im Falle eines Beschlußes der französischen Regierung, auf die Einverleibung des Großherzogtums einstweilen zu verzichten, hätte Bismarck in dieser Situation mit Sicherheit einen diplomatischen Erfolg errungen.

Aus diesen Überlegungen geht allerdings auch hervor, daß Bismarck eine Aufregung des deutschen Nationalgefühls oder eine diplomatische Krise zwar wünschte, einen Krieg allerdings vermeiden wollte, wie sich mit seinem Versuch zeigte, am 31. März doch noch eine andere Lösung der bevorstehenden Krise zu suchen[56]. Diese Vermutung wird dadurch bestätigt, daß Bismarck, wie aus einem Schreiben vom 15. Februar an Goltz hervorgeht, längere Zeit (wahrscheinlich bis zum 30. März) damit rechnete, daß es bei einem Bruch in den preußisch-französischen Beziehungen nicht sofort zu einer militärischen Auseinandersetzung kommen würde[57]. Wie im nächsten Teil zu zeigen ist, war diese Einschätzung der internationalen Lage richtig. Es ist anzunehmen, daß Bismarck angesichts der Mitteilungen und Informationen von Sachverständigen[58] zu der Überzeugung gekommen war, daß die französische Armee ungenügend gerüstet war und deswegen Napoleon III. vor einem Krieg zurückschrecken würde. In Frankreich wurde seit dem Sommer von 1866, nachdem Napoleon III. auf eine militärische Intervention in Deutschland verzichtet hatte, nicht nur in Regierungskreisen, sondern auch in der Öffentlichkeit die Notwendigkeit weitgehender Heeresreformen hervorgehoben. Zu wirklichen Reformen war es bisher als Folge des Widerstandes des Corps Législativ allerdings noch nicht gekommen[59]. Napoleon III. war denn auch kaum im Stande, wie Bismarck auch den Berichten des Militärattachés von Loë[60] entnehmen konnte, für einen Krieg gegen Preußen genügend Truppen zu mobilisieren.

Die Tatsache, daß Bismarck einer Konfrontation mit Frankreich nicht aus dem Weg gehen wollte, läßt sich vor allem mit der preußisch-deutschen Innenpolitik erklären. Bereits am 15. Februar hatte Bismarck Goltz mitgeteilt, daß »durch die Anregung des Nationalgefühls die rasche Konsolidierung unserer Verhältnisse in Deutschland und damit unsere eigene Stellung nur erleichtert und, wenn wir in den Fall kommen, uns auf dieses Nationalgefühl zu stützen, verstärkt werden kann«[61]. Es war deutlich daß er durch eine nationalpolitisch geprägte Politik die Nationalliberalen an sich zu binden versuchte (was übrigens nicht bedeutet, daß er zu diesem Zeitpunkt wirklich eine kleindeutsche Einigung her-

53 Origines diplomatiques (wie Anm. 14) XV., S. 209f. (Telegrammm Benedettits an Moustier, am 31.3.1867).

54 Auswärtige Politik Preußens (wie Anm. 21) VIII., S. 532ff.

55 Bismarck (wie Anm. 10) VI., S. 327f.

56 Vgl. Bismarck (wie Anm. 10) VII., S. 186f.

57 Auswärtige Politik Preußens (wie Anm. 21) VIII., S. 387f.

58 Der Militärattaché bei der preußischen Botschaft in Paris, von Loë, berichtete ausführlich über die Lage der französischen Armee, E. Ann Pottinger, Napoleon III. and the German Crisis 1865–1866, Cambridge/Massachusetts 1966, S. 224.

59 Michael Howard, The Franco-Prussian War. The German invasion of France, 1870–1871, London 1961, S. 29–33; William Echard (Hg.), Historical Dictionary of the French Second Empire 1852–1870, London 1985, S. 21–23.

60 Pottinger (wie Anm. 58) S. 192–201; S. 224.

61 Bismarck (wie Anm. 10) VI., S. 263 f.; Auswärtige Politik Preußens (wie Anm. 21) VIII., S. 394.

beiführen wollte). In Berlin wurde nach Ausbruch der Krise die Vermutung ausgesprochen, daß die plötzlich ablehnende Haltung nicht nur auf die von Bismarck »vorgeschützte öffentliche Meinung des übrigen Deutschlands«, sondern auch auf das Bedürfnis, »um jeden Preis zu einem schließlichen Einverständnis mit der Majorität des Reichstages über den ihm unterbreiteten Verfassungsentwurf zu gelangen«, zurückzuführen war, und daß der preußische Ministerpräsident die Unterstützung der Nationalliberalen nur bekommen würde, wenn er Frankreich gegenüber eine energische Haltung einnehmen würde[62]. Es trifft zwar nicht zu, daß, wie von mehreren Historikern vor allem in bezug auf den Kriegsausbruch von 1870[63] oder 1914 behauptet worden ist, Spannungen in der preußichen Innenpolitik, z.B. zwischen Konservativen und Liberalen, im März 1867 eine Flucht nach vorne notwenig machten. Die innenpolitische Position des preußichen Regierungschefs war Anfang 1867, gerade weil er als der Sieger von Königgrätz galt, relativ stark. Das hatte sich bereits genügend herausgestellt während der Beratungen des preußischen Landtags im Herbst 1866, als die Mehrheit der Liberalen (die spätere Nationalliberale Partei) die von der Regierung in den letzten Jahren vorgenommenen Militärausgaben, die den Anlaß für den preußischen Verfassungskonflikt (1862–1866) dargestellt hatten, mit Rückwirkung genehmigt hatte[64].

Es gab allerdings eine Vielzahl innenpolitischer Probleme. Der Verfassungsentwurf, den Bismarck Ende 1866 für den Norddeutschen Bund erstellt hatte, wies vor allem in bezug auf den Platz, den der Reichstag in den Entscheidungsprozessen des Norddeutschen Bundes einnehmen sollte, wichtige Lücken auf[65]. Ob der Norddeutsche Bund sich als ein Staatenbund oder als ein Bundesstaat entwickeln würde, war bis Ende März 1867 ungewiß. Selbstverständlich war der preußische Ministerpräsident bestrebt, seinen politischen Einfluß in Preußen-Deutschland zu behalten. Dabei blieb es allerdings bis Ende März undeutlich, ob dieser Einfluß, wie Bismarck in seinem ursprünglichen Verfassungsentwurf vorgesehen hatte, nur durch die Hegemonie Preußens in einem lockeren Staatenbund gesichert sein sollte, oder ob, wie sich schließlich mit der am 27. März vereinbarten Lex Bennigsen herausstellte[66], dieser auch in der Verfassung durch die Festlegung der Verantwortung des Bundeskanzlers gegenüber dem Reichstag – womit im politischen System nicht nur der Einfluß des Reichstages, sondern auch der Einfluß des Bundeskanzlers erheblich vergrößert wurde – bestätigt werden sollte. Während der Debatten, die zur Vereinbarung der »Lex Bennigsen« geführt haben, ist übrigens, gegen den Wunsch der Liberalen, vereinbart worden, daß zwar der Bundeskanzler dem Reichstag gegenüber verantwortlich sein sollte, daß es jedoch keine anderen Minister geben sollte. Dadurch wurde der Bundeskanzler in

62 Auswärtige Politik Preußens (wie Anm. 21) VIII., S. 616f.

63 Vgl. BECKER (wie Anm. 5).

64 Heinrich August WINKLER, Liberalismus und Antiliberalismus. Studien zur politischen Sozialgeschichte des 19. und 20. Jahrhunderts, Göttingen 1979, S. 33f; James J. SHEEHAN, German Liberalism in the nineteenth century, Chicago und London 1978, S. 123–137; Klaus-Erich POLLMANN, Der Parlamentarismus im Norddeutschen Bund 1867–1870, Düsseldorf 1985, S. 31–37; S. 513f.; Dieter LANGEWIESCHE, Liberalismus in Deutschland, Frankfurt a.M. 1988, S. 104ff.; Wolfgang J. MOMMSEN, Der autoritäre Nationalstaat. Verfassung, Gesellschaft und Kultur des deutschen Kaiserreiches, Frankfurt a.M. 1990, S. 39–65; Thomas NIPPERDEY, Deutsche Geschichte 1866–1918, 2 Bde., hier Bd. II: Machtstaat vor der Demokratie, München 1992, S. 34–39.

65 Zur Stellung des Bundeskanzlers und zum Zustandekommen der Lex Bennigsen: BECKER (wie Anm. 9) S. 388–398; Ernst Rudolf HUBER, Deutsche Verfassungsgeschichte seit 1789, 7 Bde., Stuttgart 1957–1984, III., S. 658–661; POLLMAN (wie Anm. 64) S. 231–241. Mit Recht hat Wolfgang MOMMSEN auf den ›dilatorischen Herrschaftskompromiß‹ zwischen den preußisch-konservativen Schichten und den deutsch-liberalen Schichten hingewiesen, s. MOMMSEN (wie Anm. 63) S. 39–65.

66 BECKER (wie Anm. 9) S. 388–398 ; HUBER (wie Anm. 65) S. 658–661; POLLMAN (wie Anm. 64) S. 231–241.

eine zentrale Position gestellt. Die ›Lex Bennigsen‹ ist zwar noch vor dem Ausbruch der luxemburgischen Krise zustande gekommen. Daß die Verhandlungen in diesem schwierigen Punkt so rasch zu einem Ergebnis geführt haben, hatte allerdings Bismarck nicht vorher wissen können und aus diesem Grund hat er wahrscheinlich die Möglichkeit, daß eine Krise die Verhandlungen zu dieser Frage beschleunigen würde, nicht ausgeschlossen. Auf jeden Fall stellte sich mit diesen Debatten schnell heraus, wie schwierig es war, mit dem Reichstag in innenpolitischen Fragen zu einem Kompromiß zu kommen. In dieser Beziehung war es denn auch von Bedeutung, daß nach Ausbruch der luxemburgischen Krise die Verhandlungen zu der Frage des Militärbudgets, und insbesondere zur Frage, welche Kompetenzen der Reichstag in dieser Angelegenheit ausüben sollte, noch auf der Tagesordnung standen[67]. Hier handelte es sich wieder um das Thema der preußischen Verfassungskämpfe der Jahre 1862 bis 1866. Die Militärdebatten sollten erst im April, wie noch darzulegen ist, abgeschlossen werden. In den nächsten Wochen sollten, wie ebenfalls im folgenden Teil zu zeigen ist, die deutschen innenpolitischen Verhältnisse die Entscheidungen der preußischen Regierung weitgehend mitbestimmen.

Neben den spezifischen Problemen bezüglich der Rolle und Position Bismarcks im Norddeutschen Bund und der Frage des Militärbudgets war auch aus anderen Gründen schon längst deutlich, daß das Ergebnis der Verfassungsberatungen vor allem vom Prestige des preußischen Regierungschefs abhing. Zurecht ist mehrmals festgestellt worden, daß das im April zustande gekommene politische System des Norddeutschen Bundes (und des späteren Kaiserreichs) sehr kompliziert war und vor allem funktionierte, da der Bundeskanzler über das notwendige Prestige verfügte[68]. Wie sehr das preußisch-norddeutsche Verfassungssystem einen Kompromiß bildete zwischen dem preußischen innenpolitischen System, das den konservativen Oberschichten immer ihre Stellung gewährleistet hatte, und dem noch zu errichtenden norddeutschen Staatenbund, der sich, wie die Liberalen wünschten, vielleicht in Zukunft in unitarischem und liberal-demokratischem Sinne entwickeln könnte, zeigte sich daran, daß Bismarck nicht nur mit dem im Februar eröffneten konstituierenden Reichstag die Verhandlungen führte, sondern seit Dezember 1866 auch

67 Zu Budgetrecht und Militäretat: POLLMANN (wie Anm. 64) S. 241–251; DERS., Heeresverfassung und Militärkosten im preußisch-deutschen Verfassungsstaat 1860–1868, in: Jost DÜLFFER (Hg.), Parlamentarische und öffentliche Kontrolle von Rüstung in Deutschland 1700–1970, Düsseldorf 1992 (Beiträge zur historischen Friedensforschung) S. 45–61; Michael STÜRMER, Militärkonflikt und Bismarckstaat. Zur Bedeutung der Reichsmilitärgesätze 1874–1890, in: Gerhart A. RITTER, Gesellschaft, Parlament und Regierung. Zur Geschichte des Parlamentarismus in Deutschland, Düsseldorf 1974, S. 232; Außerdem zur Militärdebatte: HUBER (wie Anm. 65) III., S. 663f.

68 Wolfgang SAUER, Das Problem des deutschen Nationalstaates, in: Helmut BÖHME (Hg.), Probleme der Reichsgründungszeit, 1848–1979, Köln, Berlin 1968, S. 448–479, hier S. 469; WEHLER (wie Anm. 2/1973) S. 60–69; STÜRMER, Regierung und Reichstag im Bismarckstaat 1871–1880. Cäsarismus oder Parlamentarismus, Düsseldorf 1974, S. 29–38; S. 322–333; Hans BOLDT, Deutscher Konservatismus und Bismarckreich, in: Michael STÜRMER (Hg.), Das kaiserliche Deutschland. Politik und Gesellschaft 1870–1918, Düsseldorf 1970, S. 119–142; Hans BOLDT, Deutscher Konstitutionalismus und Kaiserreich, in: KUNISCH (wie Anm. 8), S. 83–101, vor allem S. 110; Elisabeth FEHRENBACH, Bonapartismus und Konservatismus in Bismarcks Politik, in: Karl HAMMER, Peter Claus HARTMANN (Hg.), Der Bonapartismus. Historisches Phänomen und politischer Mythos, München 1977 (Beihefte der Francia, 6) S. 39–55, hier S. 49; Wolfgang J. MOMMSEN, Das Ringen um den nationalen Staat. Die Gründung und der innere Ausbau des Deutschen Reiches unter Otto von Bismarck. 1850 bis 1890, Berlin 1993, S. 188f. und S. 333–353, vor allem S. 346f.; Hans-Ulrich WEHLER, Deutsche Gesellschaftsgeschichte, Bd. III: Von der Deutschen Doppelrevolution bis zum Beginn des Ersten Weltkrieges, 1849–1914, München 1995, S. 313f.; S. 361; S. 386; Vgl. S. 368–376; Vgl. Otto PFLANZE, Bismarck and the development of Germany, III: The Period of Fortification 1880–1892, Princeton 1990, S. 436–441.

mit den Regierungen der Staaten, die dem Norddeutschen Bund beitreten sollten. Das Ziel dieser Verhandlungen war es, zwischen allen Regierungen der norddeutschen Staaten einen Vertrag abzuschließen, der bestimmte, daß, wenn es zwischen Bismarck und dem Reichstag nicht zu einem Ergebnis kommen würde, die Regierungen den Verfassungsentwurf durch Oktroyierung in den eigenen Staaten in Kraft setzen sollten[69]. Erst am 31. März ist zwischen Preußen, Sachsen, Weimar und Hessen ein Vertrag abgeschlossen worden. Diesem Vertrag sollten im nächsten Monat noch andere norddeutsche Regierungen beitreten. Für unsere Überlegungen ist von Bedeutung, daß die Verhandlungen Bismarcks mit den norddeutschen Regierungen zeigen, daß der preußische Ministerpräsident erwogen hat, die Regierungen der Einzelstaaten und den Reichstag gegeneinander auszuspielen. Auch hier zeigt sich wieder, welche zentrale Rolle Bismarck in den Verhandlungen spielte, und daß sein persönliches Prestige von größter Bedeutung für ein Gelingen der Verfassungsberatungen war. Es war deutlich, daß eine sicher überwundene Krise dieses Prestige weiter verstärken würde[70]. Es ist daher nicht erstaunlich, wenn Bismarck spätestens in der zweiten Märzhälfte darauf verzichtet hat, die bevorstehende Krise mit Frankreich zu verhindern, und sogar das Risiko eines Krieges hingenommen hat.

Neben den innenpolitischen Problemen mußte Bismarck sich jedoch auch mit den Beziehungen zu den süddeutschen Staaten beschäftigen. Bismarck versuchte, diese Staaten in militärischer und wirtschaftlicher Hinsicht abhängiger vom Norddeutschen Bund zu machen. Auf jeden Fall war er bestrebt, den bisherigen Zollverein, der fast alle nord- und süddeutschen Staaten umfasste, mit einem Zollparlament zu versehen. Die bayerische Regierung begrüßte zwar eine festere Zusammenarbeit zwischen Nord- und Süddeutschland, lehnte jedoch die Bildung eines gemeinsamen Zollparlaments ab. Sie zog die Bildung einer lockeren Föderation zwischen den süddeutschen Staaten und dem Norddeutschen Bund vor. Die bayerische Regierung beabsichtigte, zunächst die süddeutschen Staaten zu einem gemeinsamen Standpunkt zu veranlassen, und erst nachher mit Preußen über einen weiteren Bund zu verhandeln. Am 21. März teilte der bayerische Regierungschef Hohenlohe Bismarck seine Ansichten zu einer weiteren Gestaltung der Beziehungen zwischen Nord- und Süddeutschland mit[71]. Obwohl die Problematik der süddeutschen Frage zu diesem Zeitpunkt weniger im Vordergrund stand, und außerdem angesichts der propreußischen Haltung der Regierung des Großherzogtums Baden es für Hohenlohe äußerst schwierig war, seine Pläne durchzusetzen, ist es wahrscheinlich, daß Bismarck auch in Hinblick auf die weitere Gestaltung der Beziehungen zu Süddeutschland einige nationale Aufregung wünschte.

Eine letzte Bemerkung betrifft das Verhältnis des preußischen Regierungschefs zu den Nationalliberalen. Diese Gruppierung wünschte die kleindeutsche Einigung. Bismarck dagegen war angesichts der völlig anders gearteten Verfassungsstrukturen der konstitutionellen süddeutschen Staaten[72] zunächst bestrebt, den Norddeutschen Bund innenpolitisch zu konsolidieren[73]. Mehrere Abegeordnete hatten zunächst, während der Beratungen des konstituierenden Reichstags im Februar und März, sehr deutlich ihre Enttäuschung über die Beschränkung des Bundes auf Norddeutschland und über den Ausschluß der süddeutschen Staaten gezeigt. In der zweiten Märzhälfte war es allerdings zu einer Annäherung

69 Zu diesen Verhandlungen: BECKER (wie Anm. 9) S. 382–387; Vgl. POLLMANN (wie Anm. 64) S. 173.
70 Vgl. POLLMANN (wie Anm. 64) S. 256.
71 Auswärtige Politik Preußens (wie Anm. 21) VIII., S. 225–228.
72 Zu den innenpolitischen Entwicklungen der süddeutschen Staaten in den Jahren 1866–1870: Wolf D. GRUNER, Bismarck, die süddeutschen Staaten, das Ende des Deutschen Bundes und die Gründung des preußisch-kleindeutschen Reiches 1862–1871, in: DERS., Deutschland Mitte in Europa, Hamburg 1992, S. 294–286.
73 Vgl. Lothar GALL, Bismarcks Süddeutschlandpolitik 1866–1870, in: KOLB (wie Anm. 11/1987) S. 23–32.

zwischen Bismarck und den Nationalliberalen gekommen, nachdem Bismarck im Reichstag am 11. und am 18. März die bisher geheimgehaltenen Schutz- und Trutzbündnisse bekannt gegeben hatte. Diese Zusammenarbeit wurde am 30. März noch weiter verstärkt, als mehrere Reichstagsmitglieder sich mit Bismarck auf die bevorstehende Interpellation in der luxemburgischen Frage einigten. Bismarck versuchte in seiner Antwort auf die Interpellation Bennigsens die Nationalliberalen noch mehr an sich zu binden, indem er hervorhob, daß er es als seine Aufgabe betrachtete, alle deutschen Interessen zu verteidigen. Obwohl diese Aussage sich in erster Linie auf das als deutsch geltende Großherzogtum Luxemburg bezog, war es deutlich daß sie auch für die Interessen der süddeutschen Staaten zutraf. Es war nicht erstaunlich, daß die Nationalliberalen begeistert auf die Antwort Bismarcks reagierten. Diese Gruppierung sollte sich in den nächsten Wochen, während der Krise, in ihrer Kritik an Bismarcks Politik in der deutschen Frage auch sehr zurückhalten.

III

Nachdem Bismarck und der Norddeutsche Reichstag sich am 1. April 1867 plötzlich gegen die Einverleibung Luxemburgs durch Frankreich ausgesprochen hatten, mußte mit einem Krieg gerechnet werden. Trotzdem ist fraglich, ob die Kriegsbegeisterung auf beiden Seiten wirklich groß war. In Frankreich war die öffentliche Meinung seit Königgrätz zwar erbittert über die preußischen Erfolge, die Bevölkerung zeigte allerdings überraschend wenig Bereitschaft, wirklich in den Krieg zu ziehen. Außerdem war die französische Armee schlecht vorbereitet, und wurde deswegen auch nicht mobilisiert[74]. Moustier, Benedetti und mehrere Generale zeigten sich sehr enttäuscht und erregt. Trotzdem gab der Außenminister bereits am 8. April im Corps Législatif eine Erklärung ab, aus der der Wille sprach, den Frieden zu erhalten. Goltz sprach von einer Periode der Beruhigung und des Stillstandes[75]. Vor allem die regierungsnahe Presse zeigte sich, wahrscheinlich auf Anordnung des Kaisers, sehr beherrscht und gemäßigt[76].

Auch in Berlin war die Kriegsstimmung geringer, als Bismarck im Ausland mitteilen ließ[77]. Groß war aber die Aufregung über die Tatsache, daß Frankreich es auf das Großherzogtum abgesehen hatte. Diese bezog sich allerdings kaum auf das Schicksal der 200000 Luxemburger. Für oppositionelle Gruppierungen bildete die luxemburgische Frage den Ansatzpunkt zu einer heftigen Kritik an Bismarck, den man als mitverantwortlich betrachtete. Die Rheinlandkatholiken verdächtigten Bismarck, mit Absicht die luxemburgischen Katholiken an Frankreich zu opfern. In Süddeutschland sahen die großdeutsch-partikularistisch Orientierten die bevorstehende Abtretung des Großherzogtums als einen Beweis, daß es dem norddeutschen Bundeskanzler lediglich um die Verteidigung preußischer Machtinteressen ging. Für Gerlach und die preußischen Altkonservativen war die Angelegenheit ein neuer Beweis, daß Bismarcks Politik im Grunde genommen skrupellos und gewissenlos sei. Radikale und Demokraten lehnten die bevorstehende Abtretung als eine verwerfliche Abmachung der zwei ›Caesaren‹ Napoleon III. und Bismarck ab. Die Erregung im Lager der Bismarckgegner diente eher der Kritik an der preußischen Politik, als der Hervorrufung eines Krieges[78]. Die wirkliche Kriegsbegeisterung hielt sich denn auch in Grenzen. Die süddeutschen Regierungen mußten Bismarck mitteilen, daß die Bevölkerung ihrer Staaten nicht bereit war, wegen Luxemburg die Waffen zu ergreifen. Zwei Versuche

74 Zur Kriegsbegeisterung an französischer Seite: CASE (wie Anm. 24), S. 215–240; insbes. S. 232f.
75 Origines diplomatiques (wie Anm. 14) S. 324; ONCKEN (wie Anm. 12) S. 301–303.
76 RADEWAHN (wie Anm. 24) S. 197f.
77 Wimpffen an Beust, am 3.4.1867, Haus-, Hof- und Staatsarchiv, Wien, PA III, 95.
78 Zur nationalen Aufregung an deutscher Seite vor allem: Josef BECKER, Zur Resonanz der Luxemburger Krise in der deutschen Öffentlichkeit, in: POIDEVIN, TRAUSCH (wie Anm. 13) S. 147–162.

des Nationalvereins, in Württemberg wegen der luxemburgischen Frage und der damit verbundenen deutschnationalen Ehre zu öffentlichen Protesten aufzurufen, scheiterten am mangelnden Interesse bei der Bevölkerung[79]. Der sächsische Ministerpräsident Friesen sollte während der Krise erklären, nachdem er in Berlin mit Bismarck über die sächsische Aufstellung in der luxemburgischen Frage verhandelt hatte, daß die Besorgnisse vor der Kriegsgefahr in Berlin nicht so lebhaft seien, wie die Zeitungen sie darstellten[80].

Seit dem 30. März verkündete Bismarck seine Ansicht, daß Luxemburg genauso wie Belgien unter der Garantie der Vertragsmächte von 1839 stehe. Dem österreichischen Gesandten Wimpffen gegenüber vertrat er die Ansicht, daß die luxemburgische Frage »vor dem Areopag sämtlicher Theilnehmer an den Verträgen von 1839« gebracht werden sollte, und daß die Berufung eines Kongresses vielleicht einen Ausweg aus der Krise bieten würde[81]. In London ließ er außerdem mitteilen, daß mit Luxemburg auch Belgien in Gefahr sei, und daß deswegen die Vertragsmächte von 1839 sich mit der luxemburgischen Frage beschäftigen sollten. Die englische Reaktion war enttäuschend für Bismarck: Stanley teilte mit, daß die öffentliche Meinung sich für Belgien vielleicht mobilisieren ließe, für Luxemburg allerdings nicht[82]. In Wirklichkeit war Außenminister Stanley nicht so unbekümmert, wie er sich in Gesprächen mit dem preußischen Gesandten zeigte, und beauftragte Cowley, den englischen Gesandten in Paris, von Napoleon III. die Versicherung, daß Frankreich es nicht auf Belgien abgesehen habe, zu bekommen[83].

Napoleon III. zeigte sich in einem Gespräch mit Cowley, das am 7. April stattfand, entgegenkommend. Cowley meinte daraufhin daß die Krise durch eine Konferenz der Großmächte behoben werden könnte. Die Lösung der luxemburgischen Frage sei die Neutralisierung des Großherzogtums. In diesem Fall sei für die Erhaltung des Friedens die Ausschließung jeder fremden Garnison und die Entwaffnung der Festung notwendig[84]. Stanley, der inzwischen zu dem Schluß gekommen war, daß Frankreich die luxemburgische Festung bei eventuellen Plänen zur Annexion Belgiens gut benutzen könnte, zeigte sich über diesen Vorschlag zufrieden. Allerdings war er sehr besorgt, von dem englischen Prinzip der Nichteinmischung in kontinentale Angelegenheiten abzuweichen und nicht bereit, die Verantwortung für die Einberufung der Konferenz auf sich zu nehmen[85].

Es war nun auffallend daß Bismarck auf die Neutralitätslösung, die schließlich im Mai beschlossen werden sollte, nicht sofort eingehen wollte[86]. Sehr empfindlich zeigte er sich über die Zumutung, daß Preußen auf das Garnisonsrecht verzichten sollte. Es war unübersehbar, daß er wenig Interesse an den englischen Vermittlungsversuchen zeigte. Bismarck verhielt sich am 13. April bei einem Gespräch mit dem englischen Botschafter Loftus wenig entgegenkommend. Eine Konferenz über die luxemburgische Frage habe er, so teilte er mit, nicht gewünscht. Es handele sich auch gar nicht um eine luxemburgische Frage, sondern um die Tatsache, daß in Frankreich die öffentliche Meinung andauernd auf einen Krieg dränge. Der Friede sei nicht durch eine Regelung über Luxemburg zu lösen, sondern

79 Ibid.; vor allem in Württemberg war die Kriegsbegeisterung gering: Dieter LANGEWIESCHE, Liberalismus und Demokratie in Württemberg zwischen Revolution und Reichsgründung, Düsseldorf 1974, S. 394.

80 Werner an Beust, am 13.4.1867, Haus-, Hof- und Staatsarchiv, Wien, PA V, Nr. 35.

81 Wimpffen an Beust, am 31.3.1867 und am 3.4.1867, Haus-, Hof- und Staatsarchiv, Wien, PA III, Nr. 95.

82 Auswärtige Politik Preußens (wie Anm. 21) VIII., S. 574.

83 M.R.D. FOOT, Great Britain and Luxemburg, in: English Historical Review 67 (1952) S. 352–379, hier S. 362.

84 ONCKEN (wie Anm. 12) II., S. 301f.

85 MILLMAN (wie Anm. 18) S. 70f.

86 Auswärtige Politik Preußens (wie Anm. 21) VIII., S. 637; ONCKEN (wie Anm. 12) II., S. 302.

lediglich durch eine europäische Koalition, die sich im Kriegsfall gegen Frankreich wenden würde. Bismarck war bestrebt, England und Frankreich zu entzweien. Er wies darauf hin, daß Belgien genauso wie Luxemburg in Gefahr sei. Loftus gab die Meinung des Ministerpräsidenten genau wieder: »If the position of Luxembourg has no interest for you to defend it, neither has Belgium the smallest interest for us; it would not concern us if France were to annex the southern provinces of Belgium giving to Holland the Flemish Provinces«. Wenn England in bezug auf Luxemburg keine festeren Verpflichtungen eingehen würde und trotzdem von Preußen den Verzicht auf das Garnisonsrecht verlangen würde, so würde er sich vielleicht gezwungen fühlen, Belgien an Frankreich zu überlassen, und damit auf diese Weise die französische Kriegsstimmung zu besänftigen[87].

Wie stark Bismarck daran interessiert war, England und Frankreich durch die belgische Frage zu entzweien, zeigte sich auch daran, wie er auf einen Vermittlungsvorschlag der österreichischen Regierung reagierte. Am 8. April schlug der österreichische Regierungschef Beust zwei Kompromißlösungen vor:

1. Luxemburg sollte mit Holland in Personalunion verbunden bleiben und Preußen würde die Festung räumen; und
2. Luxemburg sollte von Belgien einverleibt werden. In diesem Fall sollte allerdings Belgien die Grenzgebiete, die von Frankreich 1815 an Belgien abgetreten waren, wieder an Frankreich zurückgeben.

Beide Vorschläge sahen übrigens die Schleifung der Festung Luxemburgs vor[88]. Wahrscheinlich sind die beiden Lösungen bereits in Paris in Gesprächen zwischen Diplomaten entwickelt und von Beust, der am 8. April ein Gespräch mit dem französischen Botschafter Gramont hatte und Frankreich gerne einen Gefallen tun wollte, übernommen worden[89]. Ich habe schon darauf hingewiesen, daß Beust im Zusammenhang mit der österreichischen Niederlage vom Sommer 1866 eher für Paris als für Berlin Sympathien hatte. Der zweite Vorschlag diente dazu, der französischen Regierung durch die Grenzkorrektur doch noch entgegenzukommen.

Bismarck reagierte auf den österreichischen Vermittlungsversuch, der am 12. April in einer langen Unterredung zwischen dem norddeutschen Bundeskanzler und dem österreichischen Botschafter Wimpffen in Berlin erörtert wurden[90], begeistert. Wie aus dem Bericht des Gesandten hervorgeht, wurde der erste Vorschlag kaum erwogen. Um so mehr zeigte der Bundeskanzler sich an dem zweiten Vorschlag interessiert. Eine Einverleibung Luxemburgs durch Belgien würde das strategische Gebiet des Großherzogtums dem Schutz der von allen Großmächten und vor allem von England garantierten belgischen Neutralität unterstellen. Hiermit wäre, so teilte Bismarck dem österreichischen Gesandten am 12. April mit, eine Lösung gefunden, die auf jeden Fall den deutschen Sicherheitsinteressen genügend Rechnung trug[91]. Außerdem teilte Bismarck die Meinung des österreichischen Botschafters, daß durch die Abtretung belgischer Grenzgebiete an Frankreich diesem Staat »eine goldene Brücke« gebaut wurde[92].

Es ist allerdings höchst zweifelhaft, ob Bismarck aufrichtig gewesen ist, als er diesem österreichischen Vorschlag zustimmte. Die Vermutung, daß Bismarck die Verhandlungen in der luxemburgischen Frage noch hinziehen wollte, wird dadurch bestätigt, daß am nächsten Tag, am 13. April, das bereits erwähnte Gespräch mit dem englischen Botschafter stattfand. In diesem Gespräch vertrat Bismarck die Meinung, daß eine Lösung der Krise

87 Auswärtige Politik Preußens (wie Anm. 21), VIII., S. 649ff.
88 ONCKEN (wie Anm. 12) II., S. 301.
89 E. BEYENS, Le Second Empire vu par un diplomat belge, 2 Bde., Paris 1926, II., S. 226f.
90 Auswärtige Politik Preußens (wie Anm. 21) VIII., S. 643f.
91 Vgl. Auswärtige Politik Preußens (wie Anm. 21) VIII., S. 644; S. 697f.
92 Auswärtige Politik Preußens (wie Anm. 21) VIII., S. 667.

nicht in Sicht sei, und daß Napoleon III. aus innenpolitischen Gründen gezwungen sei, einen Krieg herbeizuführen. Statt die österreichischen Vermittlungsvorschläge zu erwähnen, wies Bismarck Loftus darauf hin, daß Frankreich es auf Belgien abgesehen habe. Daß Bismarck den österreichsischen Vorschlag, der die Einverleibung belgischer Gebietsteile in Frankreich beinhaltete, befürwortete, zeigt, daß er noch immer bemüht war, Frankreich zu Annexionsversuchen in belgischer Richtung zu ermuntern – wahrscheinlich mit dem Ziel, London und Paris zu entzweien.

Zunächst begrüßte Napoleon III. den Vorschlag, der den Austausch des Großherzogtums mit belgischen Grenzgebieten vorsah[93]. Auch der Außenminister Moustier reagierte erfreut, zumal er in dieser Lösung große Vorteile erblickte: »Nous pourrions par exemple nous faire céder Philippeville et le Duché de Bouillon, idée que nous suggère M. le Baron de Beust, et obtenir une union douanière entre la France et la Belgique. Mais il semble qu'il saurait peut-être quelque utilité à ne pas raser la forteresse, et à la confier aux Belges comme protection de leur neutralité vis-à-vis de l'Allemagne«[94]. Luxemburg bekam wieder die Rolle, die Rouher dem Großherzogtum im September 1866 so deutlich zugedacht hatte: die luxemburgische Frage diente einer französischen Einflußnahme in Belgien. Die englische Regierung lehnte eine Rektifikation der belgisch-französischen Grenze entschieden ab. Der englische Botschafter in Paris betrachtete die zweite österreichische Kompromißlösung als unrealistisch, und er konnte Stanley, der über diesen Vorschlag zunächst sehr günstig gestimmt war, davon überzeugen, daß eine Einverleibung belgischer Grenzgebiete durch Frankreich die Annexionsgelüste Napoleons III. auf Belgien weiter vergrößern würde[95]. Auch die französische Regierung ist, wahrscheinlich unter Einfluß des englischen Gesandten, sehr schnell zu der Einsicht gekommen, daß England und Belgien den Vorschlag einer Rektifikation der belgischen Grenze nie akzeptieren würden. Für Napoleon III., der vor einem Krieg mit Preußen zurückschrack, war es inzwischen wichtig geworden, gerade im Einvernehmen mit England eine Lösung zu finden und dadurch auf ehrenvolle Weise aus der Krise herauszukommen[96].

In Wien, Paris, London und St. Petersburg ging man davon aus, daß Bismarck die Lösung, die Belgien in einen Gebietsaustausch einbezog, als die beste und einzige betrachtete. Gerade diese Tatsache führte zu einer weiteren Entzweiung zwischen Frankreich und England einerseits, und Preußen andererseits. Die englische Regierung betrachtete inzwischen nicht Napoleon III. sondern Bismarck als den Störenfried. Königin Victoria, die übrigens eher deutsch- als französischfreundlich gesinnt war, machte sich um Belgien ernsthaft Sorge und drängte ihren indolenten Außenminister, nun endlich etwas zu unternehmen. Zwischen Großbritannien und Frankreich bahnte sich allmählich eine Zusammenarbeit an. Durch den englischen Botschafter Cowley gedrängt, ließ Napoleon III. am 19. April in Berlin mitteilen, daß er gegen preußische Verzichtleistung auf das Garnisonsrecht bereit sei, über den ersten österreichischen Vermittlungsvorschlag zu verhandeln. Am gleichen Tag drängte auch die englische Regierung die preußische Regierung, auf das französische Angebot einzugehen[97].

Es ist hier zu untersuchen, ob Bismarck nun wirklich lediglich mit dem Ziel, England und Frankreich zu entzweien, versucht hat, die Krise zu verlängern. Bismarck konnte die Krise sehr gut für seine innenpolitischen Probleme ausnutzen. Gerade in diesen Tagen fanden die langwierigen Verhandlungen im Reichstag über die Militärgesetzgebung (vor allem

93 Oncken (wie Anm. 12) II., S. 334.
94 Origines diplomatiques (wie Anm. 14) XV., S. 369.
95 Foot (wie Anm. 83) S. 367.
96 Oncken (wie Anm. 12) II., S. 318, S. 335.
97 Auswärtige Politik Preußens (wie Anm. 21) VIII., S. 705–707; Oncken (wie Anm. 12) II., S. 340–343; Millman (wie Anm. 19) S. 75–78.

über die Präsenzzeit und das Militärbudget) statt[98]. Diese Verhandlungen sollten erst am 16. April zu einem Ergebnis führen. Wimpffen, der österreichische Gesandte in Berlin, berichtete seiner Regierung am 8. April über den Zusammenhang zwischen der äußeren Kriegsgefahr und den innenpolitischen Schwierigkeiten sehr ausführlich[99]. Der Kriegsminister von Roon hatte, wie Wimpffen mitteilte, während der Verhandlungen erklärt, daß er »ein fixes Militärbudget für alle Zeiten« entschieden vorziehe und daß er wohl daran gedacht hatte, »daß der preußischen Regierung nicht immer solche Trümpfe, wie die süddeutschen Verträge und die luxemburgische Frage zu Gebote stehen durften«[100].

Am 10. April hatte Bismarck eine längere Besprechung mit von Bennigsen, von Unruh und von Forckenbeck, die den vom Kriegsminister von Roon ausgearbeiteten Entwurf amendieren wollten. Diese drei Reichstagsabgeordneten gehörten zur Nationalliberalen Fraktion, und vor allem die beiden letzten gehörten zu einer mehr fortschrittlichen Strömung, die sich wenig geneigt zeigte, dem von Bismarck dem Reichstag vorgelegten Verfassungsentwurf zuzustimmen. Erst nach drei Stunden konnten der Bundeskanzler und die drei Mitglieder sich auf eine endgültige Fassung einigen. Bei diesen Gesprächen mußte Bismarck sich plötzlich zum Beschützer der deutschen Nation aufwerfen. Nach dem Gespräch war von Bennigsen überzeugt, daß Bismarck nie Befürworter einer Abtretung Luxemburgs an Frankreich gewesen war und die Verhandlungen mit Frankreich lediglich mit dem Ziel geführt habe, Napoleon III. hinters Licht zu führen. Die drei, die in der nationalliberalen Fraktion viel Ansehen genossen, waren jetzt von der nationalen Gesinnung des Bundeskanzlers überzeugt und ihre Mitarbeit war für Bismarck von größter Bedeutung[101].

Die Beratungen des konstituierenden Reichstages wurden erst am 17. April abgeschlossen. Bismarck einigte sich schließlich mit der Opposition der Nationalliberalen auf einen Kompromiß. Die Verhandlungen über die Friedenspräsenzstärke und das Militärbudget hatten am 16. April zu einem Ergebnis geführt, das für den König annehmbar war; allerdings war dabei auch vereinbart worden, daß nach 1871 neue Verhandlungen über die Militärgesetzgebung geführt werden sollten. Bis zu diesem Zeitpunkt sollte der Reichstag nur über sehr beschränkte Befugnisse in Militärfragen verfügen[102].

Daß die Krise für Bismarck vor allem eine innenpolitische Funktion hatte, und die Kriegsgefahr in Wirklichkeit nicht so groß war, zeigte sich daran, daß er nach Abschluß der Verfassungsberatungen am nächsten Tag (18. April) das unternahm, was man von einem Regierungschef eines Landes, das sich nach Meinung der meisten Beteiligten fast im Kriegszustand befand, wohl nicht erwarten würde: er verließ Berlin und blieb bis zum 24. April in Varzin in Hinterpommern. Am 18. April schrieb er allerdings noch seinem Botschafter in St. Petersburg, Reuss, daß er weder eine Neutralisierung des Großherzogtums noch eine Eingliederung des Großherzogtums in Belgien ablehne und in beiden Fällen auch bereit sei, auf das preußische Garnisonsrecht zu verzichten; daß allerdings nicht vorauszusehen sei, wie die öffentliche Meinung in Deutschland dies aufnehmen würde, und er sich deswegen noch nicht zu diesem Schritt entscheiden könne[103]. Es war zum ersten Mal, daß er sich ausführlich zu einer Lösung der Krise äußerte, und es war auch zum ersten Mal, daß er die Neutralisierung des Großherzogtums als eine der Lösungen der Krise in Betracht ziehen wollte.

98 Huber (wie Anm. 65), III., S. 663f.; Stürmer (wie Anm. 67) S. 232; Ders. (wie Anm. 68/1974) S. 65–72.

99 Wimpffen an Beust, am 8.4.1867, Haus-, Hof- und Staatsarchiv, Wien, PA III, 95.

100 Ibid.

101 Bismarck (wie Anm. 10) VII., S. 191f.

102 Stürmer (wie Anm. 67) S. 231–234; Huber (wie Anm. 67) III., S. 663f.

103 Auswärtige Politik Preußens (wie Anm. 21) VIII., S. 696–699.

Was Bismarcks Inititiative betraf, sind zwei Punkte bemerkenswert. Erstens berücksichtigte er noch immer die öffentliche Meinung, und zweitens war es nicht die englische oder die österreichische, sondern die russische Regierung, an die er sich wandte und die damit die Rolle eines Vermittlers auf sich nehmen konnte.

Daß Bismarck der öffentlichen Meinung noch die Gelegenheit geben wollte, sich im Meinungsstreit zu erschöpfen, läßt sich u.a. dadurch erklären, daß er es sich nicht leisten konnte, sofort nach Abschluß der Reichstagsverhandlungen in der luxemburgischen Frage nachzugeben. Es war allerdings vor allem die öffentliche Meinung in Süddeutschland, die er berücksichtigen mußte: ein deutlicher Zusammenhang zwischen seiner Politik in der luxemburgischen Frage und den Problemen der preußisch-norddeutschen Innenpolitik hätte vor allem die großdeutsch orientierten Gruppierungen in Süddeutschland in ihrer Befürchtung bestärkt, daß der preußische Regierungschef lediglich preußische Machtpolitik betreibe und sich um die Interessen der deutschen Nation nicht kümmern wolle. Dieser Eindruck hätte in den süddeutschen Staaten die Position der Gegner der preußischen Politik zweifelsohne verstärkt.

Was die süddeutsche Frage anbetraf, hatte Bismarck bereits kurz nach Ausbruch der Krise, am 3. April, seinem Gesandten in München telegraphiert: »Jedenfalls sollten wir beide den günstigen Einfluß des Inzidenzfalls auf Konsolidierung der nationalen Sache nach Kräften ausbeuten«[104]. Die Kriegsstimmung wußte er so zu instrumentalisieren, daß die süddeutschen Staaten in militärischer Hinsicht von Preußen abhängiger wurden. Während der Krise stellte sich heraus, daß die süddeutschen Staaten schlecht auf einen Krieg vorbereitet waren. Aufgrund dieser Tatsache mußten in Stuttgart zwei antipreußische Regierungsmitglieder zurücktreten. Das württembergische Wehrsystem wurde sofort an das preußische System angeglichen. Eine Folge dieser Entwicklungen war, daß es immer schwieriger wurde, die Pläne, die es bisher unter den süddeutschen Regierungen zur Bildung eines internationalen unabhängigen Südbundes gegeben hatte (wie beim Frieden von Prag vom 23. August 1866 ausdrücklich als Möglichkeit erwähnt), zu realisieren[105].

Die Miteinbeziehung der süddeutschen Staaten in die luxemburgische Krise hatte allerdings wiederum zur Folge, daß auch Österreich während der Krise eine wichtige Rolle spielte. Am 31. März hatte der bayerische Regierungschef bereits hervorgehoben, wie wichtig es sei, auch Österreich in ein Bündnis zwischen Nord- und Süddeutschland einzubeziehen[106]. Es ist bemerkenswert, daß Bismarck während der Krise alles darauf setzte, eine Allianz mit Wien herbeizuführen[107]. Der bayerische Diplomat Tauffkirchen besuchte im Auftrag seiner Regierung am 13. April Berlin und vom 16. April bis zum 21. April Wien mit der Absicht, über die Möglichkeiten einer preußisch-österreichischen Zusammenarbeit zu sondieren. Bismarcks Bemühungen dienten nicht nur dem Zweck, zu verhindern, daß Österreich aus Rachegefühl in bezug auf die Niederlage von Königgrätz Frankreich unterstützen würde, sondern auch dem Ziel, durch eine Parteinahme der Donaumonarchie auch die großdeutsch orientierten Gruppierungen in Süddeutschland zu einer Unterstützung der preußischen Politik zu veranlassen. Aus diesem Grund wurde der österreichischen

104 Denkwürdigkeiten des Fürsten Chlodwig zu Hohenlohe-Schillingfürst, 2 Bde., Stuttgart und Leipzig 1907, I., S. 224.

105 Wolf D. Gruner, Bayern, Preußen und die süddeutschen Staaten 1866–1870, in: Zeitschrift für bayerische Landesgeschichte 37 (1974) S. 799–818, vor allem S. 806–821; Rolf Wilhelm, Das Verhältnis der süddeutschen Staaten zum Norddeutschen Bund, Husum 1978, S. 46f.; Hartwig Brandt, Parlamentarismus in Württemberg 1819–1870. Anatomie eines deutschen Landtags, Düsseldorf 1987, S. 752.

106 Denkwürdigkeiten des Fürsten Chlodwig zu Hohenlohe-Schillingfürst (wie Anm. 104) I., S. 220.

107 Auswärtige Politik Preußens (wie Anm. 21) VIII., S. 559, S. 599f., S. 643–647, S. 858–662, S. 667–670; S. 680–690; S. 700–705; S. 723–726; Zu diesen Verhandlungen vor allem: Potthoff (wie Anm. 36) S. 95–141; Lutz (wie Anm. 36) S. 62–73.

Regierung wiederholt der »Wiedereintritt in Deutschland« angeboten, wobei höchst undeutlich war, was dieser Wiedereintritt beinhalten sollte.

Auf die Verhandlungen zwischen Preußen und Österreich werde ich hier nicht ausführlich eingehen können. Bismarck gab sich der Hoffnung hin, durch das Angebot einer Garantie der österreichischen Interessen in Südosteuropa Wien zu einem Bündnis umstimmen zu können. Da er sich jedoch nicht mit Rußland verfeinden[108], sondern diesen Staat in eine gegen Frankreich gerichtete Koalition miteinbeziehen wollte, schlug Bismarck ein kompliziertes Bündnissystem vor, das ihm zwar die Unterstützung von Österreich und Rußland in der luxemburgischen Frage garantieren sollte, allerdings wegen der entgegengesetzten Interessen von Wien und St. Petersburg in Südosteuropa kaum zu verwirklichen war. Die preußisch-österreichisch-russische Allianz, die Bismarck vorschwebte, erinnert an das komplizierte Bündnissystem, das Bismarck nach 1879 zwischen Berlin, Wien und St. Petersburg zustande bringen sollte. Es ist allerdings unwahrscheinlich, daß Bismarck sich Illusionen gemacht hat, dieses widersprüchliche ›System der Aushilfen‹[109] innerhalb von einem Monat durchführen zu können. Wahrscheinlich hat es sich in seinen Verhandlungen mit der russischen und der österreichischen Regierung nur um eine Taktik gehandelt, die eine Annäherung einer der beiden Staaten zu Frankreich verhindern sollte.

Es muß noch gezeigt werden, aus welchem Grund Bismarck am 18. April der russischen, und nicht der englischen oder der österreichischen Regierung, seine Ansichten zur luxemburgischen Frage mitteilte. Daß der preußische Regierungschef die englische Regierung nicht als Vermittler heranziehen wollte, läßt sich dadurch erklären, daß er über die geringe Neigung der englischen Regierung, wegen Belgien gegen Frankreich vorzugehen, enttäuscht war. Was die Verhandlungen zwischen Wien und Berlin anbetraf, hatte sich immer mehr herausgestellt, daß, während Bismarck versuchte, der Donaumanarchie als deutschem Staat ein Bündnis aufzudrängen, Beust vor allem bestrebt war, zwischen Paris und Berlin zu vermitteln. Die österreichische Regierung gab sich der Hoffnung hin, durch eine erfolgreiche Vermittlung das Ansehen der Donaumonarchie in Deutschland wieder zu vergrößern[110]. Gerade aus diesem Grund mußte Bismarck verhindern, daß Wien als Vermittler tätig würde. Dabei ist schließlich noch zu bemerken, daß die preußischen Beziehungen zu Rußland zwar nicht ungetrübt, allerdings verglichen mit den Beziehungen zu den anderen Großmächten relativ gut waren. Bismarck betrachtete Rußland, nicht nur wegen der gemeinsamen Interessen in der polnischen Frage, sondern auch wegen der Tatsache, daß die russische Regierung vor allem bestrebt war, den Einfluß in Südosteuropa zu vergrößern und deswegen an der deutschen Frage relativ wenig Interesse zeigte, als eine befreundete Macht[111].

Nach dem 19. April stellte sich allmählich heraus, daß weder Österreich noch Rußland auf Bismarcks Bündnisvorschläge eingehen wollten. Beide Staaten blieben weiterhin an der Fortsetzung guter Beziehungen zu Frankreich interessiert. Inzwischen waren die Regierungen in London, Wien und St. Petersburg seiner Rücksicht auf die öffentliche Meinung in Deutschland überdrüssig. Sehr deutlich sprach sich Gortschakow aus, als er in Berlin mitteilen ließ, »man verstände in Rußland sehr wohl, was das Nationalgefühl sei, und wisse dies sehr wohl zu respektieren. Ein Staatsmann indessen, in welchen die Nation Vertrauen setzte, müsse auch manchmal seine eigenen erleuchteten Ansichten über das Natio-

108 Zu den Verhandlungen mit Rußland: Auswärtige Politik Preußens (wie Anm. 21) VIII., S. 555f., S. 598f., S. 611, S. 627–629, S. 634f., S. 648f., S. 661; S. 670f., S. 690–692; S. 694–699; Beyrau (wie Anm. 20) vor allem S. 72–75.

109 Gall (wie Anm. 4) S. 87.

110 Auswärtige Politik Preußens (wie Anm. 21) VIII., S. 669; Potthoff (wie Anm. 36) S. 115.

111 Bismarck (wie Anm. 10) VI., S. 268f; Vgl. Eberhard Kolb, Rußland und die Gründung des Norddeutschen Bundes, in: Richard Dietrich, Europa und der Norddeutsche Bund, Berlin 1968, S. 183–219, hier S. 210; Beyrau (wie Anm. 20) S. 62.

nalgefühl setzen, welches leicht beweglich (sei), doch auch zuweilen sich täuschen könnte.«[112] Beust hatte inzwischen dem preußischen Gesandten gegenüber die Ansicht vertreten, daß die preußische Regierung »ganz in der Lage wäre, das Nationalgefühl zu leiten und sich nicht davon beherrschen zu lassen«. Zynisch hatte er hinzugefügt: »Nach den Erfahrungen, die er (=Beust) in den letzten Jahren über öffentliche Meinung in Deutschland gemacht hatte und so wie Eure Exzellenz (=Bismarck) dieselbe früher zu beurteilen pflegte, dürfe man dem deutschen Nationalgefühl nicht zu unbedingt Rechnung tragen«[113]. Auch Königin Victoria griff am 22. April zur Feder, um an den preußischen König »ein paar Worte« zu richten. Die Königin versuchte König Wilhelm deutlich zu machen, daß Frankreich inzwischen lediglich den Rückzug der preußischen Garnison aus Luxemburg verlange, daß inzwischen der Friede in Europa ernstlich gefährdet sei und daß es doch auch ihm ein schmerzliches Gefühl sein müßte, »wenn die Welt mit Recht Preußen die Schuld zuschieben könnte«[114].

Die preußische Regierung wurde von allen Seiten gedrängt nachzugeben. Als Bismarck am 24. April aus seinem Urlaub zurückgekehrte, teilte er zunächst der russischen Regierung, und einen Tag später den Regierungen der übrigen Großmächte mit, daß er auf einen Vorschlag der russischen Regierung eingehen wollte, um eine Konferenz nach London einzuberufen und dort die Neutralisierung des Großherzogtums und den Abzug der preußischen Garnison aus der Festung zu beschließen[115]. Obwohl damit noch nicht alle Schwierigkeiten behoben waren und es zwischen Paris und Berlin in den nächsten Wochen noch zu mehreren Auseinandersetzungen kommen sollte[116], war hiermit der Weg aus der Krise gefunden. Bei der Londoner Konferenz, die vom 5. bis zum 11. Mai tagte, wurde die Neutralisierung des Großherzogtums und der Abzug der preußischen Garnison beschlossen.

IV

Damit stellt sich erneut das Problem, inwiefern die Politik, die Bismarck in der luxemburgischen Frage verfolgt hat, von innenpolitischen Motiven bestimmt worden ist. Mehrere Historiker haben gemeint, die luxemburgische Frage bilde den Punkt, an dem Bismarck von Kabinettspolitik auf Nationalpolitik überging[117]. Daß er nach Ausbruch der Krise diese auch zur Intensivierung einer Zusammenarbeit zwischen dem Norddeutschen Bund und den süddeutschen Staaten ausnutzen wollte, lag auf der Hand. Vor allem die württembergische Regierung fühlte sich wegen der Kriegsgefahr eingeschüchtert und sollte sich mehr und mehr nach den Wünschen der preußischen Regierung richten. Es ist nicht unmöglich, daß Bismarck sich der Hoffnung hingegeben hat, daß die Krise die süddeutschen Staaten zu einer festeren Zusammenarbeit mit dem Norddeutschen Bund veranlassen würde. In diesem Sinne zeigte allerdings die Krise, daß die Möglichkeiten zu einer Einigungspolitik zu diesem Zeitpunkt noch gering waren: trotz der Kriegsgefahr ist weder von seiten der Regierungen der zwei süddeutschen Königreiche, noch in großen Teilen der süddeutschen Bevölkerung der Wunsch zum Eintritt in den Norddeutschen Bund oder zur Gründung eines kleindeutschen Nationalstaates geäußert worden[118]. In diesem Aufsatz haben

112 Auswärtige Politik Preußens (wie Anm. 21) VIII., S. 720.

113 Ibid., S. 682.

114 Oncken (wie Anm. 12) II., S. 351.

115 Auswärtige Politik Preußens (wie Anm. 21) VIII., S. 735–738.

116 Foot (wie Anm. 83) S. 370–379.

117 Zum Beispiel: Walter Bussmann, Das Zeitalter Bismarcks, Frankfurt a.M. 1956 (Handbuch der deutschen Geschichte, neu hg. v. Leo Just, Bd. 3, Teil 2,4) S. 108.

118 Vgl. Langewiesche (wie Anm. 79) S. 394; Wilhelm (wie Anm. 105) S. 65–68; Otto Pflanze, Bismarck and the development of Germany, I. The Period of Unification, 1815–1871, Princeton 1990, S. 387f.

wir darauf hingewiesen, daß nach Abschluß der Krise die Bildung eines international unabhängigen Südbundes kaum mehr zu verwirklichen war. Daß es jedoch diese Bestrebungen der süddeutschen Regierungen waren, die Bismarck in der zweiten Märzhälfte dazu veranlaßten, einer Krise nicht mehr aus dem Weg zu gehen und vielmehr die Konfrontation mit Frankreich zu suchen, scheint mir nicht wahrscheinlich. Es waren vor allem die Probleme der preußisch-norddeutschen Innenpolitik, und vor allem die Verhandlungen mit dem konstituierenden norddeutschen Reichstag zur Position des Bundeskanzlers und zur Militärfrage, die ihn damals am meisten beschäftigten.

Es ist auffallend, daß Bismarck nicht lange nach Abschluß der Krise seinen Wunsch zur Errichtung eines Zollparlaments durchsetzen konnte. Im Juni stimmten die württembergische und die bayerische Regierung diesem Vorschlag zu. Damit liegt die Vermutung nahe, daß Bismarck mit der Absicht einer wirtschaftlichen Einigung die luxemburgische Krise heraufbeschworen und verlängert habe. Daß Bayern und Württemberg sich auch den preußischen Wünschen zur Errichtung des Zollparlamentes gefügt hätten, wenn die Krise nicht stattgefunden hätte, war allerdings angesichts der wirtschaftlichen Verflechtung mit Norddeutschland sehr wahrscheinlich. Vor allem in Württemberg waren auch die antipreußisch orientierten Kräfte innerhalb der Industrie der Meinung, daß das Königreich auf den Zollverein angewiesen war. Als Bismarck im Juni 1867 drohte, die Zollvereinsverträge eventuell zu kündigen gaben die süddeutschen Regierungen wohl sehr schnell nach[119]. In wieweit die Krise diese Entwicklung beschleunigt hat, ist deswegen kaum festzustellen.

Mit der luxemburgischen Frage hat Bismarck auf jeden Fall die Absicht verfolgt, durch eine national orientierte Politik die Zusammenarbeit mit den norddeutschen Nationalliberalen zu verstärken. Obwohl die Behauptung, er habe aus innenpolitischen Gründen im März 1867 versucht, den Krieg herbeizuführen, zu weit gehen würde, hat Bismarck auf Grund der innenpolitischen Lage das Risiko eines Krieges bewußt in Kauf genommen. Was die Beratungen zur Verfassung des Norddeutschen Bundes anbetraf, die übrigens für das spätere Kaiserreich bis 1918 bestimmend sein sollte, hat die Kriegsstimmung wichtige Prozesse beschleunigt. Wie gezeigt und von mehreren Mitgliedern des konstituierenden Reichstags bestätigt worden ist[120], fühlten Bismarck und der Reichstag sich gerade im Zusammenhang mit der Kriegsdrohung gedrängt, in den Verhandlungen zur Militärgesetzgebung so schnell wie möglich einen Kompromiß zu erzielen. Es war daher auch nicht erstaunlich, daß sich Bismarck, nachdem der konstituierende Reichstag des Norddeutschen Bundes dem Ergebnis der Verfassungsberatungen am 17. April 1867 zugestimmt hatte, und damit der Norddeutsche Bund gegründet worden war, bereit zeigte, in der luxemburgischen Frage eine Lösung herbeizuführen. Für seine innenpolitische Position in Preußen-Norddeutschland hat Bismarck denn auch die Krise mit Erfolg ausgenutzt. In den nächsten Jahren sollten die Nationalliberalen sich vor allem mit Gesetzgebung auf wirtschaftlichem und rechtspolitischem Gebiet befassen, und sich nicht in Fragen der Außen- und Militärpolitik einmischen[121].

119 LANGEWIESCHE (wie Anm. 79) S. 436–441; Artur WEINMANN, Reform der württembergischen Innenpolitik in den Jahren der Reichsgründung 1866–1871. Die Innenpolitik als Instrument der Selbstbehauptung des Landes, Göppingen 1971, S. 44–47; Jochen SCHMIDT, Bayern und das Zollparlament. Politik und Wirtschaft im den letzten Jahren vor der Reichsgründung (1866–1870), München 1973, S. 26–82, insbesondere S. 54–56; 372; Vgl. Wolfgang ZORN, Bayerns Gewerbe, Handel und Verkehr (1806–1970), in: Max SPINDLER (Hg.), Handbuch der bayerischen Geschichte IV/2, München 1975, S. 782–845, S. 794–807.

120 BECKER (wie Anm. 9) S. 412.

121 Vgl. POLLMANN (wie Anm. 64), passim, vor allem S. 502, 513; Shlomo NA'AMAN, Der Deutsche Nationalverein. Die politische Konstituierung des deutschen Bürgertums 1859–1867, Düsseldorf 1987, S. 286f.; S. 290f.

Das eingangs erwähnte Zitat Burckhardts verweist auf bonapartistische Aspekte in der Politik Bismarcks. Eine wissenschaftliche Umschreibung des Bonapartismus als ein bestimmtes Herrschaftssystem ist höchst problematisch[122]. Wenn wir allerdings einen mehr intuitiven Ansatz heranziehen und nur von bonapartistischen Herrschaftstechniken sprechen[123], kann Bismarcks Politik in der luxemburgischen Frage in diesem Sinne gedeutet werden.

122 Vgl. PFLANZE (wie Anm. 4); Lothar Gall, Bismarck und der Bonapartismus, in: Historische Zeitschrift 223 (1976); HAMMER, HARTMANN (wie Anm. 68), vgl. insbesondere die Aufsätze von Alan MITCHELL und Elisabeth FEHRENBACH; MOMMSEN (wie Anm. 64) S. 40; Wolfram SIEMANN, Gesellschaft im Aufbruch. Deutschland 1849–1871, Frankfurt 1990, S. 294–297.

123 Vgl. FEHRENBACH (wie Anm. 68); SIEMANN (wie Anm. 122) S. 297.

HELGA BORIES-SAWALA

ERINNERUNG – GÖTTIN, LIEBESDIENERIN, KRONZEUGIN? ZUM STAND DER ORAL HISTORY IN EUROPA*

»La Déesse mémoire« – so überschreibt Jean-Pierre Rioux seine Vorstellung der 7 Bände der *Lieux de mémoire* von Pierre Nora[1] vor dem Hintergrund der *Rétromanie*, die er in der französischen Gesellschaft der letzten 10 Jahre ausmacht, nicht ohne noch im Untertitel unmißverständlich klarzustellen: »Raison de plus pour que l'histoire-science propose ordre et sens.«[2] *Clio* müsse *Mnemosyne* in ihre Schranken weisen, also die Tochter die Mutter!

Im folgenden soll über Erinnerung in dreifacher Weise nachgedacht werden; zunächst über diese »Mutter-Tochter-Beziehung«, also Erinnerung versus Geschichte; zweitens über Erinnerung als den Stoff, aus dem die mündlichen Quellen sind – weswegen diesen der Geruch des Despektierlichen und Unglaubwürdigen anhaftet; und schließlich drittens darüber, inwieweit Erinnerung selbst als Gegenstand von Wissenschaft taugt.

Erinnerung versus Geschichte

Die vehementeste und ausführlichste Abgrenzung zwischen den Kategorien der Erinnerung und der Geschichte (inzwischen zumindest in Frankreich vielzitiert) findet sich in der Einleitung zu den *Lieux de mémoire* aus der Feder von Pierre Nora[3]. Während Erinnerung subjektiver Wahrnehmung und Erleben verhaftet ist, ist Geschichte intellektuelle Rekonstruktion der Wirklichkeit; während Erinnerung individuell oder gruppenspezifisch verschiedene, ja entgegengesetzte Inhalte haben kann, ist es zumindest der Anspruch von Geschichte, zu allgemeingültigen Aussagen zu kommen. Dort wo unter Historikern auf dieser Grundlage wissenschaftliche Kritik und fruchtbarer Streit entstehen können, haben Erinnerungen jede für sich ihre eigene Wahrheit, wahr als das Ergebnis der Wahrnehmung und Erinnerungsarbeit der sich Erinnernden. »La mémoire est la vie, toujours portée par de groupes vivants ... affective et magique ... la mémoire installe le souvenir dans le sacré. (...) L'histoire ... opération intellectuelle et laïcisante, appelle analyse et discours critique.«[4]

Pierre Nora stellt nun für Frankreich die Emanzipation der Geschichte von der Erinnerung in der Historiographie als einen chronologisch datierbaren Prozeß dar, in dessen Verlauf die Geschichtswissenschaft nun das »âge de la raison« erreicht habe. Man mag diese Argumentation nicht in allen Details nachvollziehbar finden, aber sehr zutreffend scheint mir sein Blick auf die *Histoire-nation* der Dritten Republik als Inkarnation einer teleologi-

* Die folgenden Überlegungen stehen im Zusammenhang mit einer Studie, in der die mündlichen Quellen (neben anderen) einen wichtigen Stellenwert haben: Helga BORIES-SAWALA, Franzosen im »Reichseinsatz«. Deportation, Zwangsarbeit, Alltag. Erfahrungen und Erinnerungen von Kriegsgefangenen und Zivilarbeitern, Frankfurt/Main u.a. (Peter Lang) 1996.

1 Pierre NORA, Les lieux de mémoire, Paris (Gallimard) 1985–1993.
2 Le Monde 18.3.1993.
3 Vgl. NORA (wie Anm. 1) Bd. 1, S. XVIIff.
4 Ibid. S. XIX. Für eine Unterordnung der Erinnerung unter die Geschichte, deren Aufgabe es sei, »die Erinnerung zu korrigieren und wieder aufzurichten«, plädiert auch LE GOFF und fügt hinzu: »Aber man muß die Geschichte durch die Erinnerung mit Leben erfüllen, sie lebendig machen.« (Vortrag anläßlich der Verleihung des Hegelpreises, in: Hegelpreis 1994, hg. vom Presse und Informationsamt der Stadt Stuttgart, o.J., S. 34).

schen *Histoire-mémoire* und die Rolle der Historiker als »hussards noirs de la République«, »mi prêtres-mi soldats«[5].

In der Überspitzung der Opposition zwischen Geschichte und Erinnerung übersieht Nora vielleicht, daß auch die französische Nachkriegs-Historiographie noch Prozesse einer Verquickung von *Mémoire* und *Histoire* erkennen läßt und darüber hinaus – wie sollte es auch anders sein – ohnehin Kind ihrer Zeit bleibt. Die im Abstand von 8 Jahren formulierte Schlußbetrachtung klingt auch bezüglich des Verhältnisses von Geschichte und Erinnerung wesentlich pessimistischer als die *Introduction* von 1984. War dort noch von einer gelungenen und definitiven Emanzipation der Geschichte von der Erinnerung die Rede, so beklagt Nora nunmehr die »Tyrannei der Erinnerung«: »La tyrannie de la mémoire n'aura duré qu'un temps mais c'était le nôtre.«[6]

Ein mißverständlich enger Begriff von Erinnerung ist schließlich im Spiel – und hier teile ich die Kritik von Englund[7], wenn Nora im Jagen nach Manifestationen der Erinnerung generell den Verlust der Erinnerung ausmachen will. Wirklich ihrer Erinnerung inne, so Nora, sind nur primitive, archaische Gesellschaften, ohne Bewußtsein ihrer Geschichtlichkeit (wenn es das denn gäbe). Folgt man Halbwachs[8], auf den sich auch Nora beruft, so gibt es doch Erinnerung, solange es Menschen gibt, die Ereignisse erleben und über Sprache verfügen, um ihre Wahrnehmung in Begriffe zu fassen und im Gedächtnis zu bewahren.

Diese These über die Rolle der kollektiven Erinnerung bei der Genese individueller Wahrnehmung wird bei der Frage der Erinnerung als Validitätsproblem der mündlichen Quellen wichtig.

Erinnerung als Validitätsproblem der mündlichen Quellen

Die *oral history* hat eine lange Auseinandersetzung um ihre wissenschaftliche Respektabilität hinter sich. Das Erbe der »Aufbruchsphase« der *oral history* im 20. Jahrhundert[9] manifestiert sich noch in unterschiedlichen Ausprägungen und Strömungen dieser Forschungsrichtung, die oftmals entlang sprachlicher Grenzen verlaufen[10]. Die ursprünglich in den USA, zunächst mit dem Ziel, mündliche Quellen, z.B. Interviews historisch bedeutsamer Persönlichkeiten, der Nachwelt zu erhalten (University of Columbia), später auch bei der Forschung über ethnische Minderheiten, Lokalgeschichte etc. angewandte Methode, kam

5 NORA (wie Anm. 1) Bd. 1, S. XXII.

6 Ibid., Bd. 7, S. 1012. So lautet der allerletzte Satz des monumentalen Werks.

7 Stephen ENGLUND, The Ghost of Nation Past, in: The Journal of Modern History 2 (1992) Vol. 64, S. 299ff.

8 Maurice HALBWACHS, La mémoire collective, Paris 1950 (1968).

9 Vgl. zur Geschichte dieser Forschungsrichtung u.a.: Philippe JOUTARD, Ces voix qui nous viennent du passé, Paris (Hachette) 1983; DERS., Historiens, à vos micros! Le document oral, une nouvelle source pour l'histoire, in: L'Histoire 12 (1979) S. 106ff.; Paul THOMPSON, Historiker und Mündliche Geschichte, in: Gerhard BOTZ, Josef WEIDENHOLZER (Hg.), Mündliche Geschichte und Arbeiterbewegung, Eine Einführung in Arbeitweisen und Themenbereiche der Geschichte »geschichtsloser« Sozialgruppen, Wien, Köln 1984, S. 55ff.; , Michel TREBITSCH, Du mythe à l'historiographie, in: La bouche de la vérité? La recherche historique et les sources orales, Les Cahiers de l'Institut d'Histoire du Temps Présent 21 (1992) S. 13ff.; Jean-Pierre RIOUX, L'historien et les récits de vie, in: Revue des Sciences humaines 191 (1983) S. 25ff.; Michel POLLAK, Pour un inventaire, in: Questions à l'Histoire Orale. Table Ronde du 20 juin 1986, Les Cahiers de l'Institut d'Histoire du Temps Présent 4 (1987) S. 11ff. Der Begriff *Oral history* wurde von Joe Gould schon 1942 in den USA geprägt.

10 Inzwischen sind die Effekte solcher Kommunikationsbarrieren jedoch durch internationale Kongresse abgemildert, und gerade zwischen deutschen und französischen Vertretern »mündlicher Geschichte« bestehen enge Kontakte bis hin zu vereinzelten gemeinsamen Veröffentlichungen.

in den 70er Jahren nach Kanada, Israel und über England nach Europa, wo sie zunächst eine Randexistenz im akademischen Bereich (University of Essex: Paul Thompson) fristete, aber große Verbreitung im außeruniversitären Raum fand.

Als »Geschichte von unten« definierte sich die *oral history* zunächst auch in Italien, wo sie im Gefolge der 68er Bewegung, überwiegend von außeruniversitären Gruppierungen der extremen Linken, mit dem Anspruch praktiziert wurde, unterdrückte und unterprivilegierte Menschen nicht nur zum Objekt der Geschichtsforschung zu machen, sondern zu Subjekten ihrer eigenen Geschichte[11]. Dabei war das Thema der Aufarbeitung der faschistischen Vergangenheit »von unten« ebenso ein wichtiger Motor wie in Deutschland, wo der Ansatz der *oral history* (ebenfalls außerhalb der universitären Institutionen) weite Verbreitung fand (Geschichtswerkstätten, Schülerwettbewerbe des Bundespräsidenten, gewerkschaftliche Aktivitäten und Arbeitskreise auf lokaler, sogar betrieblicher Ebene)[12]. Wie in Italien wurden diese Bewegungen, deren Zusammenhang mit dem gleichzeitig stattfindenden Streben nach Demokratisierung der Gesellschaft[13] nicht zu übersehen ist, von einer eingehenden theoretischen Reflexion jüngerer Historiker – in Deutschland um Lutz Niethammer[14], in Italien um Luisa Passerini[15] – über Methoden begleitet, deren Ansprüchen die außeruniversitäre Praxis nicht immer entsprach, die aber schließlich zur Erlangung akademischer Würden dieser Personen und der von ihnen vertretenen Forschungsrichtung erheblich beitrug. Es entstanden »Schulen« innerhalb der geschichtswissenschaftlichen Institutionen und Forschungsarbeiten[16], deren Wert inzwischen niemand mehr ernsthaft in Zweifel stellt.

Die relative »Verspätung«[17], mit der Frankreich sich in die »mündliche Geschichte« einklinkte, obwohl es auch hier bedeutende Vorläufer *avant la lettre* gab[18], hat diese Richtung von Anfang an moderater ausfallen lassen. Sie hat sich nicht in so absoluter Form als »Gegengeschichte« zur »positivistischen« Geschichte selbst definiert[19] und konnte andererseits

11 Vgl. Angela RAMMSTEDT, Biographieforschung in Italien, in: Bios 1 (1992) S. 95ff.

12 Vgl. Alexander v. PLATO, Oral History als Erfahrungswissenschaft. Zum Stand der »mündlichen Geschichte« in Deutschland, in: Bios (1991) S. 102ff.

13 Vgl. Gerhard BOTZ, Oral History – Wert, Probleme, Möglichkeiten der Mündlichen Geschichte, in: BOTZ, WEIDENHOLZER (wie Anm. 9.) S. 23ff.

14 Vgl. Lutz NIETHAMMER, Lebenserfahrung und kollektives Gedächtnis. Die Praxis der Oral History, Frankfurt/M. 1980.

15 Vgl. Luisa PASSERINI, Storia e soggettività. Le fonti orali, la memoria, Firenze 1988.

16 Vgl. z.B.: Lebensgeschichte und Sozialkultur im Ruhrgebiet. (LUSIR), Berlin, Bonn 1985; Luisa PASSERINI (Hg.), Storia orale. Vita quotidiana e cultura materiale delle classi subalterne, Torino 1978; DIES., Erzählte Erinnerung an den Faschismus. Aspekte des Wechselspiels zwischen dem Eigenen und dem Anderen, in: Lutz NIETHAMMER, Alexander v. PLATO (Hg.), »Wir kriegen jetzt andere Zeiten«. Auf der Suche nach der Erfahrung des Volkes in nachfaschistischen Ländern. Lebensgeschichte und Sozialkultur im Ruhrgebiet 1930 bis 1960, Lusir, Bd. 3, Berlin, Bonn 1985, S. 361ff. Zur neueren Entwicklung in Deutschland: PLATO (wie Anm. 12); in Italien: Luisa PASSERINI, Arbeitersubjektivität und Faschismus. Mündliche Quellen und deren Impulse für die historische Forschung, in: NIETHAMMER (wie Anm. 14) S. 214ff.; DIES., Contrasti della memoria, in: Croire la mémoire? Approches critiques de la mémoire orale. Actes des Rencontres Internationales, Saint-Pierre (Val d'Aoste) 16–18 oct. 1986, Aosta 1988, S. 23ff.

17 JOUTARD (wie Anm. 9) S. 109.

18 JOUTARD zitiert in diesem Zusammenhang: Roger THABAULT, Mon Village, ses hommes, ses routes, son école, von 1945 und die bekannte Grundschullehrerstudie: Jacques OZOUF, Nous, les Maîtres d'école, aus dem Jahre 1967, die ebenfalls großenteils auf mündlichen Quellen beruhen, aber noch nicht die Methoden der *Oral history* benutzen. Die Interviews werden zum Beispiel nicht aufgenommen. Ähnlich arbeitete auch schon das *Comité d'Histoire de la Deuxième guerre mondiale* bei der Sammlung von Zeitzeugenaussagen. Vgl. JOUTARD (wie Anm. 9) S. 109.

19 Was auch damit zusammenhängen mag, daß die Zulässigkeit der von der »mündlichen Geschichte« in anderen Ländern als Novum postulierten Gegenstandsbereiche der Geschichtswissenschaft,

durch den Kontakt zu benachbarten Disziplinen eigenständige Forschungsschwerpunkte zur *oral history* bilden: so z.B. die Gruppe um Philippe Joutard (Universität Aix), im interdisziplinären Kontakt zur Ethnologie, die die mündlichen Quellen nie marginalisiert hatte, mit dem Projekt *Ethnotextes*, das nicht nur neue mündliche Quellen produzieren will, sondern nach mündlicher Überlieferung überhaupt forscht[20]. Die Hinwendung der Soziologie zur Alltagsforschung und ihre Wiederentdeckung des biographischen Ansatzes[21] ermöglichten, am Schnittpunkt von Soziologie und Geschichte, die Studien von Daniel Bertaux und Isabelle Bertaux-Wiame[22] und das Projekt *Ecomusée du Creusot*[23]. Heute gilt das *Institut d'Histoire du Temps Présent* (CNRS) in Paris als ein Katalysator der wichtigsten neueren Arbeiten auf dem Gebiet der mündlichen Geschichte. Die Gegenstandsbereiche dieser Untersuchungen umfassen z.B. Firmengeschichten (UAP, EDF), Urbanismus und Wiederaufbau, soziale Minderheiten und Außenseiter, und, mit besonderem Schwerpunkt, die Erinnerung an den Zweiten Weltkrieg.

In Frankreich herrschen im übrigen Methodenpluralismus und Koexistenz von eher skeptischen und eher optimistischen Ansätzen[24]. Nicht von ungefähr kommt gerade von französischen Vertretern dieser Forschungsrichtung der Vorschlag, nun auch terminologisch von der militanten Anfangsphase Abschied zu nehmen und auf den Begriff »histoire orale«[25] zugunsten von »sources orales« zu verzichten[26]. Was oberflächlich ein Streit um

zum Beispiel die Geschichte des Alltags, in Frankreich von der *Annales*-Schule erfolgreich eingefordert und praktiziert worden war. Die *Annales* widmen übrigens der Diskussion um diese Forschungsrichtung ein ganzes Heft: Annales E.S.C. 35.1 (1980).

20 Vgl. Joutard (wie Anm. 9) S. 185ff.; Ders., Un projet régional de recherche sur les ethnotextes, in: Annales E.S.C. 35.1 (1980) S. 176ff.

21 Vgl. v.a.: Charlotte Heinritz, Angela Rammstedt, Biographieforschung in Frankreich, in: Bios (1991) S. 255ff. Überhaupt entwickelte sich die »mündliche Geschichte« im Frankreich der 80er Jahre in einem Kontext einer stärker als anderswo zu verzeichnenden Wiederentdeckung des autobiographischen Genres, vgl. auch Jean-Pierre Rioux, Individu, mémoire, histoire, in: Croire la mémoire? (wie Anm. 16) S. 69ff., und Daniel Madalenat, Situation et signification de la biographie en 1985, in: Actes du colloque: Problèmes et méthodes de la biographie, Sorbonne 3–4 mai 1985, Histoire au présent, Paris 1985, S. 129ff., die auch zu einer – teilweise etwas überzogenen – Kritik seitens des Soziologen Bourdieu geführt hat. Vgl. dazu: Pierre Bourdieu, L'illusion biographique, in: Actes de la recherche en sciences sociales 62/63 (1986) S. 69ff.; Lutz Niethammer, Kommentar zu Pierre Bourdieu: Die biographische Illusion, in: Bios (1990) S. 91ff.; Eckart Liebau, Laufbahn oder Biographie? Eine Bourdieu-Lektüre, in: Bios (1990) S. 83ff. und Keijo Rahkonen, Der biographische Fehlschluß. Einige kritische Bemerkungen, in: Bios (1991) S. 243ff. Vgl. auch Anm. 41.

22 Daniel Bertaux, L'histoire orale en France. Fin de la préhistoire, in: International Journal of Oral History 2 (1981) S. 121ff.; Daniel Bertaux, Isabelle Bertaux-Wiame, Autobiographische Erinnerungen und kollektives Gedächtnis, in: Niethammer (wie Anm. 14) S. 108ff.; mit einem ähnlichen Ansatz auch: Yves Lequin, Jean Metral, A la recherche d'une mémoire collective. Les métallurgistes retraités de Givors, in: Annales E.S.C. 35.1 (1980) S. 149ff.

23 Vgl. Bertaux/Bertaux-Wiame (wie Anm. 22) und: Mémoire collective ouvrière, Colloque des 7–9 oct. 1977 de l'Ecomusée du Creusot.

24 Vgl. Jean-Pierre Rioux, Six ans après, in: Questions à l'Histoire Orale (wie Anm. 9) S. 5ff.; La bouche de la vérité? La recherche historique et les sources orales, Les Cahiers de l'Institut d'Histoire du Temps Présent 21 (1992) und meine Besprechung in: Francia 21/3 (1994) S. 220ff.

25 Bzw. die Äquivalente: »*Oral history*«, »mündliche Geschichte«, »*storia orale*« etc.

26 In pointierter Form wurde diese Position schon 1983 von Dominique Schnapper vertreten: »Je me suis amusée à remplacer dans le recueil des communications au congrès de 1982 le terme d'›histoire orale‹ chaque fois qu'il était utilisé, par celui de *série d'entretiens* ou *campagne d'entretiens*: le sens des textes n'était en rien modifié. D'ailleurs la pratique des ›historiens oraux‹ consiste bien non pas à faire de l'›histoire orale‹ mais à faire de l'histoire à partir de sources orales.« Die Autorin, selbst federführend für eines der größten Projekte der Forschungsrichtung, mutmaßt in einer provokanten »*question impertinente*« sogar den Mißbrauch der Bezeichnung »*Oral history*« für Karrierezwecke: »Etait-il vraiment nécessaire de qualifier d'›histoire orale‹ l'élaboration et l'exploita-

Worte zu sein scheint, ist im Grunde ein Indiz für das Fortbestehen unterschiedlicher Definitionen von Inhalt, Aufgaben und Erwartungen. Weitgehend gelungen scheint international die Integration der Forschungsrichtung in universitären Institutionen[27], und damit einhergehend, der Abschied von einigen militanten Illusionen[28].

Die wichtigste Frage, mit der sich die *mündliche Geschichte* als »junge« Forschungsrichtung auseinanderzusetzen hatte, war die der Validität ihrer Quellen. Dabei wurde ihr mitunter die naive Auffassung unterstellt, aus dem Munde der Zeitzeugen flösse »Geschichte pur« und das Zeitzeugeninterview stelle einen direkten Zugang zur historischen Wirklichkeit dar.

»Die Befragung des Volkes führt in der Geschichte nicht immer zur Wahrheit«, formulierte indessen Lutz Niethammer schon 1985[29]. Dabei läßt sich die bloße Frage, ob die Auskünfte aus einem Zeitzeugeninterview wahr oder falsch sind, durch die Konfrontation mehrerer Quellen oft lösen oder zumindest gut begrenzen. Wenig problematisch scheint auch der bloß physiologische Aspekt des Erinnerungsvermögens, der Gegenstand eingehender und für die »mündliche Geschichte« eher ermutigender Untersuchungen war: das Langzeitgedächtnis reicht gut und gerne sechs Jahrzehnte zurück und ist auch im Alter relativ konstant[30].

tion de sources orales et cette qualification d'›histoire orale‹ n'aurait-elle pas été adoptée pour donner aux ›historiens oraux‹ la chance d'une nouvelle discipline (nouvelle discipline veut dire nouveaux débouchés...) et un label d'avant-gardisme dans un milieu social – le milieu universitaire – où l'avant-garde est valorisée, au moins en paroles?« Dominique SCHNAPPER, Questions impertinentes aux historiens oraux, in: Commentaire 23 (1983) S. 657f. Dezidiert hält Danièle VOLDMANN zehn Jahre später als französischen Konsens fest: »On peut considérer le débat comme clos sur ce point: pour nous l'histoire orale est une expression inadéquate et l'on ne peut que parler de sources orales.« Danièle VOLDMANN, Avant-propos, in: La bouche de la vérité? (wie Anm. 24) S. 8; vgl. auch DIES., Définitions et usages, ibid. S. 33f.

27 »Die Berechtigung der Mündlichen Geschichte, ihr Beharren auf der großen – nicht ausschließlichen – Bedeutung der mündlichen Tradition, des Erinnerungsinterviews und der gesprochenen Erzählung – wörtlich verstanden – der Dialog des Historikers mit einer lebendigen »Quelle« ist, international gesehen, kaum mehr umstritten.« BOTZ, WEIDENHOLZER (wie Anm. 9) Einleitung, S. 7.

28 Z.B. gehört die Empathie mit den von der traditionellen Geschichtsschreibung vernachlässigten Personengruppen nach Pollak zu den Aspekten der Anfangs- und Abgrenzungsphase der neuentstandenen *Oral history*, die in der Praxis dann feststellen mußte, daß ihre guten Absichten von denen, denen sie nutzen wollte, oft nicht verstanden wurden und auch mit den Ergebnissen so mancher konkreter Forschung notwendig in Gegensatz geriet: »L'exigence d'empathie ne peut parfois être maintenue qu'aux dépens de la scientificité; la scientificité ne peut parfois être maintenue qu'au prix de la rupture avec les sujets étudiés.« POLLAK (wie Anm. 9) S. 14.

29 Lutz NIETHAMMER, Fragen-Antworten-Fragen. Methodische Erfahrungen und Erwägungen zur Oral History, in: NIETHAMMER, v. PLATO (wie Anm. 16) S. 392.

30 Vgl. zu physiologisch-neurologischen Aspekten ibid. S. 399; Jean-Paul MOREAU, La mémoire, ses blocages, leurs conséquences, in: IVe Colloque international d'histoire orale, 24–26 sept. 1982, IHTP, Paris – CREHOP/Université de Provence, Aix-en-Provence, 1982, S. 68ff.; François-Xavier ALESSANDRI, Mémoire et cerveau, in: Les guerres du XXe siècle à travers les témoignages oraux. Colloque de Nice, décembre 1990, Université de Nice, 1991, S. 51ff.; Pierre PRAS, Age et mémoire, ibid. S. 55ff.; André Ali CHERIF, Apports de la neurologie à la connaissance de la mémoire et de ses mécanismes cérébraux, in: Croire la mémoire? (wie Anm. 16) S. 29ff.; Guy TIBERGHIEN, Croire la mémoire... Comprendre la mémoire? Ibid. S. 41ff.; Reinhard MANN, Validitätsprobleme retrospektiver Interviews, in: BOTZ, WEIDENHOLZER (wie Anm. 9) S. 362: Eine Untersuchung mit Befragten, die im Schnitt 71 Jahre alt waren und zwischen 47 und 35 Jahre Abstand zu den Ereignissen hatten, die Gegenstand der Befragung waren, ergab: »Manifeste Erinnerungsschwächen oder -lücken [waren] nicht gravierend und bezogen sich in der Regel lediglich auf Details wie Personennamen, genaue Zeitangaben und die zeitlich korrekte Reihenfolge von Ereignissen. Handlungszusammenhänge wurden dagegen überwiegend erstaunlich gut erinnert und entsprechend berichtet.« Andererseits können im Interview gerade solche Details zu einer Reaktivierung des latenten Gedächtnisses verhelfen. Vgl. NIETHAMMER (wie Anm. 29) S. 399.

Vielmehr sind es die Probleme der Selektivität und Perspektivität des Gedächtnisses, der Einfluß des inzwischen Erlebten auf die Erinnerung, die *Ex-post*-Interpretation und die vielen Faktoren, die bei der Interviewsituation selbst wirksam werden, die das Zeitzeugeninterview auf den ersten Blick zu einer Quelle von sehr zweifelhafter Aussagekraft werden lassen.

In der Tat ist es aber auch für alle, die mündliche Quellen heranziehen, unabdingbar, sich ihren komplexen Entstehungsprozeß und die auf ihn wirkenden Kräfte deutlich zu machen, um ihren Aussagewert einschätzen zu können, und zu verstehen, daß die vom Zeitzeugen erlebte Wirklichkeit vom Beginn ihrer Fixierung als Erinnerung bis zur Gerinnung im Text des Interviews so mannigfache und unablässige Verarbeitungsprozesse durchläuft, die in ihrem Ergebnis niemals ein Abbild, sondern immer zwangsläufig eine Re-Konstruktion der Wirklichkeit zu Tage fördern[31].

Der erste, entscheidende Schritt dieses Prozesses[32] ist die Konstitution der Erinnerung selbst, im Moment des Erlebens. Was von einer erlebten Situation überhaupt bewahrt und wie es Gegenstand der Erinnerung der beteiligten Person wird, hängt selbstverständlich von ihrer Rolle bei diesem Geschehen, von der individuellen Bedeutung ab, die sie ihm beimißt und von vielen weiteren subjektiven Faktoren. Halbwachs hat darauf hingewiesen, daß diese vermeintlich bloß individuellen Bedingungen der Wahrnehmung gleichzeitig hochgradig gesellschaftlich vermittelt sind, also kollektive Erinnerung nicht nur – auf welch komplexen Wegen auch immer – aus individueller Erinnerung vieler Individuen erwächst, sondern daß persönliche Erinnerung sich ohne zuvor erfolgte gesellschaftliche Erinnerung nicht konstituieren könnte: ohne gesellschaftliche Erinnerung würde, um nur einen Aspekt zu erwähnen, individuelle Erinnerung noch nicht einmal über die Begrifflichkeiten verfügen, in denen sie das Erlebte fassen und aufheben könnte[33].

Schon im Moment des Erlebens werden drei zeitliche Dimensionen wirksam: selbstverständlich die Gegenwart und, in Gestalt individueller, aber gesellschaftlich vermittelter Prägungen, die Vergangenheit, aber auch die Zukunft: so werden bei der Konstituierung von Erinnerung Antizipationen der Zukunft wirksam, ob sie nun eintreffen werden oder nicht[34]. So erlebt beispielsweise ein junger französischer Zivilarbeiter den Moment seiner Requirierung durch die Deutschen 1943 vor dem Hintergrund eines im wesentlichen durch die Erfahrungen des Ersten Weltkrieges geprägten familiären Deutschlandbildes; an den Erhalt des für ihn so bedeutsamen Einberufungstelegramms wird er sich bis zu seinem Lebensende bildlich erinnern, denn es reißt ihn aus der relativen »Normalität« des besetzten Landes plötzlich wieder in den Strudel des Krieges, und schließlich stehen 1943 seine Erwartungen an die nächsten Monate für ihn möglicherweise unter der Prämisse eines deutschen Endsieges[35].

31 »Il ne faut pas vivre sur l'illusion que le plus honnête ou le plus immédiat des souvenirs soit jamais autre chose que déjà une reconstruction«, Dominique SCHNAPPER in: Questions à l'Histoire Orale (wie Anm. 9) S. 72. Vgl. auch zur Bedeutung der Rekonstruktion des »autobiographischen Gedächtnisses«: BERTAUX, BERTAUX-WIAME (wie Anm. 22).

32 Vgl. Abb. 1.

33 Zur »interpénétration« von »mémoire individuelle« (»personnelle«, »autobiographique«) und »mémoire collective« (»sociale«, »historique«) vgl. HALBWACHS (wie Anm. 8).

34 Vgl. dazu Pierre LABORIE, De l'opinion publique à l'imaginaire social, in: Vingtième siècle. Revue d'histoire 18 (1988) S. 108f.

35 Daß »das Leben vorwärts gelebt und rückwärts verstanden« werde (Kierkegaard), daß der Zeitgenosse im Strudel der Ereignisse nicht wissen kann, wie die Geschichte schließlich ausgehen wird, scheint eine banale Feststellung zu sein. Wenn man jedoch aus der ex-post-Überlegenheit des Historikers die notwendige »Kurzsichtigkeit« der Handelnden übersieht, gelangt man leicht zu erheblichen Fehleinschätzungen, z.B. der Motive, die das Handeln derjenigen bestimmten, die diesen Wissensvorsprung nicht haben konnten. Vgl. dazu: Arnold ESCH, Zeitalter und Menschenalter: Der Historiker und die Erfahrung vergangener Gegenwart, München 1994, S. 8 und seinen gleichlautenden Aufsatz, ibid. S. 9ff.

Abbildung 1: Von der Erinnerung zur mündlichen Quelle

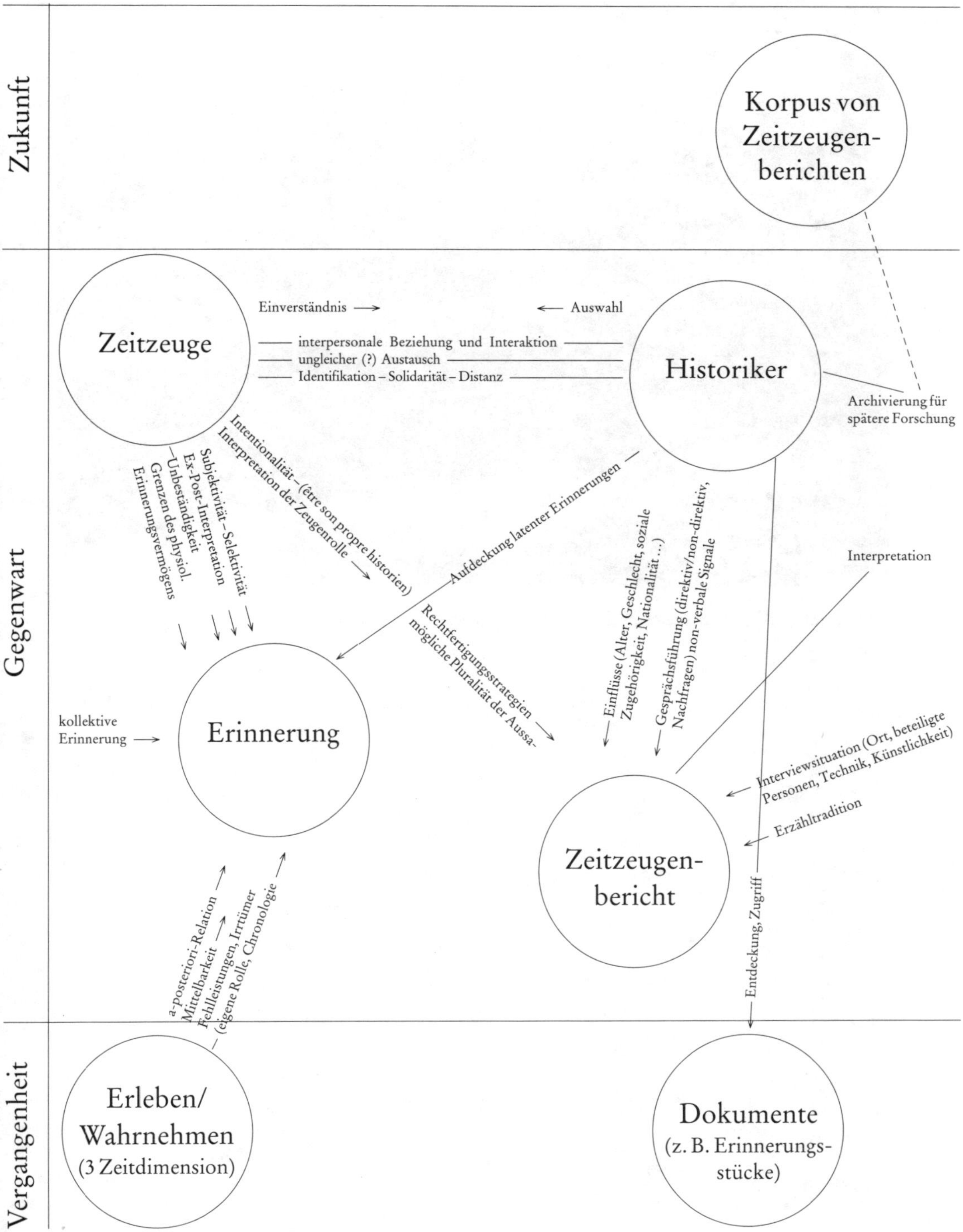

Abbildung 2: Abschiedsszene am Bahnhof von Tarbes

Vom Moment ihrer Konstituierung an unterliegt die Erinnerung in den folgenden Jahren und Jahrzehnten einer ständigen Entwicklung und Veränderung, die sowohl weitere Selektivität, Akzentverschiebungen, Verdrängen und Vergessen[36], aber auch Anreicherung aus anderen Quellen als denen des eigenen Erlebens beinhalten können[37].

So sind mit dem Thema »Widerstand gegen die Einberufung zur Zwangsarbeit in Deutschland« im französischen *imaginaire collectif* Photos von Protesten der Bevölkerung auf Bahnhöfen bei der Abfahrt eine so feste assoziative Verbindung eingegangen[38], daß sich in der Erinnerung eines von mir befragten Zeitzeugen zunächst die kollektive Erinnerung an die Abfahrt über die eigene schiebt. Er zeigt mir zur Illustration seiner Erfahrung ein Photo aus Tarbes, auf dem die Züge Kreideaufschriften: »Vive de Gaulle! Vive la France! Laval au poteau!« tragen[39]. Im Interview unterscheidet er beide Perspektiven zögernd und erst, als seine eigene Erinnerung auf genaueres Nachfragen keine plausible Antwort bereithält:

Fernand L.: *(vor Augen das Photo der Abschiedsszene in Tarbes)* »Mais c'était comme ça, oui. Oui, oui, voilà, alors voyez, c'était gare Saint-Jean, ici, à Bordeaux...«

H. B.-S.: »Oui...«

Fernand L.: »Il y avait le train, puis, il y avait les *Feldgendarmes* qui nous, qui, on était accompagnés par un Allemand, euh, un ingénieur allemand de l'usine *Focke-Wulf* qui nous ame- ... qui nous conduisait jusqu'à Brême. Alors on est parti, voyez, le soir, c'était comme ça.«

H. B.-S.: »Et donc, ils ont laissé tout ça?« *(deutet auf die Kreideschrift auf den Waggons)*

Fernand L.: »Et ben c'est à dire que oui, parce que, euh...«

H. B.-S.: »Ça m'a toujours étonnée que...«

Fernand L.: »Euh...«

H. B.-S.: »Parce que...«

Fernand L.: »Mais je crois que, ils, ça, ça, ils s'en moquaient, ils comprenaient, remarquez, les soldats, les, les Allemands qui nous gardaient, qui qui, ceux qui faisaient attention qu'on, qu'on s'en aille pas du train, c'est ce qu'il y avait écrit dessus, ça, ils s'en moquaient, eux.«

36 Vgl. zu den »effets pervers« beim Interviewten »mécanismes de (re)construction«, »extrapolation«, »rehiérarchisation«, »immédiateté«: Denis PESCHANSKI, Effets pervers, in: La bouche de la vérité? (wie Anm. 24) S. 46f.

37 Es kommt vor, daß Zeitzeugen sich in aller Aufrichtigkeit an Dinge zu erinnern glauben, die sie nicht erlebt haben können: »Pourtant, ces événements sont dans leur mémoire ainsi que leur rôle dans ces événements. Et, en plus, ils s'y donnent un rôle. Ce n'est pas une volonté de tromper l'enquêteur en soi-même, c'est un mode de fonctionnement intérieur au moment où l'on prend la parole.« Geneviève HERBERICH-MARX, Freddy RAPHAEL, La mémoire du présent, in: Croire la mémoire? (wie Anm. 16) S. 120. JOUTARD zitiert das Beispiel eines im Straflager Rawa-Ruska internierten Kriegsgefangenen, der das dortige Leben mit den Zuständen eines KZs assimilierte, was völlig ungerechtfertigt ist, aber keine bewußte oder gar lügnerische Übertreibung seitens des Zeitzeugen darstellt, sondern »un réflexe inconscient de regret... Le regret de ne pas avoir fait part de la résistance comme ses camarades de parti.« JOUTARD (wie Anm. 9) S. 236.

38 Solche Photos von Abschiedsszenen existieren z.B. von Montluçon, Romans, vgl.: Dictionnaire de la Seconde Guerre mondiale, Paris (Larousse) 1980, S. 1735; Roderick H. KEDWARD, STO et maquis, in: Jean-Pierre AZÉMA, François BÉDARIDA (Hg.), La France des années noires. Paris (Le Seuil 1992) Bd. 2, S. 275.

39 Vgl. Abb. 2. Es sei einmal dahingestellt, ob diese Aufschriften 1943 oder bei einer späteren Retusche des Photos auf die Züge gelangt sind. Das Photo stammt aus einer Privatsammlung und befindet sich in einer Broschüre des Ehemaligenverbandes: Un livre blanc sur une période noire, édité par la Fédération Nationale des Victimes et Rescapés des Camps Nazis du Travail Forcé (ex F.N.D.T.), Paris 1987, S. 12.

H. B.-S.: »Ah bon?!«

Fernand L.: »Euh, ah oui ça ils s'en moquaient, éperdument, »Laval au poteau«... ils s'en moquaient, de tout ça. D'abord c'est simple, c'est officiel. Et ça, ça a pas été...«

H. B.-S.: »Hm. Mais sur votre train, il y avait des inscriptions aussi?«

Fernand L.: »Pas sur notre train, non. Ça, c'était à Tarbes, je crois, moi.« *(Blättern in der Broschüre)* »Je crois c'était à Tarbes, ça. Oui c'est...«

H. B.-S.: »Moi, ça m'a toujours fortement étonnée que les Allemands aient laissé... c'est de la craie, ça, ça s'efface facilement...«

Fernand L.: *(liest)* »Laval au poteau«...

H. B.-S.: »... qu'ils aient laissé euh, les trains... enfin, les inscriptions sur les trains...«

Fernand L.: »Ça, je l'ai pas vu, moi. Je crois que, sur notre train, je crois pas qu'il y ait eu d'inscriptions. Je me souviens pas trop.«

Von den Kräften, die hier am Werke sein können, seien nur die naheliegendsten genannt: Rechtfertigungsstrategien im Lichte des inzwischen Geschehenen und vom eigenen aktuellen Standpunkt aus[40], der unbewußte Wunsch nach Identifizierung mit einer gesellschaftlich anerkannteren Rolle, wie in diesem Fall[41], *ex-post*-Entwürfe von Kohärenz in der eigenen Lebensgeschichte und die Reorganisation der Erinnerung entlang dieser Sinngebung [42], Identifikation oder Distanzierung in bezug auf institutionalisierte Erinnerung (Öffentlich-

40 »Il faut être attentif à la fragilité de la mémoire, mais aussi à la ›relecture‹ des événements passés par les individus... en bref deviner ›d'où ils parlent‹« (Histoire et Temps présent. Journée d'études des correspondants départementaux, 28–29 nov. 1980. Comité d'Histoire de la Seconde Guerre mondiale et IHTP, Paris o.J., S. 126f.). Vgl. vor allem auch das von Becker detailliert entfaltete Problem des *»handicap de l'a posteriori«*. Das Bedürfnis, nachträglich auf der richtigen Seite gestanden zu haben (»avoir été du bon côté«), spielt dem Erinnerungsvermögen auch gegen den Willen des Betroffenen manchmal böse Streiche. Vgl. Jean-Jacques BECKER, Le handicap de l'a posteriori, in: Questions à l'Histoire Orale (wie Anm. 9) S. 97.

41 Immerhin gehören diese Abschiedsszenen zu den ganz wenigen Schnittpunkten der kollektiven Erinnerungen von ehemaligen Zwangsarbeitern einerseits und den Widerstandskämpfern andererseits, die eine soviel größere gesellschaftliche Anerkennung im Nachkriegsfrankreich erhielten als die bis heute als Feiglinge, wenn nicht als halbe Kollaborateure verachteten S.T.O. Zur Nachkriegsgeschichte und den Vektoren dieser schwierigen Erinnerung vgl. Helga BORIES-SAWALA (wie Anm.*) S. 599ff.

42 Dies bezeichnet Bourdieu sehr treffend als *»Illusion biographique«*. Überzogen scheint mir jedoch sein Vorwurf, jedenfalls, wenn damit die Historiker der »mündlichen Geschichte« gemeint sein sollen, daß der »Biograph« zum Komplizen der Illusionen wird, die der Zeitzeuge ihm durch nachträglich konstruierte Lebenskohärenz suggeriert: »Cette inclination à se faire l'idéologue de sa propre vie en sélectionnant, en fonction d'une intention globale, certains événements *significatifs* (Hervorhebung im Original) et en établissant entre eux des connexions propres à leur donner cohérence, comme celles qu'implique leur institution en tant que causes ou, plus souvent, en tant que fins, trouve la complicité naturelle du biographe que tout, à commencer par ses dispositions de professionnel de l'interprétation, porte à accepter cette création artificielle de sens«, BOURDIEU (wie Anm. 21) S. 69. Niethammer entgegnet in einem Kommentar, wie ich meine, zu Recht: »Die Gleichsetzung des Charakteristikums einer Quelle – hier der narrativen Sinnproduktion – mit dem der historischen Praxis ihrer Bearbeitung und Interpretation unterschlägt zumindest jene Distanzen, deren Wahrnehmung zu einem der wichtigsten historischen Arbeitsinstrumente gehört. Diese Unterschlagung wird nicht besser, wenn sie als Delikt des Komplizentums auf den Gegner projiziert wird. In der massenbiographischen oder in der Oral-Histroy-Forschung besteht das Ziel des Historikers doch nicht darin, die Sinnkonstruktion der Quelle durch Nacherzählung zu verstärken oder schlüssiger zu machen, sondern ihre konstruktiven Elemente, ihre Erfahrungsabhängigkeit und einen Pluralismus einschlägiger Typen herauszupräparieren und durch diese Verfremdungen ihren naiven Sinntransfer in der kulturellen Kommunikation zu destruieren.« NIETHAMMER (wie Anm. 21) S. 91f. Vgl. zu dieser Debatte Anm. 21.

keit, Medien, Verbände)[43], dies alles, wohlgemerkt, ohne die subjektive Wahrhaftigkeit des Zeitzeugen in Abrede zu stellen.

Ein entscheidender Schritt trennt schließlich die Erinnerung, wie sie im Bewußtsein des Zeitzeugen zu dem Zeitpunkt der Befragung existiert, vom Endprodukt: dem Text des Interviews. Ganz offensichtlich wird das Ergebnis je nach narrativer Kompetenz des Zeitzeugen ein anderes sein und auch je nachdem, ob es sich um eine schon häufig erzählte »Geschichte« handelt, die bis in die Ausdrucksweise »erstarrt« ist, oder um gerade aufgebrochene latente Erinnerungsschichten, die ihre Form erst suchen[44]. Unbestreitbar ist auch der Einfluß narrativer Traditionen, der nicht nur die Form des Erzählens betrifft, sondern manchmal auch Handlungsabläufe[45]. Im günstigen Falle kann aber auch die Interviewsituation eine Erinnerung aus dem eingefahrenen Schema herausholen und sogar die Begrenzung durch institutionalisierte Erinnerung überwinden helfen[46], sowie im übrigen die Befragung selbst Lernprozesse und Bewußtseinsveränderungen bewirken kann, die die Erinnerung verändern[47].

Ganz wesentlich hängt das, was der Zeitzeuge »zu Protokoll« gibt, schließlich auch von der Bedeutung ab, die die Interviewsituation in seinen Augen hat, und vom eigenen Rollenverständnis: geht es ihm darum, Zeugnis abzulegen, um für sich – und möglicherweise stellvertretend für andere – »Gerechtigkeit vor der Weltgeschichte« einzufordern, oder hält er den eigenen Beitrag womöglich für ganz uninteressant und wundert sich über das Interesse der »Institution Geschichte« gerade an seiner Person?

Wer wollte schließlich über die Wirkungen hinwegsehen, die sich aus der Interviewsituation selbst ergeben? Weder sind die äußeren Umstände: der Ort, die noch anwesenden Personen, das möglicherweise als störend empfundene Tonband usw. belanglos, noch die konkrete Interaktion mit dem Interviewer, dessen »Fragetechnik«, Geduld und Sensibilität[48]. Vor allem aber bekommen unweigerlich nie zwei Interviewer genau das gleiche zu hören[49]: eine Frau andere Dinge als ein Mann, ein Außenstehender manchmal mehr als ein persönlicher Bekannter – die Liste ließe sich beliebig fortsetzen[50].

43 Vgl. u.a. auch VOLDMAN (wie Anm. 26) S. 59, VEILLON, Technique de l'entretien historique, in: La bouche de la vérité? (wie Anm. 24) S. 119. Die Untersuchung von HERBERICH-MARX, RAPHAEL (wie Anm. 36) über die elsässischen »Malgré-Nous« fördern eine ähnliche, vielfach gebrochene Erinnerung dieser Gruppe zu Tage, eine »mémoire occultée«, wie sie auch bei den ehemaligen STO-Zwangsarbeitern existiert.

44 Vgl. dazu auch MANN, Validitätsprobleme retrospektiver Interviews, in: BOTZ, WEIDENHOLZER (wie Anm. 9) S. 364f.

45 Vgl. JOUTARD, der an Beispielen aus Südfrankeich Analogien zu Märchenstrukturen in der erinnerten Handlung nachweist (wie Anm. 9) S. 237f.

46 JOUTARD (ibid. S. 172f.) zitiert einen solchen Fall: »L'entretien oral lui avait fait oublier sa mémoire institutionnelle.«

47 »Après l'enquête, l'interviewé n'est plus le même qu'avant«, JOUTARD (wie Anm. 9) S. 205. Vgl. auch: BOTZ (wie Anm. 13) S. 31f. In einem Fall hatte sich auch bei meinen Befragungen die Auffassung eines Zeitzeugen noch innerhalb des gleichen Interviews manifest verändert: zunächst vertrat er hinsichtlich des Streits um den Anspruch auf die Bezeichnung »*déporté*« die »harte Linie« der Verbandsführung, um am Schluß des Interviews im Gegensatz dazu dezidiertes Verständnis für den Alleinanspruch der aus politischen und rassischen Gründen Deportierten auf diese Bezeichnung zu äußern.

48 Vgl. auch: RIOUX, L'Histoire orale en France. Ses difficultés, ses enjeux, ses apports, in: Mémoire de la guerre et occultations, Mémor, Bulletin d'information 5 (1983) S. 15ff.; NIETHAMMER (wie Anm. 29) S. 399.

49 »On se demande ainsi (...) si le témoin n'a pas plusieurs discours, c'est-à-dire plusieurs histoires qu'il énoncerait, distinctement et consciemment, à différents interlocuteurs potentiels.« Sylvie VAN DE CASTEELE-SCHWEITZER, Danièle VOLDMAN, Historiens et témoins, in: IVe Colloque international d'histoire orale (wie Anm. 30) S. 76.

50 Vgl. JOUTARD (wie Anm. 9) S. 195 und PESCHANSKI (wie Anm. 36) S. 48f.

Gerade die Tatsache, daß der Historiker direkt in den Entstehungsprozeß seiner Quelle involviert ist und sich seine eigenen Quellen schafft[51], erscheint den Skeptikern als eines der gewichtigsten Argumente gegen die Zulässigkeit eines solchen Verfahrens in der Geschichtswissenschaft[52]. »Pouvant redéfinir et moduler ses curiosités au gré de son interlocuteur, l'historien créateur de ses propres archives est responsable de richesses documentaires qu'il pressent inépuisables.«[53]

Noch wenig bedacht, aber in Zukunft immer relevanter ist schließlich der Fall, daß spätere Historiker von anderen zusammengetragene und produzierte Sammlungen von Zeitzeugenberichten als Quelle benutzen, ohne die genauen Entstehungsbedingungen zu kennen[54].

Fazit: Gemessen an den Objektivitätskriterien der Sozialwissenschaften positivistischer Ausrichtung muß die Validität mündlicher Quellen angesichts der nicht isolierbaren subjektiven Kräfte, die sie konstituieren und fortwährend auf sie einwirken, als ebenso mangelhaft erscheinen, wie ihr Aussagewert, wenn man diesen auf die wahre oder falsche Abbildung historischer Realität reduziert (die es aber gar nicht geben kann):

»Il problema della memoria è stato spesso posto come problema di credibilità o fallacia del ricordo rispetto a una realtà sociale data. Il difetto in tale impostazione è un concetto della realtà sociale che ne espunge le interpretazioni soggettive, cui fa da correlato un ideale normativo della soggettività ›giusta‹ come specchio fedele dell'esistente.«[55]

Die im Zeitzeugeninterview entstandene Quelle läßt sich vielmehr treffend so definieren: »Le discours de l'interviewé ou de l'informateur n'est pas une donnée, c'est une construction, dans laquelle les éléments arrachés à l'expérience vécue sont formulés, ordonnés, réinterprétés par la mémoire pour présenter un discours cohérent. L'entretien n'est ni le vécu lui-même, par essence inaccessible, ni la vérité de ce vécu. Il constitue la traduction verbale (dont la forme est liée, entre autres, à toutes les valeurs d'une culture) d'un vécu ancien, sur lequel la mémoire a travaillé.«[56]

Aus dieser Definition, über deren wesentliche Punkte Skeptiker und Befürworter des Einbezugs mündlicher Quellen wohl einer Meinung sind, lassen sich nun unterschiedliche Schlußfolgerungen ziehen: was für die einen Grund genug ist, vor mündlichen Quellen zu warnen, und sie allenfalls in Ermanglung von schriftlichen zuzulassen, ist für andere nur der notwendige Abschied von schädlicher Naivität und Anlaß, die Aufgaben des Historikers im Umgang mit solchen Quellen besser zu definieren.

Wenn sich also offensichtlich Objektivität auf dem Wege der Subtraktion aller subjektiven Faktoren nicht herstellen läßt – es bliebe dabei nichts mehr übrig – kann der Weg zu dennoch aussagekräftigen Ergebnissen nur über das Akzeptieren ihres subjektiven Charakters führen. Damit soll keineswegs eine Einladung zu unkontrollierten Spekulationen ausgesprochen werden, vielmehr die Erkenntnis, daß das forschende Subjekt hier ganz offensichtlich Teil des Forschungsprozesses ist, eine Sichtweise, mit der die übrigen Humanwissenschaften schon länger zu leben gewöhnt sind[57], aber auch Naturwissenschaften wie

51 »Pour la première fois, l'historien construit lui-même sa source. Il peut même la démultiplier à l'infini. Il suffit d'interroger.« RIOUX (wie Anm. 48) S. 15.

52 Vgl. BECKER (wie Anm. 40). Er spricht von »archive provoquée« (S. 95).

53 CASTEELE-SCHWEITZER, VOLDMAN (wie Anm. 49) S. 75.

54 Dies ist mittlerweile schon Praxis: Angela SCALI aus Siena bearbeitet die Sammlung von Prof. CLEMENTE im Istituto Storico della Resistenza in Piemonte, im IHTP existieren umfangreiche »archives orales«, die Archives Nationales haben schließlich eigene Richtlinien mit einem Minimum an Anforderungen für die Archivierung angelegt. (Le témoignage oral aux archives. De la collecte à la communication, Paris, Archives Nationales, 1990) Auch die Interviews aus meiner eigenen Untersuchung stehen im Bremer Staatsarchiv anderen zur Verfügung.

55 PASSERINI (wie Anm. 15) S. 105.

56 SCHNAPPER (wie Anm. 26) S. 659.

57 Vgl. Ibid. S. 658.

die Physik sich angefreundet haben, die auch von der Illusion der »neutralen« Beobachterrolle Abschied nehmen mußte[58].

An dieser Stelle sind auch einige Bemerkungen zu den schriftlichen Quellen angebracht, denen gegenüber die mündlichen Quellen manchem als Hort der Subjektivität erscheinen. Welche Quellen überliefert sind und welche nicht, was überhaupt Eingang in Archive findet und was nicht, ist aber schon für frühere historische Epochen in hohem Maße abhängig von der Überlieferungs-Chance und dem – gleichzeitig blind und unproportional – selektierenden Zufall[59]. In unserem Zeitalter der Schriftlichkeit ist vor allem das »Aussonderungs- und Wertungsverfahren« der Archivare bestimmend für die Auswahl an Dokumenten, die künftige Historiker vorfinden, und die Kriterien für das, was einer jeweiligen Epoche als überlieferungswürdig gilt, sind ebenso wie die Geschichtswissenschaft als Ganze unweigerlich einem Wandel der Auffassungen unterworfen[60]. Daß auch die Auswahl, Interpretation und Verwendung schriftlicher Quellen der Subjektivität des Historikers unterliegt, der seine Aussagen auf sie stützt[61], gilt angesichts der gewahrten intersubjektiven Überprüfbarkeit in Archiven noch nicht als Beeinträchtigung der Objektivität.

Sehr viel weniger kritisch wurde aber vor der Debatte um die mündlichen Quellen danach gefragt, welche Art Dokumente überhaupt Eingang in Archive finden und ob nicht aus dem selektiven Ausschnitt, den sie notwendigerweise von der Wirklichkeit darstellen, bedenkliche Verzerrungen erwachsen können[62]. Es stimmt zwar, daß das Zeitzeugeninterview stets und von Anfang an als Quelle produziert wird, im Gegensatz zu den im historischen Prozeß selbst entstandenen überlieferten Quellen, die meist anderen Zwecken dienten[63]. Aber erstens macht die Beliebigkeit ihres Entstehensprozesses solche überlieferten Quellen nicht freier von Subjektivität und zweitens ist auch unter ihnen manches Dokument sehr wohl mit dem Blick auf die Nachwelt entstanden, also »archive fabriquée volontairement«[64]. Ja, daß Subjektivität und Intentionalität der überlieferten Quellen nicht mehr direkt aus dem Kontext ihrer Entstehung beleuchtet werden können, ist eher ein Nachteil gegenüber der im Forschungsprozeß und unter dem Historiker gut bekannten Bedingungen entstandenen mündlichen Quelle. Lediglich die Authentizität der überlieferten Quelle, ihre Datierung in der untersuchten Periode, ist ein unbestrittener Vorteil: sie ist frei vom »*Ex-Post*-Effekt«.

58 Vgl. JOUTARD (wie Anm. 9) S. 202.

59 Vgl. hierzu Arnold ESCH, Überlieferungs-Chance und Überlieferungs-Zufall als methodisches Problem des Historikers, in: ESCH (wie Anm. 35) S. 39ff.

60 Vgl. ibid S. 65.

61 »Nicht alles, was überliefert ist, wird vom Historiker auch entsprechend zur Kenntnis genommen; was er nicht zur Kenntnis nimmt, ist so gut wie nicht überliefert« (ibid. S. 64). ESCH fordert daher die Historiker auf, nicht der Quellengläubigkeit zu verfallen, »der Versuchung zu widerstehen, sich ganz von seinen Quellen leiten zu lassen, sich selbst und den Gutachtern als ›case study‹, als ›exemplarisch‹ auszugeben, was doch einfach nur *übrig* geblieben ist: das erinnert an Kinder, die um den Zufallstreffer herum nachträglich die Zielscheibe malen« (ibid. S. 68).

62 »Nimmt man beispielweise die Gestapo-Akten, um den Widerstand im Nationalsozialismus zu erforschen, so geraten all jene ins Blickfeld, die mit dem nationalsozialistischen Staat in Konflikt gekommen sind, was zu einer Überbetonung des Widerstands, eventuell sogar des Widerstands innerhalb der Arbeiterschaft führte. Außerdem sind auch diese Akten von Beamten mit bestimmten Interessen und Haltungen geschrieben worden, die Aussagen protokollierten, die ebenfalls in ganz spezieller Situation mit speziellen Ängsten und Interessen gemacht wurden, die quellenkritisch zu hinterfragen sind«, schreibt v. PLATO (wie Anm. 12) S. 105 und schließt die berechtigte Bemerkung an: »Es erstaunt manchmal, wie sehr die subjektive Seite der ›klassischen‹ Quellen in der Quellenkritik übersehen, wie sehr sie aber in den mündlichen Quellen kritisiert wird« (ibid., Anm. 25). Ähnliche Verzerrungen bei alleiniger Heranziehung schriftlicher Quellen weist auch BOTZ (wie Anm. 13) S. 28 nach.

63 Vgl. Ibid. S. 31; VEILLON (wie Anm. 43) S. 116.

64 JOUTARD (wie Anm. 9) S. 195.

Von den Schlußfolgerungen, die sich aus dem Gesagten als quellenkritische Anforderungen ergeben, möchte ich vor allem zwei festhalten, von denen mir die erste allgemeine Gültigkeit zu haben scheint, die andere den Spezifika der mündlichen Quellen Rechnung trägt:

Erstens gilt es an den vernünftigen Grundsatz zu erinnern, daß eine Quelle allein viel weniger Aussagekraft enthält, als der kritische Abgleich mehrerer Quellen möglichst unterschiedlicher Provenienz[65]. Dabei wird niemand bezweifeln, daß der Bezug auf schriftliche Quellen, soweit vorhanden, schon bei der Vorbereitung von Zeitzeugeninterviews, aber auch bei ihrer Auswertung unabdingbar ist, schon allein, um das notorische Defizit an chronologischer Präzision[66], wie sie die Interviews aufweisen, auszugleichen, aber auch, um zwischen »Dichtung und Wahrheit« in Bezug auf Fakten mehr Entscheidungshilfe zu bekommen.

Aber auch umgekehrt kann der Rekurs auf mündliche Quellen nötig sein, um zu den Ergebnissen aus dem bloßen Studium schriftlicher Dokumente die notwendige Ergänzung zu erhalten[67]. Zuweilen können sogar schriftliche Dokumente durch mehrere plausible und übereinstimmende mündliche Aussagen widerlegt werden[68]. Wichtige Aspekte, wie z.B. die *Résistance*, aber auch mündlich gegebene *consignes de vote* schließlich finden gar keinen schriftlichen Niederschlag[69].

Zweitens erfordert die Interpretation mündlicher Quellen nicht nur ein ebenso kritisches Herangehen wie die schriftlicher Quellen, sondern eine spezifische Methode[70]. Eine der wichtigsten Anforderungen an einen adäquaten Umgang mit den mündlichen Quellen ist dabei das Bewußtsein über die besondere Genese dieser Quelle und die damit verbundenen Validitätsprobleme im allgemeinen, und im besonderen die Beachtung des komplexen Verhältnisses zwischen Zeitzeugen und Historiker[71].

65 Jean-Pierre RIOUX in: Questions à l'Histoire Orale (wie Anm. 9) S. 106. PESCHANSKI steht mit seiner Auffassung allein, gerade die Benutzung der Zeitzeugeninterviews als eine Quelle unter anderen sei besonders gefährlich, vgl. PESCHANSKI (wie Anm. 36) S. 49.

66 »Une des formes du caractère non institutionnel de la mémoire orale est sa relative insensibilité aux grands événements qui scandent la vie des peuples.« JOUTARD (wie Anm. 9) S. 174. Daher gerät hier häufig die Erinnerung aus dem Ruder: »On connaît bien maintenant la façon dont la mémoire orale collective bouscule la chronologie en établissant des rapprochements audacieux dans le temps, en superposant des événements ou des situations, ou en confondant purement et simplement dans un même regard des moments différents du passé.« Jean-Claude BOUVIER, Oralité de la mémoire, in: Croire la mémoire? (wie Anm. 16) S. 16.

67 »On imagine mal un travail d'histoire contemporaine qui s'appuierait uniquement et exclusivement sur des sources écrites.« Gerhard BOTZ, Michael POLLAK, Le rôle d'un récit biographique dans le travail d'historien, in: IVe Colloque international d'histoire orale (wie Anm. 30) S. 313. »L'histoire orale donne le petit détail qui frappe, qui fait comprendre, qui relativise, qui nuance par rapport à l'histoire traditionnelle. Bien souvent, il vous permet de relire autrement votre documentation écrite«, RIOUX (wie Anm. 47) S. 18.

68 So im Falle von Gestapo-Akten in einer Untersuchung von MANN (wie Anm. 44) S. 367, bei der mündliche Quellen »auch umgekehrt der Überprüfung der Informationen in den Behördenakten« dienen konnten. JOUTARD zeigt am Beispiel einer schriftlichen Legendenbildung um die erste Mont-Blanc-Besteigung ebenfalls das kritische Potential mündlicher Quellen auf. Dabei erweist sich die Untersuchung der Frage, warum die Erstbesteigung einer bestimmten Person abgesprochen oder warum eine falsche Chronologie etabliert wird, als aufschlußreicher als die Retablierung der puren Fakten. Philippe JOUTARD, Les erreurs de la mémoire, nouvelle source de vérité, in: Croire la mémoire? (wie Anm. 16) S. 61ff.

69 JOUTARD (wie Anm. 9) S. 167ff.

70 Die Erinnerung als Quelle »peut et doit être traitée par l'historien comme une source ordinaire, à la condition... qu'il invente une méthodologie particulière, adaptée aux objectifs de sa recherche.« Robert FRANK, La mémoire et l'histoire, in: La bouche de la vérité? (wie Anm. 24) S. 65.

71 Vgl. Abb. 1.

Die mündliche Quelle ist in ihrer Entstehung auf einen erfolgreichen Kommunikationsprozeß zwischen Historiker und Zeitzeugen angewiesen, der die Kontaktaufnahme und Auswahl der Gesprächspartner durch den Historiker, die Einwilligung des Zeitzeugen und ein (möglichst) ergiebiges Gespräch umfaßt. Schwierig und konfliktträchtig ist aber vor allem der darauf folgende Schritt der Auswertung und Interpretation der Quelle[72], die dem Historiker eine Gratwanderung abverlangt: einerseits muß er Solidarität oder gar Identifikation mit dem Zeitzeugen vermeiden und darf die kritische Distanz, aus der heraus eine Auswertung der Quelle überhaupt erst möglich wird, nicht aufgeben. Andererseits käme es einem Bruch des der Interviewsituation zugrundeliegenden Vertrauensverhältnisses gleich, wenn der Historiker den Zeitzeugen im nachhinein zum bloßen Lieferanten einer Quelle degradierte, mit der er nach Belieben umspringen könnte: »On lui laisse entendre qu'il est acteur de l'histoire et que sa mémoire est signifiante alors que l'enquêteur le dépossédera plus tard de tous ces droits dont il l'a revêtu en écrivant à sa place le sens de son témoignage.«[73]

Bei allem Respekt vor dem Autor seiner Quelle darf der Historiker sich aber der Freiheit nicht begeben, sie nach den Regeln seiner Kunst auszuwerten, oder sich gar diese Aufgabe vom Zeitzeugen aus der Hand nehmen lassen. Diese »Distanzierungsarbeit«, während derer sich, um mit Nora zu sprechen, »l'histoire s'arrache à la mémoire«[74] ist nicht immer einfach. Aber als Quelle nimmt die Erinnerung nur ernst, wer sie nicht »heiligt«: »Ce n'est pas faire offense à nos interlocuteurs ni les mépriser que de soumettre leurs propos à une analyse serrée, c'est au contraire leur accorder le statut de témoins à part entière.«[75]

Erinnerung als Gegenstandsbereich von Geschichte

Auf der Grundlage einer klaren begrifflichen Trennung zwischen Geschichte und Erinnerung läßt sich somit ein neuer Gegenstandsbereich definieren: Erinnerung kann selbst zum Objekt von Geschichte werden[76]. In dieser Perspektive wird eine »histoire objective de la subjectivité« (Robert Frank), eine »Erfahrungsgeschichte« (Lutz Niethammer) möglich, innerhalb derer die zuvor als Störungen der Validität dargestellten Charakteristika der mündlichen Quellen im Gegenteil besondere Aussagekraft erhalten:

»Dès lors que l'on se place aussi dans cette seconde logique, l'a posteriori de la source orale et le jeu sur les trois temporalités ne sont plus des handicaps, mais au contraire des avantages, puisque ce laps de temps entre le passé raconté et le présent, en fonction éventuellement de l'avenir, est la matière même de l'étude. Que la source orale soit provoquée ne constitue plus un inconvénient non plus, loin de là, car la mémoire a besoin d'être réveillée, et l'intersubjectivité entre l'enquêteur et le témoin devient une saine et féconde interactivité entre l'historien et la mémoire dont il se propose de faire l'histoire.«[77]

In diesem Zusammenhang werden auch die in den Interviews enthaltenen Mythen[78] von Ärgernissen zu interpretierbaren und aufschlußreichen Momenten der Erinne-

72 Vgl. auch JOUTARD (wie Anm. 9) S. 207: »La difficulté, avec celui qui est souvent devenu d'une certaine façon un ami, ne se posera donc pas au moment de la constitution du document oral mais au moment de son analyse et de son utilisation dans une synthèse.«

73 RIOUX, Individu, mémoire, histoire, In: Croire la mémoire? (wie Anm. 16) S. 76.

74 NORA (wie Anm. 1) S. XVIII.

75 JOUTARD (wie Anm. 9) S. 220

76 Vgl. dazu NIETHAMMER (wie Anm. 29) S. 396ff.; PLATO (wie Anm. 12) S. 96ff. und Robert FRANK, La mémoire empoisonnée, in: AZÉMA, BÉDARIDA (wie Anm. 38) S. 485f.

77 FRANK, La Mémoire et l'histoire, in: La bouche de la vérité? (wie Anm. 24) S. 67f.

78 Von PASSERINI (wie Anm. 15) S. 191, unter Berufung auf Barthes wie folgt definiert: »una falsa natura che ha perso memoria del processo con cui è stata costruita e che respinge ogni tentativo di rammemorare il travaglio della creazione.«

rung[79]. Gerade solche historischen Forschungsergebnisse gehören zu den interessantesten, die sich mit subjektiver Wahrnehmung und Erfahrungen, mit Mythen, die geschichtswirksam werden können, und Lebensgeschichten beschäftigen. Nicht immer liegt die Subjektivität der herangezogenen Quellen in mündlichen Interviews: Ariès verdankt viele Einsichten in das Familienleben des *Ancien Régime* der Malerei[80], Flandrin untersucht die *Amours paysannes* anhand von überlieferten *dictons*[81], die Geschichte des Bastille-Symbols verwendet – wie sollte es auch anders sein – Belege voller Mythen[82] und schließlich ist so mancher Artikel aus der monumentalen Sammlung von Nora Zeugnis davon, daß *Mnemosyne Clio* untertan ist und nicht umgekehrt.

Das kritische Potential von Geschichte zeigt sich bisweilen auch in der Gegenprobe. 1989 rief Europa *Clio* zu sich, sprich: die Europäische Union eine Schar von 85 Historikerinnen und Historikern aus vielen Ländern ihres Reiches: es sei ihr zu Ohren gekommen, *Clio* könne Stroh zu Gold spinnen, sprich: der von oben gewollten europäischen Einigung eine mentalitäre Legitimation und damit populären Unterbau verschaffen, indem sie sich auf die Spur europäischer Identifikationsprozesse begebe[83]. Die Arbeitsgruppen z.B. zur Rolle der politischen und wirtschaftlichen Eliten, zum Einfluß von Migrationsbewegungen und Krieg, aber auch von Konsummodellen oder den »Meeren« bemühten sich redlich und förderten manches ansehnliche Untersuchungsergebnis zutage, aber die europäische Identität vermochten sie so nicht auszumachen. Sie antworteten generell im Pluralis: als übergreifendes europäisches Erbe würde empfunden, was die einzelnen Nationen durchaus nicht (oder nicht mehr) eine: die christlich-abendländische Kultur – die europäische Aufklärung – die Errungenschaften der französischen Revolution – parlamentarische Demokratie und Liberalismus, Marxismus. Eine supranationale europäische Identität nach dem Modell der alten Nationalstaaten zu konstruieren: dieser teleologische Ansatz mußte scheitern. »*Mi-prêtres, mi-soldats*« wollten die Historiker auch für eine gute Sache nicht mehr sein[84].

Zurück zu unserer Ausgangsfrage. Ich plädiere dafür, *Mnemosyne* herunterzuholen von ihrem Podest als Göttin. Dann aber verdient sie unsere Wertschätzung und darf als respektierlich gelten – ihr Zeugnis, mit luziden Augen gelesen, ist allemal der Mühe wert.

79 Vgl. die Schlüsse, die NIETHAMMER aus dem überrepräsentierten Bild von »überraschend freundlichen« schwarzen US-Soldaten in der Erinnerung Deutscher an die Befreiung 1945 zieht (wie Anm. 29) S. 414f. oder, als französisches Pendant, das Bild von amerikanischen Soldaten, die als Befreier kamen und in der Erinnerung von Zeitzeugen abgeschnittene Ohren von Deutschen am Gürtel getragen haben sollen, bei JOUTARD, der die Frage anschließt: »Faut-il d'ailleurs parler d'une anecdote fausse, n'est-ce pas plutôt un langage symbolique qui doit être analysé comme tel?« (wie Anm. 9) S. 233f.

80 Philippe ARIES, L'enfant et la vie familiale sous l'Ancien Régime, Paris 1973.

81 Jean-Louis FLANDRIN, Les amours paysannes, Paris 1977.

82 Hans Jürgen LÜSEBRINK, Rolf REICHARDT, Die Bastille. Zur Symbolgeschichte von Herrschaft und Freiheit, Frankfurt/Main 1990.

83 René GIRAULT (Hg.), Identité et conscience europénnes au XXe siècle, Paris 1994.

84 Vgl. Kommentar von Nicolas ROUSSELIER, in: Vingtième siècle 42 (1994) S. 106ff.

Ulrich Lappenküper

NEUE QUELLEN UND FORSCHUNGEN ZU DEN DEUTSCH-FRANZÖSISCHEN BEZIEHUNGEN ZWISCHEN »ERBFEINDSCHAFT« UND »ENTENTE ÉLÉMENTAIRE« (1944–1963) UND IHREN INTERNATIONALEN RAHMENBEDINGUNGEN*

In der europäischen Staatengeschichte kam den deutsch-französischen Beziehungen im zurückliegenden Millennium stets eine besondere Rolle zu. Über Jahrhunderte von der Wechselwirkung von Anziehung *und* Ablehnung geprägt, wurden sie seit dem Waffengang von 1870/71 durch die Ideologie einer weit in die Vergangenheit zurückprojizierten »Erbfeindschaft« belastet, die im Zweiten Weltkrieg ihre katastrophale Entladung erfuhr. Wenngleich das Verhältnis der ›historischen Zwillinge‹ Deutschland und Frankreich nach diesem Tiefpunkt gleichsam zwangsläufig neue Gestalt gewinnen mußte, mutet die im Zeichen einer neuen Kräfteverteilung im Mächtekonzert zwischen 1949 und 1963 vollzogene

* Zugleich Besprechung von: [Konrad] Adenauer, Briefe 1953–1955, bearb. von Hans Peter Mensing, Berlin (Siedler) 1995, XVIII–618 S. (Rhöndorfer Ausgabe); [Konrad] Adenauer, Teegespräche 1961–1963, bearb. von Hans Peter Mensing, Berlin (Siedler) 1992, XIII–700 S. (Rhöndorfer Ausgabe); Francis De Baecque, René Coty, tel qu'en lui-même, Paris (Editions STH) 1991, 314 S.; Gérard Bossuat, La France, l'aide américaine et la construction européenne 1944–1954, 2 Bde., Paris (Imprimerie Nationale) 1992, XX–1042 S.; Christian Bougeard, René Pleven. Un Français libre en politique, Rennes (Presses Universitaires de Rennes) 1994, 473 S.; Eckart Conze, Die gaullistische Herausforderung. Die deutsch-französischen Beziehungen in der amerikanischen Europapolitik 1958–1963, München (Oldenbourg) 1995, 340 S.; Pierre Gerbet, La construction de l'Europe, 2., überarb. Aufl., Paris (Imprimerie Nationale) 1994, 559 S. (Notre siècle); Christian Hacke, Weltmacht wider Willen. Die Außenpolitik der Bundesrepublik Deutschland, Aktualisierte und erweiterte Neuausgabe, Frankfurt/M., Berlin (Ullstein) 1993, VII–683 S.; Wolfgang Hölscher (Bearb.), Die SPD-Fraktion im Deutschen Bundestag, Sitzungsprotokolle 1957–1961, Düsseldorf (Droste) 1993, XCI–607 S. (Quellen zur Geschichte des Parlamentarismus und der politischen Parteien, 4. Reihe: Deutschland seit 1945, 8/II); Christoph Hoppe, Zwischen Teilhabe und Mitsprache: Die Nuklearfrage in der Allianzpolitik Deutschlands 1959–1966, Nuclear History Program (NHP), Baden-Baden (Nomos) 1993, 411 S. (Internationale Politik und Sicherheit, 30/2); Dietmar Hüser, Frankreichs »doppelte Deutschlandpolitik«. Dynamik aus der Defensive – Planen, Entscheiden, Umsetzen in gesellschaftlichen und wirtschaftlichen, innen- und außenpolitischen Krisenzeiten 1944–1950, Berlin (Duncker & Humblot) 1996, 791 S. (Dokumente und Schriften der Europäischen Akademie Otzenhausen, 77); Hermann Kusterer, Der Kanzler und der General, Stuttgart (Neske) 1995, 490 S.; Eckart Lohse, Östliche Lockungen und westliche Zwänge. Paris und die deutsche Teilung 1949 bis 1955, München (Oldenbourg) 1995, 206 S. (Studien zur Zeitgeschichte, 46); Klaus A. Maier, Bruno Thoss (Hg.), Westintegration, Sicherheit und deutsche Frage. Quellen zur Außenpolitik in der Ära Adenauer 1949–1963, Darmstadt (Wissenschaftliche Buchgesellschaft) 1994, XVI–331 S. (Ausgewählte Quellen zur deutschen Geschichte der Neuzeit, Freiherr vom Stein-Gedächtnisausgabe, 42); Reiner Marcowitz, Option für Paris? Unionsparteien, SPD und Charles de Gaulle 1958 bis 1969, München (Oldenbourg) 1996, VIII–316 S. (Studien zur Zeitgeschichte, 49); Heinrich Potthoff (Bearb.), Die SPD-Fraktion im Deutschen Bundestag, Sitzungsprotokolle 1961–1966, Düsseldorf (Droste) 1993, 2 Halbbde., CLXXI–1135 S. (Quellen zur Geschichte des Parlamentarismus und der politischen Parteien, 4. Reihe: Deutschland seit 1945, 8/III); Reinhard Schiffers (Bearb.), FDP-Bundesvorstand, Die Liberalen unter dem Vorsitz von Erich Mende, Sitzungsprotokolle 1960–1967, Düsseldorf (Droste) 1993, CI–813 S. (Quellen zur Geschichte des Parlamentarismus und der politischen Parteien, 4. Reihe: Deutschland 1945, 7/III); Rolf Steininger, Jürgen Weber, Günter Bischof u.a. (Hg.), Die doppelte Eindämmung, Europäische Sicherheit und deutsche Frage in den Fünfzigern, München (v. Hase & Koehler) 1993 (Tutzinger Schriften zur

Entwicklung hin zu einem »linchpin«[1], zur »Entente élémentaire«[2], doch wie ein politisches Wunder an. Ohne bereits ein überzeugendes Gesamtbild präsentieren zu können, liefern neue Forschungen eine Reihe von wichtigen Erkenntnissen und Teilantworten zu der Frage, wie es zu dieser fundamentalen Neubestimmung kam.

Der Zweite Weltkrieg hatte die Grundlagen des Verhältnisses zwischen den beiden Nachbarn radikal verändert. Der Alte Kontinent verspielte seine auf ökonomischer, technologischer und militärischer Überlegenheit basierende Vormachtstellung, dankte als Beherrscher der Welt ab. Auch Frankreich, eine der bisherigen Großmächte, nahm nurmehr einen minderen Rang ein. Dieser Abstieg wurde freilich von der Tatsache verdeckt, daß ihm die Alliierten nachträglich ein Mitspracherecht für Deutschland als Ganzes und einen Sitz im UNO-Sicherheitsrat zugestanden. Die formal gewährte Gleichberechtigung entsprach indes keineswegs seinem tatsächlichen Machtpotential. Obwohl innerlich von Okkupation, Kollaboration und Erniedrigung durch Hitler-Deutschland geschwächt, auf amerikanische Hilfe angewiesen, wollte sich die Grande Nation aber nicht mit einem Status minor begnügen. Zum einen sollte der Ruhm einer nicht nur europäischen Großmacht einen Ausgleich für die Demütigung von 1940 und die Periode von Vichy schaffen; zum anderen zwang die Ungewißheit über die Zukunft des östlichen Anrainers dessen Schicksal mitzubestimmen.

Über die Pariser Deutschlandpolitik der ersten Nachkriegszeit herrschte in der historischen Forschung bis in die achtziger Jahre hinein weitgehender Konsens: Frankreich habe nach 1944 eine rein destruktive Konzeption verfolgt, eine von de Gaulle geprägte und von Bidault fortgesetzte Neuauflage traditioneller französischer Sicherheitsvorstellungen. Erst aufgrund der Polarisierung der internationalen Lage und wachsenden Drucks seitens der USA habe es seine illusionäre Besatzungspolitik revidiert und sei auf die liberalere anglo-amerikanische Linie eingeschwenkt. Nach der Moskauer Außenministerkonferenz im März/April 1947, noch entschiedener nach der Londoner Sechs-Mächte-Konferenz im Frühjahr 1948 habe das Integrations- gegenüber dem Dominanzkonzept die Oberhand gewonnen.

Mit der Öffnung der Archive Ende des vergangenen Jahrzehnts bot sich die Möglichkeit, die alten Urteile auf neuer Quellenbasis zu überprüfen. Daß die seitdem geführte Diskussion noch nicht abgeschlossen ist und eine konsensfähige Neuinterpretation sich bislang noch nicht entwickelt hat, verdeutlichen zwei Arbeiten, die gewissermaßen die beiden Pole des derzeitigen Forschungsstandes markieren. In seiner ganz aus den Quellen gearbeiteten zweibändigen Studie geht Gérard Bossuat davon aus, daß Frankreich mit kon-

Politik, 2); Petra Weber (Bearb.), Die SPD-Fraktion im Deutschen Bundestag, Sitzungsprotokolle 1949–1957, 2 Halbbde., Düsseldorf (Droste) 1993, CLXXVII–431 S. u. XXI–472 S. (Quellen zur Geschichte des Parlamentarismus und der politischen Parteien, 4. Reihe: Deutschland seit 1945, 8/I); Udo Wengst (Bearb.), FDP-Bundesvorstand, Die Liberalen unter dem Vorsitz von Theodor Heuss und Franz Blücher, Sitzungsprotokolle 1949–1954, 2 Halbbd., Düsseldorf (Droste) 1990, CXXXVIII–1505 S. (Quellen zur Geschichte des Parlamentarismus und der politischen Parteien, 4. Reihe: Deutschland seit 1945, 7/I); Udo Wengst (Bearb.), FDP-Bundesvorstand, Die Liberalen unter dem Vorsitz von Thomas Dehler und Reinhold Maier, Sitzungsprotokolle 1954–1960, Düsseldorf (Droste) 1991, XCV–515 S. (Quellen zur Geschichte des Parlamentarismus und der politischen Parteien, 4. Reihe: Deutschland 1945, 7/II).

1 Julius W. Friend, The Linchpin, French-German Relations 1950–1990, New York, Westport, London 1991 (The Washington Papers, 154).

2 Hans-Peter Schwarz (Hg.), Eine Entente élémentaire, Das deutsch-französische Verhältnis im 25. Jahr des Elysée-Vertrages, Mit einer Dokumentation von Ingo Kolboom, erw. Neuauflage, Bonn 1990 (Arbeitspapiere zur internationalen Politik, hg. vom Forschungsinstitut der Deutschen Gesellschaft für Auswärtige Politik, 47).

kurrierenden Strategien zwischen »coercition ou réconciliation«[3] darauf zielte, die »deutsche Gefahr« dauerhaft zu beseitigen und sich zugleich nicht zuletzt mit Hilfe der wirtschaftlichen Ressourcen des Nachbarn eine gewisse Vormachtstellung in Europa zu sichern. Durch die erschöpfende Auswertung der einschlägigen französischen Archivalien und der französischen Literatur gelingt es ihm, der als Professor und Mitglied des Institut Pierre Renouvin (Paris I-Sorbonne) an der Universität von Cergy-Pontoise lehrt, in seinem daten- und statistikgesättigten Buch überzeugend zu dokumentieren, daß de Gaulles Bestreben der Wirklichkeit einer in ihren wirtschaftlichen und gesellschaftlichen Strukturen erschütterten Mittelmacht widersprach. Im Zeichen von Lebensmittelverknappung und schwindenden Devisenreserven war Frankreich vor der Verkündung des Marshallplans ökonomisch am Ende. Als Preis für die von der amerikanischen Wirtschaftshilfe erbrachte Rettung hatte es »la révision de sa politique allemande«[4] zuzugestehen. Paris mußte Washington nicht nur Einfluß auf seine Haushalts- und Währungspolitik einräumen, sondern hatte sich auch außenwirtschaftlich in die westliche Front einzureihen und der amerikanischen Deutschlandpolitik anzupassen. Bossuat läßt keinen Zweifel daran, daß die französische Nachkriegspolitik bis zum Schumanplan nicht genuin proeuropäisch motiviert war, sondern auf die Rückkehr zur Weltmachtposition hinarbeitete. Im Gegensatz zu Rainer Hudemann, demzufolge sich Frankreich »nicht erst unter dem Druck angloamerikanischer Pressionen zu einem Wandel seiner Deutschlandpolitik«[5] entschloß, unterstreicht er die drängende Einflußnahme der Amerikaner, ohne aber das Verdikt der »vassalisation« zu akzeptieren[6]. Vielmehr konzediert BOSSUAT durchaus, daß weitblickende Politiker wie Georges Bidault oder Robert Schuman bereits 1948 die Notwendigkeit zum Umdenken in Richtung auf die europäische Integration erkannten. Gleichwohl: »La tendance majoritaire des cercles politiques français était donc de se méfier encore de l'Allemagne«[7]. Die »neue« französische Europapolitik war denn auch keineswegs in erster Linie auf Deutschland, sondern auf England ausgerichtet. Erst Londons Verweigerungshaltung gegenüber einer britisch-französischen Wirtschaftsentente ließ Paris im Frühjahr 1950 zur kontinentaleuropäischen Kooperation mit Bonn wechseln.

In scharfem Kontrast zu BOSSUAT und anderen als traditionalistisch angesehenen Autoren kann nach Dietmar HÜSER weder von einer »révision déchirante«[8] noch von einem Einschwenken auf amerikanische Positionen die Rede sein, »höchstens von einem offiziellen Umschwung im Sommer 1948 durch öffentliche Distanzierung von einer Politik, die man zumindest teilweise seit drei Jahren inoffiziell für unergiebig und obsolet hielt«[9]. Auf der Grundlage der nun zugänglichen Archivmaterialien arbeitet er in seiner von Hudemann betreuten voluminösen Dissertation zunächst die Rahmenbedingungen der französischen Deutschlandpolitik nach der Befreiung heraus, analysiert dann detailliert deutschlandpolitische Konzeptionen, Instruktionen und Realisationen, geht schließlich auf die

3 Jean LALOY, Un tournant des relations franco-allemandes: De la crise de Berlin à la Communauté européenne (1948–1950), in: Klaus MANFRASS (Hg.), Paris-Bonn, Eine dauerhafte Bindung schwieriger Partner, Beiträge zum deutsch-französischen Verhältnis in Kultur, Wirtschaft und Politik seit 1949, Sigmaringen 1984, S. 179–185, hier S. 179.

4 BOSSUAT (wie Anm. *) S. 293.

5 Rainer HUDEMANN, Weichenstellungen in der französischen Deutschlandpolitik nach dem Zweiten Weltkrieg, in: Jürgen WEBER (Hg.), Die Republik der fünfziger Jahre, Adenauers Deutschlandpolitik auf dem Prüfstand, München 1989 (Akademiebeiträge zur Politischen Bildung, hg. von der Akademie für Politische Bildung, Tutzing, 22) S. 130–138, hier S. 138.

6 BOSSUAT (wie Anm. *) S. 906.

7 Ibid. S. 657.

8 Cyril BUFFET, Mourir pour Berlin, La France et L'Allemagne 1945–1949, Paris 1991, S. 270.

9 HÜSER (wie Anm. *) S. 724.

Wechselwirkungen zwischen Innen- und Außenpolitik als zentralem Erklärungsmuster des Pariser Handelns ein.

Angesichts materieller Engpässe und mentaler Defizite sowie eines labilen Regierungssystems traf die verstärkte Neigung der Franzosen zu Ventilen und Blitzableitern laut Hüser auf die Tendenz politischer Führungskreise, den inneren Druck nach außen abzuleiten und die weit verbreiteten Haß- und Rachegefühle in der Bevölkerung gegen die Deutschen zu instrumentalisieren. Daraus ergab sich eine »doppelte Deutschlandpolitik«, deren Charakteristikum er in der »Verfolgung inoffizieller Realziele [...] bei gleichzeitiger offizieller Aufrechterhaltung der Maximalziele trotz der Einsicht in deren Chancenlosigkeit«[10] sieht. Wesentliche Elemente sowohl der Haltung de Gaulles gegenüber dem Nachbarn nach 1958 als auch des Vorgehens Bidaults und Schumans seit 1948 seien bereits zwischen Sommer 1944 und Anfang 1946 erkennbar; aber die realistischen Vorstellungen seien durch rhetorische Luftschlösser verschleiert worden. Maximales sei angestrebt worden, um Minimales als Kompensation für die erlittenen Schäden zu erreichen. Bidault habe die »doppelte Deutschlandpolitik« »zu drahtseilaktähnlicher Vollendung« geführt[11]. Schuman erscheint vor dem Hintergrund der zugespitzten internationalen Entwicklung »eher als konsequenter Vollstrecker Bidaultscher Vorarbeiten denn als wirklicher Neuerer«[12]. Indem Hüser seit 1944 einen weiten Rahmen gleichzeitig dominanz- und integrationsorientierter Elemente in der französischen Deutschlandpolitik ausmacht, kann seiner Meinung nach von einer Wende selbst für den Herbst 1945 nur dann die Rede sein, wenn sie als eine »graduelle Schwerpunktverlagerung auf konzeptionell angelegte Entwicklungsperspektiven« verstanden wird[13]. Konsequenterweise entsprangen die Brüche 1947, 1948 oder 1950 seiner Meinung nach der Vermischung zweier inkongruenter Ebenen. Sobald man das Vorgehen Frankreichs nicht an den regierungsamtlichen, sondern den internen Äußerungen messe, reduziere man solche Ereignisse von vorgeblich epochalen Zäsuren auf Etappen innerhalb eines längst inaugurierten Prozesses.

Ungeachtet der störenden Häufung von Zwischen-, Sub- und Gesamtbilanzen wird Hüsers preisgekröntes Werk die Forschung zweifellos befruchten, ohne freilich sämtliche ›Traditionalisten‹ in seinem Sinne konvertieren zu lassen. Die fortbestehende Kluft reduziert sich nämlich keineswegs nur »auf das dreifache Problem der Zugänglichkeit der Archive, der Breite methodischer Ansätze und der Rezeptionsfähigkeit der Zeitgeschichtsforschung gegenüber revidierten Positionen«[14], wie der Autor selbstbewußt behauptet. Sein Grundansatz einer »thesenorientierte[n] Forschungsarbeit«[15] erweckt vielmehr den Eindruck, forschungsstrategisch bewußt weit auszugreifen, um die Diskussion wenigstens ein Stück voranzutreiben. Dabei läßt sich eine gewisse Diskrepanz zwischen einer vorsichtigen und ausgewogenen Diktion in den einzelnen Kapiteln und zugespitzten Formulierungen in den Résumées nicht übersehen. Zu fragen bleibt vor allem, wie der dominanzgeprägte Ansatz bloßes Mittel für eine integrationsorientierte Politik gewesen sein kann, obwohl die Entscheidungsträger doch angeblich seit 1945 von der geringen Durchsetzungskraft maximalistischer Positionen überzeugt waren? Hätte diese vorgebliche opinio communis nicht rascher zu einem Umlenken führen müssen, da die utopische Rhetorik die Germanophobie im Innern doch zusätzlich verschärfte, die öffentliche Erwartungshaltung erhöhte und die Offizialisierung einer realistischeren Politik erschwerte?

10 Ibid. S. 33.
11 Ibid. S. 281.
12 Ibid. S. 297.
13 Ibid. S. 358.
14 Ibid. S. 724.
15 Ibid. S. 37.

Auch nach der Gründung der Bonner Republik im Mai 1949, soviel ist gewiß, blieb das Verhältnis der Völker diesseits und jenseits des Rheins von Ängsten und Ressentiments gekennzeichnet. Wie die Bundesregierung die Lage analysierte und mit welchen Mitteln sie sie zu verändern versuchte, stellt Christian HACKE, Politikwissenschaftler an der Bundeswehrhochschule in Hamburg, in der aktualisierten und überarbeiteten Taschenbuchausgabe seiner erstmals 1988 erschienenen, umfassenden Darstellung der westdeutschen Außenpolitik von Adenauer bis Kohl dar. Freilich kommen der vierzehnjährigen Ära des ersten deutschen Regierungschefs in dem fast siebenhundert Seiten starken Werk mit dem problematischen Titel »Weltmacht wider Willen« gerade einmal 45 Seiten zu, während die Epoche von 1989–1993 mit einem Plädoyer für ein »aktives friedenspolitisches Engagement« und ein gleichberechtigtes Miteinander der Faktoren Macht und Verantwortung[16] auf überproportionalen zweihundert Seiten beschrieben wird.

Nach einer Einführung in die im besetzten Deutschland von Jakob Kaiser, Kurt Schumacher und Konrad Adenauer entwickelten außenpolitischen Konzepte behandelt HACKE die Politik des letzteren in drei Abschnitten: dem »mühsamen Start und schnellen Aufstieg« bis 1955[17], der Westpolitik und schließlich Adenauers Verhältnis zur Sowjetunion. Zu recht betont der Autor in seinem belesenen Buch, daß der Kanzler das Gleichgewicht in der Alten Welt durch den Krieg zerstört sah. Die drohende Inferiorität des Kontinents konnte seiner Meinung nach nur durch den Zusammenschluß aller europäischen Demokratien vermieden werden. Um der von Moskau ausgehenden Gefahr zu begegnen, galt es darüber hinaus, eine enge Verbindung zu Washington herzustellen. In dieser Konzeption, die mit ihrer dezidierten politischen, wirtschaftlichen und kulturellen Westorientierung einer »außenpolitischen Revolution«[18] gleichkam, verschmolzen europa- und deutschlandpolitische Faktoren miteinander. Während die Einigung Europas ohne die Bundesrepublik ein Torso bleiben mußte, war die noch junge Republik ihrerseits auf die europäische Integration angewiesen, um sich zu konsolidieren und als gleichberechtigter Partner akzeptiert zu werden. Die Westintegration diente zugleich der Freiheitssicherung, die der Wiedervereinigung eindeutig vorgeordnet war.

Unterhalb dieses Plateaus Westbindung – Amerikaorientierung – Gleichberechtigung spielte für den Kanzler die Aussöhnung mit Frankreich eine herausragende Rolle. Sie sei ihm aber »nicht Selbstzweck« gewesen, sollte nach HACKE vielmehr die harte französische Besatzungspolitik unterlaufen und mögliche Abtrennungen deutscher Gebiete verhindern[19]. Adenauer griff mit diesen Überlegungen Vorstellungen wieder auf, die er bereits zur Zeit der Weimarer Republik entwickelt hatte. Wie damals dachte er vor allem an eine »organische Verflechtung«[20] zwischen der französischen und der deutschen Wirtschaft. Trotz seiner Bemühungen blieb das Verhältnis beider Staaten in den ersten Jahren frostig, suchte Frankreich doch den Wiederaufstieg der Bundesrepublik und ihre Gleichberechtigung in Westeuropa zu verzögern. Mit dem Scheitern der Europäischen Verteidigungsgemeinschaft sieht HACKE »Adenauers Maximalziel, ein supranationales Europa im Westen unter Einschluß der Bundesrepublik« verpaßt, mit den Pariser Verträgen sein »nachgeordnetes Ziel« aber erreicht - die Integration der Bundesrepublik im Westen[21].

Einer fünfjährigen atlantischen Variante der Westpolitik folgte dann trotz »tiefe[r] Gegensätze« zwischen Bonn und Paris aufgrund einer zunehmend amerikakritischen Haltung

16 HACKE (wie Anm. *) S. 13.
17 Ibid. S. 63.
18 Ibid. S. 47.
19 Ibid. S. 49.
20 Ibid. S. 48.
21 Ibid. S. 78f.

des Kanzlers eine »de Gaulle-hörige Schlußphase«, in der Adenauer den bisherigen »Primat einer innerwestlichen Gleichgewichtspolitik« aufgab[22].

Eine willkommene Ergänzung zur Analyse HACKES bietet die als Freiherr vom Stein-Gedächtnisausgabe veröffentlichte Sammlung zentraler Quellen zur Außenpolitik des ersten Bundeskanzlers von Klaus A. MAIER und Bruno THOSS. Unter dem programmatischen Titel »Westintegration, Sicherheit und deutsche Frage« beleuchten die beiden Mitarbeiter am Militärgeschichtlichen Forschungsamt Potsdam mit insgesamt 135, von fünf Ausnahmen abgesehen, allesamt bereits publizierten, chronologisch abgedruckten Dokumenten ein weit gefächertes Themenspektrum, in dem die deutsch-französischen Beziehungen naturgemäß einen breiten Raum einnehmen. Dabei konzentrieren sich die Herausgeber nicht auf Ereignisse und Abläufe, sondern auf das politische Denken der Hauptakteure. Bei der Auswahl ließen sie sich von vier Gesichtspunkten leiten: einer angemessenen Dokumentierung der internationalen Einbindung westdeutscher Außenpolitik durch Quellen der vier Besatzungsmächte; einer Schwerpunktsetzung auf die Jahre 1949 bis 1955; der außenpolitischen Dominanz des Bundeskanzlers mit einer Einflechtung repräsentativer Gegenstimmen; der untrennbaren Verbindung zwischen der außenpolitischen Integration der Bundesrepublik in das internationale System und dem sicherheitspolitischen Einbau in die westliche Allianz. Der wissenschaftliche Apparat beschränkt sich auf die zum inneren Verständnis der Schriftstücke unumgänglich notwendigen Informationen. MAIER und THOSS sehen die internationale Existenzbedingungen der Bundesrepublik in der Ära Adenauer als »Ausfluß einer von Bedrohungsperzeptionen überlagerten westlichen Politik der Sicherheit *mit* und gleichzeitig *vor* Deutschland«[23]. Anschaulich zeigt die mit Bibliographie und Register versehene Edition, daß der Bundesrepublik bis zum Abschluß der Formationsphase des Westblocks Souveränitätsrechte nur als Gegenleistung für unumkehrbare politische, wirtschaftliche und vor allem militärische Integrationsschritte gewährt wurden und selbst nach 1955 außenpolitische Handlungsfreiheit nur unter dieser Bedingung möglich war.

Daß die deutsche Wiedervereinigungspolitik dem Ziel der Westbindung und Friedenssicherung nachgeordnet war, entsprach auch den Interessen Frankreichs, wie die Pariser Reaktion auf die Stalin-Note vom März 1952 zeigte. Entschieden lehnte der Quai d'Orsay das vom Kreml angebotene neutrale, geeinte Deutschland ab[24]. Folgt man der Studie von Eckart LOHSE, gewiß eine der wichtigsten Neuerscheinungen zu den deutsch-französischen Beziehungen der letzten Jahre, galt diese von Nikolaus Meyer-Landrut bereits 1988 beschriebene Position nicht nur 1952[25], sondern während der gesamten Gründungsära der Bundesrepublik von 1949 bis 1955. Auf der Grundlage eines ausgedehnten Literaturstudiums und erstmals erschlossener Quellen in Pariser Archiven untersucht LOHSE, welche Rolle die Wiedervereinigung Deutschlands in der französischen Außenpolitik dieser sechs Jahre spielte. Mit analytischem Scharfsinn durchleuchtet er den Willensbildungs- und Entscheidungsprozeß des Quai d'Orsay auf knappem Raum anhand von drei Kardinalfragen, die er in chronologischen Kapiteln behandelt: Warum thematisierte das französische Außenministerium die Aufhebung der deutschen Teilung? Welche offiziellen Vorstellungen entwickelte es in bezug auf Procedere und Gestalt des vereinten Deutschland? Inwieweit war der Quai d'Orsay überhaupt gewillt oder in der Lage, die Spaltung zu beenden?

22 Ibid. S. 87.
23 MAIER, THOSS (wie Anm. *) S. 2.
24 Ibid. Dokumente Nr. 30 u. 31.
25 Nikolaus MEYER-LANDRUT, Frankreich und die deutsche Einheit, Die Haltung der französischen Regierung und Öffentlichkeit zu den Stalin-Noten 1952, München 1988 (Schriftenreihe der Vierteljahrshefte für Zeitgeschichte, 56); s.a. Georges-Henri SOUTOU, La France et les notes soviétiques de 1952 sur l'Allemagne, in: Revue d'Allemagne 20 (1988) S. 261–273.

Weder Schuman noch Bidault waren bereit, Adenauers Politik, die offensichtlich mit Unterstützung der Angelsachsen auf die Ablösung des Besatzungsstatuts drängte, widerspruchslos hinzunehmen. Ihnen ging es nicht um die baldige Gewährung der Souveränität für Westdeutschland, sondern um die Konservierung der bestehenden Ordnung. Denn diese erlaubte die Einbindung der Bundesrepublik in den Westen ebenso wie sie langfristig das Tor zur Einheit Deutschlands in Freiheit und die Chance zur Einigung mit der Sowjetunion offenhielt. Deren Vorschläge zur Verständigung à quatre versetzten Adenauer denn auch stets in helle Aufregung, befürchtete er doch, daß Paris im Zusammenspiel mit Moskau ein neutralisiertes Gesamtdeutschland anstreben könnte. Aus der Sicht LOHSES waren diese Ängste weitgehend unbegründet. Seiner Meinung nach sah Frankreich nämlich im Status quo die beste von allen schlechten Lösungen für Deutschland. Ungeachtet aller rhetorischen Zustimmung habe es die Wiedervereinigung de facto abgelehnt und ganz auf die Westintegration der Bundesrepublik gesetzt. Diese doppelbödige Politik sah sich aber ständig mit einer prekären parlamentarischen Basis konfrontiert, so daß die Regierungen immer wieder in Ost-West-Gespräche einzuwilligen genötigt waren.

Waren es aber wirklich nur Parlament und Öffentlichkeit, die Deutschlandverhandlungen mit dem Kreml verlangten? Hielten Elysée, Matignon und Quai d'Orsay den Kurs der Westbindung tatsächlich für »alternativlos«[26]? Waren Schuman, Bidault, Pinay, Faure oder Mendès France de facto ohne Unterschied prowestlich orientiert? Unterschätzt LOHSE nicht die Bedeutung jener Mitarbeiter im Quai d'Orsay, denen durchaus andere Antworten auf die »deutsche Frage« vorschwebten? Dem Tagebuch Hervé Alphands können wir zum Beispiel entnehmen, daß einflußreiche Kollegen sehr wohl daran glaubten, »qu'on peut envisager une neutralisation et une unification de l'Allemagne, avec maintien de l'occupation actuelle«[27]. Auch Präsident Vincent Auriol äußerte sich wiederholt in ähnlichem Sinn. Wenn LOHSE derartige Stimmen in seine Analyse einbezieht, wie etwa die äußerst bemerkenswerte Aufzeichnung der Unterabteilung Zentraleuropa vom März 1955, so sieht er darin allenfalls »den Versuchsballon eines Außenseiters, vielleicht auch eine Provokation«[28]. Gewiß, die offizielle Pariser Politik hielt daran fest, die Bundesrepublik nicht in eine unkontrollierbare Souveränität – erst recht nicht unter gesamtdeutschem Vorzeichen – zu entlassen. Sie war indes nicht unumstritten. Von angesehenen Mitgliedern der französischen Diplomatie entworfene Gegenkonzepte schlossen eine politisch-militärische Neutralisierung auf der Grundlage einer Viermächteübereinkunft keineswegs aus. Doch war es nicht zuletzt die kompromißlose Politik der Sowjetunion, die sie nicht zum Zuge kommen ließ.

Frankreichs Haltung zur Wiedervereinigung kann nicht losgelöst von seiner Position zu Europa betrachtet werden. Denn dieselben Kräfte, die deutschlandpolitische Alternativvorstellungen hegten, waren es auch, die die Integration des Kontinents mitsamt der Europäischen Verteidigungsgemeinschaft attackierten. Mit der Umsetzung des Schuman-Plans[29] im Montanvertrag war im Juli 1952 ein erster, bedeutsamer Schritt in Richtung auf ein supranational geordnetes Europa getan. Weitere mußten folgen, sollte das begonnene Werk nicht alsbald stagnieren. Dies verdeutlicht auch Pierre GERBET, Professor am Institut d'Etudes politiques in Paris, mit seiner Gesamtdarstellung der europäischen Zusammenarbeit nach 1945. Dem Ziel der von Jean-Baptiste Duroselle herausgegebenen Schriftenreihe gemäß, entspricht der jetzt in einer überarbeiteten und erweiterten Fassung vorliegende Band einer historischen Enzyklopädie. Den pädagogischen Zielen des Autors trägt die Diktion Rechnung. Klar und präzise gehen die ohne Anmerkungsapparat ausgestatteten

26 LOHSE (wie Anm. *) S. 32.
27 Hervé ALPHAND, L'étonnement d'être, Journal (1939–1973), Paris 1977, S. 223f.
28 LOHSE (wie Anm. *) S. 175.
29 MAIER, THOSS (wie Anm. *) Dokument Nr. 10.

neun Kapitel nach einführenden Abschnitten über die Entstehung der europäischen Idee und ihre Entwicklung in der Zwischenkriegszeit zentralen Etappen der europäischen Einigungsbewegung seit dem Zweiten Weltkrieg nach: Fortschritte der europäischen Idee nach 1945, Entstehung der Montanunion, Aufbau und Mißlingen der Europäischen Verteidigungsgemeinschaft, Gründung von EWG und EURATOM, Erfolge und Krisen des Europa der Sechs in der Ära de Gaulle, Vergrößerung und Vertiefung der EG 1969–1983, Entstehung der Europäischen Union seit 1983. Mit einer »orientation bibliographique«, die leider deutschsprachige Literatur kaum rezipiert, lädt GERBET zu einem vertiefenden Studium ein. Zahlreiche Tabellen und Graphiken sowie ein sorgfältig zusammengestelltes Register veranschaulichen die Lektüre.

Während die Bundesrepublik die europäische Zusammenarbeit im politischen wie im militärischen Bereich begrüßte, weil sie nur über eine fortschreitende Integration ihre volle Souveränität erreichen konnte, stellte sich für Frankreich in zunehmendem Maße die Frage, ob diese Entwicklung mit der Machtbalance im bilateralen Verhältnis und der Aufrechterhaltung des eigenen Großmachtanspruchs vereinbar war. Adenauer sah in diesem Selbstverständnis eine völlige Fehleinschätzung der Realitäten, wie es der jüngste, diesmal von Hans Peter MENSING in bekannt sorgfältiger Weise edierte Band seiner Briefe verdeutlicht. Diese die Jahre 1953–1955 von der Wiederwahl zum Bundeskanzler bis zur Genfer Gipfelkonferenz erfassende Selektion zeichnet einen ungewöhnlich markanten Spannungsbogen deutsch-französischer Nachkriegsbeziehungen von der Saarfrage über die Berliner Deutschlandkonferenz, die Europapolitik, die Ablösung des Besatzungstatuts bis zu den Ost-West-Beziehungen. Und sie geben beredt Auskunft über Adenauers Vorbehalte gegenüber der französischen Außenpolitik dieser Jahre. »In Wirklichkeit«, so schrieb der Kanzler im November 1953, »ist Frankreich keine europäische Großmacht mehr und wird von den beiden anderen [England und die USA] nur mitgenommen. Es kann erst wieder zu Bedeutung kommen, wenn es in die europäische Gemeinschaft hineingeht und in ihr sich seiner Kraft wieder bewußt wird«[30]. Doch einflußreichen Kräften jenseits des Rheins war diese Gemeinschaft, wie sie sich in jenen Monaten politisch und militärisch zu bilden anschickte, nicht geheuer. Vor dem Hintergrund der sich hinschleppenden Diskussion über den EVG-Vertrag befürchtete Adenauer gar eine Einigung der Alliierten ohne Rücksichtnahme auf die Interessen der Bundesrepublik. Der im Januar/Februar 1954 stattfindenden Berliner Außenministerkonferenz der Vier Mächte sah der Kanzler mit Beklemmung entgegen, wobei sich sein Mißtrauen vornehmlich gegen Außenminister Bidault richtete. Der Argwohn war freilich insofern unbegründet, als auch der Nachfolger Schumans eher notgedrungen denn überzeugt in die Veranstaltung einwilligte. Ohne große Hoffnung auf eine sowjetische Verständigungsbereitschaft witterte der Chef des Quai d'Orsay darin vornehmlich eine Chance, die Moskauer Deutschlandpolitik zu demaskieren und die auf der parlamentarischen Behandlung der Verträge lastende Hypothek zum großen Teil zu tilgen.

Die Intransigenz der östlichen Führungsmacht ließ die Konferenz nach vier Wochen ergebnislos enden, und Adenauer registrierte erleichtert, wie Bidault standhaft den sowjetischen Bemühungen zur Aufweichung der westlichen Front getrotzt hatte. Die Hoffnung, mit dem Fehlschlag sei nun der Weg zur Erlangung der Souveränität und zur Wiederbewaffnung frei, erwies sich indes als trügerisch. Zwar hatte Frankreich die politische und militärische Integration mit seinen Initiativen 1950/51 Europas vorangetrieben. Aber auch das Debakel der daraus resultierenden Europäischen Politischen und der Verteidigungsgemeinschaft ging auf sein Konto.

30 Adenauer, Briefe (wie Anm. *) S. 47.

Will man sich über die Anlässe, Ursachen und Motive der Pariser Haltung zur EVG aus der Sicht eines der verantwortlichen französischen Politikers dieser Jahre ausführlicher informieren, kann man jetzt zur Biographie René Plevens greifen. Christian BOUGEARD, Maître de conférences an der Universität Rennes, legt eine erste Lebensbeschreibung vor, für die er vor allem das gedruckte französische Schrifttum und die Pleven als Sprachrohr dienende Wochenzeitung »Le Petit Bleu des Côtes-du-Nord« ausgewertet hat. Plevens Nachlaß stand ihm hingegen nicht zur Verfügung. Bougeards Bestreben ist es, die nationale und internationale, kommunale und regionale Dimension des dreißig Jahre lang politische Verantwortung tragenden Mannes zu ergründen. Seine Arbeit vermag aber, wie auch andere jüngst erschienene Studien über französische Politiker der IV. Republik[31], nicht alle Fragen des Lesers zu beantworten.

Wie Schuman, Pinay, Mendès France oder Mollet gehörte dieser 1901 in Rennes als Sohn eines Offiziers geborene Bretone zum Urgestein der IV. Republik. Im internationalen Rampenlicht zu stehen, war ihm aber nur einmal vergönnt, als er in seiner Funktion als Ministerpräsident im Herbst 1950 der Weltöffentlichkeit den Plan einer supranationalen europäischen Armee vorstellte. Als Regierungschef in einer weltpolitisch prekären Zeit nach Ausbruch des Korea-Krieges bemühte er sich vor allem um die »solidarité atlantique et solidarité européenne«[32]. Aus Sorge vor einem neuen deutschen Militarismus und einer amerikanischen Dominanz auf dem Kontinent begegnete er der Washingtoner Forderung nach Aufstellung Bonner Truppen mit dem im Kern von Jean Monnet entworfenen Pleven-Plan[33]. Seine Erklärung wurde am Rhein, an der Themse und am Potomac aus militärischen wie politischen Überlegungen aber negativ bewertet[34]. Ein Durchbruch gelang erst, als Monnet den Oberbefehlshaber der NATO-Streitkräfte in Europa, General Eisenhower, im Sommer 1951 davon überzeugte, daß der Widerspruch zwischen französischem Sicherheitsverlangen und deutschem Gleichberechtigungsanspruch nur in einer Europa-Armee gelöst werden könne. Als der Vertrag nach erheblichen Abstrichen am supranationalen Gedankengut im Mai 1952 unterzeichnet wurde, sah man dem dickleibigen Text an, daß er das mühsam errungene Ergebnis zahlloser Kompromisse war.

Angetrieben von seiner nie ruhenden Angst vor einer von sowjetophilen Kreisen an der Seine forcierten Einigung der Großen Vier über die »deutsche Frage«, drängte Adenauer auf eine möglichst rasche Ratifizierung des Vertragswerkes. Er mußte aber bereits im Sommer 1952 erfahren, daß die parlamentarische Behandlung in Paris äußerst schwierig werden würde. Denn sowohl in den Parteien als auch in der Regierung wurden nun Stimmen laut, die die EVG als Totengräber der eigenen Weltmachtrolle oder Wegbereiter der »Wehrmacht« bezeichneten und daraus die Notwendigkeit von Neuverhandlungen mit dem Ziel eines britischen EVG-Beitritts, der Verhinderung einer deutschen NATO-Mitgliedschaft und sogar einer grundsätzlichen Kehrtwende in der Verteidigungspolitik ableiteten.

Mit der Hoffnung auf Entspannung nach dem Tode Stalins verlor die EVG in Paris ungeachtet der im März 1953 erteilten Zustimmung durch den Deutschen Bundestag weiter an Attraktivität. Darüber hinaus verstärkte der »New Look« in der amerikanischen Verteidigungskonzeption seit Herbst 1953 den Wunsch nach einer nationalen Nuklearstreitmacht, während den Deutschen der Zutritt zum atomaren Club verwehrt werden sollte. Pleven war es, der als Verteidigungsminister im März 1954 von der Tribüne der

31 Vgl. Patrick CHASTENET, Philippe CHASTENET, Chaban, Paris 1991; Jacques DALLOZ, Georges Bidault, Biographie politique, Paris 1992; Aline FONVIEILLE-VOJTOVIC, Paul Ramadier (1888–1961): élu local et homme d'Etat, Paris 1993 (Histoire de la France aux XIX et XX siècle, 32); Denis LEFEBVRE, Guy Mollet, Le mal aimé, Paris 1992; Christiane RIMBAUD, Pinay, Paris 1990.

32 BOUGEARD (wie Anm. *) S. 197.

33 MAIER, THOSS (wie Anm. *) Dokument Nr. 19.

34 Ibid. Dokument Nr. 20.

Nationalversammlung aus die laufenden Forschungen im nuklearen Bereich bekanntgab und kurz darauf sich als erstes Regierungsmitglied öffentlich für »un armement nucléaire«[35] aussprach. Wenige Monate später, am 30. August, lehnte die Nationalversammlung die parlamentarische Behandlung des EVG-Vertrages in einer »atmosphère surchauffée«[36] definitiv ab und besiegelte damit sein Schicksal. Was verursachte dieses europapolitische Fiasko?

Eine sehr wichtige Erklärung zum unrühmlichen Ende der EVG lieferte Jacques BARIÉTY auf einer Tagung der Akademie für Politische Bildung in Tutzing, die sich unter der Leitung von Rolf STEININGER und anderen mit dem Spannungsverhältnis von deutscher Frage und europäischer Sicherheit in den frühen fünfziger Jahren befaßte. In dezidiertem Gegensatz zu Wilfried Loth, der den Mißerfolg auf die mangelnde Supranationalität des Vertragswerkes zurückführt[37], legt BARIÉTY mit überzeugenden Argumenten dar, welch zentrale Rolle die Nuklearfrage in der französischen Entscheidungsfindung im Sommer 1954 gespielt hat. Die Herstellung einer eigenen Atombombe, beim Entwurf des Pleven-Plans noch völlig illusorisch, hatte sich aufgrund der großen Fortschritte der französischen Forschungen zur Zeit der Unterzeichnung des EVG-Vertrags in eine realistische Zukunftsperspektive entwickelt. Angesichts der fehlenden Koordinierung zwischen dem Außenministerium und den Wissenschaftlern bemerkte die Regierung erst sehr spät, daß der Vertrag sie in ihrem nuklearen Handlungsspielraum fesselte. »Die Möglichkeit, die Atombombe zu bauen, und die Entscheidung der Politiker, sie auch wirklich herzustellen - dies wurde zum wesentlichen Faktor im Gleichgewicht zwischen Frankreich und Deutschland innerhalb des Bündnisses, der die Wiederbewaffnung der BRD ohne allzugroße Besorgnisse erlaubte und hoffen ließ, daß Frankreich Großmacht blieb«[38].

Wie aus einem nun veröffentlichen Brief Adenauers an den amerikanischen Hohen Kommissar McCloy hervorgeht, sah sich der Kanzler mit der Entscheidung der Nationalversammlung außenpolitisch »vor einem Nichts«[39]. Doch innerhalb weniger Wochen gelang es den Westmächten eine auch ihn befriedigende Ersatzlösung zu finden. Der Abschluß der Londoner Konferenz, so schrieb Adenauer Anfang Oktober an Theodor Blank, »beendet ein zähes, über 5 Jahre sich erstreckendes Ringen um die Wiedergewinnung der deutschen Souveränität und der Eingliederung Deutschlands in die Gemeinschaft der freien Völker als gleichberechtigter und gleich verpflichteter Partner«[40].

Den in Frankreich, aber auch in der Bundesrepublik aufs neue geforderten Viermächteverhandlungen über Deutschland stand der Bonner Regierungschef eindeutig ablehnend gegenüber. Denn zunächst mußte es darum gehen, die Pariser Verträge zu ratifizieren. Als sie in der französischen Nationalversammlung zu platzen drohten, wandte sich Adenauer beschwörend an seinen alten Weggefährten Robert Schuman. Die Idee der Versöhnung beider Völker wäre zerstört, seine persönliche »Mission, Frankreich und Deutschland zusammenzuführen«, wäre gescheitert, wenn die Verträge das Parlament nicht passierten[41]. Nach heftigen Auseinandersetzungen wurden sie dann doch Ende Dezember 1954 von der Assemblée Nationale, Ende Februar 1955 auch vom Deutschen Bundestag gebilligt und traten am 5.5.1955 in Kraft. Ein großer Tag für die junge Bonner Republik und ihren alten

35 BOUGEARD (wie Anm. *) S. 260.

36 Ibid. S. 277.

37 S. Wilfried LOTH, Die EVG und das Projekt der Europäischen Politischen Gemeinschaft, in: Rainer HUDEMANN, Hartmut KAELBLE, Klaus SCHWABE (Hg.), Europa im Blick der Historiker. Europäische Integration im 20. Jahrhundert: Bewußtsein und Institutionen, Historische Zeitschrift, Beihefte, Neue Folge, 21, München 1995, S. 191–201.

38 STEININGER u.a. (wie Anm. *) S. 126.

39 Adenauer, Briefe (wie Anm. *) Nr. 153.

40 Ibid. Nr. 144.

41 Ibid. Nr. 186

Kanzler: »Die Bundesrepublik Deutschland ist souverän«, frohlockte er gegenüber Bundestagspräsident Gerstenmaier[42].

Der Fehlschlag der Europäischen Verteidigungsgemeinschaft hatte die Vision eines militärisch wie politisch geeinten Europas in weite Ferne gerückt. Daher konzentrierten sich die Sechs im Zeichen einer »relance européenne« nun auf die wirtschaftliche Zusammenarbeit und verabschiedeten dazu Anfang Juni 1955 eine Resolution, die die Schaffung eines Gemeinsamen Marktes sowie eine Organisation zur friedlichen Nutzung der Atomkraft vorsah[43]. Der Wille Adenauers und der dezidiert proeuropäische Kurs der seit Januar 1956 amtierenden Regierung Guy Mollet waren dafür verantwortlich, daß die Verhandlungen trotz tiefgreifender Meinungsverschiedenheiten zwischen Bonn und Paris nicht scheiterten. Lebhafte Unterstützung erfuhren Mollet und sein Außenminister Christian Pineau von Präsident René Coty.

Obwohl Coty als einer der meistrespektierten Hommes d'État der III. und IV. Republik gelten darf, scheint er heute in der französischen Öffentlichkeit völlig in Vergessenheit geraten zu sein. Francis De Baecque, der ihm sechs Jahre lang als Mitarbeiter im Ministerium für Wiederaufbau und im Elysée diente, will die »image affadie« durch ein »portrait vivant et fidèle« ersetzen[44]. Dabei bietet er keine umfassende Biographie, sondern einen dokumentarischen Bericht zentraler Lebensetappen anhand breiter Auszüge aus Cotys Tagebüchern.

Aus innerfranzösischer Perspektive mußte die erst im dreizehnten Urnengang am 24.12.1953 erfolgte Ernennung des Vizepräsidenten im Palais du Luxembourg zum Staatschef bedauert werden. Denn sie schädigte nicht nur das Ansehen der demokratischen Institutionen, sondern führte auch einen einundsiebzigjährigen »inconnu«[45] in den Elysée, der 1946 gegen die neue Verfassung gestimmt hatte, weil er das Gleichgewicht der Staatsgewalten nicht gewahrt sah und die Macht des Präsidenten und der Zweiten Kammer zu stärken suchte. Jetzt aber fügte er sich als »homme d'union«[46] den verfassungspolitischen Schranken, übte das Amt gar noch zurückhaltender aus als sein Vorgänger Auriol. Aus deutschem Blickwinkel konnte seine Wahl durchaus begrüßt werden, da er für die europäische Zusammenarbeit eintrat, ohne ein glühender Europäer zu sein. Zwar sprach er sich nie für die politische oder militärische supranationale Integration aus, verteufelte sie aber auch nicht wie die »anti-cédistes«. »L'Europe«, so notierte er kurz nach dem Scheitern der EVG in seinem Tagebuch, »singulièrement la C.E.D., seule initiative créatrice en période d'immobilisme. Et voici qu'un effort constructeur se fait déstructeur. Le négativisme triomphe plus que jamais«[47].

Trotz aller Verschwiegenheit war sein Einfluß zumindest nach der Ernennung Mollets nicht unbedeutend, denn seine engen politischen Beziehungen zu Pineau erlaubten es ihm, diskret auf die französische Außenpolitik einzuwirken. So ermunterte er den Außenminister im Lauf der schwierigen Verhandlungen zur EWG gegen den Rat einiger Ressortchefs zu mehr Kompromißbereitschaft, um das Unternehmen nicht zu gefährden. Seine Einstellung zu Deutschland war gewiß positiver als die Auriols. Ausdrücklich begrüßte er die beiderseitige Zusammenarbeit, hütete sich aber aus Sorge vor unliebsamen Rückwirkungen vor offiziellen Bekundungen. Es sei noch zu früh, meinte er einmal gegenüber einem Mitarbeiter, um sich öffentlich für die bilaterale Versöhnung auszusprechen. »L'opinion française n'est pas mûre, je risquerais de compromettre l'avenir«[48].

42 Ibid. Nr. 241.
43 Maier, Thoss (wie Anm. *) Dokument Nr. 63.
44 De Baecque (wie Anm. *) S. 12.
45 Ibid. S. 136.
46 Ibid. S. 187.
47 Ibid. S. 223.
48 Ibid. S. 224.

Das unter seiner Präsidentschaft begonnene Werk der Verständigung sollte erst unter seinem Nachfolger vollendet werden. Zunächst aber schien das deutsch-französische Verhältnis mit dem Regierungsbeginn Charles de Gaulles am 1.6.1958 in längst überwunden geglaubte Zeiten zurückversetzt. In der Überzeugung, dem Vaterland als Retter dienen zu müssen, schwebte dem General nämlich das Bild eines ewigen Frankreich vor, dem durch sein außergewöhnliches Wesen gleichsam automatisch eine besondere Stellung in der Welt zukomme. Auf der Grundlage einer unaufhebbaren Realität der Nation und des daraus abgeleiteten Rechts auf nationalstaatliche Souveränität zielte er auf einen losen Zusammenschluß der europäischen Demokratien ab. Diesem »Europa der Staaten«, das nach seiner Auffassung von einem durch »grandeur« und moralische wie physische Überlegenheit prädestinierten Frankreich geführt werden sollte, fiele die Aufgabe eines Schiedsrichters zwischen den Supermächten sowie die Funktion einer unabhängigen »Dritten Kraft« zur Austarierung des Weltgleichgewichts zu. Zur Umsetzung dieser Vision war de Gaulle auf Beistand angewiesen, der angesichts der besonderen Beziehungen zwischen England und den USA nur von der Bundesrepublik Deutschland geleistet werden konnte. Während Adenauer die Unterstützung eines Partners brauchte, der unabhängiger war als er und der deutsche Interessen gegen sowjetische Pressionen verteidigte, hoffte de Gaulle darauf, durch den Nachbarn seine Vorstellungen von einer politischen Union Europas absichern zu können. Zugleich war für ihn die Fortsetzung der Verständigungspolitik ein Mittel, die Bundesrepublik vor einem Abdriften nach Osten zu bewahren. Darüber hinaus glaubte er in seinem Bestreben nach größerer Autonomie, den USA ihren deutschen »Festlandsdegen« entwinden zu müssen.

Die von de Gaulle inszenierte Zuspitzung der Dreiecksbeziehung Deutschland-Frankreich-Amerika steht im Mittelpunkt der kompakten Untersuchung Eckart CONZES über die amerikanische Westeuropapolitik der Jahre 1958 bis 1963. Angeregt von den bahnbrechenden Arbeiten Frank Costigliolas[49], betont er nach einem gründlichen Studium der Literatur und der verfügbaren, zum Teil bisher verschlossenen amerikanischen Quellen die Bedeutung der sich wandelnden politischen Rahmenbedingungen für das Handeln der drei Staaten. Wenngleich nicht alle seine Deutungen überzeugend wirken und neueste Arbeiten wie die von Detlef Felken[50] und Daniel Kosthorst[51] offenbar vor der Drucklegung nicht mehr ausgewertet werden konnten, legt CONZE doch plausibel dar, daß die machtpolitische Konsolidierung des Westens Ende der fünfziger Jahre einherging mit einer Veränderung des nuklearstrategischen Kräfteverhältnisses zwischen den Supermächten aufgrund der erfolgreichen Entwicklung interkontinentaler Atomraketen. In dem Maße, in dem die USA ihre bisherige Unverwundbarkeit einbüßten, mußte es in ihrem vitalen Interesse stehen, eine nukleare Auseinandersetzung mit der Sowjetunion zu verhindern. Als Reaktion auf den durch den strategischen Wandel zur Strategie der »flexible response« löchrig gewordenen amerikanischen Schutzschirm strebte de Gaulle nach der eigenen Atomwaffe, was politisch die Beseitigung der amerikanischen Hegemonie implizierte, und bemühte sich um eine kontinentaleuropäische Absicherung. Die USA hingegen zielten auf die Beteiligung der Europäer an einer multilateralen Atomstreitmacht, die die eigene Dominanz gefestigt hätte. Mit dem unausweichlichen Aufeinanderprallen beider Konzepte geriet Bonn in einer Phase des gesteigerten Ost-West-Konflikts ins Spannungsfeld konkurrierender westlicher Hegemonialpolitiken. Dabei verstärkte die kompromißbereite amerikanische

49 Frank COSTIGLIOLA, France and the United States: The cold alliance since World War II, New York 1992.

50 Detlef FELKEN, Dulles und Deutschland: Die amerikanische Deutschlandpolitik 1953–1959, Bonn 1993.

51 Daniel KOSTHORST, Brentano und die deutsche Einheit: Die Deutschland- und Ostpolitik des Außenministers im Kabinett Adenauer 1955–1961, Düsseldorf 1993.

Berlin-Politik die Entfremdung zu Washington im gleichen Maße, wie sie die Annäherung an Paris forcierte. Als Präsident Kennedy erkannte, daß Adenauer auf de Gaulle setzte und mit ihm auf eine Zweier-Union zusteuerte, nahm er die »gaullistische Herausforderung« an. Mit Erfolg: Denn in der innerdeutschen Debatte über den Elyséevertrag triumphierten in Bonn die »Atlantiker«, weil sie aus politischen, strategischen und ökonomischen Gründen die amerikanische Vorherrschaft der französischen oder französisch-deutschen vorzogen.

Dieser innerdeutsche Spagat zwischen Frankreich und den USA ist Thema der Dissertation von Reiner MARCOWITZ. Während CONZE die deutsch-französischen Beziehungen aus der Perspektive der amerikanischen Integrationspolitik gegenüber Westeuropa für die Jahre 1958 bis 1963 beschreibt, lenkt dieser den Blick auf das Verhältnis der deutschen Parteien zur Politik Charles de Gaulles im Zeitraum von 1958 bis 1969, allgemeiner gesprochen, auf das Wechselverhältnis von Außenpolitik und Parlamentarismus in der Bonner Demokratie der sechziger Jahre.

Die Länge des Untersuchungszeitraums zwang ihn zu mehreren Einschränkungen. So begrenzt er die Analyse auf die Union und die SPD und verzichtet auf eine ausführliche Darstellung des zeitgenössischen De-Gaulle-Bildes ebenso wie auf die Darlegung der französischen Außenpolitik der damaligen Zeit. MARCOWITZ geht von der Hypothese aus, daß die Einstellung der Bonner Parteien zu de Gaulle nicht nur von den vom General ausgehenden Impulsen abhing, sondern auch von einer Reihe exogener Faktoren, wie dem Selbstverständnis der Bundesrepublik, ihrem außenpolitischen Umfeld und der innenpolitischen Situation. Daher wirft er einerseits die Frage auf, ob nicht bereits das unterschiedliche Selbstbewußtsein von »provisorischem Staat« und »ewigem Frankreich« die Beurteilung des Generals beeinflußte. Andererseits bezieht er auch das Streben nach europäischer Einigung und atlantischer Zusammenarbeit bzw. den Wandel des Amerikabildes seit den frühen sechziger Jahren in seine Analyse mit ein. Die Studie basiert auf einer breiten Auswertung der weitgehend noch archivierten Parteidokumente sowie zahlreicher Nachlässe. Die Gliederung folgt in drei sehr ungleichgewichtigen Kapiteln den Kanzlerschaften Adenauers, Erhards und Kiesingers und setzt dabei die Positionen der Parteien in abgeschlossenen Abschnitten gegeneinander. Für die Phase nach 1963 beschränkt sich MARCOWITZ darauf, die Regierungszeiten Erhards und Kiesingers jeweils einem Schwerpunktthema zuzuordnen, nämlich der Europapolitik bzw. der Ostpolitik. Was das Verhältnis der Großen Koalition zu de Gaulle in den Jahren 1966 bis 1969 angeht, so stehen eindeutig die bilateralen Beziehungen auf staatlicher Ebene im Vordergrund, was nicht verwundert, da Opposition und Regierung nun eins geworden waren.

MARCOWITZ markiert in seiner flüssig geschriebenen Darstellung hinsichtlich der De-Gaulle-Perzeption der beiden großen Parteien gegenläufige Tendenzen. Während die großen Sorgen der Bundesregierung und der Christdemokraten über den Regierungswechsel in Frankreich im Juni 1958 nach den berühmten Treffen Adenauers und de Gaulles in Colombey-les-deux-Eglises und Bad Kreuznach verschwunden seien, sei in der Sozialdemokratie die zunächst gelassenere Haltung mehr und mehr einer Position der Ablehnung gewichen, da sie sowohl die autoritären Züge des Generals wie seinen übersteigerten Nationalismus kritisiert habe.

Während die Unionsparteien in der Berlinkrise in de Gaulle einen festen Sachwalter deutscher Interessen gesehen hätten, sei die SPD seiner Krisenpolitik mit tiefem Mißtrauen begegnet, weil sie dahinter nationalen Egoismus gewittert habe. Der Konsens innerhalb der Union sei dann aber 1962 angesichts der entscheidenden Kluft zwischen Frankreich und Deutschland in der Frage der Verteidigungspolitik zerbrochen. Adenauer setzte mit dem Scheitern der Fouchet-Pläne einseitig auf Frankreich, während die Partei dem britischen EWG-Beitritt Vorrang einräumte und ähnlich der SPD Sicherheit an der Seite der USA suchte. Mit der Präambel zum Elysée-Vertrag sei die Zusammenarbeit

Hist. Seminar Universität Frankfurt a. M.

mit Frankreich »ohne Not« demonstrativ den atlantischen Verpflichtungen untergeordnet worden[52].

Wie die Bundesrepublik auf die zuungunsten der nuklearen Habenichtse verschobenen Gewichte und das Dilemma reagierte, von Waffen bedroht zu werden, über die sie selbst gar nicht verfügte, zeigt jetzt die archivalisch gut fundierte Untersuchung von Christoph HOPPE. Die strategisch-politischen Veränderungen der beginnenden sechziger Jahre warfen für die Bundesrepublik zahlreiche Probleme auf. Da die aus amerikanischer Sicht notwendige Entspannung den territorialen Status quo zur Voraussetzung hatte, schwand die Aussicht auf Wiedervereinigung. Zugleich schien der Anspruch einer größeren außenpolitischen Gleichberechtigung gegenüber den Atommächten Frankreich und Großbritannien kaum realisierbar. Bonns Hauptziele Sicherheit, Gleichberechtigung und Wiedervereinigung waren allesamt mit der Kernwaffenfrage verbunden und ernsthaft bedroht. Folglich setzte die Bundesregierung alles daran, politisch wie militärisch ein höheres Maß an nuklearer Mitsprache innerhalb der Atlantischen Allianz zu gewinnen. Nachdem seit 1959 verschiedene Konzepte zur Bildung einer multilateralen Atomstreitmacht der NATO diskutiert worden waren, nahm Adenauer im Januar 1963 das amerikanische MLF-Angebot an. Die Verwicklung außen- und innen-, sicherheits- und europapolitischer Faktoren ließ das Projekt indes im Sand verlaufen. Die Geschichte der MLF ist bereits mehrfach geschrieben worden. HOPPE will den vorhandenen Studien keine weitere hinzufügen, sondern den nuklearen Mitbesitz als außen- und innenpolitischen Zielkonflikt beschreiben und die Grenzen des außenpolitischen Handlungsspielraums der Bundesrepublik aufzeigen. Adenauer sah in der MLF nicht nur die ersehnte Chance zur nuklearen Teilhabe. Er suchte mit ihr auch den Druck abzuwehren, den die USA nach dem französischen EWG-Veto gegen Großbritannien und dem Abschluß des deutsch-französischen Vertrages auf die Bundesrepublik ausübten. Zudem wollte er einen Konflikt mit seinem Wunsch-Nachfolger Schröder vermeiden, der in dem Projekt einen willkommenen Anlaß zur innenpolitisch motivierten symbolischen Absage an die Politik de Gaulles sah. Jene politischen Kräfte, die den Außenminister unterstützten, waren von dem Gedanken beherrscht, gegenüber Frankreich die enge Verzahnung europäisch-amerikanischer Interessen in der nuklearen Frage klarzustellen. Nach dem Kanzlerwechsel von Adenauer zu Erhard stellte sich Bonn mit seiner Mitsprache-Politik mehr und mehr in Widerspruch zu den Bündnispartnern sowie zu den entspannungs- und rüstungskontrollpolitischen Entwicklungen im Ost-West-Verhältnis. Frankreich, aber auch Großbritannien und die Sowjetunion nahmen ab 1964 eine strikt oppositionelle Position ein. De Gaulle sah durch die MLF seine langfristigen außenpolitischen Pläne gefährdet, die auf ein unabhängiges Europa hinausliefen. Ein deutscher nuklearer Mitbesitz hätte den französischen Führungsanspruch in Europa in Frage gestellt. Da es ihm 1963 nicht gelungen war, die Bundesrepublik zu einem politischen Zweierbündnis zu bewegen, ging der General seit 1964 dazu über, die MLF zu Fall zu bringen. Doch die Regierung Erhard hielt an der Forderung nach nuklearem Mitbesitz fest, weichte damit aber ihre innenpolitische Basis auf und trug zu ihrem eigenen Sturz bei.

Für überzeugte »Gaullisten« war mit Erhards Fixierung auf die USA die einzigartige Gelegenheit eines bilateralen Schulterschlusses zwischen Bonn und Paris vertan. Zu ihnen zählt gewiß auch der langjähriger Chefdolmetscher im Auswärtigen Amt Hermann KUSTERER, der uns auf der Basis der Memoiren von Adenauer und de Gaulle, angereichert durch eigene stenographische Notizen, einen ebenso persönlichen wie leidenschaftlichen Bericht über das Verhältnis zwischen Kanzler und General von 1958 bis 1963 liefert. Ohne irgendwelche Geheimnisse preiszugeben, bieten seine Erinnerungen eine willkommene Er-

52 MARCOWITZ (wie Anm. *) S. 297.

gänzung zu den mittlerweile zugänglichen Gesprächsprotokollen und sonstigen Dokumenten über die Begegnungen und Gespräche beider Staatsmänner.

De Gaulles Machtantritt hatte bei Adenauer tiefe Verunsicherung über den zukünftigen Kurs der französischen Außenpolitik ausgelöst. Aus rational kaum nachvollziehbaren Gründen sollte die erste Zusammenkunft in Colombey-les-deux-Églises das Verhältnis grundlegend ändern. Mit Ausnahme dieses Rendezvous war Kusterer bei allen weiteren Treffen in den nächsten fünf Jahren zugegen. Dabei entwickelte er sich zu einem glühenden Bewunderer des Präsidenten und großen Anhänger der deutsch-französischen Entente. Zwar erschütterte der General des Kanzlers Vertrauen mit dem im September 1958 an die Angelsachsen gerichteten geheimen Vorschlag eines Direktoriums der drei Westmächte. Doch schon während der neuerlichen Begegnung in Bad Kreuznach im November flößte er ihm mit seiner festen Haltung in der beginnenden Berlin-Krise wieder Vertrauen ein, obwohl doch gar nicht zu übersehen war, daß ihre Ansichten nicht nur in den zentralen nationalen Problemen – dem Algerienkrieg bzw. der deutschen Einheit – auseinandergingen. Auch in der Frage der europäischen Einigung oder der des Verhältnisses zur NATO stimmten ihre Auffassungen keineswegs überein. Vor dem Hintergrund seines wachsenden Mißtrauens gegenüber dem britischen Premierminister Macmillan und der Sorge, auf die USA im Notfall nicht bauen zu können, sah sich Adenauer indes mehr und mehr an die Seite de Gaulles gedrängt. Daher unterstützte er dessen Vorstoß zur Bildung einer politischen Union Westeuropas als Vorstufe für eine den Kontinent umspannende europäische Föderation. Als der Plan im April 1962 scheiterte, gewann sowohl am Rhein wie an der Seine der Gedanke eines politischen tête-à-tête Kontur. Während seines Staatsbesuchs in Frankreich, so erfahren wir von Kusterer, regte der Kanzler im Juli eine »Konsultationsvereinbarung« zwischen beiden Regierungen über alle Ereignisse an, »die sich auf den Kommunismus« bezögen[53]. Zum Abschluß des Besuchs replizierte der General mit der Kardinalfrage, ob man nicht zu zweit gehen könne, wenn es zu sechst nicht funktioniere, und erhielt nach kurzem Zögern ein Ja als Antwort. Gegen die Bedenken seines Außenministers griff der deutsche Regierungschef diesen Gedanken im Laufe der Triumphreise des französischen Präsidenten durch die Bundesrepublik im September wieder auf und empfahl ein »Gentlemen's Agreement«[54], das beide Völker dauerhaft verbinden und eine abgestimmte Politik ermöglichen sollte. De Gaulle erklärte sein Einverständnis und schlug im Gegenzug einen Mechanismus zur Konzertierung der Außen-, Verteidigungs- und Entwicklungspolitik sowie eine enge Zusammenarbeit auf dem Feld der Erziehungspolitik vor. Ausdrücklich unterstrichen beide Staatsmänner, ihre Absichten nicht in einem Vertrag, sondern in Form eines Memorandums oder Protokolls fixieren zu wollen.

Trotz energischer Versuche seiner Umgebung, ihn nach der Philippika des Präsidenten vom 14. Januar 1963 gegen den EWG-Beitritt Großbritanniens von der geplanten Reise an die Seine zur Verabschiedung des Dokuments abzubringen, hielt Adenauer an seinem Besuch fest, fuhr gar mit der Absicht nach Paris, de Gaulle nun von der Notwendigkeit eines Staatsvertrags zu überzeugen. Beim ersten Vieraugengespräch am 21. Januar über die neue Marschroute ins Bild gesetzt, willigte der General nach einigem Zögern in den Abschluß eines ratifikationsbedürftigen Vertrages ein.

Beide Staatenlenker hofften auf eine möglichst rasche und reibungslose Ratifikation, unterschätzten aber wohl die innenpolitischen wie internationalen Widerstandspotentiale. Mit der Entscheidung, in der Präambel des Gesetzes zum deutsch-französischen Freundschaftsvertrag die multilateralen Verflechtungen der Bundesrepublik und die Partnerschaft mit den USA hervorzuheben, vollzog der Deutsche Bundestag am 15. Juni eine gravierende Kurskorrektur. Aus der Sicht Kusterers wurde damit die einmalige Chance zu einem

53 Kusterer (wie Anm. *) S. 232.
54 Ibid. S. 261.

echten Bündnis beider Staaten vertan. Seine Kritik an der Politik der Gegner und Nachfolger Adenauers wirkt freilich überzogen. Konnte es sich die Bundesrepublik tatsächlich leisten, einseitig auf die französische Karte zu setzen? Ist es wirklich denkbar, daß eine gemeinsame deutsch-französische Politik den späteren historischen Prozeß des Zusammenbruchs der Sowjetunion und der deutschen Einigung beschleunigt hätte?

Wichtige Einsichten in die politische Gedankenwelt Adenauers während der Schlußphase seiner Regierungszeit bietet uns die Veröffentlichung seiner informellen Unterredungen mit in- und ausländischen Journalisten. Der vierte und letzte, diesmal von Hans Peter Mensing bearbeitete Band dieser sogenannten »Teegespräche« umfaßt den Zeitraum vom September 1961 bis Oktober 1963, also vom Mauerbau in Berlin bis zum Rücktritt des Alten aus Rhöndorf. Adenauer nutzte dieses wichtigste Instrument seiner Informationspolitik vornehmlich dazu, in ausführlichen Berichten die großen Linien seiner Politik zu erläutern. Wenngleich keine Staatsgeheimnisse enthüllt wurden, da der Bundeskanzler nie mehr verriet als ihm sinnvoll und notwendig erschien, offenbaren die sorgfältig mit sachlichen Erläuterungen und biographischen Informationen kommentierten Wortprotokolle oder Gesprächsaufzeichnungen doch wichtige Hintergrundinformationen und geben mit ihren zugleich detaillierten Schilderungen der jeweiligen politischen Situation facettenreiche Bilder der aktuellen Entwicklungen. Dies gilt nicht zuletzt für das keineswegs spannungsfreie deutsch-französische Verhältnis. Noch im November 1961 beklagte sich der Kanzler über de Gaulles Obstruktion in der Berlin-Frage und meinte, der General müsse »wieder in die Reihe« gebracht werden[55]. Wieso aber lenkte er seine Politik trotz aller Meinungsverschiedenheiten mehr und mehr auf ein exklusives Zweierbündnis hin? Weil die beiderseitigen Beziehungen für ihn eine deutsche Lebensfrage waren. »Diese deutsch-französische Verständigung«, so ließ er sich im Mai 1962 vernehmen, »ist nicht für die Wirren des Tages bestimmt, sondern sie ist für die Dauer bestimmt, für Europa.«[56] Sie war zugleich das »Fundament« für die europäische Integration[57] und ein Bollwerk gegen die Sowjetunion. Gerade dieser antisowjetische Aspekt gewann im Laufe seiner letzten Amtsjahre wachsende Bedeutung. Beide Staaten mußten so eng miteinander verbunden werden, daß weder Deutschland noch Frankreich »sich Sowjetrußland irgendwie nähern könnten«[58]. Um dieses Ziel zu erreichen, bedurfte es seiner Meinung nach nicht nur der Kooperation zwischen den Regierungen, sondern auch der Versöhnung zwischen den Völkern, letztlich einer »Völkergemeinschaft«, damit keinem der beiden Staaten in Zukunft noch einmal der Gedanke käme, »etwas zu tun, was dem anderen schadet«[59]. »Wir liegen dicht an dicht«, diktierte er den Journalisten im Oktober 1963 unmittelbar vor seinem Rücktritt ins Stenogramm. »Das Schicksal Deutschlands ist das Schicksal Frankreichs gegenüber dem Osten, und das Schicksal Frankreichs ist das Schicksal Deutschlands«[60].

Wenngleich die staatsmännische Größe Adenauers und de Gaulles dem Rankeanischen »Männer-machen-Geschichte«-Blickwinkel durchaus eine gewisse Berechtigung verleiht, kann sich eine politische Geschichtsschreibung »moderner Prägung«[61] nicht auf eine regierungsamtliche oder gar personalistische Perspektive beschränken. Vielmehr gilt es die Wechselwirkung von Innen- und Außenpolitik herauszuarbeiten, also auch die Haltung der Parteien und öffentlichen Meinung gegenüber der deutsch-französischen Aussöhnung zu rekonstruieren. Sehr nützliche Dienste leistet mittlerweile eine Reihe von parteipoliti-

55 Adenauer, Teegespräche (wie Anm. *) S. 26.
56 Ibid. S. 190.
57 Ibid. S. 337.
58 Ibid. S. 212.
59 Ibid. S. 215.
60 Ibid. S. 462.
61 Andreas Hillgruber, Kontinuität und Diskontinuität in der deutschen Außenpolitik von Bismarck bis Hitler, Düsseldorf 1969, S. 5.

schen Quellenpublikationen. Wenige Jahre, nachdem Günter Buchstab mit dem ersten Band der Protokolle des Bundesvorstands der CDU den mustergültigen Vorreiter für derartige Editionen gespielt hat[62], verfügen wir inzwischen auch über vergleichbare Quellenwerke der Sozial- und der Liberaldemokraten. Im Sinne einer ausgewogenen Analyse der bilateralen Beziehungen bleibt zu wünschen, daß demnächst auch die Akten der französischen Parteien publiziert und damit der Forschung leichter zugänglich gemacht werden.

Allerdings weisen die von der Kommission für die Geschichte des Parlamentarismus und der politischen Parteien herausgegebenen Sitzungsprotokolle des FDP-Bundesvorstands von 1949–1967 und der SPD-Bundestagsfraktion von 1949–1966 ein Manko auf: Bei den abgedruckten Dokumenten handelt es sich überwiegend um Kurzprotokolle, die den internen Meinungsbildungsprozeß dieser Gremien nicht zu erkennen geben. Während der FDP-Bundesvorstand seine Sitzungen nur bis 1954 im detaillierten Verlauf festhielt, ging die SPD-Fraktion erst ab 1958 zu dieser Praxis über. Umfangreiche Einleitungen, die qualitativ hochwertige Kommentierung durch die Bearbeiter und die Anreicherung mit ergänzenden Quellen können diesen Nachteil lediglich zum Teil ausgleichen.

Die Sitzungsprotokolle der SPD-Bundestagsfraktion spiegeln die alltägliche parlamentarische Arbeit einer Oppositionspartei wieder und lassen erkennen, daß die auswärtigen Beziehungen anders als etwa wirtschafts- und sozialpolitische Themen nicht die Domäne der Fraktion, sondern einzelner Persönlichkeiten waren. Dennoch werden die zentralen Maximen sozialdemokratischer Außenpolitik in den fünfziger und sechziger Jahren sehr wohl deutlich: Unabhängigkeit, Gleichberechtigung und Selbstbestimmung für das deutsche Volk. Die Annäherung an den Nachbarn im Westen wurde wohl prinzipiell begrüßt. Doch in der politischen Auseinandersetzung mit Frankreich stimmten die Vorstellungen der Opposition weder mit denen der Koalition noch mit jenen der französischen Regierungen überein, auch dann nicht, wenn in Paris die sozialistische Schwesterpartei mitregierte. Das unbedingte Pochen der SPD auf den Vorrang der Wiedervereinigung vor der Westbindung und ihre Weigerung, der psychologischen Situation Frankreichs in den ersten Nachkriegsjahren mit Verständnis und Vorleistungen zu begegnen, verhinderten die Überwindung der tiefen Gräben. »Frankreich sei einheitlich feindlich gegen Deutschland eingestellt«[63], verweigere die Anerkennung Deutschlands als gleichberechtigten Partner, lautete das Credo, und es bestimmte die Position der Partei in der Saarfrage und der Europapolitik, in der Diskussion um den Schumanplan und die Europäische Verteidigungsgemeinschaft.

Die 1951 beim Bundesverfassungsgericht eingereichten Feststellungsklagen zum Petersberger Abkommen, zum deutsch-französischen Handelsvertrag und zum Kehler Hafenabkommen, die Normenkontrollklagen gegen die Aufstellung der Bundeswehr und gegen das Saarstatut, waren nicht dazu angetan, das schlechte Image der SPD in Frankreich zu verbessern. Daß die Sozialdemokraten die Ratifikation der Pariser Verträge zu verhindern trachtete, verstand man an der Seine ebenfalls als Affront. In der Europapolitik gab die SPD ihren Konfrontationskurs zwar 1956/57 auf. Adenauers Besuch beim sozialistischen Ministerpräsidenten Mollet am 6.11.1956, gewissermaßen der Höhepunkt der bilateralen Entente in den fünfziger Jahren, geißelte sie hingegen als Befürwortung der französischen Militäraktion auf der Suez-Halbinsel. Nach dem Regierungsantritt de Gaulles änderte sich

62 Mittlerweile liegen drei Bände vor: [Konrad] Adenauer, »Es mußte alles neu gemacht werden.« Die Protokolle des CDU-Bundesvorstandes 1950–1953, bearb. von Günter Buchstab, Düsseldorf 1986 (Forschungen und Quellen zur Zeitgeschichte, hg. von Klaus Gotto u.a., 8); Ders., »Wir haben wirklich etwas geschaffen.« Die Protokolle des CDU-Bundesvorstandes 1953–1957, bearb. von Günter Buchstab, Düsseldorf 1990 (Forschungen und Quellen zur Zeitgeschichte, 16); Ders., »... um den Frieden zu gewinnen«. Die Protokolle des CDU-Bundesvorstandes 1957 bis 1961, bearb. von Günter Buchstab, Düsseldorf 1994 (Forschungen und Quellen zur Zeitgeschichte, 24).

63 So Hermann Brill, in: Die SPD-Fraktion 1949–1957 (wie Anm. *) 1. Teilband, S. 107.

die Haltung der SPD gegenüber Frankreich kaum, wie die nun durch die Lageberichte der Fraktionsvorsitzenden inhaltliches Gewicht gewinnenden Protokolle ausführlich zum Ausdruck bringen. Mit Wehners Schwenk auf Adenauers außenpolitischen Kurs 1960 ergab sich zwar eine Annäherung an den Kanzler, nicht aber an dessen Frankreichpolitik. Bei allem Verständnis für die bilaterale Verständigung lehnte die Partei in ihrer Mehrheit ein exklusives Bündnis ab, weil es mit ihren Zielen, der Partnerschaft mit den USA und der europäischen Integration mit Großbritannien, nicht vereinbar war. Nicht zuletzt auf ihr Betreiben wurde dem Elyséevertrag eine Präambel vorangestellt, die die Aussöhnung mit Frankreich zwar bejahte, aber zugleich den Wert der europäischen Verträge betonte und die besondere Pflege der Partnerschaft mit den USA herausstellte.

Anders als die Sozialdemokraten befürworteten die Liberalen in den ersten Jahren der Bundesrepublik weitgehend die Außenpolitik des Kanzlers, ohne sie aber jemals uneingeschränkt zu unterstützen. Gewiß wollte auch die FDP eine »Entspannung der deutsch-französischen Beziehungen«[64], doch in der konkreten Umsetzung fehlte es nicht an Kritik. Gegenüber dem Schumanplan erhob sie Bedenken, weil sie ihn im Gegensatz zu Adenauer nicht nur unter dem politischen Blickwinkel zu betrachten bereit war und die Einbeziehung des Saargebiets ablehnte. In der Diskussion um die Westverträge kämpfte sie mit Erfolg darum, die automatische Bindung eines wiedervereinigten Deutschlands zu verhindern. Eine heftige Kontroverse entbrannte zwischen der Partei und dem Kanzler in der Saarfrage, da sie Adenauers Kurs der Europäisierung mit Blick auf eine Präjudizierung in der Deutschlandproblematik ablehnte. Seit 1953 verschärfte sich bei den Liberalen der Flügelkampf zwischen jenen, die die europäische Integrationspolitik der Regierung trotz der von Frankreich verursachten Rückschläge weiter befürworteten, und jenen, die sie dem Primärziel der Wiedervereinigung unterordneten. Die Jahre 1954 bis 1960 stellen die verwirrendste Phase in der Geschichte des Nachkriegsliberalismus dar, die sich schließlich in der Spaltung im Februar 1956 manifestierte. Wenngleich sie sich am koalitionsinternen Streit um eine Änderung des Wahlrechts entzündete, war sie zugleich eine Entscheidung gegen den außenpolitischen Kurs der Bundesregierung: »Erst Deutschland – dann Europa«, so formulierte es das Hamburger Aktionsprogramm für die Bundestagswahlen 1957 prägnant[65]. In diesem Sinne sprach sich die für fünf Jahre in die Opposition verbannte FDP nicht nur gegen die Römischen Verträge, sondern auch gegen die Atombewaffnung der Bundeswehr und für die Schaffung eines europäischen Sicherheitssystems aus. Diesen Kurs setzte sie auch nach dem Wechsel an der Spitze von Thomas Dehler zu Reinhold Maier im Januar 1957 fort. Priorität besaß weiterhin die nationalstaatliche Einheit, und so mag es kaum verwundern, daß Frankreich in den Sitzungsniederschriften – wenn überhaupt - im Zusammenhang mit der deutschen Frage Erwähnung findet. Die Regierungsübernahme Charles de Gaulles löste bei einigen Vorstandsmitgliedern scharfe Reaktionen aus, weil sie die Hindernisse zur Vereinigung nun noch höher sahen. Als der General und auch Ministerpräsident Debré 1959 wiederholt öffentlich die Respektierung der Oder-Neiße-Grenze als eine Grundvoraussetzung für die deutsche Einheit forderten, schlug ihnen einhellige Ablehnung aus der Partei entgegen. Demgegenüber gab es in der Europapolitik durchaus Übereinstimmung und die Bestrebung, »*de Gaulles* ›Europa der Vaterländer‹« für die eigene Konzeption nutzbar zu machen[66]. So plädierten die Liberalen in den Koalitionsverhandlungen im Oktober 1961 unter dem neuen Vorsitzenden Erich Mende ausdrücklich für das de Gaullesche Konzept der europäischen politischen Zusammenarbeit unter Wahrung der nationalstaatlichen Souveränität, sprachen sich aber zugleich für die Aufnahme Großbritanniens in die EWG aus. Als Kanzler und General dann im Laufe des

64 So Karl-Georg Pfleiderer, in: FDP-Bundesvorstand, 1949–1954 (wie Anm. *) S. 1367.
65 FDP-Bundesvorstand, 1954–1960 (wie Anm. *) S. 269, Anm. 4.
66 So Wolfgang Döring, in: FDP-Bundesvorstand, 1960–1967 (wie Anm. *) S. 35.

Jahres 1962 mehr und mehr den bilateralen Alleingang wagten, verwehrte die FDP die Gefolgschaft, getreu der Devise, »daß wir uns nicht in die Lage drängen lassen sollten, uns zwischen Paris und Washington entscheiden zu müssen«[67]. In der Debatte des Bundesvorstands am 22. 2. 1963 über den deutsch-französischen Vertrag, die glücklicherweise mit einem ausführlichen Wortprotokoll dokumentiert wird, mochte niemand die säkulare Bedeutung des Abkommens erkennen. Dehler verstieg sich gar zu dem Verdikt, es sei »überflüssig wie ein bayerischer Kropf«[68]. Wenngleich ihm darin niemand folgen mochte, überwogen doch jene Stimmen, die den Vertrag wohl nur deshalb nicht kippen wollten, weil sie unliebsame französische Reaktionen fürchteten. Einen Monat später sprach sich der Bundesvorstand nahezu einhellig für die Notwendigkeit einer Präambel zum Ratifikationsgesetz aus, die auf die »Übereinstimmung des Vertragswerkes mit den Bestrebungen zu einer gesamtdeutschen Einigung« hinweisen sollte[69].

Mögen Vielfalt und Qualität der besprochenen Werke auch eindrucksvoll belegen, daß die Erforschung des deutsch-französischen Verhältnisses in der Ära Adenauer mit der sukzessiven Öffnung der Archive in den vergangenen Jahren bedeutende Fortschritte verzeichnen kann, so läßt sich doch kaum leugnen, wieviele Felder noch der Beackerung harren. So fehlen, um nur einige Beispiele zu nennen, nicht nur übergreifende Untersuchungen zu den Wirtschafts- und Kulturbeziehungen. Vernachlässigt wurden bisher auch die für die Entwicklung des beiderseitigen Verhältnisses kaum hoch genug einzuschätzenden Jahre zwischen dem Souveränitätsgewinn der Bundesrepublik und dem Machtantritt de Gaulles. Vor allem aber scheint es hohe Zeit, eine profunde Gesamtdarstellung vorzulegen, die die vorhandenen Einzelstudien auswertet und unsere bisherigen Kenntnisse anhand der jetzt zur Verfügung stehenden Archivalien überprüft.

67 So Erich Mende, in: ibid. S. 425.
68 Ibid. S. 450.
69 Ibid. S. 487.

Miszellen

MARTIN SENNER

L'A, B, C, D, DE MA POLITIQUE IMPÉRIALE. ZWEI AUDIENZEN NAPOLEONS III. AM VORABEND DES KRIMKRIEGES

In der Vorgeschichte des Orientalischen Krieges[1] (1854–56) gibt es eine Episode, die von der Forschung nicht gerade übersehen, aber einigermaßen stiefmütterlich behandelt worden ist. Dabei ist sie so bezeichnend, wie sie folgenschwer war. Bezeichnend, weil sie belegt, welche Bedeutung Napoleon III. einem Bündnis mit den deutschen Mächten – in erster Linie Österreich – beimaß, und die »Kartenregulirungstheorie«[2] des Kaisers als Triebfeder seines außenpolitischen Handelns zeigt. Und folgenschwer, weil die ›napoleonischen Ideen über Polen und Italien‹[3] keinen geringen Anteil daran hatten, daß die Allianz zwischen Paris und Wien erst im neunten Kriegsmonat zustandekam und sich als ›Totgeburt‹[4] erwies. Denn am Ballhausplatz wußte man längst: »Si [...] l'Autriche entre en lutte, la guerre prendra des proportions énormes, changera de théâtre, et déterminera nécessairement un remaniement de la Carte de l'Europe«[5]. Für Berlin vollends war der Verdacht, hinter der von den Westmächten verfochtenen ›Erhaltung des Osmanischen Reiches‹ verberge sich als eigentliches Kriegsziel die Demontage des Russischen Imperiums, speziell die Restauration Polens[6], Grund genug, sich jeder vertraglichen Bindung zu entziehen.

Die Audienzen vom 16. Februar und 6. März 1854 liegen nicht bloß zeitlich eng beieinander, sie gehören auch von der Sache her zusammen, sind Seiten ein und derselben Medaille, des französischen Werbens um Deutschland[7]. Neben der Verheißung künftigen Gebiets- und Einflußgewinns stand dabei die Drohung, die Revolution zu entfesseln oder ihr

1 Die Zeitgenossen bedienten sich der Bezeichnungen ›guerre d'Orient‹ oder ›campagne de Crimée‹, während »guerre de Crimée« die Ausnahme blieb. Napoleon an Palmerston, 26.2.1855. Southampton University Library (SUL), Palmerston Papers, GC/NA 98.

2 ERNST II. von Sachsen-Coburg-Gotha, Aus meinem Leben und aus meiner Zeit, Bd. 3, Berlin [6]1889, S. 31.

3 Vgl. Gavin B[urns] HENDERSON, Ein Beitrag zur Entwicklung der Napoleonischen Ideen über Polen und Italien während des Krimkriegs. In: DERS., Crimean War Diplomacy and other Historical Essays, Glasgow 1947 (Nachdr. New York 1975) p. 15–32.

4 Ein Wort Palmerstons. Neuf ans de souvenirs d'un ambassadeur d'Autriche à Paris sous le Second Empire 1851–1859. Publiés par son fils le comte Alexandre de HÜBNER, vol. 1 <1851–1856>, Paris 1904 p. 282 (zum 27.11.1854).

5 Hübner an Buol, 2.10.1855. Akten zur Geschichte des Krimkriegs (AGKK). Hg. v. Winfried BAUMGART. Serie I: Österreichische Akten zur Geschichte des Krimkriegs. Bd. 3 <1855 IX 10> 1856 V 24. Bearb. v. Winfried BAUMGART, München, Wien 1979, Nr. 18.

6 Vgl. Martin SENNER, Preußens Strategie und Politik im Krimkrieg und im italienischen Krieg. In: Ungleiche Partner? Österreich und Deutschland in ihrer gegenseitigen Wahrnehmung. Historische Analysen und Vergleiche aus dem 19. und 20. Jahrhundert. Hg. v. Michael GEHLER, Rainer F. SCHMIDT, Stuttgart 1996, S. 173–200, hier S. 177–178.

7 Dieses Leitmotiv der ›Krimkriegs-Diplomatie‹ des Quai d'Orsay ist in den Akten ständig präsent. Von den drei Bänden der französischen Reihe (Serie IV) der AGKK (wie Anm. 5) wird als erster Bd. 2 <1854 III 28–1855 III 2> 1999 erscheinen.

zumindest freien Lauf zu lassen[8]. Selbst einen Präventivkrieg wollte Napoleon nicht ausschließen[9]. Vom politisch-militärischen Glacis Rußlands sollte die Mitte Europas zur Vormauer des Westens werden, mehr noch: das Gros einer neuen Grande Armée stellen[10].

Zwar ist die Unterredung mit Ernst II. vom 6. März 1854 aus den Memoiren des Coburgers bekannt[11]. Doch kann diese Veröffentlichung wissenschaftlichen Ansprüchen nicht genügen[12]. Das hat schon Henderson erkannt, der auf seinem Weg ad fontes immerhin bis nach Windsor gelangte. In den Royal Archives benutzte er eine zusammenfassende Darstellung des Pariser Aufenthaltes, die der Herzog für seinen Bruder, den englischen Prinzgemahl, hat anfertigen lassen[13]. Thematisch gegliedert und vom Bearbeiter[14] auf den Adressaten abgestimmt, zeichnet dieses Memorandum die Aussagen des Kaisers weniger auf als es sie auswertet. So ist es, bald anderthalb Jahrhunderte danach, an der Zeit, wenigstens die wichtigste der ursprünglichen Niederschriften[15] zu publizieren.

Bei all seinem Interesse an außenpolitischen Fragen hegte Napoleon III. nie den Ehrgeiz, jeden einzelnen Schachzug seiner Diplomaten zu kennen und zu kontrollieren. Details kümmerten ihn wenig, konnten freilich dem, der die Absichten seines Herrschers mißverstand, herben Tadel eintragen[16]. Der Kaiser griff in den Geschäftsgang ein, wenn er eine Kurskorrektur für angebracht hielt. Ansonsten begnügte er sich mit der Vorlage ausgewählter und obendrein meist gekürzter Aktenstücke. Dennoch sah er sich nicht in Gefahr, von derart gefilterten Informationen abhängig zu werden, da ihm, wie er dem Prinzen Albert versicherte, ›Männer seines Vertrauens‹[17] von den Brennpunkten des Geschehens berichteten.

Der Wahrheit näher kam Napoleons Bonmot, der einzige ihm bekannte Bonapartist sei sein langjähriger politischer Weggefährte Jean Fialin comte de Persigny[18]. Dieser erhielt denn auch im Mai 1855 den wichtigen Londoner Posten. Die Gesandtschaften in Wien und

8 »Comment dormir tranquille quand on a affaire à un homme qui, à chaque instant, veut remanier la carte d'Europe et, quand il est de mauvaise humeur, nous menace de la Révolution?« HÜBNER (wie Anm. 4) p. 243 (zum 25.5.1854).

9 »[...] d'attaquer la puissance neutre.« Anlage 1 zu Herzog Ernsts ›Tagebuch von Paris‹, 3.3.1854. Staatsarchiv Coburg (StAC), LA A 7169, f. 65. Ein Telegramm des französischen Außenministers vom selben Tag gab Preußen zu bedenken: »Peut être vaut-il mieux p^r elle avoir á entretenir un corps d'observation sur la Vistule que sur le Rhin.« Archives du Ministère des Affaires Etrangères (AMAE), CP Prusse, 316, f. 213.

10 Zu Napoleons Feldzugsplan vom Frühjahr 1854 vgl. Martin SENNER, Faire marcher mon jeune empereur d'Autriche. Napoleon III., die Krim und die Große Neutralität. In: Militärgeschichtliche Mitteilungen 56 (1997).

11 ERNST II. (wie Anm. 2). Bd. 2, Berlin [6]1889, S. 137–139.

12 Vgl. Elisabeth SCHEEBEN, Ernst II., Herzog von Sachsen-Coburg und Gotha. Studien zu Biographie und Weltbild eines liberalen deutschen Bundesfürsten in der Reichsgründungszeit, Frankfurt a.M. u.a. (1987), S. 167–168.

13 Vgl. HENDERSON (wie Anm. 3) S. 32 und 17–18. Das Memorandum ist verfilmt in: The Oriental Question 1840–1900. Files from the Royal Archives Windsor Castle, Reel 5, Frederick, Md. (1984), G 11/50.

14 Wohl Karl Friedrich Lucian Samwer (1819–1882), schleswig-holsteinischer Jurist und Publizist; Bibliothekar (seit 1854 auch Legationsrat) in Gotha 1852–1859; Staatsrat 1859–1864. – Zum folgenden vgl. Martin SENNER, Die Donaufürstentümer als Tauschobjekt für die österreichischen Besitzungen in Italien (1853–1866), Stuttgart 1988, S. 72–73.

15 Neben der unten abgedruckten sind noch jene vom 3. und 7. März von Bedeutung: StAC (wie Anm. 9), LA A 7169, f. 65–68, 75–76.

16 Vgl. Napoleon an Walewski, 18.1.1856. Acte şi Documente relative la istoria renascerei Romaniei. Ed. Ghenadie PETRESCU şi Dimitrie A. STURDZA, vol. 9, Bucureşci 1901, no. 2705.

17 ›Memorandum on my Visit to Boulogne‹, [Anfang September 1854]. Theodore MARTIN, The Life of His Royal Highness the Prince Consort, vol. 3, London [6]1878, p. 110.

18 Vgl. G[eorge] P[eabody] Gooch, The Second Empire, (London 1960) p. 146.

Berlin, kaum weniger bedeutend, waren fähigen Berufsdiplomaten anvertraut, die indes das ›ABC der kaiserlichen Politik‹[19] erst noch zu lernen hatten; beim Deutschen Bund in Frankfurt war es »ein friedliebender, Staatspapiere besitzender Orleanist«[20], der Frankreich repräsentierte.

Ihr Herr, »conspirateur toujours, par goût autant que par habitude«[21], war nicht um Mittel und Wege verlegen, den Apparat des Quai d'Orsay zu umgehen, sobald die Lage schnelles und unbürokratisches Handeln zu erfordern schien. Sein bevorzugter Ansprechpartner, der britische Botschafter Henry Earl of Cowley, ist neuerdings geradezu als der ›heimliche Außenminister‹ des Second Empire apostrophiert worden[22]. Mit ihm erörterte Napoleon seinen Feldzugsplan gegen die Krim, während er Frankreichs Heerführer und Diplomaten im Dunkeln tappen ließ[23].

Auf Eröffnungen vergleichbarer Tragweite warteten die Repräsentanten der beiden deutschen Großmächte vergebens: Alexander Freiherr von Hübner und Maximilian Graf von Hatzfeldt. Österreich und Preußen hatten sich zwar mit dem Wiener Protokoll vom 5. Dezember 1853 an die Seite der Seemächte und hinter die Türkei gestellt[24]. Von einem Bruch der Heiligen Allianz konnte gleichwohl noch keine Rede sein. Daß die beiden Gesandten ihre alten Verbindungen zu legitimistischen und orleanistischen Kreisen weiterhin pflegten, empfahl sie im übrigen nicht als Konfidenten allerhöchster Eröffnungen[25].

Dabei war es das Gebot der Stunde, mit Deutschland ins Gespräch und ins Geschäft zu kommen, zu einem Bündnis. Denn über eines gab sich der Kaiser keiner Täuschung hin: »La Russie est si grande qu'il faut une coalition européenne pour la vaincre«[26]. Die Entente cordiale mit London, vorerst bloß durch einen Notenwechsel fixiert[27], war ein wichtiger Schritt, doch lediglich der erste. Ein weiterer, der Abschluß einer Militärkonvention über die Entsendung von Bodentruppen in den Orient, mußte folgen- und wirkungslos bleiben, solange es ein Wagnis war, Frankreichs Ost- und Südgrenze zu entblößen. Der dritte

19 »[...] l'A, B, C, D, de ma politique impériale qui devra, tôt ou tard, régler les destinées des peuples.« Villamarina an Dabormida, 13.12.1854. Luigi CHIALA, Lettere edite ed inedite di Camillo Cavour, vol. 2 <1852–1858: Crimea – Congresso di Parigi – Plombières>, Torino 1883, p. LXXXIII.

20 »[...] der persönlich sehr unzufrieden mit dem Kriege ist.« Bismarck an Leopold von Gerlach, 25.10.1854. [Otto Fürst von] BISMARCK, Die gesammelten Werke. Bd. 14/1: Briefe 1822–1862. Hg. v. Wolfgang WINDELBAND, Werner FRAUENDIENST, Berlin (1933), Nr. 533. – Gemeint ist Auguste Bonaventure marquis de Tallenay (1795–1863), Gesandter beim Deutschen Bund 1848–1855.

21 HÜBNER (wie Anm. 4) p. 174 (zum 16.11.1853).

22 Ann P. SAAB u.a., A Reassessment of French Foreign Policy during the Crimean War based on the Papers of Adolphe de Bourqueney. In: French Historical Studies 14 (1986), 4, p. 467–496, hier p. 492.

23 Vgl. Memorandum Cowleys, 27.2.1854; Newcastle an Victoria, 14.3.1854. Oriental Question (wie Anm. 13) V, G 10/93; 11/25.

24 »Le public [...] est dans la jubilation. Grande hausse à la Bourse. Qui aurait cru, il y a un an, que les noms de l'Autriche, de la Prusse, de la France et de l'Angleterre se lieraient au bas d'un acte qui isole la Russie?« HÜBNER (wie Anm. 4) p. 181 (zum 9.12.1853). Zum folgenden vgl. Rochow an O. Manteuffel, 19.12.1853. AGKK (wie Anm. 5). Serie II: Preußische Akten zur Geschichte des Krimkriegs. Bd. 1 <1853 I 25–1854 VIII 8>. Bearb. v. Winfried Baumgart und Ana María Schop Soler, München 1991, Nr. 98.

25 Vgl. HÜBNER (wie Anm. 4) p. 243 (zum 31.5.1854); Denkwürdigkeiten aus dem Leben Leopold von Gerlachs, Generals der Infanterie und General-Adjutanten König Friedrich Wilhelms IV. Nach seinen Aufzeichnungen hg. v. seiner Tochter [Ulrike Agnes von GERLACH], Bd. 2, Berlin 1892, S. 344 (zum 16.9.1855).

26 HÜBNER (wie Anm. 4) p. 226 (zum 5.4.1854).

27 Vgl. [Eugène] de GUICHEN, La Guerre de Crimée (1854–1856) et l'attitude des puissances européennes, Paris 1936, p. 120–121. Text des im folgenden angesprochenen Militärabkommens vom 12.3.1854: Aktenstücke zur orientalischen Frage. Nebst chronologischer Uebersicht zusammengestellt v. J[ulius] von JASMUND, Bd. 1, Berlin 1855, S. 457–459.

Schritt hatte deshalb darin zu bestehen, »sich gegen Angriffe der Deutschen Mächte sicherzustellen«[28], sich, um mit Napoleon zu sprechen, ihrer ›Loyalität‹ zu vergewissern. Dies war der Sinn des anglo-französischen Projekts einer Viermächte-Konvention vom 9. Februar 1854[29]. Die in Artikel 2 und 4 vorgesehenen Besprechungen über geeignete Maßnahmen, den Rückzug der russischen Truppen von türkischem Boden zu erreichen, hätten übergeleitet zur vierten und entscheidenden Phase: Vereinbarungen über eine an Petersburg zu richtende Sommation sowie über die politischen und militärischen Konsequenzen ihrer Zurückweisung. Nicht von ungefähr sprach ein Vertrauter Friedrich Wilhelms IV. von der »Absicht, uns bon gré, mal gré einzufangen«[30].

Napoleon wollte einen Dialog auf höchster Ebene einleiten, jener der Souveräne, diplomatischen Formeln und Formen nicht unterworfen; unverbindlich, da ein Vermittler, wie hochstehend auch immer, jederzeit desavouiert werden konnte. Ein solcher fand sich, was Preußen betraf, in der Person des regierenden Herzogs von Sachsen-Coburg und Gotha, Ernsts II. Der König von Preußen, ebenfalls stets bereit, seinen Diplomaten durch persönliche Emissäre Konkurrenz zu machen, hatte den Vorschlag des Coburgers angenommen, ihm in Paris »als Mittelsmann«[31] zu dienen. In den Tuilerien konnte der Bruder des Prinzen Albert schon deshalb auf Zutrauen und Entgegenkommen rechnen, weil sein Besuch, der erste eines europäischen Monarchen überhaupt, den üblen Eindruck verwischte, den das Tauziehen um die Gewährung der Anrede ›Monsieur mon frère‹ hinterlassen hatte[32].

Einen Draht nach Wien, der, an Hübner vorbei, über den Präsidenten des Reichsrats, Karl Freiherrn Kübeck von Kübau, direkt zu Kaiser Franz Joseph führte, fand der Bonaparte in einer eher zwielichtigen Gestalt: Alois (Louis) Debrauz – gebürtiger Triestiner, aber seit 1838 in Paris ansässig; Intimus Guizots, aber auch bei Edouard Drouyn de Lhuys wohlgelitten, dem Außenminister des Second Empire; österreichischer Beamter, aber »l'agent du gouvernement français bien plus que le nôtre [...] et servant la police personnelle des Tuileries«[33].

Wie buchstabierte sich das ›napoleonische Alphabet‹ im Frühjahr 1854 nun im einzelnen?

A) Daß es zum einmal eingeschlagenen Kurs keine Alternative gebe, ist eine Grundfigur politischer Rhetorik. Ob der Kaiser wirklich an die von ihm behauptete Unvermeidbarkeit des Krieges[34] glaubte, kann hier dahingestellt bleiben; manches spricht für das Gegenteil[35], nicht zuletzt die unübersehbare Abneigung des Quai d'Orsay, Napoleon den Einflüste-

28 So der Gesandte in Berlin, Lionel marquis de Moustier. Denkwürdigkeiten (wie Anm. 25) S. 119 (zum 5.3.1854). Zum folgenden vgl. Hübner an Buol, 19.2.1854. AGKK I (wie Anm. 5). Bd. 1 <1852 XII 2–1854 III 25>. Bearb. v. Ana María Schop Soler, München, Wien 1980, Nr. 340.

29 Vgl. ibid. Nr. 348; zur Datierung ibid. Nr. 325.

30 Saegert an Friedrich Wilhelm, 8.3.1854. AGKK II, 1 (wie Anm. 24) Nr. 198.

31 Ernst an Prinz Albert, 24.2.1854. StAC (wie Anm. 9), LA A 7170, f. 27. Zum ganzen vgl. ERNST II., 2 (wie Anm. 11) S. 125–130.

32 Napoleon: »Aux yeux des grandes Cours du continent, je suis un révolutionnaire. Elles ne veulent pas de moi.« Hübner an Buol, 10.10.1853. AGKK I, 1 (wie Anm. 28) Nr. 189.

33 Hübner an Buol, 1.10.1854. Haus-, Hof- und Staatsarchiv (HHStA) Wien, PA IX/49, f. 387.

34 »Maintenant nous descendons la colline. [...] Ne nous occupons plus de ce que nous avons dit et fait pour éviter la guerre, occupons nous seulement des moyens de la faire«, erklärte er dem österreichischen Gesandten. Hübner an Buol, 14.3.1854. AGKK I, 1 (wie Anm. 28) Nr. 383.

35 Sein Halbbruder urteilte: »Au fond il n'a jamais désiré la guerre et n'y a jamais cru. C'est [là] le malheur: s'il y avait cru, il l'eût probablement empêché.« Morny an Lieven, [28.3.1854]. Archives Nationales (AN), 116 AP, 2/11, f. 46–47, bzw. Geneviève Gille, Au temps de la Guerre de Crimée. Correspondance inédite du Comte de Morny et de la Princesse de Lieven. In: Revue des Deux Mondes (1966) p. 328–345, 550–559, hier p. 331.

rungen eines russischen Sondergesandten auszusetzen[36]. Wo es darum ging, den deutschen Mächten weiteres Taktieren und Temporisieren unmöglich zu machen, war die Absage an eine diplomatische Lösung aber in der Tat ohne Alternative.

B) Die Notwendigkeit, rasch und eindeutig Partei zu ergreifen, war in Wien und Berlin vollends nicht länger zu leugnen, wenn man der These zustimmte, in einem Konflikt zwischen den Flügelmächten des Kontinents müsse bei fortdauernder Neutralität der europäischen Mitte die Rolle des Festlandsdegens den sozialen und nationalen Bewegungskräften zufallen[37]. Die Revolution würde das Zünglein an der Waage und der eigentliche Nutznießer des Krieges sein: »Comme les Rouges se réjouissent et rient dans leurs vilaines barbes en disant que tout cela finira *pour eux*, partout«[38]. Hatte Napoleon früher schon aus vergleichweise nichtigem Anlaß das ›rote Gespenst‹ beschworen[39], so erforderte die Herauslösung Österreichs und Preußens aus der Heiligen Allianz eine differenziertere Sprache. Drohungen, wie sie Hübner bei einer Unterredung in Fontainebleau hatte vernehmen müssen[40], bargen stets das Risiko, das östlich des Rheins ohnehin tiefverwurzelte Vorurteil zu bestätigen, in den Tuilerien liefen »die Zündlinien der Höllenmaschiene [!]«[41] zusammen. Die Orientalische Frage konnte dann leicht in den Hintergrund treten und der Alpdruck einer antibonapartistischen Koalition[42] Realität werden. Ohne abrupte Kehrtwende, ohne das Junktim zwischen der künftigen außenpolitischen Orientierung Deutschlands und Frankreichs Option für oder gegen die Revolution förmlich zu dementieren, bemühte der Kaiser sich sichtlich, dessen positiven Aspekt in den Vordergrund zu rücken: daß nämlich die Osterweiterung der Entente cordiale sein Land ein für allemal im Lager der Ordnung verankern werde, mithin weit mehr sei als ein Bündnis ad hoc, zur Eindämmung des Zarenreichs[43]. Der Gedanke einer im Geiste der Zeit erneuerten Heiligen Allianz, schon in den ›Idées Napoléoniennes‹ von 1839 umrissen[44], klingt an im Entwurf eines Monarchenbriefs, den Ernst nach Berlin mitnehmen sollte.

C) Die Ausweitung des orientalischen Konflikts zum »Weltkrieg«[45] (»guerre universelle«), der, jedenfalls unter den Großmächten, keine Neutralen mehr kennt, wird, scheinbar paradox, als der sicherste Weg betrachtet, die zerstörerischen Folgen des Waffengangs in

36 »Je désire fort que l'Empereur ne le reçoive pas et se borne à le renvoyer à M. Drouyn de Lhuys.« Thouvenel an Bourqueney, 7.4.1854. Familienarchiv Bourqueney (FB), D 1/72.

37 Zu entsprechenden Warnungen Drouyn de Lhuys' vgl. Hübner an Buol, 7.1.1854. AGKK I, 1 (wie Anm. 28) Nr. 270.

38 Morny an Lieven, [28.3.1854]. GILLE (wie Anm. 35) p. 331.

39 Beispielsweise, anläßlich der Heirat einer Erzherzogin mit dem belgischen Thronfolger, in Form eines Bündnisses mit dem bevorzugten Asylland der ›1848er‹: »Si vous épousez la Belgique, j'épouserai la Suisse.« HÜBNER (wie Anm. 4) p. 242 (zum 25.5.1854); vgl. p. 136 (zum 30.5.1853).

40 »J'insurgerais l'Italie.« Hübner an Buol, 20.11.1853. HHStA (wie Anm. 33), PA IX/43, f. 132.

41 Saegert an Friedrich Wilhelm, 19.1.1855. AGKK II (wie Anm. 24). Bd. 2 <1854 VIII 9–1856 IV 15>. Bearb. v. Winfried Baumgart, Wolfgang Elz und Werner Zürrer, München 1990, Nr. 175.

42 »L'idée que les trois puissances veulent sa perte au profit de Henri V ne sort pas de sa tête.« Hübner an Buol, 4.11.1853, HÜBNER (wie Anm. 4) p. 163.

43 So auch Drouyn de Lhuys: »Le grand problème est de dompter la révolution sans le secours de la Russie, et de contenir la Russie sans le secours de la révolution.« Bernard D'HARCOURT, Les quatre ministères de M. Drouyn de Lhuys, Paris 1882, p. 133.

44 Œuvres de NAPOLÉON III, vol. 1, Paris 1869, p. 155: »la sainte alliance des peuples par les rois et non celle des rois contre les peuples«. Zum folgenden der Auszug in ERNST II., 2 (wie Anm. 11) S. 142 Anm. *: »L'Europe verrait bientôt les Souverains réunis en congrès, fixer les bases de la paix et former entr'eux un lien indissoluble.«

45 ›Ueber die Lebensbedingungen und das Programm des zweiten französischen Kaiserthums‹, 17.11.1854. Karl Friedrich Vitzthum von ECKSTÄDT, St. Petersburg und London in den Jahren 1852–1864, Bd. 1, Stuttgart 1886, S. 132; zum folgenden HÜBNER (wie Anm. 4) p. 386 (zum 26.1.1856).

Grenzen zu halten und Europa eine dauerhafte Friedensordnung zu bringen. Im Hintergrund steht die Hoffnung, der Zar werde »après quelques coups de canon«[46] vor der geschlossenen Front des Concert européen en armes genauso zurückweichen wie Frankreich während der Orientkrise von 1840/41. Nikolaus I. soll im Gespräch mit Barthélémy de Castelbajac, dem französischen Gesandten, die Richtigkeit dieses Kalküls bestätigt haben: »A quatre Vous me dicteriez la loi«[47].

D) Erwies diese Hoffnung sich als trügerisch, so bot der ›große‹ Krieg – und er allein – immerhin die Chance, »de remplacer par une autre date celle de 1815«[48], also Napoleons Wunsch nach einer Revision des politisch-territorialen Status quo zu verwirklichen und das europäische Gleichgewicht auf eine neue, auch für Frankreich akzeptable Grundlage zu stellen. Zugleich würde der ›große‹ Krieg, dessen Schauplatz nach Lage der Dinge nur Polen sein konnte[49], jene Kompensationen – Eroberungen – liefern, die dem Bonaparte als Lockmittel unverzichtbar schienen, um statt einer mehr oder weniger wohlwollenden Neutralität die aktive Solidarität der deutschen Großmächte zu erlangen, ihren definitiven Bruch mit Rußland.

Bis auf weiteres konnte es sich lediglich um einen Wechsel auf die Zukunft handeln. Die Nichtverfügbarkeit der potentiellen Kompensationsobjekte, von Drouyn später treffend »mit einer Anweisung auf ein etwa im Monde gelegenes Land«[50] verglichen, sollte hinfort noch manches Allianzprojekt des Second Empire zum Scheitern verurteilen. In diesem Fall freilich stellte sie kein Hindernis dar, harmonierte vielmehr aufs beste mit der von allen Beteiligten propagierten Uneigennützigkeit ihres Einsatzes. Friedrich Wilhelm IV. hatte sie gar zum ›ersten Grundsatz‹ seiner Orientpolitik erklären lassen: »pas un village de l'Allemagne cédé à la Prusse«[51]. Der Pferdefuß entsprechender Offerten war ja unschwer zu erahnen. Da die ›bindende Erklärung England gegenüber‹ ausschließlich Frankreich selbst verpflichtete, nicht auf ›Sondervorteile‹ auszugehen[52], war sie kein stichhaltiges Argument

46 Morny an Lieven, [28.3.1854]. GILLE (wie Anm. 35) p. 332.

47 Bunsen an O. Manteuffel, 29.6.1853. Preußens auswärtige Politik 1850 bis 1858 (PAP). Unveröffentlichte Dokumente aus dem Nachlasse des Ministerpräsidenten Otto Frhrn. von Manteuffel. Hg. v. Heinrich [Ritter] von POSCHINGER, Bd. 2: Die orientalische Frage bis zum Beginn des Krimkrieges. Vom 2. Dezember 1852 bis zum 14. Dezember 1854, Berlin 1902, S. 110.

48 Hübner an Buol, 5.3.1854. AGKK I, 1 (wie Anm. 28) Nr. 364. Ähnlich schon Hübner an Buol, 2.11.1853. HÜBNER (wie Anm. 4) p. 162.

49 Treffend die Feststellung eines bayerischen Diplomaten: »Ce ne serait plus [...] la guerre de Crimée, mais la guerre de Pologne; et, pour l'Autriche, être vaincue par la Russie ou la vaincre – en Pologne, est, dans les deux hypothèses, un résultat d'un danger presqu'égal.« Ferrière-le-Vayer an Walewski, 13.5.1855. AMAE (wie Anm. 9), CP Wurtemberg, 79, f. 117. Französische Überlegungen, Preußen in Polen schadlos zu halten, belegt eine von Napoleon inspirierte Flugschrift: La révision de la Carte d'Europe, Paris 1854; auch in ACTE (wie Anm. 16). Vol. 2, Bucureşci 1888, no. 461.

50 Goltz an Bismarck, 7.5.1866. Hermann ONCKEN, Die Rheinpolitik Kaiser Napoleons III. von 1863 bis 1870 und der Ursprung des Krieges von 1870/71, Bd. 1, Stuttgart 1926, Nr. 86.

51 Und: »pas un soldat français sur le territoire germanique«. Bunsen an Prinz Albert, 9.1.1854. AGKK II, 1 (wie Anm. 24) Nr. 115.

52 »[...] à retirer aucun avantage particulier des événements qui peuvent se produire.« Walewski an Clarendon, 6.2.1854. GUICHEN (wie Anm. 27) p. 121. Der Entwurf der Viermächte-Konvention (nachgewiesen Anm. 29) enthielt eine derartige Klausel nicht. Erst Artikel 4 des anglo-französischen Bündnisses vom 10.4.1854 hat diese Verpflichtung stipuliert, und zwar auch für jene Staaten, die von dem Beitrittsangebot des Artikels 5 Gebrauch machen würden. Aktenstücke I (wie Anm. 27) S. 460. Palmerston hatte sich mit seinen Bedenken gegen diese Hürde nicht durchgesetzt. Vgl. Palmerston an Clarendon, 6.4.1854. Bodleian Library Oxford (BLO), Clarendon Dep., c. 15, f. 94–95. Praktische Bedeutung erlangte sie im Falle Sardiniens: »L'état territorial de l'Italie se trouve implicitement reconnu par le seul pays qui eût été capable de le troubler.« Thouvenel an Bourqueney, 22.12.1854. FB (wie Anm. 36), D. 4/32.

für den Verzicht auf diesbezügliche Schritte zugunsten Dritter – es sei denn, Paris hätte eben doch auf ein ›Trinkgeld‹ reflektiert[53].

Es fällt auf, daß Napoleon für Wien und Berlin Gewinne in Betracht zog, die, wenn nicht einander ausschlossen, doch darauf hinausliefen, die bestehenden Machtverhältnisse[54] auf höherem Niveau wiederherzustellen: einerseits die unangefochtene Superiorität des in Südosteuropa erstarkten Habsburgerreichs im Deutschen Bund, andererseits Preußens Arrondierung durch Hannover oder Sachsen. Man mag dies als Beleg dafür nehmen, daß die Idee des europäischen Gleichgewichts in Napoleon einen – wenn auch eigenwilligen – Verteidiger besaß[55], oder als Musterbeispiel staatsmännischer Doppelzüngigkeit. Vielleicht rechnete er einfach damit, letztlich nur eine der beiden deutschen Großmächte ins westliche Lager hinüberziehen zu können.

Österreich konnte und wollte den Bruch mit Rußland nicht wagen, solange es befürchten mußte, Preußen werde ihm im entscheidenden Moment in den Rücken fallen[56]. Der Entschluß des Hohenzollern wiederum, kein Bündnis mit den Seemächten zu schließen, ist, nach dem Zeugnis seines Ministerpräsidenten und Außenministers, durch Berichte über geplante Territorialveränderungen »definitiv«[57] geworden. Der Anfang März sich abzeichnende politische Umschwung in Berlin, der zeitweise in einer ›Machtergreifung‹ der prorussischen ›Kreuzzeitungs-Partei‹ zu gipfeln drohte[58], bewog den Kaiser der Franzosen, sein Handschreiben, das ein Panorama des ›großen‹ Krieges entrollte, nicht abzusenden; Franz Joseph erhielt eine entschärfte Fassung[59]. Was der Herzog von Coburg über die

53 Napoleon: »Ma foi, pour ma France, ce m'est bien égal, si on me dédommage sur le Rhin ou en Italie.« ›Gespräch auf der Esplanade vor den Tuilerien‹, [7.3.1854]. StAC (wie Anm. 9), LA A 7169, f. 76. Diese Forderung entsprach der Maxime des Kaisers »If other countries gain anything France must gain something also«. Cowley an Malmesbury, 31.10.1858. Conversations with Napoleon III. A Collection of Documents, mostly unpublished and almost entirely diplomatic, selected and arranged with Introductions by Victor WELLESLEY and Robert SENCOURT, London 1934, p. 153–154.

54 Wie Buol sie mit den Worten beschrieb, Preußen »sei wohl eine Europäische Macht, aber die fünfte, und wenn es eine sechste gäbe, so würde das Bayern sein«. E. Manteuffel an Friedrich Wilhelm, 8.2.1856. AGKK II, 2 (wie Anm. 41) Nr. 418.

55 »[...] le défenseur et non le *prisonnier* des traités.« Drouyn de Lhuys an Napoleon, 21.8.1853. AN (wie Anm. 35), 400 AP, 56, no. 63. Zum folgenden Heinrich von SYBEL, Napoleon III., Bonn 1873, S. IV: »Napoleon hat mehr als einmal mit zwei unter einander gespannten Parteien verhandelt, mehr als einmal sich die Wege zu völlig entgegengesetzten Zielen offen zu halten gesucht.« Waren sie unvereinbar? Der preußische König kokettierte gelegentlich mit der Idee, daß Franz Joseph »sich zum Ost-Römischen Kaiser und ihn zu seinem Vikar in Deutschland machte«. Denkwürdigkeiten (wie Anm. 25) S. 246 (zum 19.11.1854).

56 Vgl. Hess an Franz Joseph, 25.3.1854. AGKK I, 1 (wie Anm. 28) Nr. 400; AGKK I (wie Anm. 5). Bd. 2 <1854 III 30–1855 IX 9>. Bearb. v. Werner Zürrer, München, Wien 1980, S. 43 (Anm. 134).

57 O. Manteuffel an Bunsen, 7.3.1854. Kurt BORRIES, Preußen im Krimkrieg (1853–1856), Stuttgart 1930, Anlage 9.

58 Vgl. Moustier an Thouvenel, 11.5.1854. L[ouis] THOUVENEL, Nicolas Ier et Napoléon III. Les préliminaires de la Guerre de Crimée 1852–1854. D'après les papier inédits de M. [Edouard Antoine] Thouvenel, Paris 1891, p. 381–383; Tagebücher von K[arl] A[ugust] Varnhagen von Ense. [Hg. v. Ludmilla ASSING], Bd. 11 <1854 III 21–1855 III 13>, Hamburg 1869 (Nachdr. Bern 1972), S. 61, 62 (zum 8./9.5.1854).

59 Das Handschreiben vom 24.3.1854 in HHStA (wie Anm. 33), PA IX/49, f. 213^{b-c}; deutsche Übersetzung: Joachim KÜHN, Napoleon III. Ein Selbstbildnis in ungedruckten und zerstreuten Briefen und Aufzeichnungen, Arenenberg 1993, S. 434–435. Das ursprüngliche Konzept in StAC (wie Anm. 9), LA A 7169, f. 76^{a}–77; ein Auszug in ERNST II., 2 (wie Anm. 11) S. 141–142 Anm. *.

napoleonischen Ideen verlauten ließ, genügte indes, auch den Habsburger »kopfscheu«[60] zu machen. Ganz zu schweigen von den abenteuerlichen Gerüchten, die in Diplomatenkreisen kursierten: Kongreßpolen solle, vergrößert um Galizien und preußisches Gebiet »bis Dantzig«[61], unter den Wettinern wiedererstehen, deren Stammland mitsamt den sächsischen Herzogtümern dann zu einem »royaume de Thuringe«[62] für Ernst II. werden. Als Wien sich endlich am 2. Dezember 1854 zu einer Allianz bereitfand, hatte man zuvor die Zusage gefordert und erhalten, selbst geringfügige Grenzveränderungen nicht ohne Österreichs Zustimmung anzustreben[63]. Für ein grundlegendes Remaniement galt dies erst recht. Die führenden Männer der Monarchie vermochten sich weder für eine Restauration Polens zu erwärmen[64] noch für einen Ländertausch Lombardei-Donaufürstentümer zu begeistern. Da sich der Kaiserstaat einer militärischen Verwicklung in den Konflikt wohlweislich entzog, blieben Umfang wie Ziele des Unternehmens begrenzt: »les germes d'une grande révolution politique«[65], die der Bonaparte in ihm angelegt sah, sind gleichsam im Boden der Krim verdorrt.

Dok. I
Denkschrift Debrauz'

HHStA (wie Anm. 33), Kabinettskanzlei, Geheimakten 3, f. 104–107. Eigenhändige Ausfertigung. Im Original unterstrichene Passagen hier in Kursive.

Napoleon hofft, mit Österreichs Waffenhilfe die orientalische Krise in wenigen Monaten zu beenden; bleibe die Monarchie neutral, so könne der Konflikt sich über Jahre hinziehen und zum Weltanschauungskrieg werden. Frankreich bietet Wien eine Garantie seines Besitzstandes, dessen Erweiterung um das Donaudelta, die Einbeziehung der rumänischen Fürstentümer in die habsburgische Einflußsphäre und – indirekte – Finanzhilfe.

Wien, den 27. Februar 1854

Als der Kaiser der Franzosen durch seinen Minister des Äußern, dem ich eine Abschieds-Visite abstatten zu müßen für eben so zweckmäßig als geziemend hielt, erfuhr, daß ich nach Wien abberufen ward, hatte er die Gnade durch seinen Sekretär, Herr Moc-

60 Thun an Buol, 24.3.1854. HHStA (wie Anm. 33), PA III/53, f. 45. Vgl. Westmorland an P. Westmorland, 4.6.1854. The Correspondence of Priscilla, Countess of Westmorland. Ed. by Rose Weigall, London 1909, p. 215.

61 Thun an Buol, 24.3.1854. HHStA (wie Anm. 33), PA III/53, f. 45.

62 Moustier an Drouyn de Lhuys, 15.4.1854; vgl. Mercier an Drouyn de Lhuys, 30.3.1854. Senner, Donaufürstentümer (wie Anm. 14) S. 57 Anm. 52; S. 72 Anm. 81. Ferner Saegert an Friedrich Wilhelm, 3.12.1854. AGKK II, 2 (wie Anm. 41) Nr. 107: »Thüringen – Kgreich Coburg.«

63 Vgl. Buol an Hübner/Colloredo, 13.11.1854; Hübner an Buol, 21.11.1854. AGKK I, 2 (wie Anm. 56) Nr. 259; Nr. 266.

64 »[...] ein neues zweites Frankreich im Osten. Wir sind daher immer im Schlepptau Frankreichs und unser überwiegender Einfluß in Deutschland [...] wird nicht wie jetzt nur durch Preußen gehemmt, sondern, weil getheilt mit Frankreich, für immer verloren.« Hess an Franz Joseph, 26.10.1854. Feldmarschall Heinrich Freiherr von Hess. Schriften aus dem militärwissenschaftlichen Nachlaß mit einer Einführung in sein Leben und das operative Denken seiner Zeit. Hg. v. Manfred Rauchensteiner, Osnabrück 1975, S. 241. Zum folgenden vgl. Senner, Donaufürstentümer (wie Anm. 14).

65 Denkschrift Napoleons, [Ende 1858]. Emile Ollivier, L'Empire Libéral. Etudes, récits, souvenirs, vol. 3: Napoléon III, Paris 1898, p. 538.

quard[66], mir wissen zu lassen, es würde ihm angenehm seyn, vor meiner Abreise mich zu sehen, und bestimmte dazu den 16. l[aufenden] M[onats][67] um zehn Uhr Morgens.

Als ich in Begleitung des Herrn Mocquard am erwähnten Tage ins Arbeits-Kabinet Napoleons III tratt [!], geruheten Seine Majestät mir einige Schritte entgegen zu tretten, mich auf die huldvollste Art bei der Hand zu nehmen, und neben sich nieder sitzen zu lassen.

Ich will möglichst die Worte des Kaisers wiederholen:

»Ich habe gewünscht Ihnen persönlich meine Anerkennung und meinen Dank auszudrücken, für die unermüdeten Bestrebungen, die Sie seit Jahren zur Aufrechthaltung und Begründung der freunschaftlichsten Verhältniße zwischen Österreich und Frankreich, in ihrer *Privat-Sphäre* anwenden. Darunter zähle ich Ihre Artikel im Lloyd, deren Einrückung in den ›Moniteur‹[68] ich selbst anbefohlen habe, vorzüglich zu dem Ende durch die Evidenz der guten Eintracht zwischen Österreich und Frankreich, den Ideenkampf, in welchen die revolutionäre Propaganda den orientalischen Streit ausarten lassen möchte, im Keime zu ersticken. Es war meine Absicht Ihnen eine öffentliche Anerkennung der Verdienste, welche Sie sich um die Erhaltung des Friedens und der Ordnung erworben haben, zu gewähren. Nachdem Sie aber dem Herrn Drouin de Luys erklärt haben, jede Auszeichnung ablehnen zu wollen, will ich Ihnen einen Beweis des Vertrauens geben, aus welchem die österreichische Regierung selbst schließen mag, wie sehr ich die Ehrenhaftigkeit Ihres Charakters schätze. Ich will Ihnen offen und frei meine Politik in der orientalischen Streitfrage erklären, und Ihnen einige Betrachtungen mittheilen, die ich gern von der österreichischen Regierung adoptirt sehen möchte, die aber wie leicht erklärbar, sich nicht auf ämtlichen [!] oder diplomatischen Wege leicht entwickeln lassen. Dazu gehört ein Mann des Vertrauens, dem man frei sich aufschließen kann; ich habe Sie dazu gewählt.«

»Ich habe in meinen auswärtigen Beziehungen keine andere Politik, als den fremden Regierungen gegenüber so zu seyn, wie dieselben sich mir gegenüber benehmen. Rußland hat zwar nun viele freundschaftliche Betheuerungen gemacht, mais ce n'était que de l'eau bénite de cour, und nur darauf berechnet, meine Regierung für die geheimen Zwecke des Czaaren zu gewinnen. Noch in neuester Zeit hat Rußland mir Insinuationen gemacht, welche dahin zielten Frankreich fester an die moskovitischen Interessen zu fesseln[69]. Allein eben weil ich energisch dergleichen Insinuationen zurück gewiesen habe, ist der Krieg zwischen Frankreich und Rußland unvermeidlich geworden. Alle Friedens-Vorschläge Österreichs vermögen nicht mehr diesen Kampf aufzuhalten.«

»Es ist meine innerste Überzeugung, daß wenn Österreich anstatt mit unnütz gewordenen Negotiationen die Zeit zu verlieren, sich ernstlich und entschieden an Uns schließen will, der Krieg in zwei oder drei Monaten beendet seyn kann. Denn, Preußen selbst erklärt Uns ganz offen, daß wenn Österreich agiren will, [es] ganz Deutschland hinter sich haben werde[70]. Ist Österreich nicht mit Uns gleich beim Ausbruche des Krieges, so kann der Krieg zehn Jahre dauern, und Niemand ist im Stande die Folgen davon zu berechnen.«

66 Jean-François-Constant Mocquard (1791–1864), französischer Anwalt und Politiker; Kanzleichef Napoleons 1848–1864.

67 Das Anschreiben an Kübeck, ebenfalls vom 27. Februar, ist irrtümlich noch aus Paris datiert. HHStA (wie Anm. 33) KK/GA 3, f. 103.

68 ›Nouvelle phase de la question d'Orient‹. In: ›Le Moniteur Universel‹, 8./10./11./12.1.1854.

69 Die Gespräche Fürst Aleksandr Michajlovič Gorčakovs mit Hector comte de Béarn, dem französischen Gesandten in Stuttgart, wurden am 18.3.1854 durch ein Zirkular Drouyn de Lhuys' enthüllt. AMAE (wie Anm. 9), MD France, 740, f. 327–331. Vgl. auch Aktenstücke I (wie Anm. 27) S. 290–291.

70 Möglicherweise ist hier an O. Manteuffels Ankündigung vom 31.1.1854 gedacht, »qu'un danger commun trouvera toujours les Etats de l'Allemagne prêts à une défense commune«. AGKK II, 1 (wie Anm. 24) S. 343.

»Ich habe – fuhr der Kaiser fort – schon im verfloßenen Monat November zu Compiègne[71] dem Herrn Hübner erklärt, daß ich die exzeptionelle Stellung Österreichs zu Rußland vollkommen begreife, und daß es mir nie in den Sinn kam, besser als Kaiser Franz-Joseph die Interessen Österreichs beurtheilen zu wollen.«

»Allein die Erklärungen welche das öst. Kabinet über die Sendung des Grafen Leiningen[72] nach Constantinopel, Uns geben ließ, berechtigten Uns zu dem Glauben, daß Österreich in der Türkei eine imposante Stellung wieder einnehmen wollte, um bei den orientalischen Verwicklungen, welche Jedermann anrücken sah, desto wirksamer zur Aufrechthaltung der Völkerverträge und des politischen Gleichgewichtes von Europa, auftretten zu können. Wir haben daher redlich die Sendung des Grafen Leiningen unterstützt, denn wir betrachteten dieselbe als den Ausgangspunkt einer neuen politischen Richtung Österreichs. Wir glaubten daher, daß als Rußland Miene machte, den Pruth zu überschreiten[73], Österreich im Vereine mit Uns dem rußischen Kabinet bedeuten würde, daß ein solcher Schritt von den übrigen Großmächten nicht geduldet werden würde. Hätte Österreich dieß damals gethan, so würde Rußland gewiß nachgegeben haben, und der Friede wäre heute gesichert, anstatt daß der Krieg jetzt mit verdoppelter Wuth losbricht.«

»Wenn wir also Etwas Mehr als die bloße Neutralität wünschen, so darf dieß nicht so ausgelegt werden, als wollten wir Österreich vorschreiben, was es Thun oder Unterlassen soll. Nein, wir sagen nur, die Sendung des Grafen Leiningen hat Uns berechtigt, mehr als die bloße Neutralität von Österreich zu erwarten, um so mehr als der Aufstand in Serbien, in Griechenland[74], u.s.w. hinlänglich zeigt, daß die Neutralität nicht lange haltbar seyn kann.«

»Ich verkenne auch nicht die Vorurtheile, welche man gegen Uns gelten lassen möchte, um die Allianz zwischen Österreich und Frankreich hintan zu halten. Man beschuldigt die französische Regierung heimlich der Revolution in die Hände zu arbeiten. Darauf könnte ich einfach und allein antworten: Sehet was ich in Frankreich gethan habe[75], und urtheilt daraus, ob es in meinem Interesse seyn kann, der Anarchie das Haupt wieder erheben zu lassen!«

»Ich habe auch über diesen Punkt zu Compiègne dem Herrn Hübner ganz meine Ansichten erklärt. Ich sagte zu ihm damals, und wiederhole es heute noch, die größte Gefahr der orientalischen Streitfrage ist der Ideen-Kampf worin sie unausweichlich ausarten wird. Nun ist es klar, daß wenn die Revolution in Europa wieder ausbricht, und Österreich nicht mit Uns und an Unserer Seite in der Türkei steht, wir auch nicht mit Österreich gegen die Revolution auftretten können, weil sonst in Frankreich selbst die öffentliche Meinung gegen meine Regierung sich erheben, und den Rothen als Anhaltspunkt gegen Mich dienen würde. So und nicht anders muß diese delikate Frage aufgefaßt werden. Denn, so lange Hoffnung vorhanden ist, daß Österreich mit Uns gehen wolle, werde ich vielmehr öffentlich durch den ›Moniteur‹ erklären[76], daß die Feinde Österreichs die Unsrigen sind, und die Revolution daher von Uns Nichts zu hoffen hat.«

71 Recte: in Fontainebleau. Vgl. HÜBNER (wie Anm. 4) p. 169–178 (zum 14.–18.11.1853); AGKK I, 1 (wie Anm. 28) S. 430–434.

72 Christian Franz Seraphim Vincenz Graf von Leiningen-Westerburg (1812–1856), österreichischer Feldmarschalleutnant. Für seine Mission nach Konstantinopel im Februar 1853 vgl. AGKK I, 1 (wie Anm. 28) S. 59–71, 86–89, 94–96, 100–104; Bernhard UNCKEL, Österreich und der Krimkrieg. Studien zur Politik der Donaumonarchie in den Jahren 1852–1856, Lübeck/Hamburg 1969, S. 57–85.

73 Am 2.7.1853 waren russische Truppen in die ›Donaufürstentümer‹ Moldau und Walachei einmarschiert, die türkischer Oberhoheit unterstanden.

74 Vgl. Monika RITTER, Frankreichs Griechenland-Politik während des Krimkrieges. (Im Spiegel der französischen und bayerischen Gesandtschaftsberichte 1853–1857), Diss. phil. München 1966 [Fotodruck], S. 81–258; Eugenia Voyiatzis NOMIKOS, The international Position of Greece during the Crimean War, Ph. D. Stanford University 1962, S. 131–286.

75 Mit dem Staatsstreich vom 2.12.1851.

76 Bereits am 22.2.1854 war dort eine entsprechende Verlautbarung erfolgt. Ihr Kernsatz lautete: »Jamais le Gouvernement n'aura une politique à double face, […] il ne pourrait pas permettre, si les

Napoleon III. ließ sich über diesen Gegenstand in sehr ausführliche Erläuterungen ein, die ich darum übergehe, weil ich in den frühern Berichten[77] dieselben schon zu beleuchten Gelegenheit gehabt habe.

Allein was besonders hervor gehoben zu werden verdient, ist es, daß der Kaiser der Franzosen gehörig einsieht, daß um Österreich zu bestimmen, der Neutralität eine thätigere Rolle zu substituiren, man darauf sinnen müße eine hinreichende Compensation für die zu bringenden Opfer, dem öst. Kabinet anbieten zu können.

Zu dem Ende, und für den Fall als das Vertrauen womit der Kaiser der Franzosen mich beehrte, zu förmlichen Unterhandlungen führen könnte, wollte er daß ich aus dem Munde des Ministers des Äußern, Herrn Drouin de Luys, die Vorschläge der französischen Regierung vernehmen möchte.

Ich sprach daher den Herrn Drouin de Luys am Vorabend meiner Abreise, nämlich am 19 l[aufenden] M[onats]. Die Vortheile welche Herr Drouin de Luys der österreichischen Regierung anbietet, sind:

1° Das Protektorat welches bisher Rußland in den Donaufürstenthümern ausübte[78], soll unter einem andern Namen und in anderer Form zu Gunsten Österreichs etablirt werden, damit wenn früher oder später dennoch die Türkei getheilt werden soll, Österreich in den natürlichen Besitz jener Länder gelange, deren Zuwachs in Händen Rußlands nicht Österreich zu wünschen Grund hat.

*2do* Die Mündungen der Donau, welche ein deutscher Stromm [!] ist, sollen in den Besitz Österreichs kommen, wodurch das Ansehen Österreichs in Deutschland so gehoben würde, daß die Rivalität von Preußen für immer die Segel streichen müßte.

*3^tio^* Um einerseits der Propaganda den Todesstoß zu versetzen, und anderseits Österreich vor künftigen Anfeindungen Rußlands sicher zu stellen, würde die Integrität der öst. Monarchie feierlich gewährleistet werden.

*4to* Mit Ausname [!] von Subsidien, die man nicht einem so mächtigen Staate wie Österreich anbieten kann, ohne seine Würde zu verletzen, wird Frankreich alle Finanz-Operationen begünstigen, welche Österreich im Ausland projektirt.

Bei der Wichtigkeit dieser Vorschläge und der Nothwendigkeit darüber das strengste Geheimniß zu bewahren, hat sich das französische Kabinet vorderhand die rein mündliche Verhandlung, falls eine solche eingeleitet werden sollte, ausbedungen. Meine eigene Rückkehr nach Paris soll zu weitern Erklärungen das Kabinet der Tuilerien veranlassen, welche die ordentliche Verhandlung auf diplomatischen [!] Wege bedingen würden.

Doch hat der Kaiser der Franzosen aus eigenem Antriebe seinen Sekretär, Herrn Mocquard, ermächtigt, über alle Fragen, die näherer Auskünfte bedürfen sollten, von seinem Monarchen Letztere sich zu erbitten, um dieselben mir zukommen zu lassen[79].

[Debrauz[80]]

drapeaux de la France et de l'Autriche s'unissaient en Orient, qu'on cherchât à les divisier sur les Alpes.« Vgl. auch HÜBNER (wie Anm. 4) p. 215.

77 Sie liegen in HHStA (wie Anm. 33), KK/GA 3.

78 Es war zuletzt durch Artikel 5 des Friedens von Adrianopel vom 14. 9. 1829 und dessen einschlägige Separatakte bestätigt worden: The Consolidated Treaty Series (CTS). Ed. by Clive Parry, vol. 80 (1829/30), Dobbs Ferry, N. Y. (1969) p. 84–96, hier p. 87, 91–94.

79 »There ist no sign that this approach had more success than those made through regular channels.« Paul W. SCHROEDER, Austria and the Danubian Principalities 1853–1856. In: Central European History 2 (1969) p. 216–236, hier p. 221 (n. 10).

80 Louis Debrauz [auch: Debrauz de Saldapenna] (1811–1871), Publizist und politischer Agent; Sektionsrat im österreichischen Handelsministerium 1849–1854; am k.k. Generalkonsulat in Paris 1853–1854.

Dok. II

Conversation Sr Hoheit mit dem Kaiser am 6/3 54 über die Allianz der beiden deutschen Großmächte mit den Westmächten. (Auf den Wunsch des Kaisers gehalten.)

StAC (wie Anm. 9) LA A Nr. 7169, f. 69–74. Aufzeichnung. Revidiertes Konzept von der Hand Meyerns[81]. Die (mit zahlreichen Abweichungen gegenüber der Vorlage bzw. in Paraphrase) in ERNST II., 2 (wie Anm. 11) S. 137–139 gedruckten Passagen kommen hier in Petit zu stehen, die im Original unterstrichenen in Kursive, ausgelassene Passagen erscheinen in Normalschrift.

Napoleon räumt ein, daß vor einem preußischen Kriegseintritt die Haltung der skandinavischen Reiche, namentlich Dänemarks, geklärt sein müsse, und hat keine Einwände gegen eine künftige Annexion Sachsens oder Hannovers. Mit der Revolution werde Frankreich höchstens dann paktieren, wenn es isoliert und bedroht sei. Die italienische Frage will der Kaiser nicht forcieren, bei der Wiederherstellung Polens die Teilungsgewinne seiner deutschen Verbündeten nicht antasten.

[Paris, den 6. März 1854]

Der Kaiser begann damit, daß er sagte, er habe die Nachricht aus Berlin bekommen[82], daß man immer noch zu keinem Entschluß gelangt sei, was ihn sehr bekümmere, indem die Einschiffungsfrage[83] immer näher heranrücke.

Um unbefangener von beiden Seiten Ansichten austauschen zu können, ergriff er dann die Initiative in der Art, daß er sagte: »Wir wollen uns über die Sache unterhalten, als ob wir Privatleute wären, und ich bitte Sie, mir heute, wo wir Zeit haben, *Ihre* Ansichten ausführlich mitzutheilen; ich werde mir die Freiheit nehmen, ohne Rücksicht auf Personen und Nationen die *meinigen* auszusprechen.«

Ich nahm hiervon Veranlassung, zum Voraus zu erklären, daß die Anschauungen, von denen ich im Gespräche ausgehen würde, lediglich die *meinigen* seien, der ich, ganz unpartheiisch, und lediglich das allgemeine deutsche Interesse im Auge habend, aus allen gegenwärtigen Complicationen keinen Gewinn ziehen *könnte* und *wollte*. Er möge also das, was ich ihm sagen werde, als eine *Privatmittheilung* ansehen, auch, wenn sie ihm gefalle und er sich zu Maßnahmen dadurch veranlasst sehen könne, des Autors derselben nicht erwähnen, um nicht zu der falschen Auffassung Veranlassung zu geben, als ob ich hinter dem Rücken der Preußen sie zu irgend etwas vermögen wolle.

Er gab mir hierauf freundlich die Hand und sagte: »Allons donc, entre amis on ne se trahit pas.« Ich entamirte nun die Frage und stellte als Vordersatz hin, daß es unmöglich sein würde, von den Preußen einen raschen Entschluß zu erlangen, wenn man ihnen nicht

1, die Gefahren aus dem Wege räume, welche sie (auch falls sie *anti*russisch gesinnt wären) abhalten würden, sofort in die gewünschte Allianz zu treten,

2, ihnen nicht unmittelbare Vortheile böte.

Der Kaiser erkannte dies als richtig an und sagte:

Was die *Vortheile* anbelange, so wäre es ihm, wegen der bindenden Erklärung England gegenüber[84], unmöglich, auch wenn es officiell verlangt würde, Schritte dafür zu thun. Er dürfe aber dem eigenen Verständniß Preußens überlassen, daß, wenn es thätigen Antheil am Kriege nehme, dies nicht zu

81 Gustav Freiherr von Meyern-Hohenberg (1820–1878), deutscher Dramatiker; Geheimsekretär Ernsts II. von Sachsen-Coburg und Gotha 1843–1860.

82 Vgl. etwa Moustiers Bericht no. 137 vom 2.3.1854, der am 5. März eingelaufen war. AMAE (wie Anm. 9), CP Prusse, 316, f. 204–209.

83 Die Einschiffung der Armée d'Orient begann in Marseille am 19.3.1854; am 31. März gingen diese Truppen in Gallipoli an Land.

seinem, Preußens, Nachtheil sein könne. (: »Die Preußen werden sich doch nicht einbilden, daß sie *umsonst* in diesen Krieg gehen sollen, und ohne territorialen Vortheil daraus zu ziehen!« fügte er, lachend, auf deutsch hinzu). Lachend fragte er dabei, was wohl die Wünsche Preußens auf Territorien sein könnten, ob Hannover oder Sachsen?

Ich erwiederte hierauf, daß die uneigennützige Politik Preußens noch nicht gestattet hätte, bestimmte Wünsche der Art zu hegen, daß aber der gesunde Menschenverstand es begreiflich mache, wenn sie für die Zukunft einmal an eine Vereinigung ihrer beiden großen Territorialmassen im Osten und Westen dächten.

Wir verständigten uns hiernach über den einen Satz:

daß es für den ersten Augenblick unmöglich sei, Preußen *durch Versprechungen* zur Allianz zu bewegen.

Rücksichtlich der *Gefahren*, welche, abgesehen von den russischen Intriguen, Preußen jetzt an einem raschen Entschlusse hindern dürften, stellte ich dreierlei hauptsächlich in den Vordergrund:

1. Preußen würde, wenn es jetzt zur Allianz träte, sofort seine ganze Armee mobilisieren müssen, um ein Corps von mindestens 150,000 Mann gegen Polen in Bewegung setzen zu können, abgesehen von der nöthigen Reserve und den Besatzungen der Festungen. Geschähe dies, so wäre die linke Flanke der Preußen in keiner Weise gedeckt, indem bei der Neutralität Dänemarks und Schwedens[85] die Attitüde dieser beiden Staaten eine für Preußen stets deßwegen höchst gefährliche sein dürfte, weil *einmal* unverzeihlicherweise *Rendsburg*[86] verloren gegangen wäre, andrerseits keine Festung, kein strategischer Punct Preußen in seiner linken Flanke decke.

Dies frappirte den Kaiser und er sagte: »Je vous avoue franchement que cette considération ne m'est jamais venue.«

Wir nahmen nun die Karte zur Hand, und bei seinem Scharfblick überzeugte er sich sofort von der Richtigkeit der Behauptung. Ich bemerkte, daß wenn die Dänen schlechte Absichten gegen die Allianz hätten, sie leicht mit 60 000 Mann Preußen in die Flanke fallen könnten. Hierauf antwortete der Kaiser:

»Alors il nous faut une armée en Danemarc!«,

worauf ich ironisch erwiedern zu müssen glaubte, es dürfe ihm doch schwer fallen, eine zweite Operationsarmee zu Schiff, bei den bestehenden Einrichtungen, dahin abgehen zu lassen, ein Marsch durch Deutschland aber würde doch wohl nie gestattet werden.

Die Richtigkeit dieser Bemerkung schien er anzuerkennen und er äußerte: »Il y a dans tout cela des difficultés qui nous étaient entièrement inconnues.«

2. Von dem vorhin angegebenen Vordersatz ausgehend, suchte ich dem Kaiser begreiflich zu machen, daß solange der *Bund* sich unthätig, d.h. neutral, halten wolle, was jetzt die Absicht sei, es für Preußen schwer sein dürfe, wegen seiner Stellung in demselben, *isolirt* vorzugehen.

Der Kaiser war der Ansicht, daß, wenn Preußen und Österreich gleichmäßig die Allianz wollten, der übrige Bund, nach den beiden Farben, in die er sich theile, wohl gern mitgehen werde.

Ich erwiederte hierauf, daß er die Stellung Baierns zu vergessen scheine; worauf er mir sagte:

»J'ai cru que la Bavière soit entièrement Autrichienne!«

Daß dies ein Irrthum sei, wurde mir nicht schwer zu beweisen.

84 Vgl. Anm. 52.

85 Die identische Neutralitätserklärung der beiden nordischen Mächte vom 20.12.1853 in Aktenstücke (wie Anm. 27). Bd. 2, Berlin 1856, S. 304–305.

86 Durch die Räumung der Elbherzogtümer gemäß dem Protokoll vom 2.7.1850: CTS (wie Anm. 78) 104 (1850) p. 158. Die ›Augsburger Allgemeine Zeitung‹ vom 21.8.1854 meldete, das dänische Kriegsministerium habe die Festungswerke zum Abbruch ausgeschrieben, der bis Jahresende beendet sein solle.

3. Als drittes Hinderniß führte ich jetzt freimüthig das *Mißtrauen* an, das Preußen, und speciell der Hof, in die Absichten Frankreichs, und speciell *seiner Person*, setze, und verschwieg ihm nicht, daß ich selbst, sowie alle diejenigen, die ihn nicht persönlich kennen gelernt hätten, Mißtrauen gehegt habe.

Zu dieser Bemerkung nahm er eine seiner freundlichsten Mienen an und sagte, daß er dies im höchsten Grade begreiflich fände (: »mais c'est tout naturel!«), daß er aber nur das Eine nicht begreifen könne, worin denn jetzt noch der Hauptgrund dazu liege, indem ja seine Handlungsweise von dem Moment an, in dem er die Präsidentschaft übernommen, bis zu diesem Augenblick klar vor den Augen Europa's hingestellt sei. Er *könne* nur den Frieden wollen, da ihn das bien-être Frankreichs und die Hauptstimmung in demselben energisch verlange, und es ja in dem Interesse jeden Staates liege, die allgemeine Wohlfahrt zu heben, welche durch einen Krieg stets auf das äußerste verletzt werde. Nur *deßwegen* verlange er ja auch nur die Union Europa's gegen Rußland, um einen langen und verhängnißvollen Krieg zu vermeiden.

Ich wollte mich hiermit allein nicht abspeisen lassen und versicherte, daß man stets noch glaube, er könne an die Revolution appelliren.

Hierzu lachte der Kaiser und sagte: man müsse nur, wie er, die Revolution bekämpft haben, »pour juger la folie d'une telle idée!« Wenn eine solche Ansicht je – aber nicht von *ihm* – in Frankreich ausgesprochen worden wäre, so könne sie nur für *den Fall* gemeint sein, wenn sich etwa einmal ganz Europa – und zwar in ungerechter Weise – gegen ihn wenden sollte. Daß dies aber der Untergang Frankreichs sein würde, werde wohl Jeder begreifen.

Hierauf wandte sich das Gespräch auf den gegenwärtigen Operationsplan gegen Rußland[87], wobei wir darin übereinstimmten, daß die Annahme, Rußland könne durch die Bewegungen an der Donau und das Erscheinen der vereinigten Flotten im schwarzen und im baltischen Meere zum Frieden gezwungen werden, eine *irrige* sei. Ich appüyierte darauf, daß die Neutralität der skandinavischen Mächte, wenn man ihrer nicht sicher wäre, alle Bewegungen hemme, und blieb dabei, daß man, anstatt diese Neutralität zu dulden, energisch auf eine Allianz und Theilnahme am Kriege Seitens dieser Mächte dringen müsse, und daß Rußland nur dann gezwungen werden könne, sich auf Transactionen einzulassen, wenn es in Finnland angegriffen werde.

Diese Idee, welche ich schon neulich einmal flüchtig hatte fallen lassen, nahm den Kaiser ganz ein, und er verbreitete sich weitläufig über dieselbe, als über eine neue Idee, die näher considerirt werden müsse. Auf meine directe Frage: worauf er denn gerechnet hätte bei der jetzt ausgesprochenen Neutralität Schwedens und Dänemarks? erwiederte er:

»Nous sommes très-vaguement informés; on nous dit que le Roi de Suède est très-faible et penche vers la Russie, mais que le prince royal, l'armée et le peuple sont plutôt contre la Russie.«

Ich machte ihn aufmerksam, daß es im Interesse der Westmächte liegen möchte, sich hierüber näher zu informiren, worauf er sich zustimmend äußerte.

Das Ende des Gesprächs bildete seinerseits eine Beleuchtung der Betrachtungen, die Österreich eher als Preußen zur Allianz mit den Westmächten bestimmen dürften. Er sagte dabei, er würde Östreich, wenn es von ihm abhänge, gern die Donaufürstenthümer gönnen; übrigens würde er, wenn er Kaiser von Östreich wäre, mit weniger Interesse an der Lombardei hängen, die eine stets klaffende Wunde sei, stete Unsicherheit mit sich führe, stete Opfer verlange, während doch tôt ou tard eine allgemeine Bewegung in Italien zu befürchten stehe. Für jetzt aber garantire er, wenn Östreich mit ihm gehe, den Besitz, so daß Östreich ganz außer Besorgniß wegen seiner Flanke sein könne.

Ich fand nicht für gut, diese kitzlige Materie zu berühren. Darauf ging er auf die Idee der Wiederherstellung von Polen über, und sprach aus, daß er dabei nicht auf die preußischen und östreichschen Provinzen rechne; der Dynastie für Polen erwähnte er nicht.

87 Vgl. oben Anm. 59.

Endlich verbreitete er sich über die Idee, daß nach einem günstigen Resultat des Kriegs mit Rußland ein *europäischer Friedenscongreß* durchaus nothwendig sei, um alle die im Wiener Congreß unvollkommen entschiedenen Fragen zu lösen und endlich den Völkern einen dauernden Frieden zu geben. In Bezug auf *Letzteres* erklärte ich, daß die Erfüllung nur von des Kaisers prudence und loyauté abhängen werde. Übrigens sei ich dankbar, daß er meine Privatansichten gehört, und erfreut, daß ich in so Vielem mit ihm übereingestimmt.

[Ernst[88]]

88 Ernst II. von Sachsen-Coburg und Gotha (1818–1893), Herzog 1844–1893.

Helmut Stubbe-da Luz

Parteien als politische Unternehmen: Der Parteienforscher Moisei Ostrogorski (1854–1919) und die heutige Parteienhistorie in Deutschland und Frankreich

Max Webers Vortrag »Politik als Beruf« – 1919 vor Münchener Studenten gehalten – dient zu seinem zweiten, kürzeren Teil als Zitatenschatz für manche Politikerrede: Gern wird Bewußtsein für die von Weber geforderten Eigenschaften demonstriert, für Leidenschaft, Verantwortungsgefühl, Augenmaß. Gern wird »Gesinnungsethik« verworfen und »Verantwortungsethik« in Anspruch genommen, obgleich sich nach diesen von Weber holzschnittartig typisierten Maximen gleichermaßen schlecht leben dürfte: der stereotyp gelobte Verantwortungsethiker ist kein Hellseher, dem die Folgen seines Handelns verläßlich vor Augen stünden. Genau deshalb zitieren Politiker, an deren Tun sich tatsächlich zu zeigen droht, »daß das schließliche Resultat politischen Handelns (...) geradezu regelmäßig (...) in geradezu paradoxem Verhältnis zu seinem ursprünglichen Sinn steht«, zu ihrer Rechtfertigung oft, Politik bedeute vor allem »ein starkes, langsames Bohren von harten Brettern mit Leidenschaft und Augenmaß zugleich«.

Weniger bekannt ist, daß es einen ersten, faktenreicheren Teil dieses Vortrages gibt, vor dessen Hintergrund der zweite, philosophisch-abwägende erst seinen Sinn bekommt. Um seinen Zuhörern einen Eindruck davon zu geben, wo sich nach »dem Karneval, den man mit dem stolzen Namen einer ›Revolution‹ schmückt«, für die künftigen Akademiker politisch-berufliche Betätigungsmöglichkeiten eröffnen könnten, hatte Weber sie davor gewarnt, als »Lohnschreiber« oder »Lohnredner« zu enden. Der führende Soziologe, der um die Jahreswende 1918/19 schon im Vorfeld einer Kandidatur zur Nationalversammlung innerhalb der Deutschen Demokratischen Partei gescheitert war, hatte ein nüchternes Bild von Journalismus und Parteiwesen gezeichnet. Angesichts der sich anbahnenden Installierung eines Parteienstaates in Deutschland hatte Weber ausführlich die schon entwickelten Parteiorganisationen in England und den USA skizziert – »Kinder der Demokratie, des Massenwahlrechts, der Notwendigkeit der Massenwerbung und Massenorganisation, der Entwicklung höchster Einheit der Leitung und strengster Disziplin«. Nur formell habe dort Demokratisierung stattgefunden: Nicht die Versammlungen der Parteimitglieder hätten die Macht in Händen, sondern diejenigen, »welche *kontinuierlich* innerhalb des Betriebes die Arbeit leisten, oder aber diejenigen, von welchen (...) der Betrieb in seinem Gang pekuniär oder personal abhängig ist.« Die »Parteimaschine« zwinge ihren Willen oft auch den Parlamentariern auf; politischer Führer werde derjenige, »dem die Maschine folgt, auch über den Kopf des Parlaments.« Solche Maschinen bedeuteten »den Einzug der *plebiszitären* Demokratie«.

Weber hatte eine Pathologie des modernen Parteienwesens entworfen: Wahl-Unternehmertum, Korruption bei der Geldbeschaffung, Postenjägerei. Die Masse nicht nur der Mitglieder, sondern auch der Abgeordneten sei zu Stimmvieh degradiert worden: »Über dem Parlament steht also damit der faktisch plebiszitäre Diktator, der die Massen vermittelst der ›Maschine‹ hinter sich bringt und für den die Parlamentarier nur politische Pfründner sind, die in seiner Gefolgschaft stehen.« Ausdrücklich stützte sich diese Skizze auf die Arbeiten des russischen Publizisten Moisei Jakovlevitch Ostrogorski. Webers resignative Folgerung freilich, es gäbe nur die Wahl zwischen einerseits dieser plebiszitären Führerdemokratie mit Partei-«Maschinen« und mit einem charismatischen Demagogen an der Spitze sowie andererseits einer (noch schlimmeren) »führerlosen Demokratie« der »›Berufspolitiker‹ ohne Beruf«, des »Klüngels« – dieser problematische Schluß hatte in Ostrogorski keine Stütze.

Ostrogorski: »Großes Werk« – kleine Wirkung?

Die Bearbeiter der neuen Max-Weber-Gesamtausgabe haben Ostrogorski wenig Beachtung geschenkt: sie haben in einer Fußnote seinen Nachnamen wiederholt, ein »M.« für seine Vornamen hinzugefügt und die englische Version der ersten Auflage seines auf Französisch verfaßten Hauptwerkes über Demokratie und Parteien angegeben (ohne sie als Übersetzung zu kennzeichnen)[1]. Im Register ist Ostrogorskis Vorname aber korrekt ausgeschrieben worden, was deshalb eine Erwähnung verdient, weil einer der Herausgeber, Wolfgang J. Mommsen, ihn in früheren Publikationen mehr als einmal »Maurice« genannt und sein »großes Werk« zumindest einmal um ein Jahrzehnt vordatiert hatte[2].

Mit dem zweiten »Klassiker« der Parteienkritik, Robert Michels (1876–1936), ist man auf derselben Seite der Max-Weber-Gesamtausgabe aufmerksamer verfahren: Obwohl Weber bei einem Seitenblick auf die deutsche Sozialdemokratie und deren von innerparteilichen Kritikern beklagte »Bureaukratisierung« in seinem Vortrag Michels Namen nicht genannt hatte, ist hier – zu Recht, aber nicht zwingend – die Verbindung zu seinem damals schon in Basel lehrenden Freund hergestellt, dessen voller Name angegeben, der einschlägige Gedankengang aus seinem parteiensoziologischen Buch referiert worden[3].

Diese kleinen Beobachtungen scheinen symptomatisch für die unterschiedliche Zuwendung, die Michels und Ostrogorski in Deutschland zuteil geworden ist; man mag darüber um so erstaunter sein, als Max Weber, der Nestor der deutschen Soziologie, in jenem Vortrag die Gewichte hier genau umgekehrt verteilt hatte. Vielleicht hat die Parteienkritik, die Weber in dem Teil des Vortrages übte, worin Ostrogorskis Sichtweise eine tragende Rolle spielte, Anstoß erregt[4]. Ferner konnte die Apologie charismatischer Führerschaft später, nach 1945, im Rückblick als verhängnisvoll erscheinen: Michels hatte sich in den zwanziger Jahren dem italienischen Faschismus zugewandt und diese Konversion auch durch Verweise auf Max Weber zu rechtfertigen versucht. Aber Michels ist deshalb nicht nach-

1 Max Weber, Wissenschaft als Beruf 1917/1919, Politik als Beruf, hg. v. Wolfgang J. Mommsen u. Wolfgang Schluchter in Zusammenarbeit mit Birgitt Morgenbrod, Tübingen 1992 (Max Weber Gesamtausgabe, hg. v. Horst Baier u.a., Abt. I: Schriften und Reden, 17), S. 205, Anm. 73. Moisei J. Ostrogorski, Democracy and the organization of political parties, translated from the French by Frederick Clarke, with a preface by the Right Honorable James Bryce, 2 Bde., London, New York 1902. Die englische Übersetzung war eher auf dem Markt als das Original, La démocratie et l'organisation des partis politiques, 2 Bde., Paris 1903.

2 Wolfgang J. Mommsen, Max Weber und die deutsche Politik 1890–1920, Tübingen: 2. bearrb. Aufl. 1974, u.a. S. 116, wo angegeben ist, Ostrogorskis Hauptwerk sei »1893« erschienen. Ders., Robert Michels und Max Weber, Gesinnungsethischer Fundamentalismus versus verantwortungsethischer Pragmatismus, in: Max Weber und seine Zeitgenossen, hg. v. Ders., Wolfgang Schwentker, Göttingen, Zürich 1988 (Veröffentlichungen des Deutschen Historischen Instituts London, 21), S. 196–215, hier S. 202: »Maurice Ostrogorsky«.

3 Weber (wie Anm. 1) S. 205, Anm. 72. Robert Michels, Zur Soziologie des Parteiwesens in der modernen Demokratie, Untersuchungen über die oligarchischen Tendenzen des Gruppenlebens, Leipzig 1911.

4 In der Textausgabe Max Weber, Soziologie, Weltgeschichtliche Analysen, Politik, mit einer Einleitung von Eduard Baumgarten hg. u. erläutert v. Johannes Winckelmann, Stuttgart: 4., erneut durchges. u. verbess. Aufl. 1968, ist dieser erste Teil des Vortrags weggelassen worden, weil die »äußeren Möglichkeiten (...) der politischen Laufbahn« für weniger wichtig gehalten wurde als »die Innenseite des politischen Berufs« (S. 527).

träglich als Soziologe verfemt worden, und zu Recht: keineswegs führte ein gerader Weg von seiner Parteienkritik zur Mussolini-Anhängerschaft.

Ostrogorski war ein Liberal-Konservativer, der sich in der Tradition Montesquieus und Tocquevilles sah[5]. Sein Menschenbild war zu skeptisch, als daß er die Bezeichnung eines Radikaldemokraten verdiente, aber er war ein unnachsichtiger Kritiker der Ideologie der Staats-Parteien, die darin besteht, das Parteien-Staatswesen als Parteien-Demokratie auszugeben. Als »ebenso künstlich wie unvernünftig und überholt schon bei seiner Entstehung« bezeichnete Ostrogorski »dieses System auf Dauer angelegter Parteien«, und nicht ohne einen Schuß Romantik klagte er: »Die Probleme, die die Öffentlichkeit beschäftigten, waren ebenso zahlreich wie unterschiedlich, aber folgerichtig mußte man nun – anstatt die Leute um die Probleme zu gruppieren, diese Probleme an schon festgefügte Gruppierungen anpassen. Zu diesem Zweck machte man aus dem Durcheinander der tagespolitischen Fragen ein großartiges Gedankengebäude; man häufte sie zu Warenhaus-Programmen auf, man ordnete sie wie Karten, um dann mal die eine, mal die andere auszuspielen«[6].

Heinrich Otto von der Gablentz hat 1952 zwei Arten der Parteienkritik unterschieden: die erste, nach seinem Eindruck »die deutsche Normalreaktion«, bestehe in dem Vorwurf, die Parteien verhinderten eine sachliche Politik, ihr Einfluß im Staatswesen wäre illegitim. Die allein akzeptable Form der Parteienkritik sei, den Parteien keineswegs eine Existenzberechtigung abzusprechen, aber unter bestimmten Aspekten ihre Leistungsfähigkeit anzuzweifeln und die Frage zu stellen, ob sich die »Herrschenden« tatsächlich vor den »Beherrschten« verantworten müßten und ob diese tatsächlich »die Verantwortung mitübernehmen durch Wahl der Herrscher«[7].

Ostrogorski hätte an Stelle der »permanenten« Parteien lieber eine Art von Bürgerinitiativen gesehen, hielt es aber weder für möglich noch für wünschenswert, daß die real existierenden Parteien sich selbst auflösten oder »par ordre du mufti« abgeschafft würden. Er kritisierte sie vor dem Hintergrund einer Idealkonzeption, die »permanente« und »Ad-hoc«-Parteien gleichermaßen einschloß und die er auf Edmund Burke zurückführte: eine Partei als Organisation von Leuten, die sich mit vereinten Kräften in den Dienst des nationalen Wohls stellten, und zwar aufgrund gemeinsamer politischer Prinzipien. Die real existierenden Parteien dagegen bildeten Kampfgemeinschaften und machten sich – in einem zwischen Konkurrenz und Komplizenschaft gelagerten Verhältnis zueinander stehend – den Staat zur Beute[8]. So ist Ostrogorski ebenso wie Michels ein Klassiker der zweiten der von Gablentz unterschiedenen Varianten. Dennoch gibt es keine deutsche Übersetzung seines Parteienbuches.

Gewiß war er nie Universitätsprofessor (1912 schlug er einen Lehrstuhl der Universität von Cleveland aus), aber sogleich sein erstes Buch, eine 1892 von der Pariser Juristischen Fakultät preisgekrönte Studie über die Stellung der Frau im öffentlichen Recht verschiedener westlicher Länder, war ins Deutsche übertragen worden[9]. Gewiß auch hat Ostrogorski, ein Jude, der 1882 nach Paris emigrierte und dort Politikwissenschaft studierte, der England und die USA bereiste, der 1906 – vorübergehend nach Rußland zurückgekehrt – kurzzeitig Mitglied der Staatsduma als Vertreter der Konstitutionell-Demokratischen Par-

5 Helmut Stubbe-da Luz, Moisei J. Ostrogorski, in: Lexikon des Konservatismus, Graz 1996.

6 Moisei Ostrogorski, La démocratie et les partis politiques, (1910), Préface de Pierre Avril, Paris 1993, S. 658.

7 Otto Heinrich von der Gablentz, Politische Parteien als Ausdruck gesellschaftlicher Kräfte, Berlin 1952 (Schriftenreihe der Deutschen Hochschule für Politik, Berlin) S. 7 f.

8 Ostrogorski (wie Anm. 6) S. 680 f. Übersetzung von mir.

9 Die Frau im öffentlichen Recht, Eine vergleichende Untersuchung der Geschichte und Gesetzgebung der civilisierten Länder, Autorisierte Übersetzung von Franziska Steinitz, Leipzig 1897.

tei war, über die angelsächsischen und nicht über die deutschen Parteien geschrieben, aber wie bei Michels ist es der »Ansatz«, sind es die sozialwissenschaftlich und historisch-methodisch relevanten Aspekte, die den Wert seines Werkes ausmachen.

Es gibt nur eine einzige deutsche Monographie, worin auf Ostrogorski – zusammen mit Michels – näher eingegangen worden ist: Rolf Ebbighausen hat dort die These aufgestellt, daß nach Weber, ja sogar schon mit ihm eine politische, aber auch sozial- und geschichtswissenschaftliche Abwendung von der radikaldemokratischen Kritik der beiden »Klassiker« begonnen habe, daß eine vorgeblich »empirische« Sichtweise des Parteienwesens an ihre Stelle getreten sei[10]. Eine Übersetzung Ostrogorskis ist aber wohl vor allem deswegen ausgeblieben, weil allgemein angenommen wurde, die Quintessenz des voluminösen Werkes finde sich via Michels und Weber dem deutschen Publikum schon hinreichend dargelegt.

In Frankreich, seiner zweiten Heimat, schien Ostrogorski bis vor kurzem selbst unter Fachleuten nicht mehr jedermann ein Begriff zu sein: zwar zählte Daniel-Louis Seiler ihn 1986 zusammen mit dem britischen Juristen und konservativen Politiker James Bryce (1838–1922) sowie Michels zu den Klassikern der Vor-Duverger-Zeit und stellte ihn als politisch-philosophischen Publizisten in eine Reihe mit Burke und Benjamin Constant[11]. Doch als Colette Ysmal 1989 ihr Buch über die Parteien in der Fünften Republik veröffentlichte, nahm sie Ostrogorski zwar in ihr Literaturverzeichnis auf, aber der Vorname war durch einen Druckfehler entstellt, und angeführt fand sich der amerikanische Titel mit der Jahreszahl 1964 – was im Rahmen des gewählten Zitiersystems bedeutete, daß Ostrogorski von Ysmal zu den Mitlebenden gezählt oder sein Werk für eine posthume Veröffentlichung gehalten wurde[12]. Es war nicht ersichtlich, daß es sich um eine zweibändige Textauswahl aus der Übersetzung der ersten Auflage von 1902 handelte[13]. Daß es seit 1979 eine Textauswahl der zweiten Auflage von 1910 in französischer Sprache gibt, war Ysmal entgangen[14].

Ungekürzt ist die zweite Auflage von Ostrogorskis Chef-d'oeuvre 1993 von Pierre Avril herausgegeben worden[15]. Und wenn Ostrogorski hier für zumindest nicht weniger bedeutsam als Michels gehalten wird, so kommt als Grund dafür nicht allein der Wunsch in Frage, das Werk eines akkulturierten Publizisten für die französische Politikwissenschaft und Parteienhistorie zu reklamieren[16]: Avril, Staatsrechtler und Politologe, hält nicht nur Michels Konzentration auf das Problem der »innerparteilichen Demokratie« für verengt, sondern zitiert auch wohlwollend die These seines rumänischen Kollegen Ghita

10 Rolf EBBIGHAUSEN, Die Krise der Parteiendemokratie und die Parteiensoziologie, Eine Studie über Moisei Ostrogorski, Robert Michels und die neuere Entwicklung der Parteienforschung, Berlin 1969, S. 14 u.a.

11 Daniel-Louis SEILER, De la comparaison des partis politiques, Paris 1986, S. 17, unter Bezugnahme auf Maurice DUVERGER, Les partis politiques, Paris 1951. Zu Bryce vgl. Robert G. MCCLOSKEY, Bryce, James, in: International encyclopedia of the social sciences, New York 1968, Bd. 1, S. 159–161.

12 Colette YSMAL, Les partis politiques sous la Ve République, Paris 1989, S. 16.

13 Moisei OSTROGORSKI, Democracy and the organization of political parties (1902), edited and abridged by Seymour M. LIPSET, 2 Bde. Chicago 1964 (Quadrangle Books) und Garden City 1964 (Anchor Books, Reprint New Brunswick/London 1982). Bei der französischen Übersetzung von »Roberto« MICHELS, Les partis politiques, Essai sur les tendances oligarchiques des démocraties, Paris 1971, hat YSMAL auch das Jahr des erstmaligen Erscheinens, 1911, angegeben, nicht dagegen bei Ostrogorskis Buch.

14 Moisei OSTROGORSKI, La démocratie et les partis politiques, Textes choisis et présentés par Pierre ROSANVALLON, Paris 1979.

15 OSTROGORSKI (wie Anm. 6).

16 Vgl. Pierre AVRIL, Préface, ibid., S. 17ff., 27f.

Ionescu, Ostrogorski sei Michels direkter geistiger Vorläufer gewesen, ohne daß Michels dies in gebührender Weise erwähnt hätte[17].

Die Verfasserinnen eines für breiteste Kreise bestimmten Büchleins über das französische Parteiensystem der Nachkriegszeit haben Ostrogorski jedenfalls als *den* maßgeblichen Ahnherrn moderner Parteienkritik wiederentdeckt: »Zu Beginn des Jahrhunderts klagte der Politologe Ostrogorski die Parteien an, sie übten gemeinsam Druck auf die Willensbildung der Bürgerinnen und Bürger aus und entmündigten sie. Ostrogorski befürwortete die Bildung von Ad-hoc-Parteien, von Gruppierungen, die sich um ein bestimmtes Ziel herum organisieren und nach dessen Erreichung wieder verschwinden könnten. Dann nähmen die Parteien wieder ihre eigentliche Rolle als politisches Mittel ein und hörten auf, Selbstzweck zu sein«[18].

So scheint eine auch in Frankreich wachsende Skepsis gegenüber einigen Aspekten der Leistungsfähigkeit der Parteien dazu geführt zu haben, daß Ostrogorski wieder nahezu so zugänglich ist wie zu seinen Lebzeiten, als beispielsweise der Historiker Augustin Cochin in explizitem Rückgriff auf Ostrogorskis handfeste Schilderung der Praxis des »Caucus« in Großbritannien und der »Maschine« in den USA es unternahm, das Parteiliniendenken der Jakobiner (»le patriotisme«), der englischen Caucusmen (»la conformité«) und der amerikanischen Bosse (»la régularité«) in eine Reihe zu stellen[19]. Später erhob Cochin das von ihm formulierte »Prinzip der immer schon vorgefaßten Entscheidungen« (le principe de la décision préalable) zu einem soziologischen Gesetz: In jeder Organisation gebe es einen »inner circle«, der mit all den manipulativen Kniffen, die stets einer Bande gegenüber der Masse zu Gebote stünden, fast alle Entscheidungen der offiziellen Zusammenkünfte präjudizierten. Dafür schlug Cochin den Oberbegriff des »Maschinismus« vor[20].

Eine Maschine, so hatte Ostrogorski definiert, sei »eine hierarchisch abgestufte Gruppe von Personen, die aneinander durch persönliche Ergebenheit nach Söldnerart gebunden und einzig und allein bestrebt seien, ihre Begierden durch die Ausbeutung der Ressourcen einer politischen Partei zu befriedigen«[21]. Demnach bestünde also das Unternehmen einer Partei 1. in seinem Kern aus den Unternehmern (den »Bossen«), die dem Ganzen Triebkraft und Richtung geben, und den ihnen zuarbeitenden haupt- und ehrenamtlichen Funktionären, sowie 2. einer Peripherie aus Angestellten (Bürokräften etc.) und Mitgliedern, die zusammen vielleicht mit den »abhängig Beschäftigten« eines Wirtschaftsunternehmens verglichen werden könnten, und schließlich 3. aus den mehr oder minder selbstbestimmt-freiwilligen Politik-Konsumenten, die bereit sind, für die »Produkte« des betreffenden Unternehmens ihre Stimmzettel auszugeben.

Ostrogorski konstatierte eine Industrialisierung der Politik: »In der ganz überwiegenden Zahl der Fälle genügen der enorme Umfang der Kosten eines Wahlkampfes und die Komplexität der Aufgabe, einen Einzelkandidaten daran zu hindern, seine Hand nach Wählerstimmen auszustrecken; wenn ein Aspirant nicht von der Maschine der Partei, auf die er sich beruft, gebilligt worden ist, muß er seine eigene Maschine formieren, wie wenn ein Reisender für seinen persönlichen Gebrauch eine Eisenbahn baute (...) Die Maschine hat es geschafft, die Wahlen zu einer Industrie umzufunktionieren, von der man nach der

17 Ghita IONESCU, Ostrogorski et sa théorie des partis politiques, aus dem Engl., in: Commentaire 10, 1986, S. 298–306.

18 Béatrice COMPAGNON, Anne THÉVENIN, Les Français et leurs partis politiques, Paris 1993, S. 74. Übersetzung von mir.

19 Augustin COCHIN, La crise de l'histoire révolutionnaire: Taine et M. Aulard (1909), in: DERS., Les sociétés de pensée et la démocratie moderne, Etudes d'histoire révolutionnaire, Paris 1978, S. 39–118, hier S. 71.

20 Augustin COCHIN, La révolution et la libre-pensée, rééditon Paris 1979, S. 131.

21 OSTROGORSKI (wie Anm. 6) S. 526 f.

Methode anderer industrieller Unternehmen, nämlich durch die Konzentration des Kapitals und die Bearbeitung von Rohstoffen profitiert«[22]. »Rohstoffe« waren da auch die Wählermassen, deren Bewußtsein es aus Sicht der Partei-Unternehmer so zu bearbeiten galt, daß sie das jeweils erwünschte »Konsum«-Verhalten an den Tag legten.

1951 zweifelte Maurice Duverger zwar teilweise an der Authentizität der Schilderungen Ostrogorskis, der es unterlassen hatte, sein umfangreiches Material in einem Anmerkungsapparat der Kritik zugänglich zu machen, aber auch Duverger hob Ostrogorskis Rolle als Pionier der soziologisch-historischen Untersuchung der (angelsächsischen, bürgerlichen) Partei-Organisationen hervor; danach habe die Entwicklung des Sozialismus Michels zu dessen Buch angeregt[23]. Im angelsächsischen Bereich wird Ostrogorski ebenfalls nicht geringer eingeschätzt als Michels[24], wenngleich dessen Buch dort mehr Auflagen erfahren hat als das Ostrogorskis[25]. Austin Ranney hat 1975 Ostrogorskis Werk mit Selbstverständlichkeit als authentische Darstellung herangezogen[26]. Für die britische Parteienhistorie ist Ostrogorski 1964 von Robert McKenzie als Autorität gewürdigt worden[27].

Gewiß ist die Forschung en détail in so manchen Punkten über Ostrogorski hinweggeschritten. Aber die von ihm ausgewählten Aspekte der soziologischen und historischen Betrachtung der Parteien scheinen einer Berücksichtigung in der deutschen und französischen Parteienhistorie noch zu harren, während sie in der politischen Publizistik des wiedervereinigten Deutschlands an Raum gewonnen haben – einer gewiß auch polemischen, aber wissenschaftlich fundierten Publizistik[28]. Und ist nicht (um eine rhetorische Frage Michael Th. Grevens, eines akademischen Parteienforschers, in Anspruch zu nehmen) bereits »der fundierte Journalismus über politische Parteien, ihre Rolle im politischen System, ihren Beitrag zur Demokratie (...) der akademischen Parteienforschung regelmäßig um Längen voraus«[29]?

Ein »Ostrogorski-Programm« für die Parteienhistorie

Aus dem Studium Ostrogorskis könnte die Geschichtforschung über die Parteien in Westeuropa drei Gesichtspunkte gewinnen:

22 Ibid., S. 536 f.

23 Maurice DUVERGER, Die politischen Parteien, hg. u. übersetzt von Siegfried LANDSHUT, Tübingen 1959, S. 4, XII. Landshut würdigte Duvergers Werk als die erste grundlegende Parteienmonographie seit Ostrogorski und Michels, S. VII.

24 Ein Indiz dafür sind die Artikel über Ostrogorski in der Encyclopedia of the social sciences, New York 1933, Bd. 11, S. 503–504 (Arthur MACMAHON) und in der International encyclopedia of the social sciences, New York 1968, Bd. 11, S. 347–350 (Seymour M. LIPSET).

25 Vgl. Anm. 13. Der 2. Band der ersten Auflage war 1910 in überarbeiteter Form u.d.T. Democracy and the party system in the United States, A study in extraconstitutional government, New York, erschienen; Neuauflagen erfolgten 1921 und 1926, zuletzt als Reprint 1974.

26 Austin RANNEY, Curing the mischiefs of faction, Party reform in America, Berkeley 1975, u.a. S. 33, 46, 64, 71.

27 Robert MCKENZIE, British Political Parties, London 1964, S. 5.

28 Hans Herbert VON ARNIM, Der Staat als Beute, Wie Politiker in eigener Sache Gesetze machen, München 1993. DERS., Staat ohne Diener, Was schert die Politiker das Wohl des Volkes?, München 1993. Klaus von BEYME, Die politische Klasse im Parteienstaat, Frankfurt a.M. 1993. – Helmut STUBBE-DA LUZ, Parteiendiktatur. Die Lüge von der »innerparteilichen Demokratie«, Frankfurt a.M. 1994.

29 Michael Th. GREVEN, Die Parteien in der politischen Gesellschaft sowie eine Einleitung zur Diskussion über eine »allgemeine Parteientheorie«, in: Stand und Perspektiven der Parteienforschung in Deutschland, hg. v. Oskar NIEDERMAYER u. Richard STÖSS, Opladen 1993, S. 276–292, hier S. 280.

1. Wichtiger denn die »Tunnelhistorie« der Parteien (die parallele Darstellung der Hauptströmungen oder gar nur der erfolgreichsten Organisationen)[30] ist die Gesamtbetrachtung der Parteien in ihrer gemeinsamen Rolle als – bislang durchweg extrakonstitutionelle – Hauptakteure in den westlichen Parteienstaatswesen.

2. Wichtiger denn die bloß externe Betrachtung der Parteien als einer Art von »black boxes«, worin nach zu »Interna« deklarierten Regeln Programme und Kandidaten produziert werden, ist die Untersuchung der Parteien als organisationssoziologisch relevanter Phänomene mit konfliktreichem Innenleben, worin Mechanismen der Art wirken, wie sie Ostrogorski mit seinem »Gesetz der Konzentration der Macht bei der Minderheit« auf eine Formel zu bringen versucht hat[31].

3. Wichtiger denn die Betrachtung der Parteien als Vereinigungen von Aktivbürgern zum Zwecke intensiverer politischer Willensbildung im Dienste des Gemeinwohls, als Vereinigungen, die aufgrund bestimmter Leistungen bestimmte Wahlergebnisse erzielen, ist ihre Erforschung als hierarchisch gegliederte, Geschlossenheit demonstrierende politische Unternehmen, auf deren Prioritätenliste Stimmenmaximierung und Ämterpatronage, Mediatisierung des Volkes (Werner Weber) und Kolonisierung der Gesellschaft (Klaus von Beyme) stehen. Unter diesem Aspekt ist die totalitäre Einheitspartei auch eine Partei, vielleicht die konsequenteste und erfolgreichste. Daran hat Ionesco bei seiner anregenden Spekulation gedacht, Ostrogorski und Lenin hätten in ihren 1902 fast gleichzeitig erschienenen Schriften (Lenin: Was tun?) ein und dasselbe Bild vor Augen gehabt: die alleinherrschende Partei – mit dem Unterschied, daß sie Ostrogorski als Schreckensvision, Lenin dagegen als Ziel erschienen sei.

Gesamtbetrachtung der Parteien (auch unter dem Gesichtspunkt der »Kartell«- oder »Klassen«-Bildung), Binnenbetrachtung der Parteien (wesentlich unter dem Aspekt der im Bonner Grundgesetz 1949 zum »Muß« erhobenen Innerparteilichen Demokratie), Betrachtung der »wirklichen« Ziele der Parteien (unter dem nüchternen Verdacht, sie seien »Interessengruppen in eigener Sache«) – sind diese Maximen nicht längst in die geschichtswissenschaftliche Praxis umgesetzt worden? Welche Forschungsdesiderate lassen sich daraus ableiten?

Hier sollen kurze Antworten unter Bezugnahme auf je zwei französische und deutsche Überblickswerke der letzten Jahre versucht werden: die schon zitierte Arbeit von Colette Ysmal und die Studie von Pierre Lévêque über Frankreichs politische Kräfte seit 1789[32]; ferner die Orientierungsbücher über die deutsche Parteiengeschichte von Peter Lösche und Robert Hofmann[33]. Zunächst jedoch: Haben die Autoren explizit ihre Methode reflektiert? Haben sie eine Definition des Phänomens »Partei«, d.h. zugleich einen ersten Schritt zu einer Theorie der Parteien, angeboten?

Ostrogorski hat nicht allein die real vorfindlichen Parteien als Unternehmen charakterisiert sowie eine weitere und eine engere Idealvorstellung von Parteien offenbart (Vereinigung mit politischen Prinzipien zur Förderung des Gemeinwohls, aber möglichst ohne Permanenz um ihrer selbst willen); er hat auch versucht, seine Methode darzulegen. Sie nimmt sich – ganz modern – als eine Methode von »Konstruktion und Kritik« aus, eine

30 Vgl. David H. FISCHER, Historian's fallacies, Toward a logic of historical thought, New York 1970, S. 142 ff.

31 OSTROGORSKI (wie Anm. 6) S. 666. – Dieses »Gravitationsgesetz der sozialen Ordnung« war vermutlich das Vorbild für Robert Michels' »ehernes Gesetz der Oligarchie«.

32 YSMAL (wie Anm. 12). – Pierre LÉVÊQUE, Histoire des forces politiques en France, Bd. 1: 1789–1880, Paris 1992, Bd. 2: 1880–1940, Paris 1994.

33 Peter LÖSCHE, Kleine Geschichte der deutschen Parteien, Stuttgart 1993, 2. Aufl. 1994. Robert HOFMANN, Geschichte der deutschen Parteien, Von der Kaiserzeit bis zur Gegenwart, München 1993.

pragmatische Abfolge von Beobachtung, Generalisierung und »Verifikation« der Hypothesen im Lichte erneuter Beobachtung; Betrachtung der Geschichte aufgrund der empirisch gewonnenen Thesen; schließlich eine ideologiekritische Position gegenüber den Legitimationsversuchen der Parteien, die sich – wie er meinte – als Haupt-Machtinhaber installiert hatten[34].

Von den vier Autoren ist eine Offenlegung der Methode nur Hofmann, einem Politologen, als überflüssig erschienen. Ysmal, ebenfalls Politikwissenschaftlerin, hat sich das Ziel gesetzt, deskriptiv vorzugehen. Sie habe kein – gar neues – Analyse-Konzept, aber drei Hauptaspekte: die Entwicklung der einzelnen Parteien, der »Parteienlandschaft« und des »Parteiensystems«; die Konzentrationstendenzen zu je zwei »Links«- und »Rechts«-Parteien im Frankreich der V. Republik; die Fähigkeit der Parteien, den Ansprüchen der Bürger zu genügen: sei dies der Fall, mutet uns Ysmal eine Petitio principii zu, bleibe eine Partei bestehen, wandele und entwickele sich; wenn nicht, ginge sie unter[35]. Existieren also die existenten Parteien aus dem Grund, daß sie den Ansprüchen der Bürger genügt haben? Lévêque, Historiker, bekennt sich zur Schule der »Annales«, zur Betrachtung nicht von Persönlichkeiten, sondern von Institutionen und Strukturen auf lange Sicht; er nennt – von dem Politikwissenschaftler Jean Charlot übernommen – sechs nur schwer voneinander zu trennende Aspekte: Entstehung und Entwicklung der Parteien, Organisationsstruktur, Ziele, Funktionen, »Parteiensystem«, »Parteienlandschaft«[36]. Unter Parteienlandschaft schlage ich vor, die agierenden Parteien, ihre Zahl, ihre relative Stärke, ihre weltanschaulich-programmatische Grobausrichtung zu verstehen, unter Parteiensystem zusätzlich den institutionellen Rahmen: Verfassungs- und Wahlrecht, Finanzierung der Parteien, ihre Stellung in Gesellschaft und Staat.

Lösche, Politikwissenschaftler, strebt die Strukturierung seiner die Zeitgeschichte bevorzugenden Darstellung durch systematische Aspekte an, wozu nicht nur Programme zählen (deren Bedeutung hier zu Recht relativiert wird), sondern auch Organisation und Organisations-Netzwerk (z.B. unter Einschluß der deutschen Partei-«Stiftungen«), ferner Wahlrecht, Finanzen, sogar Innerparteiliche Demokratie, womit hier freilich nicht auf parteiinterne Verhältnisse gezielt, sondern die Frage verbunden wird, ob die Wählerschaft einer Partei »Spiegelbild ihrer Mitgliedschaft und Elite« darstelle[37].

Am Beginn einer Parteien-Theorie: eine Parteien-Definition

Ysmal und Lévêque haben sich den Kriterienkatalog von LaPalombara und Wiener zu eigen gemacht: 1. dauerhafte Organisation mit 2. lokalen Filialen, die mit der regionalen oder nationalen Ebene »regelmäßige und vielseitige Beziehungen« unterhalten, 3. Machtwillen und 4. Legitimationsbeschaffung bei der Bevölkerung »durch Wahlen oder auf jede andere Weise«[38].

Da für Lösche zum Begriff der Partei mindestens zwei davon gehören (ein Ein-Parteien-System sei »ein Widerspruch in sich«)[39], endet für ihn die Geschichte der deutschen Parteien 1933, um 1945 erneut zu beginnen, und selbst die Geschichte von SED und Blockparteien bleibt ausgeblendet. Demgegenüber hat Wolfgang Abendroth 1961 hier eine Konti-

34 Ostrogorski (wie Anm. 6) S. 36 f.
35 Ysmal (wie Anm. 12) S. 13.
36 Lévêque (wie Anm. 35) S. 4 f. unter Bezug auf Jean Charlot, Les partis politiques, Paris 1971.
37 Lösche (wie Anm. 36) S. 17.
38 Joseph LaPalombara, Myron Wiener, The origin and development of political parties, in: Political parties and political development, hg. v. Dens., Princeton 1966, S. 5–7.
39 Lösche (wie Anm. 36) S. 7.

nuität betont und im Parteienstaatswesen Bundesrepublik auch aus dem Grunde eine »nachfaschistische« Gesellschaft konstatiert, daß die Apparate von Staat, Wirtschaft, sozialen Verbänden und Parteien »mit ehemaligen Mitgliedern der staatstragenden Monopolpartei eines faschistisch-dezisionistischen Staates durchsetzt« seien; diese hätten »zwar Teile ihrer früheren Vorstellungen überwunden, andere jedoch (...) in den Grundzügen beibehalten«; daher »erkläre sich auch die Unbefangenheit, mit der gegenwärtig bestimmte Parteien nach der Staatskasse greifen, relativ leicht«[40].

Das auf Max Weber zurückgehende Kriterium »Machtwillen« wird von Lösche relativiert: In Parteien ginge es »nicht nur zweckgerichtet (...) um Machterwerb und Machtausübung«; vielmehr wären Parteien auch »gesellige Veranstaltungen«, in denen wir Freunde gewinnen könnten. So ist für Lösche eine Partei nach wie vor »eine Vereinigung von Bürgern« mit ideellen und interessebedingten Zielsetzungen, die sich von denen anderer Vereinigungen absetzten; sie seien »durch ein gewisses Maß an Organisationsförmigkeit« gekennzeichnet und durch kontinuierliche Kandidatenaufstellung für Wahlen[41]. Für Hofmann können dagegen »Parteien offensichtlich auch dann Parteien bleiben, wenn sie einen Großteil politischer Macht usurpiert und ihre Konkurrenz mehr oder weniger ausgeschaltet haben«; deshalb müßten auch die NSDAP nach 1933 und die SED Gegenstände der Parteienhistorie sein[42]. Doch dann endet Hofmanns Darstellung der NSDAP – von wenigen Sätzen abgesehen – 1933, und das DDR-Block-System hat nur ein Dutzend Seiten abbekommen, obwohl es nach der Wiedervereinigung (auch einiger Parteien!) doch an der Zeit wäre, zumindest eine gesamt-*deutsche* Parteienhistorie nach 1945 zu schreiben.

Die Parteien in Westeuropa sind ungefähr zur gleichen Zeit, unter vergleichbaren Bedingungen, aufgrund ähnlicher Motive und Ursachen entstanden; sie haben – in ihren erfolgreichen Exemplaren – eine vergleichbare Karriere gemacht, haben direkt oder indirekt die aristokratisch, militärisch, bürokratisch gestützten Monarchen abgelöst. Sie weisen vergleichbare Strukturmerkmale auf, haben im Zuge der europäischen Einigungspolitik in mehreren Fällen transnational unter dem Aspekt der politischen »Strömungen« föderiert. Dennoch wird ihre Geschichte bis heute fast ausschließlich in Form der Tunnelhistorie rekonstruiert, sogar innerhalb der jeweils nationalen Parteienhistorie noch nach Strömungen, gar einzelnen Gruppierungen. Die Geschichte des nicht viel älteren industriellen Kapitalismus wird gewiß zum Teil auch als Historie der erfolgreichsten Konzerne, ja Unternehmer dargeboten, aber hauptsächlich geht es dort um Konjunkturen, Wirtschafts- und Währungsordnungen, Unternehmensformen, Produktivitätskonzeptionen, Absatzstrategien, seit einiger Zeit auch um die Funktion und die Interessen der Verbraucher. Liegt das am »in der Sache liegenden« Unterschied zwischen Wirtschafts- und Sozialhistorie einerseits, politischer Historie andererseits, an dem Unterschied, der Konzerne und Parteien auch dann noch trennt, wenn wir die Parteien als »politische Unternehmen« betrachten, oder liegen der konventionellen Parteienhistorie zudem implizite Entscheidungen zugrunde, die weniger methodisch denn politisch sind? Jedenfalls bieten unsere vier Autoren – wie schon ein Blick in die Inhaltsverzeichnisse zeigt – allesamt »Tunnelhistorie« – eine Mixtur aus Organisationshistorie, Anekdoten, biographischen Hinweisen, politischer Philosophie, Wahlergebnissen etc., aufgereiht an Fäden wie »Die Liberalen«, »Die Konservativen« (Lösche) oder »Le développement de l'extrême-gauche«, »L'UDR en proie au conservatisme« (Ysmal).

40 Wolfgang ABENDROTH, Innerparteiliche und innerverbandliche Demokratie als Voraussetzung der politischen Demokratie, in: Politische Vierteljahresschrift 5 (1964) S. 307–338, hier S. 315.
41 LÖSCHE (wie Anm. 34) S. 11.
42 HOFMANN (wie Anm. 36) S. 14.

Auch dort, wo es Ysmal ausdrücklich um soziologische Aspekte geht, etwa um »Die Parteien und ihre gesellschaftliche Basis«, finden sich unter der generalisierenden Überschrift sogleich doch wieder Tunnel für die fünf wichtigsten Formationen. Gelegentlich treffen wir in den kurzen *Conclusions* auf Aussagen, die sich auf sämtliche Parteien beziehen, zum Beispiel über die Auswirkungen von Veränderungen im Parteiensystem auf die Parteienlandschaft (Modifikation des Wahlsystems zur Nationalversammlung, des Präsidenten). Unreflektiert bleibt freilich die Herkunft der Rahmenbedingungen, also der fundamental bedeutsame Umstand, daß das Parteiensystem nicht »Natur«, sondern selbst ein Produkt der Parteienpolitik ist: Die Parteien des 20. Jahrhunderts schaffen sich ihre Umwelt selbst. Die Geschichte dieser Umwelt, die – wie jede Umwelt – zugleich einen Selektionsmechanismus darstellt – ist aber noch nicht zum Objekt der Parteienhistorie gemacht worden.

Auch Lévêque bleibt einer quasi immanenten Betrachtung der politischen Kräfte verhaftet; nur an verstreut anmutenden Stellen, vor allem in den Schlußkapiteln seiner zwei Bände, werden für die Gesamt-Parteiengeschichte so bedeutsame Umstände wie die Entwicklung der Kommunikationsmittel, des Wahlrechts und der Vereinigungsfreiheit erwähnt, aber eben auch bloß erwähnt. Ist es bezeichnend für die historische Disziplin, daß der einzige »echte« Historiker unter unseren Autoren das sowohl umfangreichste als auch theorieärmste (und natürlich trotzdem nicht standortfreie) Buch verfaßt hat?

Warum Parteien entstanden seien, fragt Lösche zu Beginn und gibt dann noch jeweils einen Überblick über Parteiensystem und -landschaft zu Anfang seiner Kapitel über die Parteien in den üblichen Epochen (vor 1871, 1871–1918 etc.). Zugunsten dieser Abschnitte kann die Lektüre der dazwischen liegenden Tunnelhistorien getrost vernachlässigt werden. Wird auch apologetisch der »funktionierende Parteienstaat« der Bundesrepublik als der vorläufige Endpunkt einer im ganzen glücklichen Entwicklung seit 1848 betrachtet (die Unterbrechungen in der NS-Zeit oder in der DDR gehören ja für Lösche nicht zur Parteiengeschichte, und Parteienkritik ist für ihn fast gleichbedeutend mit Antiparteien-Affekt), so ist hier doch aber eine Ebene erreicht, auf der eine Auseinandersetzung lohnt.

Bei Hofmann gibt es Resümees nur am Ende der einzelnen Unterkapitel, miteinander nicht verbundene Tunnel-Resümees. Allein am Anfang des Kapitels über die Bundesrepublik finden sich Bemerkungen zum Parteiensystem insgesamt und zu seiner Beurteilung, darunter die Aufzählung der den Parteien gemäß dem Parteiengesetz und dem Politikwissenschaftler Heinrich Oberreuter zukommenden Aufgaben sowie der frappierende Schluß: »Angesichts dieser umfassenden Aufgaben muß das politische System der Bundesrepublik somit als Parteiendemokratie charakterisiert werden«[43].

Parteien als hierarchische Organisationen

Daß es auch innerhalb der Parteien zu sehr ungleichen Anteilen Machtinhaber und Machtadressaten gibt, wird weder von Lévêque berücksichtigt noch von Lösche, der nur beiläufig einmal das Wort »Verapparatung« benutzt[44]. Hofmann verweist auf ein karrierebewußten Parteimitgliedern innewohnendes Machtstreben, »das wenig altruistisch oder durch ideelle Ziele bestimmt ist«, und er nennt als ein wesentliches Kennzeichen einer modernen Partei »eine hierarchische Organisationsstruktur mit einem hauptamtlichen Funktionärsapparat«[45].

43 Ibid., S. 191, unter Bezug auf Heinrich OBERREUTER, Politische Parteien, Stellung und Funktion im Verfassungssystem der Bundesrepublik, in: Parteien in der Bundesrepublik Deutschland, hg. v. DERS., Alf MINTZEL, Bonn 1990, S. 15–40.

44 LÖSCHE (wie Anm. 36) S. 16.

45 HOFMANN (wie Anm. 36) S. 14.

Ysmal wehrt sich gegen das Thema überhaupt: die »Armseligkeit« der »organisationslogischen« Konzepte von Duverger und Michels habe sie veranlaßt, die soziologische Analyse der »Mobilisierten« vorzuziehen, der Anhänger, Mitglieder, Funktionäre, Mandatsträger; aber es geht ihr dabei nicht um die unterschiedlichen Rechte der Mitglieder und Funktionäre, sich an der politischen Willensbildung zu beteiligen, und darum, ob diese Willensbildung »von unten nach oben« verläuft. Wenn Oligarchie ein allen Parteien gemeinsames Phänomen sei, was nütze es dann, so wischt sie das Problem vom Tisch, darauf überall zu sprechen zu kommen, selbst wenn diese Oligarchie jeweils unterschiedlich ausfallen möge? Außerdem sei dazu eine »teilnehmende Beobachtung« ebenso methodisch unerläßlich wie in der Praxis schwer durchführbar. Schließlich, so argumentiert Ysmal, könne man eine Partei nur dann als eine Einheit beschreiben, wenn man systematisch von der lokalen Ebene abstrahiere. Doch gibt es nicht auch innerhalb der Organisationsebenen Hierarchie und Oligarchie, und hatte nicht Ysmal als ein Merkmal einer Partei sich zu eigen gemacht, daß durchgängig eine lokale Organisationsebene existiere?

Parteien als politische Unternehmen

Ein Unternehmen ist im Bereich der Wirtschaft eine juristisch verfaßte Organisation, worin Produktionsfaktoren kombiniert werden mit dem Ziel der Herstellung und des Verkaufs von Gütern – teils in mühsamer Konkurrenz mit anderen Anbietern, teils im kartellartigen Verbund mit gebremstem Risiko, teils relativ bequem aus einer Monopolsituation heraus. Marktmacht und durch Reklame-Feldzüge errungenes Prestige können nicht nur die Profitrate heben, sondern sind häufig sogar existenzwichtig. Wirtschaftsimperialismus kann am ökonomischen Optimum vorbeizielen. Deshalb ist nicht ausgemacht, daß für die Politprofis der großen Parteien, denen es ebenfalls um die Akkumulation von (in alphabetischer Reihenfolge:) Geld, Macht und Prestige geht, stets eine andere Prioritätenrangfolge gilt. Das Spitzenpersonal ist austauschbar; Abendroth hat geurteilt, die Mentalität des Managements der Konzerne übertrage sich »auf die Mentalität der Führung der Verbände« und die von beiden beeinflußten Politiker gerieten in ein Milieu, »das diese Mentalität der Manipulation einer als (...) unterworfen gedachten Bevölkerung« übernehme[46]. Wenn der Wechsel von Führungskräften aus der Politik in die Wirtschaft stärker ist als umgekehrt, so liegt dies in erster Linie (wenn nicht allein) an den bislang noch erheblich niedrigeren Bezügen, die in der Politik zu erreichen sind.

Kein Parteienhistoriker ist gezwungen, sich dieser groben Skizze anzuschließen, aber die Ansicht, daß die Zeiten der Parteien als Vereinigungen von ums Gemeinwohl besorgten Aktivbürgern (wenn es sie je in Reinform so gegeben haben sollte) sowohl in Frankreich als auch in Deutschland spätestens seit 1918 vorbei sei und daß hier – ebenso, wie von Ostrogorski für England und die USA konstatiert – »Bosse« und »Maschinen« die Allokation von Wählern und Mitgliedern zwecks Organisation von Mehrheiten betreiben, Kampagnen führen, Macht in Geld und Geld in Macht verwandeln, kann nicht länger ignoriert werden. Es gilt, sie für die Gewinnung auch von historischen Erkenntnissen nutzbar zu machen. Während jedoch Ostrogorski dem Bild der Partei als einer Vereinigung verantwortungsbewußter Bürger romantisch nachhing und damit – gewiß nicht ohne Verzerrungen – die triste Realität des politischen Unternehmertums verglich, ist dieses Bild für unsere Autoren noch immer – partiell gewiß defekte – Realität und dient als Richtschnur für den historischen Rückblick.

Parteienkritik ist in den untersuchten Büchern entweder gar nicht erst erwähnt oder kurzerhand beiseitegeschoben worden. Parteien seien in Frankreich ein junges (sic!) und umstrittenes Phänomen, konstatiert Ysmal: die Konservativen beklagten eine Zerstörung

46 Abendroth (wie Anm. 43) S. 330.

der nationalen Einheit, die Liberalen die Rechtlosigkeit der Parteimitglieder. Daher rühre die späte Erwähnung der Parteien in der französischen Verfassung, erst 1958. Daß die Parteien mit ihrer – wie Ostrogorski formulierte – »extrakonstitutionellen« Machtausübung vielleicht ganz gut leben könnten, erwägt Ysmal nicht.

Lösche wirft dem einstigen Bundespräsidenten von Weizsäcker, der 1992 »Machtversessenheit und Machtvergessenheit« der Parteien beklagt hatte[47], nicht nur den Widerspruch zu seiner eigenen parteipolitischen Vergangenheit vor, sondern auch seine Nähe zu der von Gablentz sogenannten Kritik »der ersten Art«, dem Antiparteien-Affekt. Auf die – bei Weizsäcker überwiegende – Kritik »der zweiten Art« geht Lösche nicht ein. Hofmann verweist zu Recht darauf, daß »Parteienverdrossenheit als Begleitelement der gesamten Parteiengeschichte« nachweisbar ist. Allein, daß an die Seite der gegen »Parteienhader« gerichteten Kritik erst nach 1968 ein Protest »von links« getreten sei (gegen die Verfilzung von Parteien und Staat und den Mangel an innerparteilicher Demokratie), stimmt nicht: auch die Kritik »der zweiten Art« ist so alt wie die Parteien selbst[48]. Lévêque hat die Parteienkritik ganz und gar außer Acht gelassen, und das grenzt an Geschichtsklitterung.

Alternative Parteienhistorie = »eigentliche« Parteienhistorie

Parteienhistoriker können Parteienkritik als Begleitphänomen ihres Forschungsobjektes zur Kenntnis nehmen, zunächst parallel dem Tunnel »Parteien« noch einen für »Parteienkritik« buddeln (womit dann die Parteien-Historie Gefahr liefe, als »unkritisch« dazustehen); sie könnten Interdependenzen erforschen: haben bestimmte Verhaltensweisen von Parteien zu Veränderungen der Parteienkritik geführt? Parteienhistoriker hätten darüber hinaus die Möglichkeit, die Geschichte der Parteien im Lichte der Parteienkritik zu rekonstruieren – bei offenem Ergebnis: Das politische Interesse daran, die Thesen der Parteienkritik bestätigt oder widerlegt zu zeigen, dürfte gleichermaßen vorhanden sein. Selbstverständlich wäre eine Kritik der Parteienkritik erforderlich, die ihrerseits nicht unbedingt eine Apologie der Parteien sein müßte.

Unabhängig von seinem Ergebnis verdiente es ein solches Vorgehen, eine »alternative Parteienhistorie« genannt zu werden. Nach einiger Gewöhnungszeit könnte sich herausstellen, daß diese alternative Parteienhistorie die »eigentliche« Parteienhistorie wäre und die althergebrachte Parteienhistorie eine unkritische, den Interessen der Herrschenden, also der Parteiführungen verhaftet. Die kritische Historie der Könige und Kaiser und der sie stützenden Kräfte war früher auch einmal eine »alternative« Historie, heute dagegen – im Zeitalter der »Partitokratie« – ist sie nicht allein die einzig akzeptable, sondern mittlerweile auch die einzig akzeptierte.

Selbst die beiden »stärkeren« der hier konsultierten Bücher, die von Ysmal und Lösche, sind von solch einer alternativen Parteienhistorie noch weit entfernt. Zwar hat Ysmal formuliert, 1988 hätten die großen fünf französischen Parteien nicht weniger als 95% der Stimmen »kapitalisiert«; aber *capitaliser* bedeutet wenig mehr als »anhäufen«, und ist wohl kaum in der Absicht gewählt worden, an das Gebaren von Wirtschaftsunternehmen zu erinnern. Daß Parteien Geheimnisse haben, die weit über den Datenschutz hinausgehen, auf den z. B. ihre Angestellten Anspruch haben (also gewissermaßen »Unternehmens«-Geheimnisse), ist von Ysmal immerhin in Bezug auf die – wie sie argwöhnt – von den Parteiführungen stets gewaltig übertriebenen Mitgliederzahlen erwähnt worden.

47 Gunter Hofmann, Werner A. Perger, Richard von Weizsäcker im Gespräch, Frankfurt a.M 1992, S. 146.

48 Helmut Stubbe-da Luz, »Parteien – ja, aber«, Zur pluralistischen Tradition deutschsprachiger Parteienkritik, in: Lothar Höbelt u.a. (Hg.), Freiheit und Verantwortung, Jahrbuch für politische Erneuerung 1995, Wien 1994, S. 415–424.

Lösche vertritt die Theorie, daß »Parteien sich in der Regel gegen andere politische und soziale Positionen konstituieren«: der Liberalismus gegen Absolutismus und Feudalismus, ökologische Parteien gegen die Wachstumsgesellschaft. Wenn aber Parteien »sich bilden«, also entlang bestimmter Konfliktlinien quasi durch Selbstorganisation entstehen, scheint dies mit dem Bild des politischen Unternehmertums nicht gut vereinbar. Ferner befänden sich just die »Volksparteien« CDU und SPD, Hauptobjekte gegenwärtiger Parteienkritik, im Zustand einer »lose verkoppelten Anarchie«, seien nicht mehr als »Föderationen von Föderationen lokaler Organisationen«; ihre Bundesvorstände führten nicht, sondern integrierten nur, sie seien durch »Fragmentierung, Segmentierung, Dezentralisation und funktionale Differenzierung« gekennzeichnet. Waren die Parteien schon immer lose verkoppelte Föderationen, deren führende Funktionäre zwar Geschlossenheit anstrebten und fingierten, aber die ihnen zum Vorwurf gemachte Hierarchisierung und Oligarchisierung nie erreichten?

Nun bedarf es zunächst auch für eine Selbstorganisation initiierender Impulse aktiver Individuen, die dann oft als Parteigründer »in die Geschichte eingehen«. Von selbst ist noch keine Partei entstanden – auch wenn Motive ausreichend vorhanden schienen. Gewiß schwanken die Anteile von Selbstorganisation und Gründer-Management ebenso wie die Anteile von »Weltverbesserungs«-Eifer, kollektivem Behauptungswillen und Machtkalkül. Aber sogar in einer als »Weltverbesserungs«-Partei angetretenen Gruppierung können bald politische Unternehmer das Heft in die Hand bekommen. Diese Berufsfunktionäre können solange mit der Rolle vorlieb nehmen, eine »lose verkoppelte Anarchie« zu integrieren, wie der Unternehmenszweck halbwegs wirkungsvoll verfolgt, d.h. »Unternehmergewinn« erzielt wird – ein bestimmtes Quantum an Geld, Macht und Prestige. »Die Geschmeidigkeit«, so hat Ostrogorski bissig angemerkt, »mit der die Maschine sich den Umständen anpaßt, kennt keine Grenzen; sie ist in der Lage, um die öffentliche Meinung irrezuführen, sich von Grund auf zu ändern, ganz und gar ›respektabel‹ zu werden«[49].

»Lose verkoppelte Anarchie« scheint gegenwärtig sogar zunehmend das Leitbild auch wirtschaftlicher Unternehmen zu werden: zumindest in der Theorie werden dort Hierarchien abgeflacht, Selbstorganisationsprozesse animiert, Autonomiebezirke und Kreativitätsoasen eingeräumt. Doch während dies alles im Bereich der Wirtschaftsunternehmen dem *ökonomischen* Prinzip dienen soll und nebenbei vielleicht auch der Menschenwürde dient, muß die Beurteilung der Leistung der Parteien – wie Gablentz betont hat – heutzutage nach einem viel schwieriger definierbaren *Demokratie*-Prinzip erfolgen. Derartige Fragen jedoch spielen weder bei Lösche noch bei Ysmal noch bei den beiden anderen der hier untersuchten Werke eine auch nur bescheidene Rolle. Zu den Produkten eines politischen Unternehmens »Partei«, welches das »Demokratie«-Gütesiegel in Anspruch nimmt, müßte aber wohl auch die Heranführung und Beteiligung von immer mehr Menschen an immer mehr politische Entscheidungen gehören, die Organisation politischer Willensbildung »von unten nach oben«, das Vorleben von Offenheit und Transparenz – im Kontrast zu Staat und Wirtschaftsunternehmen und mit der Absicht, diese Prinzipien auch dort zur Geltung zu bringen.

Es ist nicht auszuschließen, daß es hier und da Ansätze zu einer »alternativen« Parteienhistorie gibt; sie wären vom »Main stream« der Parteienhistorie, für den die hier untersuchten Überblickswerke als repräsentativ angenommen worden sind, dann unbeachtet geblieben. Vermutlich aber müssen sie erst noch geschaffen werden. Ausgehend von der Hypothese, daß Parteien – zumindest langfristig – gar nichts anderes sein können als politische Unternehmen, müßten vor allem die folgenden Phänomene untersucht werden:

49 Ostrogorski (wie Anm. 6) S. 536.

- die Entwicklung der Methoden und Entscheidungsprozesse, die der Produktion von Programmen und Kandidaten zugrundeliegen[50];
- die Entwicklung des Verhältnisses zwischen Konkurrenz und Kooperation unter den Parteien;
- die Entwicklung der »Produktionsverhältnisse«, d.h. des Parteiensystems im weitesten Sinne und vor allem des Einflusses, den die Parteien selbst auf diese Entwicklung genommen haben, z.B. durch Gesetzgebung in eigener Sache;
- die Entwicklung der Rechte und Einflußmöglichkeiten der Politik-Konsumenten, d.h. der Einwohnerinnen und Einwohner, der Wählerinnen und Wähler, der »normalen« Parteimitglieder zum Beispiel in Frankreich oder Deutschland.

In einer solchen Parteienhistorie, die quer zu den Tunneln von CDU und FDP und SPD, von RPR und UDF und PS läge, kämen diese Partei-Eigennamen nur jeweils in Exempeln vor. Fall-Studien zu einzelnen Parteien wären unter den genannten Problemstellungen weiterhin erforderlich, träten aber zurück zugunsten einer Gesamtbetrachtung, die vom Standpunkt einer um demokratische Mitwirkung bemühten Einzelperson, eines skeptischen, nicht auf das real existierende Parteiensystem fixierten Politik-Konsumenten aus erfolgen könnte. Moisei Ostrogorski hatte sich zu diesem Zweck vor rund hundert Jahren bemüht, nicht beim Studium der institutionellen Formen der Politik stehenzubleiben, sondern – gewissermaßen dahinter – die tatsächlich wirkenden politischen Akteure und ihre Methoden in den Blick zu bekommen – in einer Studie, die er als zugleich sozialwissenschaftlich, historisch und kritisch (scientifique, historique et critique) bezeichnete[51]. Die geschichtswissenschaftliche Komponente war darin vergleichsweise am geringsten ausgeprägt, vielleicht nicht zuletzt deswegen, weil für eine sozialwissenschaftlich orientierte, empirisch fundierte und politisch kritische Darstellung der Parteiengeschichte, wie sie oben skizziert wurde, die Quellen tatsächlich geringer fließen als für die konventionelle Art der Darstellung, die sich im wesentlichen auf das von den Parteien selbst tradierte Material stützt. Aber die historische Forschung kommt – will sie der Gegenwart nützen – wohl kaum umhin, solche Gesichtspunkte, wie sie vor allem Ostrogorski, vor ihm Bryce, nach ihm Michels pionierhaft herausgearbeitet haben, sowohl als Bestandteil der Parteiengeschichte anzuerkennen als auch – selbstverständlich nach kritischer Prüfung – in der Praxis anzuwenden. Deswegen lohnt es, sich Moisei Ostrogorski – wie es in Frankreich geschieht – wieder ins Gedächtnis zu rufen.

50 Vgl. dazu meine Regionalstudie über die Kandidatenaufstellung der Hamburger Parteien seit 1848 Helmut STUBBE-DA LUZ, Vor Wahlen: Aufstellung, Zulassung und Präsentation von Kandidaten zu allgemeinen Hamburger Wahlen seit 1848, in: Zeitschrift des Vereins für Hamburgische Geschichte 1997.

51 OSTROGORSKI (wie Anm. 6) S. 38.

Jost Dülffer

VON DER VIERTEN ZUR FÜNFTEN REPUBLIK. DE GAULLE UND DIE FRANZÖSISCHE AUSSENPOLITIK 1958–1960

Über die Documents Diplomatiques Français ist in dieser Zeitschrift seit ihrem ersten Erscheinen im Jahr 1987 regelmäßig berichtet worden[1]. Die Nachkriegsakten wurden mit der zweiten Hälfte 1954 eröffnet in einem Abstand von 33 Jahren von den Ereignissen. Das Editionstempo hat sich ein wenig verlangsamt; denn mittlerweile sind 35 Jahre seit den Ereignissen vergangen. Doch inzwischen hat es den Eindruck, als ob sich der Erscheinungsrhythmus wieder beschleunigte.

International kann sich die Serie des französischen Außenministeriums, verantwortet von einer unabhängigen Kommission, sehen lassen. Nur die US-Edition der Foreign Relations of the United States (FRUS) liegt unangefochten vorn, wenn – auch dort nach einem zeitweiligen Nachlassen des Editionstempos – mittlerweile die Zeit bis in die sechziger Jahre, zum Teil bis 1968, ab 1945 relativ vollständig vorliegt. Die Briten hinken derzeit etwas zurück, während die Bundesrepublik Deutschland als einzige mit bislang drei Bänden für 1963 bis 1965 die 30-Jahresfrist der Freigabe von Dokumenten optimal ausnutzt[2]; freilich fehlen hier die vorangegangenen Jahre noch vollständig. Für den hier zu berichtenden Zeitraum 1958 bis 1960 liegen also bereits mit den FRUS parallel Bände vor, die immer mit Gewinn heranzuziehen sind. Ein deutlicher Vorteil der amerikanischen, themenbezogen geordneten Bände und den französischen, chronologischen Bänden ergibt sich bislang nicht. Jedoch sind die FRUS ausführlicher.

Jedem der französischen Bände ist eine knappe Zusammenfassung des Inhalts auf ca. 6 Seiten vorangestellt (avertissement), welche äußerst nützlich ist. 1958 I wird präzise aufgezählt, daß 214 von 460 Dokumenten sich auf Nordafrika beziehen: auf die Frage des algerischen Bürgerkrieges und die Unabhängigkeit Marokkos und Tunesiens. Dieses Verhältnis schwächt sich in den folgenden Bänden ein wenig ab, um aber erneut 1959 II und 1960 I in ähnlicher Weise die Dominanz der Dekolonisierung gerade diese Gebiete in den Mittelpunkt zu stellen. Die große politische Zäsur liegt für Nordafrika wie für alle anderen Probleme der Außenpolitik jedoch im Wechsel des französischen Regimes. Die IV. Republik trat am 1.6.1958 ihre Kompetenzen an Ministerpräsident de Gaulle ab, der sodann die

* Zugleich Besprechung von: Ministère des Affaires Étrangères (Ed.), Documents Diplomatiques Français 1959, Paris (Imprimerie Nationale): 1958 Tome I, 1 Janvier–30 Juin, LXI, 917 S. (1992); 1958 Tome II, 1 Juillet–31 Décembre, LXII, 969 S. (1993); 1959 Tome I, 1 Janvier–30 Juin, LI, 936 S. + Annexe Tome I: 376 + 165 S. (1994); 1959 Tome II, 1 Juillet–31 Décembre, LXI, 841 S. (1995); 1960 Tome I, 1 Janvier–30 Juin, LXIX, 963 S. (1995). Text Juli 1996 abgeschlossen.

1 Francia 15 (1987) S. 1091-1094; ebda., 17/3 (1990) S. 320–323; ebda., 20/3 (1993) S. 175–180.

2 Bisher erschienen sind folgende Bände: Akten zur Auswärtigen Politik der Bundesrepublik Deutschland, hg. im Auftrag des Auswärtigen Amtes vom Institut für Zeitgeschichte von Hans-Peter Schwarz, in Verbindung mit Helga Haftendorn, Alexander Fischer und Klaus Hildebrand. Wissenschaftlicher Leiter: Rainer A. Blasius. – 1963, bearbeitet von Mechthild Lindemann, Ilse Dorothee Pautsch, 3 Bde. München 1994; – 1964, bearbeitet von Wolfgang Hölscher und Daniel Kosthorst, 3 Bde., München 1995; – 1965, bearbeitet von Mechthild Lindemann und Ilse Dorothee Pautsch, 3 Bde, 1996.

V. Republik errichtete und nunmehr Staatspräsident wurde. Dem rein kalendarischen Ablauf gemäß wird diese Zäsur nicht auch in der Bandaufteilung dokumentiert. Die (nicht mit Namen gezeichnete) Einleitung zu 1958 I kommentiert für Algier (XII): »Une lueur d'espoir apparaît avec le général de Gaulle, mais on s'interroge encore sur ces intentions«; in Südostasien, im Fernen Osten, so heißt es später »la France est bien peu présente«, wie man sich in diesem Band überzeugen könne. Oder für den Nahen Osten: »Le général de Gaulle s'élève contre cette exclusion«. Hier hat man bisweilen den Eindruck, als ob die nüchterne Angabe des zeitgenössisch Wichtigen bzw. Unwichtigen mit einiger Emphase eine Parteinahme des Kommentators für die V. Republik andeutet, die in einer solchen Edition durchaus unüblich ist. Das verschwindet in den letzten Bänden vollständig zugunsten einer sachbezogenen und nüchternen Hervorhebung besonders wichtiger oder zentraler Dokumente ohne jeden eigenen Kommentar der Bearbeiter.

Es ist müßig, den Gang französischer Außenpolitik anhand ausgewählter Dokumente nachzuzeichnen. Nur das Wichtigste sei erwähnt. De Gaulle betrieb von Anfang an die Politik einer selbständigen Großmacht, welche sich auf die EWG bzw. Euratom und damit die westeuropäische Einigung zu stützen trachtete. Von Beginn an waren aber die Fristen für den Zollabbau etc. problematisch und umstritten. Gerade die Brüsseler Kommission konnte bei de Gaulle kaum Anklang finden. Ausweis dessen ist ein stärkeres Hervortreten von Ministerratssitzungen der Außenminister etc. seit der zweiten Hälfte 1959. Am Anfang standen die Verhandlungen mit Großbritannien und anderen Staaten über eine gemeinsam zu gestaltende Freihandelszone im Vordergrund, die dann aber zu geregelten Beziehungen zwischen der neu begründeten EFTA und der EWG wurden. Von Beginn an standen die Beziehungen zwischen der Bundesrepublik Deutschland und Frankreich, hier also zwischen de Gaulle und Adenauer, im Vordergrund. Es brauchte durchaus erst einmal einige Zeit, bis es zum ersten Gipfel kam (1958/II, Nr. 155/156).

Bestimmend wurde sehr bald die Berlin-Krise, die mit Chruschtschows Rede vom 27. Oktober 1958 und der nachfolgenden offiziellen Note vom 10. November 1958 ausgelöst wurde. Das bestimmte den ganzen übrigen Gang der Außenpolitik. Hatte Chruschtschow in der ersten Jahreshälfte 1958 bereits auf eine Gipfelkonferenz gehofft, ja konnte er mit ihr rechnen, so wurde die Berlin-Frage gewiß zum Hebel, um seinerseits diesen Gipfel zu bekommen. Zahlreiche westliche Konsultationen – hier vor allem französisch-britisch-US-amerikanische, in die jedoch ab Anfang 1959 die Bundesrepublik als vierte eingebunden wurde (freilich immer erst, nachdem sich die drei alliierten Siegermächte zuvor separat getroffen hatten) – kennzeichnen diesen Schwerpunkt. Berlin-Frage, Deutschland und Abrüstung bzw. europäische Sicherheit und das Verhältnis dieser Fragen zueinander wurden die bestimmenden Größen. Auch 1959 hoffte Chruschtschow auf einen Gipfel, der dann durch eine zweiphasige Außenministerkonferenz in Genf (11. Mai bis 20. Juni bzw. 13. Juli bis 5. August 1959) vorbereitet wurde. Dem geringen Ertrag dieser Konferenz entsprach es, daß US-Präsident Eisenhower Chruschtschow zu sich nach Camp David einlud, ein Ereignis, das bei de Gaulle deutliche Kritik weckte. Sodann ging es tatsächlich um einen »Gipfel«, der nicht nur von Großbritannien, den USA und Frankreich, zum Teil erneut unter Einschluß der Bundesrepublik, seit Dezember 1959 vorbereitet wurde, sondern der auch von einer Reihe von hochrangigen Gipfeltreffen begleitet wurde, so vor allem Eisenhowers und Chruschtschows Besuche in Paris bei de Gaulle. Der eigentliche Gipfel fand bekanntlich aufgrund des Abschusses eines amerikanischen Spionageflugzeuges nicht statt; aber bereits im Vorfeld berichtete der französische Botschafter aus Moskau davon, daß dies wohl wahrscheinlich einen Kurswechsel der sowjetischen Politik für Paris signalisieren werde (1960/I, Nr. 217). Chruschtschow kam zwar nach Paris, ließ den Gipfel mit Bezug auf die amerikanische Politik jedoch platzen (Nr. 221). Die politischen Notfallplanungen für Berlin, die seit Herbst 1958 eingeleitet worden waren, und von denen die Bundesrepublik nur zum Teil unterrichtet war, fanden zufällig zur gleichen Zeit einen relativen

Abschluß. Die dominierende Furcht war, nunmehr werde Chruschtschow seine Drohung wahrmachen und einen separaten Friedensvertrag mit der DDR abschließen, zugleich den Status Westberlins einseitig ändern.

Die Dekolonisierung, welche de Gaulle nachdrücklich einleitete, bildet einen starken Schwerpunkt der Edition. Wichtiges, was öffentlich verkündet wurde, kann nicht als Dokument in einer solchen Edition stehen. Aber der Plan eines »Algérie algérienne« wird ebenso erwähnt wie die Gründung einer französischen Gemeinschaft zum Auffang der dekolonisierten Staaten nach Volksabstimmungen. Gerade diese Dekolonierungsfrage besprachen die Franzosen ausgiebig mit Amerikanern, Briten, aber auch mit der Sowjetunion. Der französische Wunsch nach einer Reform der NATO, ja nach einem Direktorium, wie de Gaulle es für Atomfragen wie für außereuropäische Fragen bereits 1958 anregte (1958 II, Nr. 165), wurde zwar zunächst in Dreiergesprächen diskutiert, schlief als Institutionalisierung aber ein und wurde von den Anglo-Amerikanern als eine von Fall zu Fall anzugehende Angelegenheit elegant beerdigt.

Einen Höhepunkt der Edition bilden die zahlreichen Gespräche auf höchster Ebene, die bi- oder multilateralen Außenminister- bzw. Regierungschef-Gespräche. Der Genfer Außenministerkonferenz von 1959 ist ein Annex-Band gewidmet, wie er bereits für die Jahre 1954 und 1955 – die Zeit der Genfer Außenministerkonferenzen bzw. Gipfeltreffen – gängig war. Faszinierend sind in diesem Zusammenhang die offenherzigen und mit historischem Weitblick ungeheurer Art gemachten Äußerungen de Gaulles. Solche Aufzeichnungen ziehen sich gelegentlich über 10 Seiten hin (z.B. 1958 II, Nr. 370 de Gaulle und Adenauer in Bad Kreuznach) oder über 50 Seiten (1960 I, Nr. 221 Gipfeltreffen Paris) oder Chruschtschow in Paris (1960 I, Nr. 146) hin. Um einige konzeptuelle Punkte anzudeuten: de Gaulle machte Amerikanern, Briten wie Sowjetrussen klar (und fand bei diesen Verständnis), daß eine Wiedervereinigung Deutschlands eigentlich nicht in Frage käme; die Grenzen Deutschlands seien fest. Von der DDR sprach er nur als Preußen und Sachsen. Chruschtschow erhielt Vorwürfe, weil er die unselige Berlin-Frage aufbrächte, welche eine Entspannungspolitik, in der er Frankreich und der Sowjetunion zentrale Bedeutung für Europa zumaß, vorerst nicht möglich machte. Unter diesen Bedingungen, so deutete er an, sei die amerikanische Atombombe immer noch wichtig (Frankreich erwarb sie – wie dokumentiert wurde – im Frühjahr 1960); aber die NATO wäre dann im wesentlichen hinfällig. Deutschland müsse im Westen fest verankert bleiben, das sei auch im sowjetischen Interesse. Die Alternative einer Neutralität oder einer pro-östlichen Orientierung bedeute den Alptraum Moskau am Rhein (1959 I, Nr. 146 – zu Macmillan). Am gleichen 10. März 1959 regte er gegenüber den Briten auch an, Adenauer zu einer größeren Offenheit der Ostkontakte zu ermuntern, weil sich die DDR sonst hinter einer »Mauer« [sic] verstecken werde. Bei aller Ausgrenzung Großbritanniens aus der EWG-Integration blieben die Großmächtebeziehungen, welche auch Frankreich eine solche Position unangefochten wiedergeben sollten, doch zentral. Die Idealisierung der deutsch-französischen Beziehungen hatte viel mit taktischem Werben zu tun, wie auch aus den Gesprächen Adenauer-de Gaulle deutlich wird.

Die technischen Seiten der Edition haben gegenüber vorangegangenen Bänden sehr gewonnen, verbessern sich auch laufend während der hier vorzustellenden zweieinhalb Jahre. Seit 1959/II werden auch Quellenangaben über die Dokumente gemacht. Gerade die Aufzeichnungen von Gesprächen höchster Ebene werden ihrer Provenienz nach angegeben. Merkwürdigerweise fehlt beim ersten Gespräch Adenauer-de Gaulle ein nur mit Linien gekennzeichneter Abschnitt, in dem offenbar de Gaulle längere Ausführungen machte. Darüber erfahren wir 1958/II gar nichts; 1959/II heißt es aber (Nr. 109) bei französisch-italienischen Gesprächen, ein erster Teil der Chefgespräche sei im Archiv nicht vorhanden. Ebenso fällt folgendes auf: Bei Gesprächen mit Ministerpräsidenten etc. fanden oft »Vier-Augen-Gespräche« statt, bevor weitere Mitarbeiter herangezogen wurden. 1958 setzt bei solchen Gesprächen die Dokumentation erst gleichsam mit der zweiten Sitzung ein, ohne daß wir überhaupt etwas über die Vier-Augen-Gespräche erfahren. Das ändert sich sodann. In den Anmerkungen der Dokumente wird jeweils auf sehr viel weiteres Material verwiesen; das geschieht jedoch erst ab 1959/II für größere Sachzusammenhänge, die dann aber oft schwer zu finden sind (vgl. 1959/II, S. 348 Anmerkung zur französischen Gemeinschaft; 1959/I, Nr. 237 Anmerkung für die Lagerung von US-Atomwaffen in Europa seit 1952).

In früheren Kritiken wurde bemängelt, daß sehr viele Dokumente Berichte aus zweiter oder dritter Hand über Vorgänge in anderen Staaten sind, die wenig mit französischer Außenpolitik zu tun haben. Für 1958 findet sich in diesem Zusammenhang noch einiges über Bundestagsdebatten. Insgesamt hat man in den Folgebänden jedoch völlig auf den Abdruck derartiger Dokumente verzichtet. Wir erfahren fast immer etwas über ein Meinungsklima, das mit französischer Außenpolitik zu tun hatte oder über eine französische Sicht der Entwicklung von öffentlichen Stimmungen in der Bundesrepublik, Großbritannien oder den USA, welche die französische Politik direkt beeinflußten. Auch fehlen die unverbindlichen Konzeptionspapiere zugunsten der real gehabten Besprechungen in den hier vorgestellten Bänden. Positiv ist ferner zu bemerken, daß Querverweise auf den Annex-Band auch im Text selbst vorhanden sind, die in den ersten Jahren völlig fehlten. Hervorzuheben ist schließlich, daß die Regesten zu Anfang der Bände, nach Sachthemen gegliedert, aussagekräftiger geworden sind. Es stören nach wie vor Schreibfehler, vor allem bei Namen. Das gilt sowohl für die Einleitung, die Regesten als auch die eigentliche Edition. Besonders peinlich ist es, wenn ein Gespräch vom 26. 7. 1958 zwischen de Gaulle und dem deutschen Botschafter (1958/II, Nr. 76) fälschlich auf 1956 datiert wird. Insgesamt zeigt sich jedoch, daß der Standard der DDF nachdrücklich besser geworden ist, ja nunmehr kaum noch Wünsche offenläßt. Inwieweit das mit dem Wechsel der verantwortlichen Bearbeiter von dem verdienstvollen, hochangesehenen und mittlerweile verstorbenen Jean Baptiste Duroselle zu Maurice Vaïsse zu tun hat, entzieht sich dem Beobachter von außen; wahrscheinlich ist das aber schon.

Rezensionen

Pierre CHAUNU (Hg.), Les enjeux de la Paix. Nous et les autres XVIIIe–XXIe siècle. 2e colloque du Mémorial, un musée pour la paix, 8 et 9 décembre 1994, Paris (PUF) 1995, IX–360 S. (Collection Histoires).

Von Friedrich Gentz ist bekannt, welche Mühe er als »Sekretär Europas« während des Wiener Kongresses auf die stilistische Formung jedes der vielen von ihm bearbeiteten Dokumente verwandte und damit auch simple Vorgänge zu selten erlebten Höhepunkten deutscher Prosa werden ließ. Die Kunst der Sprache hat heute unvergleichlich größere Schwierigkeiten, sich zu behaupten, doch Frankreich gehört zu den Ländern, in denen sie noch die besten Überlebens- und Wirkungsmöglichkeiten hat. Schon die Einführung Pierre CHAUNUS in diesem Band belegt das. Er macht uns – gedanklich die Dinge ordnend – mit der Fülle der Überlegungen und Verwirklichungsversuche zur Friedenssicherung und Kriegsbegrenzung vertraut, mit der Fülle historischer Erfahrung seit der frühen Neuzeit. In immer neuen Variationen und unter dem sprachlich geradezu spürbar werdenden Einwirken der *forces profondes* gestaltet er die maßgebende, den sorgfältig bedachten Beiträgen als Leitfaden vorgegebene Erkenntnis, der Gegensatz des Friedens sei nicht der Krieg, sondern die Gewalt, vor allem im neuzeitlichen Europa. Die Einhegung des Krieges – sie ist gerade für deutsche Denktraditionen nicht neu, aber heute oft vergessen – und die Verrechtlichung und ordnende Gestaltung des Staatensystems im Sinne der Begrenzung von Handlungsfreiheit wäre als Schritt zum Frieden durch Völkerrecht und Verfahrensregeln in Europa hier eine weitere Untersuchung wert gewesen, etwa im Zusammenhang mit der Änderung der Machtverhältnisse und der Ordnungsvorstellungen zwischen 1848 und 1871. Es geht schließlich um den ausschlaggebenden Beitrag Europas zur internationalen Politik und Friedenswahrung, weiterentwickelt in supranationalen Zusammenschlüssen, die hier ebenfalls zu kurz kommen. Dies hätte sowohl eine Vertiefung des ersten Teils dieses Bandes, »De la paix par l'équilibre (1815–1914) à la guerre de Trente ans (1914–1945)«, als auch eine bessere Abrundung der Beiträge von Lucien BÉLY über die Wiener Ordnung von 1815 und von Georges SOUTOU, des wichtigsten in dieser Abteilung, über das Verschwinden der europäischen Ordnung und den Anbruch der friedlosen Ära eines neuen Dreißigjährigen Krieges in der Katastrophe Europas von 1914 ermöglicht. Beide Aufsätze sind reich an neuen Überlegungen, die an anderer Stelle eingehender überprüft werden müßten. Die übrigen, klärenden, Beiträge in diesem ersten Teil befassen sich, durchaus sinnvoll, mit weiteren herausragenden Phänomenen der europäischen Entwicklung, der pax britannica (François CROUZET) und dem Verhalten der Päpste im Ersten (Nadine-Josette CHALINE) und Zweiten Weltkrieg (Pierre BLET).

Das Exemplarische ist bestimmend, nicht die umfassende, einen einzelnen handlichen Band weit überfordernde Abdeckung der historischen, kulturellen und wissenschaftlichen Dimension des Spannungsverhältnisses zwischen uns und den anderen, des Ursprungs – könnte man sagen – nicht nur der Gewalt, sondern auch jeder vernünftigen, der Entfaltung der Menschen dienenden Ordnung. Dies wird unter dem Leitgedanken »nous et les autres« vom »nous« der Europäer in immer weiter gezogenen Kreisen erörtert. Teil II, (»L'ordre des pensées, du côté de le transcendance«) behandelt in geistig geradezu spannenden Beiträgen Tiefe und Konsequenzen der inneren religiösen und weltanschaulichen Zerklüftungen der Europäer selbst, Haß und Feindschaft aus Nähe: Die Häretiker (Bruno NEVEAU), Religionskriege und politische Ordnung (Denis CROUZET), die Juden in Deutschland (Dominique BOUREL) und zwei grundlegende Auseinandersetzungen mit dem Friedensbegriff, einer Theologie des gerechten Friedens an Hand der Texte Augustins (ein Kabinettstück von Jean-Robert ARMOGATHE) und eines Versuchs über Wissenschaft und Frieden am Problem der Ordnung und Verantwortung der Wissenschaften nach Planck und Heisenberg (Roland OMNÈS).

»L'ordre des pensées« wird fortgesetzt in Teil III, einer gelungenen Verknüpfung des Weges von der Transzendenz zur Immanenz mit der reichen Glaubens- und Gedankenwelt »der anderen«: Die komplexe und bemerkenswerte Neuansätze erlaubende Welt des Islam (Roger ARNALDEZ und Christian JAMBET), die »quatre yogas« in stimulierender Gegenüberstellung mit verwandten europäischen Strömungen (Pierre AMADO), schließlich der Friedensbegriff in China (Marianne BASTID-BRUGIÈRE) und Japan (Franchine HÉRAIL). Hier ist, im Übergang zu ideen- und begriffsgeschichtlicher Untersuchung, die Stringenz der übergreifenden Fragestellung nicht ganz eingehalten, der Stand der Forschung außerhalb Frankreichs ist zu wenig berücksichtigt und der Beitrag über die – grundlegende, aber doch innereuropäische – Kontroverse zwischen Tolstoi und Solowjew (Alain BESANÇON) über unbedingten Pazifismus, Staaten- und Gesellschaftsordnung fehl am Platze; er gehört als Nr. 9 in den Teil II.

Der IV. Teil bringt einen notwendigerweise eher ansatzweisen Ausblick in die Zukunft: Die neue Aktualität der Vorstellungen Monnets vom Verhältnis USA/Europa (Éric ROUSSEL), die Konsequenzen des beendeten Duopols der Supermächte und die Ungewißheit (Hervé COUTAU-BÉGARIE), die globalen gesellschaftlichen Spannungen am Übergang ins nächste Jahrhundert (Alain COTTA) und »l'avènement de l'humanité« als Hoffnung (René-Jean DUPUY) – aber haben sich nicht gerade die weltumspannenden Ideen in ihrer abstrakten Form als wenig hilfreich erwiesen? Von Deutschland ist in diesem letzten Teil nicht die Rede – Zufall? Die wieder gedankenvollen, weiterführenden Bemerkungen CHAUNUS im Résumé klingen eine Spur bemühter als die Einführung, und seine Frage: »Les autres, où sont-ils?« wird viel zu weitläufig beantwortet; auf Grund der Beiträge könnte man auch sagen: im nächsten Haus, Dorf, Land, Erdteil – eher aber drängt sich die Frage auf: »Wo sind wir – die Europäer?«

Der Band bietet keine Friedensforschung als Disziplin, sondern Untersuchungen zum Friedensproblem auf der Grundlage der verschiedenen Forschungsfelder und Disziplinen, in größeren Zusammenhängen also. Daraus gewinnt er seine Wirkung: Neues Nachdenken, neue Einsichten, intellektuelle Auseinandersetzung auf hohem Niveau, Anlaß zum Lernen – was will man mehr?

Peter KRÜGER, Marburg

Pim DE BOER, Willem FRIJHOFF (Hg.), Lieux de mémoire et identités nationales, Amsterdam (Amsterdam University Press) 1993, VIII–284 S.

Dieser Sammelband enthält 21 Beiträge eines interdisziplinären französisch-niederländischen Kolloquiums, das vom 11. bis 13. Mai 1992 im niederländischen Institut in Paris stattfand. Deutlich wird das Bemühen, den ›Gedächtnisorten‹ wie etwa Städten, Gedenktagen, Literatur und bildende Kunst eine europäische Dimension zu verleihen. So bezeichnet Karin TILMANS die ›Grande chronique de la Hollande‹ aus dem Jahre 1517 zunächst als »lieu de mémoire raté«, weil deren Autor den gescheiterten Aufstand der Bataver gegen die römischen Besatzer zum Mythos verklärte. Diese Erzählung bilde aber nur einen Teil der Chronik, die in einer geplanten neuen Edition die Botschaft des Autors deutlicher machen werde, daß eine nationale und vor allem kulturelle Identität Teil einer größeren europäischen Identität sei. Frankreich sei *die* europäische Nation, behauptet Paul VIALLANEIX in seinem Beitrag über Michelet als »Lehrer der französischen Nationalität«; das Förderatenfest von 1790 bilde das Modell für ein föderativ aufgebautes Europa. Pim DE BOER plädiert für die Schaffung europäischer Gedächtnisorte.

Damit ist es bislang schlecht bestellt, wie die vergleichende Geschichte der Gedächtnisorte zeigt. Brüssel etwa wird von Sophie de Schaepdrijver als »lieu de mémoire d'une nation frileuse« bezeichnet. Diese Stadt wurde durch verkehrstechnisch notwendige Neubauten im 19. und 20. Jh. so sehr verändert, daß sei kein ›Gedächtnisort‹ für Europa sein kann, sondern lediglich ein »lieu de prémonition«. Deutliche Kritik an Noras Konzept der nationalen Identität und der Gleichung ›Staat = Nation‹ übt Willem FRIJHOFF, der die Stadt als den modernen ›Gedächtnisort‹ darstellt. Die Gemeinschaft, die sich bedeutsame Traditionen oder Werte als ›Gedächtnisorte‹ aneignet, muß nicht notwendigerweise die Nation sein. Gerade in den Niederlanden spielten die Städte bei der Herstellung und Aneignung des kollektiven Gedächtnisses eine größere Rolle als der Staat. Pointiert wird dem hierarchischen französischen Modell das egalitäre niederländische Modell von Städten entgegengestellt, die einen Bund schließen, ohne ihre Freiheit und Autonomie zu verlieren.

Das Verhältnis der Niederlande zu Frankreich und England im Hinblick auf das Zentenarium der Französischen Revolution im Jahre 1889 beleuchtet Siep STUURMANN. Im kollektiven Gedächtnis setzten sich die Liberalkonservativen durch, die von den Niederlanden das Bild eines reichen, zuverlässigen und gemäßigten Landes entwarfen, die Französische Revolution ablehnten und das Modell der englischen Revolution befürworteten, während die linksliberalen Reformkräfte umgekehrt die englische elitäre Aristokratie kritisierten. Unterschiede zeigen sich auch in der Entstehungsgeschichte der Nationalfeiertage in beiden Ländern. Die siegreiche dritte französische Republik wollte im Jahre 1880 mit der Erinnerung an das Föderatenfest durch eine offensive Feier am 14. Juli liberale Ideen in der Bevölkerung verankern. In den Niederlanden dagegen, wo 1879 eine liberalkonservative Regierung die linksliberale abgelöst hatte, sollte die ›defensive‹ Erinnerung an den 31. August, den Geburtstag von Prinzessin Wilhelmine, der Tochter König Wilhelms III., die politische Opposition befrieden und alle Parteien einigen. Dieser Gedenktag, so Henk TE VELDE, feierte die Monarchie lediglich als nationales Symbol, nicht als Faktor politischer Macht. H. L. WESSELING weist darauf hin, daß die Niederlande, die von 1940 bis 1949 Krieg, Besatzung, wiederum Krieg und Verlust der Kolonien erlebten, im kollektiven Gedächtnis vor allem die Erinnerung an die Zeit der Besatzung pflegten, während der Kolonialkrieg kaum Interesse fand.

Die Selektivität des Erinnerns und Vergessens gehörten untrennbar zur Nationsbildung. Wie ein Leitmotiv durchzieht den Sammelband die Frage nach der dunklen Seite der Erinnerungspolitik, die nicht nur ›Gedächtnisorte‹ schafft, sondern auch zerstört. Jacques LE GOFF beklagt das Verschwinden der für das Mittelalter typischen Gedächtniskultur des Auswendiglernens durch das Auftauchen der Fotografie und des Fernsehens, dem »Mörder des Gedächtnisses«. Mit Blick auf den 500. Jahrestag der Entdeckung Amerikas 1992 fordert er eine »Ethik des Gedächtnisses«. Krzystof POMAIN will das griechisch-orthodoxe Gedächtnis vor der Übermacht des lateinischen bewahren. FRIJHOFF schließlich definiert die Nationalisierung der ganzen alten niederländischen Kultur durch die große »nationalistische Offensive« des 19. Jh. Der Sammelband erweckt den Eindruck, daß es gerade den niederländischen Teilnehmern an der Tagung, auf der französisch gesprochen wurde, darum ging, das – aus politischen Gründen – Vergessene zu erinnern.

Volker ACKERMANN, Düsseldorf

Charlotte Tacke, Denkmal im sozialen Raum, Göttingen (Vandenhoeck & Ruprecht) 1995, 408 S. (Kritische Studien zur Geschichtswissenschaft, 108).

Das deutsche Hermannsdenkmal im ehemaligen Kleinstaat Lippe und die französischen Vercingetorixdenkmäler in der Auvergne erinnern an Männer, die gegen die römische Invasion Germaniens (9 n. Chr.) bzw. Galliens (52 v. Chr.) kämpften. Diese Denkmäler wurden im 19. Jh. errichtet und standen für unterschiedliche Konzeptionen von Nation – Hermann für das deutsche Volk als »organisches Gebilde«, Vercingetorix für das französische ›peuple‹ als politisch konstituierter Begriff. Daß diese Dichotomie lediglich die nationalen Selbst- und Fremdbeschreibungen des 19. Jh. produzierte und daher nicht als Modell des analytischen Vergleichs taugte – diesen Nachweis will Tacke in ihrem Buch erbringen. Sie macht also bei den Deutschen ›subjektive‹, bei den Franzosen ›objektive‹ Elemente aus: auch in Deutschland habe sich die Nation als ein kultureller Begriff konstituiert und durch den Appell an die Einheit von Fürsten und Volk als ›subjektive‹ voluntaristische Einheit gestaltet; auch in Frankreich sei der zivilisatorische Fortschritt in Abgrenzung von den deutschen Barbaren als ›objektive‹ politische Eigenschaft beschrieben worden. Die den Denkmälern zugrundeliegende Idee der Nation, so lautet ihre These, könne nur entschlüsselt werden, wenn man die sozialen Praktiken der über das Denkmal miteinander Kommunizierenden sowie das Verhältnis zwischen nationalen, regionalen und lokalen Identitäten der bürgerlichen Gesellschaft in den Blick nimmt. Daher untersucht Tacke Vereine, Subskriptionen und Feste im Hinblick auf die in ihnen vermittelten bürgerlichen Ordnungsvorstellungen.

In beiden Ländern dienten die Vereine der sozialen und kulturellen Selbstdarstellung ihrer Mitglieder; wichtiger als die abstrakte nationale Idee waren persönliche, verwandtschaftliche, regionale, landsmannschaftliche und amtliche Kontakte. Das zeigt sich auch bei den Subskriptionen, also öffentlichen Spendenaktionen auf lokaler, regionaler und nationaler Ebene. Bei den Spendern spielten weniger abstrakte Überzeugungen eine Rolle, als vielmehr ihre soziale Stellung in der regionalen oder lokalen Gesellschaft. In beiden Ländern grenzten die Subskriptionen als Mittel sozialer Integration und Distinktion bürgerliche von nichtbürgerlichen Schichten ab und unterstrichen den Klassencharakter der nationalen Gesellschaft. Im genauen Widerspruch dazu standen offenbar die auf Festen propagierten nationalen Gesellschaftsmodelle der führenden sozialen Gruppen, die in beiden Ländern zu Beginn des 20. Jh. soziale Ungleichheiten zu nivellieren vorgaben. Die bürgerlichen Eliten kannten also, folgert Tacke, ähnliche Mechanismen der Vergesellschaftung und Distinktion; sie repräsentierten in den Vereinen, Subskriptionen und Festen als Vertreter der Nation, der Region und der Stadt.

Daß Nation und Region »in einem dialektischen, aber nicht antagonistischen Verhältnis zueinander« standen (S. 197), zeigt Tacke etwa in den Kapiteln ›Nation und dynastischer Territorialstaat‹ für Deutschland sowie ›Region und republikanischer Staat‹ für Frankreich, in denen sie zu aufschlußreichen und weiterführenden Ergebnissen kommt. So kann sie zeigen, daß in einer Zeit, als Heinrich von Treitschke die ›Märchenwelt des Partikularismus‹ verspottete, »die nationale Bewegung den föderalen, dynastischen Aufbau Deutschlands nicht in Frage stellte« (S. 170). Unter dem Motto ›Einheit von Fürsten und Volk‹ wurden die Monarchien sogar in großem Umfang in die Subskription für das Hermannsdenkmal einbezogen. In mehreren deutschen Staaten übertraf die königliche Spende das durch die bürgerliche Subskription erbrachte Ergebnis oder ersetzte die fehlenden Beiträge der Bevölkerung – das macht Tacke in zahlreichen detaillierten Grafiken und Tabellen deutlich. Nationales Engagement und einzelstaatliche Loyalität schlossen sich also nicht aus; der Monarch erschien als Repräsentant der bürgerlichen Gesellschaft und Nation, eben als ›deutscher‹ Fürst. Weder Nation und Territorialstaat noch bürgerliche Gesellschaft und Monarchie standen in einem Gegensatz zueinander; vielmehr bildete die Monarchie den symbolischen und organisatorischen Rahmen für die nationale bürgerliche Gesellschaft.

Ganz anders lagen die Verhältnisse in Frankreich, wo sich staatliche Vertreter – wie etwa der Präfekt – und Institutionen an den rein regionalen Subskriptionsbewegungen nicht beteiligten. Die Region ›Auvergne‹ als eigenständiger sozialer Raum der Notabelngesellschaft in Frankreich mußte gegen den Zentralstaat gewissermaßen »erfunden und konsolidiert« werden (S. 194). Nach 1871 appellierten die republikanischen Eliten an regionale Bindungen der Bevölkerung, um auf diese Weise den sozialen und politischen Frieden in der Dritten Republik aufrechtzuerhalten. Der keineswegs antirepublikanisch gemeinte Rekurs auf die ›ethnische‹ und ›historische‹ Zugehörigkeit zur Region habe bis zum Ende des 19. Jh. relativ erfolgreich die offizielle, vor allem politische und soziale Definition der Zugehörigkeit zur französischen Republik und Nation unterlaufen.

Tacke weiß zwar, daß ihr methodischer Zugriff auf die ›Nation in der Region‹ keine generalisierbaren Ergebnisse hervorbringt, glaubt aber dennoch, »herkömmliche« Auffassungen über die Nation überprüfen oder gar revidieren zu können. Etwas zu voreilig begeht sie dabei wissenschaftlichen Vatermord, indem sie Autoren wie Pierre Nora, Maurice Agulhon und Thomas Nipperdey zu unrecht unterstellt, »unterschwellig und unreflektiert« (S. 16) von einer Dichotomie zwischen deutscher Kulturnation und französischer Staatsnation auszugehen. Zustimmungsfähig dagegen ist Tackes Schlußplädoyer in ihrer schwungvoll geschriebenen Dissertation (Florenz 1993), bei künftigen Forschungen über die Nation nationale Identitäten und deren konkrete Ausprägung stärker als Produkt von sozialen Praktiken und Interaktionen zwischen gesellschaftlichen Klassen sowie zwischen Zentrum und Peripherie zu untersuchen.

Volker ACKERMANN, Düsseldorf

France-Allemagne. De Faust à l'Université de masse, textes réunis et présentés par François GENTON, Paris (CERAAC) 1995, 381 S. (Chroniques allemandes, 4).

Diesem Sammelband des Centre d'études et de recherches allemandes et autrichiennes contemporaines (CERAAC) der Universität Stendhal-Grenoble III liegt ein Kolloquium von April 1994 in Grenoble zugrunde. François GENTON legt hier Texte zum Komplex Universität, Kultur und Gesellschaft vor. Charakteristisch ist der interdisziplinäre und internationale Ansatz, der aber kein Selbstzweck sein, sondern den Hintergrund der als Krise empfundenen Situation an deutschen und französischen Universitäten beleuchten und Lösungsansätze vorstellen soll. Es handelt sich also bewußt nicht um eine rein historische Darstellung ohne Gegenwartsbezug, sondern explizit um den Versuch, den »cercle autoréférentiel« der einzelnen Disziplinen zu brechen und einen fruchtbaren Dialog in Gang zu setzen, um die Universitäten für das 21. Jh. zu rüsten und sie vor allem den Erfordernissen der Gesellschaft anzupassen, wie es GENTON in einem einleitenden Aufsatz beschreibt (»Briser le cercle«). Der Anspruch des Buches ist also dezidiert gesellschaftlich, in jedem Falle aber aufklärerisch zu nennen. So sollen Kenntnis und Vergleich der Ausbildungssysteme einerseits dazu beitragen, Stereotypen wie z.B. »rigidité et sécheresse de l'Université française« und »souplesse et profondeur allemandes« zu erkennen und vielleicht zu entschärfen, andererseits Ansätze hervorbringen, die die Perspektiven der Massenuniversität von heute aufzeigen. Nicht zuletzt geht es GENTON darum, Privilegien, Ungleichheiten und »pratiques élitistes« an den Universitäten in Frage zu stellen.

Getreu diesem Anspruch findet sich in diesem Band ein Potpourri von Beiträgen (u.a. von Jean DELINIÈRE, Michel ESPAGNE, Robert GRIFFITHS, Joseph JURT, Robert PICHT, Georges ROCHE, Wulf WÜLFING), von denen ich hier zwei exemplarisch vorstellen möchte, um die Breite des Ansatzes zu verdeutlichen. Philippe ALEXANDRE befaßt sich mit dem Schicksal des französischen Studenten Jean-Baptiste Demangeon in Leipzig 1789–1794. Demangeon, der sich als »maître de langues« einen Namen machen kann, muß die Universität im Jahre 1794 ohne Prozeß verlassen, nachdem er sich durch Kontakte zu den Jakobinern in Leipzig dem Verdacht revolutionärer Umtriebe ausgesetzt hatte. In Kiel findet er Zuflucht und brandmarkt in einer Abhandlung die Unselbständigkeit der Universität, die ihre wissenschaftliche Unabhängigkeit oft aus ökonomischen und politischen Gründen der öffentlichen Gewalt unterordnen muß. Nur einige jüngere Professoren weichen dem Druck der öffentlichen Gewalt gegen seine Person nicht. Wenn auch Victor Cousin 1831 die deutsche protestantische Universität der französischen als Referenzmodell präsentiert, weil in Deutschland sowohl der Kontakt zwischen den Fakultäten als auch der Vorrang der Wissenschaft gegenüber politischen Eingebungen garantiert scheint, vermerkt er doch, wie schon Demangeon, das problematische Verhältnis zwischen universitärer Autonomie und staatlichem Eingriff.

Hartmut MELENK geht auf die aktuelle Krise der Massenuniversitäten ein und sucht nach Lösungen insbesondere für die Geisteswissenschaften, deren Rolle er neu definiert sehen möchte. MELENKS Analyse geht weit über den Horizont der Universität hinaus und zieht nicht allein universitätsinterne Abläufe und Prüfungen, sondern allgemein Situation, Legitimation und Aufgabe der Geisteswissenschaften in der heutigen Gesellschaft und im Hinblick auf den Arbeitsmarkt in Betracht. Lehrkräften wie Studenten schlägt er vor, einen Weg zwischen Humboldtschem Bildungsideal und Professionalisierung des Studiums zu suchen und der Abkoppelung der eigenen Ausbildung vom Arbeitsmarkt und der Marginalisierung der Geisteswissenschaften entgegenzuwirken.

Die Verwendungsmöglichkeiten für diesen Sammelband sind so vielfältig wie die in ihm enthaltenen Themen und Ansätze. Diese Vielfalt beinhaltet allerdings auch Schwachpunkte. Obgleich der Band sehr instruktiv und interessant Geschichte und Aktualität der Universität beleuchtet und gleichzeitig konkrete Beispiele der Verwirklichung internationaler universitärer Ausbildung anführen kann (Collège franco-allemand), besteht bisweilen die Gefahr, daß historische Darstellungen in einen nur allzu gezwungen erscheinenden aktuellen Zusammenhang gepreßt werden. Betrachtet man weiterhin die Komplexität eines Ansatzes, der Diachronie (200 Jahre deutsch-französischer Universitätsbeziehungen) mit Synchronie (Krise der Universität heute im interdisziplinären Diskurs) zu vereinbaren sucht, erkennt man den hohen Anspruch, den der Herausgeber an sich und an den Leser gestellt hat. Das eingangs erwähnte »Potpourri« gerät somit leicht zum Wirrwarr der Disziplinen. Der Vorteil der Komplexität liegt indes, bei aller Kritik, in der Vielfalt der möglichen Rezeptionen: Man verstehe es als interdisziplinäres Lesebuch, als bisweilen provozierenden Denkanstoß, als Bildungserlebnis oder als Appell für das Akzeptieren und den besseren Umgang mit der Massenuniversität. Der Leser treffe seine Wahl.

Klaus WILSBERG, Köln

Jean-Pierre CHALINE, Sociabilité et érudition. Les sociétés savantes en France XIXᵉ–XXᵉ siècles, Paris (Editions du CTHS) 1995, 270 S. (Mémoires de la Section d'histoire moderne et contemporaine, 10).

Der Aufschwung von gelehrten Gesellschaften und Bildungsvereinen zu einem allgegenwärtigen Kulturphänomen gehört zu den elementaren Entwicklungen der öffentlichen Sphäre im bürgerlichen Zeitalter. Erwächst schon daraus dem von Chaline gewähltem Thema seine unbestreitbare Relevanz, so stellt der mit Quellenauszügen, Photos, aufschlußreichen Karten und Register ausgestattete Band auch historiographisch eine eindrucksvolle, ja vorbildliche Leistung dar. Er bietet nicht weniger als eine komprimierte Gesamtgeschichte der gelehrten Gesellschaften Frankreichs, wobei stupende Materialkenntnis und systematische Fragestellungen auf der Höhe moderner Vereinsforschung eine glückliche Verbindung eingehen.

Chaline exponiert zunächst Abgrenzungs- und Definitionsprobleme, bevor er den immensen quantitativen Anstieg der Gesellschaften, ihre Loslösung vom aufklärerischen Modell und die wachsende Spezialisierung – zumal im historischen und naturwissenschaftlichen Bereich – sowie die methodischen Schwierigkeiten beim Erfassen dieser heterogenen Bildungslandschaft mit ca. 130 Gesellschaften in Paris und ca. 630 in der Provinz um 1900 (bei zusammen annähernd 200000 Mitgliedern – so S. 38, 92f.) skizziert. Er entwirft dann eine Topographie des gelehrten Frankreichs, wobei die oftmals belächelten Gesellschaften der Provinz konsequent berücksichtigt und regionale Schwerpunkte (der Nordwesten, eine lothringische Achse, Lyon als Zentrum, die alten Hafenstädte) hervorgehoben werden. Die rituellen Eigenheiten der organisierten Soziabilität, ihre exklusiven Tendenzen mit dem faktischen Ausschluß von Frauen sowie der Binnenhierarchie von Mitgliedschaften und ein umgekehrter Trend zur Demokratisierung werden ebenso gewürdigt wie die Soziologie des gelehrten Milieus. Das Fehlen von Arbeitern, die Überrepräsentation von freien Berufen, öffentlichem Dienst und Lehrerschaft, die geringe, indes regional stark unterschiedliche, Beteiligung von Adel, Klerus und Militär zeichnet der Verf. akribisch nach und erstellt zugleich – vom homme de lettres bis zum neuartigen Kulturfunktionär – eine Art Idealtypologie führender Mitglieder, die mit exemplarischen Biographien belegt wird. Den Aktivitäten der Gesellschaften zwischen Publikationen, Wettbewerben, öffentlichen Vorträgen und einer wahren »statuomanie« (S. 179) gilt ein eigenes Kapitel, gleichermaßen der Spannung zwischen regionalen Kräften und Zentralisation, die in Verbandsbildungen einen Ausgleich fanden.

Chaline weist darüberhinaus auch forschungsstrategisch einen Weg auf, der bislang am ehesten im angelsächsischen, weniger im deutschen Bereich beschritten wurde: Die konsequente Aufarbeitung regionaler und lokaler Bildungs- und Wissenschaftszentren, die Ehrenrettung der verpönten ›Amateurwissenschaft‹ und damit der Versuch, eine integrale Bildungsgeschichte des 19. Jh. anzugehen, in der die scheinbar peripheren, oftmals als Lokalismus, Laientum und bloße Freizeitbeschäftigung karikierten Bildungsbeschäftigungen von der städtischen Geschichtsgesellschaft bis zum botanischen Verein mit seinen Landexkursionen einen Platz verdienen. Wirft man mit Chaline den Blick über die ehrwürdigen hauptstädtischen Gelehrtenzirkel hinaus, dann verliert die Frage, ob es sich bei den Gesellschaften um »foyers de création« oder nur um »relais culturels« gehandelt habe (S. 180), genauso an Ausschließlichkeit wie die Alternative von Originalität der Wissensproduktion und bloßer Wissensvermittlung. Dies unterstrichen zu haben, ist ein zusätzliches Verdienst dieses hervorragenden Buches.

Andreas Daum, Washington

Bernard Lepetit (Hg.), Les formes de l'expérience. Une autre histoire sociale, Paris (Albin Michel) 1995, 337 S. (L'évoution de l'humanité). – Christophe Charle (Hg.), Histoire sociale, Histoire globale? Actes du Colloque des 27–28 janvier 1989, Paris (Editions de la Maison des Sciences de l'Homme) 1993, 222 S.

Französische Sozialhistoriker gehörten zweifellos in den letzten dreißig Jahren zu den international erfolgreichsten Vertretern Ihres Spezialgebietes; sie haben neue

Themengebiete und ungewohnte Fragestellungen mit dem Qualitätssiegel »Annales« versehen und nicht zuletzt dank der literarischen Qualitäten vieler Texte hatten sie auch verlegerische Erfolge zu verzeichnen, die für Sozialhistoriker bis dahin eher ungewöhnlich waren. Dennoch waren die letzten 15 Jahre eher als eine Phase internationalen Nachruhms zu bilanzieren, wenn man bedenkt, daß die mit dem Namen Braudel und Labrousse verknüpften klassischen Ansätze heftiger Kritik ausgesetzt waren, während gleichzeitig die Aufbrüche der »nouvelle histoire« nicht jene Dynamik entfalteten, die einer weiteren Generation von Sozialhistorikern gemeinsame Orientierungen zu geben vermocht hätte. Zwei Tagungsbände geben nun Gelegenheit, die Neuorientierungen kennenzulernen, die eine jüngere Generation französischer Sozialhistoriker im Zeichen wachsenden Mißtrauens gegenüber den alten Erfolgsrezepten und angesichts neuerer Ansätze in der internationalen Forschung gewählt haben.

Die Ausgangspunkte der Neubesinnung sind bei den Tagungsbänden unterschiedlich. Der von Christophe CHARLE herausgegebene Band »Histoire sociale, Histoire globale?« präsentiert die Beiträge und Diskussionen einer Tagung an der Ecole Normale Supérieure aus dem Jahr 1989, die sich explizit auf die Positionen bezog, die in den großen Tagungen der sechziger Jahre unter französischen Sozialhistorikern debattiert worden waren. Damals hatten E. Labrousse, seine Schüler und Forschungsideen dominiert. Sie hatten Sozialgeschichte thematisch als Geschichte sozialer Großgruppen, methodisch als quantifizierende Auswertung von Massenquellen und konzeptionell als zentrales, mittleres Stockwerk in der »Annales«-Architektur von Wirtschaft, Gesellschaft und Mentalitäten definiert. Diese ›ältere‹ Sozialgeschichte ist im zweiten Band, der die Vorträge einer Tagung von Forschern des Centre de recherches historiques der EHESS im Oktober 1993 enthält, nur noch aus der Ferne als Ausgangspunkt zu erkennen. Wenn Rückbezüge hergestellt werden, so führen sie entweder zu den älteren Gründungsvätern der heutigen französischen Sozialgeschichte, zu Febvre und Bloch, oder zu den Soziologen Durkheim, Mauss und Halbwachs. Beide Tagungsbände reflektieren jedoch die intellektuellen Herausforderungen, die seit den siebziger Jahren die Gewißheiten der »Annales«-Geschichte erschüttert haben: neben Foucault sind hier insbesondere die italienische *microstoria* sowie als neue soziologische Herausforderer N. Elias und P. Bourdieu zu nennen. Die meisten Beiträge beschäftigten sich mit Themen aus dem Bereich der Frühen Neuzeit und des 19. Jh. mit manchen Ausblicken auch in die Zeitgeschichte.

Um es deutlich zu formulieren: beide Bände lassen noch nicht erkennen, daß bereits neue Klarheiten herrschten. Gerade die themenbezogenen Einzelbeiträge spiegeln häufig noch eine Situation wider, in der sich ein Trend zu kleinteiligen Spezialuntersuchungen durchgesetzt hat. Neue Arbeitsfelder sind denn auch typischerweise eher solche Ausschnitte der sozialen Realität, die besser überschaubare und schärfer von anderen historischen Bereichen geschiedene soziale Räume darstellen. Dies gilt ebensogut für neue sozialgeschichtliche Ansätze in der Wissenschaftsgeschichte (Eric BRIAN in: ›Les formes de l'expérience‹), wie für Studien zum Arbeitsrecht (B. LEPETIT an gleicher Stelle) oder für die Unternehmensgeschichte (Pascal GRISET in: »Histoire sociale, Histoire globale?«). Ob der Weg von der Untersuchung solcher Teilräume vergangener Gesellschaften zurückführt zu einer Gesamtgeschichte dieser Gesellschaften, ist noch eines der offenen Probleme.

Der naturwüchsige Trend der neueren sozialgeschichtlichen Forschung, sich von der gesellschaftsgeschichtlichen Synthese zurückzuziehen, war jedenfalls auf der Tagung von 1989 umstritten. Vor allem der Herausgeber CHARLE machte sich wiederholt stark dafür, die Mikro- und Makroebene in der Sozialgeschichte wieder stärker aufeinander zu beziehen, da sonst die Gefahr drohe, daß die Sozialhistoriker die historiographische Synthese einfacheren v.a. politikgeschichtlichen Modellen überließen. Dagegen ging der Gesprächskreis am Centre de recherches historiques schlichtweg davon aus, daß die Zeit globaler Synthesen vorbei sei, weil die kollektiven Großsubjekte der älteren Sozialgeschichte – Klassen, Gruppen oder säkulare Trends – sich als Chimären erwiesen hätten, und das Allgemeine eher auf der Ebene gemeinsamer theoretischer Modelle und Begriffe zu suchen sei. Doch dies erfordert einen Bruch mit eingefleischten empiristischen Gewohnheiten der eigenen Fachkultur, und einzelne Beiträge lassen erkennen, daß dieser Weg nicht von allen erfolgreich durchschritten worden ist. Zuweilen neigt sich die Waage allein auf eine der zwei Seiten Theorie oder Empirie.

Bei allen Unterschieden lassen sich doch einige bemerkenswerte Gemeinsamkeiten entdecken:

– Die französische Sozialgeschichte ist hermeneutischer geworden: In den Beiträgen und Diskussionen beider Tagungsbände häufen sich die Hinweise darauf, daß die sozialgeschichtliche Interpretation von statistischen Zusammenhängen, von langfristigen Trends die historische Realität nur unzulänglich erfaßt, sobald sie darauf verzichtet, kritisch die Voraussetzungen ihrer eigenen Begrifflichkeit zu untersuchen und die Selbstauslegungen der Zeitgenossen hinreichend zu berücksichtigen. Hier hat inzwischen die französische Forschung früher Versäumtes nachgeholt. Die Studien von Alain Desrosières etwa (zur Entwicklung des statistischen Denkens und der entsprechenden Erhebungsverfahren als Bestandteil staatlicher Organisierung gesellschaftlicher Realitätskonstrukte) oder von G. Noiriel (über die Zusammenhänge zwischen dem modernen Nationalstaat und dem modernen Phänomen der »Einwanderung« und des »Ausländers«, beide Aufsätze im Band »Histoire sociale, Histoire globale?«) markieren auch im internationalen Vergleich die Fortschritte einer Sozialgeschichte, die sich nicht mehr als soziale Physik begreift, sondern Studien zum Wandel der historischen Semantik sozialer Kategorien aufs engste verknüpft mit Untersuchungen zu den konkreten Verwendungszusammenhängen der Begriffe in Gesetzgebung und Verwaltungspraxis sowie in den Konflikten sozialer Gruppen und ihrer Organisationen um die Benennung und Deutung der sozialen Welt. Typischerweise bildet das Thema der sozialen Identität einen Schwerpunkt in den Beiträgen beider Tagungen: So, wenn es 1989 in den Beiträgen von Jean-Pierre Chaline, Robert Descimon und Jean-Luc Bodiguel um »Bürgertum« und »Eliten« im Ancien Régime und im nachrevolutionären Frankreich ging: die mehr oder weniger kompakte Klasse ist verschwunden und hat den französischen Sozialhistorikern den Blick freigegeben auf zeitlich und räumlich sehr unterschiedliche Konfigurationen sozialer Gruppen gleichen Namens. Die Lokalstudie siegt auch hier über die nationale Synthese und makrosoziologische Entwicklungsmodelle. In der Tagung von 1993 beschäftigten sich die Beiträge von Christine Klapisch-Zuber, Nancy Green und Maurizio Gribaudi anhand von Fallstudien mit dem zentralen Problem, inwieweit die sozialgeschichtliche Forschung feste Gruppenidentitäten erzeugt, wo solche gar nicht oder nur situativ und temporär existieren. Klapisch-Zuber zeigt am Beispiel der Florentinischen »magnati«, wie erst seit dem 15. Jh. – unter dem Einfluß der Medici-Politik sich aus einer politisch motivierten rechtlichen »Diskriminierung«, wie sie seit dem späten 13. Jh. sowohl einflußreiche Adelsgeschlechter als auch politische Oppositionelle oder strafrechtlich Verfolgte traf, eine soziale Identität der »vornehmen« Familien herausbildete. Sie wurde dann im 16. Jh. zur Grundlage für die Adelsbildung im Medici-Staat. Nancy Green verdeutlicht in ihrer Skizze zur sozialen Welt der Pariser Konfektions- und Modeindustrie im 19. und 20. Jh., wie Familienbindungen, ethnische Gemeinschaft, unternehmerische Konkurrenz und Klassensolidaritäten nebeneinander existierten und den in dieser Branche dominierenden Einwanderern jeweils situationsgerechte Identifikationen boten. Sie wurden in den rasch aufeinanderfolgenden Einwanderungsquellen von jüdischen, asiatischen, polnischen, türkischen und jugoslawischen Migranten immer wieder neu definiert, um in einer extrem konjunkturabhängigen Arbeitswelt Fuß zu fassen und zu überleben. Maurizio GRIBAUDI präsentiert die Ergebnisse seiner statistischen Untersuchungen zum Wandel sozialer Nähe von Berufs- und Lebenswelten im 19. Jh. Er rekonstruiert dabei die Netzwerke von Berufsangaben von Vätern und Söhnen, die das große Projekt der französischen historischen Demographie zur Rekonstitution eines nationalen Samples von Familien für das gesamte 19. Jh. zur Verfügung stellt. Auch in diesem Fall steht die Polysemie der Gruppenidentitäten angesichts der Vielfalt der Situationen und Netzwerke im Mittelpunkt. Die französische Sozialgeschichte ist hermeneutischer geworden, behaupteten wir eingangs: Stärker als in der Vergangenheit richtet sie jetzt ihr Augenmerk auf die Akteure und ihre Handlungen. Programm wird dies vor allem in »Les formes de l'expérience«: Die Akteure der Sozialgeschichte werden nun als schöpferische Interpreten ihrer sozialen Rollen und Umdeuter von Normen und Traditionen verstanden – globale Deutungen wie der Rekurs auf Mentalitäten, Habitus und soziale Lagen ist hier bereits unter Determinismusverdacht geraten. Auf das Leitthema der Revolte und des Widerstands scheint nun das der Aushandlung, des Spiels zu folgen.

Die französische Sozialgeschichte ist skeptischer und reflexiver geworden: viele Beiträge richten den Blick selbstkritisch zurück auf die Geschichte des eigenen Fachgebietes. An die Stelle einer weitgehend affirmativen Traditionspflege (unter dem Banner der »Annales«) tritt in den Beiträgen dieser beiden Tagungen ein sowohl aufmerksamerer wie distanzierterer Blick auf die früheren Debatten wie auch die aktuelle Stellung des Faches. Der Wirtschaftshistoriker Jean-Yves GRENIER weist etwa in seinem Bericht über neuere statistische Modelle und ökonomische Theorien zu langen Wellen und Zyklen entschieden die alten Gewißheiten säkularer Trends als voraussetzungsvolle Konstruktionen ohne empirische Gewißheit zurück. Die Rede von den »Strukturen« und »Mentalitäten« ist auch in Frankreich in den Verdacht geraten, substantialistischen Fehldeutungen den Weg zu bereiten. Das Nachdenken über die eigenen Traditionen resultiert nicht zuletzt aus der Einsicht, daß Einheit und Eigenart des sozialhistorischen Zugriffs fragwürdig geworden sind. Da nach mehr als zwanzigjähriger Expansion der Sozialgeschichte die Auswahl der Forschungsobjekte keine scharfen Grenzziehungen mehr erlaubt, gleichzeitig aber die Sozialgeschichte ihre Schlüsselrolle für die historiographische Synthese verloren hat, bleibt – so G. NOIRIELS Vorschlag auf der Tagung von 1989 – eigentlich nur noch die Verbindung mit der Nachbardisziplin »Soziologie« als einheitsstiftendes Moment, das Verständigung unter den Spezialisten herzustellen vermag. Der Tagungsband von 1993 geht in der Tat bereits diesen Weg, wenn er sich bemüht, einige neuere sozialwissenschaftliche Konzepte aus dem Umfeld von Ethnomethodologie und Netzwerkanalyse zum gemeinsamen Bezugspunkt thematisch und chronologisch breit gestreuter Fallstudien zu machen. Daß dies natürlich neue Trennlinien und Abgrenzungen in das Fachgebiet hineinträgt, ist etwa daran zu erkennen, daß die Stellungnahme zu den Arbeiten und Konzepten der Bourdieu-Schule sich zu einer neuen Trennlinie entwickelt hat und die französischen Teilnehmer der Tagung von 1993 im gemeinsamen Bezug auf konkurrierende Theorieangebote (BOLTANSKI/THEVENOT) die Grundlagen für die gemeinsame Forschungsarbeit zu legen versuchen – von dieser Basis aus nahmen sie aber bezeichnenderweise die Debatten von 1989 gar nicht mehr zur Kenntnis.

Die Diskussionen der französischen Sozialgeschichte sind internationaler geworden. Auch in den Debatten der französischen Kollegen ist der Trend der letzten zwanzig Jahre erkennbar, daß sich die einzelnen Spezialgebiete sozialhistorischer Forschung internationalisiert haben. Gerade für das lange Zeit schwierige und mühsame Gespräch deutscher und französischer Sozialhistoriker sind dies erfreuliche Tendenzen. Jenseits des Rheins werden inzwischen die Beiträge von R. Koselleck, A. Lüdtke, H. U. Wehler und J. Kocka mit in die Diskussion einbezogen, an der Tagung 1993 waren mit Simona

CERUTTI und Nancy GREEN eine Italienerin und eine Nordamerikanerin direkt an den Debatten beteiligt. In der Tat sind die theoretischen Bezugspunkte der Debatten damit vielfältiger geworden, die sozialgeschichtliche Diskussion um Begiffe und Konzepte diesseits und jenseits des Rheins ist ähnlicher geworden, auch wenn Begrifflichkeit und Akzente andere sind. M. Weber und N. Elias, C. Geertz oder M. Sahlins, A. Kantorowicz, E. P. Thompson oder G. Levi scheinen inzwischen allgemein akzeptierte Verständigungshilfen in der französischen Diskussion darzustellen – neben den bekannten eigenen Bezugspunkten wie Durkheim, Mauss oder Bourdieu, Bloch, Febvre, Braudel und Labrousse. Der Aufbruch der französischen Kollegen zu neuen Konzepten und Perspektiven scheint mir bereits weiter vorangeschritten zu sein als etwa die hiesigen Debatten – auf jeden Fall können die Überlegungen über die Konstruktion sozialer Identitäten, über den Status von »kollektiven Vorstellungen« (représentations) oder über das Wechselspiel von Tradition, Rechtsnorm und alltagspraktischen Umdeutungen auch den deutschsprachigen Debatten einige Impulse geben. So kann man nur hoffen, daß deutschsprachige Sozialhistoriker die Gelegenheit nutzen, sich mit Hilfe dieser Sammelbände einen Einblick in die französische Diskussion zu verschaffen, statt den längst verlassenen Gemeinplätzen der früheren »Annales«-Geschichte kritisch oder affirmativ Tribut zu zollen.

Lutz RAPHAEL, Trier

Albert TANNER, Arbeitsame Patrioten – wohlanständige Damen. Bürgertum und Bürgerlichkeit in der Schweiz 1830–1914, Zürich (Orell Füssli) 1995, 848 S.

Zu der seit etwa zehn Jahren intensivierten Bürgertumsforschung, die sich in Deutschland unter anderen mit den Namen Lothar Gall, Jürgen Kocka und Hans-Ulrich Wehler verbindet, liegt jetzt auch von Schweizer Seite ein nach Aussage und Umfang gewichtiger Beitrag vor. Warum und wie sich das Bürgertum in der Schweiz leichter und uneingeschränkter als in den Nachbarländern zu einer sozial und politisch handlungsfähigen Klasse herausbildete, ist das eigentliche Thema von Tanners Arbeit. Seine breit angelegte und quellengesättigte Darstellung belegt einprägsam, wie im 19. Jh. bürgerliche Normen und Formen für die schweizerische Wirtschaft, Kultur und Politik bestimmend wurden.

Es entspricht der Komplexität des Untersuchungsgegenstandes und seiner problematischen Begrifflichkeit, daß Tanner sich zunächst ausführlich mit dem Begriff »Bürgertum« – im Hinblick auf seine Geschichte, theoretische Differenzierung und empirische Ausweitung – auseinandersetzt. In Anlehnung an Max Webers Konzept sozialen Handelns und der Vergesellschaftung sowie Pierre Bourdieus Überlegungen zur Klassentheorie erscheint das Bürgertum bei Tanner als Resultat einer spezifischen Vergesellschaftung von bestimmten Berufs- und Sozialgruppen der Mittel- und Oberschicht. Entsprechend dem hier nur angedeuteten theoretischen Konzept gliedert sich die Arbeit in drei Teile, die jeweils eine der drei wesentlichen Dimensionen der bürgerlichen Klassen- und Identitätsbildung zum Thema haben.

Bei Teil I handelt es sich um den gelungenen Versuch, mit Hilfe verschiedener objektiver Merkmale – Selbständigkeit, Erwerbstätigkeit und Berufszugehörigkeit – die Sozialstruktur der bürgerlichen Berufs- und Erwerbsgruppen und ihren Wandel in der zweiten Hälfte des 19. Jh. aufzudecken. Auf diese Weise werden die genannten Gruppen von den übrigen Bevölkerungssegmenten abgegrenzt, und es zeichnen sich die Umrisse vom möglichen Umfang des schweizerischen Bürgertums ab. Diese Untersuchung der sozialen Ungleichheit und der sozialen Unterschiede, auch innerhalb der bürgerlichen Gruppen, wird dann am Beispiel von Bern und Zürich dadurch verfeinert, daß

Tanner die Faktoren Einkommen, Vermögen und Beschäftigung von Dienstboten mit einbezieht.

In Teil II wird anschaulich, wie die wirtschaftlich durchaus heterogenen bürgerlichen Berufs- und Sozialgruppen über eine gemeinsame Kultur integriert und zusammengehalten wurden. Dabei faßt Tanner den Begriff »Kultur« sehr weit auf: eine Vielzahl von ungeschriebenen und schriftlich belegten Normen und Formen, – die Familie, die Lebenshaltung, die Geschlechterrolle, die Weltanschauung usw. betreffend. Als eigentliche Klasseneinheit erscheint dabei in der bürgerlichen Gesellschaft nicht das Individuum, sondern die Familie, d.h. Bürgerlichkeit als kultureller Habitus im Sinne von Bourdieu.

Teil III der Arbeit ist der Konstituierung des Bürgertums zu einer politischen »Orientierungs- und Handlungsgemeinschaft« gewidmet. Hier geht Tanner der Frage nach, wie sich die bürgerlichen Gruppen aufgrund ihrer wirtschaftlichen, sozialen und kulturellen Gemeinsamkeiten bzw. Abgrenzungen in den politischen Konflikten mit anderen gesellschaftlichen Gruppen und Klassen verhielten. M. a. W.: Es wird gefragt, wie die bürgerlichen Gruppen sich zu einer »realen, effektiven Klasse im Sinne einer organisierten kampfbereiten Gruppe« wandelten. Zu den Hauptthemen dieses Teiles gehört dementsprechend die Auseinandersetzung mit der alten Führungsschicht und um eine angemessene Vertretung in den kommunalen und kantonalen Institutionen.

Die vorliegende Monographie beansprucht (trotz des Untertitels) ausdrücklich nicht, bereits die Geschichte des schweizerischen Bürgertums im 19. und frühen 20. Jh. *insgesamt* darzustellen. Trotz der zeitlichen Begrenzung auf die Phase von 1830 bis 1914 und der ebenso plausibel begründeten räumlichen Beschränkung auf die Kantone bzw. Städte Bern und Zürich geraten punktuell auch das Ancien régime und andere Kantone der deutschen und der lateinischen Schweiz in den Blick. Dabei wird die gute Lesbarkeit und Anschaulichkeit der Darstellung allerdings gelegentlich mit einer gewissen Redundanz der vermittelten Informationen erkauft. Insgesamt gesehen liegt eine gelungene Verbindung von Sozial- und Politikgeschichte vor, die ihr volles Relief durch zahlreiche Tabellen im Text erhält. Für weitere Forschungen über das Bürgertum in der Schweiz ist das hier vorgestellte Werk eine unumgängliche Vorgabe.

Reinhard SCHIFFERS, Bonn

Detlef BRIESEN, Gerhard BRUNN, Rainer S. ELKAR, Jürgen REULECKE, Gesellschafts- und Wirtschaftsgeschichte Rheinlands und Westfalens. Dokumentation mit Graphiken und Tabellen von Jürgen BEINE, Stuttgart (W. Kohlhammer) 1995, 326 p. (Schriften zur politischen Landeskunde Nordrhein-Westfalens, 9).

Le Land Rhénanie du Nord-Westphalie fêtait 1996 le 50e anniversaire de sa création, pour les auteurs l'occasion d'analyser l'évolution de la société et de l'économie rhénane et westphalienne depuis 1815. Il s'agit de démontrer la dualité entre vie rurale et citadine des années 1815 et 1850, qui évoluera au cours de la deuxième moitié du XIXe siècle vers une dualité entre monde agricole et monde industriel. Puis, entre 1914 et 1955, s'établira le primat de l'industrie sidérurgique et métallurgique en Rhénanie-Westphalie, pour céder, après la deuxième guerre mondiale, sa place de leader au secteur tertiaire dynamique et puissant le long du Rhin.

L'intérêt de ce livre est le va et vient permanent entre le regard sur les évolutions sociétales et l'analyse du devenir économique d'une région très influencée, au début du XIXe siècle, par la jurisprudence française et les conceptions industrielles belges et anglaises. Ce sera son essor économique qui fera de la Rhénanie une des régions-clés de l'Allemagne dès 1850–1870. Hommes et femmes, industriels et ouvriers, politiques, hommes d'églises et fonctionnaires créeront ce qu'on appelle le capitalisme rhénan. La Rhénanie et la Westphalie forment un tissus industriel très hétérogène composé d'industries textiles, chimiques, sidérurgiques, métallurgiques et automobiles. Au cours du XIXe siècle les auteurs décrivent une cohabitation entre artisanat, protoindustrie et quelques grands ensembles sidérurgiques, puis, après la Première Guerre mondiale, démontrent l'évolution vers de grands conglomérats industriels à côté de PMI et PME.

L'heure zéro de la création du Land en 1946 est le point de départ d'une profonde transformation de la société, dans le sens où d'anciens clivages entre les différentes classes de la société disparaissent laissant place à une soif de consommation de biens matériels dans un premier temps, puis de culture, de littérature, de loisirs. L'accès à cette consommation de masse passe par la formation d'où une extension des systèmes scolaire et universitaire, mais aussi de la formation duale dans les années 1960–70. La relation entre homme et femme sort du schéma classique du père de famille assurant le revenu et de la femme au foyer prenant en charge l'éducation des enfants, le ménage et le bien-être de la famille.

Les conditions de vie et le niveau de vie s'améliorent au cours de la période, mais c'est seulement entre 1950 et 1970 que chômage et pauvreté sont relayés au dernier rang des préoccupations des citoyens du Land Rhénanie du Nord-Westphalie pour réapparaître avec les restructurations dans la sidérurgie et l'aciérie. Elles ont créé du chômage et de l'exclusion, même s'il y a eu un transfert de main-d'œuvre vers le secteur tertiaire. Malgré la généralisation du chômage dans les années 1980 – désormais toutes les couches de la population sont touchées – les auteurs constatent que le chômage est aujourd'hui vécu comme un échec individuel contrairement aux années 1815–1950 où des liens de solidarité dans la classe ouvrière, par exemple, représentaient un filet de sécurité.

Les auteurs confirment que la Rhénanie-Westphalie est indéniablement un des berceaux des temps modernes, mais restent plus sceptiques sur son avenir. Tous enseignants à l'université de Siegen, ils proposent une relecture du passé socio-économique de Rhénanie-Westphalie, enrichie d'une approche sociologique qui place l'homme au cœur de l'Histoire et qui démontre la valeur structurante et déterminante du travail dans la société moderne.

Dagmar Soleymani, Paris

Jürgen Karbach, Paul Thomes, Die wirtschaftliche und soziale Entwicklung des Saarlandes (1792–1918), Saarbrücken (Historischer Verein für die Saargegend e.V.) 1995, 532 p. (Geschichtliche Landeskunde des Saarlandes, III, 2).

Le retard des contributions demandées sur l'histoire politique a conduit le directeur d'une »Géographie historique de la Sarre« à publier séparément les chapitres déjà prêts sur le développement économique et social au XIXe siècle. Si cette formule présente l'inconvénient de ne pas saisir directement la politique économique de l'Etat français puis de l'Etat prussien, ce facteur est considéré quand il le faut. Les auteurs dégagent ainsi fortement l'action du directeur des mines domaniales Leopold Sello vers 1830, l'ouverture des marchés extérieurs due à la conclusion du Zollverein après 1830, les facilités de communications apportées par la construction des chemins de fer par l'aménagement de la rivière Sarre au milieu du siècle.

Le choix d'un plan systématique par branches, repris pour quatre périodes successives, brise malheureusement les perspectives, en émiettant les données et en dispersant l'attention du lecteur. Mais celui-ci reçoit une information abondante, toujours précise. Il apprécie un inventaire sûr et chiffré des lieux de production, des structures d'entreprise, des innovations techniques, des effectifs de la main d'œuvre. En outre, sont mis à sa disposition des dossiers annexes très riches: bibliographie complète, tableaux statistiques, cartes détaillées, index des lieux, des personnes et des entreprises. On consultera donc avec profit ce volume comme un annuaire historique de l'économie sarroise de Napoléon à Guillaume II, illustré d'un album photographique évocateur des hommes et des paysages.

L'évolution, qui ressort d'une ferme conclusion, est évidemment dominée par le rôle du charbon. Le bassin régional est ici géré par l'Etat, et bien, ce qui est exceptionnel à l'âge du libéralisme. Il a accru sa production par étapes: 129000 t. en 1816, 1 000 000 t. en 1851, 4 000 000 t. en 1871, 12 000 000 t. en 1910. Cette ressource, complétée par le minerai lorrain et luxembourgeois, a permis l'essor connexe de la sidérurgie des Stumm, des Röchling et de l'ARBED grand-ducal: en 1910 ses 2 millions de tonnes d'acier représentent un dixième de la production du Reich. Parmi les industries de consommation, un prestige spécial revient à la céramique de Villeroy et Boch. Le commerce, la banque, l'agriculture bénéficient de la croissance régulière de la population: 145 000 habitants en 1815, 700 000 en 1910 (soit une densité de 277 au kilomètre carré). Sarrebruck dépasse 100 000 habitants après le regroupement communal de 1909. Les rapports sociaux sont marqués d'un fort paternalisme, qui freine quelque peu le mouvement syndical. Si le »territoire de la Sarre« ne naîtra qu'au traité de Versailles, le pays possède déjà son originalité, au sein de la Province rhénane, et le district de Saint-Ingbert, rattaché au Palatinat bavarois, possède des traits proches.

Cette solide monographie intéressera donc les lecteurs français attentifs à un Land voisin de la Lorraine. Elle offre aussi une portée générale pour la connaissance de l'industrialisation accélérée de l'Allemagne.

Pierre Barral, Montpellier

Stefan Leiner, Migration und Urbanisierung. Binnenwanderungsbewegungen, räumlicher und sozialer Wandel in den Industriestädten des Saar-Lor-Lux-Raumes 1856–1910, Saarbrücken (Saarbrücker Druckerei und Verlag GmbH) 1994, 443 S. (Veröffentlichungen der Kommission für saarländische Landesgeschichte und Volksforschung, 23).

Es geht in diesem rundum gelungenen Buch um die durch die Industrialisierung bedingten Wanderungsbewegungen im Zeitalter der Urbanisierung. Die in Saarbrücken im Rahmen eines DFG-Projekts zur Geschichte von Grenzräumen als Dissertation bei R. Hudemann entstandene Arbeit verbindet präzise und methodisch genau abgesicherte quantitative Befunde mit sozialgeschichtlicher Interpretation. Untersucht werden im Vergleich drei damals massiv wachsende Städte, Malstatt-Burbach an der Saar (heute ein Stadtteil von Saarbrücken), Diedenhofen in Lothringen (heute wieder Thionville) und Esch-sur-Alzette im südlichen Großherzogtum Luxemburg.

Die Hauptquelle der Arbeit sind die polizeilichen Melderegister der drei Städte. Die deutsche Pflicht zur »polizeilichen Anmeldung«, wann immer man seine Wohnung wechselt, ist in Frankreich (noch) völlig unbekannt – außer während der Reichslandzeit in den Gemeinden des deutschen Elsaß-Lothringen; in Luxemburg dagegen wurde versucht, sie nach preußisch-deutschem Modell einzuführen – mit begrenztem Erfolg. Für die drei nicht besonders großen Städte umfaßt die Quellenüberlieferung für die 50 untersuchten Jahre nach einer Hochrechnung des Autors etwa 250 000 Fälle allein von zu ziehenden (die Melde›disziplin‹ beim Wegzug war dagegen sehr viel schlechter) Personen. Stichproben waren daher unerläßlich, und das an der empirischen Sozialforschung orientierte Vorgehen bei der Datengewinnung wird ebenso wie die Dateninterpretation mit Zeitreihen- und Clusteranalyse und die Ergebnisgenauigkeit in einem ausführlichen Anhang musterhaft nachvollziehbar gemacht (nur zum ›systematischen‹ Fehler wegen völlig fehlender Daten hätte man gerne etwas mehr gelesen); auch sind die benutzten Archivalien in beispielhafter Ausführlichkeit mit ihren Titeln verzeichnet.

So deutlich wie selten zuvor wird an dieser Arbeit, daß ein durchaus bescheiden erscheinender Wanderungsgewinn von 15000 Menschen für 50 Jahre in Malstatt-Burbach als Saldo aus nicht weniger als 270000 Zuzügen und Wegzügen entstanden ist (S. 53). Zur Erklärung der Migration in die drei Städte werden agrarisch bestimmte Saison- und industrielle Konjunkturfaktoren herangezogen, zur Beschreibung ihrer Wirkun-gen werden Konfessionsverhältnisse, Geschlechterproportion und Berufs- und Altersstrukturen untersucht. Für jede der drei Städte wird eine Typologie der Wohngegenden nach Straßen aufgestellt, auch in grafischer Form. Dabei werden die unterschiedichen Vorgegebenheiten deutlich; so war für Diedenhofen als Festungsstadt bis 1902 eine räumliche Entfaltung unmöglich, dafür fehlte den beiden anderen entstehenden Städten der alte stadtbürgerliche Bevölkerungskern, der das nordlothringische Mittelzentrum auszeichnete. Für die Wahrnehmung der Migration durch die Verwaltung kennzeichnend war schließlich das vor allem durch polizeiliche Ausweisung regulierte ›Ausländerproblem‹, das in Luxemburg wegen des massenhaften Zuzugs von Italienern am stärksten war.

Da das nördliche Lothringen bis 1918 zum Deutschen Reich gehörte und das Großherzogtum Luxemburg Mitglied des bis dahin bestehenden Deutschen Zollvereins war, gehörten die drei untersuchten Städte nicht erst seit Montanunion und EWG, sondern schon vor hundert Jahren zu einem einheitlichen Wirtschaftsraum. Eines der wichtigsten Ergebnisse dieser Arbeit ist daher der Nachweis, daß in allen drei Städten die meisten Migranten aus dem heutigen Raum Sar-Lor-Lux kamen. Diese Region wurde damit schon damals als ein weitgehend einheitlicher ›Sozialraum‹ wahrgenommen, in dem die Staats- und Verwaltungsgrenzen an Bedeutung verloren hatten (S. 138).

Stefan FISCH, Speyer

Wolfram SIEMANN, Vom Staatenbund zum Nationalstaat. Deutschland 1806–1871, München (C. H. Beck) 1995, 488 p. (Neue Deutsche Geschichte, 7).

Dans ce 7e volume de la Neue Deutsche Geschichte, W. Siemann présente une synthèse sur la période qui va de la fin du Saint-Empire à la formation de la »Petite-Allemagne« sous direction prussienne (1806–1871). C'est une excellente mise au point, claire, agréable à lire, à la fois nuancée et stimulante, qui témoigne d'une remarquable maîtrise du sujet et des débats historiographiques. L'ouvrage est organisé en deux grandes parties, la première s'attachant à l'analyse des évolutions structurelles, la seconde à une périodisation de l'évolution politique qui mène de la »ligue d'États« à l'État national allemand, le fil directeur commun étant la tension sous-jacente entre tendances fédératives et particularistes et poussée vers la formation d'un état national allemand. On ne peut, dans ces quelques lignes, que donner une idée de la richesse de ce livre.

Dans l'analyse des structures des États, de la société (démographie, urbanisation, suppression progressive des droits seigneuriaux, formation d'une société bourgeoise, paupérisme), de l'économie et de la culture (éducation, arts, religions), l'auteur insiste en particulier sur la disparité croissante de modernité entre l'Autriche et le reste de l'Allemagne, qui explique que la séparation de 1866/7 se fasse presque naturellement. Moins menacée par la crise révolutionnaire, l'Autriche prend un net retard dès l'époque napoléonienne. Alors que le reste de l'Allemagne est profondément réformé, par l'occupant ou par les princes, elle se contente de réformes limitées qui ne permettent pas de libérer le dynamisme des forces sociales, comme c'est le cas en Prusse avec les réformes administratives, militaires et sociales de 1807/1813. Il faut attendre 1850/1860 pour que l'Autriche entreprenne des réformes comparables. De même, elle est touchée plus tardivement par la vague constitutionnelle et se trouve ainsi progressivement à l'écart du reste de l'Allemagne sur le plan politique, ce qui complique sa position dans la Confédération germanique. Siemann consacre un chapitre entier à ce qu'il appelle la »révolution écologique«: l'évolution des relations de l'homme avec son environnement naturel. Mais il insiste tout particulièrement sur la mutation de la »communication sociale«, avec la révolution des communications (chaussées, voies d'eau, chemin de fer, télégraphe) et de l'information (alphabétisation, presse), et, la prolifération des associations, phénomène qui sous-tend l'essor du mouvement national et la mise en place, dès avant 1848, des cinq grandes tendances politiques (conservatisme, libéralisme constitutionnel et parlementaire, républicanisme démocratique, socialisme, catholicisme politique) qui structurent la vie politique allemande jusqu'en 1933.

La seconde partie présente une périodisation classique en cinq phases de la formation de l'unité nationale. La première (1806–1815) est celle de la prise de conscience nationale sous l'influence de la Révolution française et en réaction à l'occupation napoléonienne. Cette prise de conscience se fait dans un contexte de dislocation des solidarités traditionnelles et d'affaiblissement des valeurs traditionnelles qui laissent la place à de nouvelles valeurs et à de nouvelles solidarités, celles de la nation. Selon Siemann, deux formes du nationalisme se constituent alors: un nationalisme culturel, incarné par Arndt, pour qui nation et langue allemande se recouvrent, un nationalisme qui s'affirme contre un ennemi, la France; un nationalisme réformateur, ouvert aux principes fondamentaux des révolutions françaises et américaines. A cette première phase succède une période de réaction monarchique (1817/1819–1830), où la Prusse et l'Autriche utilisent la Confédération germanique pour lutter contre le mouvement national qui a pris son essor au cours des guerres de libération, en particulier dans les universités. Mais c'est aussi durant cette période que la Prusse met en place une politique douanière qui mène au Zollverein de 1834. La révolution de juillet 1830 marque le début d'une troisième phase (1830–1847) qui voit un nouvel essor du mouvement national, renforcé et élargi par la mobilisation en faveur de la Pologne, un mouvement national ouvert à l'espoir d'un »printemps des peuples«. Mais, dès 1840, avec la crise rhénane, le »nationalisme culturel intégral«, dans la ligne d'Arndt, prend le pas sur le nationalisme ouvert et réformateur. Il devient une idéologie de rassemblement contre un ennemi extérieur, la France ou le Danemark (question du Schlesvig). Autre mutation profonde: on passe d'un nationalisme diffus à un »nationalisme social organisé« avec la multiplication des sociétés de chant et des sociétés de gymnastique qui structurent le mouvement national devenu »gesellschaftsfähig«. L'auteur montre bien la complexité de la phase révolutionnaire (1848–1849) avec le mélange d'archaïsme et de modernité, les tensions entre le centre (Francfort) et les périphéries. Il insiste sur la large base sociale de la révolution, même si le retrait des masses paysannes est rapide, et sur les divergences d'objectifs entre les divers acteurs, les élites bourgeoises se contentant des réformes de mars 1848. L'utopie du »printemps des peuples«, qui a marqué un moment le mouvement unitaire, s'effondre dès mai–juin 1848, lorsque le Parlement de Francfort doit préciser les frontières de l'Allemagne, pour laisser place à un »nationalisme intégral«. Siemann insiste sur la politisation en profondeur des masses grâce, en particulier, à l'élection au suffrage universel direct du Parlement de Francfort. Il souligne aussi le rôle du Parlement de Francfort dans l'apprentissage du parlementarisme. La dernière phase (1850–1871) commence par une période de réaction très rigoureuse sous la direction conjointe de l'Autriche et de la Prusse, qui est suivie, à partir de 1858 d'une relance du mouvement national, sous l'impulsion de la Prusse. Les »forces sociales« n'ont plus l'initiative, mais l'administration et les militaires sont les éléments dynamiques et les artisans de l'unité nationale par la Prusse. Siemann insiste sur l'évolution des mentalités avec une »Real-Machtpolitik« qui envisage froidement la guerre pour parvenir à ses objectifs et l'irruption croissante des opinions publiques dans les relations internationales, qui est en grande part une conséquence de l'imprégnation du politique, du social, de l'économique et du culturel par l'idéologie nationale.

En résumé, un livre dense, riche, nuancé, qui allie vues synthétiques et exemples concrets bien choisis.

Christian BAECHLER, Strasbourg

François CARON, Frankreich im Zeitalter des Imperialismus 1851–1918, Stuttgart (DVA) 1991, 727 S. (Geschichte Frankreichs, 5).

Während angelsächsische Historiker der »großen Geschichtserzählung« heute weithin skeptisch gegenüberstehen, wie ein Beitrag von Dorothy Ross für den hundertsten Band der Zeitschrift »The American Historical Review« belegt[1], hat diese Form der Geschichtsschreibung in Deutschland und Frankreich, in Verlagshäusern in München, Berlin und Paris immer noch Konjunktur. Das gilt auch für die Reihe der »Histoire de France«, die von Jean Favier herausgegeben wird und die von Karl Ferdinand Werner redigiert auch in einer deutschen Übersetzung erschienen ist. Den fünften Band dieser Reihe »Frankreich im Zeitalter des Imperialismus 1851–1918« (»La France des patriotes de 1851 à 1918«) schrieb François Caron.

Caron, der sich als Wirtschaftshistoriker ausgewiesen hat, schreibt eine nationale Gesellschaftsgeschichte, und arbeitet darin die zivilisatorischen Umbrüche ein, die die Industrialisierung, die Technisierung der Lebensverhältnisse – nicht zuletzt durch den Ausbau des Eisenbahnwesens – und die Fortschritte der wirtschaftlichen Produktion bewirkt haben. Caron hat ein scharfes Gespür für Wirkungszusammenhänge, wenn er die Veränderungen in der Produktion in einen Bezug zu dem Wandel des Konsumverhaltens bringt: dem Freizeitverhalten und dem Kaufverhalten in den neuen großen Magazinen von Paris, die seit den 1860er Jahren entstehen. Der Urbanisierung, darunter die städtebauliche Umgestaltung von Paris unter Haussmann, wird eine zentrale Rolle bei den Veränderungen in der französischen Gesellschaft des 19. Jh. beigemessen. Die Modernisierung der Gesellschaft vollzieht sich auch auf dem Wege der Gesetzgebung, beispielsweise durch Veränderungen im Schulwesen, während sich die Anfänge der kulturellen »Moderne« in der Kunst, der Musik und der Literatur ohne äußere Einwirkungen entwickeln. Caron versucht, die unterschiedlichen Aspekte und Veränderungen zu einer Gesamtsicht der französischen Geschichte zu integrieren und über die Brüche hinweg Kontinuitäten aufzuzeigen.

Das integrierende Moment ist für ihn die politische Nation. Caron unterteilt seine Geschichte Frankreichs in zwei Abschnitte. Der erste erfaßt die kaiserliche Zeit während der Herrschaft Napoleons III. bis 1870, der zweite die republikanische Zeit, die Geschichte der Republik von 1870 bis 1918. Dabei kommt das Kaiserreich Napoleons unter dem Aspekt der Integration der Nation und der Liberalisierung und Demokratisierung der Gesellschaft nicht nur schlecht, die liberale und parlamentarisch regierte Republik andererseits nicht nur gut weg. Nicht zuletzt unter dem intellektuellen Einfluß einer jüngeren Generation um Maurice Barrès, die nicht bereit war, die Niederlage Frankreichs von 1870, die Niederlage der Vätergeneration, hinzunehmen, treibt die Republik seit dem Ende des 19. Jh. in ein nationalistisches Fahrwasser, aus dem heraus, wie Caron skeptisch beobachtet, der Kriegseinsatz 1914 als Erfüllung einer nationalen Pflicht gefeiert werden konnte. An der Parteiengeschichte zeigt sich übrigens, daß die geistig-politische Entwicklung des Liberalismus in Frankreich der des Nationalliberalismus und Linksliberalismus in Deutschland nicht ganz unähnlich ist.

1 Dorothy Ross, Grand Narrative in American Historical Writing: From Romance to Uncertainty, in: The American Historical Review 100 (1995) S. 651–677.

Stärker als bei vergleichbaren deutschen Nationalgeschichten bei Thomas Nipperdey[2], Wolfgang Mommsen[3] und Hans-Ulrich Wehler[4] rückt Caron das intellektuelle und kulturelle Leben in den Mittelpunkt der Nation. Das verbindende Moment zwischen nationaler Kultur und politischer Nation ist die öffentliche Meinung. Bereits im napoleonischen Kaiserreich gewinnt sie eine bemerkenswerte Eigenständigkeit und durch den Einfluß der Presse auf die Politik der Regierungen und der Parlamente entwickelt sie sich allmählich zu einer vierten Gewalt. Nationale Politik und nationale Rhetorik sind kaum voneinander zu trennen. Caron beleuchtet dabei auch das breite Spektrum politischer Persönlichkeiten und Autoren, die sich auf der nationalen Bühne bewegen. Er läßt deren wechselnden Auftritte, Szenen und Dramen vor den Augen des Lesers abrollen. Seine Nationalgeschichte gewinnt dadurch eine bemerkenswerte innere Spannung und Plastizität.

Das Verhältnis zur Republik ist in Frankreich unlösbar verknüpft mit der Auseinandersetzung zwischen Antiklerikalismus und Katholizismus, in denen zugleich revolutionäre und antirevolutionäre Traditionen mitspielen. Ein Ausgleich zwischen diesen Gruppen gelingt nicht, und die Nation bleibt gespalten, wobei diese Spaltung seit der Dreyfus-Affäre in den 1890er Jahren eine ganz neue Dimension erfährt und die politischen Affiliationen neue Färbungen erhalten. Caron sieht auch in der neuen Arbeiterbewegung und ihren unterschiedlichen ideologischen Flügeln keine Kraft, die die Einheit der Nation hätte stärken können, am ehesten noch in dem französischen Sozialkatholizismus, der sich als Antwort auf die soziale Frage und die sozialistische Bewegung herausbildete. Aus einer längerfristigen Perspektive könne man sagen, meint Caron, daß die positiven Ansätze zu einer Überwindung der inneren Spaltung der Nation, die es in Ansätzen bereits vor 1914 gegeben habe, erst nach 1945 eingelöst worden seien. Caron verfolgt das »Abenteuer« der französischen Geschichte von 1850 bis 1918, wie er es nennt, mit einer Mischung von Faszination und Distanz, die jeweiligen Meinungstrends analysierend und erklärend, aber zugleich mit einem scharfen Blick für die plurale Struktur der französischen Gesellschaft, Politik und Kultur, die nicht dem Klischee einer historisch nicht vorhandenen nationalen Uniformität unterworfen wird.

Im Vergleich fällt auf, daß die deutsche wie die französische Gesellschaft in dieser Zeit vor ganz ähnliche technische, wirtschaftliche, ja auch kulturelle Herausforderungen gestellt waren. Soziologisch betrachtet scheint übrigens in den Bevölkerungen beider Länder das Bedürfnis ungewöhnlich ausgeprägt gewesen zu sein, sich auf der örtlichen Ebene in zahlreichen Vereinen zu organisieren. Schließlich wirkten beide Länder durch die Politik ihrer Regierungen in dieser Zeit immer wieder aufeinander ein. Das gilt natürlich zunächst – und in der Form der Aggressivität und Gewaltanwendung – für die beiden Kriege, den Krieg von 1870/71 und dessen Nachwirkungen (Elsaß-Lothringen, Reparationen) und den Ersten Weltkrieg und dessen Voraussetzungen, den Rüstungswettlauf, in den sich beide Länder wechselseitig hineintreiben. Frankreich hatte zudem nicht nur durch die Außenpolitik Napoleons III. die Entstehung des italienischen Nationalstaats begünstigt. Es hatte, wenn vielleicht auch mehr indirekt als

2 Thomas Nipperdey, Deutsche Geschichte 1866–1918, Bd. 1: Arbeitswelt und Bürgergeist, München 1990; Bd. 2: Machtstaat vor der Demokratie, München 1992.

3 Wolfgang J. Mommsen, Propyläen Geschichte Deutschlands Bd. 7,1: Das Ringen um den nationalen Staat: Die Gründung und der innere Ausbau des Deutschen Reiches unter Otto von Bismarck 1850 bis 1890, Berlin 1993; Bd. 7, 2: Bürgerstolz und Weltmachtstreben: Deutschland unter Wilhelm II. 1890 bis 1918, Berlin 1995.

4 Hans-Ulrich Wehler, Deutsche Gesellschaftsgeschichte. Bd. 3: Von der »Deutschen Doppelrevolution« bis zum Beginn des Ersten Weltkrieges 1849–1914, München 1995.

direkt, durchaus entscheidend zur Gründung des deutschen Reichs von 1871 beigetragen, soweit dies von den außenpolitischen Konstellationen in Europa abhängig war.

Allerdings geht Caron nicht auf die wechselseitige Bezogenheit näher ein, wie sie zwischen Frankreich und Deutschland gerade in der Zeit von 1850 bis 1918 bestand. Insofern bewegt sich dieses Buch noch in den traditionellen Geleisen europäischer Nationalgeschichtsschreibung. Sicherlich wird man künftig die Geschichte der nationalen Gesellschaften Frankreichs wie auch Deutschlands und der übrigen nationalen Gesellschaften Europas stärker aus dem Zusammenhang der europäischen Gesellschaft, Kultur und Politik und aus dem Kontext der europäischen Geschichte schreiben müssen. Natürlich relativiert – und verkleinert gleichsam – die europäische Perspektive die »Kathedralen« der Nationalgeschichte. Möglicherweise aber werden im Vergleich auch die Besonderheiten der jeweiligen Nationen und die Eigengesetzlichkeiten der nationalen Entwicklungen deutlicher. Schließlich muß Geschichte immer wieder für jede Generation neu geschrieben werden. Aber es gibt auch, das macht gerade das Buch von Caron deutlich, nationale historische Erfahrungen, Wertungen und Werte, die keine komparative Geschichte aufheben kann und denen sich jede Nation selbst stellen muß.

Wilhelm RIBHEGGE, Münster

Jean-Yves MOLLIER, Jocelyne GEORGE, La plus longue des Républiques, 1870–1940, Paris (Fayard) 1994, 872 S.

Jean-Yves Mollier, ein Spezialist der Geschichte des französischen Verlagswesens und des Kapitalismus der Belle Epoque, und Jocelyne George, die mit einer Geschichte der französischen Bürgermeister hervorgetreten ist, legen eine Gesamtdarstellung der Dritten Republik vor, die wesentliche Ergebnisse der sektoralen Forschung der beiden letzten Jahrzehnte, von der Sozialgeschichte bis zur Kulturgeschichte, in eine *histoire globale* integriert. Sie beschreiben sie als eine Epoche, in der die Industrialisierung kontinuierlich voranschreitet, während die Republik zunehmend mit der Nation identifiziert wird, sodaß die Gegner der Republik lange brauchen, ehe sie schließlich in der Verwirrung der Niederlage von 1940 die Gelegenheit zum Erfolg nutzen können. Von früheren Epochen unterscheidet sie die Langlebigkeit der republikanischen Ordnung, von späteren die weltpolitischen Umbrüche des Zweiten Weltkriegs und die Umwälzungen der *Trente glorieuses*, die ihnen folgten.

Über die Nützlichkeit dieses Epochenbegriffs kann man gewiß diskutieren. Kein Zweifel kann dagegen sein, daß Mollier und George die Entwicklungen der 70 Jahre zwischen Sedan und Vichy in geradezu idealer Weise nachzeichnen: anschaulich und quellennah, zugleich diskursiv erörternd und klar argumentierend, ohne jede apologetische Verzeichnung und mit angemessenem historischen Urteil. Wo es nötig ist, werden anderslautende Meinungen in der jüngsten Forschungsliteratur knapp und treffend diskutiert, und stets wird nachgewiesen, auf welchen Forschungsarbeiten oder partiellen Synthesen die Darstellung jeweils beruht. Der Leser erhält so eine vorzügliche Einführung in die aktuelle Forschung und gewinnt zugleich ein lebendiges Gesamtbild einer mittlerweile fernen Zeit, die die Nachgeborenen als Erprobungsfeld einer gleichsam gebremsten Moderne faszinieren kann.

Besonders beeindruckend ist die Fähigkeit der beiden Autoren, in genauer Beobachtung der sozialen Wirklichkeit zunächst wenig spektakuläre Veränderungen zu registrieren, die dann beträchtliche Folgen haben. So wird etwa die Kommune von 1870/71 als eine originale Erfahrung sozialer Revolution vorgeführt, die sich zwar eng an frühere Revolutionen anschloß, aber doch neue und zukunftsträchtige Praktiken entwickelt. Bei der Schilderung des Ausbaus der republikanischen Ordnung in den

1880er Jahren werden über die Entwicklung der liberalen Gesetzgebung die Fortdauer und die Vervollkommnung staatlicher Repressionsinstrumente nicht vergessen. Der Boulangismus erscheint weniger als ein abermaliger Revancheversuch der monarchistischen Rechten denn als Ausdruck vielfältiger Unzufriedenheit der unteren Volksklassen mit der Herrschaft der Radicaux. Für die Spitzenpolitiker der *Belle Epoque* wird ein fundamentaler Wandel der Lebensumstände registriert: Aus dem mittleren Bürgertum der Provinz hervorgegangen, verstehen sie es, in Paris zu beträchtlichem Einkommen zu gelangen, und verschmelzen so mehr und mehr mit der finanzstarken Oberschicht.

Als das größte Drama der ersten Jahrzehnte des 20. Jh. bewerten Mollier und George den Verweis der wachsenden Masse der städtischen Arbeiter in ein Ghetto erbärmlicher Lebensverhältnisse, der sich zu einer Belastung für die Republik auswächst. Seit dem Sieg der Volksfront 1936 sehen sie »die große Angst der Besitzenden« (S. 641) am Werk: Sie führt zu einer Radikalisierung der Rechten und bringt die Mehrheit der Liberalen dazu, sich den autoritären Lösungen zuzuwenden, die von der Rechten gepredigt werden. Daladier ist für sie weniger der Erneuerer der republikanischen Ordnung, als der er in vielen Darstellungen der letzten Jahre gewürdigt wurde, als vielmehr ein Gefangener des rechten Flügels der Radikalen Partei, der ausführt, was die »Croix de Feu« wollen. Die Etablierung des Vichy-Regimes charakterisieren sie als Staatsstreich Weygands und Lavals, die den Schock der Niederlage, die Flucht der Politiker aus Paris und die Autorität des Helden von Verdun zur Durchsetzung rechter Utopien nutzen. Gleichzeitig betonen sie die Momente der Kontinuität, die von Daladier zu Pétain führen.

Bei dieser Interpretation kommen die Integrationsleistungen des Daladierismus gegenüber der radikalen Rechten zweifellos etwas zu kurz. Als Gegengewicht gegen allzu euphorische Deutungen ist sie gleichwohl willkommen. Molliers und Georges große Darstellung hilft, die Schwächen der III. Republik und damit auch die Ursachen für ihren schließlichen Untergang besser zu verstehen.

Wilfried LOTH, Essen

Frank KÜHLICH, Die deutschen Soldaten im Krieg von 1870/71. Eine Darstellung der Situation und der Erfahrungen der deutschen Soldaten im Deutsch-Französischen Krieg, Frankfurt a. Main, Bern, New York, Wien (Peter Lang) 1995, 505 p. (Europäische Hochschulschriften: Reihe 3, Geschichte und ihre Hilfswissenschaften, 672).

Ce livre est la version abrégée d'une thèse de doctorat soutenue à Hambourg en 1994. L'idée directrice est de rendre compte des expériences de la vie guerrière, des réalités de la vie quotidienne pour »mieux comprendre l'existence et la vie des hommes«. Kühlich s'insère dans le courant actuel de l'*Alltagsgeschichte* et veut se placer à un point de vue trop longtemps négligé, celui de la guerre vue d'en bas (*von unten*). Les sources utilisées sont les nombreux mémoires, souvenirs, lettres, journaux de guerre, etc. ... publiés par les combattants ou leurs proches. Kühlich doit constater que la plupart d'entre eux ont été rédigés par des officiers, des volontaires d'un an et que ceux qui proviennent de sous-officiers ou de simples soldats sont très rares. L'approche du simple soldat ne peut être qu'indirecte. D'autre part les événements ont été souvent idéalisés et l'historien doit sans cesse être vigilant pour ne pas se laisser submerger par le »conformisme des souvenirs de guerre«. On doit reconnaître que l'auteur s'est libéré sans peine de cette »Vaterlandsliebe«, de cette »Liebe zu Kaiser und Reich« qui imprègne tant de souvenirs de guerre.

Le livre est construit en trois parties. La première dégage l'arrière-plan de l'expérience de guerre. Après des considérations nécessaires sur les événements militaires et la structure de l'armée, Kühlich aborde les relations hiérarchiques à l'intérieur de l'armée, l'arrière-plan mental, culturel et politique, l'image de l'ennemi, l'évolution de l'état d'esprit et de la perception de la guerre. La seconde partie est consacrée à la vie des soldats allemands en France: approvisionnement, nourriture, vêtement, logement, déplacements, relations avec la population civile française. La troisième partie s'intéresse à l'armement du soldat, à la situation objective du combattant selon les différentes armes, au moral du soldat, aux pertes et aux conditions sanitaires des blessés et des malades. En dépit d'une construction en apparence rationnelle, le plan pose problème. L'auteur résoud assez bien l'une des difficultés majeures: considérer la guerre comme un ensemble sans oublier de distinguer ses phases et ses formes (guerre de mouvement et guerre de siège). Parmi les questions dont la solution peut se discuter, je relève:

– La question du nationalisme (paragraphe I 4.5.) qui aurait mérité être décomposée entre ce que le soldat manifeste ou éprouve durant les combats et ce qui découle de l'idéalisation postérieure de la guerre. Quand les soldats se battent en France, le Reich n'est pas encore proclamé et le rapport à l'état national que l'on découvre dans les souvenirs, est lié à la situation de l'après-guerre, c'est-à-dire à l'idéalisation de la victoire et de la construction du Reich.

– Les analyses sur l'attitude à l'égard des Français sont divisées entre »la position à l'égard des Français« (paragraphe I 5) et »les soldats allemands et la population française« (paragraphe II 8).

– Le paragraphe consacré au temps (II 6.4.) est trop court et probablement mal placé. Pour la vie quotidienne des soldats, c'était déterminant car leurs problèmes d'alimentation, d'eau, d'hygiène et de logement ont varié du tout au tout au fil des saisons!

La thèse de Kühlich est un travail consciencieux, bourré de références, un peu analytique. Il explique bien pourquoi il est difficile de connaître le simple soldat, le combattant de base, un homme qui doit se battre loin de chez lui en pays étranger. Il apporte de précieuses informations sur la nourriture (usage des premières conserves), l'habillement, la boisson, le bivouac et le logement chez l'habitant, les relations entre soldats et civils français. On trouve d'excellentes analyses sur la poste de campagne, sur les services sanitaires et les maladies, des réflexions sur le moral, la fatigue, l'attente. A juste titre Kühlich s'efforce de lutter contre les clichés et les mythes; il y en a au moins un dont j'étais encore prisonnier et dont la lecture de sa thèse m'a délivré, c'est celui de la supériorité de l'organisation allemande; les services d'intendance encore dans l'enfance, ont été souvent pris de court. A de nombreuses reprises, l'auteur met en évidence la mauvaise qualité ou le manque de nourriture, de vêtements adaptés et surtout de chaussures. Je le suis volontiers mais comme tout est relatif, je persiste à penser que les soldats des armées de Gambetta ont souffert de carences encore plus graves que celles endurées par les soldats prussiens ou bavarois.

François ROTH, Nancy

Klaus HILDEBRAND, Das vergangene Reich. Deutsche Außenpolitik von Bismarck bis Hitler 1871–1945, Stuttgart (DVA) 1994, 1054 S.

In regelmäßigen Abständen bedarf es historischer Gesamtdarstellungen zu umfassenden Fragestellungen oder größeren Epochen, welche den Gegenstand anregend interpretieren und die Forschung kenntnisreich bilanzieren. Sie können dem Spezialisten Orientierung wie Anstoß für seine eigene Arbeit bieten und – sind sie gut geschrieben – auch den Laien interessieren. Allen diesen Ansprüchen genügt Hildebrands große Untersuchung zur deutschen Außenpolitik zwischen 1871 und 1945: Der Bonner Neuzeithistoriker behandelt das Thema erschöpfend, verarbeitet souverän die bisherige Forschung und verzichtet trotz des hohen wissenschaftlichen Rangs seiner Studie auf jeden Fachjargon: Durch sprechende Kapitelüberschriften, eine bilderreiche

Sprache und eine spannende Darstellungsweise schlägt er den Leser in seinen Bann. Entscheidend ist, daß der Autor nicht nur schildert, »wie es gewesen ist«, sondern auch »warum« es so und nicht anders kam, wo Alternativen bestanden und welche Entwicklungen unvermeidlich waren. Dadurch verdeutlicht er sowohl die Ergebnisse außenpolitischer Prozesse als auch deren Ablauf, lotet Entscheidungsspielräume aus und zeigt deren Grenzen auf, die das internationale System ebenso wie das soziale und wirtschaftliche Umfeld oder gar mentale Dispositionen der jeweiligen Akteure setzten. Obwohl Hildebrand keinem traditionellen »Primat der Außenpolitik« anhängt, beweist er doch zweierlei: Ungeachtet aller Komplexität deutscher Geschichte zwischen 1871 und 1945 kam den auswärtigen Beziehungen des »Deutschen Reiches« eine besondere, letztlich entscheidende Bedeutung zu, und trotz aller Bedingtheiten und Zwänge gab es immer auch die Freiheit der außenpolitischen Entscheidung.

Hildebrand hat seinem immensen Stoff ein konventionelles, aber einleuchtendes chronologisches Schema unterlegt: In vier großen Teilen behandelt er die »Ära Bismarck«, »Das wilhelminische Reich«, die »Weimarer Republik« und »Hitlers Diktatur«. Ohne die Vorgeschichte der Reichsgründung noch einmal eigens darzustellen, untersucht er zunächst Chancen und Gefahren der Neugründung von 1871: ihre »Mittellage«; den »seltsam unmodernen Namen« des »Deutschen Reiches« – der manchen Deutschen verheißungsvoll klang, den meisten Nachbarn allerdings bedrohlich schien; die Feindschaft mit Frankreich und die Gefahr der Ansteckung anderer europäischer Großmächte durch Bismarcks Demonstration bloßer »Realpolitik« bar jeden ideellen Gehalts. Im Mittelpunkt des ersten Teils steht indes eine genaue Untersuchung der Außenpolitik des Gründungskanzlers, in weiten Teilen einer Bündnispolitik, die den Frieden sichern, nicht aber den Krieg vorbereiten sollte und damit auch inhärente Widersprüche vertrug, die sich aus gegensätzlichen Verpflichtungen ergaben. Diese der jüngsten europäischen Großmacht einzig angemessene und lange Zeit erfolgreiche Politik »im Zeichen der Saturiertheit« erwies sich jedoch bald als innenpolitisch nicht konsensfähig: In Zeiten allgemeiner imperialer Expansion wurde sie von vielen Deutschen als unzeitgemäß, ja drückend und die eigenen Perspektiven ungebührlich verkürzend empfunden, zumal Bismarcks »Politik der konservativen Status-quo-Bewahrung« auch mit innenpolitischer Ruhigstellung einherging, ja diese voraussetzte.

Dies erklärt – entschuldigt für Hildebrand allerdings nicht –, warum das »Wilhelminische Deuschland« »im Banne des Prestiges« stand: Die neuen Männer waren nicht nur unfähig, Bismarcks kompliziertes Bündnisspiel fortzusetzen, sie wollten es auch nicht: Innenpolitische Liberalisierung verlangte außenpolitische Profilierung, wobei die daraus entstehenden internationalen Konflikte als zwangsläufig akzeptiert wurden und durch entsprechende Allianzen konterkariert werden sollten. Das starke Bevölkerungswachstum Deutschlands und seine sprunghaft ansteigende wirtschaftliche Leistungsfähigkeit schienen Begründung und Sicherung zugleich für den neuen deutschen Anspruch auf einen »Platz an der Sonne«. Die hieraus resultierende Flottenpolitik präjudizierte den Gegensatz zu Großbritannien ähnlich, wie die Annexion Elsaß-Lothringens den zu Frankreich zementiert hatte. Demonstratives Auftrumpfen wechselte mit krankhafter Empfindlichkeit, und beides entsprang jener gefährlichen Mischung aus Selbstüberschätzung und Minderwertigkeitskomplex, die den Kaiser und sein Reich charakterisierten. Die Folge waren nicht fremde »Einkreisung«, sondern selbstbetriebene »Auskreisung«, welche die deutsche Regierung indes nicht bewog, sich in das europäische Mächtekonzert einzufügen. Statt dessen beanspruchte sie eine Sonderrolle, die – sollte sie ihr von einer vermeintlich feindlichen Umwelt unverständlicherweise verwehrt werden – notfalls auch einen Krieg rechtfertigte. Das macht die Risikopolitik von Reichskanzler Bethmann-Hollweg in der Julikrise 1914 begreiflich, sein Kalkül, durch kontrollierte Eskalation politisches Prestige zu gewinnen, dabei notfalls aber auch den »Großen Krieg« als letzten und scheinbar unvermeidlichen Ausweg aus der außenpolitischen Isolation in Kauf zu nehmen. Dieses gefährliche Spiel geriet zur unverantwortlichen Provokation, da die Reichsregierung ihre Entscheidungen seit Ende Juli dem Primat des Militärischen unterordnete – den Notwendigkeiten des Schlieffen-Plans, der eine rasche Mobilisierung sowohl im Westen als auch im Osten verlangte. Daher spricht Hildebrand zu Recht von der »initiierende[n] Verantwortung des Deutschen Reiches für den Verlauf der Julikrise und für den Ausbruch des Ersten Weltkrieges«. Im folgenden schildert er die wesentlichen militärischen und politischen Zäsuren dieser Konflagration, ihre Wandlung vom »Kabinettskrieg« zum »Totalen« und »Weltanschauungskrieg«, um schließlich das Ende des Krieges ebenso deutlich zu kommentieren wie seinen Beginn: Nicht die Revolutionäre des Novembers 1918 verschuldeten die deutsche Niederlage, allerdings auch nicht das Bismarck-Reich an und für sich, sondern einzelne Entscheidungen deutscher Politiker und Militärs in den Jahren zuvor. Und der sicherlich harte Versailler Vertrag vom Juni 1919 bot den Deutschen ungleich größere Chancen für einen außenpolitischen Wiederaufstieg als der »karthagische« Frieden von Brest-Litowsk, den das Reich seinem russischen Gegner ein Jahr zuvor aufgezwungen hatte: Deutschland blieb als Nationalstaat erhalten; die britisch-französisch-russische Vorkriegskoalition war zerbrochen; auf die neuen Staaten Ostmitteleuropas konnte die Weimarer Demokratie anziehend wirken, und das einmalige Scheitern mochte den nochmaligen Anlauf zu begrenzter außenpolitischer Größe erleichtern.

Daß die Weimarer Außenpolitik »das Streben nach Revision« prägte, war verständlich, nicht zwangsläufig verwerflich und kaum notwendig Vorgeschichte eines neuen »Großen Krieges«. Dies beweist für Hildebrand die Außenpolitik der »Ära Stresemann«, welche die Interessen der übrigen Mächte als gleichberechtigte Größen neben dem eigenen Nationalinteresse ins außenpolitische Kalkül einbezog, daher bemüht war, Spannungen zu vermeiden oder durch gegenseitige Kompromisse zu beseitigen und obendrein den Spagat zwischen Ost und West beherrschte. Dieser neue Stil »republikanischer Außenpolitik« wurde indes bereits von den Präsidialkabinetten der Jahre 1930 bis 1933 aufgegeben, wenngleich sie nur »nationalistisch – nicht nationalsozialistisch« waren, wie der Autor zu Recht hervorhebt.

Hildebrand geizt bereits in seiner Darstellung der deutschen Entwicklung bis 1933 nicht mit teilweise scharfer Kritik an den handelnden Politikern, im Teil über das »Dritte Reich« fallen seine Verdikte begreiflicherweise vernichtend aus: Die nationalsozialistische Außenpolitik sei durch den »Fluch des Dogmas« geprägt gewesen, einen in der deutschen und europäischen Geschichte zwar nicht gänzlich präzedenzlosen, doch in seiner Monströsität singulären Raum- und Rassenwahn, der für die Entfesselung des Zweiten Weltkriegs, die Ermordung von Millionen Menschen – allen voran der europäischen Juden – und die Zerstörung des eigenen Reiches verantwortlich war. Der Autor zögert nicht, zu den wieder neu ausgebrochenen Auseinandersetzungen über deutsche Kriegsschuld und rassistische Verbrechen eindeutig Stellung zu beziehen: Das »Unternehmen Barbarossa« war kein »Präventivkrieg«, und es war – stärker noch als der Polenfeldzug – ein durch nichts zu rechtfertigender Vernichtungskrieg; an ihm wirkten auch Teile der Wehrmacht bewußt mit; die »Endlösung« bedurfte zwar vieler Exekutoren, doch sie wäre nicht geschehen ohne einen Inspirator – Hitler.

In seinem »Epilog« greift Hildebrand noch einmal weit zurück ins Mittelalter, die frühe Neuzeit und die Jahrzehnte seit der »Französischen Revolution«, auf das »Heilige Römische Reich Deutscher Nation«, den aufgeklärten Absolutismus und die aufbegehrende Nationalbewegung, um die Wurzeln des »Deutschen Reiches« aufzuzeigen. Er zieht eine bemerkenswerte Traditionslinie von Bismarck zu Hitler, deren Politik – trotz aller Unterschiede – »ein gefährliches Element der permanenten Überbürdung«

gemeinsam gewesen sei. Daher resümiert er seinen Gegenstand schließlich auch als Ausdruck einer »deutschen Tragödie, die ein historisches Lehrstück für permanente Überanstrengung darstellt« – Bilanz einer großen Darstellung der deutschen Außenpolitik, die »das vergangene Reich« zwischen 1871 und 1945 führte, aber auch eine – sicher nicht unbeabsichtigte – Mahnung an das neue, vereinigte Deutschland unserer Tage.

Reiner MARCOWITZ, Dresden

Michel DENIS, Michel LAGRÉE, Jean-Yves VEILLARD (Hg.), L'Affaire Dreyfus et l'opinion publique en France et à l'étranger, Rennes (Presses Universitaires de Rennes) 1995, 346 S. (Histoire).

Das »Musée de Bretagne« in Rennes besitzt eine der wichtigsten Dokumentensammlungen zur Dreyfusaffäre, seit im Jahre 1978 Jeanne Pierre-Paule Lévy, eine Enkelin des Capitaine Dreyfus, dem Museum annähernd 4000 im Familienbesitz befindliche Dokumente übergeben hat. Die Einrichtung einer ständigen Ausstellung zur »Affaire« in dem Museum war, gemeinsam mit dem 100. Jahrestag der ersten Verurteilung Dreyfus', der Anlaß für ein Kolloquium, das 1994 Historiker aus aller Welt in der bretonischen Garnisonsstadt zusammenführte und dessen Beiträge jetzt in Buchform erschienen sind.

Die thematische Gestaltung der Tagung war wesentlich von dem Charakter dieser Dokumentensammlung bestimmt worden. Denn ihren Grundstock bilden Hunderte von Solidaritäts- und Unterstützungsschreiben aller Art, die die Familie Dreyfus während ihres 12 Jahre währenden Kampfes für die Rehabilitierung des zu Unrecht verurteilten Hauptmanns erhalten hat: Telegramme, Briefe, Petitionen, Schreiben von bekannten Persönlichkeiten des öffentlichen Lebens, aber auch von Unbekannten. Schreiben, die zudem nicht allein aus Frankreich stammten, sondern aus der ganzen Welt. Diese Tatsache hat die Veranstalter dazu geführt, einen Aspekt der Affäre in den Mittelpunkt der Tagung zu stellen, der bislang in der wissenschaftlichen Diskussion relativ wenig beachtet worden ist: Das weltweite Echo nämlich, auf das die Auseinandersetzungen um die Revision des Prozesses und die sich darum rankenden grundsätzlichen Diskussionen um Staat und Recht, Nation und Armee, Kirche und Laizismus gestoßen sind. Schon in Michel Denis' Lexikon zur Dreyfusaffäre (L'Affaire Dreyfus de A à Z, Paris 1995) war diesem Echo mehr Platz als bisher üblich eingeräumt worden – der Sammelband der Tagung von Rennes hilft nun weiter, diese Forschungslücke zu schließen.

Einer groben geographischen Einteilung folgend ist das Buch in vier große Abschnitte gegliedert: Frankreich, die romanisch-katholische Welt, Mittel- und Osteuropa (wozu auch Deutschland zählt, das im Band durch zwei Beiträge von Eric CAHM und Beate GÖDDE-BAUMANNS vertreten ist) sowie die »Welt des Liberalismus«, gemeint sind Belgien und die angelsächsischen Staaten.

Wenig Neues bieten dem mit der Dreyfusliteratur vertrauten Leser die Beiträge zu den Reaktionen in Frankreich selbst. Viele der hier abgedruckten Vorträge zu den juristischen Problemen der Revision (J.-D. BREDIN), zu dem Engagement des Chefs der »dreyfusards« von Rennes, Victor Basch (M. REBÉRIOUX, F. BASCH), zur »Politischen Kultur des Antidreyfusismus« (Z. STERNHELL) u.a. sind so oder in ähnlicher Form bereits anderweitig erschienen – hier erhält man den Eindruck, als sei das Thema doch langsam ausgereizt. Interessanter und auch innovativer sind dagegen diejenigen Beiträge, die den Reaktionen des Auslandes gewidmet sind: Hier wird an vielen Stellen Neuland betreten, teilweise werden auch Untersuchungen, die bislang nur in schwerer zugänglichen Sprachen vorlagen, erstmals auf Französisch oder Englisch veröffentlicht. In den Blick genommen wurden dabei nicht nur diejenigen Länder, die wenigstens mittelbar von der Affäre selbst betroffen waren, sondern auch Staaten, die ausschließlich in einer beobachtenden Rolle an der Affäre teilnahmen. Es ist durchaus beeindruckend zu sehen, wie selbst in den lateinamerikanischen Staaten Mexiko und Argentinien die politische Öffentlichkeit in rivalisierende »dreyfusards« und »antidreyfusards« gespalten wurde – man kann sagen, daß die Dreyfusaffäre als politisches Symbol um die Jahrhundertwende weltweit wirksam war. Schön zeigen die Beiträge daneben, wie wenig einheitlich die »opinions publiques« auf die Affäre reagierten: Es handelte sich bei ihr eben nicht – weder in Frankreich, noch im Ausland – um den Kampf »der« öffentlichen Meinung gegen »die« traditionellen und staatlichen Autoritäten, wie noch die Herausgeber DENIS und VEILLARD in ihrer Einleitung schreiben. Die Öffentlichkeit selbst war gespalten, wirkte sowohl in der einen, als auch in der anderen Richtung.

Etwas bedauerlich ist, daß weder sie, noch einzelne Tagungsteilnehmer versucht haben, der Untersuchung der »öffentlichen Meinungen« einen systematischen Rahmen und den einzelnen Länderuntersuchungen eine gemeinsame Fragestellung zu geben. Die Lektüre der zahlreichen mehr oder weniger nach dem gleichen Muster gestrickten Beiträge wird dadurch schnell ermüdend, da sich doch in vielen Fällen immer wieder die gleichen Konfliktstrukturen und Argumentationsmuster wiederholen. Die Argumente, mit denen ein Liberaler Lateinamerikas die Rechte des Individuums sowohl gegen staatliche Willkür als auch gegen kirchlich-katholische Bevormundung verteidigte, unterschieden sich nur wenig von denen, deren sich gleichzeitig ein spanischer Liberaler bediente, welcher seinerseits den in Frankreich entwickelten Mustern folgte. Das Gleiche gilt umgekehrt für den Antidreyfusismus vor allem des politischen Katholizismus.

Hier hätte man sich gewünscht, die einzelnen Beiträge wären stärker miteinander konfrontiert worden – vielleicht hätte es schon gereicht, auch die auf die Vorträge folgenden Diskussionen zu publizieren. Auf diese Weise wären auch die strukturellen Unterschiede in der Perzeption der Affäre, die in den Ländern zu beobachten waren, in denen die innenpolitischen Konfliktlinien angesichts anderer politischer und konfessioneller Traditionen anders verliefen als in Frankreich selbst, noch deutlicher sichtbar geworden. So, wie es jetzt erschienen ist, gleicht das Buch einer Enzyklopädie, die zwar reichlich Material bereitstellt, die auf die Analyse dieses Materials jedoch verzichtet: Eine komparative Perspektive ist nun möglich, die Tagung selbst hat sie jedoch weitgehend vernachlässigt.

Daniel MOLLENHAUER, Freiburg

Kurt NOWAK, Geschichte des Christentums in Deutschland. Religion, Politik und Gesellschaft vom Ende der Aufklärung bis zur Mitte des 20. Jahrhunderts, München (C. H. Beck) 1995, 389 p.

C'est un immense sujet qu'aborde ce livre qui mène des »Lumières« à notre temps. Non seulement Nowak embrasse une longue période, mais il étend son investigation aux diverses confessions chrétiennes et fait une place au judaïsme. La nouveauté de la démarche, rompant avec une approche confessionnelle, mérite d'être soulignée. Ajoutons que l'auteur ne juxtapose pas les développements consacrés au catholicisme et au protestantisme, mais s'efforce au gré des thèmes et des problèmes de permettre des comparaisons.

Le sous-titre: religion, politique et société suggère le fil conducteur de l'ouvrage qui s'attache à marquer les liens, dans les deux sens, du religieux et du politique et du social. Cette démarche ne conduit pas du reste, comme c'est parfois le cas, à sous-estimer l'importance des réalités proprement religieuses: les courants de spiritualité, les débats théologiques sont mis à leur place, et compris de l'intérieur, qu'ils concernent l'Eglise catholique ou le protestantisme. Le livre s'impose par le juste équilibre entre les problèmes et les périodes abordés, par la sûreté de la synthèse qui maîtrise une vaste bibliographie et qui est appuyée sur des notes très riches. On est loin de cette culture de manuels peu sûrs et sans référence qu'a développée à l'envi l'édition française, tournée vers la masse des étudiants du premier cycle. S'il fallait exprimer un regret devant une telle réussite[1], il porterait sur l'absence de cartes qui seraient précieuses pour la compréhension des réalités confessionnelles de l'Allemagne.

On ne résume pas un tel ouvrage, et on ne peut qu'insister sur certains apports ou relever des analyses particulièrement aiguës. Le chapitre consacré aux courants de piété dans le Biedermeier et le Vormärz marque la forte persistance de la piété des »Lumières« jusqu'à la fin du XIXe siècle, élucide le phénomène du »réveil«, comme la notion de piété populaire, évoque la sensibilité religieuse romantique, insiste sur le pèlerinage de 1844 à la tunique de Trêves. On appréciera aussi les développements consacrés à la relation entre nation et confession, si importante dans une Allemagne sur la voie de l'unité et divisée confessionnellement. L'analyse ici nuance quelque peu les affirmations habituelles sur le rôle du protestantisme dans le mouvement d'unité à ses débuts. Nowak observe justement que les aspirations nationales s'affirment dans toute l'Europe entre 1815 et 1848, et qu'il est donc difficile d'imputer au protestantisme un rôle spécifique dans ce mouvement (p. 118). Dans la même ligne, il fait remarquer que le principe fondamental de la parité confessionnelle allait à l'encontre de l'idée d'un »Empire protestant« (p. 159). La faveur des protestants libéraux pour celui-ci ne saurait non plus faire oublier les difficultés des protestants conservateurs avec le nouvel Etat centralisé. Dans leur critique de l'omnipotence de l'Etat, de la sécularisation, de l'économie liberale, ces derniers sont plus proches des catholiques que des libéraux.

On retiendra aussi les développements consacrés à la floraison du catholicisme dans les années de Weimar, et au concordat de 1933 avec le Reich. Quand tant d'essayistes et de compilateurs persistent à y voir le fruit d'un marchandage, contre-partie de la disparition du Centre, Nowak donne une mise au point rigoureuse, bien informée. Ses appréciations sur les Eglises sous le Troisième Reich, comme celles, certes brèves, sur la période toute contemporaine, s'imposent également par leur équilibre et leur sûreté. Ce livre, toujours inséré dans l'histoire générale, constitue désormais une référence indispensable pour les historiens de l'Allemagne et de la vie religieuse. Sa traduction en français s'impose.

Jean-Marie MAYEUR, Paris

Matthew JEFFERIES, Politics and Culture in Wilhelmine Germany. The Case of Industrial Architecture, Oxford, New York (Berg Publishers) 1995, XIII–318 S.

M. Jefferies von der University of Manchester untersucht am Beispiel der Industriearchitektur die Beziehung zwischen Politik, Wirtschaft und Kultur in der Wilhelminischen Ära. In seiner soziokulturellen und politikgeschichtlichen Studie, die sich in die gesellschaftsgeschichtliche Debatte um die Modernität des Kaiserreichs einordnet, geht der Autor zwei Leitfragen nach: wer waren die gesellschaftspolitischen Träger architektonischer Reformbewegungen und was beinhaltete ihr Modernitätsbegriff. Seine Antworten umspannen mehrere Ebenen, wie die Reformbewegungen, die Politik, die Industrieunternehmer

1 Deux minimes corrections au passage: le catholique français, en fait Ozanam, auteur de la formule »suivons Pie IX et passons aux Barbares«, l'a prononcée au début de 1848 (p. 132); l'ouvrage évoqué p. 200 s'intitule: La guerre allemande et le catholicisme.

und die Arbeiterschaft. Das in Norddeutschland gelegene Delmenhorst dient als Fallbeispiel für die Realisierung mehrerer Reformkonzepte.

Die einflußreichsten Protagonisten architektonischer Reformen waren der »Bund für Heimatschutz« (BfH, 1904) und der »Deutsche Werkbund« (DWB, 1907). Beide setzten sich gegen den vor allem in der staatlichen Architektur vorherrschenden Historismus ab und propagierten ein integratives, qualitativ hochwertiges Bauen mit gesellschaftlich harmonisierenden Wirkungen. Die Unterschiede lagen im Verständnis des Verhältnisses von Tradition und Modernität. Eine Forschungslücke deckt das Kapitel über den BfH, das die Mitgliederschaft, Einstellungen und Einflußnahme behandelt. Die mehrheitlich den akademischen Mittelschichten und Honoratioren entstammende Mitgliederschaft strebte nach der Integration von regionalem Baustil, praktischer Gebäudefunktion und natürlicher Umwelt. Seine dem Biedermeier verhaftete Ästhetikpräferenz machte den Bund zum Gegner avantgardistischen Bauens. Unterstützung fand er vor allem bei staatlichen Instanzen. Eine ausschließliche Einordnung in die völkische Traditionslinie widerspräche nach Ansicht des Autors der ideologischen Heterogenität und dem pragmatisch-optimistischen Denken seiner Mitglieder (S. 56, 99).

Besser erforscht ist der DWB, dessen Streben nach Integration von Funktion, Ethik, sozialer Dimension des Bauens, moderner Technologie, Qualität und Ästhetik der Autor anhand einer breiten Palette von Bauwerken verdeutlicht. Seine bislang wenig beachteten politischen Beziehungen zum Nationalsozialen Verein um F. Naumann erfahren eine gesonderte Untersuchung. Dementsprechend entstammten die Auftraggeber für Industriebauten dem exportorientierten, sozialpolitisch fortschrittlichen und vom Taylorismus beeinflußten Flügel der Fertigwarenindustrie, zu denen beispielsweise die Unternehmer Bahlsen und Bosch zählten. Für sie war die Werksarchitektur ein Symbol für Qualität und Modernität. Werksintern sollte das neue Bauen die Industriebeziehungen harmonisieren und die Arbeiter zu Leistungssteigerungen motivieren. Diese ehrgeizigen Ziele wurden durch die wirtschaftlichen und sozialen Bedingungen allerdings eingeschränkt. Für den Autor bleibt der DWB eine Organisation des Widerspruchs und des Übergangs. Seine auf den Ersten Weltkrieg gerichtete Bilanz fällt hinsichtlich der Wirkungskraft des BWB jedoch zu positiv aus.

Die Studie basiert auf Zeitschriften- und Archivmaterial. Sie ist reich illustriert. Die im Hinblick auf die angelsächsische Leserschaft übersetzten deutschen Zitate geben leider das Original oftmals nur summarisch wieder. Unsere Erkenntnisse zur Ambivalenz des Modernitätsbegriffs und zur Fraktionierung von Politik, Gesellschaft und Wirtschaft des Kaiserreichs werden durch die Studie bestätigt und erweitert. Die zwangsläufig punktuell verbleibenden, international vergleichenden Überlegungen bieten neue Einsichten und regen zu weiteren Studien an.

Elfi BENDIKAT, Berlin

Nancy R. REAGIN, A German Women's Movement. Class and Gender in Hanover, 1880–1933, North Carolina (University of North Carolina Press) 1995, XII–322 S.

Innerhalb der Frauenforschung gilt die Geschichte der deutschen Frauenbewegung als gut aufgearbeitet. Kontrovers wird dabei die Rolle der bürgerlichen – und gemäßigten – Frauenbewegung diskutiert: Entweder als konservativ bzw. gar als Wegbereiterin der Mutterideologie der Nationalsozialisten oder emanzipatorische Entwicklung. Ausgangspunkt ist die zugrundeliegende Annahme der Geschlechterdifferenz und die sich daraus entwickelnde spezifisch deutsche »geistige Mütterlichkeit«. Demzufolge trügen alle Frauen – verheiratet oder nicht – Verantwortung für die (körperliche und geistige) Gesundung nicht nur der Familie sondern auch der Gesellschaft. Ihre »Kulturmission« liege im Korrektiv der männlich dominierten Politik durch ihre (angeborenen) weiblichen Eigenschaften. Hierin war sich die Frauenbewegung einig, in der Umsetzung und den konkret angestrebten Zielen jedoch nicht.

Läßt sich der »Rechtsruck« der deutschen Frauenbewegung nach 1908 anders als mit der eigenen Ideologie erklären? Reagin strebt das mit ihrer Lokalstudie zur Frauenbewegung in Hannover von 1880 bis 1933 an. Ihr ist dabei besonders an der Einbeziehung der sozialen Kategorie »Klasse« und des politischen Umfeldes der aktiven Frauen gelegen. Begriffe wie »Moral« und eben auch »Mütterlichkeit« seien mehrdeutig und bekämen erst im Zusammenhang mit Klasseninteressen und politischer Meinung ihre Bedeutung. Es besteht eine Wechselwirkung mit nationalen und antidemokratischen Tendenzen der Weimarer Republik.

Hannover eignet sich aufgrund der von der Autorin systematisch aufgearbeiteten guten Quellenlage als repräsentatives Beispiel. Es erfüllt gleichfalls die drei wichtigsten Merkmale der deutschen Frauenbewegung: Städtisch, mehrheitlich protestantisch und preußisch. Bis 1890 bestehen zumeist traditionelle Frauenvereine für die Armenfürsorge, überwiegend konfessionell gebunden. Die nächsten 20 Jahre ist dann die Konsolidierungsphase neuer lokaler Frauenvereinigungen. Am Endpunkt nennt Reagin die Anzahl von 1090 Frauen, davon seien 668 Aktivistinnen. Zu jeder Zeit ist die Hälfte dieser Frauen unverheiratet, dagegen sinkt der Anteil der »Gebildeten« auf etwa ein Viertel.

Analog zur politischen Verantwortung der »Stadtväter« engagieren sich die »Mütter« innerhalb der Sozialarbeit und der Mädchenbildung. Schichtenübergreifend sollen Frauen die bürgerlichen Standards der Hygiene, Kinderpflege und Erziehung sowie Hauswirtschaft erlernen. Damit wird nicht nur eine klassenspezifische Moralvorstellung vermittelt, sondern auch der politische Einfluß der Sozialdemokraten aktiv zurückgedrängt. Eine als »überparteilich« propagierte Frauenbewegung wird politisiert. Die Debatte der »Kasernisierungskampagne« aller Prostituierten der Stadt Hannover bewirkt gleichfalls eine Politisierung – ein radikaler Flügel bildet sich auch in Hannover. Allerdings kann er sich nicht durchsetzen, und so bleibt Prostitution eine Frage der »Unmoral« und »Verwahrlosung« anstatt der sexuellen Doppelmoral durch das Patriarchat.

Während des Ersten Weltkrieges werden alle Gräben innerhalb der deutschen Frauenbewegung überbrückt und die »Heimatfront« steht. Während der gesellschaftlichen Umwälzungen der Weimarer Republik verliert die Bewegung an Bedeutung und Identität: Die Sozialarbeit wird Aufgabe staatlicher Institutionen; das Frauenstimmrecht ist erreicht; die Neuordnung der Gesellschaft kann konzeptionell nicht umgesetzt werden und es beginnen Nachwuchsprobleme innerhalb der neuen Frauengeneration. Lediglich Berufsverbände und der Hausfrauenbund bekommen bzw. behalten ihre Mitglieder. 1933 erfolgt die Gleichschaltung aller Frauenvereine und die erste deutsche Frauenbewegung existiert nicht mehr.

Beatrix Piezonka, Frankfurt/Main

Jacques Solé, L'âge d'or de la prostitution. De 1870 à nos jours, Paris (Plon) 1993, 666 S.

1993 erscheint eine Untersuchung von nicht geringem Umfang über ein Sujet, das schon seit geraumer Zeit kaum mehr zu den Desideraten historischer Forschung gerechnet werden kann. Solé fügt dem breiten Wissen über die Prostitution kein neues, bislang vernachlässigtes Detail hinzu, ist an Einzelheiten nicht besonders interessiert. Er diskutiert nicht den Stand der Forschung, kommt ohne Bibliographie aus, setzt sich intensiv mit einer nur kleinen, eigenwilligen Auswahl einschlägiger Analysen, – keineswegs den neuesten – auseinander (Evans 1976; Corbin 1978; Walkowitz 1980; Rosen 1982; Bristow 1982). Auf Belege durch archivalische Quellen verzichtet er im ersten Teil seiner Untersuchung, der über Vergangenes berichtet, vollständig. Sein Buch ist kein historisches – jedoch eine wichtige, sehr informative Erweiterung bisheriger Forschungen über die Geschichte der Prostitution, besser: geläufiger Perspektiven auf dieselbe.

Solés Hauptinteresse gilt der Gegenwart. Die Teile II und III, »La France aujourd'hui terre de prostitution«, »Le renforcement de la mondialisation de la prostitution et ses conséquences«, machen etwa vier Fünftel der Untersuchung aus. Eine Fülle von Presseberichten und -kommentaren, Interviews und andere Selbstzeugnisse von involvierten Frauen lassen ein lebendig geschildertes Stück Zeit- und Weltgeschichte entstehen sowie den Eindruck, der Verfasser hebe in seiner Bestandsaufnahme zu Recht ab auf charakteristische Trends: Die Globalisierung der Prostitution, die Diversifikation ihrer Formen und Träger, die Ausbreitung stigmatisierter Praktiken, das Wiederaufleben der Diabolisierung von Prostituierten und deren Emanzipationsstreben. Die Prostitution, in vielen Ländern, für bestimmte Schichten eine der wenigen Möglichkeiten, nur den Lebensunterhalt zu bestreiten oder aber sich zügig zu etablieren, sei, so Solé, Spiegelbild kapitalistischer Produktionsweise und Kultur: »On y séduit, on y est séduit, contre de l'argent.« (645) Fortschreitend mit der industriellen Entwicklung und schließlich weltweiten Verflechtung, als einer ihrer Bestandteile, habe die Prostitution ihre gegenwärtige altertümlich-moderne Gestalt angenommen. Basis dieser Genese und Ausgangspunkt der Darstellung ist das Jahrhundert zwischen 1870 und 1970 – oder »L'héritage de la belle époque« (Teil I): die Auflösung des Systems der »maisons closes«, die mit ihm verbundenen, beharrenden Mythisierungen und seine nostalgische Verklärung werden ausführlich beschrieben (Kapitel 1: »Le système des maisons closes«). Der Verfasser weist nach, daß die folkloristische »poésie de la prostitution« (43) nicht erst mit der Schließung der maisons de tolérance ihr Ende gefunden habe, sondern bereits um die Wende zum 20. Jh. dem demütigenden, harten Geschäft der von Zuhältern abhängigen, »heimlichen« Straßenmädchen gewichen sei. Das Scheitern, aber auch der mißverständliche Impetus abolitionistischer (Frauen-)Bewegungen hätten aus der Frauensache eine mit viel krimineller Energie betriebene Angelegenheit von Männern gemacht und die Prostituierten zu deren ebenfalls kriminalisierten Handlangern (Kapitel 2: »Le monde des prostituées«). Damit ist der Anfang vom gegenwärtig noch andauernden Ende markiert: Die weltweit in großem Stil, durch gut organisierte Ringe betriebene Prostitutionsindustrie – der internationale Frauenhandel zu Beginn, der Sextourismus gegen Ende des 20. Jh. (Kapitel 3: »La mondialisation de la prostitution«). Die Globalisierung der Prostitution, ihre kriminelle Rahmung und die Proletarisierung der Frauen setzten mit den Migrationsbewegungen im 19. Jh. ein, folgten ihnen – zeitlich und räumlich. Solé hat nicht nur mehr als ein Jahrhundert der Geschichte der Prostitution in den Blick genommen, sondern auch alle zentralen Schauplätze in Europa, Amerika, Afrika und Asien. Seine Universalgeschichte illustrieren Fallbeispiele und Vergleiche (»Le cas de l'Afrique du Sud«; »Les pays développés« – »L'Europe de l'Est« – »Le tiers monde«) sowie die ausführliche Erörterung einzelner historiographischer Kontroversen (»Mythes et réalités de la traite des blanches«; »L'exemple de l'émigration juive«).

Angela TAEGER, Oldenburg

Thomas LINDENBERGER, Straßenpolitik. Zur Sozialgeschichte der öffentlichen Ordnung in Berlin 1900 bis 1914, Bonn (J. H. W. Dietz) 1995, 431 p. (Politik- und Gesellschaftsgeschichte, 39).

Thèse d'histoire sociale revue pour la publication, le livre de Lindenberger, chercheur au Forschungsschwerpunkt Zeithistorische Studien de Potsdam, revendique certes un caractère solidement scientifique mais se parcourt agréablement, d'autant que des illustrations bien choisies complètent heureusement le texte. A l'aide de citations journalistiques, l'auteur décrit ainsi de manière vivante la rue berlinoise vers 1900 (p. 50–53 et 56–59). A partir d'une masse documentaire imposante, fondée sur les archives de la préfecture de police de Berlin, sur celles du ministère prussien de l'Intérieur et sur les articles journaliers de la vénérable Tante Voss, Lindenberger fait preuve d'originalité en défrichant un nouveau territoire de l'histoire urbaine. Son ouvrage est à la fois une étude sociale minutieuse de la région berlinoise, une analyse théorique du concept de »politique de la rue« (Straßenpolitik) et une réflexion sur la rue en tant qu'arène politique.

Si le concept de »politique de la rue« semble sinon artificiel tout au moins parfois appliqué de façon extensive, Lindenberger démontre en revanche l'existence d'une »rue de la politique« qui se met en place progressivement dans la seconde moitié du XIXe siècle. Dans l'empire wilhelminien finissant qui connaît un extraordinaire développement industriel, démographique et des transports, la rue devient en effet le lieu politique par excellence et surtout un enjeu entre le pouvoir et l'opposition. L'auteur distingue entre la Straßenpolitik d'en haut et celle d'en bas. La première vise à prévenir tout trouble de l'ordre public en cherchant à contrôler les groupes potentiellement perturbateurs et la circulation des personnes et des véhicules. La seconde consiste en l'affirmation d'une identité sociale et politique par le prolétariat et la social-démocratie, à un moment où la vie publique berlinoise devient de plus en plus »turbulente«. Berlin est alors le centre allemand du mouvement ouvrier: le nombre des syndiqués passe de 94000 à 302000 entre 1900 et 1913 et la capitale du Reich connaît entre 200 et 500 grèves par an.

En 1910, le préfet de police de Berlin, l'implacable Traugott von Jagow, proclame dans un avis apposé sur les colonnes Morris: »Es wird das Recht auf die Straße verkündet«. Dans le dessein de faire respecter dans les rues berlinoises »Calme, Ordre et Sécurité«, il dispose d'un puissant outil policier qu'il s'efforce de moderniser, en faisant effectuer par exemple à ses officiers des voyages d'étude à Paris et Londres, afin de savoir comment leurs homologues français et anglais exercent la surveillance d'un lieu ouvert comme la rue. La police berlinoise contrôle ainsi les lieux d'embauche journalière où des désordres peuvent survenir; elle est également en état d'alerte au Nouvel An, les festivités pouvant dégénérer.

En dehors de la question des femmes marchant seules dans la rue (dans la mesure où une femme »honnête« est accompagnée), Lindenberger consacre de longs et intéressants développements aux incidents survenus sur la voie publique. Au nombre de 405 (dont 160 dirigés contre les forces de l'ordre) selon le Vossische Zeitung pour la période 1900–1914, ces incidents revêtent plusieurs formes: il s'agit aussi bien des scènes de ménage, des rixes entre clubs sportifs rivaux, des bagarres entre groupes ethniques ou de gigantesques »batailles d'écoliers« réunissant 600 élèves s'affrontant tout un après-midi près de Kreuzberg. L'auteur évoque aussi la chasse donnée par une foule excitée à d'éventuels criminels et s'achevant parfois par des tentatives de lynchage, des épisodes qui ont sans doute inspiré Fritz Lang pour son film intitulé précisément M – Eine Stadt sucht einen Mörder. Mais Lindenberger s'intéresse principalement au phénomène de la grève (dans les transports, des laveurs de carreaux, des cochers, des boutiquiers ...) et à ses répercussions sur la rue. Il analyse notamment ce qu'on appelait alors les »excès de grève« qui sont de quatre natures: les actions de la police contre les piquets de grève; la protection des non-grévistes; les violences entre grévistes et non-grévistes; la participation de tiers aux événements. La majeure partie de ces incidents a lieu dans les quartiers populaires du nord berlinois, et en particulier à Wedding et à Moabit dont le nom symbolise pour les uns le risque d'explosion sociale et pour les autres le bastion de la lutte ouvrière. En 1910, pendant deux semaines, Moabit est le théâtre d'une grève qui se politise et tourne à l'affrontement brutal avec les policiers armés de sabres. Deux ans plus tard, Wedding est secoué par une »révolte de la viande« au cours de laquelle une foule exaspérée assaille des bouchers pratiquant des prix trop élevés.

Même si Lindenberger a tendance quelquefois à extrapoler à partir de données insuffisantes, son ouvrage dense et précis s'impose par sa nouveauté; après l'avoir lu, on ne regarde plus la rue, qu'elle soit berlinoise ou non, de la même manière.

Cyril BUFFET, London

Sandrine KOTT, L'Etat social allemand. Représentations et pratiques, Paris (Bélin) 1995, 413 S.

Mit Kotts Veröffentlichung liegt eine erste Untersuchung über den deutschen Sozialstaat von den 1880er Jahren bis 1914 in französischer Sprache vor. In ihrer Studie geht sie einerseits der konkreten Entwicklung der deutschen Sozialgesetzgebung nach. Andererseits stehen die Vorstellungen (représentations), die die unterschiedlichen gesellschaftlichen Gruppen von den Aufgaben sozialpolitischer Intervention entwickelten ebenso im Mittelpunkt des Interesses wie ihre Einflußnahme auf die Gesetzgebung. Indem Kott die dominanten Diskursstränge darstellt und interpretiert, geht sie der Frage nach, welche Aufgaben der Sozialgesetzgebung von wem zugewiesen wurden, wie die unterschiedlichen Forderungen in den Gesetzen umgesetzt wurden und wie sich der Sozialstaat im Kaiserreich weiterentwickelte. Nicht zuletzt werden auch die Reaktionen und Einflußnahmen der Betroffenen thematisiert.

Zunächst arbeitet Kott die Kontinuitäten heraus, auf denen die Gesetzgebung beruhte. Dabei verweist sie auf die berufsgenossenschaftliche Organisation großer Teile der Sozialversicherung, die sich besonders in den Krankenkassen und bei den für die Unfallversicherung zuständigen Berufsgenossenschaften fand. Deren Organisationsstruktur war entscheidend von alten zünftigen Traditionen geprägt. Die starke lokale Ausrichtung der frühen Versicherung dagegen stand in der Tradition des Armenwesens, das in den deutschen Staaten immer in der Verantwortung der Kommunen lag. So blieb auch nach Einführung der Sozialversicherung ein enger Zusammenhang zur Armenhilfe erhalten, da sie keineswegs überflüssig wurde, sondern wegen der kümmerlichen Renten immer noch in Anspruch genommen werden mußte. Den dritten Traditionsstrang bildete die nach wie vor paternalistische Haltung vieler Arbeitgeber in ihrer Betriebspolitik.

Auf dieser Grundlage arbeitet Kott das ihrer Meinung nach vorherrschende, auf einem gesellschaftlichen Kompromiß beruhende Gemeinschaftsparadigma (paradigme communautaire) in der frühen deutschen Sozialgesetzgebung heraus. Die Positionen von Liberalen, Sozialdemokraten und Industriellen finden sich in diesem Kompromiß ebenso wieder wie Elemente der katholischen und protestantischen Soziallehre und Forderungen des Vereins für Socialpolitik. So war auch die Kaiserliche Botschaft von 1881, die den Beginn staatlicher Sozialpolitik einläutete, stark von diesem Gemeinschaftsparadigma geprägt und offenbarte mit ihrer Zielsetzung der sozialen Harmonie eine konservative Sicht der Gesellschaft. Die Vorstellung von sozialer Harmonie in kleinen Gemeinschaften scheiterte jedoch zunehmend an der sozialen Realität im Kaiserreich: Durch die schnelle industrielle Entwicklung wurde das Gemeinschaftsmodell immer weiter zurückgedrängt, weshalb sich auch die Struktur der Sozialversicherung den gesellschaftlichen Veränderungen durch zunehmende Zentralisierung und Bürokratisierung anpassen mußte.

Sandrine Kott zeichnet ein umfassendes Bild der sozialpolitischen Aktivitäten im ausgehenden 19. Jh. und zu Beginn des 20. Jhs. Detailliert und kenntnisreich zeichnet sie nach, wie sich die Positionen einzelner gesellschaftlicher Gruppen veränderten, wie sich der Charakter der Sozialpolitik von einem Mittel im Kampf gegen die Sozialdemokratie wandelte zu einer Form ihrer Integration in die bestehende Gesellschaft, gefördert durch die Verbreitung revisionistischer Positionen in der SPD. Dabei gelingt es Kott, den deutschen Sozialstaat als dynamisches System in permanenter Entwicklung darzustellen, in dem auch die Adressaten der Sozialpolitik nicht nur Objekte der Entwicklung waren, sondern auch als Subjektive aktiv in dessen Gestaltung eingriffen.

Ein Kapitel widmet sie den Arbeitern und Arbeiterinnen als Betroffenen wie Handelnden der Sozialversicherung. Sie stellt sowohl die wirtschaftlichen Interessen der Arbeiterschaft heraus als auch die Tatsache, daß im Zentrum der Versicherungsgesetze die Wiederherstellung der Ware Arbeitskraft stand und nicht das Recht des Individuums auf z.B. medizinische Versorgung. Für die Frauen konstatiert sie eine große Zahl wirtschaftlicher und moralischer Ausschlußgründe aus der Versicherung. So blieben gerade Beschäftigungsbereiche mit einem hohen Frauenanteil aus der Versicherungspflicht ausgeschlossen, verheirateten Frauen wurde der Austritt aus der Versicherung erleichtert, und unverheiratete schwangere Frauen konnten keinerlei Ansprüche auf Sozialleistungen erheben. Darüber hinaus standen sich sozialpolitische Forderungen von Männern und Frauen zum Teil diametral gegenüber, wenn es z.B. um die Regelung von Pausen ging, an deren Ausweitung Frauen in ihrer Dreifachbelastung als Mütter, Ehefrauen und Arbeiterinnen nicht interessiert sein konnten, da sie die Zeit ihrer häuslichen Abwesenheit nur verlängerten.

Die Studie basiert zu großen Teilen auf deutscher Sekundärliteratur und einer Reihe von Primärquellen. Bedauerlich ist in diesem Zusammenhang die fehlende Bibliographie, die bei der Vielzahl der hier behandelten sozialpolitischen Aktivitäten und vorgetragenen Positionen sehr hilfreich gewesen wäre. Die relativ häufige Verwendung elsässischen Archivmaterials wirkt irritierend, wenn es darum geht, eine »typisch deutsche« Entwicklung des Sozialstaats nachzuzeichnen.

Überaus interessant ist die im Buch nur angedeutete Gegenüberstellung von deutschen Gemeinschaftsparadigmen und dem Solidaritätsprinzip, das der französischen Gesetzgebung zugrundeliegt. Inwieweit diese Kontrastierung trägt, läßt sich nach Lektüre des Buches nicht entscheiden, da die französische Entwicklung nicht weiter thematisiert wird. Aber die These verspricht anregende Diskussionen und mag die vergleichende Forschung über die deutsche und französische Sozialpolitik ein gutes Stück voranbringen.

Karen SCHNIEDEWIND, Halle–Wittenberg

Udo ACHTEN (Hg.), Der wahre Jacob. Ein halbes Jahrhundert in Faksimiles, Bonn (J. H. W. Dietz) 1994, 264 p.

Quelle belle réédition de ce magazine satirique grâce à laquelle nous pouvons suivre plus de cinquante ans d'histoire allemande à travers plume et pinceau d'auteurs dont le regard critique et ironique de la société ne correspondait certainement pas à l'attente des autorités de l'époque.

Fondé à Hambourg en 1879, le »Wahre Jacob«[1] poursuit dès ses débuts la monarchie autoritaire et critique le matérialisme qui règne sous l'Empire allemand. Cette tendance plus que critique, ainsi que les liens qu'il entretient avec la social-démocratie, lui valent des débuts difficiles. Pour échapper à la pression des autorités les rédacteurs décident de transporter le siège du »Wahre Jacob« à Stuttgart, capitale d'un royaume de Wurtemberg jugé plus libéral, où les éditions Dietz le publient à partir de 1884. La feuille paraît d'abord sous forme de mensuel, puis, grâce à son succès, sous forme de bimensuel. Le tirage du »Wahre Jacob« atteint en effet le nombre de 370000 exemplaires vers 1914, ce qui représente un lectorat d'à peu près deux millions de personnes – de loin plus que son concurrent du camp bourgeois, le »Simplicissimus«. Le magazine compte parmi ses auteurs des personnages de la gauche allemande aussi connus qu'Erich Mühsam[2], Kurt Eisner[3] ou Karl Liebknecht[4].

La guerre de 1914/18 provoque une forte réduction de son tirage et l'inflation de 1923 signifie sa mort – mais la résurrection aura lieu en 1927 avant que l'avènement du national-

1 Le titre se réfère à un personnage de la culture populaire allemande, qui se caractérise par un langage franc, humoristique et de bon sens.

2 Poète et auteur de cabaret politique avant et après la Grande Guerre, on le compte parmi les auteurs les plus brillants de ce genre littéraire. Arrêté après la République des Conseils de Munich (1919), il est condamné au bagne. Libéré, il sera à nouveau arrêté par les nazis et assassiné en 1934.

3 Socialiste bavarois dont l'assassinat en 1919 provoque la proclamation de la République des Conseils de Munich.

4 Compagnon de lutte de Rosa Luxemburg et victime des corps francs en 1919.

socialisme ne mette un terme final à l'existence de cette feuille en mars 1933. Une vie de 54 ans donc, qui sera témoin de l'apogée et du déclin de l'Empire, de la difficile survie et de la mort de la République de Weimar, puis finalement de l'ascension au pouvoir du nazisme.

C'est la question sociale, qui comprend aussi bien la critique des conditions de vie du prolétariat sous l'Empire que l'éloge et la défense de mouvements sociaux, qui représente le premier leitmotiv des auteurs-dessinateurs du »Wahre Jacob« avant 1914. Jugeant la politique sociale de Bismarck complètement insuffisante, ils prônent l'autodétermination du prolétaire, car le bien-être de l'ouvrier ne dépend que le lui-même et génère la lutte sociale. La campagne pour le 1er mai devient alors le symbole d'une solidarité internationale, alors que le mouvement pour les huit heures signifie la conquête d'un temps de loisir ouvrier, synonyme de vie de famille, instruction, activité politique et syndicale ...

Les auteurs vantent par conséquent la grève comme moyen de lutte, tout comme ils dénoncent le *lock-out* utilisé par les fabricants. L'action des dockers de Hambourg, en 1896, représente un sommet dans le mouvement social allemand et son échec un recul sensible pour celui-ci. Un autre danger, souvent dénoncé par les dessinateurs, menace le prolétaire à cette époque, celui du chômage, qu'aucune loi sociale ne peut éviter ...

La répression politique accompagne constamment la publication du »Wahre Jacob« durant ces années. A l'époque des lois anti-socialistes de Bismarck, la chasse faite par les gendarmes aux propagandistes sociaux-démocrates devient un sujet majeur des caricaturistes; et même après l'abrogation de la législation anti-socialiste, la liberté de la presse entravée et la justice de classe sont des sujets qui reviennent perpétuellement. Jésus, s'il revenait dans l'Allemagne impériale, ne profiterait pas longtemps de sa liberté pour répandre la bonne parole: vite arrêté, il serait aussitôt condamné à une peine de prison de quelques années[5] ...

Le militarisme représente le quatrième grand sujet de la critique à l'époque impériale, avec une tendance accrue à partir de la dernière décennie du siècle. Les dépenses pour l'armée et la marine, tout comme la glorification du statut militaire, et finalement la dénonciation du danger d'un conflit armé constituent matière à d'innombrables caricatures.

Mais abandonnant l'utopie pacifiste et oubliant sa tradition antimilitariste, le »Wahre Jacob« va appeler à la lutte contre les ennemis de l'Empire en 1914. Ceci n'empêche cependant pas certains caricaturistes de s'attaquer aux mauvaises conditions de vie dont les responsables sont les capitalistes, devenus profiteurs de la guerre. La Révolution russe devient, à partir de 1917, un des thèmes principaux de la feuille satirique et elle jouit, au moins à ses débuts, de la sympathie des rédacteurs parce qu'elle représente la libération du régime despotique du tsar.

Les événements révolutionnaires en Allemagne changent la nature du »Wahre Jacob«, fidèle à la social-démocratie; la scission au sein du mouvement ouvrier et l'identification avec la nouvelle forme d'Etat lui enlèvent une certaine agressivité. Pendant les années de la République de Weimar, il prend position pour une population souffrant du chômage et des bas-salaires; il se prononce contre l'interdiction de l'avortement et pour le droit à l'autodétermination féminine. La défense des droits syndicaux reste un de ses sujets préférés, tout comme les critiques de l'automatisation du travail et de l'aliénation de l'ouvrier. Les caricaturistes n'oublient pas non plus d'attaquer le caractère apolitisant du sport, la condition sociale des couturières, les spéculateurs à la bourse, le nouveau fétichisme de la marchandise, la pollution ...

Le national-socialisme constitue le grand sujet des dernières années du »Wahre Jacob«. Il est frappant de constater la lucidité avec laquelle les journalistes perçoivent le danger que représentent Hitler et ses cohortes – dès 1932, ils prédisent la guerre contre la Russie, la France et les pays voisins de l'Allemagne. Mais ils ont bon caricaturer le cerveau vide de l'homme de Braunau, se moquer du manque d'intelligence et de la stupidité des slogans de ses troupes, c'est finalement la feuille satirique qui doit céder ...

5 Dessin de Rata Langa, 1889: »Autrefois et maintenant«, p. 74.

Ce volume représente un choix, et tout choix est arbitraire. L'éditeur s'en explique: la lecture historique et la valeur artistique de certaines caricatures ont influencé sa sélection; celle-ci doit néanmoins créer un tableau représentatif de 54 ans de l'histoire de l'Allemagne. Ces conditions nous semblent en effet bien remplies, même si l'on peut regretter l'absence de toute discussion sur la scission du mouvement ouvrier allemand ou sur les événements révolutionnaires de 1918/19.

Robert BECK, Le Mans

Alfred GOTTWALDT, Deutsche Reichsbahn. Kulturgeschichte und Technik, Berlin (Argon) 1994, 191 p.

The number of beautifully illustrated coffee-table books about railroads is, of course, legion. This volume surpasses the usual mediocrity of the genre by virtue of Gottwaldt's excellent iconographic selections and thoughtful texts. As director of the Railway Department in Munich's Museum für Verkehr und Technik, he is well placed to survey the long history of the Reichsbahn and to present it coherently in word and image.

Actually he tells three different stories. The first concerns Germany's patchwork of railway networks before their eventual consolidation in 1920. Gottwaldt wonders whether that event occurred 50 years too late. His question betrays a certain tendency to teleology, that is, to treat the pioneering years and the Second Empire merely as a prelude to nationalization. But that perspective unduly minimizes the vitality of particularism and capitalism in the various federal states before 1914, at a time when they collectively (but not uniformly) boasted almost 60000 kilometers of track and nearly half a million employees. The assumption is dubious that Germany's many separate state railway companies were in fact moving toward fusion on the eve of the First World War. A necessary precondition for that outcome, it can be plausibly argued, was the severe jolt of a protracted international conflict ending in defeat and revolution.

The second tale follows the Reichsbahn from its inception in 1920 to the collapse of the Third Reich in 1945. Despite all the economic troubles of the Weimar Republic, these were years of expansion, modernisation, and technological innovation. Accordingly, in 1933 the Nazi regime inherited one of the most proficient railway systems in the world and, as we well know, promptly put it to use. Gottwaldt does not fail to underscore the military utility of railroads nor to insist on their compliant role in the deportation and extermination of hundreds of thousands of European Jews in Auschwitz and elsewhere. »What happened there in Germany's name,« he writes, »would not have been possible without railway trains right to the gates.«

The third narrative relates the anticlimactic history of the so-called Reichsbahn during the four decades between 1949 and 1989. It was so called solely because of legal technicalities resulting from the political division of Germany. In the West engines and boxcars bearing symbols of the East German regime were inadmissible; hence the outdated anomalous designation. Whereas the Reichsbahn before 1945 had been in the technological vanguard, its latter-day successor fell increasingly into disrepair and disrepute by keeping ancient steam locomotives in service long after their prime. One should recall, as Gottwaldt does, that as late as 1930 only 3 percent of German railways were electrified. Thus to discard old machines and convert to electric power in the postwar period required very major infusions of capital for which the resources of the DDR were simply insufficient.

All in all, Deutsche Reichsbahn can be recommended for anyone's coffee table and, indeed, for reading.

Allan MITCHELL, San Diego

Lothar Gall, Gerald D. Feldman, Harold James, Carl-Ludwig Holtfrerich, Hans E. Büschgen, Die Deutsche Bank 1870–1995, München (C. H. Beck) 1995, XXI–1015 p. (125 Jahre Deutsche Wirtschafts- und Finanzgeschichte).

Ce gros livre de plus de mille pages marque la célébration des 125 ans de la Deutsche Bank, la plus grande banque universelle allemande, dont le nom est étroitement associé aux succès de l'économie allemande d'aujourd'hui. L'ouvrage retrace l'histoire mouvementée de la banque depuis sa création en 1870, histoire qui se confond souvent avec celle de l'économie allemande et de l'Allemagne tout simplement. Aussi l'ouvrage dépasse-t-il très largement l'histoire traditionnelle d'une entreprise pour donner des mises au point et des informations nouvelles sur l'histoire financière et économique de l'Allemagne, avec ses phases d'expansion et ses phases de recul ou de stagnation.

Lothar Gall traite de la période du Kaiserreich jusqu'à 1914. Fondée en mars 1870, à l'initiative d'Adalbert Delbrück, créateur de la grande banque privée du même nom, et du responsable national-libéral Ludwig Bamberger, un proche de Bismarck, la nouvelle banque doit libérer le commerce extérieur allemand de la tutelle des banques anglaises et françaises, qui assurent l'essentiel de son financement. Sous l'impulsion de Georg Siemens, président du directoire de 1870 à 1900, la Deutsche Bank se développe rapidement en une banque »universelle«, pratiquant le dépôt (expansion du réseau de filiales en Allemagne), le financement à l'industrie (à partir des années 1880 surtout) et le financement de grands travaux internationaux. Elle est ainsi étroitement associée à l'essor de la chimie (BASF) et de l'industrie électrique (AEG, Siemens), mais aussi de la métallurgie et de la mécanique (Thyssen, Mannesmann). Elle s'engage dans le financement des chemins de fer aux États-Unis, en Amérique latine et dans l'Empire ottoman. Elle s'engage également en Chine et prend d'importantes participations dans les pétroles roumains. La Deutsche Bank participe ainsi activement à la Weltpolitik de l'Allemagne wilhelmienne et se trouve de plus en plus mêlée à la politique extérieure de l'Allemagne à la veille de la guerre. Son entreprise la plus remarquable dans ce domaine est la concession du fameux Bagdadbahn qui mène à un affrontement avec les intérêts britanniques au Moyen-Orient. En 1914, la Deutsche Bank est au sommet de son essor et le parfait symbole de l'accession de l'Allemagne au statut de grande puissance mondiale.

Gerald D. Feldman, qui a dirigé un vaste programme de recherches sur l'inflation allemande, suit le sort de la Deutsche Bank pendant une période (1914–1933) particulièrement difficile, où les bilans de la banque sont marqués par la guerre, l'hyperinflation, la stabilisation de 1924/1929 et la crise mondiale. C'est une période de retrait qui se manifeste par une activité internationale plus restreinte et moins diversifiée, alors que le développement du réseau allemand se poursuit jusqu'en 1925 par la création de filiales et le contrôle de banques régionales. Pendant la Grande Guerre, la Deutsche Bank devient, pour l'essentiel, une banque de dépôts qui assure des crédits à l'État et place des emprunts de guerre. Elle participe à la fondation de l'UFA (Universum-Film Aktiengesellschaft) en 1917 et à l'effort de propagande de guerre. Après la défaite, la Deutsche Bank perd, sans indemnité, une part de ses avoirs à l'étranger, en particulier au Proche-Orient, mais parvient, grâce à une société écran en Suisse, à préserver ses intérêts pétroliers en Roumanie et à liquider dans des conditions acceptables ses intérêts ferroviaires en Anatolie. Elle se retire également en partie d'Amérique latine (électricité). L'hyperinflation affaiblit considérablement la substance des banques allemandes qui résistent moins bien que les grandes entreprises industrielles et la Deutsche Bank doit procéder à une réduction de son capital. La période de stabilisation de 1924/9 est marquée par une politique d'économies (licenciement de personnels, restriction sur les salaires) et s'achève par la fusion avec la Disconto-Gesellschaft, une des quatre grandes banques universelles allemandes, en 1929. La Deutsche Bank doit aussi aider les firmes automobiles (Daimler-Benz, BMW) et aéronautiques (Lufthansa) dans lesquelles elle a des intérêts. L'UFA, qui a des pertes importantes, est reprise en 1927 par le groupe du Scherl Verlag, contrôlé par Hugenberg. Notons que la Deutsche Bank joue un rôle important dans le financement des échanges commerciaux avec l'URSS. FELDMAN donne une longue analyse de la crise bancaire de juillet 1931, afin de préciser les responsabilités de la Deutsche Bank-Disconto Gesellschaft, à qui l'on a alors reproché son refus de participer à une opération de crédit pour la DANAT-Bank, en mauvaise posture.

Harold JAMES retrace l'évolution de la Deutsche Bank durant la période hitlérienne (1933–1945) et son insertion dans le cadre d'une économie dirigée et d'un régime qui considère les banques comme des parasites. Alors que le commerce extérieur s'étiole et fonctionne en partie sur le troc, les banques allemandes financent, pour l'essentiel, le réarmement et le déficit de l'État. Le régime nazi place les dirigeants de la banque devant un cas de conscience et ils hésitent entre deux positions: la défense contre l'intervention du parti et de l'État, l'adaptation à la situation. L'adaptation se manifeste par l'entrée au directoire de membres du parti nazi (v. Halt, R. Frowein, le professeur Hunke) et par la participation directe, ou par le biais d'octrois de crédits, à l'arianisation des entreprises. La résistance se traduit par la préservation de quelques firmes juives grâce à des rachats provisoires. Von Stauss, président du conseil d'administration de l'UFA depuis 1917, est, jusqu'à son décès en 1942, l'alibi politique de la banque auprès du régime grâce à ses relations avec Hermann Göring. La Deutsche Bank participe à l'expansion allemande en Europe centrale et orientale, en général en tant qu'associée (avec le Creditanstalt de Vienne, en particulier), et, dans une bien moindre mesure, en Belgique (en association avec la Société générale).

Plus de la moitié de l'ouvrage est consacrée à la période d'après 1945. Carl-Ludwig HOLTFRERICH, éminent spécialiste d'histoire économique, traite la période de reconstruction de 1945 à 1957. Il fait une remarquable mise au point sur la politique bancaire des Alliés après 1945. À une période de »décentralisation« des trois grandes banques (Deutsche Bank, Commerzbank, Dresdner Bank) et de la Reichsbank, sous l'impulsion des États-Unis, succède une période de »recentralisation« à partir de 1950. En 1948, la Deutsche Bank est ainsi divisée en dix banques régionales, une par Land. Mais très vite, dans le cadre de la guerre froide, de la constitution de la RFA et de la reconstruction économique, la tendance est à une »recentralisation«. C'est d'abord la loi du 29 mars 1952, adoptée avec l'accord des Puissances occupantes, qui permet le regroupement des dix banques régionales de la Deutsche Bank en trois banques interrégionales, puis, après la fin du régime d'occupation, la loi du 2 avril 1956 qui autorise la reconstitution des grandes banques allemandes. Hermann T. Abs, qui assure la présidence du directoire de la nouvelle Deutsche Bank de 1957 à 1967, joue un rôle fondamental dans l'élaboration de cette politique bancaire, grâce à ses relations très étroites avec Adenauer.

Hans E. BÜSCHGEN donne la plus longue contribution (1957–1995) et analyse en détail la nouvelle phase d'expansion de la Deutsche Bank. Il met en évidence tous les éléments qui expliquent son succès: adaptation des structures aux nouvelles nécessités avec une organisation par branches d'activités, informatisation croissante des opérations, mise au point d'un système de contrôle et de planification, formation du personnel et en particulier des cadres supérieurs. Il souligne que la banque connaît une véritable révolution avec la part croissante des comptes clients, auxquels elle offre des services financiers de plus en plus diversifiés. Le métier de banque d'affaires reste, cependant, fondamental, comme l'illustrent quelques exemples bien choisis (Daimler-Benz, rachat-vente du groupe Flick, crédit-assistance à Klöckner) et le développement du financement des moyennes entreprises qui n'ont pas d'accès direct au marché des capitaux. B. insiste sur la mondialisation croissante des opérations (commerce, crédits, placements sur le mark et l'eurodollar). La Deutsche Bank est devenu un konzern qui offre tous les services financiers (y compris l'assurance) dans le monde entier, 24 heures sur 24.

Cet ouvrage, fondé en grande partie sur les archives de la Deutsche Bank et rédigé par les meilleurs spécialistes, avec le souci constant de replacer la banque dans un contexte général, est indispensable pour comprendre l'histoire économique de l'Allemagne depuis 1870.

Christian BAECHLER, Strasbourg

Jay WINTER, Sites of memory, sites of mourning. The Great War in European cultural history, Cambridge (Cambridge University Press) 1995, X–310 S. (Studies in the Social and Cultural History of Modern Warfare, 1).

Die vorzustellende Studie ist als erster Band einer Reihe mit dem programmatischen Titel »Studies in the Social and Cultural History of Modern Warfare« erschienen. WINTER, auch Herausgeber dieser Serie, hat sich damit zum Ziel gesetzt, durch die Verknüpfung von militär-, sozial- und kulturgeschichtlichen Fragestellungen das Phänomen des Krieges, d.h. staatlich organisierter Gewaltanwendung, und dessen Wirkungen auf die betroffenen Gesellschaften umfassender als bisher üblich zu erfassen. Die Serie beschränkt sich dabei auf die Zeit von der Mitte des 19. Jh. bis zur Gegenwart, d.h. vom Krimkrieg bis zu den gewaltsamen ethnischen »Säuberungen« unserer Tage. Die Bedeutung dieser wissenschaftlichen Initiative wird deutlich, wenn man bedenkt, daß Kriege und das damit unvermeidlich verbundene militärische Handeln in den Handbüchern bisher vornehmlich unter politischen Perspektiven bzw. organisationsgeschichtlich abgehandelt wird.

Mit »Sites of memory, sites of mourning« dokumentiert der Autor, der mit dem beispielhaft innovativen Historial de la Grande Guerre in Péronne aufs engste verbunden ist, die Entwicklung, die die Historiographie zum Ersten Weltkrieg seit der Fischer-Kontroverse der 60er Jahre durchschritten hat. Der kulturgeschichtliche Ansatz, dessen Möglichkeiten und Grenzen nach Gegenstand und Methode noch keineswegs als geklärt bezeichnet werden können, wird dabei von Winter auf einen Aspekt, auf die Sprache der Trauer um die Millionen Toten des Krieges konzentriert. Andererseits ist dieser Aspekt derart umfassend, daß er zur Überwindung der Barrieren der Nationalsprachen geradezu zwingt, womit sich zugleich die Chance des erkenntnisfördernden Vergleichs ergibt.

In einem ersten Hauptteil untersucht er unter der Überschrift »Catastrophe and consolation« unterschiedliche Formen des Umgangs mit dem Faktum des massenhaften Todes. Sehr eindrucksvoll werden die verschiedenen Stadien geschildert, die die Angehörigen durchleben mußten, um über die offizielle Todesnachricht schließlich zum Ort der persönlichen Trauer, zum Grab, zu gelangen – bei der großen Zahl nicht identifizierter Toter konnte dies allerdings auch ein Massengrab sein. Welche Bedeutung die Benachrichtigung der Angehörigen über das Schicksal ihrer im Felde stehenden Anverwandten gewann, kann der Autor an der Arbeit des australischen Roten Kreuzes aufzeigen. Eine weitere Möglichkeit der Begegnung mit den Toten bot in seinen verschiedenen Erscheinungsformen der Spiritismus, dessen massenhafte Verbreitung im Krieg und in den Nachkriegsjahren mit Nachdruck festgestellt wird. Ihren öffentlichen Ausdruck fand die Trauer um die Toten des Krieges jedoch in den allerorten errichteten Denkmalen, die zum Mittelpunkt des alljährlichen Gedenkens wurden. Ausführlich behandelt der Autor dabei Idee und Gestaltung von vier außergewöhnlichen Monumenten: der »Tranchée des Baionnettes« bei Verdun, des Grabmals (Cenotaph) in Whitehall, des Denkmals für die Vermißten der Sommeschlacht bei Thiepval und Käthe Kollwitz' Skulpturen »Die Eltern« auf dem Kriegsgräberfriedhof bei Vladslo. Hier wie bei allen anderen, im Buch behandelten Ausdrucksformen für die Katastrophe des Krieges und des unermeßlichen Leids in seinem Gefolge setzt sich der

Autor engagiert mit der These und ihren Vertretern auseinander, kulturgeschichtlich habe der Krieg den Durchbruch der »Moderne« gebracht. Dagegen kann er an seinem Untersuchungsgegenstand überzeugend nachweisen, daß die traditionellen, insbesondere dem 19. Jh. eigenen Formen, Vorstellungen und Inhalte weithin das Feld beherrschen – ein Befund, der der Persistenz überkommener Verhaltensweisen in anderen Bereichen des privaten und öffentlichen Lebens entspricht.

In einem zweiten Hauptteil »Cultural codes and languages of mourning« beschäftigt sich der Autor zunächst mit Ausdrucksformen mythologischer Art in der Volksfrömmigkeit und im Film, wobei Glance's »J'accuse« und auch Ingram's »The Four Horsemen of the Apocalypse« als Beispiele dienen. Im Bereich der Malerei konzentriert der Autor sein Interesse auf die Thematisierung der Apokalypse bei Wassily Kandinsky, Ludwig Meidner, Otto Dix und Max Beckmann und betont dabei den zu beobachtenden Rückgriff auf traditionelle Ideen und Formen. Die apokalyptischen Visionen bei den Schriftstellern untersucht er vor allem bei Henri Barbusse (Le feu), Karl Kraus (Die letzten Tage der Menschheit) und George Bernard Shaw (Heartbreak House).

Damit kann die Vielzahl der in dem Band angesprochenen künstlerischen Ausdrucksformen nur angedeutet werden. Sehr interessant ist die Beobachtung, daß man während und nach dem Zweiten Weltkrieg nicht mehr an die Sprache(n) der Trauer des Ersten Weltkrieges anknüpfen konnte: Die Grenzen gestalterischer Möglichkeiten waren angesichts des Umfangs dieser zweiten Katastrophe, der Intensität des Leids und des Grauens überschritten – so scheint es. Jeder, der die »Urkatastrophe« dieses Jahrhunderts insbesondere in ihren Folgewirkungen auch nur einigermaßen erfassen möchte, wird dieses Buch dankbar zur Hand nehmen, in dem es Winter gelungen ist, eine über alle sozialen und nationalen Schranken hinweggehende, millionenfache Erfahrung zu umschreiben, die als wirksamer Faktor der historischen Realität bisher kaum oder nur unzureichend Beachtung gefunden hat.

Wilhelm Deist, Freiburg i. Br.

Maurice Lévy-Leboyer, Henri Morsel (Hg.), Histoire générale de l'électricité en France. Tome 2: L'Interconnexion et le marché 1919–1946, publiée par l'Association pour l'histoire de l'électricité en France, Paris (Fayard) 1994, 1438 S.

Der zweite Band der »Histoire de l'électricité en France« behandelt die Entwicklung der Stromwirtschaft Frankreichs zwischen 1919 und 1946. Die vorliegende Gemeinschaftsarbeit knüpft logisch an Band 1 an, doch gewichtet sie den Inhalt anders. Sie stellt Arbeitgeber, Arbeitnehmer und technischen Fortschritt in den Vordergrund – Titel des ersten Teils »Les progrès techniques et les hommes«. Erst im zweiten Teilabschnitt »Les entreprises et la création d'un marché« werden Unternehmensstrategie und Markterschließung erörtert.

Die Elektrizitätswirtschaft Frankreichs hat in den Jahren 1918–25/29 eine Phase schnellen Wachstums durchlaufen, gefolgt von einem Produktions- und Investitionsrückgang zwischen1930 und 1945. In diesem Zeitraster lassen sich auch entscheidende Entwicklungen auf Arbeitgeber- und Arbeitnehmerseite festmachen. Befreit von den Aufgaben der Gründerväter und ganz als Vertreter eines öffentlichen Dienstleistungssektors anerkannt, obliegt es den Unternehmern nach dem Ersten Weltkrieg, ein einheitliches, nationales Stromnetz mit Schwerpunkt Wasserkraft aufzubauen. Es handelt sich um ein sehr verschiedenartiges Unternehmertum, Großunternehmen im städtischen Bereich, kleine und mittlere Betriebe auf dem Lande, das langsam, dank einer staatlichen Ausbildung zusammenwächst. Ihre wichtigsten Vertreter fühlen sich als »ingénieurs d'Etat« politisch verpflichtet und verstehen sich als »patron social«. Sozialer Friede, Rationalisierung, Konzentration und Zusammenarbeit mit dem Staat werden zentrale Themen wärend der zweiten Phase, einer

Zeit, in der auch die Gewerkschaften ihren Forderungen nach Sozialversicherung und einem 8-stündigen Arbeitstag verbessert Ausdruck verleihen können. Noch vor dem Ersten Weltkrieg entstanden, hat die Confédération générale du travail (CGT) in den Nachkriegsjahren praktisch eine Monopolstellung unter den Gewerkschaften im Bereich Stromwirtschaft inne gehabt, die hauptsächlich auf ihre sozialen Forderungen zurückzuführen ist. 1937 entsteht unter ihrer Mitwirkung ein erster »Tarifvertrag«, der die Rechte der Arbeiter und später der Angestellten in den privaten Unternehmen des öffentlichen Sektors Stromwirtschaft festschreibt. 1941 wird den Arbeitern ein eigenes Rentensystem zugesichert, wobei dessen tatsächliche Einführung allerdings nicht aktenkundig ist.

Die Stromwirtschaft beschleunigt zu Beginn der 20er Jahre den Aufbau von Heizkraftwerken, verstärkt Ende der 20er Jahre die Produktionskapazität der Wasserkraftwerke, die im Laufe der 30er Jahre fast 60% des Stroms erzeugen. Der Bau der Elektrizitätswerke wird von großen Hoch- und Tiefbauunternehmen ausgeführt, die sich auf dieses Gebiet spezialisieren und eng mit den Stromversorgern und deren Kunden zusammenarbeiten. Die Wirtschaftskrise der 30er Jahre führt zu einem Rückgang der Investitionen. Während des Zweiten Weltkrieges kommen die Bauarbeiten praktisch zum Erliegen, die Stromanlagen werden Opfer von Sabotageakten der französischen Widerstandsbewegung. Die Stromerzeugungen durch Heizkraftwerke begrenzt sich auf den Pariser Großraum, den Norden und Lothringen. Die Wasserkraft wird in den Alpen und Pyrenäen zur Stromgewinnung genutzt. Die Stromerzeugung verdoppelt sich in den 20er Jahren (von 7,5 Milliarden kWh auf 15,3 Milliarden kWh), um Anfang der 30er Jahre auf 13,6 Milliarden kWh abzusinken. Parallel zum Kraftwerkbau und zur Produktionssteigerung wird die Vernetzung der Stromverteilung vorangetrieben. Nach dem Ersten Weltkrieg gelingt dies ohne staatliche Eingriffe, allein auf der Basis regionaler, unternehmerischer Zusammenarbeit. 1938 erstellt die französische Regierung einen Aktionsplan, der die Verteilung auf der Grundlage eines nationalen Starkstromnetzes für Industrie und Eisenbahn sicherstellen soll. 1923 erstreckte sich das Netz über 899 km, 1945 über 12403 km. Zum Zeitpunkt der Verstaatlichung der Stromwirtschaft 1946, verfügt Frankreich über ein sehr dichtes Stromnetz mit 22,5 km 100000 Volt-Leitungen pro 1000 km^2 (im Vergleich dazu die USA 5 km, England 15 km und Deutschland 18 km). Die Vernetzung stellt nicht nur eine wirtschaftliche, sondern auch eine technische Herausforderung dar. Für Stromversorger und Ingenieure bedeutet der Ausbau des nationalen Stromhandels eine grundlegende Veränderung. Die technische und wissenschaftliche Entwicklung kann sich nun nicht mehr auf die einzelne Turbine oder Motor konzentrieren, sondern sie muß den gesamten Kreislauf – Herstellung, Transport, Verteilung – berücksichtigen.

Die finanzielle Ausstattung der Stromwirtschaft, der Ausbau der elektrotechnischen Industrie, die Elektrifizierung des Transportwesens und die Stromnutzung im häuslichen Bereich beginnen nach dem Ersten Weltkrieg eine sehr interessante Entwicklung zu nehmen. Insgesamt 13 Autoren zeichnen für diesen Teilabschnitt verantwortlich. Verschiedenartiges Quellenmaterial – Firmenarchive, staatliche Statistiken und Studien – bildet die Grundlage für einen volkswirtschaftlichen Interpretationsansatz, der aber immer innerbetriebliche, systembedingte Besonderheiten miteinbezieht. Allen gemein ist die Schlußfolgerung, daß die 20er Jahre den Grundstein für entscheidende Weiterentwicklungen gegeben haben. Im Bereich des Finanzwesen muß der verstärkte Rückgriff auf private Spareinlagen erwähnt werden. Die elektrotechnische Industrie emanzipiert sich. Die Elektrifizierung des öffentlichen Verkehrs beruht auf lokalen, regionalen und nationalen Maßnahmen. Der private Haushalt wird als Marktlücke entdeckt und mit neuen Werbetechniken erschlossen. Doch bleiben alle vier Bereiche in ihren Ansätzen stecken, da die Rezession der 30er Jahre zu einem Rückgang der Investitionen und der Nachfrage führt. Im internationalen Vergleich bleibt Frankreich weit hinter seinen Nachbarländern England und Deutschland, aber auch den Vereinigten Staaten zurück.

Der Gegensatz in der Stromausstattung ländlicher und städtischer Gebiete, der wiederholt erwähnte Mangel an kommunaler Initiative und die Schwierigkeit, die profitorientierten Interessen der privaten Stromunternehmen mit den Aufgaben eines öffentlichen Dienstleistungssektors zu vereinbaren, haben im Laufe der 30er Jahre den Ruf nach einer Verstaatlichung der Elektrizitätswerke verstärkt. Die CGT hatte diese Forderung schon 1919 formuliert. Doch erst die Wirtschaftskrise und die Folgen des Zweiten Weltkrieges haben zu jenem nationalen Konsens geführt, der eine gänzliche Umstrukturierung der Herstellungs-, Vertriebs- und Verteilungsformen erlaubt hat.

Im Laufe eines Vierteljahrhunderts schlägt die französische Stromwirtschaft zuerst sehr vielversprechend den Weg der Moderne ein, um dann in ihrem Elan durch äußere Hemnisse gebremst zu werden, die die Schwächen des französischen Dienstleistungssektors noch verstärken. Der vorliegende Band zeichnet ein sehr feines, detailliertes Bild dieser gegenläufigen Tendenzen und liefert Diskussionsansätze, die die Autoren schon in den vorliegenden Beiträgen aufgreifen. Hierin liegt der besondere Wert dieser Gemeinschaftsarbeit.

Dagmar SOLEYMANI, Paris

Gordon A. CRAIG, Felix GILBERT (Hg.), The Diplomats 1919–1939, Princeton (Princeton University Press) 1994, X–700 S. – Gordon A. CRAIG, Francis LOEWENHEIM, (Hg.), The Diplomats 1939–1979, Princeton (Princeton University Press) 1994, XVI–747 S.

Gut vierzig Jahre nach der Veröffentlichung einer Aufsatzsammlung über die Diplomaten der Zwischenkriegszeit (1919–1939) liegt nun ein von CRAIG und seinem Kollegen LOEWENHEIM edierter Nachfolgeband vor, der sich mit dem Schicksal der Diplomaten in den Jahren von 1939 bis 1979 beschäftigt. Beide Bände gehören für den Diplomatiehistoriker zur unverzichtbaren Pflichtlektüre, umfassen sie doch nahezu den gesamten Zeitraum des »kurzen« 20. Jh., ohne allerdings den Anspruch zu erheben, eine vollständige Analyse der internationalen Beziehungen dieser Jahre vorzulegen. Sie liefern jedoch wichtige Bausteine für eine derartige Gesamtbetrachtung und werfen vor allem die Frage nach Gemeinsamkeiten und Unterschieden beider Zeiträume auf. Warum, so gilt es zu fragen, brach die Versailler Ordnung schon nach wenigen Jahren zusammen, während es nach 1945 wenigstens eine gewisse Stabilität gab? Und welchen Anteil hatten die Diplomaten an dieser Entwicklung?

Der Ausbruch des Ersten Weltkrieges bedeutete für die Diplomaten gleich in zweifacher Hinsicht eine tiefe Zäsur. Die auf dem Prinzip des Gleichgewichts beruhende alte internationale Ordnung war zusammengebrochen und konnte durch die Pariser Friedensverträge nicht restauriert werden. Die großen machtpolitischen Fragen waren nicht entschieden, Frankreichs Vormachtrolle auf dem Kontinent beruhte auf der vorübergehenden Schwäche Deutschlands und des revolutionären Rußlands. Die von den USA nach Großbritannien übergreifende Diskussion über die »alte« und »neue« Diplomatie lähmte die außenpolitische Gestaltungskraft der Inselmacht. Die Vertreter der traditionellen Diplomatie sahen sich zunehmend mit der von Wilson formulierten revolutionären Forderung konfrontiert, nach dem Fiasko von 1914 die neue Staatenordnung auf der Grundlage völlig veränderter Prinzipien zu errichten: eine »offene« Konferenzdiplomatie sollte die alte Geheimdiplomatie ersetzen, eine moralisch legitimierte Politik an die Stelle der als unmoralisch diskreditierten Realpolitik treten, das System von Allianzen und bilateralen Verträgen sollte durch das Instrument der »kollektiven Sicherheit« und durch die Herrschaft des Rechts abgelöst werden. Da sich die USA jedoch schon bald aus der europäischen Politik wieder zurückzogen (D. PERKINS), fehlte der »neuen« Diplomatie und dem Völkerbund bereits in den 20er Jahren die machtpolitische Unterfütterung, bevor in den 30er Jahren die Idee einer auf universalen Prinzipien beruhenden Staatenordnung durch die brutale Machtpolitik der totalitären Regime in Berlin und Moskau hinweggefegt wurde.

Die im 19. Jh. noch so mächtigen Außenministerien und bedeutenden Botschafter verloren ständig an Einfluß. Dies galt für die westlichen Demokratien, erst recht aber für die totalitären Staaten. Lloyd George etwa kümmerte sich kaum um die Einwände des Foreign Office, Mac Donald gefiel sich gleichfalls als sein eigener Außenminister (Craig), und Chamberlain konzipierte seine Appeasement-Strategie ebenfalls am Außenministerium vorbei oder brachte seine eigenen Vertrauensleute (Henderson in Berlin) in einflußreiche Positionen im diplomatischen Dienst (Gilbert). Kontinuität im Sinne einer an der Staatsräson orientierten Außenpolitik demonstrierte dagegen in den 20er Jahren der Quai d'Orsay unter seinem Generalsekretär Berthelot (R. D. Challener), bevor auch die französische Diplomatie unter seinem Nachfolger Léger (E. R. Cameron) in den 30er Jahren in den Sog innenpolitischer Auseinandersetzungen geriet und zur Formulierung einer verbindlichen außenpolitischen Strategie nicht mehr in der Lage war, wie der Richtungsstreit unter den Botschaftern Francois-Poncet (Verständigung mit Deutschland) und Coulondre (Bündnis mit der Sowjetunion) offenbarte (F. L. Ford und C. E. Schorske).

In den totalitären Staaten wurde der Zersetzungsprozeß traditioneller außenpolitischer Institutionen und Methoden noch entschiedener vorangetrieben. Die sowjetischen Außenkommissare Chicherin (T. H. von Laue) und Litwinov (H. L. Roberts), die niemals zum inneren Zirkel der Macht gehörten, standen in der dualistisch operierenden sowjetischen Außenpolitik eher in der Kontinuität russischer Machtpolitik, während die von Moskau gelenkte Komintern für die revolutionäre Agitation zuständig war und die Anstrengungen der Diplomaten nicht selten konterkarierte. Eine Koordination der sowjetischen Außenpolitik erfolgte in den 20er Jahren durch die Gremien der Partei (Politbüro) und anschließend durch den Diktator Stalin, der das Land mit brutaler Härte auf die von ihm erwarteten machtpolitischen Kämpfe der Zukunft vorbereitete. Ähnlich doppelbödig operierend zwischen traditioneller Machtpolitik und revolutionärem Aufbruch präsentierte sich zunächst die Politik des faschistischen Italien (H. Hughes und F. Gilbert) und des nationalsozialistischen Deutschlands (Craig). Die Ernennungen Cianos und Ribbentrops zum Außenminister (1936/38) dokumentierten alsdann den Triumpf von Abenteurertum und Dilettantismus. Propaganda, dramatische Gesten, ultimative Drohgebärden, Machtversessenheit und ausschweifende Eroberungspläne wurden zum Kennzeichen »totalitärer« Diplomatie, von der unter seinem Außenminister Matsuoka auch Japan ergriffen wurde (J. Huizenga). Im Unterschied zum Verhalten der Sowjetunion erfuhr die nationalsozialistische Außenpolitik eine weitere gefährliche Dynamisierung, indem sie das Erreichen ihrer expansiven Ziele mit der biologischen Lebenserwartung Hitlers verband und ihre Risikobereitschaft damit unkalkulierbar vergrößerte.

Im Unterschied zu 1918 waren 1945 die großen machtpolitischen Fragen der Zeit entschieden. Mit dem Niedergang der europäischen Großmächte und dem Aufstieg der USA und der Sowjetunion lag die Verantwortung für die Errichtung einer neuen Staatenordnung und die Suche nach den sie tragenden Prinzipien vor allem bei den Staatsmännern und Diplomaten in Washington und Moskau, wenngleich sich der Blick der Herausgeber des zweiten Bandes neben Europa auch auf den Nahen Osten (M. Brecher über Eban und R. Israeli über Sadat), Indien (R. Fonseca über Nehru), Japan (A. Iriye über Shigeru) und China (S. G. Zhang über Zhou Enlai) richtet. Die idealistisch-universalistischen und in der Tradition Wilsons stehenden amerikanischen Auffassungen und die auf Abgrenzung und Vormachtstellung ausgerichteten sowjetischen Pläne, eine Kombination alter russischer Machtpolitik und kommunistischer Utopie, waren jedoch miteinander unvereinbar und ließen wie nach 1918 den Traum von der Errichtung einer von allen Staaten akzeptierten neuen Weltordnung rasch zerplatzen. Innerhalb der sich im Kalten Krieg formierenden Machtblöcke und auch zwischen den weltpolitischen Antagonisten herrschte dagegen im Unterschied zur Zwischenkriegszeit unverkennbar eine gewisse Stabilität. Im Rahmen der »Pax Sovietica« wurde die Ruhe im Ostblock notfalls durch brutale militärische Unterdrückung gewährleistet, während die »Pax Americana« weitgehend auf dem inneren weltanschaulichen Konsens und dem funktionierenden diplomatischen Interessenausgleich gegründet werden konnte. Machtpolitisch abgestützt, konnten nach 1945 innerhalb der westlichen Gemeinschaft die Ideale Wilsons weitgehend reüssieren, zumal die USA pragmatisch auf Bestandteile der »alten« Diplomatie (NATO-Allianz) zurückgriffen. Im Rahmen der »Pax Americana« gewann die Diplomatie daher im Vergleich zur Zeit nach 1918 an Ansehen, Selbstgewißheit und Gestaltungskraft, während ihr aufgrund des Ost-West-Gegensatzes für den Aufbau einer globalen Weltordnung nur ein minimaler Handlungsspielraum zur Verfügung stand. Die Arbeit der Vereinten Nationen und ihrer Generalsekretäre beschränkte sich daher in der Regel auf das »Krisenmanagement« (P. G. Lauren).

Die Zeit der großen Botschafter war dennoch endgültig abgelaufen. Ihr Einfluß auf die Gestaltung der »Großen Politik« wurde weiter marginalisiert. Von den verbesserten Kommunikationstechniken und Reisemöglichkeiten profitierten dagegen die bürokratischen Apparate und die Staats- bzw. Regierungschefs. Adenauer, der die weltanschaulichen Prinzipien der »Pax Americana« vorbehaltlos anerkannte, zugleich aber pragmatisch handelte, stieg zu einem der bedeutendsten Staatsmänner der Nachkriegszeit auf. Im Zuge einer außenpolitischen »Revolution« fügte er den westdeutschen Teilstaat unverrückbar in die westliche Zivilisation ein und befreite die deutsche Diplomatie vorerst aus ihrem traditionellen Dilemma, unsicher zwischen dem Westen und Osten zu schwanken und im risikobehafteten Alleingang zu agieren (Craig). Ähnlich anpassungsfähig und flexibel erwies sich die deutsche Diplomatie in den frühen 70er Jahren im Rahmen der »Ostpolitik« (A. McAdams). Vergleichbar innovativ und zukunftsorientiert bewegte sich die französische Diplomatie unter Schuman und Monnet bei ihrem erfolgreichen Anlauf, durch Integration und den damit verbundenen Abbau nationaler souveräner Rechte zugunsten supranationaler Institutionen den deutsch-französischen Antagonismus zu überwinden (W. W. Rostow). Vor allem aus der Sicht der amerikanischen Hegemonialmacht eröffnete die mit der EVG und der EWG fortgesetzte Integrationspolitik die verlockende Perspektive, das (west)europäische Staatensystem auf eine neue Grundlage zu stellen und einen Rückfall in die gescheiterte Macht- und Gleichgewichtspolitik früherer Zeiten zu verhindern.

Weder machtpolitisch noch konzeptionell war daher im Rahmen der »Pax Americana« nach 1945 ein ausreichender Handlungsspielraum für eine eigenständige Außenpolitik der ehemaligen europäischen Großmächte vorhanden, die sich am Gedanken der Staatsräson des souveränen Nationalstaates orientierte. Großbritannien hatte bereits 1948/49 die Anlehnung an Washington gesucht, wobei die Frage weiter kontrovers bleiben wird, inwieweit die britische Diplomatie unter Außenminister Bevin damit die Chance für eine unabhängige europäische Politik mit Frankreich als Partner verspielt hat (G. Warner). Leider befaßt sich kein Beitrag mit der britischen Politik in den 50er Jahren, als Churchill und auch Macmillan kurzfristig vergeblich versuchten, eine eigenständige Position zwischen den Weltmächten einzunehmen. Ungeachtet aller Raffinesse und intellektuellen Brillanz scheiterte auch de Gaulle mit seinem Versuch, Frankreichs alte Großmachtposition zurückzugewinnen und zu den diplomatischen Traditionen und Methoden des 19. Jh. zurückzukehren (St. Hoffmann).

Die hegemoniale Vormachtrolle der USA und die Dominanz der amerikanischen Wertvorstellungen konnten durch Frankreich und Großbritannien nicht ernsthaft in Frage gestellt werden. Hervorragende amerikanische Diplomaten und Außenminister wie Marshall und Acheson hatten es nach 1945 vielmehr verstanden, die weltanschaulichen Antriebskräfte der amerikanischen Außenpolitik in einer Balance mit realpolitischen Notwendigkeiten zu halten, um eine Überbürdung der USA zu verhindern und dem Land seine außenpolitische Flexibilität zu erhalten (R. Dougall). Selbst Dulles hatte sich in seiner Amtszeit als ausgesprochener Pragmatiker erwiesen, der ungeachtet aller rhetorischen Attacken auf die Sowjetunion die osteuropäische Einflußzone Moskaus respektierte (R. D. Challener).

Erst die zum Vietnam-Konflikt führende »Prinzipienpolitik« der USA in Asien in den 60er Jahren, welche die politische Konstellation in dieser Region allein unter ideologischen Aspekten betrachtete und den sich anbahnenden machtpolitischen Konflikt zwischen Moskau und Peking dabei übersah, führte zur globalen Krise der »Pax Americana« und innen- und außenpolitischen Überlastung der westlichen Führungsmacht (LOEWENHEIM). Paradoxerweise war es der von der amerikanischen Öffentlichkeit stets mit Argwohn beobachtete Außenminister Kissinger, der, ausgehend von seinen umfangreichen Studien über die europäische Diplomatie zur Zeit Metternichs und Bismarcks, im Zuge einer genial konzipierten und exekutierten realpolitischen Strategie die machtpolitische Überbürdung der USA verringerte und für Washington dadurch die Initiative im weltanschaulichen Ringen mit der Sowjetunion zurückgewann. Die zunehmende innenpolitische Kritik an seinen machiavellistischen diplomatischen Methoden machte jedoch deutlich, daß Kissinger mit seinem Vorhaben, die idealistischen Grundlagen der amerikanischen Außenpolitik mit der realpolitischen Tradition der europäischen Diplomatie zu versöhnen, gescheitert war (J. L. GADDIS).

Der virtuos gehandhabten Diplomatie Kissingers begegneten die Repräsentanten der sowjetischen Diplomatie, an ihrer Spitze der langjährige Außenminister Gromyko, eher ratlos. Dies lag nicht zuletzt daran, daß weder Molotov noch Gromyko daran gewöhnt waren, außenpolitische Strategien zu entwerfen oder Initiativen zu ergreifen. Beide Minister sahen ihre Aufgabe zuvörderst darin, die von der Partei festgelegte außenpolitische Richtung umzusetzen (St. M. MINER/N. STONE). Die Außenpolitik der Sowjetunion nach 1945 bewirkte jedoch eine zunehmende machtpolitische Überanstrengung, die seit der Mitte der 80er Jahre zum Zusammenbruch des Imperiums führte. Letztlich machtpolitisch und ideologisch unbeweglich, hatte die sowjetische Außenpolitik keine Lösung für die überlebenswichtige Frage gefunden, entweder in Osteuropa eine Verständigung mit dem Westen zu finden oder den Konflikt mit China zu entschärfen.

Rainer LAHME, Passau

Marie-Renée MOUTON, La Société des Nations et les intérêts de la France (1920–1924), Frankfurt/Main, Bern, New York, Wien (Peter Lang) 1995, 597 S. (Europäische Hochschulschriften, Reihe 3, 628).

Zur Geschichte des Völkerbundes liegt eine Reihe von Gesamtdarstellungen vor, und auch viele der causes célèbres besonders aus den 30er Jahren sind öfters behandelt worden; doch bleibt eine größere Zahl von Themen bisher eher spärlich beleuchtet. So sind nicht zuletzt monographische Studien über das Verhältnis einzelner Staaten zum Völkerbund rar. Die vorliegende Kurzfassung der bereits 1988 an der Sorbonne eingereichten Habilitationsschrift (thèse pour le doctorat d'état) der in Grenoble lehrenden Zeithistorikerin, die sich seit den frühen 70er Jahren mit dem Völkerbund beschäftigt, stößt in diese Lücke und untersucht, wie sich die französische Politik gegenüber der auf der Pariser Friedenskonferenz 1919 gegründeten »Société des Nations« (S. D.N.) verhielt. Der behandelte Zeitraum umfaßt die ersten Anfänge der Organisation von 1919/20 bis zum innenpolitischen Wendepunkt, den der Regierungswechsel vom Bloc national zum Cartel des Gauches (Mai 1924) in Frankreich darstellte (S. 7; vgl. zur Begründung des Untersuchungszeitraums auch S. 5 im unpaginierten Vorwort von DUROSELLE). Eine vollständige Geschichte aller Zusammenhänge zwischen Genf (dem S.D.N.-Sitz) und Paris will Mouton jedoch nicht geben. Vielmehr werden diejenigen Elemente der französischen Völkerbund-Politik dargestellt, die unter dem seinerzeit leitenden Gedanken des »intérêt national« in den Vordergrund traten. Bei verschiedenen längerfristigen Problemen führt der enge zeitliche Rahmen zu einem wenig plausiblen Abbrechen der Darstellung, so vor allem im Abschnitt über die Rüstungskontrolle (S. 320; 323).

Als Quellenbasis dienen die Überlieferungen des französischen Außenministeriums (laut Mouton haben sich dort auch die einschlägigen Unterlagen aus den anderen Regierungsstellen niedergeschlagen) und des Völkerbundes. Bedauerlicherweise wird der Leser für ein systematisches Quellen- und Literaturverzeichnis an die unveröffentlichte Pariser Originalfassung verwiesen.

Die Studie wird in fünf gut strukturierten Hauptabschnitten, denen (ebenso wie den insgesamt 27 Kapiteln) jeweils ein instruktiver Problemaufriß vorangestellt ist, entfaltet. Der knapp gehaltene erste Abschnitt umreißt die Vorgeschichte und die wichtigsten strukturellen Ausgangsbedingungen (S.11–45). Der Person Léon Bourgeois', dem Protagonisten des französischen Völkerbund-Engagements dieser Jahre, wird das einzige längere Porträt des Bandes gewidmet, die französische Equipe im internationalen S.D.N.-Sekretariat vorgestellt, die amtliche Pariser Kontaktstelle nach Genf (»Service français de la S.D.N.«) erklärt.

Die vier hierauf aufbauenden, etwa gleich dimensionierten Hauptabschnitte greifen die einzelnen, zeitlich oft parallelen politischen Probleme auf. Deren erstes, das durch den Versailler Vertrag geschaffene Saargebiet (S. 47–154), war aufs engste mit dem Völkerbund verbunden und stand zugleich im Brennpunkt des französischen Interesses. Der zweite Problemkreis (S. 155–323) widmet sich den Fragen der Rüstungsbeschränkung und -kontrolle, dem seltsamen Dreiecksverhältnis Washington-Paris-Genf, den vergeblichen Versuchen, die S.D.N.-Satzung durch besondere Sicherheitsgarantien zu ergänzen, sowie den beiden Konfliktherden Danzig und Oberschlesien. Von erheblicher Bedeutung für Frankreich war die Regelung der Übernahme der 1919 von Deutschland und der Türkei abzutretenden Kolonial- und Herrschaftsgebiete in Afrika und im Nahen Osten (S. 325–442). Daß deren glatte Einverleibung in den eigenen Kolonialbesitz nicht erlaubt wurde, sondern (jedenfalls dem Anspruch nach) nur eine treuhänderische Übergabe mit gewissen Kontrollrechten durch den Völkerbund erfolgte, stieß in Paris auf erheblichen Unwillen. Der vierte Themenbereich (S. 443–553) umfaßt einige der gravierenden wirtschaftlichen Fragen, in die der Völkerbund bei gleichzeitigem massiven Interesse Frankreichs involviert war; erörtert werden die Finanz- und Wirtschaftskonferenzen von Brüssel (1920) und Genua (1922), die finanzielle Konsolidierung Österreichs und das jeden dieser Komplexe tangierende Reparationsproblem.

Moutons Darstellung erlaubt einen gründlichen Blick gewissermaßen in die Werkstatt der französischen Völkerbund-Politik. Ein sicherer Umgang mit den diplomatischen Quellen legt Sachfragen und Motive gleichermaßen offen, auch wenn Nachprüfungen an den jeweils einschlägigen außenpolitischen Akteneditionen der anderen Mächte durchgehend nicht vorgenommen werden (Ausnahme: S. 510). Zuweilen gewinnt der Text durch die geschickte Verarbeitung des Materials bemerkenswerte Glanzlichter, so etwa bei der Wiedergabe der – ergebnislosen – Unterredung zwischen dem (italienischen) Präsidenten der S.D.N.-Mandatskommission und dem (irakischen) Beschwerdeführer über die französische Kolonisierungspolitik im Mandatsgebiet Syrien – ein kleiner Melier-Dialog unter New-Diplomacy-Bedingungen (S. 421f.). Mehrere nützliche chronologisch-organisatorische Übersichten sowie ein Personenregister (aber leider kein Abkürzungsverzeichnis) komplettieren den Band; die zeitgenössischen Karten können wohl nur als Dokumentation eines deplorablen kartographischen Standards gelten (S. 68; 210; 228; 251; 336; 402).

Dem streng diplomatiegeschichtlichen Zugriff drohen allerdings einige durchaus relevante Fragen zu entgehen. Der Einfluß der Öffentlichkeit wird einleitend als weitgehend unerheblich abgetan (S. 7), obwohl Presse und Parlament dann doch des öfteren zitiert werden (z.B. S. 235ff.; 370f.; 382f.; 400ff.). Die prominent besetzte Förderergesellschaft »Association française pour la S.D.N.«, deren englisches Gegenstück (»League of Nations Union«) immerhin ganz erheblichen Einfluß auf die britische Völkerbund-Politik nehmen konnte, wird nur kursorisch erwähnt (S. 36). Dabei verbleiben womöglich interessante Versuche, eine Demokratisierung der Außenpolitik herbeizuführen (und als ein derartiges Instrument wurde der Völkerbund nicht selten verstanden) in dem tiefen Schatten, den gerade regierungsamtliche Quellen auf solche Unternehmungen werfen.

Insgesamt zeichnet Mouton von der französischen Völkerbund-Politik ein recht düsteres Bild. Paris zeigt zunächst für die S.D.N.-Gründung wenig Begeisterung, dann instrumentalisieren die französischen Regierungen während des Untersuchungszeitraums die internationale Organisation beim Verfolgen eigennütziger Interessen und sind zu positiver Mitarbeit bei vielen Detailfragen kaum bereit; drohen aus Genf gar Nachteile, so greifen sie nicht selten auch zu Obstruktion. Im übrigen bevorzugt es Paris, in bewährter Großmachtmanier, aber gegen die Grundidee des Völkerbundes, die Dinge bereits im Vorfeld im Zusammenspiel mit Großbritannien (der anderen damals in Genf vertretenen Macht »à intérêt général«) zu arrangieren. Der gedankliche Gegensatz zwischen dem kurzsichtig-egoistischen »intérêt national« und einem vernünftig-kooperativen »intérêt bien compris« (z.B. S. 397) durchzieht untergründig die gesamte Studie. Es wird dem wissenschaftlichen Selbstverständnis Moutons entsprechen, daß ein kontrafaktischer Blick auf Alternativen im Einzelfall unterblieben ist; eine kurze explizite Erörterung der grundsätzlichen Schwierigkeit bei der Definition von »intérêt national« würde die Studie aber um eine wichtige Dimension bereichert haben. Das pessimistische Vorwort von Jean-Baptiste DUROSELLE, dem 1994 verstorbenen französischen Nestor der Geschichtsforschung über die internationalen Beziehungen, zieht die sich aufdrängende Parallele zur Völkerbund-Nachfolgeorganisation UNO[1].

Ralf FRITZE, Düsseldorf

Umberto CORSINI, Davide ZAFFI (Hg.), Le minoranze tra le due guerre, Bologna (Istituto storico italo-germanico in Trento) 1994, 314 S. (Annali dell'Istituto storico italo-germanico, 38).

Eine Tagung des Italienisch-Deutschen Instituts in Trient hat sich mit dem Minderheitenschutz im Europa der Zwischenkriegszeit beschäftigt. Die Hoffnung auf ein friedliches Zusammenleben nach dem Fall der Berliner Mauer und dem Zusammenbruch der Sowjetunion hat sich inzwischen als Illusion erwiesen. Viel komplexer sind die Probleme als es im Schatten des eisernen Vorhangs erschien. Ähnlich wie heute waren auch die Versuche einer Lösung nationaler Konflikte nach dem Ersten Weltkrieg entmutigend. Was das Zusammenleben der Menschen in Europa und den Schutz seiner Minderheiten betrifft, erscheint das 20. Jh. als tragisches Scheitern unseres Zivilisationsanspruchs.

Im Mittelpunkt des Bandes steht der Versuch, nach 1918 mit Hilfe des Völkerbundes den rechtlichen, sozialen und kulturellen Schutz nationaler und religiöser Minderheiten zu garantieren und auf diesem Wege ein wesentliches Motiv kriegerischer Konflikte zu vermeiden. Paolo PRODI weist zunächst auf unterschiedliche Rechtstraditionen hin, welche bereits *ante primam* der Wirksamkeit des Völkerbundes entgegenstehen. Die Société des Nations – trotz ihres Namens – kannte wie heute die UNO nur Staaten als Rechtssubjekte. Mit starken Bezügen zu Herder entspricht dies dem vor allem in Deutschland entwickelten Konzept des Nationalstaats, das heißt der Einheit von Staat und Nation, wohingegen die französische Tradition nicht nur das über die kulturelle Abstammung hinausgehende *droit du sol* zum Prinzip macht, sondern nach seinem Verständnis einen über den Staaten stehenden Akteur fordert, was in diesen Tagen in der Idee einer direkt dem Kommando der UNO unterstehenden Eingreiftruppe wieder auftaucht. Auch der bis heute bestehende Widerspruch zwischen einem aus den wichtigsten Staaten gebildeten, omnipotenten Sicherheitsrat und

1 Nach Abschluß der Rezension ist eine Paralleluntersuchung zu Mouton erschienen: Christa HAAS, Die französische Völkerbundpolitik 1917–1926, Dortmund 1996.

der wachsenden Sensibilität gegenüber den Rechten der von Staaten nur indirekt vertretenen nationalen Minderheiten entstand in diesem Zusammenhang.

Bereits auf der Friedenskonferenz von Paris wurde ein breiter Katalog von Schutzklauseln für die Minderheiten festgelegt, den die aus dem Ende des Krieges neu hervorgehenden Staaten zu unterschreiben hatten und der auch für die späteren zwischenstaatlichen Abkommen sowie den Beitritt zum Völkerbund Bedingung war (F. ERMACORA). Antwortete das postrisorgimentale Italien auf die Minderheitenfrage vor allem mit Assimilationsbestimmungen (C. GHISALBERTI), so strebte man in der kurzen Zeit zwischen Krieg und Faschismus zunächst einen Kompromiß zwischen Eigenständigkeit der Minderheiten und Integration in den Staat an. Den Tirolern kam dieser Schutz stärker zu Gute als den Slawen (E. CAPUZZI) und vor allem die Slowenen waren sehr früh Opfer faschistischer Übergriffe, auf welche auch die Liberalen um Giolitti kaum reagierten (J. PIRJEVEC). Ganz anders das Beispiel der von Lenin nicht als Nationalstaat, sondern als Keimzelle einer sozialistischen Weltrepublik geplanten Sowjetunion, die bis Anfang der 1930er Jahre das Recht auf nationale Selbstbestimmung weitgehend anerkannte, diese in der revolutionären Strategie gegen das zaristische Reich und zur Zerschlagung der bürgerlichen Ordnung einsetzte (A. ZUBOV). Die Tolerierung national definierter Kulturen, vor allem auf dem Gebiet der Sprache und des Brauchtums, sollte entsprechende Bedürfnisse neutralisieren und die Völker Ost- und Südosteuropas in den neuen Völkerbund führen. Selbstverständlich beschränkte sich dieser Schutz auf im weitesten Sinne »Volkskultur« und bereits in den 1920er Jahren wurde alles was mit den Unabhängigkeitsbestrebungen des liberalen Bürgertums in Verbindung gebracht werden konnte stengstens unterbunden. Bei den Wahlen stimmte der überwiegende Teil der ehemaligen Kolonien des Zarenreichs mit großen Mehrheiten für die Bolschewisten (die baltischen Staaten, Weißrußland und unter anderen Umständen auch die Ukraine). Aber auch die Ungarn, Litauer, Georgier und verschiedene Bergvölker in Rußland selbst sowie die jüdische Bevölkerung unterstützten die bolschewistische Logik, welche im Krieg weniger Völkerstreit als Klassenkampf sah. 1932 gab es im ehemaligen Reich 19 autonome Republiken, 17 eigenständige Regionen, 10 mit nationalen Rechten ausgestattete Distrikte, 250 nationale Provinzen und 5300 nationale Dorfsowjets, wodurch die innere Differenzierung des Riesenreichs erstmals Ausdruck auf der politischen Landkarte fand. Die deutsche Bevölkerung verfügte allein in der Ukraine über sieben eigenständige Provinzen und 254 Dorfsowjets. Ähnlich hatte die jüdische Bevölkerung 3 eigene Provinzen und 156 Dorfsowjets. Schulbücher erschienen 1934 in 104 Zeitungen in 87 Sprachen. Bereits 1919 waren allerdings auch verfassungsrechtlich die Grenzen dieser Selbstbestimmung deutlich: Es gab nur eine zentralisierte, allmächtige Partei, der alle »nationalen« Gliederungen untergeordnet waren. Die Widerstände der georgischen und der ukrainischen Kommunisten sowie der KP der muslimischen Tataren wurden bereits im Anfang erstickt. Das Experiment wurde seit Beginn der 1930er Jahre auf brutalste Weise abgebrochen und endete mit dem Leid unzähliger Bevölkerungsgruppen. Nicht Lenins Idee eines Bundesstaates sozialistischer Völker, sondern die Orientierung an imperialistischer Russifizierung und dem Nationalstaat des zaristischen Reiches bestimmte die Minderheitenpolitik Stalins. Weitere Beispiele: Galt Finnland im Umgang mit seinen Schweden dem Völkerbund häufig als Modell (T. MODEEN), verweigerte das junge Polen der Zwischenkriegszeit den Minderheiten jegliche Rechte (J. KOZENSKI). Davon waren indes weniger die Deutschen im Westen als vielmehr die Sprachgruppen im Osten betroffen. Auch in Rumänien und Ungarn wurde die Situation für die Minderheiten seit 1918 eher schwieriger (Z. SZÁSZ, L. SZARKA, S. RETEGAN). Ähnlich zeigt der Versuch eines griechisch-bulgarischen und des griechisch-türkischen Bevölkerungsaustauschs die engen Wirkungsmöglichkeiten des Völkerbundes, einen menschenwürdigen Umgang mit den Minderheiten zu garantieren (T. DIMITROV). Anders die Prager Politik (F. LEONCINI, M. ALEXANDER): Gebot das österreichische Kaiserreich in Böhmen den deutschen Sprachgruppen grundsätzlich mehr Schutz als den tschechischen (J. KORALKA), weist Masaryks Konzept bereits zahlreiche Parallelen zu den Ideen eines europäischen Bundesstaates auf, wie sie seit dem Zweiten Weltkrieg Altiero Spinelli entwickelte. Trotzdem trat der überwiegende Teil der sudetendeutschen Bevölkerung in enger Abstimmung mit dem nationalsozialistischen Propagandaapparat in eine Verleumdungskampagne gegen die Tschechoslowakei ein, um 1938 Vorwände für den Einmarsch Hitlerdeutschlands zu erfinden. Der Völkerbund war also in seinen wesentlichen Bestrebungen gescheitert, trotz eines beeindruckenden, innerhalb weniger Jahre aufgebauten Verwaltungsapparats, wovon ein Blick auf die Arbeit des Petitionsausschußes (D. ZAFFI) und in die Archive (U.-M. RUSER) zeugen.

Das Buch, dem bedauerlicherweise eine Vorstellung der Autoren fehlt, kann mit Blick auf die tragische Situation Europas nach 1989 kaum Lösungen bieten. Doch sollte eine detaillierte Analyse begangener Fehler in der nationalen Kooperation und der geschichtlichen Entwicklung von Nationalitätenkonflikten die Grundlage dafür bilden, nach neuen Wegen bei der Konstruktion eines wirklich friedlichen Europas zu suchen. Nicht zuletzt die Spannungen zwischen türkischen und kurdischen Mitbürgern in der Bundesrepublik zeigen, daß internationale Verantwortung für den Umgang mit Minderheiten auch das Europa der 15 betrifft.

Axel KÖRNER, Florenz

Jörg K. HOENSCH, Dusan KOVÁC (Hg.), Das Scheitern der Verständigung. Tschechen, Deutsche und Slowaken in der Ersten Republik 1918–1939, Essen (Klartext) 1994, 179 p. (Veröffentlichungen des Instituts für Kultur und Geschichte der Deutschen im östlichen Europa, 2).

L'échec de la réconciliation germano-tchécoslovaque de l'entre-deux-guerres dont font état une dizaine d'auteurs pour la commission d'historiens germano-tchécoslovaque (aujourd'hui: tchèque et slovaque) peut paraître d'autant plus grave que les conséquences de cet échec perdurent jusqu'aujourd'hui, comme l'on peut le voir autour de la, déjà célèbre, déclaration commune de l'Allemagne et de la Tchéquie au mois de janvier 1997. Les querelles, les contestations, les malentendus, et par là en fait la nécessité même de cette déclaration, trouvent leur origine, sans aucun doute, dans la période traitée dans cette œuvre collective qui contient les contributions d'un colloque à Göttingen, en avril 1992. Naturellement, les articles sont de qualité et de longueur inégale, malgré le fait que le niveau scientifique de toutes les contributions soit tout à fait acceptable. L'une des difficultés du sujet même est que, contrairement aux relations franco-allemandes par exemple, les relations entre Allemands, Tchèques et Slovaques, pendant cette période, relèvent à la fois de la politique internationale et de la politique intérieure de la première république tchécoslovaque, fondée après la Première Guerre mondiale, une création qui signifie, comme le souligne à juste titre J. K. HOENSCH dans son introduction, une rupture, celle de l'histoire commune de ces régions avec l'Autriche des Habsbourg. HOENSCH insiste également sur le fait que les »Allemands des Sudètes« ne développent une conscience »allemande« qu'après la déception par rapport à l'Etat »de Prague« qui ne leur concède aucun statut particulier qui rendrait compte de leur existence comme minorité. Cette minorité devient, selon M. ALEXANDER, très vite un des enjeux politiques les plus importants entre les deux Etats de l'Allemagne et de la Tchécoslovaquie, qui par ailleurs, comme le souligne E. KUBU, appartenaient à deux systèmes internationaux différents, voire hostiles, à savoir la soi-disante »Petite Entente« pour la Tchécoslovaquie, et au groupe des vaincus pour la République de Weimar, république aussi jeune et inexpérimentée, peut-on rajouter, que la voisine. L'imbroglio de la politique internationale et interne entre les deux Etats surgit dès 1926, après Locarno, donc plus de dix ans avant la crise de 1938, quand certains politiciens allemands commencent à »s'inquiéter« du sort de leurs »frères« sudètes (est-il un hasard que ces reproches envers la Tchécoslovaquie émanèrent déjà à cette époque des conservateurs bavarois, les plus réticents, aujourd'hui, envers une normalisation des relations entre l'Allemagne et la Tchéquie?).

A côté de contributions à contenu prinicipalement politico-diplomatique (aux articles déjà évoqués se rajoute celui de S. DOLEZEL, remarquable passage en revue de la politique hitlérienne en et envers la Tchécoslovaquie) ou militaire (V. BYSTRICKY), se trouvent les recherches sur les conflits culturels (P. BECHER) et économiques (C. BOYER, dans un article très fourni, traite de la question des commandes de l'Etat tchécoslovaque auprès des entreprises des différentes nationalités, notamment celle de la minorité allemande).

Est-il surprenant, qu'après 40 ans de chappe de plomb au niveau de la recherche historique en Tchécoslovaquie, une partie des historiens s'occupe d'abord des problèmes intérieurs de leur propre pays, les problèmes entre Tchèques et Slovaques? Ainsi L. LIPTAK et E. BROKLOVA traitent-ils d'abord et avant tout de la question de la »nation tchécoslovaque«, de la domination tchèque pendant les années 20 et 30, et moins des questions entre les Allemands et leurs voisins. V. KURAL, en revanche, examine cette question de la nationalité et de la nation en démontrant l'évolution des programmes des Allemands des Sudètes, qui empêchaient une éventuelle transformation de la Tchécoslovaquie d'un Etat national en un »Etat de nationalités«.

Evoquons, enfin, le remarquable article de H. LEMBERG sur »Munich 1938«. Il retrace les relations traumatiques entre les deux pays qui culminent dans ce mythe, sans se limiter strictement à la période de l'entre-deux-guerres. C'est par cette contribution que le lecteur s'aperçoit le plus clairement de la présence de l'histoire dans l'actualité, et par là de la nécessité de connaître le passé pour en surmonter les traumatismes.

Fritz TAUBERT, Paris

Karl SCHLÖGEL (Hg.), Russische Emigration in Deutschland 1918 bis 1941. Leben im europäischen Bürgerkrieg, Berlin (Akademie) 1995, 550 S.

Nach dem »Großen Exodus« hat Schlögel nun binnen kurzer Zeit einen weiteren deutschsprachigen Sammelband zur russischen Emigration herausgegeben. Dieser zweite Band basiert auf Vorträgen, die auf der internationalen Tagung »Russische Emigration in Deutschland 1918 bis 1941« im Juni 1994 an der Universität Konstanz gehalten wurden. Er umfaßt insgesamt 34 Beiträge von 33 Autoren.

Um den Untersuchungsrahmen abzustecken, wurde der Sammelband, wie auch vorab die Konferenz, in sechs Themenbereiche aufgegliedert, die sich mit unterschiedlichen Aspekten der russischen Emigration in Deutschland befassen.

Der erste Bereich, »Russische Flüchtlinge in Deutschland«, spiegelt in seiner heterogenen Zusammensetzung bereits ein Charakteristikum der Flüchtlinge aus dem ehemaligen Zarenreich wider. Von den russischen Kriegsgefangenen in Deutschland über religiöse Minderheiten, wie die Juden aus dem Zarenreich, hin zu nationalen Minderheiten, wie den Ukrainern und den Balten, reicht der Zug der Flüchtlinge in Deutschland, der hier eine gelungene Berücksichtigung findet. Besonders bemerkenswert war der aufgezeigte Unterschied der ukrainischen zur russischen Emigration, wobei die andere Sozialstruktur der ukrainischen Emigranten eine wichtige Rolle für ihr Selbstverständnis und Nationalgefühl spielte.

Der zweite Abschnitt, »Leben in der Fremde«, beschäftigt sich mit den sozialen und gesellschaftlichen Gegebenheiten der Exilgemeinschaft in Deutschland. Die einzelnen Beiträge sind für sich genommen durchaus interessant, zusammen zeigen sie aber kein umfassendes Bild des Lebens im Exil auf.

Der dritte Teil ist den politischen Strömungen unter den Emigranten gewidmet. Leider ist hier noch mehr als im vorherigen Abschnitt die Kritik berechtigt, daß die angesprochenen Themen nur ein unzureichendes Bild der politischen Strömungen und Aktivitäten der russischen Emigranten in Deutschland widerspiegeln. Zwar finden sich hier beispielsweise zwei sehr gute und fundierte Beiträge zu den Exilmenschewiki, aber die Sozialrevolutionäre, die konstitutionellen Demokraten und vor allem die in Deutschland stark vertretenen russischen Monarchisten wurden in diesem Abschnitt kaum bzw. gar nicht betrachtet. Statt dessen wurden politische Außenseiter der russischen Emigration wie Schwartz-Bostunitsch und Biskupskij, oder auch die im Exil politisch eher bedeutungslosen russischen Anarchisten behandelt. Die Tendenz, sich eher mit den Randerscheinungen der russischen Emigration zu beschäftigen, zeigt sich auch im vierten Abschnitt, »›Russischer Geist‹ in deutscher Umgebung«.

Erst im fünften Kapitel des Sammelbandes, das sich mit dem »Russkij Berlin« als Topos der europäischen Kultur des 20. Jh. auseinandersetzt, kommt es zu einer in diesem Fall berechtigten Beschäftigung mit einzelnen außergewöhnlichen Persönlichkeiten wie beispielsweise Ajchenwald, Belyj und Nabokov. Besonders gut ist es der Autorin des Beitrages zur russischen Film-Emigration in Deutschland gelungen, ihr Spezialgebiet in die Gesamtkonzeption des Sammelbandes einzubetten.

Vervollständigt wird das Bild zur russischen Emigration in Deutschland im letzten Abschnitt, der den russischen Verlagen und Zeitungen in Berlin gewidmet ist. Hier sind die Schwerpunkte der einzelnen Beiträge besser der Vielfalt in der Welt der Printmedien der Emigranten angemessen. Leider lassen sie aber inhaltlich und konzeptionell häufig zu wünschen übrig. So fehlt zum Beispiel dem Beitrag »Feindbeobachtung« jegliche Fragestellung, um das sehr interessante und umfangreich erschlossene Material nicht nur zu präsentieren, sondern auch zu analysieren. Mangelnde Klarheit im Konzept kennzeichnet auch den Beitrag zur Emigrantenzeitung »Naš Vek« aus. Weder wird ein deutliches politisches Profil der Zeitung aufgezeigt, noch wird auf die im Mittelpunkt des Aufsatzes stehende Beziehung der Zeitung zu den Nationalsozialisten erläuternd eingegangen. Die Ausführungen erschöpfen sich in Paraphrasen ohne weiterführenden Kommentar.

Der Sammelband hat einen umfangreichen Anhang, zu dem u.a. Abbildungen, ein Personenregister und eine recht große Auswahlbibliographie gehören. Bei der Bearbeitung letzterer hat es leider an der nötigen Sorgfalt gemangelt. Neben doppelten Angaben, Orthographie- und Transkriptionsfehlern, besonders bei Autorennamen, machen es auch ungenaue Titelangaben manchmal schwer, die zitierten Werke zu lokalisieren. Mangelnde Sorgfalt wird ebenfalls in der äußeren Form einiger Aufsätze, besonders aber bei den Übersetzungen anhand von orthographischen, stilistischen wie auch grammatikalischen Fehlern deutlich. Eine (leider unterlassene) Autorenkorrektur wäre den Mühen der verschiedenen Verfasser wohl angemessen und sicherlich ein Gewinn für den Band gewesen.

Im ganzen ist es dem Herausgeber aber durchaus gelungen, mit dem Sammelband ein recht umfassendes Bild der russischen Emigration in Deutschland zu zeigen, auch wenn manchmal eher die Ausnahme als die Regel im Mittelpunkt der Betrachtungen stand.

Claudia WEISS, Hamburg

Andreas GESTRICH, Gerhard HIRSCHFELD, Holger SONNABEND (Hg.), Ausweisung und Deportation. Formen der Zwangsmigration in der Geschichte, Stuttgart (Franz Steiner) 1995, 166 p. (Stuttgarter Beiträge zur historischen Migrationsforschung, 2).

Un recueil très varié, qui frappe plus par l'intérêt des différentes contributions qu'il contient, que par les comparaisons que celles-ci permettent. Le sous-titre du volume, qui tend à lui donner une unité, ne paraîtra sans doute pas très convaincant: peut-on qualifier de

Zwangsmigration le fait de garder des prisonniers pour leur faire payer rançon (chapitre de M. KINTZINGER) ou celui d'expulser des vagabonds et des mendiants vers leurs lieux d'origine (M. JÜTTE)? Mais chaque étude, en soi, retient l'attention.

Les deux contributions relatives à l'Antiquité sont des travaux d'érudition. Dans »Deportation im antiken Rom«, Holger SONNABEND s'attache avant tout au bannissement à Rome, au 2e s. avant J. C., de plusieurs centaines d'opposants grecs. Eckart OLSHAUSEN, dans »Griechenland im Orient. Die Deportation der Eretrier nach Mesopotamien«, cherche à saisir ce qu'a été, au 5e s. avant J. C., la déportation d'une partie des habitants de la ville d'Erétrie, dans l'île d'Eubée, par les Perses. Dans les deux cas, les auteurs se livrent à une critique aussi serrée que possible des sources disponibles, et montrent les incertitudes qui subsistent autour des deux opérations. Avec le moyen-âge et les temps modernes, on aborde des thèmes plus généraux: l'histoire, dans la guerre médiévale, des otages et des prisonniers (M. KINTZINGER), où le moyen âge est survolé de manière fort rapide; deux thèmes, pour les temps modernes, qui relèvent du droit pénal. Dans »Bettelschübe in der frühen Neuzeit«, Robert JÜTTE fait ressortir les difficultés rencontrées par les Etats allemands qui usaient du procédé du *Bettelschübe*, fondé sur l'idée que le mendiant devait être secouru là où il était né, et qu'il fallait par conséquent l'y renvoyer (il faudra attendre 1842, en Prusse, pour que le principe du »domicile de secours« remplace en droit celui des obligations de la localité de naissance). Helga SCHNABEL-SCHÜLE, dans »Die Strafe des Landesverweises in der frühen Neuzeit«, montre pour sa part la place qu'occupait l'expulsion du pays dans l'échelle des peines, mais aussi le rôle qu'elle jouait dans l'éloignement d'éléments jugés indésirables. Cette peine a, au XIXe siècle et même au début du XXe siècle, fait rêver encore des pénalistes allemands. Ils avaient sous les yeux l'exemple des colonies pénitentiaires britanniques, et certains voyaient là un moyen excellent pour se débarrasser non seulement de certaines catégories de condamnés, mais même, pensaient d'aucuns, d'individus politiquement dangereux (la social-démocratie intervient parfois dans leurs raisonnements). Tant que l'Allemagne n'a pas eu de colonies, on a dû se contenter, en pratique, de faire partir subrepticement vers l'Amérique un certain nombre d'hommes que l'on graciait à condition qu'ils s'embarquent pour le Nouveau Monde. Dès que l'Allemagne a eu des colonies, des projets se sont faits plus précis – mais ils ne sont jamais sortis des cartons de leurs concepteurs; les gouverneurs coloniaux étaient les premiers à s'opposer à ce type de »peuplement« (Johannes H. VOIGT, »Die Deportation, ein Thema der deutschen Rechtswissenschaft und Politik im 19. und frühen 20. Jahrhundert«).

Pour le XXe siècle, le volume nous offre trois contributions qui, elles, traitent de vrais phénomènes de masse. M. Dittmar DAHLMANN, dans »Deportationen der deutschen Bevölkerungsgruppe in Rußland und in der Sowjetunion 1915 und 1941. Ein Vergleich«, se livre à une comparaison d'autant plus délicate que chacun des deux phénomènes qu'il envisage – l'évacuation forcée vers l'est, en 1915, d'une centaine de milliers d'Allemands de l'ouest de la Russie, et la déportation en plus d'un million d'Allemands, toujours vers l'est, en 1941 – demeure relativement peu étudié, et qu'il subsiste encore à propos de l'un et de l'autre beaucoup d'obscurités. La contribution de Pavel POLJAN, »Die Deportation der Ostarbeiter im Zweiten Weltkrieg«, est très descriptive, et les chiffres que retient l'auteur ne paraissent pas toujours très sûrs. Moins connu est le recrutement pour l'Allemagne de travailleurs italiens, qui, après avoir eu un caractère volontaire, est devenu un recrutement forcé. Lutz KLINKHAMMER, »Deportationen aus Italien nach Deutschland 1943–1945«, lui consacre des pages fort solides.

Jean STENGERS, Bruxelles

Marcus GRÄSER, Der blockierte Wohlfahrtsstaat. Unterschichtjugend und Jugendfürsorge in der Weimarer Republik, Göttingen (Vandenhoeck & Ruprecht) 1995, 306 S. (Kritische Studien zur Geschichtswissenschaft, 107) – Friedhelm SCHÜTTE, Berufserziehung zwischen Revolution und Nationalsozialismus. Ein Beitrag zur Bildungs- und Sozialgeschichte der Weimarer Republik, Weinheim (Deutscher Studienverlag) 1992, 304 S.

Der Bereich des Bildungs- und Unterrichtswesen der Weimarer Republik ist in den letzten Jahren verstärkt ins Blickfeld der Forschung geraten, wohl auch in der Annahme, dort ließen sich Fehlentwicklungen aufhellen, die einen Erklärungsansatz für das Folgende bieten könnten. Diesen Zusammenhang bestätigt GRÄSER, dem die »Krise der Fürsorgeerziehung als Metapher für das Grundproblem und Scheitern der Weimarer Republik« dient.

Die Ursprünge des Gedankens der Jugendfürsorge legt er im letzten Drittel des 19. Jh. frei, als im Zuge industrialisierungsbedingter »kumulativer Großstadtverjüngung« das Problem bindungsloser Jugendlicher zunehmend offenkundig wird und Überlegungen zur »Sonderheit« jugendlicher Straffälligkeit vor allem unter bürgerlichen Sozialreformern Platz greifen. Diese setzen sich zum Ziel, einerseits den jugendlichen Straftäter aus Strafrecht und Strafvollzug auszuklinken; andererseits – den Circulus vitiosus der Kontinuität von Straffälligkeit durchbrechend – vorbeugend schon den jugendlichen Verwahrlosten einer »Erziehung zur Brauchbarkeit« zuzuführen.

Den eigentlichen Fortschritt in dem breit angelegten Reformwerk sieht GRÄSER in der neuen Sicht der zu betreuenden Klientel. Sie besteht darin, daß »nach und nach überall die verlassene, mißhandelte, physisch und geistig defekte, verwahrloste, straffällige Jugend als eine einzige soziale Erscheinung aufgefaßt wird, die uns in verschiedenen Entwicklungsstadien gegenübertritt«.

Als Kern der in Aussicht genommenen Jugendwohlfahrtspflege gilt die Fürsorgeerziehung, die – als gewissermaßen letzte Instanz der vormundschaftlichen Betreuung – auf Beschluß des Jugendamtes in der Jugendfürsorgeanstalt verfügt wird. Dies alles ist Symptom einer sozialen Aufbruchstimmung, die noch während des Kaiserreichs von breiter Zustimmung getragen wird.

Gleichwohl gelingt es vor Beginn des ersten Weltkriegs nicht mehr, die angestrebte Reform gesetzlich zu verankern. Erst unter der Weimarer Republik tritt am 1.4.1924 das Reichsjugendwohlfahrtsgesetz in kraft. Doch hatte es mittlerweile im Widerstreit der interessierten und um ihre Besitzstände fürchtenden Kräfte viel von seinem hohen Anspruch eingebüßt; Revolution, finanzielle Engpässe und kommunales Kompetenzstreben trugen zur weiteren Aufweichung bei. Nicht wie ursprünglich geplant einer zentralen Reichsjugendbehörde obliegt es von nun an, die aufgespaltenen Bemühungen zu koordinieren, vielmehr bleiben die Landesbehörden zuständig. Zudem bleibt die Zersplitterung der Trägerschaft bestehen: zu konfessionell begründeter »Liebestätigkeit« gesellen sich private Initiativen, kommunale und regionale Einrichtungen. Auch andere zukunftsweisende Absichten werden zunichte gemacht; so wird die Fürsorgeerziehung aus der Zuständigkeit der Landesjugendämter ausgegliedert und entsprechend einem Jugendgerichtsgesetz organisiert. Diese Praxis, die Nähe zur Straffälligkeit herstellt, verleiht der Fürsorgeerziehung eine Stigmatisierung, die ihre Aussicht auf Verwirklichung des reformpädagogischen Anspruchs dauerhaft beschädigen wird. Zudem stellen tradierte Formen von jugendpflegerischen Einrichtungen die anvisierten Erziehungsziele in Frage. »Wer nicht mehr ... mit der Sünde im Menschen als einer realen, dämonischen Macht rechnet, wird mit der Fürsorgeerziehung nicht fertig« konstatiert ein Vertreter der konfessionellen Trägerschaften. Zudem erweist sich die Umsetzung des RJWG als schwierig. »Kriegsfolgen, Not, Änderung der Arbeitswelt und Inflation schränken die Spielräume ein.« Damit gerät das System in einen Teufelskreis: Die Zielvorstellung der vorbeugenden Verhinderung von Kriminalität tendiert dazu, zunehmend auch die »Aufsichtslosen« in den Katalog der fürsorgerisch zu Betreuenden einzubeziehen. Damit ist der Grund gelegt für eine latente Überforderung der Institutionen und ihre Überfrachtung mit Aufgaben und Ansprüchen. In der fürsorgerischen Praxis gerät im Kontext der wirtschaftlichen und organisatorischen Beschränkungen die angestrebte »Erziehung« zur rigiden »Disziplin«.

Bereits für die Mitte der 20er Jahre – und damit noch vor dem Beginn extremer wirtschaftlicher Engpässe – konstatiert GRÄSER krisenhafte Verhältnisse in der Fürsorgeerziehung, die sich in Skandalen, Anstaltsrevolten und allgemeinen Mißständen manifestieren und die in der Öffentlichkeit für großes Aufsehen sorgen. Die Vorgänge wirken desillusionierend auch auf zahlreiche Anhänger der Reformpädagogik.

In einer luziden Diagnose legt er die Gründe für den Niedergang einer der von Euphorie getragenen und mit großen Hoffnungen verbundenen reformpädagogischen Ansätze der Weimarer Republik frei. Neben wirtschaftlichen Gründen, institutioneller Überlastung, mangelhafter Qualifikation des Personals macht GRÄSER vor allem – und das führt auf die anfangs gestellte Frage nach Kontinuitäten hin – die inhaltliche Problematik verantwortlich. Es gelingt ihm nachzuweisen, daß die Dimension ›Zukunft‹ für die Wohlfahrtszöglinge nicht positiv besetzt wird. Die Jugendfürsorge scheitert, »weil sie zur industriellen Lohnarbeit als der wichtigsten disziplinierenden Instanz der modernen Gesellschaft ein gebrochenes Verhältnis hatte«. Die Krise der Fürsorgeerziehung war demnach Resultat der beruflichen und entwicklungspsychologischen Fehllenkung. Sie sorgte, so GRÄSERS These, für die fortdauernde Marginalisierung der Unterschichtsjugend und schuf einen »weithin chancenlosen, fast immer krimineller Handlungen verdächtigten, deklassierten Teil der Unterschicht«.

Der zeitgenössischen Öffentlichkeit stellte sich die Frage nach den Verursachern der Krise. Das Bemühen um wissenschaftliche Untersuchung führte zur »Verwahrlosungsforschung« und in diesem Rahmen zur Frage der kriminellen Vorschädigung durch Deszendenz und Aszendenz. Das Unvermögen, exakte und nachprüfbare Ergebnisse zu produzieren, wurde kompensiert durch medizinisch verbrämte Analyse. Was dabei herauskam, war die Entdeckung von »Schwererziehbarkeit« als Folge von Anlage und Milieu. Es folgt der Gedanke an Selektion der verschiedenen Stufen von »Erziehbarkeit«. Der jugendlichen Klientel, die Befähigung zu »Einpassung« und »Einordnung« zeigt, wird »Wertigkeit« zuerkannt. Sie wird abgegrenzt von den »Schwererziehbaren«, die als »minderwertig« erscheinen. Wirtschaftliche Nöte und reduzierte öffentliche Mittel leisten dieser Entwicklung Vorschub.

Mit dem Spannungsverhältnis von »wertig-minderwertig«, »gesund-krank« kam die »optimistische Jugendfürsorgebewegung« der Jahrhundertwende zu einem Ende. Ins Blickfeld geriet die Ideenwelt der Rassenhygiene. Als Zukunftsperspektive erschienen »rassenhygienische« Maßnahmen. »Eine Rassenhygiene aber, die solche medizinische Deutungsmacht, Gesellschaftspolitik und politische Teleologie mit dem Anspruch großer Zukunftsbedeutsamkeit zusammenband, … war als (erdrückender) Bündnispartner einer verunsicherten Jugendfürsorge schier unschlagbar.« Für zahlreiche vorwiegend aus dem bürgerlichen Lager stammende Sozialreformer verlor die fürsorgerische Tätigkeit mit der als Säkularisierung gedeuteten Verlagerung sozialer Arbeit unter öffentliche Zuständigkeit ihre identitätsstiftende Qualität. Als verwahrlost galt für viele, »wer aus der Haltung des Dienstes heraustritt in die Haltung der Forderung«. Von der Klientel als Rechtsanspruch geltend gemachte Forderungen verstießen gegen alte wertgebundene Verhaltensnormen. Desillusioniert und verunsichert rekurrierten zahlreiche Sozialreformer, befangen im »anthropologischen Pessimismus der Alten«, auf »die handfeste Zucht einer aus den Fugen gegangenen Welt« und richteten den Blick auf die heraufziehende »Neue Ordnung«. Es »brach allmählich eine fast als Sehnsucht erscheinende Stimmung durch, die endlich etwas Ganzes und Sicheres erreichen wollte«.

Der Befund, den GRÄSER aus den anschaulich rekonstruierten Entwicklungsverläufen destilliert, ist vielschichtig: im Weimarer System von Jugendfürsorge werden paradigmatisch Fehlentwicklungen deutlich, an denen die erste deutsche Republik krankte, so etwa das unverbundene Nebeneinander von Ungleichzeitigkeiten, »Ungleichzeitigkeiten in Modernisierungsprozessen, das Fortdauern institutioneller wie ideologischer Artefakte aus dem Kaiserreich und vorindustrieller Zeit«. Diese Zustandsbeschreibung aber wäre ungenügend, schlösse sie nicht die Diagnose ein, daß der Gestaltungsanspruch der Weimarer Republik weit über seine Spielräume hinausging – die freilich in vieler Weise auch außenbestimmt waren –, was zwangsläufig Ernüchterung und Enttäuschung nach sich zog.

In dem Band von Friedhelm Schütte führt diese Selbstüberforderung des Staates das Thema ein. In der Weimarer Verfassung wurde die allgemeine Berufsschulpflicht festgeschrieben. Hierin wird wie schon in den Bestrebungen der Jugendfürsorge der hohe Stellenwert deutlich, den die junge Republik dem Faktor Jugend als Inbegriff von Zukunft beimaß. Sowohl in kulturell-staatsbürgerlicher wie auch in berufsspezifischer Hinsicht sollte jeder und jede junge Deutsche das Recht auf Bildung einfordern können. Wie auch im Falle der Jugendfürsorge datierten die ersten Konzepte einer umfassenden beruflichen Bildung aus dem Kaiserreich, das sich als »jungen Staat« begriff. Allerdings geriet das angestrebte Reformwerk von Anbeginn an in die widerstreitenden Interessenssphären von Großindustrie, Handwerk und Gewerkschaften und wurde nach Beendigung des ersten Weltkriegs nur bruchstückweise realisiert.

Die Frontstellung der gesellschaftlichen Akteure führte zu der, wie Schütte es bezeichnet, »asymetrischen Entwicklung der Ausbildungsorte«, also zu einem sich während der Weimarer Periode zunehmend verfestigenden Ungleichgewicht im dualen System der Jugendbildung.

Der eine Zweig, die arbeitsrelevante berufliche Ausbildung, wie sie in den Betrieben von Handwerk und Industrie vermittelt wurde, umfaßte die Vermittlung des betriebswirtschaftlich anwendbaren Fachwissens und der industriell-technologischen Fertigkeiten. Er konnte dank des Durchsetzungsvermögens der ihn tragenden gesellschaftlichen Kräfte einen wesentlichen Bedeutungszuwachs verbuchen und einen Schub an technologischer Modernisierung herbeiführen. Demgegenüber blieb der ursprünglich gleichgewichtig geplante Zweig nachschulischer Bildung, der die Unterweisung von allgemeinbildenden Unterrichtsfächern mit der Betonung der staatsbürgerlichen Erziehung zum Ziel hatte und der in den unterschiedlichen Formen der öffentlichen, von den Kommunen getragenen Berufsschulen geleistet werden sollte, aufgrund der knappen Mittel und des Widerstands der Großindustrie weitgehend auf der Strecke.

Damit verfehlte das Reformkonzept, das auf die staatsbürgerlich-allgemeinbildende Integration des Nachwuchses ausgerichtet war, sein Ziel. Das Defizit der staatlichen Rahmensetzung überließ das Feld der betrieblichen Ausbildung, die einseitig die Übermittlung technischen Könnens favorisierte und die möglichst reibungslose Eingliederung des jungen Menschen in die Betriebsgemeinschaft zum Ziel hatte. Dies sei, so folgert Schütte, die Antwort der Unternehmer auf die Herausforderung der organisierten Arbeiterschaft. Der Staat von Weimar ließ es – unter dem Einfluß von Instabilität und Krise – an der Verfolgung des in der Verfassung niedergelegten Rechts des Einzelnen auf Entfaltung seiner individuellen Kräfte fehlen, und damit an der Ausbildung basisdemokratischer Potentiale. Er überließ das Feld wirtschaftspolitischen Orientierungen, die die Einpassung und Einordnung des Jugendlichen in ein harmonistisches Modell anstrebten, das wirtschaftlichen Prioritäten verpflichtet war. Schütte sieht das Bestreben der Industrie darin, »die Industriearbeiterschaft emotional und intellektuell im Sinne einer vom Widerspruch zwischen Kapital und Arbeit gereinigten Werksgemeinschaft zu domestizieren«.

In beiden Arbeiten wird deutlich, daß die ursprünglich durchaus greifbare Aufbruchstimmung und der weithin herrschende Reformwillen der Nachkriegsjahre in den Zwanziger Jahren allgemeiner Ernüchterung weicht. Die Hoffnung auf Förderung individueller Neigungen und Fähigkeiten im Rahmen des demokratisch-pluralistischen Staates geht über in Strategien der Instrumentalisierung.

Während es GRÄSER gelingt, diesen komplexen Prozeß an konkreten Sachverhalten zu dokumentieren und überzeugende, mitunter überraschende Schlußfolgerungen zu ziehen, leidet die Untersuchung von SCHÜTTE etwas unter der stilistisch bisweilen unscharfen und inhaltlich schematischen Darstellungsweise. Dennoch kann auch dieser Untersuchung das Verdienst nicht abgesprochen werden, einen bislang ungeschöpften Fundus mit Gewinn gehoben zu haben.

Elisabeth BOKELMANN, Essen

Paul LÉTOURNEAU, Walther Rathenau 1867–1922, Strasbourg (Presses Universitaires de Strasbourg) 1995, 271 S. (Les Mondes Germaniques).

Walther Rathenau hat unter seinen Zeitgenossen wie in der Wissenschaft immer Aufmerksamkeit erregt und war stets umstritten. Am meisten wird er heute als Außenpolitiker und Wirtschaftsorganisator ernst genommen, während er als Autor, obwohl er einst Rekordauflagen erzielt hat, und als theoretischer Denker nur untergeordnete Beachtung findet. Gerade diesen Aspekt, der auch in dem Katalog zur großen Berliner Rathenau-Ausstellung des Jahres 1993, der zur Zeit wohl die beste Bestandsaufnahme der Rathenau-Forschung bietet, eher in den Hintergrund tritt, hat der an der Universität Montréal lehrende kanadische Historiker Létourneau in das Zentrum seiner Darstellung gerückt. Allerdings ist diese Arbeit nicht mehr ganz neu, denn bei dem jetzt erschienenen Werk handelt es sich um den Neudruck der nur minimal und ohne Verwertung der seither erschienenen Literatur überarbeiteten Arbeit, die der Autor 1987 in Québec unter dem Titel »Walther Rathenau ou le rêve prométhéen (1867–1922)« veröffentlicht hat. Solch ein Nachdruck ist gewiß legitim, doch wäre es korrekt gewesen, Käufer und Leser auf diesen Umstand hinzuweisen, was der Verlag jedoch nicht für nötig erachtet hat.

Der Wert der Arbeit selbst wird durch dieses Procedere nicht berührt. Létourneau bietet, anders als der lapidare Titel suggeriert, keine Biographie Rathenaus – hierfür verweist er auf die weiterhin gültige Biographie des Grafen Harry Kessler aus dem Jahre 1928 –, vielmehr will er den »innovatorischen Denker« vorstellen und vor allem dessen Gedanken zu Politik und Wirtschaft analysieren. Er stellt in seiner gut lesbaren Arbeit alle wichtigen Schriften Rathenaus ausführlich vor und versucht die oft schwer zugänglichen und komplexen Texte dem heutigen Leser verständlich zu machen. Er bemüht sich, System in das vielgestaltige und inkohärente schriftstellerische Gesamtwerk Rathenaus zu bringen, indem er der Genesis der Grundgedanken, wie sie in den Hauptwerken, der berühmten Trilogie, »Zur Kritik der Zeit« (1912), »Zur Mechanik des Geistes (oder vom Reich der Seele)« (1913) und »Von kommenden Dingen« (1917), heraustreten, in den zuvor publizierten zahlreichen Artikeln nachspürt und gleichzeitig die Entwicklung dieser Gedanken in Verbindung mit dem biographischen und politischen Kontext bringt, sie also im Lebenslauf Rathenaus verortet. Als Hauptpunkte betont er die Dualität des Handelns und des Denkens, die bei Rathenau keine Einheit bilden und sich nicht zu einer geschlossenen Aktion zusammenfinden, vielmehr zu jener inneren Zerrissenheit führen, die sich dann in der Komplexität und Widersprüchlichkeit des literarischen Werks spiegelt. Daneben unterstreicht der Autor Rathenaus intuitiv-improvisatorische Art des Schreibens, die er, damit eine Grundthese Kesslers übernehmend, als künstlerisch bezeichnet, und bei der Rationalität, Intellekt und Verizifierbarkeit zugunsten des Gefühls und der »Seele« zurücktreten. Létourneau bemüht sich sehr, den so problematischen Begriff der »Seele« verständlich zu machen, jenen Schlüsselbegriff der von Rathenau angestrebten Kulturreform, die Basis und Voraussetzung jeder durch die von ihm so treffend geschilderte »Mechanisierung« der modernen Welt und ihrer Massengesellschaft nötig gewordenen Reform des politischen und ökonomischen Lebens zu sein hat. Letztendlich geht es Létourneau um die Rehabilitierung des Schriftstellers und Denkers

Rathenau, den er bisweilen in die Nähe alttestamentarischer Propheten rückt, dann wieder als Vorläufer der modernen »Futorologen« vom Schlage eines Hermann Kahn sieht oder auch einen »Romantiker des Industriezeitalters« nennt. Wie weit der Aufwertungsversuch gelungen ist, wird jeder Leser für sich selbst entscheiden müssen; zumindest aber gelingt es Létourneau, Interesse für die zuweilen scharfsinnige, zuweilen bizarre und nebulöse Gedankenwelt seines Helden zu wecken, von dem er selbst fasziniert ist, auch wenn er einmal, eher en passant, aber doch fast als Fazit, feststellen muß, dieser habe gute Fragen aufgeworfen, ohne mit seiner Art sie zu beantworten, überzeugen zu können.

Peter GRUPP, Bonn

Joachim PETZOLD, Franz von Papen. Ein deutsches Verhängnis, Berlin (Koehler & Amelang) 1995, 335 p.

The dust jacket of Petzold's book contains a photo of Franz von Papen at a Nazi rally in 1934: dressed in high collar and frock coat, with his arm raised in an awkward Hitler salute and a grim-faced Storm Trooper at his shoulder, he is staring off to one side like an under-rehearsed actor trying to take cues from a prompter in the wings. It is a wonderfully apt image. Although his life spanned the entire period from Bismarck to Brandt, Franz von Papen will always be remembered chiefly, if not exclusively, for his inglorious role in dismantling Weimar democracy and brokering Hitler's accession to power in 1933. Acquitted but not exonerated at Nuremberg, Papen has found few defenders and even fewer admirers. For most observers he is an exemplar of reactionary Germany at its most unedifying – a Westphalian aristocrat more notable for his social connections than his social conscience, a paladin of elitism who routinely confused self-interest with public virtue, expediency with statesmanship, and the lure of power with the dictates of conscience.

A generation after his death, Papen remains an unlikely candidate for historical rehabilitation; the tendentious revisionism of Henry and Robin Adams (Rebel Patriot: A Biography of Franz von Papen, Santa Barbara 1987) cannot withstand serious scholarly scrutiny. The time does seem ripe, however, for a comprehensive appraisal of Papen's career. Indeed, another full-length study, by the American historian Richard Rolfs, has just been announced for publication as thing is being written.

Petzold's book is a straightforward example of political biography, concentrating particularly on the period of Papen's chancellorship and the first years of the Third Reich. Petzold takes as his central theme the »Wechselverhältnis zwischen individueller und kollektiver Verantwortung« (p. 11). His concern is less to decipher Papen's private values and motivations than to illuminate the various ways in which Papen functioned as a carrier of political conceptions prevalent within his immediate social milieu. To some extent this amounts to making a virtue out of necessity, since Papen's personal papers survive only in scattered fragments. But it also reflects the author's conviction that as a political figure Papen was seldom his own man, and that his career can therefore best be explicated in terms of the interests, ambitions, and conflicting agendas of the Junker estate-owners, Ruhr industrialists, and assorted reactionary intellectuals among whom he habitually moved. Papen's feckless maneuverings in turn reflected the collective self-delusion of these conservative elites, who massively misjudged their capacity to discipline or destroy democracy through the instrumentality of mass politics, in the process helping to promote and legitimate the Third Reich without ever fully grasping its essential dynamics. What ultimately determined Papen's course of action after 1933, Petzold implies, was a well-honed instinct for the main chance. That, plus the fact that Hitler, like Papen's old cronies in the Herrenklub, continued to find him useful for certain purposes – Petzold speaks, p. 290, of »ein[em] gegenseitige[n] Abhängigkeitsverhältnis« between the two – was probably what enabled Papen to preserve his skin, if not his integrity, throughout the Third Reich's intramural bloodlettings.

Petzold's book is itself a document of the times. Begun in the 1980s under the auspices of the Akademie der Wissenschaften of the former GDR, it was not completed until well after the end of the Cold War. As a result, the author has been able to incorporate not only research in western sources, notably Ruhr industrial archives, to which he had earlier been denied access, but also materials from recently opened German files in the former Soviet archives. Petzold takes a deliberately undogmatic approach to his subject. He finds little use for Marxist-Leninist orthodoxy but also takes polite issue on specific points of interpretation with prominent bourgeois scholars such as Henry A. Turner. Interestingly enough, he makes no reference to David Abraham's controversial neo-Marxist analysis (The Collapse of the Weimar Republic: Political Economy and Crisis, 2nd ed., New York 1986), though Abraham's work and the debates it has generated might have provided a useful framework for many of his own conclusions, particularly regarding Papen's role in the crises of 1932–34. Petzold's account contains few major surprises. It does, however, offer a thoughtful and ultimately devastating portrait of a man who, in the memorable phrase of Sir Hartley Shawcross, considered it »better to rule in Hell than to serve in Heaven.«

David J. DIEPHOUSE, Grand Rapids

Joachim STARK (Hg.), Raymond Aron: Über Deutschland und den Nationalsozialismus. Frühe politische Schriften 1930–1939, Opladen (Leske & Budrich) 1993, 337 S.

Dem Erlanger Politikwissenschaftler ist das verdienstvolle Unternehmen zu verdanken, erstmals – noch bevor eine dementsprechende französische Edition vorliegt – nahezu sämtliche Texte des bedeutenden politischen Philosophen Raymond Aron herausgegeben zu haben, die sich mit Deutschland, dem Aufstieg des Nationalsozialismus und seiner »Bewältigung« nach 1945 beschäftigen (hier ist im übrigen kritisch anzumerken, daß etwa ein Fünftel der Texte eben keine »frühen Schriften« sind, sondern teils sehr wichtige Artikel und Rezensionen von 1945 bis 1983, die die Überschrift »Beilagen« tragen, jedoch eigentlich verdienten, in den Titel des Buches mit aufgenommen zu werden).

Interessant sind die Texte von 1930 bis 1939 nicht nur, weil Aron erstens sehr gut Deutsch sprach (häufig läßt er ihm unübersetzbar scheinende Termini auf Deutsch stehen, was offenbar für seine Leser kein Problem darstellte) und von 1930 bis 1933 in Deutschland lebte, sondern auch wegen der politischen Entwicklung des jungen »Normalien«, die sie deutlich werden lassen. Die Entscheidung, nach der »Agrégation« in Philosophie ins Ausland zu gehen, ist in seiner Zeit nichts Ungewöhnliches, wenngleich schon damals Auslandsaufenthalte, oft verbunden mit einem Lektorat an einer Universität, eher von Sprachstudenten wahrgenommen wurden. Aron nahm in Köln eine Stelle am romanistischen Institut an und begab sich damit in ein Land, das für den jungen »Philosophen« zunächst wohl das der Dichter und v.a. der Denker war, das jedoch für Frankreich und die französische Politik wegen der nach wie vor ungeklärten Folgelasten des ersten Weltkriegs ein durchaus aktuelles und überaus schwieriges Problem darstellte. Soll man soweit gehen zu sagen, daß Aron in Deutschland politisches Denken »gelernt« hat? Immerhin hatte er bereits in Paris Kontakt zu dem Kreis um den pazifistischen Philosophen Emile Chartier, bekannter unter seinem Pseudonym »Alain«, und seine ersten Artikel für die diesem nahestehende Zeitschrift »Libre Propos« bewiesen, daß er sich zumindest für Politik interessierte, ja daß er die französische Deutschlandpolitik relativ genau kannte; er war also jedenfalls bereits ein aufmerksamer Zeitungsleser gewesen. Nun jedoch lernte er gleichsam »die andere Seite« kennen, mußte festellen, wie verhaßt sein Land in Deutschland war, auch in den intellektuellen Kreisen, in denen er verkehrte. Und er mußte zusätzlich feststellen, daß »die Deutschen« nicht unbedingt nur Unrecht hatten, »die Franzosen« nicht zu mögen, ihre Politik abzulehnen, die auch in den Augen des jungen französischen Lektors oft nicht anders als absurd genannt zu werden verdiente. Seine bitteren Bemerkungen etwa über die Reparationsverhandlungen oder über die hegemonistische Sicherheitspolitik Frankreichs zeigen das. Hierzu einige Beispiele: »Eine Sache ist so gewiß, wie sie in der Politik überhaupt gewiß sein kann: wir werden keinen Pfennig mehr erhalten« (Text 9, Libres Propos, Januar 1932, S. 61). »Niemand in Frankreich, wird man entgegnen, will die Vorherrschaft. Sicher wird sie nicht bewußt angestrebt. Aber fast jedermann will die Erhaltung der bestehenden Ordnung, den Kreis der bewaffneten Allianzen (Polen, Jugoslawien, Rumänien, Tschechoslowakei, Belgien); nun, in den Augen des Auslands ist das einerlei« (Text 3, Libres Propos, Februar 1931, S. 36). »Der Schutz vor dem Krieg und die Sicherheit durch die Streitkräfte oder die befestigte Grenze ergänzen einander nicht, sondern widersprechen sich. Ein philologischer Irrtum: man verwechselt Sicherheit im Kriege mit Sicherheit vor dem Kriege« (ebda.).

In dieser Anfangszeit seines Aufenthalts erweist sich der junge »Philosoph« noch ganz als Produkt seiner Lehrer, er ist Pazifist, streng gegen den Versailler Vertrag bzw. für dessen Revision, aber auch für eine Gleichberechtigung Deutschlands auf militärischem Gebiet, für die Abschaffung des unseligen Artikels 231, des sog. Kriegsschuldparagraphen, der Reparationen usw. Andererseits kann der aus linksgerichteten Kreisen kommende Aron nicht umhin, die Politik des konservativen Reichskanzlers Brüning als die einzig mögliche zu würdigen, was vielleicht nicht jedem seiner Leser überzeugend erscheinen mochte. Noch dazu als es dieser junge Mensch sich nicht nehmen ließ, das gute Gewissen auch der französischen Pazifisten als völlig unangebracht anzuprangern: »Mit einem Wort, ich bin erstaunt, daß so viele überzeugte Pazifisten und Liberale vorschnell glauben, daß sie die von der gegenwärtigen Krise jedermann abgeforderte Gewissensprüfung bereits bestanden hätten.« (Text 2, Europe, Februar 1931, S. 29). Doch mußte man dem Beobachter der französischen und v.a. der deutschen Politik – denn darüber erwartete man seine Berichte – eine oft bestechende Hellsichtigkeit zugestehen, gepaart mit einer geradezu unjugendlichen Vorsicht bzgl. der Prognosen hinsichtlich der zukünftigen politischen Entwicklung – eine Eigenschaft, die Aron bis in seine letzten Texte beibehalten hat. Der Text Nr. 10, erschienen in der Februarnummer 1932 der Libres Propos, ist ein Musterbeispiel für die Fähigkeit Arons, dem französischen Leser auf wenigen Seiten die verworrene politische Lage in Deutschland darzulegen und zu erklären, eine Lage, die dem an eine »normale« Politik in einer funktionierenden Republik gewöhnten Rezipienten doch einigermaßen undurchsichtig erscheinen mußte (S. 64–68).

Noch im Februar 1933 (Text 21, Esprit, 1. Februar 1933, aber geschrieben vor der sog. Machtergreifung, die Aron übrigens nicht so nennen will; laut Text 23, Europe, September 1933, hat Hitler nicht die Macht ergriffen, sondern ist durch die Intrigen Papens gegen Schleicher an die Macht gekommen) fordert der überzeugte Revisionist des Versailler Vertrags eine unideologische Politik gegenüber Deutschland – auch gegenüber einem nationalistischen –, den »Verzicht auf die Heuchelei« auf beiden Seiten (S. 130). Doch setzt er sich zur selben Zeit vom Pazifismus seines Lehrers Alain und von der Bewegung der Kriegsdienstverweigerer ab, indem er den »integralen Pazifisten« unrealistisches Verhalten vorwirft: »In der Formulierung von Russell und Alain finde ich eine ›Verweigerung der Vernunft‹, der man eine perfekte Logik und eine totale Unwirksamkeit zusprechen kann und muß« (Text 22, Libres Propos, Februar 1933, S. 137). Der ehemalige Schüler setzt nun vielmehr auf etwas, das typisch für ihn bleiben sollte, wenn es auch zunächst für einen politischen Philosophen paradox klingt: »Die Kriege zwischen den Nationen werden verschwinden, […] wenn die politischen Leidenschaften das Nationalgefühl an Macht überwiegen« (ebda.). Die politischen Leidenschaften, oder besser umgekehrt, die Leidenschaft an der

Politik – Aron hatte sein »Fach« gefunden. Die Analyse der realen Politik, die gleichzeitig natürlich eine Kritik beinhaltet, die Analyse politischer oder zeitgeschichtlicher Schriften, besonders aber die politische und die Geschichtsphilosophie, dem sollte er sich hinfort widmen, stets mit dem Anspruch, neutraler Beobachter zu bleiben. Genau diese Haltung dürfte manch einen seiner Partner/Gegner, ja auch Leser irritiert haben, wobei Arons blendender Stil, v.a. in seinen Redebeiträgen, gepaart mit einer sehr feinen, oft fast hinterhältigen Ironie, die Akzeptanz seiner provozierend nüchternen und objektiven, ja objektivistischen Einlassungen vielleicht doch erleichtert haben mag. Denn auch das sollte bezeichnend für ihn bleiben: seine Analysen soweit wie möglich sine ira et studio zu halten, unideologisch zu argumentieren, Erklärungssystemen grundsätzlich zu mißtrauen. Dementsprechend sind seine Analysen des Nationalsozialismus stets anti-marxistisch, auch wenn sie ihre Erklärungsmuster teilweise dem Marxismus entlehnen. Seine These ist, daß der deutsche Faschismus sich auf die proletarisierten Kleinbürger stützt, die jedoch nicht zum Proletariat gehören wollen, daß diese Bewegung teilweise von bestimmten Kapitalisten unterstützt wurde, daß der Nationalsozialismus auch das Generationenproblem jung gegen alt skrupellos ausbeute, ja daß man generell sagen könne, nach dem deutschen Durchschnittsbürger trügen die Verantwortung für alle Übel »Frankreich, die Juden und bestimmte Kapitalisten« (Texte 23, Europe, September 1933, S. 152/53 und 25, Inventaires I, 1936, S. 170 bzw. 173). Indem der Nationalsozialismus auf all diese Fragen eine Antwort zu geben verspricht und somit auf die wahren Probleme des Volkes eingeht – was die bürgerlichen Republiken laut Aron seit langem nicht mehr tun –, kann dieses System eine »autoritäre und plebiszitäre Demokratie« genannt werden, da es auf die Zustimmung der Massen stets und immer wieder angewiesen ist (Text 25, Inventaires I, 1936, S. 178). Eine solche Terminologie allein ist natürlich schon provokant; wenn jedoch noch von einem französischen Juden der deutsche Antisemitismus und seine Akzeptanz im Volk als gleichsam verständlich erklärt wird, dürfte für so manchen wohlmeinenden Streiter in der *Ligue des Droits de l'Homme*, der *Ligue contre l'Antisémitisme* u.a. das Maß doch recht voll gewesen sein. Aron schreibt hierzu nüchtern folgendes: »Des weiteren waren die Juden wegen der von ihnen ausgeübten Berufe und wegen ihrer Verteilung im Lande zu sichtbar, zu exponiert. Es gab an der Berliner Börse, unter Anwälten und Ärzten, beim Theater, im Journalismus und den Verlagen einen Prozentsatz von Nicht-Ariern, der viele auch nicht antisemitische Deutsche störte« (ebda., S. 175). Ist es erstaunlich, daß der Präsident der *Liga für Menschenrechte*, Victor Basch, nach einem Vortrag Arons 1939 (Text 27) diesem gleichsam die Umwertung aller Werte vorwirft, da er den »konservativen Demokratien« vorgeworfen hatte, dem Enthusiasmus der »revolutionären totalitären Regime« keinen gleichwertigen »Glauben« entgegensetzen zu können? (ebda., S. 222). Die Ironie, mit der Aron die Kritik Baschs zurückweist, ist deshalb vernichtend, weil er Basch nachweist, daß er hehre Ideen mit der grauen und schmerzhaften Wirklichkeit verwechselt.

Der Rezensent gesteht, daß ihn der Objektivismus Arons zuweilen auch etwas enerviert, zumal er in den Texten nach 1945 manchmal eine gewisse Selbstgerechtigkeit zu verspüren glaubt. Nicht daß die Kritik an Hannah Arendts Texten zum Totalitarismus (Text 31, Critique, Januar 1954) seitens eines dezidierten Anti-Marxisten (zur Erinnerung sei gesagt, daß das Buch H. Arendts hauptsächlich von linker Seite scharf angegriffen wurde) nicht überzeugend wäre; doch die Art und Weise, in der der Kritiker Lob und Tadel verteilt, grenzt manchmal doch ans Paternalistische. Nichtsdestoweniger sind gerade diese Texte vom Inhalt her, wegen ihres schonungslosen »kritischen Positivismus'«, nicht nur interessant, sondern in der heutigen, post-ideologischen Zeit von enormer Bedeutung, nicht zuletzt, weil sie beweisen, daß unideologisch eben keineswegs bedeutet, keine Position zu beziehen oder gar beliebig zu argumentieren.

Es seien noch einige kritische Anmerkungen zur Edition selbst gestattet. Die Übersetzung ist als solche nicht insgesamt zu beanstanden, wenn sie auch nicht den brillanten Stil Arons ins Deutsche »herüberbringt«; Kritik an einigen formalen Mängeln ist dennoch vonnöten. So existiert der Ausdruck »in keinster Weise« (mehrmals, u.a. S. 196) in der deutschen Schriftsprache nicht. Und welcher deutsche Nicht-Romanist weiß, was ein »Bild aus Epinal« (mehrmals, u.a. S. 36) ist? »Je n'en sais rien« wird nicht mit dem schwerfälligen »ich weiß darüber nichts« (S. 140), sondern einfach mit »das weiß ich nicht« übersetzt. Die berühmt-berüchtigten »clercs« (so auf S. 28, die Anmerkung über das Buch Julien Bendas: »La trahison des clercs« hätte sich hier finden müssen und nicht eine Seite später!) werden auf Seite 29 zu ›Klerikern‹ ohne, auf Seite 35 zu »Klerikern« mit Anführungszeichen, um auf Seite 137 erneut ohne zu erscheinen. Auf Seite 48 ist dem Übersetzer offenbar entgangen, daß M. nicht etwa die Vornamen der genannten Personen bezeichnet, sondern für »Monsieur« steht und somit mit »Herr« zu übersetzen ist. Auch mit der Interpunktion steht es in der Übersetzung nicht immer zum Besten: Nicht vor jedem »wie« erscheint im Deutschen automatisch ein Komma, wie der Herausgeber/Übersetzer zu glauben scheint.

Unkohärent erscheint dem Rezensenten auch die Praxis der Angaben zu den Personen in den Fußnoten. Wenn etwa Aron einfach »Breitscheid« nennt (S. 77), wird dieser Politiker ausführlich mit den Lebensdaten vorgestellt, wohingegen etwa »Landwirtschaftsminister Schiele« oder »General Groener« – so bei R. Aron (S. 101 bzw. S. 103) – vom Herausgeber in seiner Anmerkung noch nicht einmal der jeweilige Vorname gegönnt wird.

Dergleichen sind ärgerliche Kleinigkeiten, die dem deutschen Leser das Lesevergnügen an diesem wichtigen Buch verderben und die doch durch ein etwas sorgfältigeres Lektorat hätten vermieden werden können.

Fritz TAUBERT, Paris

Robert W. MÜHLE, Frankreich und Hitler. Die französische Deutschland- und Außenpolitik 1933–1935, Paderborn (Schöningh) 1995, 406 p. (Sammlung Schöningh zur Geschichte und Gegenwart).

L'ouvrage de Robert W. Mühle est une nouvelle version d'une thèse soutenue en 1993 devant la Faculté de philosophie Friedrich-Wilhelm de Bonn. La période choisie – début 1933 – printemps 1935–peut paraître courte sur le plan temporel mais l'accélération des événements lui confère une grande importance. Et puis, en ces quelques années, la politique française à l'égard de la nouvelle Allemagne, ou mieux, du Troisième Reich, subit de multiples orientations, que conditionnent déjà les aléas de la politique intérieure française: on peut simplement évoquer la courte existence des nombreux cabinets qui se sont succédés, ceux de Daladier, 31.1.1933–24.10.1933, et de Doumergue 9.2.1934–8.11.1934 par exemple, étant les plus longs. Mais indépendamment de ce paramètre, qui, à l'époque, parmi les hommes politiques au pouvoir, a clairement vu et compris la rupture que représentait le basculement de l'Allemagne dans le totalitarisme hitlérien? Que la diplomatie française, comme le démontre l'auteur, n'ait pu appréhender les intentions réelles de Hitler n'a rien de paradoxal et il faut attendre l'introduction du service militaire en Allemagne le 16 mars 1935 et l'occupation de la Rhénanie pour qu'enfin les dernières illusions tombent.

L'auteur a su structurer, face à une problématique mouvante, son étude de manière à saisir au mieux à la fois l'arrière-plan de la réalité française de 1930 à 1935, avec les crises économique et politique où se distinguent l'affaire Stavisky et le 6 février 1934 par exemple, et l'extrême complexité des enjeux diplomatiques sous-tendus par le désarmement, la sécurité de la France, la question de la Sarre, jusqu'au moment où le cabinet »d'union nationale Doumergue-Barthou« put faire croire qu'un rapprochement avec l'Italie et, surtout, l'Union soviétique, pourrait freiner, ou tempérerait, les ambitions allemandes.

Jean-Baptiste Duroselle, dans son ouvrage désormais classique »La Décadence 1932–1939«, avait déjà traité des événements qui avaient déterminé le sort de l'Europe tout comme

Maurice Vaïsse avec son monumental ouvrage »Sécurité d'abord« avait exploré le drame que vivait déjà la France dans sa hantise de devoir revivre une autre conflagration mondiale. Mühle a été certainement plus loin en analysant notamment les différences d'attitudes face à l'Allemagne adoptées par un Daladier, un Laval et, bien sûr, Louis Barthou dont la fin tragique signifiait le retour à une politique de reculades et d'abandon. Pour Mühle, Hitler aurait pu être rendu plus prudent, ou du moins placé dans une situation difficile si une stratégie de »containment« stable avait pu être suivie. Mais surtout, conclut l'auteur, les diplomates français ne virent peut-être pas comment Hitler sut jouer de ses ›indéfectibles‹ aspirations à la paix afin de faire croire à son rejet d'une politique francophobe telle qu'elle a pu distinguer la politique extérieure allemande traditionnelle: il est vrai que la diplomatie française ne fut pas la seule à mal percevoir les intentions allemandes en ces premières années d'existence du Reich national-socialiste. Il est dommage que Mühle n'ait pas consulté le fonds des attachés militaires français à Berlin du Service historique de l'Armée de Terre car il aurait pu constater, malgré les lacunes de ces archives, que les risques engendrés par la montée en puissance du national-socialisme, dès avant la »Machtergreifung«, ont été clairement perçus: qu'à d'autres niveaux de la politique française l'on ait analysé différemment ces phénomènes reste une question à explorer, d'autant que le réarmement plus ou moins clandestin de l'Allemagne, et les collusions avec l'URSS dès les années 20, plaçaient en pleine contradiction les fallacieuses déclarations de Hitler et ses intentions réelles: son potentiel militaire était déjà bien en place.

L'ouvrage complète heureusement la connaissance de l'histoire diplomatique de l'entre-deux-guerres et n'aurait pas manqué de susciter l'intérêt du regretté Jean-Baptiste Duroselle, lui qui avait consacré tant d'efforts à l'étude de cette période cruciale.

Marcel SPIVAK, Les Lilas

Sylvain SCHIRMANN, Les relations économiques et financières franco-allemandes. 24 décembre 1932–1er septembre 1939, Paris (Comité pour l'Histoire Economique et Financière de la France) 1995, XI–304 S.

Die Bedeutung der internationalen Wirtschafts- und Finanzbeziehungen für die moderne Staatengeschichte steht ebenso außer Zweifel wie die vergleichsweise schwierige Zugänglichkeit des eher spröden und »technischen« Archivmaterials, das zu ihrer Vergegenwärtigung und Analyse heranzuziehen ist. Um so bemerkenswerter ist es, daß mit der hier vorzustellenden Arbeit nunmehr für die deutsch-französischen Beziehungen der dreißiger Jahre eine Untersuchung vorliegt, die sowohl die Pionierstudie von Raymond Poidevin zur Periode vor dem Ersten Weltkrieg wie auch die allgemeiner ausgerichteten Darstellungen von Jacques Bariéty und Franz Knipping zu den zwanziger bzw. beginnenden dreißiger Jahren in profunder Weise ergänzt.

Die aus einer Dissertation bei Poidevin hervorgegangene, chronologisch-ereignisgeschichtlich orientierte Studie beschränkt sich bewußt auf die Darstellung der »Beziehungen zweier nationaler Ökonomien« (S. XI) unter nahezu ausschließlicher Betrachtung des Regierungshandelns, das anhand der Akten des Pariser Quai d'Orsay, des Bonner Auswärtigen Amts und insbesondere der Archives économiques et financières in Paris-Bercy eingehend rekonstruiert wird. Das schon klassische Interesse der französischen Zeitgeschichtshistorie am Wechselverhältnis des Politischen und des Wirtschaftlichen in den internationalen Beziehungen aktualisiert Schirmann zur Leitfrage nach der Rolle der Wirtschafts- und Finanzbeziehungen beider Länder im Prozeß der allmählichen Entfremdung unter dem Vorzeichen der Hitlerschen Machtpolitik.

Ausgehend von den Ergebnissen Knippings zeigt der Vf. zunächst, daß die hoffnungsvolle Phase wirtschaftlicher Annäherung seit Abschluß des deutsch-französischen Handelsvertrags von 1927, an die beide Seiten so unterschiedliche Erwartungen geknüpft hatten, bereits mit Beginn der Weltwirtschaftskrise einem gespannteren Verhältnis Platz machte. Phänomene wie der dramatische Rückgang des deutsch-französischen Handels oder die Einführung von Devisenkontrolle und anderen protektionistischen Maßnahmen markierten schon vor der nationalsozialistischen Machtergreifung den konjunkturell bedingten Rückzug der beiden Nationalwirtschaften auf sich selbst, ließen aber andererseits eine gewisse Kontinuität der Handels- und Finanzbeziehungen fortbestehen. Freilich verschärfte die nationalsozialistische Wirtschaftspolitik die bestehenden Spannungen ab Sommer 1933: Gelang noch im Dezember 1932 die Anpassung des Handelsvertrages von 1927 an die veränderten Verhältnisse sowie im Frühjahr 1933 u.a. die Normalisierung des Zahlungsverkehrs im bilateralen Handel, so verhinderten das volle Einsetzen der deutschen kriegsvorbereitenden Autarkiepolitik und Schachts neuer Finanzplan von Mitte 1933 an jede wirklich effektive Zusammenarbeit.

Die Aufkündigung des Handelsvertrages durch Frankreich im Dezember 1933 infolge der Unnachgiebigkeit beider Seiten und die einseitig durch Deutschland verkündeten Moratorien vom Juni 1934 führten im Juli des gleichen Jahres zum Abschluß eines Clearing-Abkommens, das Frankreich vor dem Hintergrund der inneren krisenhaften Entwicklung die Bezahlung seiner Exporte und insbesondere seiner Einkünfte aus der Dawes- und Young-Anleihe garantieren sollte; letztlich wendete sich die Vereinbarung aber zum Vorteil Deutschlands, das dadurch auf das französische Zugeständnis einer positiven bilateralen Handelsbilanz bauen, seine Auslandsschulden zu günstigen Bedingungen reduzieren und Rohstoffimporte ohne Rückgriff auf den eigenen knappen Devisenbestand sichern konnte. Die Abhängigkeit Frankreichs vom Handelspartner jenseits des Rheins und seine prioritäre Sorge um den Schutz unmittelbarer Finanzinteressen förderten das handelspolitische Übergewicht des nationalsozialistischen Deutschland, das es verstand, aus seinem Schuldnerstatus Profit für die Aushandlung außenwirtschaftlicher Vorteile zu ziehen und den westlichen Nachbarn zunehmend von dessen traditionellen Wirtschaftspartnern zu isolieren. Mit dem Einmarsch Hitlers ins entmilitarisierte Rheinland spaltete die Frage nach der friedenssichernden Effektivität und Opportunität wirtschaftlichen Entgegenkommens gegenüber Deutschland die politische Klasse Frankreichs. Zwar scheiterte der durch verstärkten Rohstoffbedarf motivierte deutsche Wunsch nach verbesserter wirtschaftlicher Kooperation ab Frühjahr 1936 noch an der dilatorischen Haltung der Volksfrontregierungen, doch gewannen mit Abschluß der deutsch-französischen Handels-, Zahlungs- und Transfervereinbarungen vom 10. Juli 1937, die das Clearing-System ablösten, in Frankreich die Verfechter einer Annäherungslösung die Oberhand. Als der durch die französische Politik so lange bekämpfte Anschluß Österreichs an das Reich im März 1938 tatsächlich Realität wurde, entschied man sich für die Wahrung der eigenen Finanzinteressen und damit indirekt für die Anerkennung des fait accompli. Bonnet und Gentin an der Spitze des Außen- bzw. Handelsministeriums leiteten den neuen Kurs des wirtschaftlichen »apaisement« in die Wege, das in der gemeinsamen Erklärung vom 6. Dezember 1938 und den darauf sich stützenden Projekten für eine weitergehende Zusammenarbeit im Winter 1938/39 gegen den Widerstand von Finanzminister Reynaud seinen Höhepunkt fand. Der deutsche Einmarsch in Prag beendete zwar abrupt jene Hochphase der Annäherung, doch gelang es den »apaiseurs« mit dem Einverständnis Daladiers im Juni/Juli 1939 noch einmal, deutsch-französische Handels- und Finanzvereinbarungen herbeizuführen, die von beiden Seiten mit der Absicht abgeschlossen wurden, möglichst günstige Voraussetzungen für die eigenen Rüstungsanstrengungen zu schaffen. Einmal mehr macht diese Untersuchung deutlich, daß die These von der grundlegenden Kurswende der Westmächte gegenüber Hitler nach dem 15. März 1939 auch im Hinblick auf die Reaktionen der französischen Politik zu differenzieren ist: Getragen von einzelnen führenden Beamten, Diplomaten und Politikern blieb die Politik des »apaisement« bis in den Sommer 1939 hinein wirkmächtig genug, um neben der neuen offiziellen Haltung der »fermeté« außenpolitischen Platz behaupten zu können.

Die insgesamt »enttäuschende« Bilanz (so Poidevin in seinem Vorwort zum Band) der meist defensiv orientierten und auf die Sicherung kurzfristiger Interessen bedachten französischen Wirtschafts- und Finanzpolitik gegenüber Hitler wie der bilateralen ökonomischen Beziehungen insgesamt arbeitet Schirmann in stets kritisch abwägender und dennoch äußerst straffer Darstellung auf relativ knappem Raum von 250 Textseiten überzeugend heraus. Daß einige neuere Arbeiten der nicht-französischen Forschung wie etwa die Studien von Julian Jackson oder Hans F. Bellstedt nicht eingearbeitet wurden, ist bedauerlich, ändert aber nichts am dauerhaften Wert der Darstellung, durch die bislang kaum betretenes Neuland in exemplarischer Weise erschlossen und ein bedeutender Beitrag für eine nach wie vor ausstehende umfassende Gesamtdarstellung der deutsch-französischen Beziehungen in den dreißiger Jahren geleistet wird.

Stefan GRÜNER, München

Gerhard PAUL, Klaus-Michael MALLMANN (Hg.), Die Gestapo – Mythos und Realität, Darmstadt (Wissenschaftliche Buchgesellschaft) 1995, 586 S.

Allein die schiere Menge der von den Herausgebern in diesem Sammelband vereinigten Beiträge zum Thema Gestapo – es sind 30 an der Zahl – mag darauf hinweisen, in welch bemerkenswertem Umfang in den letzten Jahren das Interesse an der historiographischen Beschäftigung mit der Gestapo zugenommen hat. Die Herausgeber waren, neben dem kanadischen Historiker Robert Gellately, durch eigene Forschungen daran beteiligt, die immense Unterstützung der Ermittlungstätigkeit der Gestapo durch Hinweise aus der Bevölkerung, durch Denunzianten, hervorzuheben und gegenüber überhöhten Zahlenangaben aus der unmittelbaren Nachkriegszeit und vielen zu hoch ansetzenden Vermutungen über die Personalstärken – dies einer der »Mythen«, über die sie aufzuklären sich vorgenommen haben – auf die geringe personelle Stärke und geringe professionelle Kompetenz der Gestapo-Mitarbeiter der Kriegsjahre hinzuweisen.

Die zentralen Argumentationslinien der neueren Forschung zur Gestapo fassen PAUL und MALLMANN in ihrem einleitenden Beitrag »Auf dem Wege zu einer Sozialgeschichte des Terrors. Eine Zwischenbilanz« zusammen: Von einer Allmacht und Omnipräsenz, wie sie in der Nachkriegszeit in der deutschen Bevölkerung der Gestapo zugeschrieben und durch frühe, institutionengeschichtliche Forschungen gestützt worden sei, könne keine Rede sein. Vielmehr sei die Gestapo eine personell und organisatorisch schwache Behörde gewesen, die zumal während des Weltkrieges erfahrenes und kundiges Personal zur Wehrmacht etc. habe abgeben müssen.

Ermittlungstätigkeit und daraus resultierende Festnahmen durch die Gestapo haben, wie es PAUL/MALLMANN für Saarbrücken und Gellately für Würzburg zu zeigen gelungen ist, in weit mehr als der Hälfte der Fälle auf Hinweisen aus der Bevölkerung beruht. Gellately hat in diesem Zusammenhang von einer »self-policing-society« gesprochen und gleichsam die Vergesellschaftung der Gestapo im »Dritten Reich« postuliert.

PAUL und MALLMANN sprechen von der denunziatorischen Zuarbeit der Bevölkerung als einem »strukturellen Bedürfnis« der Gestapo (S. 11).

Vor dieser Folie gruppiert der Sammelband Beiträge zu denThemenfeldern »Gestapo als Thema der Forschung«, »Der Gestapo-Mythos«, »Die Organisation«, »Mitarbeiter – Zuträger –Partner«, »Staatspolizeiliche Praxis«, »Die Gestapo in Europa«, »Gestapo-Mitarbeiter nach 1945«.

H.-D. SCHMID macht in seinem Beitrag »›Anständige Beamte‹ und ›üble Schläger‹. Die Staatspolizeistelle Hannover« im Rahmen einer akribischen Analyse des überlieferten

Aktenmaterials zum Personal der Hannoverschen Gestapo deutlich, wie vergleichsweise hoch der Anteil aus der Weimarer Republik übernommener, ehedem in der Schutzpolizei tätig gewesener Polizeibeamter in der Gestapo war. SCHMID spricht von dieser »Schupo-Gruppe« als dem »harten Kern« der Stapo-Stelle Hannover, »und zwar nicht nur, weil bei ihnen durch die Kontinuität zur Politischen Polizei der Weimarer Zeit sehr viel mehr Sachverstand und Routine konzentriert waren, sondern auch weil sie aufgrund ihres über zehn Jahre höheren Durchschnittsalters zunächst die wichtigsten Sachbearbeiterstellen einnahmen und später in der Regel zu Referats- bzw. Abteilungsleitern aufstiegen, während die jungen SS-Leute als Aushilfsangestellte vorerst mit wenig einflußreichen Stellen bis hin zum Kraftfahrer vorliebnehmen mußten« (S. 145). Selbst für die Zeit nach Beginn des Weltkrieges und auch für den Zeitraum der letzten beiden Kriegsjahre konstatiert er für die Gruppe der »alten« Kripo- und Schupo-Beamten eine – tendenziell – professionellere, »anständigere« Arbeitsweise im Vergleich zu den jüngeren, vor allem aus der SS zur Gestapo gekommenen Beamten (S. 157f.). Seine Beobachtung, daß es nicht zu einer kontinuierlichen Reduzierung des Personals der Leitstelle Hannover während der Kriegsjahre gekommen ist (S. 153), deckt sich nicht mit der von PAUL und MALLMANN für Saarbrücken in einer früheren Veröffentlichung am Beispiel Saarbrückens postulierten personellen Ausdünnung der Gestapo durch Einberufungen und Versetzungen in die vom Nazi-Regime besetzten Nachbarländer. B. A. RUSINEKS Aufsatz ›Wat denkste, wat wir objerümt han‹. Massenmord und Spurenbeseitigung am Beispiel der Staatspolizeistelle Köln 1944/45« sekundiert in gewisser Weise SCHMIDS Beobachtung, indem er auf die nach dem alliierten Vormarsch und dem entsprechenden Abzug deuschen Polizeipersonals aus Frankreich ab Mitte 1944 »personell erheblich verstärkte« Gestapo im Kölner Fall hinweist (S. 407f.). G. PAUL hebt in seinem Beitrag »Ganz normale Akademiker. Eine Fallstudie zur regionalen staatspolizeilichen Funktionselite« noch einmal die »außerordentliche Jugend« der Stapo-Chefs, Stichjahr 1938, (S. 238), ihre bürgerliche Herkunft (S. 239) und den hohen Anteil von Juristen unter dieser »undoktrinären Elite karrierebewußter, neusachlicher Jungakademiker« (S. 241) hervor – noch einmal, weil vor Jahren bereits Gunnar C. Böhnert in seinem Beitrag »The Jurists in the SS-Führerkorps, 1925–1939« (in: Gerhard Hirschfeld, Lothar Kettenacker (Hg.), Der »Führerstaat«: Mythos und Realität. Studien zur Struktur und Politik des Dritten Reiches, Stuttgart 1981, S. 361–374) zu prinzipiell gleichen Forschungsergebnissen gelangt ist.

Diese Anmerkung zu PAULS Aufsatz mag die weitere Anmerkung rechtfertigen, daß die bisherige, ältere Forschung zur Gestapo und den Repressions-Institutionen des Nazi-Regimes, die von PAUL und MALLMANN in der Einleitung zu dem Sammelband mit einigem Aplomb als durch »Stagnation« (S. 5), Ignoranz (S. 6), »hermetischen Interpretationskreislauf« (S. 8), »Denkverbot« (S. 11) und »Sackgasse« (S. 12) gekennzeichnet beschrieben wird, vielleicht doch nicht so wertlos und überholt ist, wie sie es streckenweise darstellen. Die Weisheit derer, die vom Rathaus kommen, ist in diesem Forschungskontext letztlich auch Eugen Kogon geschuldet, der mit seinem »SS-Staat« von 1946 eine erste Interpretation der gerade vergangenen Nazi-Diktatur angeboten hat (S. 8).

Das Faktum der hohen Denunziationsbereitschaft der Bevölkerung schlägt viele der Historiker, die sich in jüngster Zeit mit der Geschichte der Gestapo beschäftigt haben, in seinen Bann. Dies äußert sich nicht zuletzt darin, daß es im Duktus der Argumentation einiger Beiträge so erscheint, Denunziationen verdrängten die eigene Ermittlungstätigkeit der Polizei, ja sie beeinträchtigten die Polizei durch ihre schiere Menge bei der Erledigung ihrer eigentlichen, eigenen Arbeit (Robert GELLATELY, S. 66f., Gisela DIEWALD-KERKMANN, S. 290, S. 293).

Zur Fundierung daraus abgeleiteter Thesen über eine »self-policing-society« im »Dritten Reich« wäre es vielleicht hilfreich, die Ergebnisse der Forschungen von Kri-

Univ. Bibliothek Universität Frankfurt a. M.

minologen wie Thomas FELTES, Wiebke STEFFEN und anderen, daß zum Beispiel der Zusammenbruch sozialer Netzwerke, zunehmendes Vertrauen in die Arbeit der Polizei die Zahl der Anzeigen erhöht, es in unterschiedlichen Bevölkerungsgruppen ein unterschiedliches Anzeigeverhalten gibt, für Fragestellungen im Gestapobereich fruchtbar zu machen. Es wäre schärfer zu fassen, was die »eigene« Ermittlungstätigkeit der Polizei ist, wenn man die basale kriminologische Erkenntnis in Betracht zieht, daß bis zu 90% aller polizeilichen Eingriffe durch Hinweise und Anzeigen aus der Bevölkerung ausgelöst werden; R. JESSEN macht in seinem als tour d'horizon mit großem Gewinn zu lesenden Beitrag »Polizei und Gesellschaft. Zum Paradigmenwechsel in der Polizeigeschichtsforschung« unter anderem darauf aufmerksam (S. 42).

Die Arbeit am »Mythos« Gestapo, die die mit dem hier anzuzeigenden Buch hervortretenden Fachleute der Gestapo-Forschung geleistet haben, sollte nicht einen anderen wichtigen Polizeiapparat des »Dritten Reiches« in Vergessenheit geraten lassen: Die »Ordnungspolizei«, die uniformierte frühere Schutzpolizei, die mit ihren 62000 Beamten (1938) das Exekutivpersonal der Gestapo quantitativ weit überflügelte. Die Bücher von Christopher Browning[1], Heinz Knobloch[2] und Eintragungen in Victor Klemperers Tagebüchern[3] weisen darauf hin, daß hier noch ein Feld von der Geschichtsforschung zu beackern ist.

Peter LESSMANN-FAUST, Dortmund

Sibylle QUACK, Zuflucht Amerika. Zur Sozialgeschichte der Emigration deutsch-jüdischer Frauen in die USA 1933–1945, Bonn (J. H. W. Dietz) 1995, 236 p. (Politik- und Gesellschaftsgeschichte, 40).

Parallèlement à l'édition des Actes du colloque international sur l'émigration féminine du Troisième Reich (Between Sorrow and Strenght, Washington, DC. Cambridge, New York, 1995) Sybille Quack publie cette histoire sociale des femmes juives d'Allemagne aux États-Unis entre 1933 et 1945. Jusqu'au début des années 80 et la création d'une »section femmes« au sein de la Société des études sur l'exil, la plupart des publications sur l'émigration du Reich ignoraient l'existence des femmes, hormis celle de quelques célébrités. S'agissant des États-Unis, cette lacune était d'autant plus paradoxale que, contrairement à d'autres pays d'accueil – dont la France – la proportion de l'immigration féminine (53%) y est supérieure à celle des hommes.

Bien qu'il existe déjà quelques travaux sur le sujet, l'originalité du présent ouvrage tient au fait qu'il ajoute à la dimension féminine, la dimension juive. Aussi bien dans l'expérience avant et à partir de 1933 en Allemagne que pour l'acculturation aux États-Unis. Grâce à un séjour prolongé comme assistante à l'Institut historique allemand de Washington, l'auteur a pu non seulement accéder à des fonds d'archives peu explorés jusqu'à présent d'universités américaines ainsi qu'à ceux du Leo Baeck Institute, mais nouer aussi des contacts avec le milieu des survivants de cette émigration et de leurs enfants. Notamment les membres du »German Women's History Study Group« de New York. D'où une documentation particulièrement riche dont témoigne la bibliographie et les statistiques du Département américain de la Justice.

Les 7 chapitres de l'ouvrage traitent successivement de la situation des femmes juives en Allemagne avant l'émigration, de leurs itinéraires singuliers, de leurs problèmes d'intégrati-

1 Ganz normale Männer. Das Reserve-Polizeibataillon 101 und die »Endlösung« in Polen, Reinbek 1993.
2 Der beherzte Reviervorsteher. Ungewöhnliche Zivilcourage am Hackeschen Markt, Berlin ²1993.
3 Ich will Zeugnis ablegen bis zum Letzten. Tagebücher 1933 bis 1945, Berlin 1995.

on et de leurs obstacles à l'insertion professionnelle aux États-Unis. Issues pour la plupart de la moyenne et petite bourgeoisie citadine libérale d'Allemagne et d'Autriche habituée dès avant l'émigration à s'adapter aux conditions particulières de ces pays où, en dépit de l'émancipation légale des Juifs et de leur attachement à la culture allemande, ceux-ci subissaient déjà avant 1933 des discriminations sociales, radicalisées par le nazisme en véritable ségrégation, qui les avait obligés à se replier progressivement sur la vie communautaire. Avec pour conséquence une prise de conscience accrue de l'identité et de la solidarité juives, et des changements fondamentaux dans le rôle des femmes au sein de la famille et de la minorité de plus en plus contrainte à une gestion quasi autarcique de survie. Renforcée par leur situation d'exilés déracinés et les difficultés rencontrées à leur arrivée aux États-Unis, accentuées par les effets de la crise mondiale, cette communauté de destin et de solidarité s'avère un précieux réconfort. En particulier pour les femmes obligées, pour contribuer à l'entretien de la famille, d'accepter des emplois subalternes mal payés, peu conformes à l'idéal féminin de la bourgeoisie. Dans ce contexte, leur américanisation passe par une double identification: d'une part au statut économique d'Américaines de toutes conditions contraintes comme elles, par suite de la crise et de l'insuffisance de crèches et de garderies, à la double journée de travail. De l'autre, identification à la volonté de concilier engagement professionnel et féminité de l'apparence. Reste cependant le souci supplémentaire de trouver des garants et de l'argent indispensables à la venue de proches encore exposés aux persécutions nazies. D'où leur implication active dès le début dans les organisations juives d'entr'aide particulièrement actives et dynamiques aux États-Unis. Sans abandonner pour autant leur fonction antérieure d'apaisement des conflits familiaux consécutifs aux bouleversements vécus. Curieusement, au lieu de profiter de leur meilleure capacité d'adaptation pour imposer un changement des rapports homme/femme au sein de la famille, la plupart maintiennent, ne fût-ce qu'en apparence, les anciens rapports. Soit parce qu'ils correspondent au schéma intériorisé de leur milieu culturel, soit pour éviter d'aggraver les tensions par un changement trop brutal. Ces changements n'interviendront qu'avec la génération des enfants.

Peu étudié jusqu'à présent, l'enracinement de ces derniers contribue le plus souvent à l'intégration des parents et à leur décision de ne pas revenir en Europe après la guerre. Dilemme particulièrement douloureux: l'idée de retourner en Allemagne semble avoir tenté davantage des hommes attirés par de meilleures perspectives sociales que des femmes désireuses tout au plus de rendre visite à quelques anciens amis, voire de revenir de temps à autre en France, première étape de leur émigration restée à leurs yeux, malgré la xénophobie et les vicissitudes subies, l'incarnation d'une culture des Lumières partagée avec ceux qui avaient su les accueillir, voire les aider, parfois au péril de leur vie. Signe que, par delà l'expérience certes difficile mais somme toute réussie de l'intégration, le traumatisme de la fuite et du déracinement subsiste même chez les enfants qui ne les ont pas vécus directement et sont pour la plupart mariés à des conjoints américains, on note dans cette deuxième génération une sensibilité particulière aux problèmes actuels de l'immigration et du droit d'asile.

Rita THALMANN, Paris

Marlis BUCHHOLZ, Bernd ROTHER, Der Parteivorstand der SPD im Exil. Protokolle der Sopade 1933–1940. Projektleitung: Herbert OBENHAUS / Hans-Dieter SCHMID, Bonn (J. H. W. Dietz) 1995, LXXI–573 S. (Archiv für Sozialgeschichte, 15).

Fondés essentiellement sur les archives de Potsdam, complétés par des correspondances de responsables et par 30 documents annexes, les 123 procès verbaux de la direction social-démocrate allemande en exil (Sopade) reflètent les conflits aussi bien en son sein qu'avec les groupes socialistes allemands à sa gauche et même avec les socialistes autrichiens. Sans parler de l'impuissance de l'Internationale socialiste à les arbitrer. A fortiori à surmonter les divergences entre partis membres.

Impression dominante de l'ensemble: le temps et l'énergie passés à évincer l'opposition minoritaire au sein de la direction de la Sopade au nom d'une conception conservatrice et d'une volonté hégémonique déphasée, compte tenu des enjeux et du contexte créé par l'effondrement de la démocratie en Allemagne, d'une part, de la crise européenne de l'autre. Il est clair que le contentieux avec les communistes l'emporte en permanence, malgré toutes les proclamations sur la nécessaire unité du mouvement ouvrier pour renverser le régime nazi. La seule rencontre officielle entre directions des deux partis, en novembre 1935, restera sans lendemain. Renforcé par les procès de Moscou puis le pacte germano-soviétique, l'anticommunisme de la Sopade explique sans doute aussi la faiblesse de son soutien à l'Espagne républicaine. Durant la période pragoise, les réunions de la direction concernent surtout les questions d'organisation, les activités de publication et les contacts avec les 11 postes de secrétaires frontaliers chargés de maintenir le contact avec les camarades restés à l'intérieur du Reich. Les problèmes de fond tels que l'examen critique de la politique suivie sous Weimar ou la stratégie de lutte contre le régime nazi ne sont pratiquement pas abordés. Après le transfert, exigé par l'évolution de la conjoncture, du siège à Paris, la perte des secrétariats frontaliers en Tchécoslovaquie et la diminution drastique des ressources financières, la direction accepte la proposition jusque-là toujours repoussée de Paul Hertz, dernier minoritaire en son sein, de tenter une »concentration«, des groupes socialistes de langue allemande en exil. Si elle parvient à nommer des délégués officiels à Londres et à Stockholm, les relations avec les sociaux-démocrates allemands et autrichiens restent tendues. Dès cette époque, on constate, et cela vaut aussi pour l'Internationale socialiste, que les affinités idéologiques et culturelles séparent les partis »nordiques« anglo-saxons compris – des partis latins favorables à une stratégie de Front populaire. Clivage non dénué de contradictions puisque tout en condamnant le choix de Léon Blum en ce sens, ces partis condamnent la politique de non-intervention en Espagne. Quant à la direction de la Sopade, hormis le soutien individuel aux membres de la majorité en exil, en diminution progressif faute de moyens, elle n'accorde que peu d'attention et encore moins de débats aux événements majeurs des années trente. Cas le plus frappant: celui de la persécution des juifs évoqué seulement à trois occasions entre 1938–39. A propos de la conférence d'Evian sur les réfugiés à laquelle elle avait accepté de déléguer Paul Hertz, avant son éviction de la direction pour coopération »déloyale« avec le groupe *Neu Beginnen*, puis lors du dépôt par les délégués du *Bund* de Pologne et du parti de Palestine de résolutions sur le sujet à l'Internationale, dont le sort n'est plus évoqué par la suite, et finalement au sujet de l'antisémitisme dans la Pologne de 1939, évoqué par un camarade en visite au siège de la Sopade à Paris. Pas la moindre prise de position sur l'accentuation des persécutions antijuives à partir de 1938 et du pogrom de la »Nuit de Cristal«. Aspect encore plus révélateur: alors que la direction ne ménage pas ses opposants internes, elle ne manifeste ni réprobation ni blâme, mais décide au contraire de défendre son secrétaire frontalier Reinbold, auteur de propos ouvertement nationalistes et antisémites, notamment à propos d'un article du professeur Kurt Löwenstein critiquant les contacts de la Sopade avec Otto Strasser. Attitude de la direction d'autant plus paradoxale que le *Jewish Labour Committee* est l'une des rares organisations à lui accorder un soutien financier en 1939.

Ce n'est qu'à cette époque et dans la perspective de plus en plus probable de la guerre que, par souci de peser sur les décisions futures des vainqueurs occidentaux que la direction de la Sopade entame un débat sur l'attitude à adopter en cas de conflit et sur le statut futur de l'Allemagne libérée du nazisme en souhaitant le retour aux frontières de 1937 et l'intégration à l'Europe. Sur ce programme, elle prend ses distances avec le responsable des sociaux-démocrates allemands des Sudètes, Wenzel Jaksch, partisan du maintien d'une Grande Allemagne, ce qui ne l'empêchera pas de devenir député SPD et Président de »l'Union des expulsés« après guerre en RFA. Lors de ses dernières réunions à Paris, en janvier et mars 1940, la direction de la Sopade décide de publier un manifeste contre la terreur nazie en

Pologne et en Tchécoslovaquie dans le *Neue Vorwärts*, organe central du parti dont la publication est arrêtée à partir d'avril 1940.

Sur les huit responsables siégeant encore à Paris après l'éviction des minoritaires de gauche (Aufhäuser, Böchel et Hertz) et la mise à l'écart de Georg Dietrich et Marie Juchacz, considérés proches de ces derniers, six – dont deux de l'appareil (Geyer et Heine) pratiquement cooptés se répartiront entre les États-Unis et la Grande-Bretagne. Le président Wels meurt en 1939 à Paris, de même que le trésorier du SPD Crummenerl en 1940. Rudolf Hilferding, coopté en 1939 sera arrêté et livré comme Rudolf Breitscheid, qui ne croyait plus à l'action politique de ses camarades, par la police de Vichy à la Gestapo en 1941. Il aura fallu sept années et un 3e exil pour que se constitue pour la première fois en 1941 à Londres une Union de toutes les organisations socialistes allemandes en exil sous la présidence de Hans Vogel. A New York une union de même nature s'était esquissée dès 1939, la German Labour Delegation, au sein de laquelle se retrouvent le responsable de la direction majoritaire SPD Fritz Stampfer et le syndicaliste minoritaire Friedrich Aufhäuser, qui en avait été exclu en 1935. Quant à Juchacz et Dietrich, également réfugiés aux États-Unis, ils préfèrent rejoindre le Council for Democratic Germany. Une petite délégation de la Sopade reste aussi en Suède sous l'égide d'Emil Stahl, membre élu de la direction. Au total: sur les vingt membres de la direction, élus ou réélus en avril 1933 lors de la dernière conférence SPD du Reich, 5 sont morts ou ont péri de suites d'arrestations (sans compter Breitscheid et Hilferding), 4 semblent avoir survécu en Allemagne, Vogel et Böchel sont morts en exil peu après la libération. Exception faite de 3, tous les autres en exil ont regagné l'Allemagne où ils ont encore repris des fonctions dirigeantes ou importantes dans la vie politique. Ce qui ressort en fin de compte de cette période d'exil, c'est le maintien d'une tradition gestionnaire sans réel effort d'analyse théorique, hormis chez quelques membres des petits groupes de gauche et, de ce fait, l'incapacité de garder le contact avec la base, en particulier les camarades engagés dans l'action clandestine.

Pourvue d'une introduction historique, de notes abondantes, d'une importante bibliographie et de trois index, cette édition constitue un outil de travail pour les spécialistes du mouvement ouvrier. Aux non initiés elle fournira un terrain de réflexion toujours actuel, malgré le changement du contexte, sur les dangers d'une pratique politique bureaucratique en période de crise majeure.

Rita THALMANN, Paris

Jörg J. BACHMANN, Zwischen Paris und Moskau. Deutsche bürgerliche Linksintellektuelle und die stalinistische Sowjetunion 1933–1939, Mannheim (Palatium Verlag im J. und J. Verlag) 1995, 475 p.

Les intellectuels forment un peuple souvent maltraité. Tandis que le grand public semble à la fois fasciné et contrarié par leur non-conformisme, leur esprit critique et leur irréductibilité, les chercheurs qui en font leur objet d'étude sont motivés, le plus souvent, par cette ambivalence même. J. Bachmann est de ceux qui voudraient réhabiliter la contribution des intellectuels à la culture politique d'un pays sans pour autant renoncer à un regard critique quant à leurs défaillances[1].

Pour ce faire, l'auteur a choisi d'étudier, en se basant sur leurs publications, le spectre d'une »gauche libérale et intellectuelle allemande«[2] et son évolution spirituelle et politique

1 L'ouvrage, mémoire de thèse, paraît dans la toute récente collection intitulée Mannheimer Historische Forschungen qui est dirigée par l'Institut Historique de l'Université de Mannheim.

2 Le terme »bürgerlich« a une connotation double parce qu'il désigne à la fois le citoyen et le bourgeois. D'où le choix de le traduire par »libéral«.

dans l'exil forcé, tout au long des années trente. Conscient de la difficulté que présente la définition claire de »l'intellectuel libéral de gauche«, l'auteur a recours à une approche mannheimienne (»freischwebende Intelligenz«), bien qu'il admette les limites. Il privilégie les écrivains-publicistes parce que »de tels intellectuels tentaient d'intervenir par leurs publications dans les conflits politiques de tous les jours« [26]. Pour éviter l'aspect d'une monographie, il met en avant »la pensée des intellectuels de gauche« qui donne une »certaine continuité« à leurs représentants successifs [30]. En guise d'introduction, il récapitule brièvement leurs positions politiques sous la République de Weimar [43–117].

Cette digression nécessaire montre que ces intellectuels s'inspirent avant tout des »idées de l'Aufklärung et de la Révolution Française«. Dans cette perspective idéaliste et parfois anachronique, Bachmann relève des apories comme leur cécité à l'égard de la situation économique et sociale. L'auteur évoque à juste titre l'interchangeabilité des concepts qui restent dans le flou des valeurs dites intemporelles. Car dans une société laïque, les notions de Justice, Humanité, Raison etc. sont soumises aux interprétations changeantes des protagonistes dans le combat politique. Dans leur lutte pour le »renouveau par l'Esprit« (»seelisch-geistige Erneuerung« [64], les intellectuels de gauche souffrent donc d'une certaine »imprécision terminologique« [60].

Cette foi dans l'humanisme et l'action des hommes raisonnables reste aussi le moteur principal quand, par la suite, ces intellectuels se rapprochent, avec hésitations, des positions staliniennes. Néanmoins, depuis leur exile, ils doivent constater le naufrage du »renouveau par l'Esprit«. L'auteur en conclut que la conjoncture politique (la prise du pouvoir par les nazis, la politique d'apaisement des démocraties occidentales) associée à une approche le plus souvent phénoménologique de la politique, fait pencher la balance du côté de la révolution communiste (»Moscou«) sans vraiment renoncer à la révolution bourgeoise et citoyenne (»Paris«). »Entre Paris et Moscou«, c'est donc le thème développé avec tous ses soubresauts dans la partie centrale de l'étude [168–432].

L'approche phénoménologique garantit par ailleurs à ces intellectuels une certaine »continuité de pensée« bien que cette dernière doive subir les chocs d'une Realpolitik défiant tout humanisme. L'hommage que Schwarzschild, éditeur de *Das Neue Tagebuch*, rend à Dollfuß, »qui a sauvé l'Autriche du nazisme«, ou le fait que W. Schlamm, journaliste de la *Neue Weltbühne*, appelle »à ne craindre ni la mort ni le diable pour s'allier contre Hitler« [131] sont les indices les plus criants de ce changement. Dans le même contexte, le dégel entre l'Union soviétique et ses anciens ennemis capitalistes (1935/36) est considéré comme une première réussite dans la lutte anti-nazie et dans l'abandon du dogmatisme du côté du régime communiste [190–210].

Entre-temps convaincus de l'échec d'une démocratie purement formelle, car c'est ainsi qu'ils jugent la République défunte de Weimar, ces intellectuels prônent l'égalité des conditions socio-économiques, donc une économie planifiée dont la mise en œuvre va bien évidemment de pair avec une restriction des libertés individuelles. Cette révendication ne leur semble pas être en contradiction avec les idées de la Révolution Française, mais »l'accomplissement d'un devoir jusqu'alors non achevé« [161]. On se demande toutefois pourquoi ils ne mettent pas à profit les analyses politico-économiques que d'autres exilés font paraître dans la *Zeitschrift für Sozialforschung* (jusqu'en 1938 chez Félix Alcan, Paris). Au contraire, leur conception du capitalisme s'inspire encore de l'époque de l'industrialisation dont l'archétype est le capitaliste, propriétaire des moyens de production. Ils ne voient pas que le fascisme pourrait être une modalité du libéralisme[3].

3 Des termes comme »égoïsme aveugle de l'économie« (»mit Blindheit geschlagener Wirtschaftsegoismus« [150]) trahissent leurs auteurs. Cf. par exemple la critique amère que Horkheimer adresse aux intellectuels, aux libéraux et aux juifs dans son article »Die Juden und Europa«, in: Zeitschrift für Sozialforschung 8 (1939) reprint Munich, 1980, p. 115–137.

La »disposition à la dictature« (»Diktatur-Bereitschaft« [155, 386]), par ailleurs une des constantes dans la pensée de ces intellectuels (»Die Diktatur der Geistigen« 1918; H. Mann, Die Diktatur der Vernunft 1923), fléchit quelque peu sous l'effet des purges staliniennes [383–431]. Les condamnations des mesures staliniennes par les uns et leurs justifications par les autres mettent leur fragile unité à rude épreuve. Ils tentent de résoudre ce dilemme par une stratégie d'exclusion à l'égard du »McCarthysme dans l'exil« (Jaspers cité d'après Bachmann [431]). La nouvelle du pacte germano-russe semble définitivement rompre les liens fragiles entre les intellectuels libéraux de gauche et l'Union soviétique. Quelques biographies dans l'après-guerre, dont Bachmann fait brièvement l'esquisse [440, 441], en témoignent.

Tout bien considéré, Bachmann procède à une analyse bien documentée et passionnée des efforts constants des intellectuels libéraux de gauche pour comprendre l'évolution politique de leur temps et leurs contributions conceptuelles à une société post-hitlérienne. Cependant, on regrette qu'il ne pose pas la question de savoir pourquoi il n'y a pas de relations entre les intellectuels libéraux de gauche et les théoriciens de gauche [25]. Dans ce même contexte, il est également regrettable qu'il n'exploite pas plus sa constatation très pertinente (»l'imprécision terminologique« [60] dans le cadre de l'étude des discours. Peut-être y a-t-il là une des clés de l'échec des intellectuels libéraux de gauche, ou comme Horkheimer l'exprime sans pitié en 1939: »Mag das Loblied, daß die Intellektuellen auf den Liberalismus anstimmen, oft schon zu spät kommen, da die Länder rascher in totalitäre sich umwandeln, als die Bücher Verleger finden, sie geben die Hoffnung nicht auf, daß irgendwo die Reformierung des westlichen Kapitalismus glimpflicher sich abspielt als die des deutschen und gut empfohlene Fremde doch noch eine Zukunft haben«[4].

Martin RASS, Lisieux

Dieter MUSKALLA, NS-Politik an der Saar unter Josef Bürckel. Gleichschaltung – Neuordnung – Verwaltung, Saarbrücken (Saarbrücker Druckerei und Verlag) 1995, 712 S. (Veröffentlichungen der Kommission für saarländische Landesgeschichte und Volksforschung, 25).

In den zahlreichen Arbeiten zur Geschichte des Saargebietes bzw. des »Saarlandes«, eines durch den Versailler Vertrag geschaffenen administrativen Gebildes, wurde bisher die Phase der NS-Herrschaft von 1935 bis 1945 weitgehend ausgespart. Bezüge wurden fast ausschließlich hergestellt in Untersuchungen über den regionalen Widerstand. Dagegen steht im Mittelpunkt von Muskallas Arbeit der Versuch einer administrativen Neugestaltung der »Saar von Versailles« durch die Nationalsozialisten, die allerdings keineswegs die Schaffung eines eigenständigen Reichslandes anstrebten, wenn auch am Ende ihr Regiment objektiv durchaus zu einer staatlichen Eigenständigkeit des Saargebietes beigetragen hatte.

Im Mittelpunkt der NS-Politik an der Saar stand der »Reichskommissar für die Rückgliederung des Saarlandes«, Josef Bürckel, der 1935 an die Spitze der gesamten Verwaltung trat. Bürckel, seit 1925 als Gauleiter der NSDAP für die Rheinpfalz und später auch zugleich für

4 Ibid., p. 116. »Il se peut que les louanges du libéralisme que chantent les intellectuels arrivent le plus souvent trop tard parce que les pays adoptent plus vite des régimes totalitaires que les livres ne trouvent des éditeurs; les intellectuels pourtant ne désespèrent pas qu'ailleurs le capitalisme occidental pourrait être reformé d'une façon moins douloureuse qu'en Allemagne et que, malgré tout, il y aurait un avénir pour des formes qu'on conseille avec empressement à l'étranger.« Pour voir les implications de la »confusion terminologique« cf. par exemple M. GANGL, G. RAULET (dir.), Intellektuellendiskurse in der Weimarer Republik. Zur politischen Kultur einer Gemengelage, Frankfurt/Main (Campus), Paris, New York 1994, ouvrage qui complète à maints égards l'étude presentée ici.

das Saargebiet tätig, entwickelte an der Saar das Profil eines erfolgreichen und auch eigenständigen Exponenten der NS-Hierarchie. Seine Politik ging dahin, das Saargebiet mit der Pfalz auch administrativ zusammenzulegen – im Vorgriff auf eine allfällige Reichsreform. Das Projekt scheiterte am Widerstand der Bayern, erreicht wurde nur die Zusammenlegung der Dienststellen des Reichskommissars für das Saarland und der des Regierungspräsidenten für die Saarpfalz im Jahre 1940. Bürckels Machtstellung erfuhr, nach vorübergehendem Einsatz als Gauleiter von Wien und Reichsstatthalter von Österreich (1939), eine weitere Stärkung, als er nach dem Angriff auf Frankreich Reichsstatthalter der sog. Westmark und Chef der Zivilverwaltung in Lothringen wurde. Bürckels Ziel war die Bildung eines Reichsgaues mit einheitlicher Verwaltungsstruktur bestehend aus dem Saarland, der Pfalz und Lothringen, wobei letzteres französisches Territorium unter seiner Herrschaft eine Annexion auf kaltem Wege erfuhr.

Muskalla beschreibt in seiner außerordentlich materialreichen Untersuchung detailliert die Struktur der Bürckelschen Administration, ihr erfolgreiches Verwaltungshandeln und die spezifischen politischen Maßnahmen zur Gleichschaltung, die sich – nicht immer erfolgreich – bis in das Jahr 1945 hinzogen. Zwar konnte Bürckels administratives und politisches Wirken an der Saar in Anbetracht der ausstehenden Reichsreform nur vorläufigen Charakter haben. Unter seinem Regiment hatte sich dennoch bei den Bewohnern des Saargebiets erstmals ein »territorial-politisch ausgerichtetes Bewußtsein« herauszubilden begonnen, ein historisch begründetes Zusammengehörigkeitsgefühl, das sich unter der Verwaltung des Völkerbundes kaum entwickelt hatte.

Muskallas Studie weist somit über 1945 hinaus, eine Zeit, für die es inzwischen eine breite Literatur gibt. Darin wird der NS-Zeit an der Saar kaum ein konstruktiver Beitrag zur Landes-Bewußtseinsbildung der Saarländer zuerkannt. Dagegen ergibt die vorliegende Untersuchung, daß bereits das Saar-Referendum des Jahres 1935 nicht nur unter der Perspektive des antifaschistischen Widerstands gesehen werden kann, das heißt, daß bei aller erfolgreichen Legalitätstaktik der Nationalsozialisten nicht übersehen werden darf, daß für die überwältigende Mehrheit der Saarländer bei der Option für die deutsche »Heimat« allfällige Kritiken an der Entwicklung im Reich nach 1933 zurückstanden. Die Gegner einer Rückgliederung an das nationalsozialistische Deutschland waren in einer verschwindenden Minderheit. Wenn auch eine Anzahl ihrer Exponenten nach 1945 die weiteren Geschicke einer saarländischen Staatswerdung aktiv mitgestalteten, vermochten sie – im Gegensatz zur saarländischen Bevölkerung – eine historische Kontinuität nicht zu erkennen. Dabei war eine solche noch unter einem anderen Aspekt gegeben: So wie bereits Bürckel an der Saar regionale, ja partikularistische Interessen in seinen persönlichen Herrschaftsambitionen erkennen ließ, versuchten auch die führenden politischen Köpfe nach 1945 das Saargebiet gegenüber Deutschland abzugrenzen.

In der Einleitung sorgt sich der Verfasser, daß die Ergebnisse seiner Untersuchung einer kritischen Aufarbeitung des NS im Sinne einer »Vergangenheitsbewältigung« nicht entgegenstehen. Doch leistet die Studie gerade jene »Historisierung« der NS-Phase an der Saar, die kein historischer Betriebsunfall war und ohne die man die Entwicklung des Saargebiets bis hin zu einem eigenständigen Bundesland nicht verstehen kann.

Die Biographie Bürckels bietet aber auch einen weiteren, überzeugenden Beitrag zur Herrschaftsstruktur des NS vor allem in Hinblick auf dessen polykratische Desorganisation und personenbezogene Entwicklung. In der Person Bürckels zeigt er jedoch zugleich auch die Grenzen führerstaatlicher Autokratie, als dieser sich in der Endphase des Regimes mit Blick auf die Rettung ihm anvertrauter Menschen der »Staatsräson« widersetzt.

Dieter Marc SCHNEIDER, München

André UZULIS, Nachrichtenagenturen im Nationalsozialismus. Propagandainstrumente und Mittel der Presselenkung, Frankfurt/Main, Bern, New York, Wien (Peter Lang) 1995, 356 S. (Europäische Hochschulschriften: Reihe III, Geschichte und ihre Hilfswissenschaften, 636).

Im Februar 1953 gründeten ehemalige Mitarbeiter des DNB eine Interessengemeinschaft Deutsches Nachrichtenbüro e. V. Ihr Hauptanliegen war die Anerkennung des DNB als Körperschaft des Reiches, um beim Bund Ansprüche auf Altersversorgung geltend machen zu können. Sie verwiesen auf die enge Einbindung des DNB in die Behördenstruktur des Dritten Reiches. Widersprüchlich hierzu war die Darstellung des DNB als einem Unternehmen, dessen Mitarbeiter stets bemüht gewesen seien, sich den Anordnungen des Reichsministeriums für Volksaufklärung und Propaganda (RMVP) zu widersetzen. Mit Propaganda habe das DNB nichts zu tun gehabt. Bei seiner Bewertung der nationalsozialistischen Durchdringung des DNB urteilt Uzulis, daß diese Aussage nicht der historischen Wahrheit entspräche. So habe Karl Ott, Leiter der Haushaltsabteilung im RMVP, 1960 bestätigt, daß dieses Ministerium sich entscheidenden Einfluß auf Geschäftsführung und praktische Arbeit des DNB vorbehielt. 1933 durch eine Fusion des Wolff'schen Telegraphen-Bureaus und der Telegraphen-Union entstanden, müsse das DNB somit als staatliche Einrichtung angesehen werden. Aus Tarngründen sei es in die privatwirtschaftliche Form einer GmbH gekleidet, tatsächlich aber eng in den Apparat des RMVP integriert gewesen. Innerhalb des DNB hätte über den Charakter der Agentur kein Zweifel bestanden, was Uzulis durch verschiedene Zeugnisse ihrer Mitarbeiter belegt. Der Direktor des Büros, Otto Mejer, habe bereits 1934 erklärt, die Zielsetzung des DNB solle nicht die Beschaffung unabhängiger Information sein. Die Agentur sei vielmehr »die Speerspitze des Nationalsozialismus an der journalistischen Front«. Die Unternehmensführung wollte »den Betrieb als tragendes Gerüst des deutschen Nachrichtenwesens als politisches Instrument der Reichsführung zur Verfügung halten«, dem als kultureller Machtfaktor eine wichtige gesellschaftliche und ideologische Aufgabe zukäme.

Auch Uzulis konzediert den Nachrichtenagenturen eine konstitutive Bedeutung für das Funktionieren des nationalsozialistischen Propagandaapparates. Dezidiert bezeichnet er eine umfassende Auswertung des überlieferten Quellenmaterials als besonderes Desiderat der Medienhistorik. Dem ist insofern zuzustimmen, als tatsächlich bisher Funktion und Wirkung der Nachrichtenagenturen im System der nationalsozialistischen Presselenkung weder bezüglich der Inlands- noch der Auslandspresse detailliert untersucht wurden. Uzulis Versuch, eine annähernd vollständige Übersicht über die verschiedenen Anbieter auf dem Informationsmarkt 1934 bis 1945 zu liefern, ist somit gerechtfertigt. Leider gelangt er dabei kaum über eine enzyklopädische und in organisationsgeschichtlichen Beschreibungen verharrende Aufstellung der deutschen Agenturen und Korrespondenzen unterschiedlichster Größe, die sich neben dem übermächtigen DNB zu behaupten vermochten, hinaus. So liest sich dieser dritte Teil der Arbeit recht zäh.

An Kontur gewinnt neben dem DNB allein die Arbeitsweise der auf dem Auslandsnachrichtenmarkt führenden Transocean und ihre Stellung im nationalsozialistischen Staat. An beiden Agenturen führt Uzulis in den sehr aufschlußreichen letzten beiden Teilen beispielhaft vor, wie das Eingreifen der verschiedenen staatlichen Stellen in die Auswahl, Formulierung und Verbreitung der Nachrichten in der Praxis aussah. So genau, wie die eher als schlecht zu bezeichnende Quellenlage es zuläßt (das DNB-Gebäude brannte am 3.1.1945 völlig aus), untersucht Uzulis hier unter Rückgriff auf verschiedene Komplementärquellen schwerpunktmäßig das DNB als die führende Nachrichtenagentur des Dritten Reiches in ihrer Verflechtung mit Staat und Partei. Plausibel stellt er dar, wie die Nationalsozialisten relativ schnell die Kontrolle über die Nachrichtengebung erlangten und damit die wichtigste Voraussetzung für die Monopolisierung der Propaganda schufen. Es wird deutlich, wie bereits die weisungsgemäße Auswahl und Bearbeitung der Nachrichten durch die Agenturen zu einem Akt der Propaganda wurde. Der Richtliniencharakter des DNB wurde vom RMVP explizit betont. Keine Zeitung konnte ohne das Material des DNB auskommen, dem die Rolle eines Stichwortgebers zukam. Das ging so weit, daß in den Reichspressekonferenzen bis zur inhaltlichen Ausgestaltung in Einzelheiten die Aufmachung der DNB-Meldungen vorgeschrieben wurde. Die lückenhafte Quellenlage trägt dazu bei, daß die von Uzulis angeführten Fallbeispiele mitunter recht willkürlich ausgewählt erscheinen.

Journalistische Fehler auf der Nachrichtenebene konnten sich durch deren Multiplikatorfunktion verhängnisvoll auf die Wirkung der vorgegebenen Propagandalinie auswirken. Sie wurden besonders streng abgemahnt. Überraschend diente der größte Teil der politischen Meldungen des DNB ausschließlich zur Informationsbeschaffung der Regierung. An die Öffentlichkeit gelangten bis 1939 höchstens 33 %, im Krieg gar nur noch 18% der Meldungen. Vielfach war das geheime DNB-Material Grundlage der persönlichen Unterrichtung von Hitler und Goebbels. Verschiedenfarbiges Papier signalisierte den unterschiedlichen Geheimhaltungsgrad. Für die Diplomatie des Dritten Reiches stellten die Auslandsmeldungen der Agenturen naturgemäß ein wichtiges Informationsmittel über das internationale Geschehen dar. Für das Absetzen von Meldungen, die seinen spezifischen Interessen entsprachen, machte sich das AA die Nachrichtenbüros nutzbar. Spätestens nach der Anordnung Hitlers vom 16.2.1939, nach der alle Meldungen über die Pressestelle der Reichsregierung, sprich über deren Chef Otto Dietrich führen mußten, kam es in diesem Bereich zu Konflikten. Diese Auseinandersetzungen schildert Uzulis vor dem Hintergrund des bekannten neurotischen Konkurrenzverhältnisses zwischen dem AA und dem RMVP. Hinzu kamen andauernde prestigemotivierte Kompetenzstreitigkeiten zwischen Goebbels und Dietrich um die Kontrolle der Nachrichtenagenturen. Mit Uzulis Studie zu einem Aspekt der Propagandageschichte des Dritten Reiches bestätigen sich so letztlich bekannte strukturelle Merkmale des nationalsozialistischen Herrschaftsgefüges.

Holger Skor, Freiburg

Michael Grüttner, Studenten im Dritten Reich, Paderborn (Schöningh) 1995, 556 S. (Sammlung Schöningh zur Geschichte und Gegenwart).

Die historiographischen Nebel, welche die Wahrnehmung des nationalsozialistischen Deutschland nur auf Grau- bzw. Brauntöne beschränkte, beginnen sich seit einiger Zeit zu lichten. Hinter dem Bild einer gleichgeschalteten, uniformen und uniformierten Gesellschaft tauchen jetzt Konturen und Nuancen auf, die insgesamt zu einer neuen Interpretation jener Zeit führen werden. Die Berliner Habilitationsschrift (TU) mit ihren politik-, sozial- und mentalitätsgeschichtlichen Fragestellungen versteht sich als Baustein einer künftigen Gesamtdarstellung der deutschen Gesellschaft im »Dritten Reich«.

Grüttner setzt zwei Schwerpunkte: Die Hochschulpolitik des NS-Regimes mit besonderer Beachtung ihrer Wirkung auf die Studenten und die Haltung der Jungakademiker zur Diktatur. Dabei läßt er sich von der (Hypo-)These leiten, daß weder eine lange vorherrschende Auffassung von der uneingeschränkten Zustimmung zum Nationalsozialismus noch das Bild kompromißloser Ablehnung den tatsächlichen Verhältnissen gerecht wird, daß vielmehr eine Gemengelage von Begeisterung, Sympathie, Anpassung, Apathie und Widerspruch bis hin zu vereinzeltem Widerstand kennzeichnend war, Handlungsweisen und Einstellungen, die je nach politischer Situation, Themenbereich, persönlichen Interessen etc. variieren konnten.

Dieser Ansatz wird in zehn Kapiteln plausibel entfaltet. Das erste behandelt den Aufstieg des NS-Studentenbundes in den Jahren 1928 bis 1933, der entgegen verklärenden Rückblicken nach der »Machtergreifung« durchaus zu einer Massenbewegung anschwoll und keineswegs nur die Sache verschworener Einzelkämpfer war. Nach Hitlers Ernennung zum Reichskanzler zeigten die Studenten sich zwar als Motor der Gleichschaltung, gingen in ihrem Aktivismus aber schließlich so weit, daß sie im Sinne des Regimes diszipliniert werden mußten. Damit gerieten sie in den Einflußbereich verschiedener Ämter und Personen, die die Studenten zu Objekten ihres Machtgerangels machen wollten. Umfangreiches Material breitet der Autor im Hinblick auf quantitative Dimensionen (Studienfrequenz, fachliche Gliederung der Studentenschaft usw.) und qualitative Parameter in der Lehre aus. Sodann wendet er sich der »politischen Auslese« zu, beispielsweise der Vertreibung der »nichtarischen« Studenten. Das sechste Kapitel beschreibt den Wandel vom studentischen Enthusiasmus zur Enttäuschung in den Jahren 1933 bis 1935. Nach einer gewissen Beruhigungsphase schuf der Krieg völlig neue Studienbedingungen und eine neue Studentenschaft zwischen Hörsaal und Front. Im letzten Kapitel schließlich zeichnet der Verfasser Erscheinungsformen studentischer Opposition gegen das totalitäre System.

Aus alldem lassen sich verschiedene Folgerungen ziehen. So fand einerseits eine Nazifizierung statt, die den Alltag der Jungakademiker weitgehend bestimmte und die zugleich ihr Sozialprestige verringerte, ohne daß die Studenten freilich in der angestrebten nivellierten »Volksgemeinschaft« aufgingen. Andererseits wurde die offizielle Zwangspolitisierung durch einen Prozeß der Entpolitisierung von unten konterkariert. Darüber hinaus gab es zahlreiche Widersetzlichkeiten, wobei allerdings entschiedene Gegnerschaft wie die der »Weißen Rose« kaum zum damals gängigen Protestverhalten gehörte. Die Studenten hatten in der Regel eben mehr ihre Karriere im Blick als ideologische Postulate im Kopf.

Dieter TIEMANN, Tours

Le nazisme et les savants, Paris (Bélin) 1995, 175 S. (Genèses. Sciences sociales et histoire, 21).

Seit einiger Zeit wird in der Historiographie zum Nationalsozialismus das Verhältnis zwischen einer irrationalen Ideologie und einer scheinbar rationalen, wissenschaftlichen Denkweise untersucht. Diese Debatte hat in jüngster Vergangenheit schon zu heftigen Kontroversen innerhalb der Historikerzunft geführt. Nicht selten gerieten die Wissenschaftler, die sich mit der inneren Logik des nationalsozialistischen Systems befaßten, in den Verdacht durch ihre Beschreibung einzelner in sich logisch erscheinender Denk- und Verhaltensmuster die zerstörerische Irrationalität des nationalsozialistischen Systems aus den Augen zu verlieren. Selbst so innovative Arbeiten wie die Monographie »Vordenker der Vernichtung« (Berlin 1995) von Götz Aly und Sabine Heim liefen Gefahr, in ihrer minutiösen Darstellung einzelner Aspekte der deutschen Judenvernichtungspolitik das wahnhafte, irrationale Fundament eines Gedankengebäudes, das schließlich Millionen Menschen zur Vernichtung bestimmte, aus dem Blickfeld verschwinden zu lassen. Im vorliegenden Sammelband werden keine solchen umfassenden Überlegungen angestellt. Es wurden vielmehr einzelne Aspekte, die das Verhältnis von Wissenschaftlern zum Nationalsozialismus erhellen sollen, ausgewählt. Verschiedene Varianten werden aufgezeigt, wie ein von seinem Selbstverständnis her rationaler wissenschaftlicher Diskurs von seinen Vertretern, den Wissenschaftlern, während der Herrschaft des Nationalsozialismus gebraucht oder auch mißbraucht wurde. Der erste Beitrag des Bandes von Cornelia ESSERS »Qui sera juif? La classification ›raciale‹ nazie des ›lois de Nuremberg à la conférence de Wannsee‹ macht deutlich, daß Wissenschaft bereits vor 1933 aus äußerst irrationalen Diskursen bestehen konnte. ESSERS beschreibt wie während der Naziherrschaft zwei Konzepte über die »Verunreinigung« des »deutschen Blutes« mit »jüdischem Blut« diskutiert wurden. Zum einen gab es die Verfechter einer Theorie der »Ansteckung«. Nach ihren Überlegungen wäre ein mit »jüdischem Blut« infizierter Mensch für immer »verunreinigt«, und auch seine Nachkommenschaft könnte sich nie mehr von diesem »Makel« befreien. Eine zweite »Denkschule« ging davon aus, daß bei einer zunehmenden Ausdünnung des Anteils »jüdischen

Bluts«, die »deutschen« Anteile die »jüdischen« verdrängen würden. Beide Theorien wurden jedoch schon lange vor der nationalsozialistischen Herrschaft diskutiert. ESSERS weist berechtigterweise darauf hin, diese Ideen von einer »Reinheit des Blutes« oder auch einer »magischen Kraft des Blutes« eine lange Vorgeschichte in der Literatur besitzen. Irrationale Motive aus der Literatur der deutschen Romantik des 19. Jh. fanden schließlich ihren Eingang in anscheinend rationale wissenschaftliche Theorien. Neben den ideengeschichtlichen Aspekten, die dem antisemitischen Diskurs der Nazis bei der Definition der Juden zugrundelagen, beschreibt sie sorgfältig, wie sich diese Diskurse in der antisemitischen Gesetzgebung niederschlugen. Bevorzugten viele der führenden Nationalsozialisten die radikalere »Ansteckungstheorie«, so obsiegte in der Praxis die »liberalere« Theorie einer »Entschärfung« des »jüdischen Blutes« durch genetische Ausdünnung. Konkret bedeutete dies, daß, gemäß den »Nürnberger Gesetzen« von 1935 die sogenannten »Mischlinge zweiten Grades« (ein jüdischer Großelternteil) sich in den deutschen »Volkskörper« integrieren durften. Am meisten Kopfzerbrechen machte den »Experten«, darunter auch viele Genetiker, Ärzte und Juristen, das »Problem« der »Mischlinge ersten Grades« (zwei jüdische Großeltern), bei denen noch von einer Dominanz »jüdischen« Erbgutes ausgegangen werden mußte. Ihr Schicksal blieb bis zuletzt unentschieden. Im Falle eines deutschen Sieges hätte ihnen wohl im günstigsten Fall die Sterilisation, im ungünstigsten Fall die Ermordung gedroht.

Auch Michael WILDT geht in seinem Beitrag: »Avant la ›Solution finale‹. La politique juive du Service de sécurite de la SS, 1935–38« der inneren Logik des antisemitischen Systems der Nationalsozialisten nach. Wie ESSERS kann er feststellen, daß der extrem antisemitische Diskurs der nationalsozialistischen Ideologen in dieser Phase noch durch eine technokratische Rationalität von zu großen Exzessen in der Praxis abgehalten wurde. Die nationalsozialistischen Machthaber wollten die Juden aus Deutschland vertreiben. Damit die jüdische Bevölkerung aber überhaupt in der Lage war ihre Ausreise zu organisieren, mußte ihnen ein minimaler Schutz und eine gewisse Rechtssicherheit geboten werden. WILDT betont zu Recht, daß es jedoch gerade Eichmann war, der mit großer Umsicht und Energie die Emigration der Juden aus der »Ostmark« betrieb, und der vier Jahre später ebenso gewissenhaft den Massenmord organisierte. Die vergleichsweise »ruhige« Phase zwischen den Nürnberger Gesetzen und der Reichspogromnacht wird von Wildt nicht ohne Berechtigung als entscheidend für die Etablierung eines umfassenden antisemitischen, technokratischen Apparats gesehen. Zudem machen WILDTS Recherchen deutlich, wie die Entwicklung einer antisemitischen Politik nicht allein von Hitler abhängig war, sondern ihre Dynamik auch aus der Arbeit »initiativer« Funktionäre im zweiten und dritten Glied holte.

Carsten KLINGMANN räumt in seinem Beitrag »Les sociologues et Max Weber 1933–1945« mit dem Mythos auf, daß nach 1933 an deutschen Universitäten keine Soziologie im Geiste Max Webers mehr betrieben worden sei. Max Weber war zwar als Prototyp des liberalen Wissenschaftlers bei den Nationalsozialisten verpöhnt. Einzelne Schüler von ihm, die sich mit den neuen Machthabern arrangieren wollten, konnten auch im »Dritten Reich« mehr oder weniger verdeckt, mit Webers Theorien arbeiten. Doch nicht nur innerhalb des Deutschen Reiches beeinflußte der Nationalsozialismus den wissenschaftlichen Diskurs. Peter SCHÖTTLER zeichnet, in seinem Beitrag »Marc Bloch et Lucien Febvre face à l'Allmagne nazie« nach, wie der nichtjüdische Herausgeber, Lucien Febvre, der »Annales«, sich von seinem jüdischen Mitherausgeber Marc Bloch trennen mußte, um die Zeitschrift vor dem Verbot durch das Vichy-Regime im Herbst 1941 zu bewahren. Auch wenn Febvre und Bloch sich freundschaftlich darauf einigten, daß der jüdische Name aus dem Editorial gestrichen wurde und Bloch weiterhin unter einem Pseudonym in den »Annales« veröffentlichen konnte, bleibt dieser Kompromiß mit den Forderungen eines irrationalen, antisemitischen Systems, doch als Widerspruch zu den grundsätzlichen Prinzipien der Aufklärung, der die »Annales« verpflichtet war, bestehen. Es stellt sich an diesem Beispiel die grundsätzliche Frage, inwiefern in einem totalitären, irrationalen Herrschaftssystem überhaupt aufgeklärt, rationale Wissenschaft betrieben werden kann.

Daniel GERSON, Zürich

Wolfgang AYASS, »Asoziale« im Nationalsozialismus, Stuttgart (Klett-Cotta) 1995, 335 p.

L'ouvrage, fruit d'une recherche poursuivie dans le cadre du groupe de travail interdisciplinaire sur le national-socialisme de l'Université de Kassel, survient à point nommé. Le concept »d'asocialité« ne fut en effet jamais clairement défini par les contemporains, ni sous le régime de Weimar ni sous le IIIe Reich. Les »asociaux« constituaient en fait la frontière négative de la communauté populaire nationale-socialiste. De surcroît, après 1945, les associations de victimes du nazisme écartèrent systématiquement de leurs rangs les »asociaux« et les »criminels professionnels«, et les pouvoirs publics les considérèrent comme indignes de percevoir des indemnités. Réfractaires au travail, mendiants et vagabonds, alcooliques, toxicomanes, petits délinquants, prostituées et autres marginaux figuraient donc parmi les oubliés de l'histoire, d'autant plus qu'aucune organisation et aucune personnalité éminente n'avaient jamais plaidé leur cause.

L'histoire des asociaux sous le national-socialisme se divise en deux périodes distinctes. La première s'étend de la »prise du pouvoir« jusqu'au début de l'année 1938. En fait, dès avant l'accession de Hitler à la Chancellerie, la discussion sur »l'asocialité« s'était prolongée tout au long de la République de Weimar, sans se laisser d'ailleurs ordonner selon le schéma droite/gauche: les partisans de l'internement des asociaux, principalement des vagabonds et des prostituées, se retrouvaient dans tous les camps. Mais la crise économique avait brouillé la distinction entre les chômeurs et le volant incompressible des réfractaires au travail. L'armée des sans-logis et des chômeurs réduits à la mendicité posait depuis le début des années 1930 un problème de premier ordre aux pouvoirs publics. La rafle des mendiants de septembre 1933, organisée à l'initiative des services des ministères de la Propagande et de l'Intérieur, tenta d'y remédier. Pour essayer de s'attirer les bonnes grâces du nouveau régime, les organisations caritatives allemandes, la Croix Rouge et les organisations d'assistance communale acceptèrent de se mobiliser dans le combat contre les asociaux. Ceux-ci furent alors placés dans des maisons de correction, puis, à partir de 1934, dans des camps pour asociaux, véritables antichambres des camps de concentration, dans le cadre d'une »assistance fermée«. Quant aux familles nombreuses, condamnées par les théoriciens de l'hygiène raciale qui ne voulaient pas d'enfants à n'importe quel prix, elles se trouvèrent menacées d'une élimination au nom de l'hygiène raciale ou d'une sévère mise au pas dans le cadre d'une politique d'assistance. Rapidement des faibles d'esprit et des malades héréditaires furent stérilisés de force. A partir de 1937, les spécialistes débattirent d'ailleurs de l'extension de la stérilisation forcée à l'ensemble des asociaux.

L'action »Arbeitsscheu Reich« 1938 constitua un tournant décisif dans la politique de répression contre les asociaux. L'action de la Gestapo, en avril 1938, visa avant tout des personnes sédentarisées; en juin, la Kripo prit le relais de la Gestapo en s'attaquant aux sans-logis: les halls de gare, les asiles de nuit, les établissements des assistés sociaux furent passés au peigne fin. Selon les directives de Heydrich du 1er juin 1938, deux cents personnes aptes au travail devaient être arrêtées dans chaque district de la Kripo. Jamais jusqu'alors une telle agression n'avait été commise contre les couches du sous-prolétariat: en quelques semaines, quelque dix mille asociaux furent internés. L'action constitua, de la part de la Kripo et de la Gestapo, un désaveu de la bureaucratie ministérielle en charge jusqu'alors de la répression. Les personnes raflées en 1938 furent internées non plus dans des établissements communaux et des maisons de travail provinciales, mais dans des camps de concentration: dans les KL de Buchenwald, de Dachau et de Sachsenhausen tout d'abord, puis de Mauthausen et de

Flossenbürg ouverts à la même époque. Mais le lien entre l'action contre les asociaux et les premières initiatives prises par les SS en matière économique doit également être souligné: la »Société des Terres et Pierres Allemandes«, la DEST, fut fondée le 29 avril 1938. A la suite de l'afflux de détenus asociaux aptes au travail, les KL devaient devenir des lieux de production. Mais l'influence des asociaux sur les sociétés concentrationnaires devait rester faible, par suite de leur incapacité à trouver des formes d'organisation comparables à celles des Schutzhäftlinge.

L'action »Arbeitsscheu Reich« 1938 ne mit cependant pas un terme à la répression. Au début de la guerre, de nouvelles formes »d'asocialité« furent définies, en particulier la délinquance et la prostitution. Quant à la persécution des Sinti et des Roma, elle présenta un caractère à la fois social et racial. Les premières arrestations se déroulèrent lors de l'action »Arbeitsscheu Reich«. En mai 1940, des familles entières furent déportées. Un camp de Tziganes resta ouvert pendant dix-sept mois à l'intérieur du complexe d'Auschwitz: au total, vingt mille des vingt-trois mille détenus périrent. A la différence des autres catégories d'asociaux, les Tziganes n'eurent donc aucune chance d'être réintégrés à la société. A partir de 1939, le projet d'une loi pour les étrangers à la communauté nationale naquit d'une initiative du chef de l'association bavaroise pour le service des émigrants. En août 1943, les travaux préparatoires étaient achevés mais Hitler refusa de ratifier cette loi. En fait, le principe de cette loi était devenu anachronique: les groupes de personnes visées étaient internés depuis longtemps.

Michel Fabréguet, Paris

Albert Fischer, Hjalmar Schacht und Deutschlands »Judenfrage«. Der »Wirtschaftsdiktator und die Vertreibung der Juden aus der deutschen Wirtschaft, Köln, Wien (Böhlau) 1995, 252 p. (Wirtschafts- und sozialhistorische Studien, 2).

Cet ouvrage a ceci de surprenant que seule la deuxième moitié est consacrée au sujet qu'annonce son titre. L'étude de la question juive en Allemagne ne paraissant pas a priori indispensable pour analyser si Schacht a participé à la politique antijuive du national-socialisme et de quelle façon, d'autant qu'il paraît présomptueux de vouloir, en trente pages, faire le tour de la »question juive« en Allemagne[1].

En revanche, dès qu'on aborde le cœur de l'ouvrage: le comportement de Schacht vis-à-vis des Juifs, on ne peut qu'admirer l'ampleur des sources utilisées (attestée par un millier de notes), la rigueur de la démonstration, l'accumulation de preuves qui emportent la conviction.

Tout au long de sa carrière Schacht a fait passer ses ambitions avant ses convictions, au demeurant assez peu assurées. De 1918 à 1929, il se fait un nom ene tant que membre du parti démocrate allemand, qui compte nombre de Juifs dans sa direction et met la lutte contre l'antisémitisme à son programme; c'est l'appartenance à ce parti de centre gauche qui lui vaut d'être nommé à la tête de la Reichsbank en décembre 1923. En 1928–29, Schacht change de camp, combat le plan Young, rencontre Hitler en janvier 1931 et dès lors s'emploie efficacement à faciliter l'arrivée au pouvoir du NSDAP. En récompense, Schacht retrouve dès le 17 mars 1933 la présidence de la Reichsbank dont il avait dû démissionner en 1930, et, un an plus tard, il remplace Kurt Schmitt à la tête du ministère de l'Economie.

1 Le lecteur sera sans doute surpris de lire que la surreprésentation des Juifs dans certains secteurs de l'activité économique et culturelle – même si cette argumentation a été souvent utilisée – serait à l'origine du développement de l'antisémitisme dans l'Allemagne wilhelminienne. Sinon comment expliquer la persistance d'un antisémitisme virulent dans des pays actuellement sans Juifs (Pologne, Autriche). L'auteur est plus convaincant quand il analyse les théories d'un Dühring ou d'un Treitschke qui ont préparé le terrain au racisme hitlérien.

Fischer montre, documents à l'appui, que Schacht non seulement n'a pas combattu les mesures antisémites des nazis, mais qu'il les a parfois anticipées. Son souci majeur était qu'elles ne compromettent pas le redressement de l'économie et des finances allemandes, redressement qui a permis le réarmement forcené du Reich hitlérien. Dans plusieurs discours et articles, Schacht se prononce sans ambages pour la politique raciste et antisémite des nazis. Il demande simplement que des textes réglementaires, des lois, fixent les conditions de l'éviction des Juifs de certaines professions (banque et exportation notamment) et qu'on interdise aux responsables du parti d'organiser ou de tolérer des actions »spontanées« contre des magasins ou des banques juives, actions qui sont montées en épingle par la presse étrangère et risquent de compromettre les exportations. Schacht a servi Hitler et Hitler s'est servi de lui.

En 1939 encore, Schacht élabore un plan, approuvé par Hitler, visant à contraindre les Juifs encore présents en Allemagne à émigrer, en les spoliant des trois-quarts de leurs biens. Même après son limogeage, Schacht n'a pas rompu avec le parti nazi. Il prend cependant contact avec le groupe Beck-Goerdeler, en espérant, en cas de succès des opposants au régime, obtenir un poste de premier plan dans le gouvernement post-hitlérien. Un des conjurés, von Hassell, en septembre 1941, note »qu'il est toujours handicapé par une ambition personnelle démesurée« et il ajoute »que, si Hitler savait le prendre, Schacht accepterait encore de servir le régime«[2]. Après la guerre, Schacht a affirmé avoir beaucoup fait pour adoucir le sort des Juifs. Les documents mis au jour par Fischer démentent ces propos sans contestation possible.

Gilbert BADIA, Paris

Daniel CARPI, Between Mussolini and Hitler. The Jews and the Italian Authorities in France and Tunisia, Hanover (University Press of New England) 1994, IX–341 S.

Der verblüffende und auf den ersten Blick geradezu paradox erscheinende Umstand, daß das faschistische Italien bis zum Einmarsch der Wehrmacht im September 1943, als der Staat gelten konnte, der die Juden am entschiedensten vor dem Zugriff der nationalsozialistischen Mörder und ihrer Helfershelfer schützte, hat verständlicherweise schon viele Historiker fasziniert. Auf Grund dieser judenfreundlichen Haltung der Behörden des faschistischen Italiens, selbst nach der Verkündigung der antisemitischen Gesetze vom Oktober 1938, lassen sich ein paar grundsätzliche Fragen zum Wesen des deutschen Nationalsozialismus und des italienischen Faschismus stellen.

Welche Faktoren ermöglichten es den Nationalsozialisten, die Juden ohne nennenswerten moralischen Widerstand von Seiten der deutschen Gesellschaft auszugrenzen und zu vernichten? Weshalb fand ein moderner Antisemitismus sowohl in der faschistischen Bewegung Mussolinis als auch in der restlichen italienischen Bevölkerung mit wenigen Ausnahmen, keinen Widerhall? Aus welchen Gründen stieß er sogar auf offene Ablehnung und wurde, als es um die Deportation und Ermordung der Juden ging, von den italienischen Behörden aktiv unterlaufen? Diese grundsätzlichen Fragestellungen haben auch den israelischen Historiker geleitet, als er das Verhältnis der italienischen Behörden zu den in ihrem Machtbereich sich befindlichen Juden, vom Kriegseintritt Italiens im Juni 1940 bis zum deutschen Einmarsch der Wehrmacht im September 1943 erforschte. Carpi beschränkt seine Untersuchung über das Verhältnis zwischen den italienischen Behörden und den jüdischen Menschen in ihrem Machtbereich auf die italienische Besatzungszone in Südfrank-

2 Ulrich VON HASSELL, Journal d'un conjuré 1938–1944, Berlin 1996, p. 241.

reich und auf die Zeit der Besetzung des französischen Protektorats Tunesiens durch die Truppen der Achsenmächte (November 1942 bis Mai 1943). Die Situation der Juden in den italienischen Besatzungszonen Kroatiens und Griechenlands wird nur am Rande berührt. Diese Eingrenzung macht insofern Sinn, da 1990 eine ausgezeichnete Studie über den Schutz der Juden im italienisch kontrollierten Teil Kroatiens vom amerikanischen Historiker Steinberg erschienen ist, die den Schutz der Juden durch die lokalen italienischen Militärbehörden und deren aktiven Widerstand gegen die Inplementierung der Endlösung in ihrem Machtbereich, bereits eindrücklich dokumentierte (Jonathan Steinberg, All or Nothing. The Axis and the Holocaust 1941–1943, London 1990 – Deutsche, Italiener und Juden. Der italienische Widerstand gegen den Holocaust, Göttingen 1992). Carpi erwähnt in seiner Bibliographie Steinberg nicht. Offenbar war es ihm leider nicht mehr möglich diese Studie in sein Werk miteinzubeziehen.

Es ist hingegen nicht völlig einsichtig, weshalb Carpi neben der Darstellung der Situation der Juden im italienisch besetzten Südfrankreich noch eine Untersuchung zu den Juden Tunesiens beifügt. Während in Südfrankreich, ähnlich wie in Teilen Kroatiens und Griechenlands, die italienischen Behörden sich während mehrerer Jahre direkt für den Schutz der, zunächst diskriminierten und schließlich vom Tode bedrohten, Juden einsetzen konnten, lag in Tunesien eine weitgehend andere Situation vor. Die Besatzung durch die Achsenmächte dauerte nur wenige Monate. Die Italiener waren keine autonomen Besatzer, sondern eher ein Anhängsel der deutschen Wehrmacht. In Tunesien kam die Vernichtungsmaschinerie der Deutschen nie über das System der Zwangsarbeit hinaus. Die italienischen Behörden mußten hier nicht ihren Widerstand gegen die Judenvernichtungspolitik unter Beweis stellen. Darüberhinaus existiert seit einiger Zeit eine profunde Arbeit über die Situation der tunesischen Juden während des zweiten Weltkrieges (Michel Abitol, Les Juifs d'Afrique du Nord sous Vichy, Paris 1983). Die Stärken liegen denn auch in Carpis präziser Darstellung des Widerstandes der italienischen Behörden gegen die Realisierung der Judenvernichtungspolitik in ihrer südfranzösischen Besatzungszone. In der Schilderung des teilweise unermüdlichen Einsatzes zahlreicher italienischer Beamter und Offiziere zugunsten von verfolgten Juden, tritt der Kontrast zum moralisch und ethisch pervertierten deutschen Verwaltungs- und Militärapparat deutlich hervor. So bemühten sich die italienischen Konsulate Juden noch aus den Zügen zu befreien, die sich bereits auf dem Weg nach Auschwitz befanden. Solche Rettungsversuche bis unmittelbar vor die Türen der Gaskammern, waren aber meistens zum Scheitern verurteilt, da die deutschen Behörden ihre Opfer in diesem Stadium des Vernichtungsprozesses nicht mehr freiließen. Der italienische Schutz konnte nur dort wirksam werden, wo italienische Instanzen auch wirklich direkt über Einfluß und Macht verfügten.

Neben dieser eindrücklichen Schilderungen der Solidarität der italienischen Behörden mit den Juden, gelingt es Carpi, dem Leser überzeugend den historischen Hintergrund, die diese zutiefst humane und kultivierte Haltung ermöglichte, zu erhellen. So war die italienische Armee und insbesondere das Offizierskorps noch immer stark vom liberalen Geist aus der Zeit der Befreiungskriege geprägt. Ein antisemitisches Kastendenken, wie es die deutschen Offiziere pflegten, war in Italien unbekannt. In Umkehrung der deutschen Verhältnisse galt der Einsatz zur Rettung der Juden, als Einsatz zur Wahrung der Würde Italiens und seiner historischen Überlieferung. Carpis Buch kann zwar nicht alle grundsätzlichen Fragen beantworten, weshalb die italienische Gesellschaft unter Mussolinis Faschisten, dem rassistischen Wahn nicht erlag, der die Fundamente von Kultur und Ethik in Europa zu vernichten drohte. Wir können aber nach der Lektüre etwas besser verstehen, welche kulturellen Traditionen selbst ein autoritäres, faschistisches Regime davor bewahrte zu Handlangern der Massenmörder zu werden.

Daniel GERSON, Zürich

Götz ALY, »Endlösung«. Völkerverschiebung und der Mord an den europäischen Juden, Frankfurt/Main (S. Fischer) 1995, 446 p.

Aly, dans ses travaux sur le génocide nazi, est l'homme des interprétations novatrices. Dans son livre en collaboration avec Susanne Heim, Vordenker der Vernichtung. Auschwitz und die deutschen Pläne für eine neue europäische Ordnung, publié en 1991, il défendait l'idée que le judéocide se rattachait à un plan de modernisation économique des régions conquises à l'est, où la rationalité économique exigeait que l'on mène une politique de réduction drastique de la population. Les Juifs comme les Slaves auraient été victimes de cet objectif d'efficacité économique. Cette thèse a valu à l'auteur des critiques extrêmement vives. Il ne la reprend pratiquement pas dans son nouveau livre, où il met l'accent sur les liens entre le traitement réservé aux Juifs et ce qui a été incontestablement, à l'est, un trait majeur de la politique nazie: l'*Umsiedlungspolitik*, les déplacements forcés de population, avec l'expulsion des uns – les Polonais et les Juifs – et l'installation des autres, c'est-à-dire des *Volksdeutsche*.

Cette fois, au lieu des critiques qu'avait suscitées son premier livre, Aly a recueilli beaucoup d'éloges. Tant Raul Hilberg que Hans Mommsen l'ont salué comme une œuvre très importante. Elle l'est effectivement. Sur le plan documentaire, tout d'abord, Aly apporte du neuf. Il a travaillé dans les archives, et il y a trouvé des textes inédits, qui ont souvent une réelle portée. Pour la période qu'il étudie – une période d'un peu plus de deux ans, puisqu'elle va de septembre 1939 jusqu'à la Conférence de Wannsee de janvier 1942 – son arsenal de sources, citées systématiquement, est impressionnant.

Le tableau de l'*Umsiedlungspolitik* qu'il en tire est lui aussi impressionnant. On est frappé par le caractère très souvent désordonné, parfois même presque chaotique, des décisions successives lorsqu'il s'agit de déplacements de population. Mais de ce désordre ou de ce chaos se dégage fort bien – et ce qu'écrit l'auteur, sur ce point, ne pourra plus être contesté – l'imbrication, dans une large mesure, du sort des Juifs et des Polonais, et de l'établissement des *Volksdeutsche*.

Parti sur cette piste, où son regard est souvent aigu, Aly veut cependant aller plus loin: il considère que, s'agissant des Juifs, c'est en constatant que les expulsions et les refoulements ne produisaient pas de résultats suffisants, que les responsables nazis ont été amenés, comme entraînés sur une pente naturelle, à passer au stade de l'extermination. Il y aurait eu là une sorte de dynamique de l'échec. On a là, bien qu'avec des nuances, un exposé nouveau, et brillant, de la vision fonctionnaliste de l'holocauste. On comprend que Hans Mommsen ait applaudi.

Un tel exposé convaincra-t-il? Je pense pour ma part que l'on peut y faire trois objections majeures:

1. Les mécanismes que décrit Aly relèvent bien, en gros, jusqu'à la fin de 1941, du fonctionnalisme. Mais ils sont loin d'être les seuls qui caractérisent le sort réservé aux Juifs. Il y a aussi les *Einsatzgruppen*, dont Aly parle à peine (voir p. 279 et 332–333). Pour quelque 500 000 victimes des *Einsatzgruppen*, on ne trouve chez lui que quelques lignes à peine (p. 333). Ces victimes n'entrent pas dans le schéma de M. Aly. Mais cela ne signifie-t-il pas par le fait même que le schéma fonctionnaliste est insuffisant?

2. Admettons même le fonctionnalisme pour les Juifs de l'est. Mais où peut-on le trouver encore quand il s'agit – et c'est là la marque absolument unique de la volonté génocidaire – de rafler partout en Europe hommes, femmes et enfants juifs pour les vouer à la disparition? On ne peut pas voir là un entraînement progressif des responsables sur la pente de mesures radicales. On part du calme absolu qui règne en France, en Belgique, aux Pays-Bas, d'une situation stable où il n'est pas question d'installer des *Volksdeutsche*, et on tue.

3. Pour décider ainsi de tuer, fallait-il que Hitler intervienne personnellement? Aly ne le croit pas. Il considère que Hitler, essentiellement, a laissé les mains libres aux exécutants. Il serait trop long d'expliquer (je l'ai fait moi-même brièvement dans l'étude que j'ai consa-

crée au livre de Philippe Burrin, Hitler et les Juifs. Genèse d'un génocide; Jean Stengers, ›Hitler et les juifs. A propos d'une vision récente du problème‹, in Revue Belge de Philologie et d'Histoire, 69 [1991], p. 961–976) pourquoi une telle interprétation jure avec tout ce que l'on sait de la manière dont Hitler exerçait son autorité, et paraît d'autant plus invraisemblable que le problème juif était de toute évidence, pour lui, primordial. Mais entre ceux qui la jugent intenable et les historiens qui, comme Aly, pensent que la machine a marché sans qu'il soit nécessaire pour Hitler d'en guider la progression, le débat ne finira sans doute jamais.

Jean STENGERS, Bruxelles

Jacques BARIÉTY (Hg.), Nouvelles recherches sur l'univers concentrationnaire et d'extermination Nazi. Actes d'un colloque tenu à Paris IV-Sorbonne les 2 et 3 février 1995, Paris (CNRS) 1995, 163 S. (Revue d'Allemagne et des pays allemands, 27).

Dieser Band der »Revue d'Allemagne«, der dem wohl dunkelsten Kapitel deutscher Geschichte gewidmet ist, basiert auf einem Kolloquium, daß zu dieser Thematik im Februar 1995 an der Sorbonne stattfand. Obwohl die große Anzahl der Publikationen über das »Dritte Reich« leicht den Eindruck entstehen lassen können, daß dank der Historiographie der letzten Jahre der Nationalsozialismus und sein Unterdrückungs- und Vernichtungsapparat gut erforscht sein müßten, macht dieser Sammelband deutlich, daß gerade was das Kernstück des nationalsozialistischen Terrorregimes, die Konzentrations- und Vernichtungslager, anbelangt noch viele Desiderata verbleiben. Die vorliegenden Beiträge kreisen um Themenbereiche der historischen oder allgemeineren sozial-wissenschaftlichen Forschung, die entweder noch immer kontrovers betrachtet werden, oder für die es noch keine umfassende Bearbeitung gibt. So ist ein Teil der Beiträge einer kritischen Diskussion der Quellen gewidmet, die uns heute bei einer wissenschaftlichen Annäherung an die Welt der Konzentrations- und Vernichtungslager zur Verfügung stehen.

Sybil MILTON, wissenschaftliche Direktorin des Holocaust Memorial Museums in Washington, schreibt über »Die Bedeutung von Photodokumenten als Quelle zur Erforschung der NS-Konzentrationslager«. Trotz Verboten und Zensurmaßnahmen gab es seit Beginn der nationalsozialistischen Herrschaft photographische Zeugnisse über die Konzentrationslager, die im Ausland Verbreitung fanden. Daß der Umgang mit photographischen Dokumenten schwierig sein kann, belegt sie am Beispiel der Photographien, die zwischen April und Dezember 1944 von amerikanischen Flugzeugen über Auschwitz-Birkenau aufgenommen worden waren. Nach Veröffentlichung dieser Photographien 1979 in der Zeitschrift »Life«, entstand eine heftige Kontroverse über das Verhältnis der westlichen Alliierten zur deutschen Judenvernichtungspolitik. Auf einigen der Photos waren nämlich Menschen zu sehen, die vor kleinen Gebäuden Schlange standen. Heute wissen wir, daß es sich um ungarische Juden handeln muß, die vor den Gaskammern auf ihre Ermordung warten. Mit diesen Photographien schien zunächst eindeutig belegt, daß zum einen die westlichen Alliierten genau Bescheid wußten über den Massenmord und zum anderen, und dies wog in der Kontroverse noch schwerer, nichts dagegen unternahmen. Die amerikanischen Piloten, die jene Aufnahmen verfertigten, hatten nämlich den Auftrag Industriegebäude, die sich in unmittelbarer Nähe des Vernichtungslagers befanden zu zerstören. Weshalb wurde nachdem sich der Massenmord direkt vor den Augen der Alliierten abspielte, nichts dagegen unternommen? Weshalb wurde nicht befohlen, die Gaskammern zu bombardieren und so den Vernichtungsprozess empfindlich zu stören? In der wissenschaftlichen Debatte wurde dieser Umstand zunächst als klarer Beweis für die Gleichgültigkeit der Alliierten für das Schicksal des jüdischen Volkes bewertet. Erst genauere Analysen ergaben, daß diese Aufnahmen von den Menschen auf dem Weg zur Gaskammer zufällig entstanden waren. Daß weder ein Auftrag bestand diese zu photographieren, noch daß die Photographen wußten, was sie photographierten. Die Photoauswerter, die einem ganz neuen Beruf angehörten, hatten kein Instrumentarium, mit dem sie Gaskammern und Krematorien erkennen konnten.

Um die Problematik der Entzifferung von mündlichen Quellen geht es im Beitrag »L'exploitation des témoignages oraux«, der jungen Pariser Historikerin Anne LE TURDU, die an der Sorbonne arbeitet. Ähnlich wie in Deutschland ist in Frankreich im Gegensatz zur angelsächsischen Welt, die »Oral history« noch immer ein relativ umstrittener und unbedeutender Forschungszweig. Doch gerade im Bereich der Erforschung des nationalsozialistischen Konzentrationslagersystems hat sich zunächst aus ethischen Überlegungen heraus, die noch lebenden »Stimmen«, die diese Extremsituation menschlicher Existenz belegen können, festzuhalten, eine rege »Oral history«-Tätigkeit entwickelt. Wurde die Infragestellung der moralischen Integrität dieser Berichte der KZ-Überlebenden fast nur von Seiten antisemitisch-revisionistischer »Forscher« betrieben, so wurde von politisch unverdächtiger Seite gerade die »wissenschaftliche« Verwendbarkeit stark angezweifelt. LE TURDU schreibt nun zu Recht, daß auch der seriöse Umgang mit schriftlichen Quellen ein hohes Ausmaß an kritischer Reflexion benötigt. Ist man sich der hermeneutischen Probleme, die einem mündlichen Zeugnisse stellen können, bewußt, so sind daraus ebenso gültige Schlußfolgerungen zu ziehen, wie aus anderen Quellen. Vielleicht, so könnte man etwas provokativ behaupten, haben die Widerstände mit den mündlichen Quellen umzugehen, weniger mit der Widerständigkeit der Quellen, als mit den Widerständen der Forscherinnen und Forscher zu tun, die sich lieber den stummen Quellen zuwenden als den lebendigen und oft sehr widersprüchlichen Menschen. Offenbar gibt es aber auch Widerstände in der Bearbeitung schriftlicher Quellen. Nur so läßt es sich erklären, daß bis heute kaum eine umfassendere Monographie über die bedeutenden Konzentrations- und Vernichtungslager erschienen ist.

Diesem Manko wird in einem zweiten Teil dieses Bandes etwa abgeholfen. Dieser ist ganz dem Konzentrationslager Mauthausen gewidmet. Mauthausen, in der Nähe von Linz gelegen, gilt als eines der härtesten Lager innerhalb des Konzentrationslagerssystems. Wie alle »Stammlager« war es von einer Vielzahl von »Außenlager umgeben. Wie prekär der Forschungsstand auch noch zu diesem Konzentrationslager ist, belegt die Tatsache, daß drei der sechs Beiträge die Mauthausen zum Thema haben, primär den lamentablen Forschungsstand referieren. Einzig der Pariser Historiker Michel FABRÉGUET, der soeben seine Dissertation »Mauthausen, camp de concentration national-socialiste en Autriche rattachée (1938–1945)« vollendet hat, kann direkt zur Lagergeschichte schreiben. Das Beispiel »Mauthausen« macht deutlich, daß gerade wegen der »Konjunktur« die die Erforschung des Nationalsozialismus in der Wissenschaft seit ein paar Jahren erfährt, sich immer neue Fragestellungen auftun.

Daniel GERSON, Zürich

Gitta SERENY, Albert Speer. Das Ringen mit der Wahrheit und das deutsche Trauma, München (Kindler) 1995, 861 S.

Am frühen Morgen des 23.Juni 1940 besuchte Adolf Hitler Paris. Nur von einem kleinen Begleitkommando umgeben, gefiel er sich in der Rolle eines kunstsinnigen Mäzens, den seine Günstlinge begleiten. Unter den Reisenden befand sich auch Albert Speer, Hitlers bevorzugter Architekt und späterer Rüstungsminister. Nach dem Krieg versuchte er, sich mit der Rolle zu rechtfertigen, die er bei dieser Reise eingenommen hatte. Er stellte sich in seinen autobiographischen Schriften als einen solchen Künstler dar, der nur durch Zufall in die Nähe Hitlers gelangte und sich in die Verbrechen des NS-Staates verstrickte. Seine

Darstellungen wurden durch die Forschung jedoch bald bezweifelt. Bis heute ist Speers Rolle im Dritten Reich umstritten und oszilliert zwischen den Polen Mitläufer und Kriegsverbrecher.

Für die Diskussion um Speers Stellung in der deutschen Geschichte und seine persönliche Mitschuld an den Verbrechen liefert Sereny mit ihrem Buch einen neuen Beitrag. Die in Ungarn gebürtige und in England lebende Journalistin reduziert die Bewertung seiner Schuld auf die Frage nach seiner Mitwisserschaft an den Verbrechen des Dritten Reiches. Dabei entwirft sie zunächst ein Psychogramm des Menschen Speer, so wie er sich auf seinen ersten Lebensstationen von Kindheit und Elternhaus entwickelte. Daran schließen Berichte über seine beruflichen Anfänge und die ersten Kontakte zu Hitler an. Seine Tätigkeiten, zunächst als Bauinspektor für Berlin und dann als Rüstungsminister, unterzieht Sereny einer genauen Untersuchung und weist die Situationen auf, bei denen Speer mit den Verbrechen des NS-Staates in Berührung kam. Nach über 800 Seiten erfährt der Leser dann das, was er als eigene Schuld bekannte: Er habe, so gestand er ein, die Morde an den Juden Europas billigend hingenommen.

Sereny schildert die persönliche Schuld Speers nicht mit wissenschaftlichem Anspruch. In ihrem Vorwort weist sie ausdrücklich darauf hin, daß sie als Schriftstellerin sein Leben beschreiben will. Aus diesem Grund baut sie ihr Buch auch nicht vorrangig auf Quellen auf, sondern beruft sich auf zahlreiche Gespräche, die sie mit Speer, seinen Angehörigen und anderen Zeitgenossen führte. Ihr Vorgehen zeigt dabei beispielhaft die Leistungen und Grenzen der sogenannten »Oral-History«: Obwohl die Autorin neue Fakten entdeckt, bleibt sie auf niedriger Abstraktionsebene. So war bislang Speers Tätigkeit als Leiter eines Baustabes in der Ukraine unbekannt. Ferner vermag sie schlüssig darzulegen, daß Speer 1945 Hitler wirklich umbringen wollte und daß es im Nürnberger Prozeß keine geheimen Absprachen mit dem amerikanischen Hauptankläger gab. Auf der anderen Seite erfüllt sie aber nicht das im Untertitel des Buches programmatisch vorgetragene Ziel, in dem persönlichen Verhalten Speers, die Ermordung von Juden zu verdrängen, ein allgemeines deutsches Trauma aufzuweisen. Sie schildert zwar auch das Moment der Angst, Geheimnisse zu verraten, das auch unter den Entscheidungsträgern des NS-Staates verbreitet war und diese über Verbrechen schweigen ließ, die ihnen bekannt wurden. Zur allgemeinen Erklärung der Stimmung im Dritten Reich und der Nachkriegszeit zieht sie diesen Aspekt jedoch kaum heran. Zudem diskutiert Sereny die Ergebnisse, die sie aus ihrer gruppenpsychologischen Untersuchung der Führungsschicht des NS-Staates gewinnt, kaum mit den Erträgen der bisherigen Forschungen. Die Thesen von Matthias Schmidt über Albert Speer werden beispielsweise nur am Rande erwähnt.

Der Wert des Buches liegt daher eher in der Fülle des neuen Materials, das Sereny vorlegt, und das von der Forschung noch weiter ausgewertet werden kann.

Hanns C. Löhr, Berlin

Manfred Rauh, Geschichte des Zweiten Weltkriegs. 2. Teil: Der europäische Krieg 1939–1941, Berlin (Duncker & Humblot) 1995, 513 p.

Tout comme dans le premier tome de son histoire de la Deuxième Guerre mondiale, paru en 1991[1], Rauh s'efforce de ne pas s'en tenir à une histoire événementielle linéaire, privilégiant une dialectique destinée à mettre en perspective le vaste complexe dans lequel se jouent les faits et agissent les décideurs. Ce tome II est divisé en trois parties qui fort logiquement englobent au mieux la période 1939–1941: la conduite de la guerre et la politique

1 Voir le compte rendu dans Francia 20/3 (1993) p. 275–277.

dans le cadre du pacte Hitler-Staline; les décisions politico-stratégiques après la campagne à l'Ouest et la guerre à l'Est en 1941.

On peut se demander s'il était utile d'écrire un tel ouvrage, venant s'ajouter à une bibliographie déjà considérable et, pour ce qui concerne la guerre à l'est, bénéficiant, dans une certaine mesure, de l'apport de sources soviétiques, limitées ici, apparemment, à un ouvrage du regretté D. Volkogonov.

S'agit-il dans ce cas d'une de ces si nombreuses compilations adroites certes, d'une sorte d'analyse intelligente et érudite de travaux antérieurs? L'auteur a su dépasser ce niveau et introduit le lecteur – qui cependant doit appartenir à ce qu'on dénomme le public averti – dans les rouages des grands états-majors allemands et le mode de pensée et de décision de Hitler. La préparation de »Barbarossa« est bien mise en lumière et le côté soviétique avec le comportement de Staline sont exposés avec maîtrise. Il se peut qu'en ce faisant, Rauh ait tendance à attribuer à Hitler toute la responsabilité des décisions tant stratégiques que politiques et partant, à décharger les autres et multiples acteurs et décideurs, des conséquences les plus fâcheuses de la guerre en Pologne et en Union soviétique. La Wehrmacht en serait ainsi lavée des accusations portées contre elle, par exemple.

Notons au passage que ce processus est en filigrane et n'apparaît pas choquant même s'il est parfois plus lisible. Encore une fois, la lecture de ce livre exige une bonne connaissance de la période, une familiarisation certaine avec le contexte de l'époque car le foisonnement des informations peut cacher les grandes lignes des événements. Et puis, si l'introduction est pertinente, la manière abrupte dont s'achève ce volume, l'absence de conclusion, laissent le lecteur perplexe.

En définitive, cet ouvrage est-il utile, est-il superflu? Il apportera certainemant des éléments de réflexion, sinon des réponses, à des questionnements difficiles; il contribuera sûrement à mieux faire connaître les mécanismes à la base de décisions capitales qui détermineront l'issue de la guerre, du moins telles que l'auteur les aura analysées.

C'est, nous semble-t-il, un des mérites de ce livre, qui s'écarte d'une pédanterie souvent trop fréquente pour privilégier le domaine des idées. Regrettons que l'éditeur ait cru pouvoir négliger croquis et cartes, indispensables à la bonne compréhension de plans d'opérations militaires. Il reste à attendre le troisième et ultime volume de cette vaste étude, avec les conclusions que tirera Rauh de ce conflit mondial: là encore, quelle pourra être sa contribution? Il ne lui restera qu'un volume pour couvrir les années 1942–1945, difficile gageure s'il en est ...

Marcel SPIVAK, Les Lilas

Karl-Heinz FRIESER, Blitzkrieg-Legende. Der Westfeldzug 1940, München (R. Oldenbourg) 1995, 473 p. (Operationen des Zweiten Weltkrieges, 2).

L'imposante bibliographie internationale utilisée par l'auteur montre combien la campagne de 1940 a été étudiée par les spécialistes de l'histoire militaire dans ses moindres détails. Cependant, rares sont les ouvrages qui permettent de suivre aussi clairement la tragédie qui s'est jouée et qui a provoqué en quelques semaines la défaite totale de la France. Si le titre du livre est »la légende de la guerre éclair«, terme si souvent utilisé dans le monde entier, l'auteur s'attache à démontrer que le haut commandement de la Wehrmacht, et Hitler le premier, n'avaient nullement préparé une campagne »éclair«. Le souvenir des fronts linéaires et la hantise de la percée à tout prix, tout comme la règle de la protection des flancs, sous-tendus par le souvenir indélébile de l'acharnement et de la résistance du combattant français en 1914–1918 poussaient les stratèges allemands à la prudence. Hitler lui-même n'aurait pas cru que Français et Britanniques seraient entrés en guerre après l'attaque sur la Pologne. En tout cas, l'inaction des Alliés permit à la Wehrmacht de combler les importantes lacunes de sa préparation dans de nombreux domaines et il aura fallu 29 changements et atermoiements pour que le jour »J«, le 10 mai 1940, soit définitivement fixé.

Deux hommes parviendront à imposer leurs conceptions stratégiques et tactiques – alors révolutionnaires – au haut état-major de la Wehrmacht, et à Hitler, et seront les auteurs directs ou indirects du plan d'opérations définitivement adopté: le général von Manstein, chef d'état-major du groupe d'armées A et le général Guderian, commandant le XIX Pz-Korps.

C'est un des mérites de Frieser d'avoir suivi et su expliquer les fondements stratégiques à la base du plan Manstein – le fameux »coup de faucille« – depuis les conceptions du vieux Moltke jusqu'au plan Schlieffen de 1914 et les projets élaborés par les stratèges de la Wehrmacht. De même, l'auteur compare les plans français – Joffre en 1914 et Gamelin en 1939 – en en faisant ressortir les points faibles, qui feront le jeu du haut commandement allemand avec, bien sûr, en arrière-plan ce que pouvait représenter la ligne Maginot. Et puis, dans l'esprit systématique qui sous-tend ce livre qui ne se veut pas un récit linéaire mais bien plutôt une étude de style état-major, Frieser fait le bilan des armements et équipements allemand et français, non pas seulement théoriques, mais, surtout, effectivement engagés. En effet, on a longtemps mis en avant, en France, comme cause de la défaite, voire comme excuse, l'infériorité quantitative et qualitative des matériels et équipements français, notamment les chars et l'aviation. Grâce à des tableaux et graphiques précis, l'auteur montre les nuances qu'il faut apporter à ce point de vue et la défaite de 1940 ne peut être attribuée exclusivement à ce paramètre, même si de graves lacunes sont à déplorer.

Ainsi, le char français »B 2«, armé d'un 75 mm et d'un 47 surclassait les blindés adverses et inspirait la frayeur aux fantassins allemands et l'artillerie française était redoutée pour son efficacité; là encore, les combats de 1914–18 marquaient toujours les esprits. Un autre aspect essentiel de cet ouvrage réside dans la description minutieuse des préparatifs allemands, du travail d'état-major à la fois rigoureux et improvisé, voire chaotique, provoqué par des opérations qui devaient revêtir un caractère, un style, une violence d'application encore inconnus et qui passeront à la postérité sous le nom de »Blitzkrieg«. Et aussi, le point d'application des efforts se concentrant sur Sedan, avec le franchissement de la Meuse, une énorme confusion se produira dans les Ardennes avec des embouteillages qui, s'ils avaient été repérés par l'aviation alliée, auraient pu, auraient dû, aboutir à la destruction d'une partie importante des unités blindées allemandes. Ainsi, le 13 mai, les colonnes furent bloquées sur 250 km.

La conception de cet ouvrage permet donc au lecteur d'aborder les opérations proprement dites en disposant de tous les éléments qui l'aideront non seulement à les suivre mais, surtout, à mieux appréhender les différences de conception de la guerre entre les commandements français et allemand. L'utilisation rigoureuse des archives du Bundesarchiv-Militärarchiv, complétée par l'apport de souvenirs de témoins de niveaux allant du simple combattant aux chefs suprêmes, procure une vision richement diversifiée des prises de décision et de leur exécution. En arrière-plan, ou, au contraire, à la source des grandes décisions, Hitler, que l'on voit tour à tour paniqué face à une percée aussi rapide des blindés et à l'effondrement du dispositif français ou arrogant, reprenant à son compte des conceptions stratégiques qu'il n'accepta que difficilement et humiliant même ses généraux.

Il n'est pas lieu ici de suivre dans le détail les opérations, bien connues, largement étudiées tant en France qu'à l'étranger compte tenu de l'issue de cette campagne, sur laquelle il n'est pas nécessaire de revenir. La juxtaposition des documentations française et allemande, la comparaison des méthodes de commandement et l'exécution des ordres, le comportement des exécutants de divers niveaux, examiné dans les moments critiques, replacent les événements dans une optique souvent saisissante. quelque soixante tableaux, croquis et schémas, soutiennent un texte vigoureux qui font de cette étude une contribution importante à la connaissance de la campagne de 1940. Ce qu'elle permet en particulier, c'est de pénétrer dans les arcanes du haut commandement allemand (OKW et OKH) et de révéler son ancrage dans des théories conservatrices, loin de celles des deux artisans principaux du plan finalement adopté, v. Manstein et Guderian, dont le premier fut d'ailleurs destitué de son commandement pour se retrouver à la tête d'un corps d'armée fantômatique, à Stettin.

Cet ouvrage est-il destiné en premier lieu à la formation des officiers de la Bundeswehr ou à leur réflexion historique? Ceci pourrait peut-être alors expliquer les références parfois trop appuyées aux grands penseurs militaires, Clausewitz par exemple, ou dans la Xe et dernière partie un ton didactique péremptoire parfois irritant. Quoi qu'il puisse en être, il est à espérer que le Militärgeschichtliches Forschungsamt, désormais à Potsdam, continuera de favoriser la publication d'études de cette envergure, notamment pour la fin de la guerre: c'est un livre qui donnera à penser.

Marcel SPIVAK, Les Lilas

David FRASER, Rommel. Die Biographie, Berlin (Siedler) 1995, 541 S.

Le général britannique Fraser, né en 1920, écrivain de l'histoire militaire britannique pendant la Seconde Guerre mondiale, a publié à Londres en 1993 le livre »Knight's Cross. A life of Field Marshall Erwin Rommel«, que le »Times« a présenté comme »la biographie définitive de Rommel«. Cet ouvrage a paru en 1995 en traduction allemande. Ce maréchal allemand qui fut un ennemi si déroutant et efficace contre les Anglais en Libye pendant deux années, que Churchill qualifiait de »mythe« alors que le général Auchinleck mettait en garde ses troupes contre »notre ami Rommel«, a été étudié avec attention par plusieurs historiens d'Outre-Manche (dont Desmond Young avec sympathie en 1950, et David Irving, de manière insidieuse, en 1983).

Le livre de Fraser est plus exhaustif, basé sur des documents plus nombreux, et dans un esprit d'amicale objectivité. L'évocation détaillée de la vie assez peu connue de Rommel, depuis sa naissance en Wurtemberg en novembre 1891 jusqu'en février 1940 où, général depuis le 1er août 1939, il prend le commandement de la 7e »Panzer Division«, est très utile pour comprendre les années qui suivront jusqu'à son assassinat sur ordre de Hitler le 14 octobre 1944. Fils d'un instituteur, bon écolier très sportif, il s'engage en 1910 dans un régiment d'infanterie souabe pour devenir sous-lieutenant en 1912. Le tableau des événements de ces années d'avant la Grande Guerre, avec les rivalités franco-germano-anglaises, les incidents internationaux, les campagnes d'armements, l'excitation des opinions publiques, expliquent l'esprit d'intense patriotisme, de foi militaire et de discipline qui l'animent.

Aussi se distingue-t-il dès le 22 août 1914 en Argonne comme jeune officier très agressif dans ses reconnaissances et coups de main. En 1915 au bataillon wurtembergeois de montagne il se bat dans les Vosges, en 1916 et 1917 en Roumanie. Avec le Corps Alpin le 24 octobre 1917, lors de l'offensive austro-allemande de Caporetto, commandant un groupe de compagnies, il rompt en une action audacieuse le front italien, capture 9000 prisonniers en 52 heures, n'ayant que 6 tués et 3 blessés, menant la poursuite sur une centaine de kilomètres jusqu'au fleuve Piave. Pour cela il reçoit la plus haute décoration allemande, l'Ordre »Pour le Mérite«.

La »Reichswehr« du gouvernement de Weimar le voit commander une compagnie d'infanterie, instructeur 4 ans durant à l'Ecole d'Infanterie de Dresde, puis chef de détachement à l'Ecole de Guerre de Potsdam en 1935. Il publie en 1937 le livre »Infanterie greift an!« décrivant ses combats de 1914 à 1918, mettant en lumière la guerre d'offensive manœuvrière, à base d'initiative et de surprise, menée par de petits groupements interarmes. Le livre a un énorme succès en Allemagne et donne une image vivante de l'esprit et des tactiques offensives de l'infanterie allemande. Comme le livre, à la même date, du général Guderian, le créateur de l'Arme Blindée allemande, »Achtung Panzer«. Ces deux livres, à eux seuls, étaient assez répandus et prônés en Allemagne pour que le Haut-Commandement français puisse en déduire la méthode de guerre qui l'attendait. Comme du côté allemand la lecture du livre du général français Chauvineau »Une invasion est-elle encore possible?« concluant par la négative. C'était la doctrine de guerre défensive, basée sur la fortification, prônée et louée dans une préface de 17 pages du maréchal Pétain, qui permettait de prévoir l'attitude de la France en guerre.

Pour mettre encore plus en valeur l'auteur et l'esprit de son livre, Rommel est nommé en novembre 1938 commandant de l'Ecole de Guerre de Vienne. Car l'attention de Hitler a été attirée par cet ouvrage et cette mentalité dynamique allant si bien avec ses intentions agressives. C'est ainsi qu'il prit Rommel avec lui, d'abord au Congrès du parti national-socialiste à Nuremberg en septembre 1936, ensuite comme commandant de son Quartier Général Mobile lors des entrées en Autriche en mars 1938, dans les Sudètes en octobre 1938, à Prague en mars 1939 et en Pologne en septembre 1939. Et qu'il confia à ce fantassin exceptionnel la 7e division blindée. Les performances bien connues de cette division sont relatées avec grande clarté en une cinquantaine de pages. Rommel est nommé, à juste titre, Chevalier de la Croix de Fer. C'est la gloire et une publicité bien orchestrée par un Goebbels.

C'est ensuite l'imprévu de la catastrophe militaire italienne en Libye à partir de décembre 1940 qui oblige Hitler à déclencher l'opération »Sonnenblume« d'aide urgente allemande outre-Méditerranée. Fraser retrace l'épopée de l'Afrika Korps, avec ce respect et cette admiration qu'impose un ennemi d'exceptionnelle qualité tant militaire qu'humaine. Rommel débarque à Tripoli le 12 février 1941 et, profitant du départ d'unités anglaises vers la Grèce, entreprend aussitôt une de ses étonnantes avances. L'auteur montre Rommel avec un état-major de quelques dizaines d'officiers réussissant à actionner en 1942 une armée germano-italienne de 3 corps d'armée avec 3 divisions allemandes et 15 italiennes, avec cette prise en une journée, le 21 juin 1942, de Tobruk. Il évoque aussi les combats de la 1re Brigade Française Libre à Bir-Hakeim en mai-juin 1942; ces 18 jours de lutte dont Rommel écrira: »un combat des plus durs de toute sa carrière militaire«.

Rommel est nommé »Feldmarschall« le 22 juin 1942. Mais une considérable supériorité alliée impose la retraite après la bataille d'El Alamein en octobre 1942. Anglais et Américains débarquent au Maroc et en Algérie le 8 novembre 1942. Le grand tournant de la 2e Guerre mondiale est pris. La 6e armée allemande est détruite à Stalingrad fin janvier 1943. Le Groupe d'armées germano-italien capitule en Tunisie le 12 mai 1943. Rommel a quitté définitivement le 6 mars 1943 l'Afrique. Le 11 mars 1943, il reçoit la plus haute décoration de Hitler: la Croix de Chevalier avec lauriers, glaives et diamants. Il est donc au plus haut de sa carrière et gloire militaires.

C'est là où l'auteur réussit à exposer clairement le profond changement qui a commencé à se faire dans l'âme de Rommel. Homme d'esprit simple et soldat d'action impétueuse, patriote national formé dans ce sens depuis la famille, l'école et l'armée, il n'avait ni goût ni sens de la politique. Il n'a pas été membre du parti national-socialiste, et dans les années d'avant-guerre, comme des millions d'Allemands, il a vu en Hitler le dirigeant politique qui règle enfin un chômage effrayant, redonne sa place à l'Allemagne dans le concert des nations. Il approuve le rétablissement de la conscription, le renouveau des forces armées, expression et droit d'un grand peuple moderne.

Il avait souvent rencontré Hitler, subi son charme, apprécié ses connaissances et intuitions militaires. Comme tant d'autre Allemands, apprenant parfois des faits indignes, il pensait que Hitler ne le savait pas, que c'était l'œuvre de quelques-uns de son entourage. L'Allemagne n'était-elle pas mieux considérée sous son nouveau régime, plus recherchée en politique étrangère comme en relations commerciales et culturelles?

Pour Rommel, le choc qui dessilla ses yeux fut les derniers mois de 1942 en Libye lorsqu'après des mois de combats féroces avec des moyens de plus en plus réduits, écrasés par une énorme supériorité britannique, demandant liberté de manœuvre pour sauver ce qui lui restait de troupes, l'ordre vint de Hitler de mourir sur place. A partir de ce moment le maréchal, soldat expérimenté regardant avec lucidité la réalité, commença à entrevoir enfin cette obstination démentielle de Hitler, malgré toutes les pertes, à imposer une volonté de fanatique; il se rendit compte que la guerre ne pouvait plus être gagnée, qu'il fallait en finir pour épargner au peuple allemand le désastre total. Rommel, nommé d'abord commandant d'un Groupe d'Armées B sans action en Italie du Nord, ensuite Inspecteur du Mur de l'Atlantique, enfin au début de 1944 commandant du Groupe d'Armées Nord (Hollande, Belgique, France du Nord), dut admettre que l'Allemagne courait à sa perte, qu'il fallait changer le régime. Il exprima cette conviction à Hitler à plusieurs reprises avec son courage habituel, avec une grande véhémence, en particulier après le débarquement allié le 6 juin 1944 et l'offensive générale soviétique du 22 juin qui écrasa le Groupe d'Armées Centre, amenant les Soviétiques aux frontières de la Prusse Orientale. A tel point que lors de son entrevue du 29 juin 1944, Hitler en fureur le mit à la porte de son bureau.

Malgré ses efforts incessants Rommel ne pouvait pas conjurer la défaite. Continuellement sur les routes pour connaître par lui-même la situation, des avions anglais mitraillèrent sa voiture, le blessant très grièvement. Ramené en Allemagne auprès de sa famille le 8 août, c'est là que le 14 octobre 1944 deux généraux envoyés par Hitler lui laissèrent le choix entre prendre du poison ou être traduit en justice, et sa famille arrêtée. Le maréchal couvert d'honneurs et de gloire ne pouvait hésiter. Il eut des obsèques solennelles à Ulm le 18 octobre, le maréchal Von Rundstedt se déshonorant à tenir un éloge de ses victoires et de son dévouement à Hitler.

L'auteur fait ensuite en détails une analyse de l'évolution de la pensée de Rommel au cours de ces deux dernières années de révélation de la vérité sur Hitler, et de sa conversion en un opposant farouche de ce »Führer« si admiré pendant presque dix années. Il étudie en particulier avec minutie tous les documents et témoignages actuellement disponibles sur la connaissance par Rommel de l'attentat du 20 juillet 1944 contre Hitler.

C'est surtout sur cette dernière année de la vie de Rommel, sur ses pensées intimes, sur les éventualités de son implication dans un complot, qu'il n'est pas possible de qualifier cet excellent livre de »biographie définitive«. En effet, les papiers personnels et autres documents conservés par la famille du maréchal ne sont pas disponibles actuellement. La traduction allemande de l'ouvrage ne donne pas le titre originel »Croix de Chevalier – la vie du maréchal Rommel«, mais simplement: »Rommel, la biographie«, ce qui pourrait induire à faire admettre que c'est la biographie définitive. Il est vrai que la jaquette du livre allemand mentionne honnêtement: »Ce livre du général anglais David Fraser est la biographie jusqu'à présent définitive«.

Pourquoi cette traduction ne reflète-t-elle pas exactement le titre originel? Est-ce par crainte que certaines personnes, en Allemagne, ne trouvent ce rappel de »la Croix de Chevalier« trop militariste? Pour un soldat britannique comme pour un français, ce titre ne peut paraître ni déplacé ni regrettable. Car Rommel a combattu au service de sa patrie, d'une manière remarquable, selon l'éthique d'un combattant honorable, avec un esprit chevaleresque et un »fair-play« reconnus à maintes reprises par ses ennemis anglais. La lecture attentive du livre le montre tout particulièrement. S'il a été un admirateur de Hitler pendant quelques années, comme des millions d'Allemands et d'autres Européens, il a reconnu sa malfaisance et a fait tout son possible pour la diminuer et l'arrêter.

Le rédacteur de cette notice, ayant combattu Hitler et le régime national-socialiste du 3 septembre 1939 au 8 mai 1945 tant en France libre et occupée qu'en Afrique du Nord et en Allemagne, en combat conventionnel comme en lutte souterraine, se permet donc de penser que Rommel a été un »Chevalier sans peur et sans reproche«. Et qu'il n'est que juste que trois casernes de la »Bundeswehr« allemande, dont une de l'Arme Blindée, aient l'honneur de porter son nom.

Albert MERGLEN, Dijon

Philippe BURRIN, La France à l'heure allemande 1940–1944, Paris (Seuil) 1995, 559 S. (L'Univers historique).

Die ausländische Besatzung ist ein brutales und massives Eindringen in den familiären Rahmen einer Gesellschaft. Mit diesen Worten beginnt der Schweizer Historiker seine Studie über Frankreich in der Zeit der deutschen Besatzung von1940 bis 1944. Die Besatzungsmacht stört das Geflecht und die Routine des gesellschaftlichen Lebens und fordert sowohl Gruppen als auch Individuen zur Wahl heraus, die ihre Bedeutung durch die Begleitumstände erhält. Im Juni 1940 herrscht das Reich über zwei Drittel des französischen Territoriums, das letzte Drittel erfährt das gleiche Schicksal im November 1942. Die feindlichen Truppen sind allgegenwärtig. Burrin rekonstruiert mit fundierter Quellen- und Literaturkenntnis die Art und Weise, wie die Franzosen auf diese außergewöhnliche Situation reagiert haben. Umfassende Ablehnung, so der Autor, war nur marginal. Für die Mehrheit der französischen Bevölkerung galt es, sich mit der Besatzungsmacht zu arrangieren. Burrin distanziert sich vom Mythos des Widerstand leistenden Volkes und zeichnet jene Grautöne zwischen überzeugter Anhängerschaft mit dem Nationalsozialismus und der Résistance nach. In einer dreiteiligen Gliederung – Staatsräson, Anpassung, Engagement – analysiert Burrin sämtliche Bereiche der Gesellschaft, die in den vier dunklen Jahren mit der deutschen Besatzungsmacht konfrontiert waren: Die Regierung von Vichy, politische Eliten, die öffentliche Meinung, Kirchen und Verbände, Arbeitgeber, Industrielle,Wissenschaftler, Schriftsteller und Verleger …

Berührungspunkte für die Bevölkerung mit den Besatzern gab es im alltäglichen Leben viele. Der Militärbefehlshaber in Frankreich, dem die vollziehende Gewalt über das besetzte Gebiet oblag, verfügte über ein Kontingent an Besatzungstruppen von rund 22 000 Personen, während dem Oberbefehlshaber West für operative Aufgaben militärische Einheiten in einer Stärke von 100 000 (im Dezember 1941) bis 200 000 Mann (Ende 1943) unterstanden. Zudem waren 1942/43 rund 400 000, Anfang 1944 nahezu eine Million Mann in Frankreich stationiert. Die Ausübung der Fremdherrschaft funktioniert – wie bei einer Diktatur – nicht allein mit dem Mittel des Zwanges, sondern es muß der kleinste gemeinsame Nenner von Interessen gefunden werden. Während die Besatzer auf die ökonomische Ausbeutung des Landes, die kulturelle Hegemonie sowie auf die Eliminierung der Juden Europas abzielten, waren für die französische Gesellschaft materielle Vorteile, persönliche Gefälligkeiten und ideologische Übereinstimmung bzw. Einverständnis ausschlaggebend. Die Anpassung an den Sieger war eine Suche nach dem geringerem Übel, ein Balanceakt zwischen Überlebensinteresse und Feindbegünstigung. Auch wenn die Mehrheit der Franzosen schon nichts Gutes von Nazi-Deutschland erwartete, so dachte man auch nicht an das Schlimmste. Das Ausmaß der Okkupation sollte sich erst in den Folgejahren abzeichnen. Die Bereitschaft der Gesellschaft, Konzessionen mit dem Feind einzugehen, fand nachdrückliche Unterstützung durch die französische Regierung in Vichy unter Marschall Philippe Pétain, die mit ihrem innenpolitischen Programm der »nationalen Revolution« den außenpolitischen Weg der Kollaboration beschritt. Der neugeschaffene autoritäre État français verwarf die republikanischen Ideen zugunsten einer »nationalen Erneuerung«, was bedeutete: Säuberung der Verwaltung, Verbot der Freimaurer, Bestrafung der angeblich Verantwortlichen für die militärische Niederlage, Verfolgung der Kommunisten und Gaullisten, Ausbürgerung einiger Franzosen, antisemitische Gesetzgebung wie das Judenstatut. Die Franzosen waren dem Untertanengeist verfallen. Die Legitimität des Vichy-Regimes und die Popularität von Pétain, dem Helden von Verdun, beeinflußten erheblich das gesellschaftliche Verhalten. Anschaulich zeigt Burrin, daß zwar die meisten Franzosen die politische Kollaboration mit den Besatzern ablehnten, ihr Verhalten war jedoch durch Passivität und Unentschlossenheit charakterisiert, von dem die Besatzer profitierten. Resigniert oder skeptisch verfolgten Millionen von Franzosen den politischen Kurs ihrer Regierung. Ihre Ablehnung der Kollaboration und ihre allmähliche Distanzierung zum Vichy-Regime bedeutete nicht eine ansteigende Sympathie oder gar Engagement für die Résistance. Stattdessen lebten sie zurückgezogen – wie Burrin schreibt – in ihrem Schneckenhaus. Für die meisten Franzosen dauerte der Sitzkrieg, jener Zustand der drôle de guerre, bis 1944 an. Prägnant resümiert Burrin das Verhalten der Bevölkerung in der Sentenz: Es ist ehrenhaft, ein Held zu sein, aber es ist nicht schändlich, keiner zu sein.

Während einige Militärs, Bürokraten und Teile der Bevölkerung eine abwartende Haltung gegenüber den Besatzern einnahmen, waren die Führungskräfte von Vichy vom deutschen »Endsieg« überzeugt. Von der nationalsozialistischen Herrschaft und Neuordnung in Europa versprachen sie sich, über die Verständigung mit dem Sieger einen angemessenen Platz für Frankreich zu sichern. Das Treffen von Montoire zwischen Hitler und Pétain wurde zum Symbol für Frankreichs Interesse am »neuen Europa«. Dabei ließ sich die Führungsriege Vichys mangels Urteilsvermögen über die wahren Ziele und Absichten des Siegers täuschen. Um das Regime zu festigen, näherte sich Vichy freiwillig der nationalsozialistischen Doktrin. Verbundenheit mit den Besatzern demonstrierte die französische Regierung in ihrer imperialen, militärischen und wirtschaftlichen Politik. Im Bereich der Innenpolitik ließ sie erschreckende ideologische Affinitäten erkennen, die sie dazu veranlaßte, »gemeinsame Feinde« zu definieren. Ihre Politik diente den Nationalsozialisten als Sprungbrett für ihre völkerrechtswidrigen Handlungen. Die französische Gesellschaft paßte sich weitgehend den neuen Begebenheiten an. Im Gegensatz zu anderen westeuropäischen, von den Nazis durchdrungenen Gesellschaften reagierten die Franzosen nicht mit umfassendem zivilen Ungehorsam wie etwa der Streik gegen die Judenverfolgung in Amsterdam und Widerstandsbekundungen des akademischen und medizinischen Personals in Holland und Norwegen.

Burrin präsentiert eine gelungene und lesenswerte Darstellung, die auf einem breiten Quellenstudium unter Berücksichtigung auch deutscher Archive basiert, was in französischsprachigen Werken häufig vernachlässigt wird. Leider verzichtet der Autor auf ein Quellen- und Literaturverzeichnis. Die deutsche Besatzungszeit wurde zum Prüfstein für große Bereiche der französischen Gesellschaft, wobei unterschiedliche Reaktionen sowohl alte Gräben vertieften als auch neue Risse hervorriefen. Die Okkupation hat in Frankreich ihre Wunden hinterlassen, weniger physisch als moralisch und politisch, und prägt sich schmerzhaft in das Gedächtnis der Franzosen ein. Denn es blieb das Bild einer Gesellschaft zurück, die sich ihre Blessuren durch Kompromisse mit einem Regime zugefügt hat, das unvergleichliche Verbrechen begangen hat.

Regina M. DELACOR, Paris/Hannover

Alain BELTRAN, Robert FRANK, Henri ROUSSO (Hg.), La vie des entreprises sous l'Occupation, Paris (Bélin) 1994, 457 S.

Ein anspruchsvolles Unterfangen hatte sich das 24köpfige Autorenteam mit der vorliegenden Arbeit zum Ziel gesetzt: In sektoriellen Studien und regional gegliederten Untersuchungen sollte ein repräsentativer Querschnitt durch die Welt der französischen Betriebe gezogen werden, der seinerseits über die Besonderheiten der betrieblichen Existenz während Okkupation und Vichy, wie auch über die Einordnung dieser Phase in den langfristigen Trend der gesamtwirtschaftlichen Entwicklung, Aufschluß geben würde.

Um es vorweg zu sagen: soweit überhaupt verallgemeinernde Aussagen möglich sind, wird die Studie diesem Anspruch in vollem Umfang gerecht, wenn auch die Aufsätze – wie nicht anders zu erwarten – in unterschiedlichem Maß aussagekräftig sind. Zwei geringfügige Anmerkungen: Die Liste der Abkürzungen ist nicht vollständig und die beigefügte kleine Karte hätte etwas detaillierter ausfallen können. Doch entwertet dies in keiner Weise die Gesamtdarstellung; sie stellt eine erste Schneise dar im Dickicht der Spielarten betrieblichen Überlebens in den Jahren 1940 bis 1944. Aus mikrohistorischem Blickwinkel wird das vielgestaltige Wirtschaftsleben im Frankreich der Kriegsjahre deutlich. Sorgfältig werden generalisierende Schlußfolgerungen gezogen.

Leider muß hier auf die Darstellung vieler interessanter Aspekte verzichtet werden. Nur soviel: Es zeigt sich, daß alle Wirtschaftseinheiten in Frankreich, welcher Sparte, Betriebsform und Region auch zugehörig, den Verwerfungen unterlagen, die aus Krieg und Waffenstillstand resultierten. Doch begannen die wirtschaftlichen Turbulenzen nicht erst mit der Kriegserklärung, sondern bereits in deren Vorfeld, als der französische Staat, konfrontiert mit der zunehmend aggressiven deutschen Aufrüstungspolitik, seinerseits mit einem forcierten Rüstungsprogramm der Industrie einen ›coup de fouet‹ versetzte. Die Staatsaufträge, von denen ein rundes Drittel der französischen Produktion lebte, schufen innerhalb der Wirtschaft ein starkes Ungleichgewicht, zumal der Staat nun auch die Rohstoffzuteilung restriktiv zu regeln begann und ganze Gewerbezweige unter der mangelnden Versorgung litten. Insofern setzte für eine große Zahl von Unternehmen die Mangellage schon vor den eigentlichen Kriegshandlungen ein. Sie wurde freilich verschärft und intensiviert durch die Desorganisation des ökonomischen Lebens in der Folge der militärischen Aktionen und der Besetzung. Das Abreißen der traditionellen Handelswege, die kriegsbedingten Zerstörungen, der Exodus der Bevölkerung, der massive Eingriff der Besatzungsmacht in die Ökonomie Frankreichs – der in einer ersten Phase auch die Demontage von Maschinen und den Abtransport von Betriebsinventar nach Deutschland einbezog –, die alliierten Luftangriffe und die Anschläge der Resistance auf öffentliche und industrielle Objekte und Verkehrswege führten zu schwerer Beeinträchtigung des Wirtschaftslebens. Für die gesamte Produktion ergab sich fortschreitend eine komplexe Mangellage, die sowohl Rohstoffe, Energieversorgung, Maschinen wie Transportmittel umfaßte und zusätzlich von einem dramatischen Fachkräftenotstand begleitet wurde.

Form und Tragweite der Belastungen lassen sich anhand einiger Determinanten bestimmen. Die geographische Lokalisierung des Betriebs spielte insoweit eine Rolle, als die durch Zoneneinteilung und Demarkation vorgegebene regionale Gliederung stark differierende Bedingungsfaktoren zeitigte und die Wirtschaftseinheiten in unterschiedlicher Weise in das deutsche ›Großraumkonzept‹ einbezogen wurden. Dies geschah etwa durch Aneignung der Besitzrechte oder Auswechseln des Führungspersonals im quasi annektierten Elsaß-Lothringen, durch Vergabe von Lieferaufträgen in der besetzten und, in geringerem Maß, in der zunächst freien Zone. Die Zusammenarbeit mit der Besatzungsmacht sicherte den Betrieben und ihrem sozialen Umfeld das Überleben und bot zudem der Belegschaft – da wo es sich um RÜ-Betriebe (Rüstungsbetriebe) oder V-Betriebe (Vorzugsbetriebe) handelte – Schutz vor Deportation. Die »ökonomische Kollaboration« war somit in vielen Fällen das Gebot der Stunde, weniger ideologisch eingestimmte Neigung als betriebswirtschaftlich und menschlich begründete Notwendigkeit. Einer der nach Kriegsende vor die commission d'épuration zitierten Unternehmer drückte es prägnant aus: »En résumé, pendant la guerre, l'entreprise a simplement vécu.«

Von der Einbindung in die deutsche Kriegsökonomie profitierten Betriebe unterschiedlicher Größenordnung vorrangig aus den Sparten Maschinenbau, Luftfahrttechnik, Metallverarbeitung, Textil, Chemie. Neben diesen Sparten, die mitunter kräftige Gewinne verbuchen konnten, lebte unter den spezifischen Bedingungen des Besatzungsstatus der ein oder andere Produktionsbereich auf, der, wie z.B. die Armagnac-Herstellung, auf besondere Nachfrage traf. Allgemein waren traditionelle Gewerbesparten stärker beeinträchtigt als die ›modernen‹ Sparten, wobei die herrschende Meinung, wonach in dieser Phase ein Konzentrationstrend in der französischen Wirtschaft Platz gegriffen habe, von der vorliegenden Untersuchung nicht bestätigt wird. Zwar neigte die Besatzungsmacht dazu, schwache Betriebe zu schließen, um so Arbeitskräfte zu requirieren, zwar schloß die Vichy-Administration die Kleinunternehmen von der Rohstoffbelieferung nahezu aus, doch gingen großflächig die Betriebszahlen nicht nennenswert nach unten. Vielmehr scheint, bei Abstufungen regionaler und gewerblicher Art, der Kleinbetrieb in den »schwarzen Jahren« einen Beweis seiner Anpassungsfähigkeit und seines Überlebenswillens geliefert zu haben.

Ein weiteres Ergebnis, das geeignet ist, bisherige Forschungsansätze infrage zu stellen, betrifft die Rolle von Vichy. In der Analyse der auf die Unternehmen einwirkenden Rahmenbedingungen wird deutlich, daß dessen Rolle als ›Modernisierer‹ bislang überschätzt wurde. In einer Phase, in der die französischen Firmen stärksten Belastungen durch Kriegsfolgen und Pressionen der Besatzungsmacht ausgesetzt waren, strebte Vichy sein Modell einer staatsgelenkten Wirtschaft an und offenbarte damit, so das Fazit der Autoren, seine Realitätsferne. »Bref«, so formuliert das Resümee, »c'est dans le domaine économique que se révèle le mieux la schizophrénie de Vichy. Déconnecté du réel, il n'a pas de prise sur lui.« Hier wären weitere Untersuchungen zum Dispositionsrahmen der Vichy-Administration wünschenswert. Insgesamt bedeutet, so stellen die Autoren abschließend fest, die Periode der deutschen Besetzung im langfristigen Trend, trotz der herrschenden Ausnahmesituation und trotz teilweise irreversibler Veränderungen im industriellen Netz, in Verfahrenstechnik und Produktpalette, keinen Bruch dar. Zusammen mit den Dreißiger Jahren bildet sie die Spanne des ›selektiven Niedergangs‹, die nach schwieriger Erholungsphase erst Mitte der Fünfziger Jahre von den ›Trente Glorieuses‹ abgelöst wurde.

Elisabeth BOKELMANN, Essen

André MICHEL, Mes Moires. II: En liberté dans cette cage, en cage dans ces libertés. Journal d'un étudiant contraint au S. T. O. en Allemagne (4 août 1943–2 juin 1945), Gentilly (André Michel) 1995, 151 S.

Die Geschichte, die dieser autobiographische, im Selbstverlag herausgegebene Bericht erzählt, ist eher unspektakulär: Nach dem Auslaufen seines *sursis* wird im Sommer 1943 der damals 21jährige Student zum *Service du Travail Obligatoire* einberufen; nach einer ersten Welle betrieblicher Requirierungen, die Vichy vorgenommen hatte, um im Rahmen der Kollaborationspolitik die deutschen Arbeitskräfteforderungen zu erfüllen, traf es jetzt ganze Jahrgänge junger Männer, die statt zum Militärdienst von ihrer Regierung zum Arbeitsdienst ins Reich abkommandiert wurden. Michel prüfte kurz die Möglichkeit, sich seiner Abreise durch Untertauchen zu entziehen, entschloß sich aber dann, auch mit Rücksicht auf seine Familie, dem Gesetz Folge zu leisten.

Seine Eltern, beide Schulleiter und Träger der silbernen Vichy-Medaille für das Erziehungswesen, erreichten zudem für ihn einen Vertrag als Pianist. Dieser wurde von den deutschen Behörden zwar nicht respektiert – Michel wurde der Auto-Union in Chemnitz zugewiesen – er blieb dann aber auf eigenen Wunsch bis Kriegsende dort, obwohl ihm doch noch die versprochene Stelle angeboten wurde. Klavier spielte er zunächst in seiner Freizeit, später halbprofessionell, mit Auftritten bei Konzertreisen oder beim Reichsbahnfest 1944 (vermutlich im Rahmen der Deutschen Arbeitsfront oder ihres französischen Ablegers DOF, die sich im Rahmen der Staatskollaboration um die kulturelle »Betreuung« kümmerte).

Solche »Details«, die der historisch interessierte Leser gerne erfahren hätte, übergeht der Bericht mit Schweigen. Von der Kapitulation und dem Achsenwechsel Italiens erfährt man zunächst nur lapidar: »Il y a ici depuis quelques jours des prisonniers italiens.« (S. 34) und später die verblüffende Wertung: »Ils ont tourné leur veste, mais c'est peut-être pour avoir vu que l'envers vaut l'endroit et que ce n'est pas la peine de se battre pour mettre blanc bonnet à la place de bonnet blanc.« (S. 39)

War das die damalige Einschätzung des jungen STO-Arbeiters, oder sieht Michel das auch heute noch so? Als ähnlich belanglos wird (damals? auch heute?) die alliierte Landung in der Normandie eingeschätzt: »Certes le débarquement amènera la fin de l'occupation allemande et notre rapatriement. Mais peut-on appeler ›libération‹ un changement d'occupants?« (S. 70) Und obwohl der Text sich in ausführlichsten Fußnoten zu Aspekten wie der homoerotischen Neigung eines Kameraden ergeht, oder an der Flucht einer russischen Zwangsarbeiterin vor der Gestapo die psychoanalytische Dimension am erwähnenswertesten findet, sucht der Leser Annotationen just da vergebens, wo sich die Frage geradezu aufdrängt, ob der Autor hier seine damaligen Auffassungen ungeschminkt (und ehrlich!) wiedergibt, oder ob er sie heute noch teilt, wenn er z.B. einen polnischen Sanitäter als »avorton polonais« bezeichnet (S. 34; im Original ohne Anführungszeichen, auf die der Autor, wenn es um seine eigenen Texte geht, großen Wert legt). Oder wenn er an Hitlerdeutschland bewundert, daß es den republikanischen Institutionen – seiner Ansicht nach Ursprung allen Übels auch in Frankreich – den Garaus gemacht hat (S. 71).

Der Text selbst gibt keinen eindeutigen Hinweis auf den Status solcher Aussagen, er ist eine undefinierte Mischung aus Tagebuchfragmenten und expost-Erinnerung. Die STO-Zeit ist zudem umrahmt von langen Passagen zur Jugenderinnerung des Autors (*menus souvenirs,* wie er sie selbst bezeichnet, die in der Tat für Dritte von geringem Interesse sind) und der Geschichte seiner Ehen und Scheidungen in der Nachkriegszeit: Der Autor breitet hier Details über privateste Auseinandersetzungen aus, die jeder Verlagslektor wohl dem diskreten Schweigen anempfohlen hätte.

Aber auch in den Passagen, die sich auf die Erfahrungen in Deutschland beziehen, sind die Informationen von historischem Interesse sehr dünn gesät – ermüdend wirkt die Detailschilderung des Erhalts von Päckchen und Briefen, ihrer Laufzeiten, ihres banalen Inhalts. Der Historiker hätte zum Arbeitsalltag, zum Lagerleben, zum Verhältnis zwischen Franzosen und Deutschen, zu anderen Ausländern, zu den Landsleuten, zur Wahrnehmung Deutschlands und des Kriegsverlaufs gern nachgefragt. Ob er eine brauchbare Antwort bekommen hätte, ist aber wohl fraglich. Vermutlich könnte der Autor mit den Kategorien von Historikern wenig anfangen – sie erübrigen sich durch eine merkwürdige »Psychoanalyse«: »J'ai rencontré la psychanalyse qui met l'aspect psychique au premier rang et rapporte la guerre au stade anal du développement infantile.« (S. 100)

Es ist klar: Michel spricht nicht als Historiker, er legt ein sehr subjektives, über weite Strecken egozentrisches Selbstzeugnis ab, das hinsichtlich seiner Authentizität mit eben jenen Vorbehalten gelesen werden muß, die dem Historiker gegenüber Zeitzeugenberichten anstehen. Subjektivität, auch Egozentrismus sind Freiheiten, die dem Autor selbstverständlich zustehen. Den flagrantesten Unwahrheiten sei aber widersprochen, zumal Michel sie als »objektive« Erkenntnisse ausgibt:

Tendenziös und diffamierend liest sich die Feststellung, die meisten KZ-Häftlinge, zumal aus Osteuropa, seien nicht aus politischen Gründen, sondern wegen Straffälligkeit inhaftiert worden – welche »Delikte« waren es denn und wer sprach »Recht«? Nur vor dem Hintergrund der Bitterkeit der kollektiven STO-Erinnerung (von der Auseinandersetzung um die gesellschaftliche Rehabilitierung der STO-Requirierten nennt der Autor nur eines der Gerichtsurteile, die politische Vorgeschichte seit den 50er Jahren und den juristischen Schlußstrich von 1992 unterschlägt er) ist es weiter zu verstehen, wenn der Autor sich zu der Behauptung versteigt, die Ausländer hätten das Reich mehr gekostet als ihm eingebracht – in Wirklichkeit wäre die Kriegswirtschaft ohne das millionenköpfige Zwangsarbeiterheer schnell am Ende gewesen. Oder wenn er den Vorwurf einer (zwar unfreiwilligen) ökonomischen Kollaboration der Zivilarbeiter mit dem merkwürdigen Argument zurückzuweisen versucht, die Waffen, die die Requirierten für die Wehrmacht gebaut hätten, seien ja schließlich bei Kriegsende den Alliierten in die Hände gefallen und hätten also deren Sieg beschleunigt.

Die Annahme schließlich, der erste zu sein, der solche Memoiren veröffentliche, legt ein weiteres Zeugnis von der Ich-Bezogenheit des Autors ab. Zwar war das Thema STO nur vereinzelt Thema literarischer Verarbeitung (verwiesen sei immerhin auf Alain Robbe-Grillet, Le miroir qui revient, 1984; Claude Ollier, Déconnection, 1988; Yves Bertho, Ingrid, 1976; Cavanna, Les Russkoffs, 1979). Die autobiographische Memoirenliteratur im eigentlichen Sinne zählt jedoch viele Titel: Gut 50 sind allein in der Bibliographie annuelle de l'Histoire de France nachgewiesen, darunter die Berichte des Abbé Hermet und des Pierre Dancy von 1945–46, also noch bevor die gesellschaftliche Stigmatisierung der STO die kollektive Erinnerung nachhaltig geprägt hatte.

Insgesamt wäre der Autor wohl gut beraten gewesen, bei der Zusammenstellung und Auswahl des Erzählten nicht nur das eigene Mitteilungsbedürfnis entscheiden zu lassen, sondern auch die Relevanz, die das Mitgeteilte für den Leser haben könnte.

Helga BORIES-SAWALA, Bremen

Martin GRAF, Florence HERVÉ, Oradour. Regards au-delà de l'oubli. Blicke gegen das Vergessen, Essen (Klartext) 1995, 114 S.

Die in einem kleinen westdeutschen Verlag erschienene Dokumentation über Oradour-sur-Glane kann schon allein deswegen Aufmerksamkeit beanspruchen, weil das dort am 10. Juni 1944 von der SS-Panzerdivision »Das Reich« begangene Massaker an 642 Kindern, Frauen und Männern in Deutschland, anders als in Frankreich, kaum mehr bekannt sein dürfte. Der Textteil des Bandes wurde, auch das ist ein Novum, in französischer und deutscher Sprache verfaßt. Er beginnt, nach einer behutsamen Einleitung der Herausgeberin HERVÉ, mit drei Gedichten – darunter einem von Jean Tardieu, das zusammen mit dem hier ebenfalls in Auszügen wiedergegebenen Text »Sur les ruines de la morale: Oradour-sur-Glane« zuerst im August 1944 in den klandestinen »Lettres françaises« erschien – und enthält vor allem erschütternde Zeugnisse der wenigen Überlebenden des Massakers. So lesen wir die Berichte von Robert Hébras, der aus der Scheune Laudy entkam, in der ein Teil der Männer des Ortes mit Maschinengewehren erschossen wurde, und von Marguerite Rouffanche, die sich als einzige unter den Frauen und Kindern aus der von den Deutschen in Brand gesetzten Kirche retten konnte. Redebeiträge auf Protestdemonstrationen gegen Verbände ehemaliger SS-Angehöriger und anläßlich einer 1994 veranstalteten Oradour-Ausstellung in Düsseldorf, wo der verantwortliche Divisionschef Heinz Lammerding unbehelligt bis zu seinem Tode 1971 lebte, schließen diesen Teil ab. Der zweite Teil – »Augen-Blicke eines Fotografen« – wurde von Martin GRAF gestaltet, der die Ruinen Oradours und die Gebrauchsgegenstände, welche sich zwischen den Trümmern des niedergebrannten Dorfes fanden, in 58 großformatige Schwarzweiß-Aufnahmen festgehalten hat. Der Band wurde nicht zuletzt in dem pädagogischen Bemühen herausgegeben, »zum Nachdenken über die Verbrechen der Vergangenheit vor dem Hintergrund der Gegenwart ... anzuregen« und zur deutsch-französischen Verständigung beizutragen.

Demgegenüber mögen die anzuführenden kritischen Einwände nebensächlich erscheinen. Die historisch interessierten Leser etwa werden über den Kontext des Geschehens in Oradour und die deutsche Strategie der »Bandenbekämpfung« nur unzureichend informiert; zwar wird auf die Nachkriegsprozesse sowie auf die Forschungsliteratur verwiesen, aber eine kurze Chronologie der Ereignisse wäre zumindest zu ergänzen gewesen. Umgekehrt ist nicht ersichtlich und für ein deutsches Publikum nicht ohne weiteres verständlich, warum sich einige der Texte auf die vorausgegangenen Mordtaten der SS in Tulle beziehen.

Die eigentlichen Bedenken, die sich gegenüber diesem Band einstellen, beziehen sich auf den Bildteil, obschon viele der Photographien außergewöhnlich ausdrucksstark sind und vielleicht gar nicht immer eines zusätzlichen Kommentars bedurft hätten, der oft in Details informativ ist, manchmal aber auch auf peinliche Weise unangemessen wirkt (z. B. S. 98 und 100). Oradour-sur-Glane, »village-martyr«, seitdem de Gaulle den Ort zum Symbol für die Leiden Frankreichs erhob und die Konservierung der Ruinen empfahl, ist heute eine Gedenkstätte, in der die Zeit der deutschen Verbrechen stillzustehen scheint, und zugleich ein vielbesuchtes Freilicht-Museum mit allen Aspekten des Tourismus. Nicht diese Realität wurde von Graf photographiert, sondern seine Aufnahmen zeigen menschenleere Straßen und Häuser und suchen sich den bekannten Bildern anzugleichen, die zu dokumentarischen Zwecken nach dem Massaker im Juni 1944 angefertigt wurden. Das Lay-out erweckt den Eindruck, als seien die Photos vom Rande her leicht verbrannt, als hätten sie das gleiche Schicksal gehabt, wie die vom Feuer gezeichneten Gegenstände, die sie abbilden. Es sind vor allem diese Gegenstände – zerborstene Uhren, Münzen, Werkzeuge, Nähmaschinen, Kinderwagen, Bettgestelle, Fahrräder – auf die unser Blick gelenkt wird. Einleitend schreibt Graf dazu: »So einfach machen es uns die Toten von Oradour nicht. Denn über den Tod hinaus hat jeder von ihnen auch ein Stück seines Lebens hinterlassen – in Form von Gegenständen, die ihn aus der Namenlosigkeit des Todes herausheben.« (S. 54) Das ist eindrücklich formuliert, doch weiß ich nicht, ob die »Kraft dieser schweigenden Zeugen« (S. 55), wenn sie photographisch re-inszeniert wird, in den Köpfen der Betrachter soviel bewirkt, wie jene zur Beweissicherung dienenden Photographien aussagen, die in dem ersten, vom »Mouvement de Libération Nationale« 1945 in Limoges herausgegebenen Oradour-Album enthalten sind. Dort finden sich neben Dokumentaraufnahmen auch vier Klassenphotos von Mädchen und Jungen des Schuljahrs 1942–43. Die Mehrzahl dieser Kinder wurde am 10. Juni 1944 in der Kirche von Oradour-sur-Glane ermordet. In den hier vorgestellten Band wurde eines dieser Photos aufgenommen, es dient – in einer stark verkleinerten Wiedergabe – zur Illustration des Textteils. Darin scheint mir eine mangelnde Reflexion über das Verhältnis von historischem Dokument und künstlerischer Repräsentation zum Ausdruck zu kommen.

Trotz solcher Einwände verdient die Herausgabe eines Erinnerungsbuches über Oradour Anerkennung, und es ist zu wünschen, daß es eine größere Verbreitung gerade auch unter Jugendlichen in Deutschland findet.

Ahlrich Meyer, Oldenburg

H. R. Kedward, Nancy Wood (Hg.), The Liberation of France. Image and Event, Oxford, New York (Berg Publishers) 1995, 369 S. (Berg French Studies).

Die Identität des heutigen Frankreich wurzelt in der selben Weise in der Geschichte Vichys, der Résistance und der Libération, wie das Frankreich des 19. Jh. an die Französische Revolution gekettet war. Aber die historischen Ereignisse sind nicht deckungsgleich mit den Bildern, die sie hervorgebracht haben. Dies ist die Kernthese des 24 Beiträge umfassenden Sammelbandes – entstanden an der University of Sussex anläßlich des 50. Jahrestages der Libération 1994 –, den einer der namhaftesten britischen Forscher zum französischen Widerstand mitherausgegeben hat. In einem weit ausholenden interdisziplinären Zugriff gliedert sich das Buch in fünf Teile. Zunächst geht es um Widerstands-Bilder im weitesten Sinne, etwa auch am Beispiel des bekannten zeitgenössischen Films »La Bataille du Rail« von René Clément. Anschließend werden Geschlechterverhältnisse thematisiert und insbesondere die Prozesse der Wiederherstellung von Männerdominanz rekonstruiert. Der dritte Teil handelt von der Épuration, der vierte von der vergangenheitspolitischen Verarbeitung der Libération in französischen Schlüsselkolonien, und der fünfte Abschnitt versammelt unter der Überschrift »zwiespältige Erinnerung« noch einmal verschiedene Abhandlungen zu literarischen, filmischen und generationellen Deutungen des Themas.

So verschieden und vielschichtig die einzelnen Beiträge auch sind, so kann man doch einige wesentliche Gemeinsamkeiten herauslesen. Zunächst natürlich gab es nicht die Libération, sondern eine Vielzahl lokaler Befreiungen, das Ereignis war pluralistisch, nicht unitaristisch. Auch wurden nicht alle Franzosen und Französinnen gleichermaßen »befreit«, die euphorische Erinnerung der Résistance bot Identität nur für gesellschaftliche Teilgruppen im Nachkriegsfrankreich an. Dementsprechend schillernd ist die Libération als ein dominierender französischer Gedächtnisort (lieu de mémoire) bis heute geblieben. – Fast alle Beiträge bemühen sich um theoretische Einbettungen des Themas und nehmen Hinweise neuerer Forschungen auf, die die Libération als eine revolutionäre Situation beschreiben. Besonders anregend sind die theoretischen Dimensionen durch eine Kombination von Foucaultschen dekonstruktivistischen Ansätzen mit sogenannten »Karneval-Theorien«. Diese beschreiben archetypische Muster öffentlichen Verhaltens, Ritualisierungen und Inszenierungen, eine Umstülpung »normaler« Welten zu bestimmten Zeiten. Machtverhältnisse, Generationsverhalten, soziale und sexuelle Barrieren werden in einer zeitlich befristeten Welt verdeckter Identitäten verflüssigt, bevor – mit dem Abschluß des Karnevals – eine Rückkehr zur »Normalität« stattfindet. Auf die revolutionäre Phase der Libération übertragen lassen sich somit Exzesse, Überschreitungen, Umkehrungen sozialer Ordnungen erklären und die Zwiespältigkeit der Zeit wie auch der Erinnerungsschichten deutlich machen, ohne in zynischen oder »entlarvenden« Beschreibungen zu enden. In den überlieferten Bildern, den schriftlichen und mündlichen Wahrnehmungen der Libération wird diese häufig als eine Art von Unwirklichkeit, genauer: Als ein Vakuum in der Zeit beschrieben, die ohne Vergangenheit und ohne Zukunft und nur Gegenwart war, eine Phase der Hyperaktivität und der Verwerfungen vor der Wiederherstellung normaler Lebensverhältnisse.

Aber die Libération war ein noch vielschichtigeres Amalgam: Sie war nämlich in gewisser Hinsicht selbst schon eine Rückkehr zur Normalität, indem sie die verkehrte Welt der »années noires« – die auf ihre Weise ebenfalls mit »Karneval-Theorien« erklärt werden können – beendete und die prä-kollaborationistische Zeit wiederherstellte. Gerade solche Überlegungen lassen den Sammelband zu einer aufregenden und ungewöhnlichen Reise in ein Forschungsfeld werden, von dem man bis dahin annahm, daß fast schon alles erkundet worden sei.

Edgar Wolfrum, Berlin

La libération de la Provence. Les Armées de la liberté. Colloque International à Fréjus, 15 et 16 septembre 1994, Paris (Institut d'Histoire de la Défense) 1994, 424 S.

Am 15. August 1944, morgens um acht Uhr, begann das Unternehmen *Dragoon*, die alliierte Landung in der Provence. Fünfzig Jahre später kamen aus diesem Anlaß Historiker und Militärs aus Frankreich, Deutschland, den Vereinigten Staaten, Großbritannien und Italien unter der Schirmherrschaft des französischen Verteidigungsministers zu einem zweitägigen Kolloquium in Fréjus zusammen. Die Erträge der dort geführten Diskussionen liegen nun als Buch vor.

Die 24 Beiträge kreisen zunächst um die politisch-militärischen Überlegungen, die unterschiedlichen Interessen und die strategische Vorbereitung des Landungsunternehmens. Dann werden Einzelaspekte der operationellen Durchführung der Landung und des sich anschließenden Vormarsches beleuchtet. Auch der Blick auf die Probleme der deutschen Verteidigung fehlt nicht. Den Tagungsband schließen drei Reflexionen zum kommemorativen Umgang mit der Geschichte.

Auf der britisch-amerikanischen Konferenz von Québec im August 1943 wurde die grundsätzliche Entscheidung getroffen, gleichzeitig mit einer Landung in der Normandie, der Operation *Overlord*, im Süden Frankreichs eine zweite Front zu eröffnen. Das Unternehmen *Anvil* sollte unter Beteiligung französischer Einheiten durchgeführt werden und hatte zum Ziel, die deutschen Truppen und ihren Nachschub zu schwächen. Stalin befürwortete im November 1943 in Teheran gegenüber Roosevelt und Churchill nachdrücklich den Gedanken einer Landung an zwei Fronten. Ende Dezember 1943 wurde auch de Gaulle in das Vorhaben eingeweiht. Zwei problematische Fragen galt es in den Planungen zu beantworten: Woher konnte man die Truppen und – noch entscheidender – woher die nötigen Schiffe nehmen? Amerikanische Einheiten sollten aus Italien abgezogen werden, französische Divisionen standen ebenfalls in Italien und zusätzlich in Nordafrika bereit. Der englische Premier, der schon der geplanten Landung in Nordfrankreich zurückhaltend gegenüberstand, befürchtete eine Schwächung der italienischen Front und erhob grundsätzlich Einwände gegen das Unternehmen *Anvil*. Churchill votierte statt dessen für eine Fortsetzung der Offensive in Italien, um die englische Vorherrschaft im Mittelmeerraum zu sichern. Die Transportmittel für Truppen und Material, die Schiffe also, konnten nur aus dem Pazifik oder aber vom Unternehmen *Overlord* abgezogen werden. Gegen beide Möglichkeiten sprachen vielerlei Gründe.

Die militärische Entwicklung in Italien zum Jahresbeginn 1944 stellte *Anvil* grundsätzlich in Frage. Auf amerikanisches Betreiben hin wurde schließlich an der Landung in Südfrankreich festgehalten, *Anvil* aber zeitlich von *Overlord* getrennt. Am 2. Juli 1944 gab auch Churchill seinen Widerstand auf und stimmte auf Anraten des britischen Generalstabes der nunmehr in *Dragoon* umbenannten Operation zu.

Das Oberkommando der Wehrmacht hielt bis Anfang 1944 eine alliierte Landung im Süden Frankreichs für wenig wahrscheinlich. Entsprechend fehlte ein Operationsplan für diesen Fall, und auch der Bau von Befestigungsanlagen hatte erst Ende 1943 eingesetzt. Im August 1944 war davon erst ein knappes Drittel fertiggestellt. Besonders gesichert waren nur die Hafenanlagen von Marseille und Toulon.

Die französische Armee unter General de Lattre de Tassigny war an den technischen Vorbereitungen und Planungen nicht beteiligt worden. Ihre Divisionen, insgesamt rund 260 000 Mann, agierten nicht nur unter amerikanischer Führung, sondern waren auch logistisch von den Angloamerikanern abhängig. Der militärische Erfolg des französischen Kontingents – unterstützt durch den innerfranzösischen Widerstand – war beachtlich und hatte neben psychologischen auch politische Rückwirkungen. Das Frankreich de Gaulles schaffte den Sprung auf das Siegertreppchen.

Der in der Provence stationierten 19. Armee der Wehrmacht waren die Landungsvorbereitungen nicht verborgen geblieben. Der Angriffstermin war ihr bekannt, doch war sie seit dem Abzug von Einheiten in die Normandie nicht mehr in der Lage, eine Invasion zu verhindern. Zwei Tage nach der Landung wurde der Oberbefehlshaber West, Generalfeldmarschall von Kluge, abberufen und durch Model ersetzt. Weitere 24 Stunden später kam aus dem Führerhauptquartier der Befehl, ganz Südfrankreich zu räumen und in Burgund eine neue Verteidigungslinie aufzubauen. Damit war *Dragoon* ein voller Erfolg geworden.

Die Geschichtsschreibung neigt dazu, die alliierte Landung in Südfrankreich in den Schatten der Ereignisse in der Normandie zu stellen, die am 6. Juni 1944 die Befreiung Frankreichs eingeläutet hatten. Das Kolloquium in Fréjus kehrte die Rangfolge um. Für das Selbstverständnis der Franzosen ist das mit starker französischer Beteiligung durchgeführte Unternehmen *Dragoon* von weitaus größerer Bedeutung als die angloamerikanische Operation.

Die internationale Zusammensetzung des hochkarätig besetzten Kolloquiums ermöglichte es, die alliierte Landung in der Provence aus vielen Blickwinkeln zu betrachten, wenn dabei auch naturgemäß die sowohl quantitativ als auch qualitativ große Rolle der französischen Armee besonders akzentuiert wurde. Bei aller Vielfalt formen die Beiträge ein Ganzes, das allerdings nicht frei von Wiederholungen ist. Dennoch ist die Bilanz positiv: Der Tagungsband ist nicht nur instruktiv, sondern auch gut lesbar.

Corinna FRANZ, Bonn

Wolfgang BENZ, Barbara DISTEL (Hg.), Solidarität und Widerstand, München (dtv) 1995, 241 p. (Dachauer Hefte, 7).

Le thème de la résistance au nazisme a suscité une abondante littérature depuis 1945, mais celle-ci n'est pas exempte de partis pris idéologiques. C'est ainsi que l'historiographie ouest-allemande a héroïsé la mémoire des conjurés conservateurs du 20 juillet 1944, tout en ignorant pratiquement l'action des syndicats et des intellectuels de gauche, alors que l'historiographie est-allemande privilégiait au contraire l'étude de l'antifascisme sous la direction des communistes. Partant de ce constat lucide, Wolfgang BENZ et Barbara DISTEL, qui ont dirigé la publication du septième numéro des »Cahiers de Dachau« sur le thème de la résistance et de la solidarité, se sont efforcés de mettre en valeur différents groupes dont l'action était demeurée secrète. Ce volume rassemble donc quinze contributions d'une très grande diversité, traitant sans aucune exclusive idéologique aussi bien de la résistance communiste que de la résistance chrétienne ou de la résistance juive; ces contributions ont été rédigées soit par des historiens soit surtout par des témoins.

Un premier article de l'historien Hermann GRAML pose tout d'abord la problématique générale de la résistance sous le national-socialisme. L'emprise du régime national-socialiste sur la population allemande, par ailleurs faiblement attachée aux traditions libérales et parlementaires, se caractérisa par un mélange de terreur et de séduction: la résistance au nazisme ne pouvait donc être le fait, de 1933 à 1945, que de petits groupes et de personnes isolées. Les partis ouvriers s'effondrèrent au cours du premier semestre de l'année 1933 et les groupes de gauche, victimes de la répression policière, firent désormais preuve d'attentisme, alors que l'opposition conservatrice fut à son tour décapitée le 30 juin 1934, en compagnie des SA. Il fallut dès lors attendre l'année 1938, avec la mise au pas de l'armée et de l'appareil administratif de la politique étrangère, pour que se reforment des groupes d'opposition sur la droite et sur le centre de l'échiquier politique, autour de personnalités comme Oster, von der Schulenburg ou encore von Weizsäcker. En 1941, l'état-major du Heeresgruppe Centre sur le front russe devint un autre pôle de résistance, autour du général von Tresckow. Après le tournant de 1942/1943, la résistance militaire bénéficia d'ailleurs de ralliements assez opportunistes, comme celui du Feldmarschall Rommel. Le cercle de Kreisau, composé de socialistes, de théologiens, de jésuites, de syndicalistes et de patrons chrétiens poursuivit dans le même temps une intense réflexion sur l'avenir d'une Allemagne débarrassée de Hitler et du régime nazi et permit à des personnalités venues d'horizons très divers de se rapprocher: à ce titre la Résistance ne constitua pas seulement un alibi moral, mais elle servit aussi d'exemple d'intégration pour la société allemande de l'après-guerre.

Le thème de la résistance communiste au nazisme, sujet tabou dans l'ancienne République Fédérale d'Allemagne, est largement abordé, en particulier à travers deux figures de détenus du KL de Dachau, Heinz Eschen, *Kapo* du block des Juifs jusqu'à sa mort en 1938, et Karl Wagner, fonctionnaire détenu nommé doyen du camp annexe d'Allach au printemps 1943 et transféré au mois de juillet 1944, par mesure disciplinaire, au KL de Buchenwald. Le thème de la résistance juive est également présent à travers les témoignages du Slovaque Dionys Lenard sur sa fuite de Majdanek à l'été 1942, et de la Polonaise Chaika Grossman sur le soulèvement du ghetto de Bialystok au mois d'août 1943. Le sort tragique de deux jeunes chrétiens, le mormon hambourgeois Helmuth Hübener et le catholique munichois Walter Klingenbeck, tous deux exécutés par la Gestapo pour avoir écouté des émissions de radio étrangères et diffusé des tracts dénonçant les mensonges de la propagande officielle, illustre les phénomènes de dissidence spontanée dans la jeunesse allemande: il s'agissait, pour reprendre les mots d'un des acteurs de la période, »d'une action qui était en partie un jeu, en partie une aventure, mais qui était avant tout mortellement sérieuse«. Mais c'est peut-être le cas de Giorgio Perlasca qui retiendra le plus l'attention du lecteur. Cet Italien avait en effet participé à la guerre d'Espagne, mais dans les rangs franquistes. Il représenta par la suite une firme d'import/export dans les Balkans, et fut à ce titre assigné à résidence par les Allemands lorsque ceux-ci occupèrent la Hongrie au printemps 1944. Revenu à Budapest à la mi-octobre 1944, Perlasca s'efforça alors de sauver des Juifs, relayant l'action du conseiller diplomatique espagnol Sanz Briz. Dans le climat d'hystérie meurtrière qui caractérisa les dernières semaines du siège de Budapest, Perlasca parvint à sauver des vies humaines en intervenant auprès des responsables du régime des croix fléchées, et en maniant alternativement la menace mais aussi la promesse d'aider un certain nombre de dignitaires à fuir en Espagne.

Au total, la diversité des contributions réunies dans ce numéro explique sans doute le caractère un peu décousu et l'inégale qualité scientifique de l'ensemble de l'entreprise. Quelques témoignages en particulier n'échappent pas au reproche manifeste de l'hagiographie. On peut par ailleurs déplorer une relative faiblesse de conceptualisation dans l'emploi des termes *résistance* et *solidarité*. Peut-on véritablement parler de solidarité, ce qui implique l'idée d'une obligation morale d'assistance, entre les détenus à l'intérieur des KL? On aurait aussi apprécié une réflexion plus vigoureuse sur la notion même de résistance, par référence aux concepts de *Resistenz* et de *Widerstand* élaborés par l'école fonctionnaliste.

Mais il faut tout de même saluer, pour finir, l'heureuse initiative que constitue la traduction en allemand de l'allègre et magistrale réfutation des conclusions erronées du »rapport Leuchter« par le regretté Georges WELLERS, publiée initialement dans un numéro du *Monde Juif* du printemps 1989. Bourreau chargé de l'exécution par gaz de criminels américains, Fred Leuchter avait été appelé à la rescousse, en qualité d'expert des chambres à gaz, par les négationnistes à l'occasion du procès en appel de Zundel, à Toronto, au mois de janvier 1988. Au cours du procès, Leuchter partit donc prélever des échantillons sur les murs des chambres à gaz d'Auschwitz et de Birkenau et ne décela qu'une quantité infinitésimale de cyanure. Or ce fut pour WELLERS la confirmation par l'expérience d'une hypothèse formulée antérieurement: dans un local hermétiquement clos, remplis d'hommes, de femmes et d'enfants complètement nus et comprimés, il ne pouvait subsister que des traces infinitésimales du poison. Il était par conséquent totalement impossible de comparer les chambres à gaz utilisées aux États-Unis et à Auschwitz. Dans le cas d'une exécution publique, en présence de journalistes, le soucis d'abréger les souffrances du condamné conduit en effet à utiliser une dose de poison onze fois supérieure à la dose mortelle: rien de tel bien évidemment à Auschwitz. Le rapport Leuchter constituait donc l'exemple typique d'un travail scientifique où les données expérimentales étaient exactes et leurs interprétations, d'un bout à l'autre, absurdes.

Michel FABRÉGUET, Paris

Klemens VON KLEMPERER, Die verlassenen Verschwörer. Der deutsche Widerstand auf der Suche nach Verbündeten 1938–1945, Berlin (Siedler) 1994, 604 S. (Deutscher Widerstand 1933 bis 1945. Zeitzeugnisse und Analysen).

Die Bemühungen der Gegner des nationalsozialistischen Regimes, mit dem Ausland Verbindung aufzunehmen, sind schon oft untersucht worden, freilich meistens in Form von Einzelabhandlungen oder im Rahmen größerer Darstellungen. Eine umfassende Monographie zur Außenpolitik des Widerstands, eines »integrale[n] Bestandteil[s] der Verschwörung, um den Kampf gegen Hitler von innen mit dem von außen zu koordinieren« (S. 363), stand bisher noch aus. Diese Lücke schließt das Werk des amerikanischen Historikers aus dem Jahre 1992, das nun auch in deutscher Übersetzung vorliegt. Umfassend ist diese Arbeit in mehrfacher Hinsicht: Wenngleich auf die Kontakte zu den Regierungen in London und Washington konzentriert, werden auch die Verbindungsaufnahmen mit anderen Staaten, die Rolle der Ökumene und des Exils sowie die Beziehungen zu den ausländischen Widerstandsbewegungen auf breiter Quellengrundlage behandelt.

Im Hinblick auf das zentrale Thema, die Beziehungen des konservativen Widerstands zur Regierung in London, werden die bisherigen Forschungen zwar um einige Details ergänzt, aber nicht grundsätzlich revidiert. Das Problem bestand darin, daß die politischen Prioritäten des konservativen Widerstands mit denen der britischen Regierung grundsätzlich unvereinbar waren. Setzte diese bis zum Kriegsausbruch 1939 im Rahmen der Appeasement-Politik primär auf einen deutsch-britischen Ausgleich mit Hitler, wollten die Verschwörer 1938 eine Verständigung mit London, um Hitler beseitigen zu können. Die größten Chancen auf ein Entgegenkommen von britischer Seite bestanden während des »phoney war«, als die Regierung Chamberlain eine möglichst rasche Beendigung des Krieges unter Beseitigung Hitlers anstrebte. Dennoch führten die zahlreichen, von Klemperer minutiös nachgezeichneten Sondierungen dieser Zeit zu keinem greifbaren Ergebnis. Die wichtigste Ursache dafür – die Klemperer indes nicht klar benennt – bestand darin, daß der von London ersehnte Umsturz ausblieb. Es war daher wohl nicht nur auf die Regierungsübernahme durch Churchill im Mai 1940 zurückzuführen, sondern auch auf das Versagen des Widerstands, daß spätestens mit einer Weisung des Premierministers vom 20. Januar 1941 »absolutes Stillschweigen« gegenüber allen Sondierungen deutscher Regimegegner gewahrt wurde. Je weiter der Krieg fortschritt, desto mehr vergrößerte sich die Distanz zwischen den Westmächten und den Oppositionellen in Deutschland. Auch als diese der Vorstellung eines vereinigten Europa und nicht länger dem Ausbau und der Sicherung der deutschen Großmachtstellung Priorität einräumten, blieben die westlichen Alliierten, die das Bündnis mit der Sowjetunion nicht gefährden wollten, bei ihrer strikt ablehnenden Haltung.

Erfolgreich war die Suche des Widerstands nach Verbündeten hingegen in der Ökumene. Im Generalsekretär des Ökumenischen Rats der Kirchen, Willem Visser't Hooft, und im Bischof von Chichester, George Bell, fanden deutsche Oppositionelle Fürsprecher bei den Regierungen der Alliierten. Dies hing Klemperer zufolge damit zusammen, daß es diesen Kirchenleuten um einen »Krieg hinter dem Krieg«, um einen Kampf gegen die beiden »großen Gegenkirchen« (S. 230) Nationalsozialismus und Bolschewismus ging. Daher sahen diese im Widerstand gegen Hitler einen Verbündeten, den sie insbesondere gegenüber der britischen Regierung – freilich ohne Erfolg – zu unterstützen suchten.

Um »Widerstandsaußenpolitik in ihrer reinsten Form« (S. 368) habe es sich schließlich bei den Kontakten zu Widerstandsgruppen im besetzten Ausland gehandelt, insbesondere zur norwegischen Heimatfront und zur holländischen Résistance. In Norwegen knüpfte Theodor Steltzer die Verbindungen und leistete seinen norwegischen Freunden – wie diese nach dem Krieg bezeugten – »unschätzbare Dienste« (S. 313). Zur holländischen Widerstandsbewegung existierte eine ganze Anzahl von Kontakten, die von der Ökumene, Carl Goerdeler und Angehörigen des Kreisauer Kreises aufrechterhalten wurden. Das verbindende Element bestand vor allem in einer gemeinsamen Vision eines föderativen Europa, in dem auch Deutschland seinen Platz finden sollte.

Dennoch war die Gesamtbilanz, wie der Autor einleitend bemerkt, »ohne Zweifel negativ«; das Buch behandelt »die Geschichte eines Fehlschlags« (S. 15f.). Klemperer ist darauf bedacht, die Ursachen für dieses Scheitern sorgfältig zu analysieren, und er vermeidet monokausale Erklärungen. Um so überraschender sind seine eindeutigen Schlußbemerkungen zu den grundsätzlichen Unterschieden in den außenpolitischen Konzepten des Widerstands auf der einen und denen der Westalliierten auf der anderen Seite. Während die Repräsentanten des Widerstands »zu einer Vision der europäischen Solidarität [fanden], die über sämtliche Frontlinien hinweggehen sollte«, »klammerten sich die westlichen Alliierten an die ›traditionellen Regeln der Diplomatie‹ und das ›nationale Interesse‹« (S. 366). Gerade im Hinblick auf die europäische Dimension der Widerstandsaußenpolitik muß darauf verwiesen werden, daß die Konzepte der ›nationalkonservativen‹ Oppositionellen wie Goerdeler und von Hassell trotz Annäherungen an das Gedankengut der ›Kreisauer‹ sehr viel stärker dem traditionellen, nationalstaatlichen Denken verhaftet blieben. Bei den ›Kreisauern‹ wiederum gilt es, sauber zwischen den sehr künstlich anmutenden Europavorstellungen von Moltkes und denen von Trotts zu unterscheiden. Wenngleich man dem deutschen Widerstand in den Jahren 1943/44 größere Affinitäten zu einer – freilich sehr vagen – Europaidee bescheinigen kann als den Westalliierten, war dies wohl nicht die entscheidende Ursache für das Scheitern der außenpolitischen Bemühungen des Widerstands.

Hermann WENTKER, Berlin

Wolfram WETTE (Hg.), Deserteure: Feiglinge – Opfer – Hoffnungsträger? Dokumentation eines Meinungswandels, Essen (Klartext) 1995, 360 p.

Ce recueil cristallise parfaitement certains des problèmes majeurs qui continuent – dans une certaine mesure sans doute – de hanter la mémoire collective allemande. En effet, en traitant des déserteurs de la Wehrmacht, et il suffit de lire le titre de ce livre, l'on se heurte immédiatement non seulement au débat moral qu'est la désertion sous toutes ses formes mais ici, en l'occurence, à la répression par la justice militaire du Reich et partant, qu'on nous pardonne ce raccourci, à la survivance de mentalités longtemps marquées par l'idéologie national-socialiste. La justice ouest-allemande semble en avoir longtemps porté les stigmates, ce qui a été dénoncé vigoureusement par Manfred Messerschmidt et Fritz Wüllner, notamment dans un ouvrage qui sert désormais d'incontournable référence (Die Wehrmachtjustiz im Dienst des Nationalsozialismus – Zerstörung einer Legende, 1987). Il n'y a guère que depuis une quinzaine d'années que sous l'impulsion de partis politiques avancés et d'initiatives privées visant à réhabiliter la mémoire de ceux qui, pour diverses raisons, ont voulu cesser de combattre pour le nazisme, que le Bundestag et les services sociaux fédéraux ont repris cette épineuse question. Pourquoi, en effet, d'anciens Waffen-SS (128 Lettons en l'occurrence) dont certains ont participé à des exécutions de masse, pourraient bénéficier d'aides fédérales alors que celles-ci sont refusées aux veuves des victimes de la justice militaire nazie? Pourquoi les jugements diffamants portés à cette époque garderaient-ils encore leur validité? Ce sont toutes ces questions, qui relèvent autant de la jurisprudence que de l'éthique, dont traitent les auteurs de cet ensemble de textes, accompagnés de témoignages d'ex-déserteurs. Les débats engagés à l'époque au Bundestag reflètent très clairement ces interprétations opposées. Quant à la signification que les uns et les autres souhaitent donner à la désertion: ces hommes, qui dans le meilleur des cas se retrouvaient dans des camps de type concentrationnaire ou versés dans des unités disciplinaires vouées à l'anéantissement, ou qui étaient exécutés, étaient-ils des lâches ou bien des résistants au nazisme? On peut concevoir que les opinions divergent sur ce sujet et que dans la Bundeswehr par exemple, on ait été pour le moins réticent à accepter la deuxième interprétation. En acceptant ce point de vue, comment finirait-on par juger ceux qui ont poursuivi le combat? Doit-on tous les stigmatiser? La discussion qui s'est tenue le 2 mars 1994 sur la station NDR IV (émission »Redezeit«) entre un ancien déserteur et un général en retraite de la Bundeswehr, président du Ring Deutscher Soldaten-Verbände et qui est ici reproduite presque dans son ensemble, montre l'irréconciliabilité des thèses défendues. Certes, des quelque 20 ou 25 000 déserteurs qui ont échappé à l'exécution capitale (sur 50 000 condamnés environ) ou aux autres aléas de la guerre, peu restent encore en vie et le problème ne peut aujourd'hui concerner que peu de monde cependant, son acuité semble rester intacte. Même si l'Allemagne a cherché à étouffer ce passé, il affleure encore à la surface et le problème de la résistance allemande montre, lui aussi, les déchirures profondes qui subsistent et qui, avec le temps, ne s'estompent qu'accompagnées d'inévitables altérations. Mais ceci ne concerne pas uniquement l'Allemagne ...

Une ultime section de ce recueil, consacrée aux déserteurs de l'ex-Yougoslavie, ne sera mentionnée que pour mémoire car elle reflète une prise de position de l'éditeur scientifique (WETTE) qui, si elle peut se rattacher au thème central, relève d'une option pacifiste, bien particulière.

De la création des premiers mouvements en faveur des déserteurs jusqu'aux derniers débats au Bundestag, en passant par un aperçu de la place du déserteur (ou de l'objecteur de conscience) dans la littérature d'après-guerre sur ce thème, le lecteur aura pu se faire une opinion sur un sujet qui trouble encore certaines consciences. Même si la structure de ce livre n'en facilite guère la lecture, il contribue néanmoins à mieux faire appréhender les séquelles d'un passé lourd à porter, qui reflète, parfois, les drames qu'a vécus la société allemande, qu'elle se soit trouvée à l'Ouest comme à l'Est.

Il est dommage que ce problème reste ignoré – mis à part – quelques rares spécialistes – hors d'Allemagne.

Marcel SPIVAK, Les Lilas

Robert BOHN, Jürgen ELVERT (Hg.), Kriegsende im Norden. Vom heißen zum kalten Krieg, Stuttgart (Franz Steiner) 1995, 382 S. (Historische Mitteilungen der Ranke-Gesellschaft, Beiheft 14).

Der Band umfaßt 23 Beiträge zur Nachkriegssituation der skandinavischen Staaten. Man kann die Artikel, die jeweils die überarbeiteten Vorträge einer Tagung der Grenzlandakademie Sankelmarkt im Oktober 1994 darstellen, zwei grundsätzlichen Themenkreisen zuordnen: Erstens »Innere Auseinandersetzung mit Problemen der Nachkriegszeit«, zu dem man die Artikel über die Auseinandersetzung eines betreffenden Landes mit seinen Kollaborateuren und Kriegsverbrechern, sowie Beiträge über Widerstandsbewegungen, Flüchtlinge und den wirtschaftlichen Wiederaufbau rechnen kann. Der zweite Themenkomplex beinhaltet Artikel, in denen die Situation der nordischen Staaten im Spannungsfeld des Ost-West-Konfliktes analysiert wird. Dazu gehören etwa Beiträge, in denen die Ansprüche der Sowjetunion in Skandinavien thematisiert werden, die Beziehung der nordischen Staaten zu Großbritannien behandelt, und die Frage des NATO-Beitrittes diskutiert wird.

Dazu zwei Beispiele:

In seinem Artikel über die dänische Widerstandsbewegung beschreibt Aage TROMMER die Probleme, die 1945 im Zuge einer Neudefinition der dänischen Innenpolitik für jene Gruppierungen entstanden, die sich seit 1941 bzw. 1942 der »Zusammenarbeitspolitik« mit Deutschland entgegengestellt hatten. Im sogenannten »Freiheitsrat«, einer Art Dachorganisation aller Widerstandsgruppen, befanden sich nach 1945 Vertreter aller politischer Lager, vom linken, kommunistischen Rand bis zur rechtsgerichteten »Dansk Samling«. Daneben fand sich eine Reihe »unpolitischer Patrioten«, die sich beiden Richtungen gegenüber distanziert verhielten. Interessant scheint, daß erst im Sommer 1944 die illegalen Organisationen ihre Beteiligung an der Nachkriegsregierung forderten. Trommer führt diese Zurückhaltung der Widerstandsbewegungen auf die Tatsache zurück, daß die dänische Öffentlichkeit bis weit in das Jahr 1944 hinein ihre Zustimmung in überwiegendem Maße den

»Zusammenarbeitspolitikern« schenkte! Im Sommer 1944 äußerten die illegalen Parteien schließlich ihre Forderung nach Regierungsbeteiligung und die sogenannten »Alten Politiker« erkannten, daß nur durch einen Kompromiß mit dem »Freiheitsrat« der Anspruch an die Alliierten, auch Dänemark als alliiertes Land anzuerkennen, erhoben werden konnte. Man einigte sich auf eine 50 zu 50 Regelung zwischen Altparteien und dem »Freiheitsrat«. Die extrem unterschiedliche Ausrichtung der Programme aber, die von den Gruppierungen innerhalb des Freiheitsrates angeboten wurden, verhinderte bei den Wahlen im Herbst 1945 einen Erfolg für die Widerstandsgruppen, die dadurch keinen wesentlichen Einfluß auf die Nachkriegspolitik mehr erlangen konnten.

Interessant ist dieser Artikel besonders im Vergleich mit dem Schicksal der Widerstandsbewegungen etwa in Frankreich oder Belgien sowie Norwegen, wobei sich der Vergleich mit letztgenanntem Land besonders gut durch den Beitrag von Ole Kristian GRIMNES im selben Band herstellen läßt.

Einblick in die Thematik des Spannungsfeldes zwischen Ost und West bietet der Beitrag von Dirk LEVSEN, der sich mit der Beteiligung dänischer und norwegischer Truppen an der britischen Besatzung in Deutschland befaßt. Etwa 4000 Soldaten wurden ab 1947 jeweils aus Norwegen und Dänemark entsandt; erst 1953, bzw. 1958 verließen die letzten norwegischen, bzw. dänischen Soldaten Deutschland. Trotz starker Proteste aus der Öffentlichkeit blieben die Kontingente aus dem Norden auch nach der Verschärfung des Kalten Krieges 1948 in Deutschland stationiert und wurden in Schleswig-Holstein nicht nur zur Erfüllung von Okkupationsaufgaben, sondern dezidiert auch zur Verteidigung im Kriegsfall belassen. LEVSEN konstatiert in seinem Resümee, daß das dänische und norwegische Engagement in Deutschland für Großbritannien ein Gewinn war und sowohl Dänemark als auch Norwegen dadurch ihre Präferenz gegenüber dem Westen dokumentierten.

Bis auf einen Beitrag, der aufgrund einer extremen Detailfülle 42 Seiten umfaßt, liefern die Artikel sehr kompakte Informationen und spannende Einblicke. In einigen Fällen weisen die Autoren auf Forschungsmängel und Desiderata hin; meistens werden die Inhalte sehr klar definiert und eingegrenzt. Eine Hilfe für (noch) besseres Verständnis wären eine oder mehrere geografische Karten vom nordeuropäischen Raum. Nicht-Experten würde der Zugang zu manchen Texten dadurch wesentlich erleichtert.

Barbara PORPACZY, Wien

Jean-Marc VARAUT, Le Procès de Nuremberg, Paris (Perrin) 1992, 419 p. – Annette WIEVIORKA, Le Procès de Nuremberg, Rennes (Ouest-France, Société d'éditions) 1995, 201 p. (Collection Seconde Guerre Mondiale).

The 50th anniversary of the Nuremberg Trial has brought forth some new analyses, and if VARAUT's book appeared three years in advance, WIEVIORKA clearly felt that the trial, whose proceedings run to 16000 pages, could be examined afresh. We thus have two new additions to an already large field of literature on the greatest trial of the 20th century. VARAUT, a lawyer, adopts a chronological approach and then proceeds to a series of selected issues. WIEVIORKA, a historian, uses an academic and tighter structure, repeating certain anecdotes already given by VARAUT. VARAUT provides long and well selected verbatim accounts from the trial, and uses to advantage his expertise in the philosophy of law, presenting several important points in his personal summing-up. His book also provides the better coverage of Hitler's plans to wage war.

WIEVIORKA succeeds nevertheless, in a book half the length of the other, in presenting a first-rate synthesis: how did the idea form for such a trial, how was the Tribunal's statute established, how were the charges drawn up and the accused selected, how did the trial proceed and what did it reveal, and finally what was its aftermath? As Lord

Lawrence stated at its opening, the trial was unique in the annals of world law; »the real plaintiff in this court is civilization itself.« As VARAUT shows, natural law became, for the first time ever, the basis for prosecution and for penal action in a court whose authority was certainly challenged, above all on the basis of a principle universally upheld: *nullum crimen, nulla poena sine lege*. As Göring put it, »Our only crime was to have lost the war,« an argument which Robert Jackson, the US chief prosecutor, refuted at the outset: »The accused are on trial not because they lost the war but because they started it.« Indeed, the authority of the Tribunal derived not from victory in the struggle but from the weight of universal public opinion. If, of the four indictments, only one, War Crimes, had an existing status, another concept was also to be applied: the concept, first expressed by Padre Vitoria, that laws among nations do indeed exist. Sir Hartley Shawcross, the British chief prosecutor, read long extracts from the Briand-Kellogg Pact of 1928 (»the most ratified instrument of international relations«), to which Germany, Italy and Japan were signatories. (The USSR, it was recalled, was not a signatory to the Geneva Conventions.)

The judicial procedure which was chosen reflected the dominance of the Anglo-American partnership in the preparations. The code would basically follow English Common Law. Given the nature of the Soviet code of law, best demonstrated by Vichinsky in 1936, the only valid criticism came from the French judges Henry Donnedieu de Vabres and Robert Falco, for whom the procedure was a novelty. There would be virtually no prior interrogation *(instruction criminelle)*. The accused, all of whom pleaded not guilty, would be heard as witnesses at their own trial. Witnesses under Common Law are called only by the prosecution or by the defence. A compromise was nevertheless reached with the »continental jurists« – Jackson generously allowing the Soviet jurists to be lumped together with the French. In this mixed procedure, the bench would also have the right to interrogate any of the accused, but without allowing them the protection of the Fifth Amendment to the US Constitution.

The four indictments (Conspiracy, Crimes against Peace, War Crimes, Crimes against Humanity) were agreed upon, but not without argument. The first, rooted in Anglo-American jurisprudence, reflected its horror of »combination« (Jacobin and other), against which Edmund Burke had warned (»When evil men combine, the good must associate«), and against which the British combination laws and US federal laws (the latter still in force) had provided protection. The notion of a conspiracy against peace was nevertheless contested by Donnedieu de Vabres, who insisted that it had no basis in international law. It certainly embarrassed the Soviets, and to some extent the democracies which were responsible for the policy of appeasement. If you accept the principle of conspiracy, was there not conspiracy in the Molotov-Ribbentrop Pact? To Jackson's bitter disappointment, a compromise was necessary, limiting conspiracy to the charge of waging aggressive war, hence to those present at the secret conference in Berlin in November 1937. It was remarked that none of the five principal Nazi conspirators (Hitler, Himmler, Bormann, Goebbels and Heydrich) was present at Nuremberg.

The compromise did nothing to solve the embarrassment over the second indictment, Crimes against Peace. If aggressive war is a crime, how should one qualify the Soviet attack on Poland? Or the Russo-Finnish War? While War Crimes presented no problem, Crimes against Humanity was to be restricted to crimes committed from 1 September 1939. Guernica, for example, was out of bounds.

The accused were to be judged individually, and to convict the Tribunal required a majority of three of the four judges; in the event of a tie, the verdict would be decided by the vote of the presiding judge (Lawrence), but any sentence required the vote of at least three of the judges. The accused had the right to choose their own legal counsel, but they were specifically denied the right to invoke the *tu quoque* defence. What was most obviously missing from the trial was any real understanding of the nature of the Nazi state. The twenty on the benches were selected largely because they were prominent Nazi figures and they were in Allied hands. The French prosecutor Charles Dubost aptly pointed out that every concentration camp had had a commandant and not one of them was present. The SS, the state within the state, was represented only by Kaltenbrunner. The principal work of the SS, Crimes against Humanity, essentially the Holocaust, received the least attention.

Many a participant reported afterwards that the trial was so long and tedious that even the accused were sent to sleep, but it also threw light in many a dark corner and it had its electrifying moments. Among the highlights was the Jackson-Göring duel, in which Göring, in the eyes of most, emerged the winner. Göring had placed a cue-card in front of him which read »Keep calm, behave correctly«, while Jackson, with the 1948 presidential elections in mind and on edge from the beginning, was easily provoked. Varaut finds Sir David Maxwell-Fyfe, Shawcross's predecessor and understudy, a master of the art of cross-examination, his brief prepared to perfection. The defence, as WIEVIORKA makes clear, was content to argue that, while horrible crimes were committed, none of them could be held responsible. Each in his separate way had simply carried out his patriotic duty, in that exemplary spirit of loyalty that Tacitus had remarked about the Germans two millenia ago.

The best moment for the defence was the revelation of the Secret Protocol, which until February 1946 was unknown in the West. The contents of this protocol remained secret throughout the trial, but its existence was left in no doubt. Dr. Alfred Seidl, counsel to both Hess and Frank, did his utmost to force the issue, vainly summoning Molotov to appear as witness. Both VARAUT (p. 119) and WIEVIORKA (p. 69) write of the existence of only two copies of the protocol, both in Soviet hands from 1945, but in fact there were four (two in German, two in Russian), and photocopies of Germany's two copies had escaped the Soviet seizure. While these photocopies were not introduced into the trial, Dr. Friedrich Gaus, who in 1939 had headed the legal department of the Wilhelmstrasse and had drafted both the Pact and the secret protocol, presented an affidavit after reproducing the protocol from memory. Margarete Blanck, von Ribbentrop's private secretary, also attested to the existence of the protocol. As for von Ribbentrop, he stated that Hitler had instructed him in March 1939 to see if there was not some common ground between national socialism and bolshevism that could provide for a pact, and that »if we speak here of aggression against Poland, then the two countries are guilty.« Seidl put the question point-blank: »Can one of the Powers sitting on the bench be the judge of a crime in which it was the accomplice?«

All of this unnerved the Soviet chief prosecutor General R. A. Rudenko, who was recalled to Moscow for instructions. There was even talk of the USSR withdrawing from the Tribunal: the Cold War had made its entrée. Lawrence agreed to censor four pages of the proceedings, but the secret was out: the world now knew that a secret protocol existed. If the truth about Katyn Forest did not emerge at the same time, the Soviet version of events, presented in all its cynicism by Rudenko, was placed on the record, allowing Stalin to be judged when, in 1992, the fabric of lies was finally torn apart.

Lord Lawrence, writes WIEVIORKA, was undeniably the great moral presence in the trial. The verdicts, handed down in those resonant cadences that Voltaire praised (»If Justice had a voice, it would speak in the tones of an English judge«), received, in every case except those of Hess, Jodl and the admirals, the overall approval of the world. The presence of the Soviets diminished the Tribunal's prestige to some extent, but the isolated vote of the Soviet judge, General I. T. Nikichenko, had little influence on the decisions.

One point of criticism remained, and still remains. Would it not have been better for the Nazis to have been judged by those states which had remained neutral in the war, rather than by the victors? Or by Germans who had resisted Hitler, in Germany or in exile? VARAUT points out that the latter procedure could have backfired. If the Germans had been given the responsibility, they would have faced a cruel dilemma: if too stringent, they would have been accused of vengefulness, and if too lenient, of subservience to the victors. On the whole, the verdicts were a milestone in the progress of justice, and as the French prosecutor Edgar Faure put it, »a broadening of the collective conscience of mankind.«

Both books suffer in quality from the lack of a bibliography and an index. WIEVIORKA's work contains few errors. The Tribunal opened on 18 October 1945, and not 1946 (p. 28). Molotov, not Stalin, signed the Pact (p. 67). The charges against the admirals were led by the British prosecutors not for »symbolic reasons« (p. 94) but because the Battle of the Atlantic had been fought primarily by the Royal Navy and not the US Navy. Ernest King, not Nimitz (pp. 96, 151, 171) was US Chief of Naval Operations. Christian Wirth, KL-Lublin's commandant (p. 138), did indeed hold SS rank (Obersturmführer). Kellogg (p. 64), KL-Buchenwald's commandant Pister (p. 136), and Ludwig Erhard (p. 179) are misspelt. But these errors are insignificant when compared with those of VARAUT, who leaves the reader asking if the author, albeit a lawyer, cared enough about his book to read its proofs. The following are misspelt: *Der Stürmer* (p. 15), Streicher (pp. 25, 43), Dr. Gaus (p. 70), *Lebensraum* (p. 78), Funk (p. 87), Shirer (pp. 107, 121) – who wrote no book under the title *Hitler* –, *Stars and Stripes* (p. 113), Hossbach (pp. 113, 370), Margarete Blanck (p. 118), Dr. Seidl (p. 128), Gleiwitz (p. 157), *Kugel-Aktion* (p. 178), *Sonderbehandlung* (p. 178), *Weserübung* (pp. 179, 306), Volkogonov (p. 192), von Reichenau (pp. 215, 218), *Endlösung* (p. 263), Hans Lammers (p. 263), Sonderkommando (pp. 270, 271), Pister (p. 277), *Werwolf* (p. 290), Eisenhower (p. 290), Broderick (p. 303), McCloy (p. 350), Potsdam (p. 357) – which was held in 1945, not 1943 –, Wannsee (p. 403) – which was held on 20 January, not 20 June 1942 (p. 284) –, and Ludwig Erhard (p. 407). In the photographs, the two American judges are given the title of English knights. Shawcross was responsible for Northern Ireland but not for Ireland (p. 95). No British division, indeed no British soldier, had landed in France by the time the Polish campaign ended (p. 106). Göring is described as »always the last to arrive in court« (p. 362) and »always the first to arrive in court« (p. 385). The reference to the cry of the US captain of the guard: »Whithout day« (sic, p. 388), is totally incomprehensible; if VARAUT means *sine die*, English leaves the term in Latin, and why would a captain of the guard say it? Hess died at the age of 94, not 84 (p. 392). Finally, an error common to both books is the failure to present the Gestapo, under Heinrich Müller and not directly under Kaltenbrunner (VARAUT, p. 15), in its proper place in the SS hierarchy. The Gestapo was Amt IV of the Sipo, which with the SD formed the RSHA. Eichmann was head not of IV.A.4 (VARAUT, p. 255) but of IV.B.4.

David Wingeate PIKE, Paris

Peter ERLER, Horst LAUDE, Manfred WILKE (Hg.), Nach Hitler kommen wir. Dokumente zur Programmatik der Moskauer KPD-Führung 1944/45 für Nachkriegsdeutschland, Berlin (Akademie) 1994, 426 p.

Cet ouvrage, conçu par des historiens des deux anciennes parties de l'Allemagne, nous présente une sélection de 41 documents rédigés par la direction du parti communiste allemand (KPD) en exil à Moscou. Ils traitent de l'organisation politique et sociale de la future Allemagne post-nazie et du rôle que la KPD entendait y jouer. Rédigés entre le début de l'année 1944 et juin 1945, et présentés par ordre chronologique, ils permettent d'apprécier l'évolution des projets de la KPD en fonction du développement des opérations militaires et des accords interalliés. Un premier groupe de documents est constitué par les travaux de la direction communiste de la Conférence de Téhéran jusqu'en août 1944. Les rapports de la Commission de travail du Comité Central (mars à août) en sont l'élément principal. Ils traitent essentiellement de la composition du »Bloc de la démocratie combattante«, des relations de la future Allemagne à l'Union soviétique, de la reconstitution des syndicats, de la politique agraire et économique à mener dans l'Allemagne d'après guerre. Les quatre projets successifs du »programme d'action du bloc de la démocratie combattante« (octobre à décembre 1944) et les exposés de Pieck sur le rôle du Parti (octobre 1944 à mars 1945) composent les deuxième et troisième groupes de documents. Le dernier ensemble de textes présente les travaux du printemps 1945, postérieurs de la Conférence de Yalta, qui précisent la mission des communistes et des »antifascistes« dans les territoires qui devaient être occupés par l'Armée Rouge. Le dernier document sélectionné est l'appel de la KPD au peuple allemand du 11 juin 1945. Une large partie de ces documents, émanant essentiellement des fonds Ackermann, Florin, Matern, Pieck, Schwab, conservés aux archives centrales de la SED, étaient jusqu'à présent inédits. L'origine de chaque document est précisée et l'existence d'une édition antérieure – totale ou partielle – est également indiquée. Si la sélection permet de suivre l'adaptation des projets de la KPD à la situation politique et militaire, elle met également en évidence le rôle trop longtemps sous-estimé de Wilhelm Florin (décédé à Moscou en juillet 1944) qui fut, derrière Wilhelm Pieck, le »numéro deux« de la direction de la KPD.

Outre un index des noms de personnes et des notices biographiques des membres de la commission de travail, cet ouvrage offre au lecteur une introduction fondamentale d'une centaine de pages retraçant le travail de la direction »moscovite« de la KPD de 1941 à 1945.

Une première partie expose la politique de la KPD de l'attaque de l'Union soviétique par l'Allemagne nazie jusqu'à la création du Comité National »Freies Deutschland« (juillet 1943). Les auteurs relatent notamment l'échec de l'établissement d'un »Comité National« au printemps 1942 et formulent une série d'hypothèses qui, malgré l'état lacunaire actuel des sources, permettent d'expliquer le refus de Staline. Pendant cette première phase, les relations entre les Soviétiques, le Komintern et la KPD furent très tendues en raison des reproches formulés à l'encontre de la direction de la KPD au sujet de son incapacité à établir un mouvement de résistance efficace en Allemagne. La volonté de constituer un front commun antifasciste, affichée par les Soviétiques, eut pour effet immédiat la dissolution du Komintern qui fut approuvée par Pieck. Les auteurs montrent que la constitution du Comité National »Freies Deutschland«, au printemps 1943, ne s'inscrivit pas dans la suite de la tentative de 1942, mais qu'elle fut le fruit de la volonté de Staline. Celui-ci comprit l'intérêt d'un tel comité dans la lutte contre le national-socialisme et surtout comme moyen de pression face aux Alliés. Dans un second temps sont exposés la mise en place et les travaux de la Commission de travail du Comité Central de la KPD. Au delà de son travail de propagande, la KPD dut réfléchir, après la conférence de Téhéran, à l'action concrète à mener en Allemagne après la chute d'Hitler et à envisager avec quelles forces »antifascistes« elle pourrait coopérer. Le »bloc de la démocratie combattante« (concept formulé par Dimitrov) se différencie du Comité »Freies Deutschland« en ce qu'il représente ce front antifasciste et antiimpérialiste mais les communistes entendaient bien formuler eux-mêmes les grandes orientations du bloc. Une troisième partie est consacrée à la politique de formation et de sélection des cadres par la direction de la KPD, à l'utilisation possible des communistes allemands en Allemagne, de ceux en exil à Moscou (considérés comme les plus efficaces des cadres futurs) ou dans les autres pays, à la formation de futurs cadres parmi les prisonniers de guerre. La dernière partie présente les activités de la KPD au printemps 1945: le choix des dirigeants à envoyer en Allemagne, les positions clés à occuper (notamment radio et enseignement), le travail de recomposition des structures politiques et sociales à opérer au fur et à mesure de l'avancée de l'Armée Rouge (rôle particulier des communistes à Berlin) et la préparation de l'appel au peuple allemand, suite à la décision inattendue de Staline d'autoriser immédiatement la reconstitution de partis et de syndicats antifascistes en zone soviétique d'occupation.

Cette vaste introduction s'avère un instrument indispensable pour resituer les documents sélectionnés dans leur contexte politique.

Corine DEFRANCE, Paris

Michael F. SCHOLZ, Herbert Wehner in Schweden 1941–1946, München (Oldenbourg) 1995, 203 p. (Schriftenreihe der Vierteljahrshefte für Zeitgeschichte, 70).

A deux ans d'intervalle ont été publiés trois ouvrages sur Herbert Wehner[1]. Cet intérêt soutenu pour les avatars de cet homme politique s'explique par la singularité de sa carrière, mais aussi par les zones d'ombre de sa biographie que plusieurs historiens se sont efforcé d'éclairer en recourant à des documents que l'ouverture récente de diverses archives rendaient accessibles.

C'est pendant sa période suédoise (février 1941–septembre 1946) que s'est opérée la »conversion« du communiste Wehner. En déterminer la date, les conditions et les motifs présentait donc pour l'historien un intérêt tout particulier.

Scholz a disposé essentiellement pour sa recherche de documents provenant des archives de la police suédoise, de celles du SED et de la Stasi. Ces dernières lui ont permis de relater par le menu et de façon convaincante le procès fait à Wehner par les communistes est-allemands et surtout les rapports complexes et fluctuants entre Wehner et les dirigeants de la RDA.

Difficile en revanche de souscrire à la conclusion de l'auteur, affirmant que son étude comblerait la »lacune biographique« constituée par la période suédoise (p. 189). Difficile en effet de croire que le choix politique de Wehner (son adhésion à la social-démocratie) date du début de 1946, et qu'il ait été déterminé par l'accueil réservé à son rival Karl Mewis lors de la venue de celui-ci en zone soviétique et par la fusion KPD–SPD (p. 191). Wehner lui-même n'a-t-il pas écrit que c'étaient ses années à Moscou (1937–1941) qui avaient été décisives pour son évolution[2], et Scholz n'écrit-il pas que la »rupture intellectuelle« avec le communisme s'est opérée en 1942–1943 au cours d'un »long processus« (p. 148), ce qui me paraît plus vraisemblable?

L'auteur n'explique pas de façon satisfaisante comment et pourquoi un homme qui avait une longue expérience du travail clandestin et avait si souvent reproché à ses camarades de »manquer de vigilance«[3] a pu enfreindre si grossièrement les règles de la clandestinité au moment de son arrestation qu'on a pu se demander si ce n'était pas de propos délibéré (p. 55). Au cours de son interrogatoire par la police suédoise, Wehner, s'il n'a pas »trahi«, a beaucoup parlé. Il n'y a pas été contraint. Combien d'autres militants, dans des conditions beaucoup plus difficiles, se sont tus! La raison avancée par Scholz, le risque d'être livré à la Gestapo, ne paraît pas sérieuse.

L'auteur attribue, à mon sens, trop d'importance à la rivalité personnelle Wehner-Mewis. D'autres émigrés communistes (Langrock) portaient sur Mewis un jugement tout aussi peu favorable, qui n'ont pas pour autant rompu avec le communisme.

1 Compte-rendu des deux premiers, Reinhard MÜLLER, Die Akte Wehner (1993), August Hermann LEUGERS-SCHERZBERG (Hg.), Herbert Wehner, Selbstbesinnung und Selbstkritik (1994), dans: FRANCIA 22/3 (1995) p. 293–295.

2 Cf. WEHNER, Zeugnis, p. 361.

3 Cf. Die Akte Wehner, p. 317.

S'il mentionne force positions politiques contradictoires ou totalement irréalistes de Wehner, Scholz n'a cure de les commenter. Exemples: l'approbation du pacte germano-soviétique (p. 22–23), le projet de créer en Allemagne un parti communiste indépendant de Moscou (p. 53), idée au demeurant inconcevable à l'époque (1942) pour un militant communiste, l'espoir que le peuple allemand, sous la direction du KPD, allait chasser Hitler (p. 36), sans parler de sa lettre à Pieck dans laquelle Wehner prévoit une coopération sans nuage avec Mewis, ni du double langage de Wehner (en 1945–1946): communiste avec Langrock ou Kunze, social-démocrate avec Reimann ou Wagner.

Plusieurs témoins ont souligné le caractère fermé d'un homme qui ne livrait pas volontiers le fond de ses pensées. Tout au long de son parcours politique Wehner a mis beaucoup de soin à ne révéler de son passé que ce qu'à un moment donné il croyait utile de dire ou impossible à dissimuler. D'où la nécessité pour l'historien de soumettre à une critique serrée tous les documents, témoignages, etc. concernant cet homme … même sans nourrir l'espoir de percer jamais le »mystère« Wehner, ni sans doute de combler »la lacune biographique« que constituent ses années suédoises.

Gilbert BADIA, Paris

Norman M. NAIMARK, The Russians in Germany. A History of the Soviet Zone of Occupation, 1945–1949, Cambridge/Mass., London (Harvard University Press) 1995, 586 S.

Das Interesse an der Geschichte der Sowjetischen Besatzungszone (SBZ) ist seit dem Fall der Mauer spürbar gewachsen. Denn nach dem Ende der DDR stellt sich verstärkt die Frage nach Zwangsläufigkeit und Offenheit der historischen Prozesse in dem von der Roten Armee besetzten Teil Deutschlands. Welche Faktoren ebneten den Weg in die DDR, welche behinderten ihn? Welche Rolle spielten dabei die sowjetische Besatzungsmacht, die SED und die eingesetzten Verwaltungen? In welchem Mischungsverhältnis standen Ideologie und Pragmatismus bei der Lösung zentraler Probleme der Nachkriegszeit in der SBZ? Während zur Zeit diesen und anderen Fragen in einer großen Zahl von Einzelstudien und Forschungsprojekten nachgegangen wird, stand eine aus den inzwischen verfügbaren Quellen gearbeitete Gesamtdarstellung der Geschichte der SBZ bis vor kurzem noch aus. Ein erster Versuch, diese Lücke zu schließen, stammt aus der Feder des Amerikaners Norman M. Naimark, der für die vorliegende Arbeit umfangreiche Archivrecherchen in Moskau, Berlin, London und den Vereinigten Staaten unternommen hat. Bemerkenswert ist vor allem die eingehende Auswertung ungedruckter russischer Quellen, deren Benutzung – trotz einer kurzen Phase eines liberalisierten Zugangs – weiterhin zahlreichen Restriktionen unterliegt.

Naimark bietet keine chronologische Darstellung, sondern acht thematische Längsschnitte, die durch eine Einleitung und ein knappes Fazit zusammengehalten werden. Wie in einem Kaleidoskop entstehen auf diese Weise vor dem Auge des Lesers zahlreiche, höchst unterschiedliche Eindrücke, die sich nur schwer zu einem Gesamtbild zusammenfügen lassen. An erster Stelle widmet er sich Aufbau und Funktion von sowjetischen und deutschen Verwaltungsstrukturen in der SBZ: Einem grundsätzlich als offen bezeichneten Prozeß, der von einer schrittweisen Übertragung von Verwaltungsfunktionen auf deutsche Stellen sowie zunehmender Zentralisierung gekennzeichnet war. Das zweite Kapitel behandelt ausführlich und sehr differenziert die Vergewaltigungen deutscher Frauen durch Soldaten der Roten Armee. Wurde ein derartiges Vorgehen bis zum Juni 1945 von der sowjetischen Armeeführung noch weitgehend toleriert und zum Teil sogar gefördert, dominierten anschließend die – oft wenig erfolgreichen – Versuche, die eigenen Truppen zu disziplinieren. In weiteren Kapiteln thematisiert Naimark die Reparationsproblematik sowie die Weichenstellungen, die im Wirtschaftsleben zwischen 1945 und 1949 vorgenommen wurden, den Technologie- und Wissenschaftler-Transfer aus der SBZ in die Sowjetunion, die Haltung der Besatzungsmacht zu den Linksparteien, den Aufbau des Polizeistaats sowie die Kultur- und Bildungspolitik zwischen Elbe und Oder.

Nicht ganz in diese Reihe paßt Kapitel sechs, das sich mit der sogenannten »Tjulpanow-Frage« befaßt und sich dem Problem widmet, wer auf sowjetischer Seite die Politik in der SBZ bestimmte und durchführte. Dieses Kapitel zeigt einerseits sehr deutlich, welche Erkenntnisfortschritte auf der Grundlage neuer sowjetischer Archivalien möglich sind. Denn mit ihrer Hilfe kann die These widerlegt werden, Oberst Tjulpanow, Chef der Informationsabteilung der SMAD, habe sich aufgrund seiner Protektion durch den Kreis um Shdanow mit seinem Kurs einer rücksichtslosen Sowjetisierung der SBZ gegenüber Shukow und Semjonow, die wiederum von Malenkow und Berija unterstützt worden seien und ein neutrales, antifaschistisches Gesamtdeutschland vorgezogen hätten, durchgesetzt. Andererseits bleiben der Erkenntnis gerade im Hinblick auf die Rekonstruktion politischer Entscheidungsprozesse Grenzen gesetzt. Denn es wird nicht ganz klar, warum sich Tjulpanow – wenn er denn so wichtig war, wie Naimark behauptet – angesichts heftiger Kritik vom ZK der KPdSU, das mehrfach Untersuchungskommissionen in die SBZ schickte und Tjulpanows Abberufung verlangte, halten konnte. Für seine These, das Verbleiben Tjulpanows in der SBZ sei ein Indiz dafür, »that Stalin himself shared many of the Colonel's instincts« (S. 352) kann auch Naimark keine quellengestützten Belege anführen.

Eine Reihe seiner anderen Erkenntnisse erscheinen hingegen sehr plausibel. Die Sowjetunion, so Naimark, verfolgte 1945 keine feststehenden, langfristigen deutschlandpolitischen Ziele. Auch innerhalb der sowjetischen Entscheidungsträger waren die hier denkbaren Alternativen – eine sowjetisierte, von Westdeutschland abgetrennte Zone, ein vereinigtes Deutschland unter Vorherrschaft der SED oder ein entmilitarisiertes, neutrales Deutschland – während der Besatzungszeit umstritten; die sowjetische Deutschlandpolitik war zudem stets von den Beziehungen zu den Westmächten abhängig. Die Politik, die von der Sowjetischen Militäradministration betrieben wurde, kann daher nicht immer mit langfristigen Strategien in Zusammenhang gebracht werden: »Soviet officers bolshevized the zone not because there was a plan to do so, but because that was the only way they knew to organize society« (S. 467).

Dies bedeutete zwar, daß der Aufbau der Polizei von Anfang an unter fester sowjetischer Kontrolle vollzogen wurde; andere Bereiche – Wirtschaftsverwaltung, Justiz und Bildung – überließ die Besatzungsmacht weitgehend den Deutschen, wenngleich sie sich die letzten Entscheidungen stets vorbehielt. In diesem Zusammenhang ist das Verhältnis zur KPD bzw. SED, den sowjetischen Statthaltern in den aufzubauenden staatlichen Strukturen, von besonderem Interesse. Auf der einen Seite mußte die SED ständige Kritik von ihren sowjetischen »Freunden« hinnehmen; auf der anderen Seite verlor die sozialistische Partei zunehmend an Ansehen unter den Deutschen aufgrund ihrer Nähe zur sowjetischen Besatzungsmacht.

Denn durch ihr Verhalten hatten sich die Sowjets in ihrer Besatzungszone mehr Feinde als Freunde geschaffen. Die Reparationspolitik, die »NKWD-Methoden«, die Forcierung des Uran-Bergbaus unter menschenunwürdigen Bedingungen, die Plünderungen, ja, selbst die Vergewaltigungen mochten vor dem Hintergrund der deutschen Untaten in der Sowjetunion durchaus verständlich sein; das Verhältnis zwischen Deutschen und Russen östlich der Elbe war dadurch aber erheblich gestört. Zwar gab es daneben – etwa im kulturellen Bereich – durchaus andere Formen deutsch-sowjetischer Interaktionen; die Belastungen, die sich aus der sowjetischen Besatzungspolitik für die DDR ergaben, wirkten sich Naimark zufolge jedoch bis in ihren Untergang aus.

Hermann WENTKER, Berlin

Gunther Mai, Der Alliierte Kontrollrat in Deutschland 1945–1948. Alliierte Einheit – deutsche Teilung?, München (R. Oldenbourg) 1995, 536 p. (Quellen und Darstellungen zur Zeitgeschichte, 37).

D'une certaine manière, en étudiant le Conseil de contrôle allié, Mai fait l'autopsie d'une boîte noire. Boîte noire, le CCA l'est au sens d'un dispositif dont on connaissait jusqu'alors les réponses, le plus souvent impuissantes, aux problèmes d'une gestion quadripartite de la victoire sur l'Allemagne, mais pas les mécanismes internes les ayant produites. Mai est le premier historien à avoir entrepris un dépouillement systématique des archives disponibles pour débrouiller l'écheveau des interactions qui déterminent le fonctionnement du Conseil. Sans cacher la complexité des processus qu'il étudie, il affiche la modestie de l'historien scrupuleux, soulignant que sur l'un ou l'autre point, ses conclusions seront probablement révisées par la recherche ultérieure, puisqu'elles n'ont pu tirer parti des archives soviétiques. Pourtant, l'imposante liste des sources en dit long sur le travail documentaire réalisé et la capacité de synthèse nécessaire pour digérer les dossiers collectés non seulement dans les grandes archives diplomatiques américaines, britanniques et françaises, mais aussi dans les fonds fédéraux et régionaux allemands – pas moins de 17 lieux au total!

L'intérêt de l'entreprise tient aussi au fait que le Conseil peut être comparé à une de ces boîtes noires qu'on recherche après les catastrophes aériennes. Comme les enregistrements du contrôleur de vol, ses dossiers portent la trace de tous les facteurs qui ont déterminé le destin de l'Allemagne et, à travers lui, la partition de l'Europe, des conférences de guerre interalliées à la fin de la collaboration quadripartite en 1948. La complexité du matériau vient de l'imbrication constante d'au moins quatre niveaux de décision, celui des politiques nationales, des directives du conseil des ministres des Affaires étrangères, celui des arbitrages du Conseil de contrôle lui-même et l'influence des administrations d'occupation – sans parler de l'influence des acteurs allemands.

Certes, comme Mai le souligne lui-même, il ne faut pas surestimer l'importance du Conseil de contrôle. Si dans la vision initiale, il devait être un outil majeur et l'institution symbole de la coopération alliée pour une reconstruction de l'Europe, la priorité des égoïsmes de Grande puissance le confine bientôt à un rôle moins glorieux: mesuré à ses réalisations, le CCA ne fait que gérer la crise en administrant certains aspects de la vie allemande sur la base du plus petit dénominateur commun aux quatre.

Cependant, malgré la paralysie du contrôle à quatre, compte tenu de l'enjeu allemand, le Conseil continue d'être une des interfaces principales des politiques étrangères vis-à-vis de l'Allemagne. Même s'il est de moins en moins l'organe de prise de décision, il reste le cadre dans lequel les problèmes sont discutés, un théâtre d'action diplomatique de première importance, théâtre y compris au sens de faux-semblants, de jeux de rôle, mais aussi de lieu où se déroule un scénario d'autant plus subtil que les rôles ne se définissent complètement que dans le cours du jeu.

Cette ambiguïté du Conseil de contrôle est aussi celle du livre, qui pourrait presque être une histoire diplomatique de la question allemande, tant l'auteur doit se référer aux débats et décisions des différentes politiques nationales, mais qui est en même temps l'histoire d'une institution enlisée dans les nécessités pragmatiques de l'occupation. On y voit donc la diplomatie à l'épreuve de la réalité, c'est la richesse de l'étude, mais à devoir osciller entre l'horizon européen et la gestion sur le terrain, on perd parfois le sens de l'orientation. Non pas que l'auteur, intime connaisseur de la période, ne tienne ferme les deux bouts de la chaine, cependant, soucieux d'aller à l'essentiel, il suppose les grands faits, le bottin diplomatique et l'agenda politique connus. Lecteurs débutants, s'abstenir.

Le plan associe découpage chronologique et approche thématique. Entre trois chapitres initiaux retraçant la naissance du Conseil de contrôle, sa paralysie par suite de l'impossibilité de mettre en place des administrations centrales allemandes et la césure de la conférence de Paris (de l'été 1946), et trois chapitres conclusifs traitant des soubresauts de l'année 1948 et tirant le bilan, s'insère l'analyse les trois grands enjeux que sont l'unité économique, l'unité financière et monétaire et les réparations.

D'une étude trop en nuances pour se prêter facilement au résumé, on ne pourra que choisir quelques conclusions marquantes: 1) une analyse du veto français contre les administrations centrales allemandes qui, sans édulcorer le caractère contradictoire de la position de Paris, corrobore largement les thèses de Rainer Hudemann (l'existence de marges de compromis avec la proposition des bureaux alliés, que le Général Clay, pour des raisons de principe, a refusé d'explorer); 2) le traitement de faveur dont, dans l'ensemble, la France jouit pourtant par la suite de la part des Anglo-Saxons, lorsque l'Union Soviétique ne pouvant plus se cacher derrière le veto français, c'est l'antagonisme est-ouest qui polarise le jeu à quatre; 3) l'ambiguïté de la politique britannique, qui certes envisage très tôt (dès l'automne 1945) la »révision de Potsdam« pour faire front à la menace soviétique, pourtant ne se décide pas à franchir le Rubicon avant l'été 1946. Bien sûr, les Britanniques temporisent dans l'attente du moment propice permettant de faire apparaître les Soviétiques comme responsables de la rupture, mais les considérations tactiques n'expliquent pas tout. La recherche de compromis avec les Soviétiques ne relève pas que du simulacre, elle rend compte d'une vraie contradiction politique, la crainte d'être trop dépendant des Etats-Unis.

Des contradictions de ce type, multiples compte tenu de la pluralité des niveaux de décision, soulignent l'importance des marges d'incertitude, donc de l'appréciation subjective des situations et des possibilités de manœuvre qui en découlent. Elles relativisent, ou du moins retardent l'effet des antagonismes structurels qui, avec le recul, paraissent rendre la division de l'Allemagne et de l'Europe inéluctables. Déterminisme et contingences, les deux niveaux d'analyse sont présents dans un livre, qui tout en faisant clairement ressortir les lignes de force politiques, ne néglige pas pour autant le foisonnement des péripéties diplomatiques.

Alain LATTARD, Stains

Sylvia SCHRAUT, Die Flüchtlingsaufnahme in Württemberg-Baden 1945–1949. Amerikanische Besatzungsziele und demokratischer Wiederaufbau im Konflikt, München (R. Oldenbourg) 1995, 508 p. (Nationalsozialismus und Nachkriegszeit in Südwestdeutschland, 2).

Cette thèse d'habilitation soutenue en janvier 1994 à l'Université de Mannheim est le résultat d'un programme de recherche sur »l'intégration des réfugiés et expulsés en Bade et en Wurtemberg après 1945« dirigé par le professeur Wolfgang von Hippel. Des premiers résultats partiels ont déjà fait l'objet d'une publication en 1993[1].

L'auteur envisage le problème des réfugiés dans cette partie de l'Allemagne placée sous administration militaire américaine entre 1945 et 1949 dans sa globalité. Il ne néglige aucune des questions que soulève l'afflux d'environ 460000 personnes déplacées – sur un total de 2,25 millions dans l'ensemble de la zone américaine – dans une région hétérogène des points de vue du peuplement et de l'économie et confrontée dans les mois qui suivent la fin du conflit aux problèmes caractéristiques de l'effondrement: faim, destructions, désorganisation, pénurie de matières premières. 22% des logements détruits et une capacité de production de 20 % par rapport à 1936, telle est l'image que donne Schraut de cette région d'accueil qui est le Wurtemberg – Bade pour des popula-

1 Christiane GROSSER, Thomas GROSSER, Rita MÜLLER, Sylvia SCHRAUT, Flüchtlingsfrage – das Zeitproblem. Amerikanische Besatzungspolitik, deutsche Verwaltung und die Flüchtlinge in Württemberg-Baden 1945–1949, Mannheim (Selbstverlag des Instituts für Landeskunde und Regionalforschung der Universität Mannheim) 1993, 271 p.

tions d'origine allemande déracinées et démunies en provenance soit des anciennes provinces annexées par le IIIe Reich, Autriche, Pologne, Sudètes, soit des régions à peuplement germanique plus ancien, Roumanie, Hongrie, Ukraine. La problématique de l'auteur consiste à montrer toutes les implications de la question des réfugiés tant sur le plan politique que sur les plans institutionnels, administratifs, sociaux et économiques. L'objectif est d'éclairer le lecteur à la fois sur les ambitions et les objectifs de la puissance américaine d'occupation et sur les résultats obtenus. La démarche centrale de l'investigation consiste à montrer comment se conjuguent les actions des deux pôles de décision: l'appareil militaire américain (OMGUS) et l'administration allemande.

Une première partie est consacrée aux conditions politiques (notamment interalliées), juridiques et organisationnelles de l'accueil des réfugiés. Sont passés en revue successivement les plans et projets américains avant la conférence de Potsdam (juillet – août 1945) et dans le prolongement de celle-ci, l'accueil des réfugiés et leur intégration dans la législation, la création et le rôle de l'administration allemande spécifique pour les réfugiés. La seconde partie traite des problèmes de fond posés par l'afflux des migrants: problèmes de la répartition et de l'attribution des logements, problème de l'intégration dans le monde du travail, question de l'organisation des réfugiés en force politique autonome.

Les réflexions américaines et interalliées débutent dès le mois de mai 1944 dans le cadre de la Commission consultative européenne de Londres, mais c'est le plan du Conseil de contrôle de Berlin du 21 novembre 1945 qui prévoit la répartition de 6,65 millions de réfugiés et d'expulsés dans les quatre zones d'occupation alliées. Il est prévu que la zone américaine en accueille 2,25 millions. Les premières installations débutent effectivement en janvier 1946. Dès octobre 1945, la préoccupation majeure du général Clay est d'éviter que ne se forment des minorités ethno-culturelles susceptibles de se révéler dangereuses pour la stabilité interne de la zone et, à terme, pour l'Allemagne et l'Europe. Le but de ce dernier est donc de favoriser et d'encourager la pleine assimilation, politique, économique et sociale, des nouveaux arrivants dans la communauté d'accueil. Un document américain du printemps 1946 est à cet égard significatif: »There will be no discrimination by the German authorities or people against refugees and expellees arriving under Military Government authority. These persons will be absorbed integrally into the German communities and will be subject to all laws, regulations and obligations and will be entitled to all privileges therein. In order to prevent minority cells from developing in the U. S. Zone, expellees from any one community abroad will be distributed and resettled among several German communities, to the greatest extent practicable, consistent with human and judicious treatment«. Le moyen envisagé consiste à confier la responsabilité et la charge de l'assimilation aux autorités civiles allemandes elles-mêmes, sous supervision américaine, selon la formule »make the Germans do it«. Cette politique se heurte cependant, du côté allemand, à de sérieuses réticences voire résistances d'où découlent un certain nombre de troubles. De nombreux chapitres de l'étude décrivent avec minutie les luttes et les controverses au sujet de l'attribution des biens, des logements et des emplois dans un contexte de pénurie. Ils mettent en lumière le manque de volonté de coopération d'une grande partie de l'administration allemande et des gouvernements de Länder lorsqu'il s'agit de faire subir à la population »ancienne« de douloureuses restrictions, même si le rôle culturel de l'administration spéciale des réfugiés s'avère remarquable. Dans une certaine mesure, l'auteur n'exclut pas que les positions négatives des décideurs allemands apparaissent en définitive comme une critique et une opposition indirecte aux décisions des Alliés visant le transfert massif de populations. Toujours est-il que dans le cadre du postulat américain de l'assimilation, ces conflits entre »anciens« citoyens et nouveaux arrivants sont souvent étouffés. Cette »tabouïsation« des conflits est, selon l'auteur, largement responsable du mythe de l'intégration rapide développé à partir des années cinquante, mythe que cette étude relativise très clairement.

Malgré ces péripéties, Schraut dresse un bilan globalement positif au tournant des années 1949–50. Les réfugiés et expulsés d'origine allemande sont juridiquement assimilés et sont soumis aux mêmes droits et aux mêmes devoirs que leurs compatriotes autochtones. Les familles sont pour la plupart d'entre elles regroupées et vivent généralement dans des logements privés au confort toutefois inférieur à ceux des populations d'origine. Même si le chômage demeure plus important parmi les réfugiés que parmi les citoyens de souche, une très grande partie d'entre eux peut être considérée comme intégrée économiquement. L'égalité des droits, juridiquement garantie, offre rapidement aux nouveaux citoyens la possibilité de participer au processus de décision des nouveaux Länder et de la RFA naissante, même si leur volonté de se grouper en force politique autonome leur est longtemps refusée. Si l'assimilation juridique, sociale et économique semble donc avoir réussi, grâce notamment à l'aide économique américaine très importante à compter du 1949 – ce qui fait dire à l'auteur que le miracle de l'intégration est un »miracle subventionné« –, l'assimilation culturelle demeure incomplète en 1950. Ainsi, malgré les succès, le terme »réfugié« reste, dans les communes du Wurtemberg-Bade, un terme péjoratif voire injurieux que l'ont prononce sous cape à l'encontre d'une population dont les exigences sont jugées menaçantes pour les biens et les positions sociales des populations locales. En conclusion, l'auteur ne manque pas d'établir un parallèle intéressant avec la situation actuelle caractérisée par la venue de nouvelles populations de l'Est.

Au total, cette importante thèse fondée sur l'exploitation méthodique de sources américaines et allemandes et sur une imposante bibliographie présente deux intérêts majeurs: elle passe au crible les intentions et les actions de la puissance américaine d'occupation et enrichit ainsi la connaissance de la politique allemande des États-Unis au lendemain de la Seconde Guerre mondiale; elle met en lumière un plan important de l'histoire sociale mais aussi administrative et politique de l'Allemagne du Sud-Ouest. Tout en remettant en cause un certain nombre d'idées véhiculées par les témoins directs américains et reprises dans l'historiographie allemande, elle constitue un apport fort utile à l'histoire de la reconstruction socio-économique de Wurtemberg-Bade entre 1945 et 1949.

Claude LORENTZ, Strasbourg

Winfried MÜLLER, Schulpoltik in Bayern im Spannungsfeld von Kultusbürokratie und Besatzungsmacht 1945–1949, München (R. Oldenbourg) 1995, VII–319 p. (Quellen und Darstellungen zur Zeitgeschichte, 36).

À la lecture de cet ouvrage on voit la célèbre formule »In Bayern gehen die Uhren anders« confirmée par de nombreux exemples. Certes, l'objectif de l'auteur n'est pas de mettre en lumière les traits originaux voire »folkoriques« de la Bavière, mais de faire connaître le résultat de recherches exhaustives, à partir des archives allemandes et américaines, sur la politique de l'occupant américain dans le domaine de l'éducation en Bavière. Il se trouve cependant que les tensions entre les occupants et les responsables allemands de ce secteur de la zone américaine qui sont au centre de l'ouvrage ne seraient pas les mêmes, dans le fond ni dans la forme, si l'on observait Francfort au lieu de Munich. Il faut reconnaître qu'avec sa stature, Alois Hundhammer donne au genre historiographique une dimension quasiment épique. C'est avant tout à lui que la réforme de l'enseignement secondaire de l'»ecole moyenne« (Mittelschule) et de la formation des instituteurs, la refonte des manuels scolaires, l'affaire des châtiments corporels et le débat sur la re-confessionnalisation du système scolaire doivent leurs péripéties.

Le lecteur l'aura compris, on peut lire cet ouvrage, qui présente pourtant toutes les garanties de sérieux, comme un roman de cape et d'épée. Dans le rôle du héros, Alois Hundhammer, né en 1900, fils de paysan qui a fait des études, et qui tout »Herr Doktor« qu'il est, ouvre en 1933 une échoppe de cordonnier après que son activité au sein du parti bavarois du peuple (BVP) l'aura envoyé à Dachau. Revenu aux affaires en 1945 après une période de captivité, il devient rapidement un des ténors de la CSU naissante, à côté de Franz-Josef Strauß et de Josef Müller dit »Ochsensepp«. Il se distingue par une barbe spectaculaire, son patriotisme vieux-bavarois, son conservatisme à tout crin, son romantisme religieux (comment traduire »Herrgottswinkelromantik«?). Veillant de façon intransigeante aux bonnes mœurs de ses concitoyens, il ne recule pas devant la censure d'un ballet (»Abraxas«), et ne se laisse pas impressionner par l'accusation d'être »demeuré« sur le plan culturel. En 1950, ses 50 ans seront fêtés en grande pompe, en présence des dignitaires de l'Église catholique et de la CSU.

La même année cependant, il est évincé du Kultusministerium, et les voix qui s'élèvent contre lui sont nombreuses. Ces voix viennent de camps qu'il dédaigne – SPD, FDP, mais aussi les groupements d'instituteurs bavarois – qui se sont vu imposer pendant 5 ans une politique scolaire et éducative contraire à leurs espérances. Si Hundhammer, comme son ami et protecteur le cardinal Faulhaber, peut se flatter d'avoir aux yeux des Bavarois une image de résistant (résistant à l'occupant, en l'occurrence), il la doit aussi à son refus obstiné d'admettre le changement – que certains de ses concitoyens au contraire attendaient comme une »renaissance«. Tous n'appréciaient pas cette sorte de *Kulturkampf*, cette ambiance de forteresse assiégée – la forteresse n'étant rien moins que la »culture occidentale«, mise en péril par les projets de réforme des Américains dans le domaine éducatif.

Les Américains eurent affaire à forte partie, qui alliait une résolution inébranlable à un sens tactique très fin, qui sut varier les moyens pour ne réaliser à peu près aucune des réformes qu'ils demandèrent, et qui pouvait s'appuyer sur un allié que les occupants voulaient ménager, l'Église catholique. Quand les Américains exigèrent du gouvernement bavarois un projet de réforme du système éducatif qui tienne compte de leurs directives, destinées en particulier à mettre en œuvre la rééducation, il fallut plusieurs rappels à l'ordre pour obtenir finalement un texte qui émanait de l'entourage immédiat du cardinal Faulhaber. Les motifs de désaccord entre Hundhammer et son camp d'une part, et les Américains, d'autre part, étaient nombreux; ils allaient de la mixité des élèves au principe d'une »école unique« (Einheitsschule), à laquelle Hundhammer opposait la tradition du Gymnasium et de la sélection précoce des élèves doués (Begabtenauslese). Dans tous les cas, la solution préconisée par Hundhammer était le retour à l'avant – 1933, mais en occultant les débats et innovations des années vingt; en fait, c'est un retour au XIXe siècle que Hundhammer cherchait à réaliser.

La politique américaine visait deux objectifs: en même temps que la »rééducation« de la jeunesse allemande, la modernisation du système éducatif allemand. Marquée d'abord par un certain esprit missionnaire, cette politique ne suit pas une ligne continue. Il faut en effet distinguer entre trois phases: 1) l'improvisation de l'immédiat après-guerre; 2) l'application d'une ligne officielle élaborée à Washington en matière de rééducation, à partir des éléments rapportés d'Allemagne par une commission d'experts des questions d'éducation dirigée par George F. Zook, et répercutée par des directives en janvier 1947, qui cherche à imposer la mise en place de réformes; 3) une réorientation en 1948, les Américains renonçant à toute politique volontariste pour se consacrer à une politique culturelle fondée sur un programme d'échanges et l'ouverture de centres de documentation. Même dans la deuxième période, les occupants n'ont guère tenté d'imposer qu'une réforme contre la volonté de Hundhammer: celle de la formation des instituteurs. Celle-ci était revenue automatiquement, après 1945, au système de »primaire supérieur«, qui distinguait les instituteurs bavarois de leurs collègues des autres régions allemandes par plusieurs aspects. Ils n'avaient pas l'Abitur, et de ce fait, ne pouvaient prétendre à aucune autre fonction que celle d'instituteur. Les Américains considéraient les contenus de la formation des instituteurs bavarois comme insuffisante et rétrograde, comme non démocratique et dommageable la ségrégation entre le corps des professeurs, de formation universitaire, et les instituteurs. Pour Hundhammer en revanche, il s'agissait de préserver la symbiose géographique et sociale de l'école et du village (plutôt la classe unique au village qu'une école de regroupement »à la ville«, où les enfants se rendraient en car; le maître d'école proche des paysans dont il est issu, etc.), qui ne résisterait pas si les instituteurs bénéficiaient d'une scolarité prolongée et d'une formation universitaire. Il fit son possible pour empêcher la réforme que les occupants, en accord avec certains milieux politiques et éducatifs bavarois, cherchèrent à imposer: ce différend provoqua une remise en question de l'existant, mais la recherche d'une solution acceptable par toutes les parties concernées dura une dizaine d'années. Il faut rappeler le rôle que joue dans ce différend la reconfessionnalisation de l'école: l'instituteur n'assurait pas seulement l'enseignement religieux, il devait encadrer les élèves aux offices, recollections, pèlerinages etc., et l'ensemble de son enseignement devait être conforme aux positions de l'Église – c'est là une dimension de la politique culturelle en Bavière que les Américains mirent du temps à comprendre.

La thèse de Müller, que son ouvrage illustre parfaitement, nous servira de conclusion: dans le domaine éducatif, en Bavière, les occupants n'ont obtenu des résultats que dans les domaines où leurs projets concordaient avec les traditions et les intérêts des Allemands et où ils pouvaient compter sur leur coopération.

Monique MOMBERT, Strasbourg

Monique MOMBERT, Sous le signe de la rééducation: Jeunesse et Livre en Zone Française d'Occupation (1945–1949), Strasbourg (Presses Universitaires de Strasbourg) 1994, 232 S. (Les Mondes Germaniques).

Insbesondere durch die voranschreitende Erschließung der in den Colmarer »Archives de l'Occupation Française en Allemagne et en Autriche« verwahrten Akten hat sich bekanntermaßen die zeitgeschichtliche Forschung in zahlreichen Publikationen und Projekten der französischen Nachkriegspolitik zugewandt und schon sehr früh den herausragenden Stellenwert der Kulturpolitik betont. Da die in der NS-Diktatur sozialisierte deutsche Jugend eine besondere Zielgruppe der Politik der »rééducation« darstellte und dabei dem Buch eine wichtige Rolle zukam – »de préparer l'avenir en orientant les esprits de la jeunesse allemande dans un sens favorable à la France« – untersucht die an der Universität Straßburg entstandene Studie diese beiden Bereiche und schildert zunächst – ausgehend von den einschlägigen Direktiven – die zwischen Kontrolle und Kooperation oszillierende Politik gegenüber der Jugend und verdeutlicht die auch in diesem Bereich erkennbaren, teils administrativ, teils ideologisch motivierten Konflikte innerhalb der Besatzungsbehörden. Außerdem wird mit positiver Bilanz die Zulassung der Jugendorganisationen ebenso dokumentiert wie die zunächst auf der Ebene der Jugendgruppen und Universitäten startenden deutsch-französischen Begegnungen, auch wenn dabei die Widersprüche der allgemeinen Besatzungspolitik nicht verhehlt werden: »Quand le discours dit démocratie, amour de la paix, liberté, les pratiques montrent démontages, célébration des haut faits militaires français, par les texts et les films, régime d'arbitraires.« (S. 73)

Angesichts der Auseinandersetzungen zwischen der Besatzungsmacht und der katholischen Kirche um die Konfessionsschulen verblüfft, wie gleichzeitig die Gründung katholischer Organisationen erleichtert wurde und diese eine größere Autonomie genossen als andere Einrichtungen in der Besatzungszone. Doch trotz mancher Divergenzen bestand eine Interessenkongruenz zwischen Besatzungsmacht und Kirche gegen die Einigungsbestrebungen der Jugendbewegung unter kommunistischen Vorzeichen und für eine Orientierung der deutschen Jugend zu den westlichen Demokratien. Welcher Gestaltungsfreiraum möglich war, illustrieren auch die quasi in Kooperation von deutscher Redaktion und französischen Stellen realisierten beiden Zeitschriftenprojekte des katholisch orientierten »Fährmann« und der sozialistisch geprägten »Zukunft«.

Im zweiten Abschnitt beschreibt die Autorin den Neubeginn des Buchwesens, die Wiedergründung des Börsenvereins der Deutschen Buchhändler im Zeichen von Lizensierung, Zensur und Papierzuteilung und der von den französischen Behörden selbst betriebenen Edition von Klassiker-Ausgaben und Broschüren, zumal die Franzosen und ihre deutschen Partner gleichermaßen von der »rééducation« der Jugendlichen mittels des Buches überzeugt waren. Außerdem werden am Beispiel der Stadtbibliothek Lahr die »épuration«, Lesegewohnheiten und die Präsenz der französischen Literatur erörtert und die neue Produktion der deutschen Verlage Herder (Freiburg), Wunderlich (Tübingen) und Stuffer (Baden-Baden) vorgestellt.

Abschließend bilanziert die Studie in beiden Untersuchungsfeldern als »contradiction fondamentale« die bekannte Ambiguität der französischen Besatzungspolitik zwischen Kontrolle und Kooperation, wobei die Politik sowohl gegenüber der Jugend als auch im Bereich des Buches in Baden-Baden gestaltet und von Paris keine Initiativen ergriffen wurden. Letztendlich und langfristig trugen die in beiden Bereichen unternommenen, detailliert beschriebenen Aktivitäten dennoch Früchte, indem sie die Gefahren einer (Re-)Nationalisierung der deutschen Jugend reduzierten und ihr eine Begegnung mit der französischen Kultur ermöglichten.

Wolfgang MÜLLER, Kaiserslautern

Friedhelm BOLL, Auf der Suche nach Demokratie. Britische und deutsche Jugendinitiativen in Niedersachsen nach 1945, Bonn (J. H. W. Dietz) 1995, 243 p. (Veröffentlichungen des Instituts für Sozialgeschichte e.V. Braunschweig–Bonn).

Dans l'histoire de la jeunesse allemande de Basse-Saxe pendant la demi-décennie qui suivit la guerre, Boll cherche la réponse à la question qui inspire son titre: Comment la jeunesse allemande a-t-elle trouvé le chemin de la démocratie? L'auteur s'oppose au modèle explicatif bien connu de Rudolf Schelsky, d'une génération »sceptique«, pour la créditer d'une capacité d'engagement politico-social. Il part en effet du principe que les jeunes qui avaient assumé des responsabilités dans les mouvements de jeunesse nazis et qui avaient parfois gardé un souvenir enthousiaste de leurs expériences de vie collective, souhaitaient s'engager dans des actions, qu'ils choisissaient de préférence politiquement neutres: Églises, Croix-Rouge, etc. C'est du reste aussi la constatation que firent rapidement les occupants britanniques, qui adaptèrent leur politique avec pragmatisme. Boll prend le parti de centrer son étude sur les initiatives allemandes et de ne pas donner la vedette aux Anglais, sans pour autant ignorer leur rôle en tant que »conseillers pédagogiques« (*Lehrmeister*) et »inspirateurs« (*Ideengeber*). Le chapitre d'une vingtaine de pages qui traite plus en détails de la politique de la jeunesse menée par les Anglais montre comment, déçus par les premiers mois d'activité, où ils s'étaient abstenus d'intervenir, si ce n'est pour donner un cadre réglementaire à la politique de la jeunesse, ils investirent au cours de l'année 1946 des ressources en personnes, en moyens et en réflexion dans ce secteur. Fidèles aux principes généraux de leur politique d'occupation (*indirect rule*), ils cherchèrent à favoriser la rééducation politique par la pratique démocratique dans les groupes, clubs, etc., par la mise en place de règles de fonctionnement (autogestion, élection des cadres), et par des pratiques relationnelles agissant sur les comportements (discussion, organisation systématique de contacts entre groupes différents, etc.). Ils font pression sur les Églises pour qu'elles élargissent leur programme, d'abord trop exclusivement orienté vers la pastorale, ils imposent la mise en place de structures chargées de la jeunesse au niveau des villes et des cercles (*Jugendparlamente* et *Jugendringe*); ils favorisent les Universités populaires spéciales (*Jugendvolkshochschulen*), la correspondance entre clubs allemands et anglais, les séjours de »cadres« en Angleterre. Sans oublier le rôle essentiel que jouait dans ces temps de pénurie l'aide matérielle apportée par le Gouvernement militaire.

Mais, répétons-le, le livre n'est pas consacré principalement à la politique britannique dans ce domaine; l'accent est mis sur la jeunese allemande, sur le rôle pour et dans l'Allemagne démocratique de cette »génération de la Hitlerjugend«. La problématique traitée est celle des modalités de la socialisation de cette génération, à partir de l'étude d'activités (*Jugendinitiativen*) qui peuvent être considérées comme des initiatives allemandes, même si, dans certains cas (les »clubs« en particulier), elles sont inspirées de modèles anglais.

Le livre s'articule autour de quatre exemples (que nous désignerons par leur nom allemand, pour éviter tout malentendu): le *Jugendring* de Göttingen; le *Club junger Menschen* à Hildesheim et Hannover; les *Falken* de Braunschweig; la *Schülerselbstverwaltung* et le *Gesprächskreis* qui en découla, à Hannover également. En dehors des *Falken*, qui se réclament de la social-démocratie, il s'agit de groupes sans appartenance politique.

Ce qui les différencie et donne à chacun de ces groupes une place spécifique dans le paysage, ce sont les modes de leur émergence, les personnes qui les ont suscités, soutenus, les projets dans lesquels ils s'inscrivaient, les programmes qu'ils proposaient à leurs membres. Ces activités ont laissé des traces dans les biographies des participants, en particulier, cela va de soi, dans celles des »cadres«. Ceux-ci en effet ont été les principaux bénéficiaires de la démocratisation par le »self government«. Cet apprentissage faisait d'eux une nouvelle élite – ce qui du reste causait quelque souci aux Anglais, qui voulaient à tout prix éviter un nouveau *Führertum*. Faute de pouvoir ici détailler les quatre exemples sur lesquels l'auteur fonde son analyse, nous en retiendrons quelques traits caractéristiques communs. Une préoccupation générale est révélée par la formule: »retirer les jeunes de la rue«. En outre, il fallait leur donner un sentiment de solidarité, susciter un *wir-Gefühl*, qui prenne le relais du discours sur la *Volksgemeinschaft*. Pour cela, il fallait des lieux: salles de lecture, salles de réunions, maisons de vacances et de repos (*Jugendheime*); sur ce plan, l'aide des Britanniques fut décisive. Il fallait des programmes, qui définissaient des contenus et des pratiques: outre les cours, débats et discussions, destinés à l'apprentisage de la tolérance par l'information et la prise de parole, les activités artistiques et manuelles (chant, danse folklorique, théâtre, marionnettes, travaux manuels, etc.), faisaient l'essentiel des activités. L'auteur souligne l'héritage *bündisch* de ces programmes, ainsi que l'esprit issu de la *Lebensreform* des pratiques (interdiction de fumer, éloge de modes de vie »authentiques«, choix de musique traditionnelle, refus du jazz, etc.). L'activité principale des *Falken* était l'organisation de camps de vacances sous tente; l'apprentissage démocratique y consistait en ceci: chaque tente élisait ses représentants au »parlement«, des ministres, un bourgmestre, etc. Quant aux lycéens de Hanovre, outre la réalisation d'un journal, pour lequel ils obtinrent une licence des autorités britanniques, ils purent élire leurs délégués de classe, qui se réunissaient à leur tour en *Schülerparlament*. On reconnaît la pédagogie du *learning by doing*, débouchant sur des essais de démocratie vécue sur le terrain, que les occupants occidentaux cherchèrent les uns et les autres, avec des spécificités et des variantes, à mettre en œuvre dans leur politique de la jeunesse, et qui rencontra, dans les cas exposés ici, les orientations »réformistes« de certains pédagogues et responsables allemands.

Un autre domaine sur lesquel Boll fonde sa démonstration est celui des séjours à l'étranger (ici en Grande-Bretagne). Là, comme ailleurs, la comparaison avec les autres zones s'imposerait; or l'ouvrage recensé ici s'abstient scrupuleusement de comparer avec ce qui se passait ailleurs qu'en Basse-Saxe. Dans ces conditions, contrairement à l'auteur (qui affirme p. 218 »Großbritannien hat auf diesem Gebiet bis 1949 ohne Zweifel mehr geleistet als die anderen westlichen Besatzungsmächte«), nous ne voyons aucune raison, à la lecture de son livre, de délivrer aux Britanniques un brevet de supériorité sur les autres occupants dans le domaine des séjours à l'étranger ...

En conclusion, l'auteur, qui s'est auparavant interrogé que la place de cette génération dans les actions de protestation des années 50 et son opposition au système adenauerien, revient, pour s'y opposer, sur le jugement sévère de quelques experts allemands (Mitscherlich, Schelsky, Spranger, Stammler) sur la jeunesse d'après-guerre. Selon lui, les expériences faites pendant l'enfance et l'adolescence ont forgé une génération qui sut défendre l'idée européenne et s'opposer aux extrémismes, et sa démonstration est assez convaincante pour faire adhérer le lecteur à sa thèse.

Monique MOMBERT, Strasbourg

Patrick von ZUR MÜHLEN, Der »Eisenberger Kreis«. Jugendwiderstand und Verfolgung in der DDR 1953–1958, Bonn (J. H. W. Dietz) 1995, 256 p.

Dans la petite ville d'Eisenberg, entre Iéna et Gera, de jeunes lycéens et étudiants se regroupèrent, en 1953, autour de Thomas Ammer afin de lutter contre le pouvoir et ses instances en RDA, d'où leur nom de »Eisenberger Kreis«. Ils se transmettaient des messages codés, se rencontraient dans les appartements familiaux ou en plein air pour discuter des écrits de Wolfgang Leonhard ou de Milovan Djilas et réclamer la liberté de la presse, dissimulant leurs revues occidentales dans des cachettes de fortune. Ils portaient des gants de caoutchouc pour fabriquer les tracts qu'ils diffusaient selon la méthode de Hans et Sophie Scholl à l'époque de la résistance au nazisme. Ils collaient des affiches subversives, couvraient les murs de graffitis ou détournaient le sens des slogans officiels, largement placardés dans les lieux publics. En 1955, ils fondèrent même un cabaret de lycéens. Arrêtés en 1958, ils furent jugés et condamnés à des peines de prison.

Leur histoire, c'est aussi celle de ceux auxquels ils se sont opposés. D'où la nécessité de mettre en parallèle ce qui peut parfois sembler n'être que la subjectivité d'un témoignage avec des rapports issus de nombreuses sources, les archives du SED, de l'Université d'Iéna et de la police politique de RDA. La »Gauck-Behörde« a malheureusement refusé l'accès aux archives de la Stasi, mais des témoins de l'époque ont mis leur propre dossier de la Stasi – certes accompagné des coupures et passages noircis habituels – à la disposition de P. von zur Mühlen. La dernière moitié de l'ouvrage est consacrée à l'analyse de ces documents, enrichie également par des entretiens avec les témoins. Tout ceci permet de mieux comprendre quelle fut la répression menée contre les membres du groupe et leurs proches.

Le premier but de l'étude est d'attirer l'attention sur les victimes du stalinisme en Allemagne, de rompre avec les tabous et les silences à l'Est, avec le désintérêt à l'Ouest où la simple évocation de ces faits rendit longtemps leur auteur passible d'être soupçonné d'anticommunisme primaire. L'accès aux sources était particulièrement difficile jusqu'à la chute du mur. L'autre obstacle à un travail scientifique relevait du peu de fiabilité d'une histoire orale qui se fondait en partie sur des rumeurs. Cette opposition à l'Est étant méconnue, il s'implanta dans les esprits l'idée que la fondation de la RDA et l'édification d'un État socialiste étaient approuvés par une large frange de la population qui ne remettait en cause que les excès de la bureaucratie et les difficultés d'approvisionnement. Tandis que l'Ouest s'étonnait de la rapidité avec laquelle s'était constituée une »nation est-allemande«, on voyait à l'Est l'émergence du mythe de l'euphorie qui aurait régné en 1945. On en oubliait presque le refus de 3,5 millions de citoyens de RDA qui votèrent avec leurs pieds de 1945 à 1961 en prenant la fuite. L'heure est venue de rappeler quelle fut, dès les premières heures, la résistance au système et de lui accorder la place qui lui revient à côté du mouvement des années quatre-vingt.

Cette étude veut également éclairer les motivations des membres du »Eisenberger Kreis« et dégager l'originalité de leur démarche par rapport à d'autres oppositionnels. P. von zur Mühlen se demande, en effet, pourquoi ces jeunes lycéens et étudiants ayant une conscience politique n'ont pas considéré les mesures arbitraires du SED comme une transition ou comme un prélude nécessaire à des lendemains qui chanteraient. Il répond que, dans la zone soviétique, la population vécut au quotidien toute une période où s'effectuaient des démontages, où se déroulaient des procès, où ceux qui gênaient le régime, sommairement qualifiés de »fascistes«, étaient internés dans des camps. Déjà, les débuts de la guerre froide en 1948 devaient sonner le glas de bien des espoirs. Puis, la stalinisation du SED, l'éviction rapide des sociaux-démocrates à l'intérieur du nouveau parti et la mise au pas des partis bourgeois furent achevés au début des années cinquante. Un système de privilèges politiques et matériels sépara, alors, les dirigeants communistes de la masse de la population, ce qui contribua à donner à celle-ci l'impression d'être occupée par une puissance étrangère. En outre, les dictatures communistes de l'Europe de l'Est eurent tendance à considérer que l'ensemble de la société devait se transformer. Elles ne laissaient guère d'enclaves de liberté à l'initiative de leurs adversaires, faisant de ceux-ci des ennemis potentiels qu'il fallait traiter en tant que tels. Mais, en même temps, elle les légitimait. Dans les années cinquante, le refus des opposants ne se limita pas au SED mais toucha l'Etat dans son ensemble – contrairement à ce qui allait se produire dans les années quatre-vingt.

Selon P. von zur Mühlen, l'histoire du »Eisenberger Kreis« démontre que ses activités n'auraient jamais atteint une telle dimension s'il n'avait eu l'impression de se faire l'écho d'un certain consensus dans la population est-allemande. De fait, les menées conspiratrices du groupe furent plus ou moins connues de personnes qui, loin de les dénoncer, les considéraient avec quelque bienveillance. Et ce fut surtout le hasard qui présida à leur arrestation.

Anne-Marie CORBIN-SCHUFFELS, Lille

Andreas MALYCHA, Auf dem Weg zur SED. Die Sozialdemokratie und die Bildung einer Einheitspartei in den Ländern der SBZ. Eine Quellenedition, Bonn (J. H. W. Dietz) 1995, CXXI–485 p. (Archiv für Sozialgeschichte, Beiheft 16).

Au lendemain des élections générales de l'automne 1994, des discussions avaient eu lieu, dans le Mecklenbourg, entre délégués du SPD et du PDS pour explorer la possibilité d'une coalition gouvernementale des deux partis. L'un des préalables exigés par le SPD était la condamnation par le PDS de la fusion KPD–SPD de 1946 d'où était né le SED. C'est dire à quel point restait sensible – au moins pour les sociaux-démocrates – un événement politique datant d'un demi-siècle.

Les conditions de la naissance du SED ont fait l'objet, dans l'intervalle, de nombreuses publications dont les conclusions étaient la plupart du temps aussi tranchées qu'opposées. Pour les uns il s'agissait d'une »unification imposée«, pour les autres cette fusion, voulue par la base des deux partis, avait été réalisée dans l'enthousiasme.

L'auteur, jeune chercheur est-allemand, qui s'était signalé par de nombreux articles sur le parti social-démocrate est-allemand et l'édition de documents sur ce même sujet, a rassemblé dans ce volume 178 documents inédits émanant des archives de l'ex-RDA. Comme l'indique le sous-titre, il s'agit pour l'essentiel de textes (résolutions, rapports, procès-verbaux de réunions, circulaires, lettres) concernant l'attitude ou l'opinion de militants ou de groupes sociaux-démocrates entre avril 1945 et avril 1946.

Que nous apprennent ces documents? Que le KPD, d'abord peu favorable à la fusion, a fait le forcing à partir de septembre 1945? Que les autorités d'occupation ont fait pression sur les sociaux-démocrates, allant jusqu'à menacer, voire emprisonner des dirigeants hostiles à la fusion? Que le parti social-démocrate était divisé sur la question? On le savait déjà. Plusieurs documents illustrent cependant de façon précise et saisissante les interventions des autorités soviétiques.

La question la plus difficile, me semble-t-il, porte sur l'opinion et les choix des adhérents et des dirigeants sociaux-démocrates qui se modifient au fil des mois et des semaines.

L'auteur montre bien ces changements. Beaucoup de ceux qui ne voulaient pas d'une fusion immédiate la tiennent bientôt pour inévitable, l'approuvant ou s'y résignant, certains espérant que le SPD pourra faire triompher ses conceptions au sein du parti unifié.

Mais quelle a été la proportion des opposants et celle des partisans (résignés ou enthousiastes) de la fusion? Impossible à l'évidence d'établir des statistiques précises et fiables à partir des points de vue d'individus, voire de groupes limités en nombre.

J'ai eu l'impression – me trompé-je? – que le choix des documents opéré par l'auteur fait pencher (légèrement) la balance en faveur des opposants. Ce que pourrait confirmer le choix de l'affiche du SPD reproduite (c'est la seule) p. V.

Cependant, à plusieurs reprises, Malycha indique que la base du parti a fait pression sur les directions en anticipant la fusion. Or on peut penser que la pression des autorités d'occupation ne pouvait guère s'exercer directement dans les petites localités ou à tout le moins qu'elle était plus nette ou plus brutale (comme on le constate à la lecture de plusieurs documents) dans les villes ou au niveau du Land.

Au demeurant l'auteur reconnaît que seules des recherches ultérieures pourront fournir des indications probantes sur les motivations socio-psychologiques des sociaux-démocrates partisans de la fusion ou opposés à celle-ci.

Les documents publiés, s'ils ne permettent pas d'établir que la majorité des sociaux-démocrates a été forcée d'accepter le parti unifié, prouvent à l'évidence que cette fusion est loin d'avoir été libre et qu'elle n'a pas été réalisée selon les procédures démocratiques généralement admises.

Gilbert Badia, Paris

Ilko-Sascha Kowalczuk, Armin Mitter, Stefan Wolle (Hg.), Der Tag X – 17. Juni 1953. Die »innere Staatsgründung« der DDR als Ergebnis der Krise 1952/54, Berlin (Links) 1995, 360 p. (Forschungen zur DDR-Geschichte, 3).

Depuis que la RDA a disparu, son historiographie ne cesse de progresser. A côté de Hermann Weber, Dietrich Staritz et Jürgen Kocka, Mitter et Wolle se sont imposés parmi la nouvelle génération historienne allemande comme des spécialistes de cet Etat défunt[1]. Avec le jeune chercheur Kowalczuk, ils dirigent un ouvrage traitant d'un des sujets les plus étudiés et les plus controversés de l'histoire allemande, surtout depuis 1990 puisque les événements de 1953 ont fait l'objet d'au moins 11 livres et d'une quarantaine d'articles!

La large ouverture des archives est-allemandes, la commission d'enquête du Bundestag sur la »dictature du SED« et le 40e anniversaire du 17 juin ont favorisé les recherches que ce livre présente. Celui-ci se compose de deux parties, l'une consacrée aux couches sociales, l'autre aux acteurs politiques: la première est passionnante, la seconde insatisfaisante (à l'exception du chapitre sur le SED), car elle manque de substance. Outre quelques coquilles

1 Armin Mitter, Stefan Wolle, Untergang auf Raten: Unbekannte Kapitel der DDR-Geschichte, Munich 1993.

agaçantes, il faut aussi regretter l'absence d'un index des noms de personnes et d'une représentation cartographique des grèves et des manifestations[2]. Ces critiques de détail ne remettent aucunement en cause la valeur de cet ouvrage qui aurait toutefois été encore plus grande si les auteurs s'étaient épargnés certaines appréciations personnelles qui en définitive affaiblissent leur propos.

En replaçant les événements de 1953 dans une perspective plus large que l'historiographie traditionnelle[3], cet ouvrage démontre de façon convaincante que la RDA était alors en proie à une véritable révolution: les protestations contre le relèvement des normes sont tout de suite accompagnées de revendications clairement politiques (démission du gouvernement, élections libres, réunification). La date du 17 juin a focalisé les analyses; or, les manifestations à Berlin-Est servent de déclencheur ou d'accélérateur à un processus amorcé depuis plusieurs mois. Les auteurs prouvent que cela n'a pas duré »cinq jours en juin«, pour reprendre le titre d'un célèbre roman de Stefan Heym: cela a commencé bien avant, cela s'est terminé bien après; cela ne s'est pas passé seulement à Berlin, cela a concerné toute la RDA. Cette crise profonde débute à l'été 1952 quand le SED décide de forcer la »construction du socialisme« et s'achève un an plus tard, voire à la fin de 1953. Elle connaît une ampleur insoupçonnée: les auteurs ont recensé 560 localités qui sont le théâtre de manifestations ou de grèves. Sans méconnaître les dimensions internationales de la crise (notes de Staline, stratégie de Béria, élections législatives en RFA, rôle des Alliés occidentaux et de RIAS), ils insistent à juste titre sur ses aspects internes.

Comme l'a souligné ensuite Bertold Brecht, il s'est agi d'un conflit entre la société et l'Etat. L'intérêt et la nouveauté du livre résident dans la fine étude des différentes couches sociales, fondée sur la consultation des archives volumineuses du SED et de la Stasi. Les »travailleurs« s'opposent à la soviétisation de l'économie est-allemande. Dès l'automne 1952, le mécontentement gronde parmi eux; des grèves ponctuelles surviennent. Les revirements du SED en mai-juin 1953 sèment le trouble dans une population qui s'attend à des bouleversements politiques. A partir du 11 juin, le mouvement contestataire s'amplifie dans les usines et commence à descendre dans la rue, en même temps qu'il se politise. Totalement paralysé pendant toutes ces journées décisives, le SED est sauvé par l'intervention des chars soviétiques. En certains endroits, comme à Görlitz, les manifestants s'emparent du pouvoir. Les principaux centres de la révolte sont situés dans les régions industrielles de Halle, Leipzig et Magdebourg. Bien que l'état d'exception soit instauré dans 167 des 217 circonscriptions locales de RDA, les protestations ne cessent pas et une nouvelle vague de grèves déferle même au début juillet. Dans les campagnes, la contestation concerne la collectivisation. Un »front vert« se forme contre le SED; l'agitation s'enfle surtout après le 17 juin. Selon un rapport soviétique, les paysans autoproclamment la dissolution de 333 fermes collectives (LPG) rien qu'au troisième trimestre de 1953. Jusqu'à la fin de l'année, les campagnes restent effervescentes et la résistance paysanne n'est brisée qu'en 1961. Hormis le corps médical et surtout les techniciens, les membres de l'*Intelligenz* restent dans l'ensemble soit loyaux au SED soit passifs, attitude également adoptée globalement par la CDU-Est et la hiérarchie évangélique qui incite par exemple au calme.

Ce vaste mouvement populaire ébranle profondément le SED, un parti qui, depuis sa fondation en 1946, a été constamment soumis à de violentes tensions internes, notamment des épurations successives. En juin 1953, il se trouve désorienté, ses structures s'avèrent inopérantes et sa direction incapable de prévoir ou de réagir à temps. D'anciens membres du SPD en profitent pour réapparaître au grand jour et réclamer la refondation de leur parti. Outre

2 Cela avait été fait pourtant très tôt: Bundesministerium für Gesamtdeutsche Fragen (Hg.), Der Volksaufstand vom 17. Juni 1953 in der Sowjetischen Besatzungszone und in Ostberlin. Eine kartographische Darstellung, Bonn 1956, 4e édition.

3 Arnulf BARING, Der 17. Juni 1953, Stuttgart 1983, 2e édition.

Herrnstadt et Zaisser, »le Béria de Pankow«, le SED cherche ensuite des boucs émissaires et, dans ce but, lance une campagne contre le »social-démocratisme« entraînant de nouvelles épurations et la communisation définitive du parti. En ce sens, ce »Jour X« marque véritablement la »fondation interne« de la RDA. Le 17 juin cause un profond traumatisme sur le SED qui veut absolument éviter sa répétition: aussi renforce-t-il l'encadrement de la société et poursuit-il la construction d'un puissant appareil répressif qui ne le sauvera pourtant pas en 1989.

Cyril BUFFET, London

David GOLDSWORTHY (Hg.), The Conservative Government and the End of Empire 1951–1957, Three parts. I: International relations. II. Politics and administration. III: Economic and social policies, London (HMSO Books) 1994, 1254 S. (British Documents on the End of Empire. Series A, 3).

Als die Konservativen nach sechs Jahren in der Opposition im Oktober 1951 wieder die Regierung übernahmen, hatte sich die Stellung Großbritanniens im internationalen Staatensystem dramatisch gewandelt. Der indische Subkontinent war bereits 1947 in die Unabhängigkeit entlassen worden, und den größeren Kolonien war als Reaktion auf die Unruhen in der Goldküste 1948 gleichfalls prinzipiell der Weg zum self-government geöffnet worden. Angesichts der zunehmenden Herausforderung durch die Sowjetunion hatte die Labour-Regierung das Land zudem in ein Bündnis mit den Vereinigten Staaten geführt und damit die eigene Handlungsfreiheit eingeschränkt.

Schatzkanzler Butler konfrontierte seine Kollegen am 17. Mai 1952 (Dok.-Nr. 367) dann auch mit einer düsteren Einschätzung, was den künftigen Status des Landes als Weltmacht anging. Wirtschaftlich befinde sich Großbritannien in einer weit schlechteren Position als vor dem Weltkrieg. Dennoch habe London durch die Einführung teurer sozialer Systeme und die Übernahme hoher Verteidigungskosten zusätzliche Lasten auf sich genommen und die ohnehin angespannte Wirtschaft damit weiter bedenklich überfordert. Energisch sprach sich Butler daher für einen Abbau innen- und außenpolitischer Verpflichtungen aus, um die wirtschaftliche Gesundung des Landes einleiten zu können. Sein indirektes Plädoyer für einen behutsamen Rückzug Großbritanniens aus seiner Rolle als imperialer Weltmacht stieß allerdings auf heftigen Widerstand und öffnete den Blick auf die außenpolitische Konzeption der neuen Regierung. Macmillan, an sich für den Wohnungsbau zuständig, war es, der die Diskussion auf den Punkt brachte. Scheitere Butlers Plan eines vorsichtigen Rückzuges, führe dies unter Umständen zu einer innen- und außenpolitischen Katastrophe. Großbritannien könne seine Probleme folglich nur lösen, wenn es an seinem Status als Weltmacht unbeirrt festhalte. »Conservatism, associated with deepening austerity at home and declining influence abroad, will drift to inevitable disaster« (Macmillan am 17. Juni 1952, Dok.-Nr. 369). London definierte seinen Status als Weltmacht weiterhin in eher traditionellen Kategorien. Die noch für einen langen Zeitraum direkt ausgeübte Kontrolle über das Weltreich erschien als das beste Instrument, um die eigenen wirtschaftlichen, strategischen und außenpolitischen Interessen zu sichern. Durch den voranschreitenden Umbau des Commonwealth/Empire sollte Großbritannien in die Lage versetzt werden, gleichgewichtig mit den Weltmächten USA und Sowjetunion verkehren und konkurrieren zu können.

Die Erwartung, Großbritanniens Weltmachtrolle auf der Grundlage eines modernisierten Commonwealth/Empire zu erneuern, erwies sich jedoch als zu optimistisch. Weltanschaulich befand sich London hoffnungslos in der Defensive, seitdem die USA nach 1945 dem die internationalen Staatenbeziehungen revolutionär verändernden Prinzip, wonach allen Völkern das Recht auf Unabhängigkeit zustehe, endgültig zum

Durchbruch verholfen hatten. Gegenüber dieser idealistisch überhöhten und veredelten Außenpolitik der Amerikaner konnten alle realpolitischen Argumente der Briten über die negativen Folgen einer übereilten Entlassung der Kolonien in die Unabhängigkeit kaum etwas ausrichten. Die britische Kolonialpolitik befand sich zudem in dem Dilemma, daß weder großzügige Konzessionen in Richtung Unabhängigkeit noch die hartnäckige Verweigerung derselben den Zusammenhalt des Empire gewährleisten konnten. Einmal begonnen, ließ sich die Entwicklung zum self-government zwar noch notfalls etwa durch den Einsatz militärischer Macht wie in Kenia um einige Jahre verlangsamen, letztlich aber nur noch sehr bedingt steuern und nicht mehr umkehren. Die 1954 aufgestellte Prognose, die größeren und in ihrer Entwicklung am weitesten vorangeschrittenen Kolonien (Goldküste, Nigeria, Zentralafrikanische Föderation, Malaya) würden ihre volle Unabhängigkeit erst zwischen 1964 und 1974 erhalten, erwies sich zudem als irrig. Entscheidende Kriterien für das Tempo der Entkolonisation waren der innenpolitische Druck in den jeweiligen Kolonien und das nüchterne Kalkül Londons, inwieweit eine zu unnachgiebige Haltung die internationale öffentliche Meinung zuungunsten Großbritanniens negativ beeinflussen und – noch entscheidender – die Beziehungen zu den USA bedenklich belasten würde. Die Schwelle zum self-government, so der Gouverneur von Uganda, Cohen, werde immer dann überschritten, »when the political pressure for it is so strong that it would be unwise to resist it« (12. Januar 1954, Dok.-Nr. 295).

Bedingt durch das unerwartet rasche Voranschreiten der Entkolonisation blieb der vom Kolonialministerium – keineswegs allein aus taktischen Gründen – als Voraussetzung für die Unabhängigkeit geforderte Mindeststandard in der inneren Entwicklung (Infrastruktur, Stadtplanung, soziale Dienste, Verwaltung, »local government«, pluralistisches Parteiensystem) immer weiter hinter den Erwartungen zurück. Überhaupt war die Zeit der großen programmatischen Entwürfe und die damit verknüpfte Hoffnung, europäische Maßstäbe vor allem auf Afrika übertragen zu können, längst vergangen. Nüchternheit, Pragmatismus und die Konzentration auf wirtschaftlich kurzfristig produktive Investitionen bestimmten die Arbeit des Ministeriums. Im Zusammenhang mit der Vergabe britischer Entwicklungsgelder wies Kolonialminister Lyttelton die Gouverneure ausdrücklich darauf hin, vorrangig solche Projekte in Angriff zu nehmen, »which were likely to lay sound economic foundations« (Zirkulardepesche vom 21.2.1953, Dok.-Nr. 411).

Ungeachtet aller Anstrengungen erwiesen sich die zentrifugalen Kräfte innerhalb des Commenwealth als unüberwindbar. Weltanschaulich unterminierten Nationalismus, Antikolonialismus und der nach Afrika und Asien vordringende Kommunismus den Zusammenhalt. Wirtschaftlich und als Finanzplatz war der britische Markt zu schwach, um integrierend für das Empire zu wirken. Machtpolitisch verlor London zunehmend an Gewicht, so daß sich wichtige Commonwealth-Länder wie Australien, Neuseeland und Kanada politisch und militärisch zunehmend auf die USA ausrichteten. Am 14. September 1956 konfrontierte der zum Schatzkanzler avancierte Macmillan das Kabinet mit der Einsicht, daß eine auf das Commonwealth gestützte unabhängige Weltmachtrolle nicht mehr realisierbar war. Was Macmillan in bezug auf den wirtschaftlichen Zusammenhalt formulierte, galt wohl insgesamt für den politischen Zustand des britischen Weltreiches: »Although a commercial policy based on the Commonwealth connection would be much to be preferred, the conditions for such a policy no longer existed« (sic) (Dok.-Nr. 390).

Damit sind nur einige zentrale Fragen angesprochen, die im dritten Band der Serie A der verdienstvollen Dokumentation über das Ende des Empire thematisiert werden. Der vom Herausgeber David GOLDSWORTHY kenntnisreich eingeleitete Band mit 526 Dokumenten richtet sich in seinem Aufbau, den Kriterien für die Auswahl der

Dokumente, der Perspektive der Betrachtung und der Kommentierung nach den Grundsätzen der Gesamtedition[1]. Sach- und Personenindex, Dokumentenübersicht, ein Verzeichnis der wichtigsten Amtsträger, Kurzbiographien und zwei knappe Bibliographien tragen dazu bei, daß der Forschung eine hochwillkommene Edition zur Kolonialpolitik der konservativen Kabinette von 1951 bis 1957 zur Verfügung steht.

Rainer LAHME, Passau

Philip H. GORDON, France, Germany, and the Western Alliance, Summertown, Oxford (Westview Press) 1995, 127 S. (The New Europe: Interdisciplinary Perspectives).

Der Verfasser der Studie arbeitet in London am International Institute for Strategic Studies und gibt dessen Zeitschrift »Survival« heraus. Er hat es sich zum Ziel gesteckt, nicht nur die historische Entwicklung der deutsch-französischen Zusammenarbeit auf dem sicherheitspolitischen Sektor darzustellen. Gordon will neben der Gegenwart auch einen prophetischen Blick auf die Zukunft der Zusammenarbeit der beiden Nachbarländer auf diesem Sektor werfen.

Tatsächlich ist die seit 1963 mit dem Elysée-Vertrag zwischen Adenauer und De Gaulle entstandene enge Zusammenarbeit zwischen Frankreich und der Bundesrepublik mehr als bemerkenswert. Sie könnte als Vorbild dienen, auf welche Weise sich frühere Feindschaften und Antagonismen überwinden lassen. Daß die enge politische Kooperation zwischen Frankreich und der Bundesrepublik sich indessen erst langsam entwickelte, und die sicherheitspolitischen Interessen beider Staaten zunächst durchaus unterschiedlich waren, ist aus der Geschichte der EVG und der Anfangszeit des NATO-Bündnisses hinreichend bekannt. Die historische Entwicklung wird nur knapp gestreift, und die Ergebnisse der deutschen und französischen Studien aus dem »Nuclear History Program (NHP)« nicht berücksichtigt.

Interessanter fällt die Analyse der deutsch-französischen Partnerschaft nach Ende der Zeit des Kalten Krieges aus. Angesichts der Unsicherheit über die künftige amerikanische Rolle in Europa und der politischen Instabilität im Süden und Osten Europas konstatiert der Autor eine Erschwerung der bisherigen Zusammenarbeit. An Hand des Golf-Krieges und der Krise im früheren Jugoslawien werden die Versuche einer Koordination der beiden nationalen Sicherheitsinteressen beschrieben, die zwar den guten Willen zeigten. Doch werde keine wirklich gemeinsame Position erreicht oder diese durch entsprechende Maßnahmen auch implementiert. Deutlicher als andere Autoren zeigt der Autor die starken nationalen Interessen Frankreichs auf, die es der auf Multinationalität zielenden Bundesrepublik keineswegs einfach machen, den Intentionen des Nachbarlandes immer zu folgen. Allerdings finden diese Debatten immer hinter verschlossenen Türen statt, trüben daher in der Öffentlichkeit das Bild der engen sicherheitspolitischen Zusammenarbeit nicht.

Gordon hält eine wirklich enge, erfolgreiche gemeinsame Kooperation auf dem Gebiet der Sicherheitspolitik zwischen Deutschland und Frankreich für höchst unwahrscheinlich. Doch, so scheint es dem Rezensenten, gibt es doch gar keinen anderen Weg als diese Zusammenarbeit – wie auch die Zusammenarbeit mit den übrigen Nachbarstaaten Europas und den Bündnispartnern – weiter stetig zu verbessern, allerdings ohne dabei die USA vor den Kopf zu stoßen. Die Zeitdimension spielt dabei nur eine untergeordnete Rolle.

Reiner POMMERIN, Dresden

1 Vgl. FRANCIA 22/3 (1995) S. 314–318.

Hugh GOUGH, John HORNE (Hg.), De Gaulle and Twentieth-Century France, London, New York, Melbourne, Auckland (Edward Arnold) 1994, XXVI–158 S.

Frucht einer de-Gaulle-Tagung englischer, irischer und französischer Historiker im November 1990 in Dublin, faßt der vorliegende Sammelband zwei Blickrichtungen ins Auge: »towards mid-twentieth-century France as well as towards the source and substance of de Gaulle's politics«, wie die Herausgeber in ihrer Einleitung schreiben (S. 1). Während das erstgenannte Ziel angesichts der eindeutigen Zentrierung der Person des Generals kaum mehr als einen Nebeneffekt darstellen kann, umfassen die einzelnen Beiträge in der Tat ein breites Spektrum seines Denkens und Handelns.

Dabei läßt sich den schriftlich fixierten Vorträgen in sehr unterschiedlichem Grad die Absicht des Bandes anmerken, »for a general readership and for student use« gedacht zu sein (Editors' Note). Formal zeitigt dies jedenfalls einen durchgängigen Abdruck in englischer Sprache, einen einführenden Essay von GOUGH und HORNE, eine de-Gaulle-Chronik, eine Auswahlbibliographie, einen relativ ausführlichen Index und Informationen über die Autoren.

Zunächst gibt René RÉMOND Einblicke in das Verhältnis de Gaulles zu Pétain, die zwar keine neuen Fakten bieten, aber durch ihre analytische Tiefe beeindrucken. Die Beziehungen de Gaulles zur »Résistance«, von François BÉDARIDA beschrieben, sind ein bevorzugter Forschungsgegenstand, vom Autor kenntnisreich zusammengefaßt. Ein »black hole« (S. 37) der de-Gaulle-Forschung bringt Jean-Pierre RIOUX dem Leser nahe: »De Gaulle in waiting 1946–1958«; die quellennahe Betrachtung beschäftigt sich vornehmlich mit dem gescheiterten RPF-Experiment. Vor allem für den Spezialisten interessant ist Robert PICKERINGS Studie über de Gaulle als Schreiber von Kriegsmemoiren, die den schriftstellerischen Qualitäten des Generals im Wandel seiner politischen Ambitionen detailreich gerecht wird.

Einen eher konventionellen Überblick bietet Michel WINOCK über die Algerienpolitik des Staatspräsidenten. Thematisch zu weit gefaßt ist Douglas JOHNSONS Beitrag über »De Gaulle and France's role in the world«, der auf dem knapp bemessenen Raum das für de Gaulle so zentrale Feld der Außenpolitik zwangsläufig nur skizzieren kann. Dafür behandelt Jean-Marie MAYEUR ein eher marginales Thema instruktiv: De Gaulles Verständnis von Christentum und seine Kirchenpolitik. Serge BERSTEINS Überlegungen zum »Gaullismus in der Fünften Republik« können angesichts seiner Auffassung, dieser bestehe im Kern lediglich aus »unconditional loyalty to the leader« (S. 114), die Möglichkeiten und Grenzen des Begriffs nicht wirklich ausleuchten. Ein Höhepunkt ist der abschließende Aufsatz von Julian JACKSON: »De Gaulle and May 1968«, eine präzise und überzeugende Erörterung des umrätselten Handelns des Staatschefs und seines Premierministers Pompidou in den Tagen des Aufstands sowie der Gründe für seinen Rücktritt im darauffolgenden Jahr.

Alles in allem vermittelt der Band sicherlich nicht nur für angelsächsische Leser auf breiter Front Kenntnisse und Forschungsprobleme im Zusammenhang mit de Gaulles Person, von einer vorzüglichen Einleitung in greifbarer Form transparent gemacht. Bedauerlich ist das Fehlen einer gründlichen Abhandlung über dessen Europapolitik oder auch über sein Verhältnis zu Großbritannien.

Herbert ELZER, Andernach

Pierre LETAMENDIA, Le Mouvement Républicain Populaire. Histoire d'un grand parti français, Paris (Beauchesne) 1995, IX–381 S.

Nicht zum erstenmal nimmt sich ein Autor der Geschichte des Mouvement Républicain Populaire an, jener christdemokratischen Partei, die zu den staatstragenden Kräften der IV. Republik gehörte und sich bis zu ihrem Verschwinden 1966 vergeblich mit der V. Republik zu arrangieren versuchte. Darum durfte man hoffen, eine aus den reichlich vorhandenen

MRP-Akten der Fondation Nationale des Sciences Politiques abgeklärt schöpfende und die Aktivitäten der Partei sorgfältig recherchierende Darstellung vorzufinden. Herausgekommen ist eine merkwürdige Mischung aus Parteisoziologie und Ideengeschichte.

Zum »Apparat« des MRP kann man vieles erfahren, zum geistesgeschichtlichen Hintergrund des politischen Katholizismus in Frankreich ebenfalls. Auch die vom Widerstand gegen Nazi-Deutschland an der Seite de Gaulles gekennzeichneten Anfangsjahre (1944–1946) werden relativ ausführlich gewürdigt. Aber zur konkreten Politik des MRP in den folgenden beiden Jahrzehnten enthält das Buch fast nichts – ganz gleich, ob es sich um die europäische Einigung, die französischen Kolonien, die Sozial- und Wirtschaftspolitik oder den großen Konflikt um die Privatschulen handelt! Jede allgemeine Geschichte der IV. und V. Republik bietet in dieser Beziehung mehr.

Eine mißglückte Gliederung ist dafür verantwortlich, daß sich die Untersuchung ständig im Kreis bewegt, ohne in die Tiefe zu dringen: Der überwiegend katholische Charakter des MRP, das Verhältnis zu de Gaulle, die von der eigenen Wählerschaft nicht unbedingt geteilte Neigung zu den Sozialisten bei gleichzeitiger Abgrenzung gegen die Kommunisten – diese wichtigen Merkmale werden häufig angesprochen, aber ihre historische Relevanz nie überzeugend analysiert. Es wäre besser gewesen, die Kapitel »L'image du MRP« und »L'action du MRP« zu verschmelzen und eine kohärente Betrachtung des Vorgehens der Partei in den einzelnen Politikfeldern zu versuchen: Das »Bild« des MRP hätte sich dann viel deutlicher herauskristallisieren lassen als bei langatmigen Deduktionen, deren inhaltliche Einbettung in den allzu flüchtig skizzierten geschichtlichen Kontext fehlt!

Zwei Faktoren von besonderem Gewicht für die negative Entwicklung des MRP hebt Letamendia mit Recht hervor, ohne daß dies allerdings neue Einsichten wären: Die als Handikap zu bewertende geringe Verwurzelung der christdemokratischen Bewegung in Frankreich und die schicksalhafte Trennung von de Gaulle 1946 und nochmals 1962, mit der der Niedergang der Partei begann und sich schließlich vollendete. Gewiß, bei aller Sympathie für die Christdemokraten läuft Letamendia nicht Gefahr, ein kritikloser Bewunderer zu werden. Er zeigt aber auch kein Fehlverhalten auf, sondern beklagt bestenfalls den Mangel an staatsmännischen Köpfen in der Partei. Seine unausgesprochene Botschaft lautet, daß der MRP aufgrund einer lobenswerten Treue zu den eigenen Idealen – insbesondere im institutionellen Bereich – in einen fatalen Gegensatz zu de Gaulle geriet, der infolge einer traditionell schwachen Verankerung der christlichen Demokraten im laizistischen Frankreich und ihrer unzulänglich bleibenden Organisation zum von stetigem Wählerschwund markierten Scheitern führte.

Angesichts des plötzlichen Todes Letamendias vor der Überarbeitung soll zu den formalen Schwächen geschwiegen werden, wenngleich auch diese eklatant sind. Nicht zu bemänteln ist freilich: Eine souverän-abgewogene »Histoire d'un grand parti français« läßt für den MRP weiter auf sich warten.

Herbert ELZER, Andernach

Ulrich BROCHHAGEN, Nach Nürnberg. Vergangenheitsbewältigung und Westintegration in der Ära Adenauer, Hamburg (Junius) 1994, 469 S.

Eine breite Quellenbasis, fundierte Kenntnis der Literatur und nüchterne Beurteilung – diese Vorzüge sind dieser Untersuchung nicht abzusprechen. Trotz solcher Qualitäten kann das »schon wieder [mit] Vergangenheitsbewältigung« (S. 9) befaßte Buch nicht voll überzeugen, was aus zahlreichen Inkonsequenzen resultiert. Wie Brochhagen selbst immer wieder durchblicken läßt, war die Aufarbeitung der deutschen Vergangenheit für die Westalliierten stets Komponente ihrer aktuellen Außenpolitik, nie aber ein Faktor sui generis. Die politischen Zusammenhänge hätten ausführlicher berücksichtigt werden müssen, um zu gewährleisten, daß die Monographie nicht zu einer Aneinanderreihung von Einzelepisoden – angereichert mit einigen längst bekannten Grundeinsichten – absinken konnte. Am ehesten gelingt das Aufzeigen von Querverbindungen für die deutsch-britischen Spannungen zur Zeit der »antisemitischen Welle« im Hinblick auf die Deutschlandpolitik 1959/60 (Kap. 16–18). Es wäre vielleicht besser gewesen, zumindest innerhalb der beiden großen Themenblöcke – deutsche Kriegsverurteilte und Gefahr einer »Renazifizierung« – das Verhalten der einzelnen Länder separat zu betrachten. Da dies unterbleibt, wird nicht sichtbar, ob Franzosen, Briten und Amerikaner eine Konzeption besaßen, wie sie mit der deutschen Vergangenheit umgehen wollten. Die entscheidende Frage lautet doch: Gab es eine fixierbare Scheidelinie in der Haltung der Alliierten zwischen ihrem Streben nach Sühne für die Schandtaten schuldig gewordener Deutscher im Zweiten Weltkrieg und den Erfordernissen der aktuellen Nachkriegspolitik? Triumphierten die Glaubenssätze der westlichen Demokratie oder die von hehrer Programmatik unberührte Staatsräson, positiv verstandenes Dogma oder der Gegenwart verpflichtetes Kalkül? Die im Titel angesprochene Relation von Vergangenheitsbewältigung und – zu wenig einbezogener – Westintegration bleibt letzten Endes im dunkeln. In formaler Hinsicht entspricht dieser inhaltlichen Schwäche das Fehlen einer Schlußbetrachtung, die die grundsätzlichen Fragen der ausführlichen Einleitung hätte aufgreifen müssen.

Weitere Inkonsequenzen sind feststellbar: Der Autor will sine ira et studio forschen, läßt aber zwischen den Zeilen seine Kritik an dem zu milden Umgang der Deutschen und vielfach auch der Westalliierten mit den Tätern des Holocaust erkennen. Hier wäre eine gut begründete, sachlich vorgetragene Stellungnahme ohne den zu Recht verfemten »erhobene[n] Zeigefinger« (S. 10) gegenüber einer mit Anspielungen operierenden Darstellungsweise vorzuziehen gewesen. Wirklich oder scheinbar »entlastende« Argumente wie interne Kritik hochgestellter Persönlichkeiten in England über »Pfuscherei« bei den Kriegsverbrecherprozessen der Briten (S. 104) werden nicht reflektiert. Zudem enthält der Anmerkungsapparat bisweilen kräftige Polemik (und zitiert mitunter publiziertes Material nach archivalischen Vorlagen). Den Terminus »Kriegsverbrecher« schlicht zum neutralen Begriff zu erklären und ohne Voreingenommenheit benutzen zu wollen (S. 19), geht nicht an: Er birgt eine klare Parteinahme, zu der man sich wenigstens bekennen sollte.

Brochhagen hat in großem Ausmaß Archivalia herangezogen – aber er hätte manches ruhig ausführlicher darlegen können. Statt dessen wird durch eine überreiche Anzahl von Bildern, eine effektbezogene Auswahl der Überschriften und eine zu detaillierte Gliederung die Professionalität des Buches relativiert.

Wer das Werk aus der Hand legt, hat manches erfahren über die Reaktionen von Paris, London und Washington auf den wahrlich nicht über jede Kritik erhabenen Umgang der deutschen Gesellschaft mit der nationalsozialistischen Erblast in den fünfziger Jahren. Behörden, Justiz, Politiker, Unverbesserliche, Einzelfälle – Brochhagen erwähnt viele Details über die Rezeption an sich bekannter Vorgänge, doch zu schlüssigen Einsichten in generelle Tendenzen und Prioritäten hat die Lektüre nicht verholfen. Die geistige Durchdringung der Problematik läßt zu wünschen übrig – ungeachtet der nicht zu bestreitenden Schwierigkeiten, das Thema analytisch in den Griff zu bekommen. Brochhagen bietet multa, non multum.

Herbert Elzer, Andernach

Rüdiger Marco Booz, »Hallsteinzeit«. Deutsche Außenpolitik 1955–1972, Bonn (Bouvier) 1994, 230 S.

»Hallstein-Zeit«, so bezeichnete die deutsche Presse mit pejorativem Unterton jene Epoche, in der die sogenannte »Hallstein-Doktrin« die Essenz Bonner Außenpolitik ausmachte. Auf der Basis einer ausgedehnten Auswertung veröffentlichter Quellen, Memoiren und einschlägiger Literatur legt Booz erstmals eine umfassende Studie dieser umstrittenen Maxime vor und konzentriert sich insbesondere auf die Frage nach ihrem Erfolg oder Scheitern. Die Epoche begann 1955, als der bundesdeutsche Alleinvertretungsanspruch nach der Aufnahme diplomatischer Beziehungen mit Moskau eine politische Absicherung verlangte. Sie endete nicht, wie Booz mit überzeugenden Ausführungen zur kontroversen Diskussion über den Terminus ad quem darlegt, schon mit dem Beginn der sozialliberalen Koalition, sondern erst mit der Unterzeichnung des Grundlagenvertrags zwischen Bonn und Ost-Berlin 1972. Denn erst jetzt wurde das Postulat, einzig legitimer Vertreter des gesamten deutschen Volkes zu sein, formell aufgegeben. Von der Entstehung in den Jahren 1955–1957 über die Anwendung nach 1957, die Erosion ab 1965 bis zu ihrer Ablösung 1969–1972 geht der Verfasser den Entwicklungsstadien der Doktrin detailliert nach. Dabei behandelt er alle wesentlichen Stationen der für sie konstitutiven Entwicklung wie den Abbruch der Beziehungen zu Jugoslawien, die Nahost-Krise oder die Kambodscha-Frage. Booz differenziert einleuchtend zwischen einer ersten, defensiven Phase bis zum Beginn der sechziger Jahre und einer zweiten, offensiven Etappe im Zuge der »Politik der Bewegung« Gerhard Schröders. In ihrer defensiven Form zielte die Doktrin nicht zuletzt mittels wirtschaftlicher Sanktionen darauf ab, die Anerkennung der DDR durch Drittstaaten zu verhindern. Die offensive Ausrichtung hingegen wollte die Isolierung der DDR in Osteuropa und zielte auf eine »aktive Wiedervereinigungspolitik« (S. 173). Implizit beschwor sie aber zwei Gefahrenpotentiale herauf. In dem Maße, in dem die Offensivkraft der Hallstein-Doktrin umgesetzt wurde, sank die Glaubwürdigkeit der Abschreckung ihrer defensiven Hälfte. Außerdem brachte der offensive Teil die Bundesrepublik in einen Konflikt mit der Schutzmacht der DDR, der Sowjetunion, der sie selbst gefährdete. Denn die Sicherheitsgarantie der Westmächte galt nur für den deutschen Weststaat. Zum Schutz einer gegen Osten gerichteten selbstbewußten deutschen Politik waren sie nicht bereit. Mit dem »Nahost-Debakel« setzte die Erosion ein, die dann nach der Bildung der sozialliberalen Koalition in die Phase der Ablösung überging. Im Rahmen der neuen, alternativen Deutschlandpolitik erschien es sinnvoll, die Doktrin aufzugeben. Ein »Restbestand« (S. 162) mit rein defensivem Charakter hielt sich noch bis 1972. »Erst in Zusammenhang mit einer Anerkennung des Status quo wird die Doktrin verzichtbar.« (S. 172f.) Führte die Hallstein-Doktrin, so fragt Booz abschließend, auf einen »Irrweg« Bonner Deutschlandpolitik (S. 173)? Seine Antwort fällt zwiespältig aus. Als Mittel zur Absicherung der Deutschlandpolitik Adenauers sieht er sie als »notwendige Konsequenz des Alleinvertretungsanspruchs«. Als defensives Instrument, das den Status quo bewahrte, war sie »erfolgreich«. Im Zuge der Entspannung zielte die offensive Form hingegen auf eine Überwindung der politischen Lage, die im Osten als reale Bedrohung angesehen wurde, und entpuppte sich letztlich als »Illusion« (S. 173).

Ulrich LAPPENKÜPER, Bonn

Gilbert NOËL, France, Allemagne et »Europe Verte«, Bern, Frankfurt/Main, New York (Peter Lang) 1995, 217 S. (Euroclio).

Die Gemeinsame Agrarpolitik gehört heute zu den schwierigsten Problemen der Europäischen Union. Vor allem im Vorfeld der geplanten Osterweiterung der Gemeinschaft wird über die Neuformulierung der Gemeinsamen Agrarpolitik diskutiert werden müssen. Vor diesem Hintergrund ist es nützlich, die Ursprünge der landwirtschaftlichen Integration zu untersuchen. Noël, Lehrbeauftragter am ISGE in Strasbourg, kennt sich in der agrarpolitischen Integrationsforschung gut aus. 1988 veröffentlichte er eine erste Studie über die Bemühungen zur agrarpolitischen Integration in den fünfziger Jahren (Du Pool Vert à la Politique Agricole Commune, Paris 1988), zudem ist er Autor verschiedener Aufsätze zum Thema.

In seiner neuesten Publikation geht er den Aktivitäten der deutschen und französischen Landwirtschaftsverbände in bezug auf einen europäischen Agrarmarkt nach. Wie im gesamteuropäischen Integrationsprozeß spielten auch auf dem agrarpolitischen Sektor die deutsch-französischen Beziehungen eine Schlüsselrolle. Das lag nicht nur an der bekannten politischen Interessenkongruenz, sondern auch an der sich ergänzenden Struktur der jeweils nationalen Agrarmärkte. Beide Staaten hatten ihre Märkte für Landwirtschaftsprodukte, wie auch die übrigen europäischen Regierungen, durch hohe Zollschranken und Einfuhrkontingente nach außen abgeschottet, um die jeweils nationale Landwirtschaft vor ausländischer Konkurrenz zu schützen. Gleichzeitig wurde die eigene Landwirtschaft in allen Ländern durch staatliche Entwicklungsprogramme gefördert. Frankreich produzierte so zu Beginn der fünfziger Jahre bereits Überschüsse in bestimmten Produktgruppen (z.B. Weizen, Wein, Zucker), die auf dem heimischen Markt nicht abgesetzt werden konnten. Im Gegensatz dazu blieb die durch die Folgen des Zweiten Weltkrieges von ihren traditionellen Bezugsquellen in den ehemals ostdeutschen Gebieten abgeschnittene Bundesrepublik auf Nahrungsmitteleinfuhren aus Westeuropa oder Übersee angewiesen. Andererseits suchte die deutsche Industrie Märkte für ihre Produkte. Die beiden Märkte ergänzten sich also auf ideale Weise: Frankreich suchte Absatzmärkte für Agrarprodukte, die die Bundesrepublik einführte, Westdeutschland exportierte Industriegüter und war auf den Import landwirtschaftlicher Produkte angewiesen.

Auf der Basis dieser Interessenkongruenz kamen die Delegationen der deutschen und französischen Landwirtschaftsverbände auf der internationalen Konferenz landwirtschaftlicher Interessenvertreter am 7. Juni 1950 in Saltsjöbaden bei Stockholm zu einer Übereinkunft, die eine enge agrarpolitische Kooperation zwischen den beiden Staaten vorsah. Bilaterale Handelsverträge zwischen der Bundesrepublik und Frankreich sollten der französischen Landwirtschaft den deutschen Absatzmarkt erschließen. Im Gegenzug könnte die deutsche Industrie ihre Produkte auf dem französischen Markt anbieten. Dies war der Auftakt für eine enge Kooperation zwischen dem Deutschen Bauernverband und den französischen Landwirtschaftsverbänden. Zwei Jahre später, am 13. Juni 1952, wurde die Kooperation durch die Gründung eines Comité agricole franco-allemand institutionalisiert. Hiermit bestärkten die agrarpolitischen Interessenvertreter ihren Willen zu enger Kooperation. Die Initiativen der Landwirtschaftsverbände blieb nicht ohne Auswirkung auf die Handelspolitik der beiden Staaten. Bis 1952 wurden verschiedene, zum Teil umfangreiche Handelsverträge zwischen Frankreich und der Bundesrepublik geschlossen, die genau dem in Saltsjöbaden zwischen den Interessenvertretern beider Länder vereinbarten Muster entsprachen.

Aus der Interessengemeinschaft der deutschen und französischen Landwirtschaftsverbände gingen, so Noël, auch die ab 1952 geführten Verhandlungen über einen »Pool Vert« hervor, der analog zur 1951 gegründeten Montanunion einen gemeinsamen europäischen Markt für ausgewählte landwirtschaftliche Produkte schaffen sollte. Insgesamt 17 westeuropäische Staaten, darunter Frankreich und die Bundesrepubik, nahmen an den vom französischen Landwirtschaftsminister Pierre Pflimlin angeregten Verhandlungen teil. Ziel der Verhandlungen aus französischer Sicht war die Erweiterung des Absatzmarktes für die französische Landwirtschaft, die dank großzügiger staatlicher Subventionen inzwischen beträchtliche Überschüsse produzierte. Die Verhandlungen scheiterten, als die französische Delegation im März 1953 das Interesse an einem gemeinsamen europäischen Markt für Agrarprodukte verlor. Die Agrarverbände fürchteten die starke niederländische Konkurrenz auf dem deutschen Markt und verlegten ihre Aktivitäten wieder auf die bilateralen Beziehungen zur Bundesrepublik. Die deutschen Interessenvertreter gingen erneut bereitwillig auf die französische Initiative ein. Die bilaterale Kooperation auf der Ebene der Verbände wurde erneut verstärkt und am 2. Juni 1955 wurde in Paris eine deutsch-französische Landwirtschaftskammer gegründet, die analog zur deutsch-französischen Handelskammer auf industrieller Ebene den Handel zwischen beiden Ländern intensivieren sollte. Gleichzeitig mit der Intensivierung der Kontakte wurden aber auch die Grenzen der deutsch-französischen Kooperation auf der Ebene der Verbände deutlich. Die für die französische Landwirtschaft entscheidenden langfristigen Handelsverträge über Weizen und Zucker, die Ministerpräsident Mendès France und Bundeskanzler Adenauer am 19. Oktober 1954 vor dem Hintergrund der Pariser Verträge über den NATO-Beitritt und die Souveränität der Bundesrepublik vereinbarten, wurden ohne Konsultation der Landwirtschaftsverbände geschlossen. Hier zeigte sich, daß der Einfluß der Agrarverbände da an die Grenzen stieß, wo andere, aus der Sicht der jeweiligen Akteure wichtigere Interessen wie die deutsche Aufrüstung oder das Saar-Problem im Vordergrund standen.

Die Arbeit von Noël zeigt, daß auch von der Ebene der Interessenverbände wichtige Initiativen zur europäischen Einigung ausgingen, die zum Teil in konkrete Integrationsschritte mündeten. Allerdings muß eine solche Arbeit berücksichtigen, daß ein grundsätzlicher Unterschied zwischen Verhandlungen auf Regierungsebene, wie es die verschiedenen Konferenzen über den »Pool Vert« von 1952 bis 1954 waren, und Verhandlungen zwischen Vertretern von Interessenverbänden besteht. Die Delegierten der Bundesrepublik und Frankreichs auf den Konferenzen über den »Pool Vert« waren an Weisungen ihrer Regierungen gebunden und konnten keine Verbandspolitik betreiben. Aus der Sicht einer Regierung ist Agrarpolitik nur ein Teil der Außen- und Außenwirtschaftspolitik und daher in eine wesentlich weiter gespannte Gesamtkonzeption eingebunden, die der Verbandspolitiker nicht berücksichtigen muß. Interessant wäre es herauszufinden, inwieweit Forderungen der Interessenvertreter bei den Regierungsverhandlungen berücksichtigt wurden. Diesen für die Analyse der Anfänge der europäischen Agrarintegration entscheidenden Schritt macht Noël nicht.

Überhaupt bleiben die Motive der deutschen Interessenvertreter in vielen Punkten unscharf. Das liegt daran, daß der Autor für die Untersuchung über die deutsch-französischen Agrarverbände nur französische und erstaunlicherweise niederländische Quellen ausgewertet hat. Zweifellos spielte gerade der holländische Landwirtschaftsminister Sicco Mansholt in den Anfängen der europäischen Agrarintegration eine Schlüsselrolle, aber bei einer Untersuchung über die deutschen und französischen Landwirtschaftsverbände sind andere Quellen sicherlich wichtiger. Die deutsche Verhandlungsposition wird nur durch die offiziellen Publikationen des Deutschen Bauernverbandes erschlossen. Hier hätte das Studium unveröffentlichter Archivalien sicher weitergeführt.

Guido THIEMEYER, Köln

Raymond MUELLE, La Guerre d'Algérie en France 1954–1962, Paris (Presses de la Cité) 1994, 304 S.

Der Autor widmet sich einem aufgrund der unzureichenden Quellenlage noch relativ unerforschten Aspekt des Algerienkrieges. Denn parallel zum Konflikt in Nordafrika wurde der Algerienkrieg auch seit 1955 mit äußerster Grausamkeit auf französischem Boden geführt, wo er nach den Statistiken der französischen Behörden, die eher zu niedrig gegriffen sind, mehr als 4000 Tote forderte. 95% von ihnen waren Algerier, denn der Konflikt in Frankreich wie auch in Algerien war hauptsächlich eine Auseinandersetzung um die Kontrolle der arabischen bzw. kabylischen Bevölkerung. Die rund 200000 in Frankreich lebenden algerischen Moslems waren vor allem eine wichtige Finanzquelle für die Unabhängigkeitsbewegung. Ihnen wurde eine nach Berufsgruppen gestaffelte »Revolutionssteuer« auferlegt, die zwischen 1955 und 1962 nach Schätzungen des Autors der FLN rund 40 Milliarden alte Francs erbrachte. Zunächst mit gnadenloser Härte zwischen der FLN und der konkurrierenden MNA unter Messali Hadj um die Kontrolle der in der Metropole lebenden algerischen Moslems geführt, rückte der Krieg auf französischem Boden erst in das Bewußtsein der französischen Öffentlichkeit, als sich ab 1957 die Terroraktionen der gegenüber der MNA die Oberhand gewinnenden FLN auch zunehmend gegen französische Ordnungskräfte und Einrichtungen vor allem im Großraum Paris richteten, wo die Mehrzahl der Nordafrikaner lebte. Während die Schlagkraft der FLN in Algerien aufgrund der zunehmenden Kontrolle des Territoriums durch die französische Armee ab 1958 rapide abnahm, nahmen die Operationen in der Metropole sogar ab Sommer 1958 noch zu, um im Jahre 1959 den Höhepunkt zu erreichen. Erst ab 1960 gelang es den französischen Ordnungskräften, die parallelen Strukturen der FLN durch polizeistaatliche wie auch sozialpolitische Maßnahmen zu zerschlagen. Vor allem bei der Repression spielten die algerischen Spezialeinheiten der französischen Polizei eine wichtige Rolle.

Leider werden die Erwartungen, die der Titel des Buches weckt, der eine Gesamtdarstellung des Algerienkrieges in Frankreich erhoffen läßt, nicht erfüllt. Vielmehr wird dem Leser eine äußerst subjektiv gefärbte, vornehmlich wohl auf Aussagen ehemaliger Polizisten beruhende, aus vielen Mosaiken bestehende und sich in endlosen Aufzählungen von einzelnen Attentaten erschöpfende Schilderung dieser Front des Algerienkrieges präsentiert, wobei die Quellen weitgehend unklar bleiben und der Leser sich des öfteren mit der Angabe »document authentique« begnügen muß. Der Autor, ausgewiesen durch zahlreiche Veröffentlichungen zu diversen Spezialeinheiten der französischen Armee während des Indochinakrieges, legt einen spannend zu lesenden Politkrimi, aber keineswegs eine abgewogene Synthese zum Thema vor. Muelle macht keinen Hehl aus seiner Sympathie für die französischen Ordnungskräfte. Deren Bemühungen, den Terrorismus der FLN zu bekämpfen, seien durch wankelmütige Politiker, einschränkende Gesetzte, eine »spitzfindige« Justiz, welche die schlimmsten Attentäter wieder auf freien Fuß setzte, und eine durch von »campagnes d'intoxication et de desinformation« (S. 65) der antikolonialen Linken beeinflußte Öffentlichkeit behindert worden. Daß die französische Seite in der Wahl ihrer Mittel ebenfalls nicht zimperlich war, wird ausgeklammert. Folter wird an einer Stelle als unorthodoxe, aber wirksame Methode umschrieben (S. 66), ansonsten nicht erwähnt. Die brutale Repression der Demonstrationen der Algerier in Paris im Oktober 1961 durch die Pariser Polizei, bei der 68 Nordafrikaner zu Tode kamen, wird z.B. nur am Rande erwähnt und die FLN dafür verantwortlich gemacht (S. 224).

Muelles Buch ist eher ein Dokument dafür, daß der Algerienkrieg nach wie vor tiefe Wunden im französischen Bewußtsein hinterlassen hat, die vielen eine nüchterene Auseinandersetzung mit diesem düsteren Kapitel der französischen Nachkriegsgeschichte erschwert, als ein Beitrag zur Erhellung des Algerienkrieges in der Metropole. Wer sich über ihn informieren will, greife auch künftig lieber zu Werken wie Harouns »La 7e Wilaya«, Hamon-Rotmans »Les porteurs de valises« oder Einaudis »La bataille de Paris«.

Eckard MICHELS, Bonn

Jüdisches Denken in Frankreich, Gespräche mit Pierre Vidal-Naquet, Jacques Derrida, Rita Thalmann, Emmanuel Lévinas, Léon Poliakov, Jean-François Lyotard, Luc Rosenzweig, hg. und aus dem Französischen übersetzt von Elisabeth WEBER, Frankfurt/Main (Suhrkamp) 1994, 204 S.

Anhand von sieben Gesprächen mit französisch-jüdischen Intellektuellen, sechs Männern und einer Frau, soll »Jüdisches Denken in Frankreich« einer deutschsprachigen Leserschaft näher gebracht werden. Die Herausgeberin betont, daß ihre Auswahl keinen Anspruch auf Repräsentativität erheben will, sondern sie vielmehr mit der Auswahl der Interviewpartner ihren persönlichen Neigungen gefolgt sei. Leider wird der Leser über die Person Elisabeth Webers völlig im unklaren gelassen. Weder der Verlag noch die Herausgeberin selbst geben irgendeinen Anhaltspunkt, der uns einen Einblick in ihren Werdegang und ihre spezifischen Interessen gewähren würde. Da bei solchen Gesprächen die Bedeutung des Interviewers nicht zu unterschätzen ist, wäre es nur legitim, wenn wir etwas über ihre Motivation und Affinitäten erführen. Auch sind die »Gespräche« selten wirkliche Dialoge. Frau Weber hinterfragt kaum die Aussagen ihrer Interviewpartner, auch wenn diese durchaus kontrovers sein mögen.

Trotz dieser Mängel bieten die sieben Gespräche einen anregenden Einblick in ein faszinierendes intellektuelles Milieu. Dem Leser werden auf zumeist hohem Niveau sehr verschiedene Facetten französisch-jüdischen Selbstverständnisses geboten, die über das individuelle des jeweiligen Gesprächspartners hinausweisen.

Gerade für ein deutsches Publikum, daß sich seit einigen Jahren vermehrt für jüdische Kultur zu interessieren beginnt, kann die Lektüre dieser Gespräche neue Horizonte eröffnen. Anhand der jüdischen Gemeinschaft Frankreichs, der etabliertesten und vielfältigsten Europas, läßt sich exemplarisch darstellen, was europäisches Judentum nach 1945 bedeuten kann. Der Schatten der deutschen Judenvernichtungspolitik liegt auch über diesen Gesprächen. Alle Interviewten verdanken Ihr Überleben allein glücklichen Umständen. Der Historiker Pierre Vidal-Naquet, dessen Eltern in Auschwitz ermordet wurden, stellt mit beklemmender Nüchternheit fest. »Wer mich gerettet hat? Meine Klassenkameraden und mein Lehrer in der Untertertia, der mich daran gehindert hat, nach Hause zu gehen.« Diese Erinnerung an eine existentielle Bedrohung wird von allen Interviewten reflektiert. Das Ringen um eine adäquate Form des Gedenkens, der Trauer, aber auch der wissenschaftlichen Darstellung des Genozids, zieht sich wie ein roter Faden durch die Gespräche.

Doch der Kontext in denen die Reflexionen über diesen Abgrund menschlicher Existenz im 20. Jh. geführt wird, unterscheidet sich deutlich vom Diskurs über die Judenvernichtung in Deutschland. Alle Gesprächspartner, selbst der erst als junger Mann aus Litauen nach Frankreich gekommene Philosoph Emmanuel Lévinas oder die vor den Nationalsozialisten als junges Mädchen geflohene Historikerin Rita Thalmann sehen sich als Franzosen. Die auf den universalistischen Prinzipien der Revolution von 1789 beruhende Staatsdoktrin der französischen Republik erweist sich als integrativer Faktor auch für diese Menschen. Wenn sie über das Judentum sprechen, wird von ihnen fast immer das universalistische Menschenbild der französischen Aufklärung miteinbezogen. Trotz des Bruches, der das antisemitische Vichy-Regime in dieser Tradition der Aufklärung bedeutete, und den die Herausgeberin in einem einleitenden Kapitel prägnant beschreibt, ist eine französisch-jüdische Symbiose weiterhin möglich. Der Journalist Luc Rosenzweig meint sogar, daß die Verbundenheit der jüdischen französischen Gesellschaft mit Frankreich noch nie so stark wie in der Gegenwart gewesen sei.

Bei der Lektüre dieser Gespräche wird deutlich, was eine Symbiose der Juden mit ihrem Heimatland bedeuten kann. Die oftmals beschworene deutsch-jüdische Symbiose, die bis 1933 geherrscht haben soll, erscheint dabei endgültig als eine nostalgische Träumerei. Dem deutschen Leser wird bei der Lektüre schmerzhaft bewußt, welches menschliche und intellektuelle Potential eine echte deutsch-jüdische Symbiose hätte hervorbringen können, wäre das deutsche Bürgertum schon früher, stärker demokratisch und laizistisch geprägt gewesen. Die Lektüre der Interviews macht einem auch die bis heute, aufgrund der nationalsozialistischen Vertreibung und Vernichtung, fortdauernde Amputation des deutschen intellektuellen Lebens bewußt.

Bei der Lektüre erfährt der Leser viele Anregungen, nicht nur zu jüdischen Themen, denen er Dank eines außergewöhnlich sorgfältigen und präzisen Anmerkungsapparates auch leicht nachgehen kann. Webers intellektuelle Porträts zeigen auf, was europäische Kultur im besten Sinne des Wortes gegenwärtig bedeuten kann, wenn die Zugehörigkeit zu dieser Kultur nicht durch romantische, irrationale Blut-und-Boden-Theorien bestimmt wird, sondern durch die universalistischen Prinzipien der französischen Aufklärung.

Daniel Gerson, Zürich

Joachim ARENTH, Johnson, Vietnam und der Westen. Transatlantische Belastungen 1963–1969, München (Olzog) 1994, IX–335 S.

Der Vietnam-Krieg ist bekanntlich das Trauma der Vereinigten Staaten von Amerika: Er spaltete die amerikanische Gesellschaft in den sechziger Jahren, entfremdete die Regierung einem großen Teil der öffentlichen Meinung und wuchs sich zu einem militärischen Desaster aus, das die außenpolitische Glaubwürdigkeit der USA generell beeinträchtigte. Zudem erwies sich das amerikanische Vietnam-Engagement auch als eine Belastung für die transatlantischen Beziehungen innerhalb des westlichen Bündnisses. Insbesondere diesen Aspekt betont die Studie. Das ist sicherlich kein ganz so origineller Ansatz und erst recht keine völlig neue These, wie der Klappentext verheißt, aber dennoch der begrüßenswerte Versuch, die Auswirkungen des bekannten asiatischen Kriegsgeschehens auf das Verhältnis der USA zu ihren engsten Verbündeten in Westeuropa – der Bundesrepublik Deutschland, Frankreich und Großbritannien – einmal genauer zu untersuchen. Das Ganze mutet um so interessanter an, als der Autor seiner Darstellung eine umfassende »Konstellationsanalyse« zugrundelegt.

So behandelt er zunächst die innenpolitische Lage in den vier Ländern: In den USA gelang es Präsident Johnson innerhalb kurzer Zeit aus dem Schatten seines Vorgängers herauszutreten und kraft seiner großen parteipolitischen und parlamentarischen Erfahrung sowohl die Demokraten hinter sich zu bringen, als auch den Kongreß von der Notwendigkeit eines umfangreichen innenpolitischen Reformprogrammes zu überzeugen, um dann jedoch im Zuge der Eskalation des Vietnam-Krieges ab 1965 Popularität und Unterstützung selbst bei Teilen seiner eigenen Partei zu verlieren. Eine fast parallele Entwicklung wie Johnson durchlief in der Bundesrepublik Ludwig Erhard: Ende 1963 war der Vater des Wirtschaftswunders von der öffentlichen Meinung ins Kanzleramt getragen worden, um jedoch bald im Zuge des Grundsatzstreits um die westdeutsche Außenpolitik – unter der plakativen Parole »Washington oder Paris?« – sowie ökonomischer Probleme aufgerieben zu werden: Im Herbst 1966 mußte er zugunsten Kurt Georg Kiesingers und der »Großen Koalition« abtreten, der wiederum nach anfänglichen innen- und außenpolitischen Stabilisierungserfolgen ab 1968 zunehmend ihre Gemeinsamkeiten abhanden kamen. Auch die französische Politik war in den Jahren 1963 bis 1969 von Umbrüchen geprägt: Staatspräsident Charles de Gaulle konnte zwar faktisch zehn Jahre seine Position an der Spitze Frankreichs fast unangefochten halten, doch nach ersten Einbußen bei verschiedenen Wahlen zwischen 1965 und 1967 geriet er nach den Mai-Unruhen 1968 endgültig unter starken innenpolitischen Reformdruck, dem er noch vergeblich knapp ein Jahr standzuhalten versuchte. In Großbritannien ging Mitte 1963 im Zuge der Profumo-Affäre die »Ära Macmillan« glanzlos zuende. Der neue Premierminister Sir Alec Douglas-Home vermochte sich nur kurze Zeit zu halten und mußte bereits im Herbst 1964 nach einem äußerst knappen Wahlsieg der Labour-Party sein Amt an den bisherigen Oppositionsführer Harold Wilson abtreten, der dies trotz anfänglicher Zweifel an seiner Regierungsfähigkeit bis Juni 1970 innehatte.

Im zweiten Teil seiner Arbeit geht Arenth auf die gegenseitigen Einschätzungen der internationalen Akteure ein: Nach dem Scheitern von Kennedys *grand design* einer »Atlantischen Partnerschaft« konzentrierte sich die amerikanische Außenpolitik unter Johnson wieder auf die bilateralen Beziehungen zu den westeuropäischen Verbündeten: Dabei anerkannten die Amerikaner im Hinblick auf die Bundesrepublik zwar, daß sich die Regierung Erhard als ein äußerst fügsamer Verbündeter erwies, doch waren sie sich auch der Führungsschwäche des Kanzlers bewußt und zeigten sich keinesfalls bereit, Erhard besonders zu unterstützen. Dessen Nachfolger Kiesinger erwies sich dann als ein sehr viel selbstbewußter auftretender und damit auch unbequemerer Partner für die USA. Eigentlicher europäischer Herausforderer der USA aber war während des gesamten Zeitraums 1963 bis 1969 der französische Staatspräsident, wobei sich die amerikanische Führung, namentlich Johnson, jedoch bemühte, einen völligen Bruch der Beziehungen in der Hoffnung auf die Zeit nach de Gaulle zu vermeiden. Selbst die *special relationship* zwischen Großbritannien und den USA hatte sich Mitte der sechziger Jahre abgenutzt, da die amerikanische Führung die britische Machtposition nur noch geringschätzte und den Briten auch innerhalb Westeuropas – wo ihnen überdies de Gaulle gegenübertrat – keine Sonderrolle mehr zubilligte.

Der dritte Teil der Untersuchung geht den unterschiedlichen nationalen Interessen der vier Länder nach: Die USA waren ab Mitte der sechziger Jahre fast gänzlich auf den Vietnam-Konflikt fixiert, wobei trotz aller diesbezüglichen amerikanischen Fehlentscheidungen hervorzuheben ist, daß es der Regierung Johnson gelang, die direkte Konfrontation mit der Sowjetunion und China zu vermeiden und ihre machtpolitischen Positionen in anderen Regionen der Welt wie Lateinamerika und Westeuropa zu halten. Die Bundesrepublik enthielt sich dagegen ganz bewußt jeder weltpolitischen Rolle und konzentrierte sich auf ihre außenpolitischen Primärinteressen Westbindung und Wiedervereinigung. Eine genau entgegengesetzte Politik betrieb Frankreich, das sich unter de Gaulle wieder um eine Position als Weltmacht bemühte, wobei jedoch ökonomische Interessen und die zunehmende außenpolitische Isolierung des Landes dem enge Grenzen zogen. Immerhin konnte Frankreich weit erfolgreicher zumindest den Schein machtpolitischer Größe aufrechterhalten als sein europäischer Rivale Großbritannien, den seine ökonomische Schwäche sehr viel nachdrücklicher zwang, eine Rolle als Mittelmacht zu akzeptieren.

Im vierten Teil seiner Studie analysiert Arenth schließlich die Haltung der westeuropäischen Regierungen gegenüber der amerikanischen Vietnam-Politik: Hierbei zeigt er deutlich den Wandel der westdeutschen Haltung von weitgehend bedingungsloser Akzeptanz zu immer offenerer Distanzierung, wie sie insbesondere in der SPD in der zweiten Hälfte der sechziger Jahre festzustellen war. Allerdings war den Politikern aller Parteien zwischen 1963 und 1969 gemeinsam, daß sie jede militärische Unterstützung für die Amerikaner in Vietnam ablehnten. Frankreich trat ab Mitte der sechziger Jahre zunehmend an die Spitze der internationalen Kritiker des amerikanischen Vietnam-Einsatzes, nachdem die USA vorherige interne Warnungen in fahrlässiger Überheblichkeit abgetan hatten. Die Regierung Nixon nutzte dann de Gaulle als Mittler in dem sich anbahnenden Friedensprozeß. Die britische Führung, namentlich Wilson, sah sich sowohl amerikanischem Druck ausgesetzt, sich militärisch in Vietnam zu engagieren als auch dem innenpolitischen Drängen – insbesondere der eigenen Labour-Party – gegenüber, sich offen von dem Vietnam-Engagement der USA zu distanzieren. Der Premierminister entzog sich diesem Dilemma, indem er sich als »ehrlicher Makler« zwischen den Kriegsparteien versuchte, wobei dem jedoch kein durchschlagender Erfolg beschieden war.

Arenths Studie kommt stellenweise zu interessanten und zutreffenden Urteilen: So im Hinblick auf die Außenpolitik Erhards, deren proamerikanische Orientierung er deutlich kritisiert, wobei er auch unterstreicht, daß Johnson im Herbst 1966 einen Sturz des ihm so gewogenen Kanzlers durchaus einkalkulierte, als er ihm jeden Kompromiß in der Frage des Devisenausgleichs verweigerte. Aufschlußreich ist aber auch seine Schilderung des amerikanischen Dilemmas, die eigenen Beistandsverpflichtungen sowohl den Westeuropäern – gegenüber der Sowjetunion – als auch den Verbündeten im pazifisch-asiatischen Raum – gegenüber China – glaubwürdig machen zu müssen. Und überzeugend ist schließlich seine Schilderung der Haltung der europäischen Verbündeten gegenüber der amerikanischen Vietnam-Politik sowie die von ihm daraus abgeleitete Komplexität der Jahre 1963 bis 1969, der das einfache Schema von »Kaltem Krieg« und »Ost-West-Gegensatz« nicht mehr gerecht wurde. Letztlich aber wird Arenth seinem ambitiösen Programm nicht gerecht: Die skizzierten Großkapitel stehen weitgehend unverbunden nebeneinander; jedes für sich liefert wenig Neues, was wohl auch daran liegt, daß sich der Autor nur für die Untersuchung der amerikanischen Politik auf neues Quellenmaterial stützen konnte und die Haltung der westeuropäischen Verbündeten überwiegend mit Hilfe der Tagespublizistik erörtert, die überdies noch allzu ausführlich zitiert wird. Vielleicht wäre ein weniger anspruchsvoller Ansatz, der sich allein auf die amerikanische Perspektive beschränkt hätte, daher in diesem Fall mehr gewesen.

Reiner MARCOWITZ, Dresden

Pierre GROSSER, Les temps de la guerre froide. Réflexions sur l'histoire de la guerre froide et sur les causes de sa fin, Bruxelles (Complexe) 1995, 465 S. (Questions au XXe siècle, 77).

Das Ende des Kalten Krieges hat zahlreiche ad-hoc-Erklärungen gefunden, die freilich häufig nicht mehr als oberflächliche Selbstrechtfertigungen darstellen; die politische Indienstnahme unterschiedlicher Interpretationen des Ost-West-Konflikts dauert unvermindert an. In dieser Situation stellt sich Grosser mit einem Versuch vor, die lebhafte, aber intellektuell wenig befriedigende Debatte zu objektivieren und damit zur Historisierung des Kalten Krieges beizutragen. Er ordnet dazu die Deutungen und Forschungsergebnisse, die in den letzten zehn Jahren vorgetragen wurden, unter systematischen Gesichtspunkten, prüft sie auf ihre Tragfähigkeit und entwickelt daraus eine umfassend angelegte Gesamtinterpretation. Der Kalte Krieg, so lautet sein Befund, sei von einer Überlagerung unterschiedlicher historischer Zeiten geprägt gewesen, die alle ihre eigene Entwicklungslogik hatten: Die Zeit absoluten Mißtrauens und innenpolitischer Verhärtung, die Zeit der Bipolarität, das Nuklearzeitalter, das Zeitalter der totalen Kriege, das Zeitalter der Ideologien, das Zeitalter der industriellen Akkumulation, die lange Zeit der Moderne, der Verwestlichung, der Ausbreitung moderner Staatlichkeit und der kapitalistischen Dynamik. Ein Teil dieser Zyklen gelangte in den 80er Jahren an ihr Ende, andere wandelten sich, und aus dieser »außerordentlichen Konvergenz« (S. 358) ergab sich das Ende des Kalten Krieges.

Das ist etwas abstrakt formuliert und suggeriert in »postmodernistischer« Weise mehr an Erklärung als Grosser tatsächlich bieten kann. Beim Durchgang durch die verschiedenen Erklärungsansätze hält er jedoch eine solche Fülle scharfsinniger Beobachtungen fest, daß insgesamt gleichwohl ein reichhaltiges Gesamtbild entsteht, dessen Grundzüge sich behaupten dürften. Er macht deutlich, daß die Sowjetunion stets weit weniger Weltmacht war als die USA. Aus der Erfahrung des Zweiten Weltkrieges zog Stalin den Schluß, daß sie gleichwohl Stärke vorspiegeln mußte, um respektiert zu werden. Gleichzeitig hatte sie sorgsam darauf zu achten, in keinen weiteren Krieg verwickelt zu werden. Die teils brutale, teils aber auch vorsichtige Politik, die daraus resultierte, wurde auf der westlichen Seite umso eher als Ausdruck eines fundamentalen Expansionismus interpretiert, als die USA aufgrund des Krieges ebenfalls ein übersteigertes Sicherheitsbedürfnis entwickelten und die liberale Demokratie krisenanfällig erschien. Die Eindämmungspolitik, die daraus hervorging, basierte auf der »sehr eigenartigen« (S. 102) Vorstellung, daß das Gleichgewicht der Kräfte nur solange herrschte, wie die globale Vormachtstellung der USA gewahrt blieb.

Das Ende des Kalten Krieges sieht Grosser in erster Linie als eine Folge innerer Entwicklungen in den Gesellschaften des Ostens wie des Westens. Im Ostblock nahm eine neue Mittelklasse den Abstand zum Wohlstandsniveau des Westens wahr und entdeckte die strukturelle Unfähigkeit planwirtschaftlicher Systeme, ihn aufzuholen; im Westen zwang eine Mobilisierung der Zivilgesellschaft die Regierungen, die Verständigung zu suchen, und ermutigte zugleich die Dissidenten im Osten. Die Politik der Stär-

Hist. Seminar Universität Frankfurt a. M.

ke der Reagan-Ära hat zur Wende der sowjetischen Politik insofern beigetragen, als sie den Verantwortlichen in Moskau vor Augen führte, daß sich das Kräfteverhältnis unausweichlich zu Gunsten des Westens verschob; für die Entwicklung der Gorbatschow-Politik waren dann aber die Übernahme westlicher Entspannungsvorstellungen und die partnerschaftliche Unterstützung aus dem Westen entscheidend.

Hinsichtlich der Möglichkeiten, den Kalten Krieg früher zu beenden, bleibt Grosser merkwürdig unentschieden: Einerseits deutet er an, daß feindseliges Verhalten des Westens die Auflösung des kommunistischen Systems verzögert hat; andererseits will er aber auch nicht ausschließen, daß entschiedeneres Auftreten des Westens repressive Akte der Sowjetmacht hätte verhindern können. Der häufig geäußerte Vorwurf an die »zweite Ostpolitik« der 80er Jahre, zur Stabilisierung der östlichen Regime beigetragen, bleibt ungeklärt im Raum stehen. An solchen Stellen werden die Grenzen einer Vorgehensweise deutlich, die möglichst alle Aspekte des Kalten Krieges in die Betrachtung einbeziehen will und darum komplexe Fragen nicht immer ausdiskutieren kann. Solche Schwächen werden freilich durch den Reichtum an Informationen und Anregungen mehr als aufgewogen. Grossers Buch stellt nicht nur ein vorzügliches Arbeitsinstrument dar; es ist auch geeignet, die Debatte über den Kalten Krieg und die Ursachen seines Endes auf eine neue Stufe zu führen.

Wilfried LOTH, Essen

Klaus-Dietmar HENKE, Roger ENGELMANN (Hg.), Aktenlage. Die Bedeutung der Unterlagen des Staatssicherheitsdienstes für die Zeitgeschichtsforschung, Berlin (Links) 1995, 244 p. (Analysen und Dokumente, 1).

Cet ouvrage rassemble des articles assez disparates et d'un intérêt fort inégal. Ils sont regroupés tant bien que mal sous cinq rubriques: valeur et exploitation de la documentation; rôle du ministère de la Sécurité d'Etat; les victimes; opposition et persécution; importance spécifique des documents de la Stasi; problèmes et chances de l'accès aux dossiers. Quel est l'intérêt des dossiers de la Stasi pour la recherche historique? La meilleure réponse me paraît être celle de Siegfried SUCKUT (p. 204) qui souligne que la recherche du sensationnel l'a souvent emporté sur un travail historique en profondeur (p. 206). Tout aussi importantes pour les chercheurs sont, selon Stefan WOLLE, les archives du SED (p. 218) qui n'ont pas, jusqu'ici, fait l'objet du même traitement médiatique que les dossiers de la Stasi. Plusieurs contributions rappellent cette évidence que les documents de la Stasi doivent être lus d'un regard critique (Ulrich SCHRÖTER, p. 42, Peter STEINBACH, p. 224–225) et utilisés avec précaution[1].

Précaution d'autant plus nécessaire quand on apprend que beaucoup d'informateurs ont tendance à rapporter des rumeurs plutôt que des faits, qu'ils bavardent beaucoup, exagèrent, essaient de se faire valoir (p. 187, 224). En 1957, Mielke affirmait que 90 % des informations recueillies étaient inutilisables (p. 72). En outre les rapports figurant dans les dossiers n'ont pas été rédigés par les informateurs mais par les officiers qui les contrôlent, parfois plusieurs jours après leur entretien avec l'informateur dont ils sont censés rapporter les paroles. Ce dernier n'a jamais la possibilité de lire ce rapport, ni à fortiori de vérifier l'exactitude des déclarations qu'on lui prête (Helmut MÜLLER-ENBERGS, p. 72). Même la qualification de IM est sujette à caution. Des catholiques »agissant sur ordre de leurs supérieurs ecclésiastiques« ont été classés IM, à leur insu naturellement (Bernd SCHÄFER, p. 51).

1 Le président de la République, Richard von Weizsäcker avait déjà souligné ce point dans le discours prononcé à Bautzen en février 1992 (Bulletin de presse et d'information du gouvernement fédéral, n° 23, p. 232).

Les médias (et certains chercheurs) se sont jusqu'ici intéressés presque uniquement aux informateurs chargés de la surveillance des opposants politiques. Or dans les années soixante-dix et jusqu'en 1987, alors que l'appareil du ministère de la Sécurité d'Etat s'était considérablement accru, la lutte contre l'opposition politique mobilise de moins en moins de monde (p. 17). En revanche le rôle qu'a joué la Stasi dans le secteur de la production industrielle n'a été jusqu'ici que fort peu étudié. Et pourtant le nombre des informateurs travaillant dans ce secteur aurait représenté 30 à 50 % du total des IM (Suckut, p. 198. Voir également Hans Hermann Hertle, Franz-Otto Gilles, p. 119, 136 et passim).

Plusieurs auteurs soulignent que la Stasi constituait une sorte de substitut des instituts de sondage ouest-allemands, inexistants en RDA; elle s'efforçait d'établir les tendances de l'opinion, le degré d'acceptation des décisions prises par le pouvoir, etc. (Suckut, p. 195, Engelmann, p. 39).

Les articles consacrés aux groupes d'opposants et aux efforts de la Stasi pour les neutraliser sont assez décevants: comparés à la nombreuse littérature existant sur le sujet ils n'apportent pas grand-chose de nouveau. En revanche Klaus Michael fait en quelques pages un tableau tout à fait remarquable, précis, bourré d'informations, des tentatives de la Stasi pour venir à bout des groupes qui tentaient de développer une »culture alternative« (p. 138–149).

Au passage deux auteurs relèvent les paradoxes résultant de l'accès inégal aux archives selon qu'il s'agit de l'ex-RDA ou de la RFA. Dans les archives de la RDA on trouve des informations sur les rencontres entre dirigeants ouest-allemands et est-allemands. Or impossible d'avoir la version ouest-allemande de ces démarches (Wolle, p. 214). Même pour les événements remontant au Troisième Reich, c'est dans les archives de la RDA qu'on trouve une documentation qui demeure encore inaccessible dans celles de la RFA (par exemple les documents concernant »l'Orchestre rouge« (Steinbach, p. 230).

Gilbert Badia, Paris

Anzeigen

Europe centrale/Mitteleuropa. Revue Germanique Internationale 1/1994. Revue semestrielle publiée avec le concours du CNL, Paris (Presses Universitaires de France) 1994, 252 S.

Der Begriff »Mitteleuropa« ist – wie die aktuelle Diskussion zeigt – äußerst vielschichtig und alles andere als neutral. Die historische und gegenwärtige Debatte, die seit 1990 wieder etwas verstummt ist, verdeutlicht, daß sich trotz mehrdeutiger Definitionen ein bestimmtes Bedeutungsfeld in den Vordergrund schob: Mitteleuropa als Idee, daß zwischen den großen und globalen Machtblöcken in Europa vor 1989/90 für die kleinen Völker in der Mitte ein Spiel- und Gestaltungsraum entstanden ist, der eine Verbesserung der Lebensbedingungen und ein Wiedererstarken des Selbstbewußtseins der Menschen dieses Raumes ermöglicht.

Obwohl gegen das Mitteleuropa-Projekt, wie es vor 1989/90 bestand, Einwände erhoben wurden, es sei eine neue politische Symbolik, ja eine Ideologie, eine Utopie, beschreiben Wissenschaftler, Künstler, Schriftsteller und Politiker heute das Bild einer Kulturlandschaft im Zentrum Europas, dessen historische Aufarbeitung neue Möglichkeiten und Perspektiven eröffnet.

Gegen Ende des 19. Jh. erhielt der Begriff eine aggressiv-politische Komponente durch die »Mitteleuropa-Idee« Friedrich Naumanns. Ihm schwebte ein föderalistisches Kern-Mitteleuropa aus Österreich-Ungarn und dem Deutschen Reich vor, dem sich bei Gelingen weitere Staaten von Skandinavien bis zur Türkei anschließen könnten. Naumann dachte in erster Linie machtpolitisch und ökonomisch, aber nicht in geographischen Dimensionen. Nach 1945 wurde betont, daß es nur noch eine »mitteleuropäische Kulturlandschaftsidee« gebe. Hier knüpfen auch die neuen Mitteleuropa-Projekte an.

Im vorliegenden Band geht es schwerpunktmäßig um die Fragen des Mitteleuropa-Begriffs und seiner Geschichte (Krzysztof POMIAN, Ernst BEHLER, Zoran KONSTANTINOVIC, Ekaterina DMITRIEVA, Fred E. SCHRADER und Hans-Dietrich SCHULTZ) und um kulturelle Geflechte und Verbindungen (Manès SPERBER, Denis BOUSCH, Antonia BERNARD, Andrei CORBEA-HOISIE, Jacqueline FONTAINE und Maria KLANSKAT, Georg SCHMID und Viktor KARADY). »Mitteleuropa« hat offenbar heute ständig bewegliche Grenzen, weil es sich nicht als machtpolitisches Instrument versteht, sondern als ein geistig-kulturelles Prinzip. So versteht sich »Mitteleuropa« als »imaginäre« Größe, die vor allem dadurch bestimmt erscheint, daß Menschen ihre historischen Gemeinsamkeiten und ihre Chancen in kulturellen und wissenschaftlichen Kontakten sowie im Austausch bestimmter Lebensbedingungen und -gefühle formulieren.

»Mitteleuropa« ist z.B. für György KONRÁD ein Gebilde, dessen staatliche Existenz nicht ganz dem Realitätsempfinden der Mitteleuropäer entspricht. Aus der zentralen Lage ergebe sich eine Philosophie der paradoxen Mitte, die das Wesen einer »vorstellbaren europäischen Weltanschauung« sein könnte. »Mitteleuropa« ist, wie die Beiträge dieses Bandes zeigen, ein Projekt, ein kulturelles Bündnis und kein machtpolitisches oder geopolitisches Instrument. Der Begriff war und ist in der Geschichte und in der intellektuellen Diskussion ein Vorgang von einer gewissen Bedeutung, da er zumindest einen Wandel der Perspektiven, der Wahrnehmungen und der politisch-historischen Orientierungsblickpunkte aufzeigt, der allerdings auch nicht überschätzt oder überbewertet werden darf, da die Debatte seit 1990 an Intensität nachläßt. Die tiefgreifenden Veränderungen in Osteuropa haben zu einer neuen Positionierung geführt. Sicher ist jedoch, daß mit dem Diskurs über Mitteleuropa eine Dimension Europas wieder deutlicher gemacht wurde, die über Jahrzehnte hinweg verschollen geblieben war. Insofern leistet der vorliegende Band einen Beitrag zur Strukturierung und Einschätzung der Diskussion, die allerdings um einige Jahre zu spät kommt.

Helmut REINALTER, Innsbruck

Grenzgänge. Beiträge zu einer modernen Romanistik, Leipzig (Leipziger Universitätsverlag) 1994–1995, N° 1, 2, 3. 140 p. chacun.

Une nouvelle revue semestrielle de romanistique est née en 1994 à Leipzig. Les membres du comité scientifique sont principalement des universitaires travaillant à l'est de l'Allemagne, et à côté de linguistes et de philologues on note la présence de nombreux historiens. La situation de crise que traversent les études romanes en Allemagne mérite qu'on accorde à cette initiative une attention particulière. L'époque de Friedrich Diez et de Wendelin Foerster est définitivement révolue. La romanistique ne peut plus avoir pour objet principal la comparaison de dialectes issus du latin ni l'étude des variantes provençales de tel texte médiéval. Pourtant ce n'est pas une rupture que prônent les rédacteurs de la revue. En effet la philologie romane n'allait pas à l'origine sans une perspective historico-ethnologique progressivement évincée par la littérature.

D'autre part la »Romania« est certainement un concept problématique si on la considère comme une entité ethnique, mais elle peut fort bien être perçue comme une invitation à un comparatisme permanent et à une étude poussée des imbrications et des transferts culturels à l'intérieur de l'espace roman et, par exemple, entre cet espace et l'aire culturelle germanique. Au fond, le programme initial des fondateurs n'allait-il pas précisément dans le sens d'une étude de ces imbrications? Une spécialisation trop étroite et un éclatement du domaine roman n'iraient-ils pas à l'encontre des besoins actuels dans des universités où il s'agit de former moins des spécialistes de telle littérature que des généralistes capables de traverser les frontières? La rénovation de la discipline passerait donc par la fidélité à un certain aspect du programme des fondateurs. Trois rubriques se retrouvent dans les premiers numéros: des articles de fond, des présentations de recherches en cours et des discussions sur l'actualité de la discipline (»Romanistik und Gesellschaft«).

Le premier numéro rappelle l'ampleur du champ qui doit être balayé, puisqu'à côté d'un article de Klaus BOCHMANN sur la relation de la méthode traductrice et des sciences sociales, d'une étude de Jürgen ERFURT sur la situation du français dans l'Ontario, on rencontre un article de Utz MAAS sur l'histoire de la linguistique romaniste après 1945, une interview d'Umberto ECO, une contribution de Jenny BRUMME sur la part accordée à l'espagnol moderne dans les histoires de la langue. Le second numéro est encore très programmatique et inscrit visiblement dans le champ de la romanistique la question des transferts culturels puisque'un compte rendu sur les travaux récents dans ce domaine de Katharina et Matthias MIDDELL voisine avec un aperçu sur l'histoire de la germanistique en France et une étude de Geneviève ROCHE sur les traductions-relais en Allemagne au XVIIIe siècle. Si le compte rendu de Kai-Ulrich HARTWICH sur Montesquieu est symptomatique du respect de la composante philologique et littéraire de la discipline, la contribution de l'historien Fred E. SCHRADER sur la sociabilité à l'époque des Lumières révèle l'attachement à une composante historique voire à la recherche en histoire sociale. Le numéro 3, thématique et d'esprit très linguistique, est consacré au Canada. La coordination en a été assurée par le linguiste Jürgen ERFURT. Mais un objet comme le Canada montre bien à quel point la langue est le vecteur de conflits ou de revendications d'un autre ordre.

Chacun des trois numéros parus laisse apparaître au demeurant un souci constant de situer le devenir et l'orientation de la discipline romanistique dans les débats du moment. On trouve dans le premier numéro une interview de Eberhard LÄMMERT sur le thème »Die Geisteswissenschaften – Verlierer der Wende?«. Dans le numéro 2 Konrad SCHOELL, professeur à l'Institut de romanistique d'Erfurt, relate l'expérience d'une conversion des professeurs de russe en professeurs de français en Thuringe. Le romaniste de Francfort-sur-le-Main Burkhart STEINWACHS aborde la question de l'évaluation des recherches de sciences humaines et sociales conduites dans l'ancienne RDA. Chaque numéro donne enfin un bref éclairage sur la structure d'enseignement et de recherche dans les instituts des nouveaux Länder, sur les cours organisés et les colloques, conférences et congrès qui s'y tiennent. Même s'il est encore trop tôt pour tirer un bilan, il apparaît que les Grenzgänge sont mus par une volonté, née dans le bouillonnement fécond de l'Université de Leipzig, de renouveler en profondeur les études romanes tout en préservant l'héritage. De telles initiatives ne peuvent que donner un nouveau souffle à la vieille discipline.

Michel ESPAGNE, Paris

Revue Germanique Internationale. Histoire et théories de l'art. De Winckelmann à Panofsky, Paris (PUF) 1995, 295 S. (Revue Germanique Internationale, 4).

Michel ESPAGNE plädiert in seiner Einleitung für die Untersuchung interkultureller Phänomene in der Geschichte. So führe die Erforschung derartiger deutsch-französischer Verflechtungen eben nicht zur Aufrechnung von Unterschieden und Ähnlichkeiten, sondern zu der Einsicht, daß sich jede nationale Kultur zumindest teilweise in der jeweils anderen wiederfindet. In diesem Sinne wird der Spiegel zur Metapher für Wechselbeziehungen und Wechselwirkungen, die die Geistesverfassung der einen nicht ohne diejenige der anderen Nation faßbar macht. Das ist ein weites Feld.

Die 16 Beiträge behandeln sehr unterschiedliche Spiegelungen der skizzierten Art. Sie sind drei Teilen zugeordnet, die mit »L'angoisse du reflet«, »Malaise dans le langage« und »Identités et imbrications« überschrieben sind. Dort findet sich etwa eine Analyse des Presseechos auf eine Deutschlandreise, die der Germanist Charles Andler im Frühjahr 1908 mit 18 seiner Studenten unternahm; Antoinette BLUM erkennt in diesen Reaktionen ein letztes Aufleuchten jener großen innerfranzösischen Kontroverse, die die Dreyfus-Affäre ausgelöst hatte. Katharina und Matthias MIDDELL machen sich für eine interkulturelle Regionalgeschichte stark und haben dabei Frankreich und Sachsen im Blick; zweifellos sprechen starke Argumente für eine historiographische Aufarbeitung jener Beziehung. Ein reizvolles Thema ist auch das Verhältnis von Adelbert von Chamisso zu den Berliner Hugenotten; René-Marc PILLE kommt zu dem bemerkenswerten Schluß, daß der Revolutionsflüchtling das Gedankengut der französischen Aufklärung durch die Vermittlung der Glaubensemigranten rezipierte.

Der Band hat seinen Schwerpunkt in interkulturellen Facetten des 19. Jh. und insbesondere während der Reichsgründungszeit. Marion MARQUARDT erkennt im Frankreichbild Wilhelm Diltheys eine dichotomische Auffassung vom Nationalstaat: hier das Wirklichkeit gewordene Ideal der aus evolutionären Prozessen hervorgegangenen Ordnung eines geeinten Deutschland, dort das abschreckende Gegenbeispiel entfesselter revolutionärer Kräfte mit ihren zerstörerischen Auswirkungen auf die bestehende

Gesellschaftsstruktur. Michael WERNER geht der Frage nach, wie in zeitgenössischen französischen Periodika die Diskussion um den Nationalbegriff unter dem Eindruck des Krieges von 1870/71 verlief. Die Gründung der Dritten Republik und des zweiten Kaiserreiches ist für Fred SCHRADER die Ausgangssituation für die historische Verankerung nationaler Identität in Frankreich und Deutschland. Michael JEISMANN schließlich kondensiert die Aussagen seiner vielbeachteten Dissertation (Das Vaterland der Feinde, Stuttgart 1992) zu Ansätzen einer Theorie politischer Identifikation, in der die Feindschaft zwischen Nationen als konstitutiver Bestandteil des Nationalen gesehen wird.

Aus allen diesen Artikeln ist (noch) kein stringentes Muster interkultureller Geschichtsschreibung zu erkennen. Das will und kann ein auf wissenschaftliche Aktualität angelegtes Periodikum in der Regel auch gar nicht leisten. Die Diskussion ist immerhin eröffnet.

Dieter TIEMANN, Tours

Robert FOX, Science, Industry, and Social Order in Post-Revolutionary France, Hants (Variorum) 1995, XIV–291 S. (Collected Studies Series, 489).

Der vorliegende Band vereint 17 Aufsätze und Kolloquiumsbeiträge, die alle schon einmal erschienen sind. Der älteste geht auf das Jahr 1974 zurück. Fox analysiert in diesem »Sammelband« die Beziehungen zwischen Wissenschaft und Industrie, das gespannte Verhältnis zwischen Lehre und staatlicher Forschungspolitik, sowie die öffentliche Kritik an Wissenschaft und Lehre in Frankreich zwischen 1815 und 1914. Er interessiert sich für die industrielle und wissenschaftliche Entwicklung Frankreichs, weil sie anders als in Deutschland oder den Vereinigten Staaten verlaufen ist. Anders muß aber nicht schlechter bedeuten, wie er betont, oder aber schlechter aus objektiven Gründen: Verlust von Elsaß-Lothringen, Wirtschaftskrise, ungünstige Zollstrukturen und Patentschutz.

Die französische Industrie hat lange Zeit, d.h. bis Ende des 19. Jh., die Zusammenarbeit mit Wissenschaftlern vernachlässigt, die Ausbildung gelernter Arbeiter aber mit besonderem Interesse verfolgt. Erschwert wurde die wissenschaftliche Arbeit an französischen Universitäten durch eine sich stets ändernde Bildungspolitik und durch die Konkurrenz anderer Ausbildungsstätten, wie der École Polytechnique, deren ehemalige Schüler rasch Führungspositionen in der Industrie übernommen haben. Vor diesem Hintergrund erklärt sich auch die Kritik der französischen Öffentlichkeit, die der Wissenschaft oft Realitätsferne und Unproduktivität vorgeworfen hat.

Die Untersuchungen von Fox gewinnen durch die Perspektive des Vergleichs an Bedeutung. Er analysiert die französische Entwicklung, indem er sie mit der englischen, deutschen oder amerikanischen in Verbindung bringt, und somit weit über den französischen Rahmen hinausgeht. Dieser Interpretationsansatz skizziert besonders eindrucksvoll die Entwicklung Frankreichs im Rahmen der Industrialisierung Nordeuropas und Amerikas.

Dagmar SOLEYMANI, Paris

Anna Gianna MANCA, La sfida delle riforme. Costituzione e politica nel liberalismo prussiano (1850–1866), Bologna (il Mulino) 1995, 684 p. (Annali dell'Istituto storico italo-germanico, Monografia 21).

Le livre traite de la situation politique en Prusse au milieu du XIXe siècle et plus particulièrement de l'interêt pour le développement constitutionnel (»Ausbau der Verfassung«). Ce mouvement politique est né avec l'introduction de la constitution du 31 janvier 1850. Le but principal de la politique des libéraux était l'extension législative de cette constitution, considérée comme la base du développement constitutionel de l'avenir de la Prusse, au contraire du parti conservateur pour lequel l'affaire était terminée. Quinze années furent donc caractérisées par la lutte du libéralisme prussien pour le développement législatif dans le sens de l'élargissement constitutionel de la monarchie. Pour le mouvement libéral les rigidités de la constitution et de l'administration étaient l'obstacle qui empêchait ce développement, obstacle à éliminer pas à pas en vue de la réalisation de la réforme législative promise.

Cette phase de la vie politique prussienne montre ainsi les débats législatifs autour du droit municipal, du budget de l'État, du mariage civil, ou encore du budget militaire. La politique extèrieure a contribué à influencer la ratification du budget: à titre d'exemple, la guerre menée par l'Autriche contre Napoléon III ayant suscité des projets de recrutement et pour son financement la chambre ayant consenti un crédit de 40 millions de thaler, les libéraux demandèrent une modification de la confédération germanique après l'échec de l'Autriche alliée. Le libéralisme prussien, composé de deux groupes, celui des progressistes et celui des modérés, faisait son chemin.

L'auteur ne se borne pas à retracer les étapes de ce développement constitutionnel, elle s'intéresse aussi aux opinions politiques de l'époque. Elle montre les débats d'idées autour des politiciens les plus importants, mais aussi des apports des spécialistes en sciences politiques, comme Ludwig Peter Moritz von Rönne, Friedrich Julius Stahl ou Lorenz von Stein.

L'appareil des notes fournit de nombreuses informations biographiques sur le monde politique et scientifique prussien au XIXe siècle, ainsi qu'une sélection de documents, souvent eux-même accompagnés d'explications ou faisant l'objet d'une interprétation particulière. Une vaste bibliographie complète l'étude, ainsi qu'un bref *index nominum*.

Christine Maria GRAFINGER, Rom

John BREUILLY, Gottfried NIEDHART, Anthony TAYLOR (Hg.), The Era of the Reform League: English Labour and Radical Politics 1857–1872. Documents Selected by Gustav MAYER, Mannheim (Palatium Verlag im J & J Verlag) 1995, XI–369 p. (Mannheimer Historische Forschungen, 8).

Ce recueil est le fruit d'une collaboration étrange entre un historien allemand. Gustav Meyer, brillant chercheur, juif expulsé en 1933 de son Université de Berlin et, par la suite, réfugié à Londres, et trois historiens contemporains qui ont décidé de publier, avec notes et commentaires, un manuscrit vieux d'un demi-siècle (Meyer est mort en 1948). Cette détermination n'a pas été le fruit d'une volonté pieuse de rendre hommage à un érudit et à ses souffrances, mais résulte pour l'essentiel d'un constat: grand spécialiste de l'histoire sociale des premières décennies de l'époque victorienne, théoricien original de l'histoire du mouvement ouvrier. Meyer, avec l'appui d'une impeccable documentation, a pu soutenir en particulier que le chartisme n'était nullement mort en 1854, que son influence locale est encore sensible dans bien des manifestations et revendications des années postérieures comme dans l'accueil fait aux propositions de réforme démocratique des Libéraux et à la grande Réforme disraélienne de 1867; la division précoce entre »extrémistes«, ralliés plus ou moins complètement au socialisme révolutionnaire, et »réalistes« apôtres de la grande alliance du monde du travail et de la bourgeoisie libérale, apparaît en fait beaucoup moins évidente qu'on ne l'avait dit, le débat idéologique bien plus durable et de bien plus grande portée qu'on ne l'avait supposé et, du coup, les quêtes contemporaines d'»explications« socio-économiques du destin des chartistes au cours de la période parfois trop précipitées. Nombre de textes permettent de mieux prendre conscience de ce qu'a été le Mouvement pour la Réforme des années 1860, le Mouvement républicain du début des années 1870: l'attention prêtée aux événements du dehors, de l'Italie garibaldienne à la Commune de 1871 en France, est riche d'enseignements.

On ne saurait trop rendre hommage aux promoteurs allemands et anglais de cette édition, à l'Université de Mannheim qui en a assumé la maîtrise d'œuvre, aux auteurs des précieuses notations qui autorisent le lecteur à replacer la recherche de Gustav Meyer dans l'historiographie contemporaine. Et tout spécialiste du monde anglais ne pourra désormais se passer d'utiliser cette collection de documents.

Roland MARX, Paris

Anne SAINT SAUVEUR-HENN, Un siècle d'émigration allemande vers l'Argentine 1853–1945, Köln, Weimar (Böhlau) 1995, 852 p.

Anne Saint Sauveur-Henn consacre sa thèse d'Etat à l'étude de l'émigration allemande – contrainte ou volontaire – vers l'Argentine, un domaine presque délaissé jusqu'à présent. La date de 1853 est celle de la première constitution argentine dans laquelle le droit à l'immigration est officiellement proclamé. L'auteur rassemble des sources d'archives allemandes et argentines inédites complétées par l'exploitation de la presse allemande parue en Argentine au XIXe et au XXe siècle, de données statistiques ainsi que celle des interviews réalisées sur place au cours de plusieurs séjours de longue durée.

A une rétrospective historique avant 1853 – où sont présentés de manière synthétique les destins de conquérants allemands – succède une analyse historique et démographique des phénomènes d'émigration et d'immigration dans les deux pôles de l'étude, l'Allemagne et l'Argentine – cette dernière, pays à faible densité de population et nation d'immigrants. Dès le XIXe siècle, le motif principal est d'ordre économique et social, les crises étant en étroite corrélation avec la hausse de l'émigration. Parallèlement, le droit à l'émigration est progressivement reconnu en Allemagne jusqu'à la césure fondamentale de 1933 où la nature même de l'émigration allemande devient tragiquement différente. En Argentine, les moyens de surveillance du mouvement d'émigrants sont renforcés en 1936 par des mesures restrictives.

Une analyse des modalités de l'émigration allemande vers l'Argentine est présentée sous l'angle institutionnel à la fois grâce aux archives des organisations (structures de départ et d'arrivée) et aux témoignages d'émigrants et d'émigrés: à partir de 1933, c'est la persécution raciste qui devient le facteur déterminant de départ – ultime solution, fuite – au lieu de la perspective de trouver un emploi.

Exception faite de la colonisation agricole, à laquelle est consacré tout un chapitre démontrant sa spécificité, la typologie des diverses formes d'émigration allemande est envisagée d'un point de vue démographique et sociologique, en tenant compte des divergences entre les statistiques allemandes et argentines. Au problème de l'adaptation au pays d'accueil succède celui de l'assimilation, voire de la naturalisation, marquée également pour les enfants d'émigrés par l'abandon de la langue allemande au profit de l'espagnol et par des mariages avec des Argentins. Cependant, un certain lien avec l'Allemagne peut être entretenu grâce à la presse et par des écoles comme l'école Pestalozzi.

Les diverses facettes de l'attitude des émigrés allemands d'Argentine sont montrées en regard de l'évolution de la politique allemande au cours de ce siècle: émigrés socialistes du Vorwärts, action des Allemands d'Argentine pendant la Première Guerre mondiale, attitudes divergentes face à la République, puis adhésion au nazisme ou rejet. L'action des exilés politiques à Buenos Aires entre 1936 et 1945 est traitée à part, les derniers témoins livrant leur histoire: refus d'engagement politique pour certains, violemment critiqué par Das Andere Deutschland; actions spécifiques des communistes, les moteurs du Volksblatt; Freies Deutschland et la revendication d'un front unitaire parmi les antifascistes; l'engagement d'artistes exilés comme le dramaturge Paul Walter Jacob, les écrivains Paul Zech et Balder Olden ou le caricaturiste Clément Moreau. Les particularités de l'exil autrichien ne sont pas passées sous silence, pas plus que celles de l'opposition de droite.

Cette recherche met en valeur la spécificité et l'importance grandissante de l'émigration allemande en Argentine du milieu du XIXe au milieu du XXe siècle. Son originalité se situe à un double niveau, économique et culturel: créations d'entreprises, production propre de maisons d'édition allemandes ou retentissement d'artistes au delà du cercle de la communauté. L'actualité du sujet est évidente en Europe où il n'est pas facile de trouver des réponses au problème de l'immigration que, dans Le Monde du 6 septembre 1996, Vargas Llosa qualifie de »bénédiction«.

Anne-Marie CORBIN-SCHUFFELS, Lille

Joachim KÜHN, Napoleon III. Ein Selbstbildnis in ungedruckten und zerstreuten Briefen und Aufzeichnungen, Frauenfeld (Napoleon-Museum Arenenberg) 1993, 901 S., 108 Abb.

Der Diplomat und Historiker Kühn hat sich zeit seines Lebens mit der napoleonischen Dynastie beschäftigt und war darüber hinaus ein leidenschaftlicher Sammler von Autographen. Angesichts der Masse an gesammelten Briefen, die ihm für seine Arbeit entweder im Original oder in Abschrift zur Verfügung standen, erwuchs ihm der Plan einer Edition der Korrespondenz Napoleons III. Die Veröffentlichung dieses monumentalen Werks übernahm das Napoleon-Museum Arenenberg (Schweiz). Dies kam dem Buch, das nicht nur mit zahlreichen prächtigen Bildtafeln aus dem Fundus des Museums ausgestattet, sondern auch insgesamt mit viel Liebe und Sorgfalt hergestellt wurde, sehr zugute.

Auf gut 900 Seiten unterbreitet Kühn dem Leser eine Fülle von Dokumenten privater und politischer Natur aus den Jahren 1823 bis 1872. Er beschränkt sich demnach nicht nur, wie viele andere Editionen, auf einen bestimmten Zeitabschnitt aus dem Leben Napoleons III., sondern schließt dessen Jugend in Arenenberg genauso ein wie das imperiale Zeitalter und den Lebensabend in Chislehurst (England). Es handelt sich dabei zum Teil um unveröffentlichte Briefe. Sie revolutionieren zwar nicht das ohnehin umstrittene Napoleonbild, eröffnen aber sicherlich selbst manchem Kenner der Materie noch einige interessante Einblicke in das Leben des zweiten und letzten französischen Kaisers. Der größere Teil der Dokumente liegt bereits gedruckt vor, allerdings so zerstreut, daß sie häufig nur mühsam zu beschaffen sind. Deshalb liegt der große Wert dieser Edition in der erstmaligen Zusammenstellung eines Großteils der napoleonischen Korrespondenz, die in diesem Umfang und für sein gesamtes Leben noch nie durchgeführt worden ist.

Allerdings entspricht das Werk nicht immer strengen wissenschaftlichen Editionskriterien. So erfordert die konsequente Übersetzung der Dokumente weiterhin eine Konsultierung des Originals, zumal eine stichprobenartige Überprüfung von unveröffentlichten Briefen kleinere Lesefehler und damit Übersetzungsfehler ergab. Darüber hinaus fehlen ein Literaturverzeichnis und ein Register, was die Benutzung des umfangreichen Konvoluts erschwert. Schließlich sind die Auswahlkriterien der Dokumente nicht eindeutig festgelegt, sie entsprechen wohl am ehesten Kühns eigenen Interessenschwerpunkten. Trotz dieser Einschränkungen wird dem Benutzer ein schönes und nützliches Hilfsmittel an die Hand gegeben, mit dem er sich eine bequeme und schnelle Übersicht über relevante Dokumente aus dem Leben Napoleons III. verschaffen kann.

Martin STAUCH, Bonn

Angelo ARA, Eberhard KOLB (Hg.), Regioni di frontiera nell'epoca dei nazionalismi. Alsazia e Lorena/Trento e Trieste, Bologna (il Mulino) 1995, 390 S. (Annali dell'Istituto storico italo-germanico, Quaderno 41).

Es ware eine gute und eigentlich längst überfällige Idee, die Stellung Elsaß-Lothringens, des Trentino und Triests in den Zeiten des integralen Nationalismus vergleichend zu untersuchen. Einheitsstiftend war die von den nationalen Bewegungen ausgehende Herausforderung. Ihnen gegenüber treten die unterschiedlichen historischen Zusammenhänge und staatsrechtlichen Lagerungsbedingungen deutlich zurück. Deshalb standen alle drei Regionen vor ähnlichen Problemen. Der aus einem Trienter Fortgeschrittenenseminar hervorgegangene Sammelband bemüht sich, alle relevanten Aspekte des Themas anzusprechen, ohne daß er für alle Regionen die jeweils ›zuständigen‹ Autoren hätte finden können. Das Fehlen französischer Kollegen – verständlich vom Entstehungszusammenhang her – schließt dies von vornherein aus.

So finden sich zwei Aufsätze zum italienischen Irredentismus, einer zum Austrosozialismus italienischer Sprache, einer zu den deutschnationalen Schutzvereinen im Küstenland um Triest, je einen zu Wanderungsbewegungen, Wahlverhalten, Schulpolitik und Kriegerdenkmälern in Elsaß-Lothringen. Besonders interessant die Perspektive J. Peirotes', eines Straßburger Schriftsetzers und sozialistischen Funktionärs, auf Tirol und das Trentino, die er auf seinen Wanderjahren als in jeder Weise rückständige Gebiete kennenlernte. Nur zur katholischen Kirche liegt je ein Beitrag für die drei Regionen vor. Hier zeigt sich, wie wenig sich der Klerus der nationalen Frage entziehen und einen Mittelkurs einschlagen konnte, wie das der Vatikan anstrebte; weder die Gläubigen noch die Nationalliberalen erlaubten, daß sich die Kirche nur mit Glaubensfragen beschäftigte.

In seinem Schlußwort rückt KOLB die Perspektiven zurecht, die mancher Einzelbeitrag notwendigerweise verschoben hatte. Was erstens die Auseinandersetzungen um die Zugehörigkeit des jeweiligen Gebietes betraf, so gingen sie in Elsaß-Lothringen im Laufe der Zeit zurück, im Trentino und im Küstenland nahmen sie dagegen zu. Dem lagen zweitens die unterschiedlichen Strategien der Eliten zugrunde, die in Elsaß-Lothringen auf Integration, in Trient und im Küstenland jedoch auf Autonomie zielten, womit beide übrigens, so KOLB, recht hatten. KOLB betont drittens, daß die Erfolgsaussichten für beide Strategien nicht schlecht gewesen seien, denn für beide Regionen werde die Bedeutung der nationalistischen Organisationen überschätzt. Schließlich stellt er viertens und in deutlichem Gegensatz zur Einleitung ARAS fest, daß der politische Stellenwert für beide Regionen zweitrangig gewesen sei; der Erste Weltkrieg brach nicht ihretwegen aus.

Christof DIPPER, Darmstadt

L'assassinat du président Sadi Carnot et le procès de Santo Ironimo Caserio. Actes du colloque organisé à Lyon le 21 juin 1994, Lyon (Presses Universitaires de Lyon) 1995, 97 S.

Zum 100. Jahrestag der Ermordung des französischen Präsidenten Sadi Carnot durch den Anarchisten Caserio fand 1994 am Ort der Tat, in Lyon, eine interdisziplinäre Tagung statt, aus der der vorliegende Band hervorgegangen ist. Historiker diskutierten hier gemeinsam mit Juristen, Medizinern sowie Spezialisten des polizeilichen Personenschutzes die verschiedenen Aspekte des Attentats. Dazu gehörte der politisch-soziale Hintergrund der Tat ebenso wie die Konfrontation des Attentäters mit seinen Richtern und Verteidigern, die ärztlichen Versuche, das Leben des Präsidenten zu retten, und die Fehler der Polizeibehörden bei der Prävention der Tat. Nicht alle diese Beiträge sind für den Historiker gleichermaßen relevant: Einige jedoch sind geeignet, die häufig unterbelichteten, zwischen den beiden großen Affären Boulanger und Dreyfus gelegenen 1890er Jahre in das Gedächtnis der Öffentlichkeit zurückzurufen.

G. MANFREDONIA liefert eine interessante Einordnung des Attentats in die ideologischen Auseinandersetzungen innerhalb des anarchistischen Lagers zwischen extrem individualistischen Anhängern der »Propaganda der Tat« und den Befürwortern einer sozialen Orientierung des Anarchismus: letztere konnten sich im Gefolge der Attentatswelle der frühen 1890er Jahre dauerhaft in Frankreich durchsetzen. Lesenswert auch J. LORCINS Untersuchung der populären Reaktionen auf das Attentat in Lyon, wo mehrere Tage lang die italienischen Gastarbeiter und Immigranten Ziel xenophober Racheakte waren, die die Polizei nur langsam unter Kontrolle brachte. Enttäuschend dagegen die Analyse der politischen Konsequenzen des Attentats durch C. BRUSCHI. Die Wirkung der Tat Caserios ging weit über die Verschärfung der Pressegesetze in den sogenannten »lois scélérates« und die Neubelebung der Verfassungsdiskussion hinaus, die von BRUSCHI dargestellt werden. Zu wenig wird in seinem Beitrag die durch die Attentate der Anarchisten geschürte Revolutionsfurcht spürbar, die doch weite Teile des politischen Establishments erfaßte und zu einem Signum der politischen Atmosphäre der 1890er Jahre wurde. Die wichtige Ebene der politischen Mentalitäten – für beide Seiten, Bürgerliche und Anarchisten, zentral, will man die Konsequenzen der Attentate verstehen – wurde somit kaum thematisiert; eine bedauerliche Lücke in dem ansonsten lesenswerten Band.

Daniel MOLLENHAUER, Freiburg

Adelheid von SALDERN, Häuserleben. Zur Geschichte städtischen Arbeiterwohnens vom Kaiserreich bis heute, Bonn (J. H. W. Dietz) 1995, 487 p. (Politik- und Gesellschaftsgeschichte, 38).

L'histoire de l'habitat des travailleurs en Allemagne, les études sur la vie des quartiers ouvriers ont certes fait l'objet de travaux ponctuels pour des périodes relativement courtes et dans des régions données, mais à notre connaissance, il n'existe aucune recherche approfondie de leur évolution sur une période de cent ans (1870/71–1975/80). Ce siècle est d'autant plus important qu'il est jalonné de structures étatiques différentes dont chacune a marqué la conception de l'habitat de son sceau idéologique, économique et politique.

L'ouvrage débute sur l'Empire wilhelminien avec son industrialisation à outrance entraînant une urbanisation sans précédent et une nouvelle structuration des classes sociales. Les préoccupations du logement social sous la République de Weimar marquent une césure importante: la construction des habitations n'est pas laissée aux seules lois du marché, on s'intéresse également au bien-être des occupants. Par ailleurs, la mobilité plus grande des habitants des centres urbains (la bicyclette, la moto, le tramway), les structures familiales plus réduites transposent les constructions nouvelles vers la périphérie. Pendant le régime hitlérien, l'habitat et la vie des quartiers ouvriers sont placés sous le signe d'une surveillance, d'un contrôle continus, entre membres d'une même famille, par les voisins, par le responsable du bloc: la méfiance et le mutisme grandissants rendent toute communication extrèmement difficile. Nouvelle césure: l'après-guerre dans les deux Allemagnes, ruptures et continuités. En République fédérale, il y a divergence entre les traditionalistes (reconstruire comme avant) et les »modernistes«, alors qu'en RDA, l'Etat, seul propriétaire des terrains, inscrit toute construction dans les structures de l'économie planifiée; la quantité prime, c'est l'anonymat des villes satellites à forte densité de population, anonymat que l'on retrouve peu à peu dans toutes les cités du monde.

Cette nouvelle approche de l'histoire d'une société à travers son habitat est intéressante à plus d'un titre: par l'analyse des réseaux sociaux et de leur transformation, par le regard des femmes, car le logement, le quartier, c'est l'histoire de leur lieu de vie et de leur travail, histoire à la fois privée et publique, source d'échanges, de solidarité. L'auteur montre la nécessité de maintenir »ce discours communicatif« (Habermas), de la solidarité au quotidien, facteurs de survie dans un monde de plus en plus difficile à vivre.

Marianne WALLE, Rouen

Wolfgang J. MOMMSEN, Bürgerliche Kultur und künstlerische Avantgarde. Kultur und Politik im deutschen Kaiserreich 1870 bis 1918, Berlin (Propyläen) 1994, 205 p. (Propyläen-Studienausgabe).

C'est la bourgeoisie protestante qui constitue le milieu culturel prédominant dans l'Empire allemand. Au XIXe siècle, le »Bildungs-« et le »Besitzbürgertum« sont étroitement liés: le développement spectaculaire du système scolaire et universitaire depuis la réforme de Wilhelm von Humboldt contribue à la longévité des valeurs culturelles goethéennes au sein de la bourgeoisie. Le lycée classique reste le vivier de ceux qui occuperont des postes de responsabilité dans le pays.

Avec l'industrialisation croissante à la fin du siècle et la mise en place des structures de la grande entreprise, les »barons du charbon et de l'acier« – toujours d'obédience protestante – prennent peu à peu la première place. La foi dans le progrès des sciences et de la technique devient le fondement de toute conception du monde. La création de lycées modernes et d'universités techniques se heurte certes à une forte résistance des traditionalistes, mais l'intervention personnelle constante de Guillaume II qui ne lésine pas sur la distribution de titres et de décorations aux mécènes permet de trouver d'importants moyens financiers pour la création de différents instituts scientifiques de pointe. Les nouveaux schémas de pensée, le processus de rationalisation du monde et de la vie font l'objet d'une analyse rigoureuse et percutante de la part de l'auteur de cet ouvrage – tout comme les différentes interprêtations de la lutte pour la vie, du darwinisme social qui régissent toute société humaine.

Certes, le climat politique n'est pas favorable à l'épanouissement d'un élan novateur dans les arts: de surcroît, l'empereur se veut juge suprême de toute expression culturelle sous la tutelle d'un nationalisme exacerbé, malgré la mise en garde d'un Nietzsche, d'un Theodor Fontane. Les rapports du trône et de l'autel restent très étroits. Le naturalisme est considéré comme une provocation face à un académisme chauvin, »l'art moderne est laid à faire peur« dit le député conservateur W. A. von Henning. Entre 1900 et 1910, l'ascension de l'avant-garde artistique veut rompre avec les idéaux de la bourgeoisie qui, petit à petit, avait fait la paix avec une politique culturelle orientée vers les idéaux de l'aristocratie.

Le chapitre analysant la mobilisation intellectuelle des élites universitaires, des artistes et écrivains pour une guerre libératrice, pour la renaissance d'une culture nationale dans le creuset de la guerre, puis le desenchantement et les desillusions est particulièrement intéressant. Les œuvres critiques sur la période 1914–1918 d'une part, les accents »völkisch« du nouvel idéal de la »révolution conservatrice« de l'autre, déchirant les élites culturelles, contribuent largement au déclin de la démocratie sous Weimar.

Marianne WALLE, Rouen

Karl-Alexander HAMPE, Das Auswärtige Amt in der Ära Bismarck, Bonn (Bouvier) 1995, 256 p.

Cet ouvrage est une solide étude sur l'Auswärtiges Amt à l'époque de Bismarck, en tant qu'organisme administratif et instrument de politique extérieure. Hampe décrit avec précision le développement du ministère, dont l'organisation interne devient de plus en plus complexe, ainsi que le fonctionnement administratif interne. Le ministère est organisé en départements, eux-mêmes divisés en Dezernate ou Referate, selon des critères géographiques ou thématiques. On passe progressivement de deux à quatre départements, le département du personnel (Abteilung I B) se détachant en 1879 du département politique (I A), tandis que le département juridique (III) devient indépendant du département économique (II) en 1885. Un département colonial (Abteilung IV) est créé en 1890. On crée également de nouvelles représentations diplomatiques et consulaires à l'étranger. Il s'agit de répondre aux exigences croissantes de la politique extérieure du nouveau Reich allemand, dont l'influence politique et économique dans le monde grandit. Le nombre des fonctionnaires et employés s'accroît parallèlement et s'élève à près de 600 personnes en 1890. Multiplié par deux à la centrale de la Wilhelmstrasse, il progresse de près de 50 % à l'étranger. Le budget du ministère double pendant cette même période. La deuxième partie de l'ouvrage est consacrée à l'étude du personnel de l'Auswärtiges Amt: recrutement, origine sociale, formation, carrières, salaires. L'auteur souligne que la séparation entre carrière diplomatique et carrière consulaire est moins stricte qu'on ne l'a prétendu, que les diplomates d'origine bourgeoise sont majoritaires à la Wilhelmstrasse, tandis que les nobles représentent près de 80 % des diplomates en poste à l'étranger. Les diplomates sont, pour la très grande majorité, Prussiens et protestants, mais il y a aussi des catholiques et même des Juifs. Bismarck est sans préjugé et n'hésite pas à promouvoir les hommes capables, quelle que soit leur origine. La troisième partie, soit plus de cent pages, est consacrée au processus d'élaboration des décisions au sein du ministère et aux relations entre Bismarck et ses principaux collaborateurs. L'auteur montre, à partir d'exemples précis, que Bismarck dirige sans partage la politique étrangère, écartant les diplomates qui prétendent à une certaine indépendance et donnant des promotions rapides à ceux qui le servent bien. Les diplomates deviennent ainsi de simples exécutants. L'auteur estime que le ministère, sauf lors de la crise de 1875, est à la hauteur de la tâche qui lui incombe, et en donne pour preuve l'organisation du congrès de Berlin (1878) et de la conférence sur le Congo (1884). À partir de 1885, Hampe constate, cependant, un affaiblissement du contrôle exercé par Bismarck. Le conseiller Holstein, qui doit toute sa carrière à Bismarck, mène une politique personnelle et encourage l'Autriche-Hongrie à une politique plus active dans les Balkans, alors même que Bismarck fait tout pour maintenir la paix en Europe. La politique étrangère de l'Allemagne devient ainsi moins lisible pour l'Autriche-Hongrie. Mais l'attitude de Holstein n'est possible que parce que la position politique intérieure de Bismarck s'est affaiblie. Des biographies significatives – celles du comte Hatzfeldt, de Holstein, de Herbert von Bismarck, etc. – complètent l'ouvrage et illustrent le propos de l'auteur qui conclut que Bismarck a su créer un instrument efficace et sûr pour mener sa politique étrangère.

Christian BAECHLER, Strasbourg

Michael SUTTON, Charles Maurras et les catholiques français 1890–1914. Nationalisme et positivisme. Traduit de l'anglais par Geneviève MOSSERAY, Paris (Beauchesne) 1994, 365 S. (Bibliothèque Beauchesne. Religions, société, politique, 25).

Der vorliegende Band ist die Übersetzung von Suttons 1982 auf Englisch erschienener Studie. Diese Neuauflage wie auch die Vielzahl der Arbeiten zur »Action française« (Af) sind Indikatoren für ein nach wie vor ungebrochenes Interesse des französischen Fachpublikums an dieser nationalistischen Strömung, die zur Zeit der Dreyfus-Affäre entstand und die französische Propaganda im Ersten Weltkrieg sowie die Vichy-Regierung beeinflußte. Suttons Ansatz ist traditionell ideen- und personalgeschichtlich. Er untersucht zwei Themenkomplexe: Die Prägung von Maurras politischem Denken durch Auguste Comte und die Kontroversen innerhalb der katholischen Intelligentsia zur Frage eines Bündnisses mit den monarchistischen Positivisten der Af. Das damit tangierte Verhältnis von Kirche und Nation weist in die Gegenwart, was eine weitere Erklärung für die Neuauflage bietet.

Maurras Anlehnung und Differenz zur politischen Philosophie von Comte zeichnet Sutton genau nach. Im Vordergrund steht Comtes Idee eines Bündnisses zwischen Katholiken und Positivisten. Gemeinsam ist beiden die Kritik am Individualismus und am Monotheismus. Eigene Akzente setzte Maurras in mehreren Punkten. Zum einen ersetzte »la patrie« Comtes »Humanité«. Zum anderen propagierte er einen »Occident gréco-latin« (S. 41). »Maurras devait se faire de la vraie France, une sorte d'incarnation du génie hellenique« (S. 49). Den dritten Differenzfaktor bildete Maurras »catholicisme moins le christianisme« (S. 81).

Die Kapitel über die Kontroversen innerhalb der katholischen Intelligentsia bieten neben Informationen zur Biographie und zum Denken von Marc Sangnier, Descoqs, Maurice Blondel und Lucien Laberthonnière auch Erkenntnisse zum Einstellungswandel der Af zur Kirche. Sowohl Sangnier als auch die Philosophen Blondel und Laberthonnière konstatierten eine Unvereinbarkeit zwischen Maurras Positivismus und dem sozialen Katholizismus. Für Laberthonnière gilt, daß »l'enthousiasme de Maurras et de ses disciples pour le catholicisme était radicalement simpliste« (S. 209). Dennoch organisierten sich viele Katholiken in der Af. Das Schlußkapitel stellt Bezüge zur Philosophie und zu den politischen Parteien her.

Suttons Studie behandelt eine Vielzahl von politischen Themen und gibt Einblicke in das Denken eines breiten Personenspektrums. Er bestätigt Nguyens differenziertes Bild der Af und weist Maurras als einen eigenständigen Denker aus.

Elfi Bendikat, Berlin

Martina Kessel (Hg.), Zwischen Abwasch und Verlangen. Zeiterfahrungen von Frauen im 19. und 20. Jahrhundert, München (C. H. Beck) 1995, 223 p. (Beck'sche Reihe, 1138).

A partir d'un choix de textes de femmes, structuré par thèmes et par époques, M. Kessel entend démontrer qu'en dépit des changements intervenus durant les deux derniers siècles, disposer du temps d'autrui demeure l'une des formes les plus subtiles d'exercice du pouvoir, qui touche différemment les deux sexes. Aussi bien dans la vie quotidienne que dans l'espace des loisirs. Car, quelle que soit leur condition, ce que l'on attend des femmes, c'est une disponibilité permanente. Dans la vie privée comme en société, dans le ménage, la ferme, l'entreprise ou les fonctions de représentation, qui incombent à la compagne d'un homme public. Même si l'introduction des appareils ménagers, le développement de la scolarité précoce et prolongée des enfants constituent un progrès par rapport au XIXe siècle, cette exigence de disponibilité implique une organisation rigoureuse, variable toutefois selon le degré de dépendance familiale. L'ouvrière, l'employée ou la paysanne mariée, astreinte à une double journée de travail, n'a pas la même perception du temps qu'une bourgeoise bénéficiant d'une employée de maison. Certains témoignages de paysannes soulignent aussi la différence de leur mode de vie avec celui des citadines bénéficiant de congés, ce qui est rarement leur cas, malgré l'amélioration de leurs conditions de travail grâce à la mécanisation. Encore que cette différence ne soit pas évidente dans le cas de mères de jeunes enfants pour lesquelles le manque de temps libre entrave la possibilité d'un développement personnel, voire d'une promotion professionnelle.

Le choix des textes et des entretiens permet de cerner les contradictions entre la structure sociale du temps et sa perception par les femmes de situations et de milieux différents. Mais, à défaut de conclusion, le problème de la maîtrise du temps appelait davantage que quelques observations introductives sur la nécessité de rémunerer les tâches domestiques, de remédier à l'insuffisance des chances de formation et de perspectives pour les femmes par un meilleur soutien à l'élevage des enfants et à une éducation des filles davantage axée sur l'esprit d'autonomie plutôt que sur le sens de l'adaptation. Car le problème du temps des femmes s'inscrit, comme le montre la crise actuelle, dans celui plus général de l'inadéquation du modèle socio-culturel existant à l'ère de la mondialisation de l'économie.

Rita THALMANN, Paris

Gilbert BADIA, Rosa Luxemburg épistolière, Paris (Les Editions de l'Atelier) 1995, 255 S. (La part des Hommes).

Badia, ein ausgewiesener Kenner der deutschen sozialistischen Linken, hat seit 1967 mehrfach Texte und Korrespondenzen Rosa Luxemburgs in französisch veröffentlicht und seine Dissertation (1975) ihrem Leben und Werk gewidmet. Im vorliegenden Band der biographischen Reihe »La part des Hommes« stellt er mit einer Auswahl aus der Korrespondenz die Briefschreiberin Rosa Luxemburg für ein breiteres Publikum vor. Anschaulich, gut lesbar und zur weiteren Beschäftigung mit ihr anregend, vermittelt er dabei ein nuancenreiches Lebensbild. Aufgenommen sind nur Briefe von Rosa Luxemburg (z.T. mit Kürzungen), mit knappen Erläuterungen zu deren Hintergrund und Bezügen. Die zum Teil hier erstmals in französischer Übersetzung publizierten Briefe entstammen verschiedenen Briefeditionen (die vollständigste erschien 1982–1993 in 6 Bänden im Dietz-Verlag Berlin), der Wortlaut wurde an den Originalen überprüft. Im Vordergrund stehen persönliche Aspekte: die »amours vécus, amour rêvé« (Briefe an Leo Jogiches, Costia Zetkin, Paul Levi, Hans Diefenbach), Gedanken und Beobachtungen im Gefängnis (1901, 1904, 1909, 1912, 1915–1918). Ein zweiter, kürzerer Teil illustriert Denken und Ziele oder mehr noch Temperament und Selbstverständnis der Parteipolitikerin und Theoretikerin. Darunter finden sich auch Briefe aus dem Gefängnis in Warschau von 1906, in denen der Elan der revolutionären Sozialistin besonders prägnant zum Ausdruck kommt. Ein eigenes Kapitel enthält Briefe, die Rosa Luxemburg in französisch oder über Frankreich schrieb. Beigefügt sind eine Reihe von Abbildungen, darunter zwei Selbstporträts, überwiegend aus dem Besitz des Autors.

Die biographische Einleitung beginnt mit der Darstellung ihrer Ermordung. Dabei wird betont, daß die Mörder nie juristisch verurteilt wurden und man im vereinigten Deutschland darangehe, den Namen Rosa Luxemburgs an Straßen und Plätzen zu löschen, die die DDR nach ihr benannte. Dies erscheint wie ein besonderes Motiv dafür, erneut die faszinierenden Seiten ihrer Persönlichkeit vorzustellen. Badia schildert, gut abgestimmt auf die ausgewählten Briefe, die bewegten Lebensstationen, den großen Freundeskreis, ihre vielseitigen Interessen und Kenntnisse, die leise Sehnsucht nach einem »bürgerlichen« Leben, das schwierige Verhältnis zu Leo Jogiches, ihr Leben als Frau und ihr Talent als Briefschreiberin, die in ihrer Korrespondenz ein »prodigieux document humain, politique et littéraire« hinterließ. In dem Teil, der ihre politischen Anschauungen betrifft, steht die revolutionäre Idealistin im Mittelpunkt. Man sieht ihre weit gespannten Verbindungen mit den führenden sozialistischen Theoretikern und als einen wichtigen Erklärungsansatz ihre Situation »à la charnière de deux expériences

– allemande et russe«. Gut charakterisiert wird bei aller Kürze ihr Glaube an die »Aktion der Massen«, ihr zwischen Anerkennung und Kritik geteiltes Urteil über die Sowjetunion und ihr Verständnis der Novemberrevolution in Deutschland. Gerade bei einem Buch, das sich an eine breite Leserschaft wendet und von großer Sympathie für die Protagonistin geprägt ist, ist als Vorzug hervorzuheben, daß ihre Einstellung zur Revolution und zur »Diktatur des Proletariats« ohne Einseitigkeiten beschrieben und auch die Bedeutung des viel zitierten Wortes von der »Freiheit des Andersdenkenden« im Kontext ihres eigenen Denkens verdeutlicht wird.

Agnes BLÄNSDORF, Kiel

Burkhard STENZEL, Harry Graf Kessler. Ein Leben zwischen Kultur und Politik, Köln (Böhlau) 1995, 247 p.

Harry Graf Kessler (1868–1937) a compté parmi les principaux soutiens de la modernité artistique et littéraire qu'il a encouragée par ses écrits, par son mécénat et par sa tentative de »réforme de Weimar«. L'auteur nous décrit avec beaucoup de précision l'itinéraire intellectuel et esthétique de Kessler, en s'appuyant sur ses écrits publiés et, surtout, sur les précieux Tagebücher qu'il tient régulièrement depuis l'âge de douze ans. De culture cosmopolite – né à Paris d'un banquier hambourgeois et d'une noble irlandaise, il fait sa scolarité en France, en Angleterre et en Allemagne –, mais aussi sous l'influence de la philosophie de Nietzsche et de Schopenhauer, Kessler est très tôt en réaction contre l'esthétique de l'Allemagne wilhelmienne. De la lecture de Nietzsche, il tire une conception aristocratique et esthétique du monde et l'idée qu'il faut renouveler la société par l'art. Sa rencontre avec la »bohème« berlinoise au début des années 1890 est le point de départ d'un réseau de relations artistiques et littéraires qui s'étend bientôt à toute l'Europe et fait de Kessler un »médiateur culturel«. Coéditeur et financier de la revue littéraire et artistique Pan (1895–1900), il devient en peu de temps un des porte-parole les plus influents de l'art nouveau en Allemagne. Convaincu de la nécessité d'une réforme profonde de la société allemande, menée par une nouvelle élite culturelle, il tente, de 1902 à 1906, de faire de Weimar, la ville des Archives Nietzsche, un centre de réforme culturelle. Président du Kuratorium du Musée d'art de Weimar, il multiplie les expositions d'artistes européens, avec une prédilection pour les impressionnistes et les néo-impressionnistes, invite de grands écrivains allemands et étrangers et fait jouer des pièces de théâtre dans des mises en scènes révolutionnaires. Kessler est cofondateur et président du Deutscher Künstlerbund qui réunit les artistes de la sécession. Mais ses projets de théâtre et d'école modèles pour former la nouvelle élite culturelle échouent face aux oppositions et Kessler est écarté de ses fonctions à Weimar. Marqué par l'expérience de la guerre, Kessler abandonne son esthétisme élitiste et s'engage en politique après 1918 pour défendre la république et les réformes sociales. Il participe surtout activement aux mouvements pacifistes, élaborant même un projet de Société des Nations. Son rôle dans la diplomatie officieuse n'est pas négligeable – l'ouvrage est cependant très rapide sur ce point – et il contribue à l'apaisement qui mène aux accords de Locarno. Après 1925, Kessler se consacre, pour l'essentiel, à ses activités littéraires et artistiques, publiant en particulier une biographie de Walther Rathenau, qu'il a bien connu. Contraint à l'exil en mars 1933, il publie le premier volume de ses Souvenirs d'un Européen, en 1936, peu avant sa mort. Stenzel trace, en un peu plus de 200 pages, un portrait très suggestif de ce témoin et acteur de la vie littéraire et artistique du tournant du siècle, en exploitant très largement le journal intime et la correspondance de Kessler. La biographie prend ainsi parfois la forme de l'autobiographie, tandis que la société wilhelmienne apparaît à travers la sensibilité et les a priori de Kessler.

Christian BAECHLER, Strasbourg

M. d. L. Das Ende der Parlamente 1933 und die Abgeordneten der Landtage und Bürgerschaften der Weimarer Republik in der Zeit des Nationalsozialismus. Politische Verfolgung, Emigration und Ausbürgerung 1933–1945. Ein biographischer Index, hg. von Martin SCHUMACHER, unter Mitwirkung von Achim DÜNNWALD, Ralf GEBEL und Matthias JAROCH, Düsseldorf (Droste) 1995, 210 S. (Veröffentlichung der Kommission für die Geschichte des Parlamentarismus und der Politischen Parteien in Bonn).

Der Deutsche Bundestag gab im Jahre 1987 den Anstoß, die »Lebensschicksale der ehemaligen Reichstagsabgeordneten der Weimarer Republik in der Zeit des Nationalsozialismus« zu untersuchen. Das Ergebnis der Untersuchung in Form einer biographischen Dokumentation wurde erstmals im Jahre 1991 veröffentlicht. Drei Jahre später erschien bereits die dritte, erheblich erweiterte und um einen Forschungsbericht ergänzte Auflage.

Mit dem hier anzuzeigenden Band reicht Martin Schumacher, Leiter des Forschungsvorhabens, nunmehr die entsprechende Dokumentation zum Schicksal der Abgeordneten der einzelnen Landtage nach. In der Einleitung schildert er zunächst für jedes einzelne Parlament sowie – in einem Anhang – für die parlamentarischen Vertretungen des Saarlandes, Danzigs und Memels die letzte Phase bis zur Auflösung im Laufe des Jahres 1933, ehe er anschließend jeweils die Ergebnisse der Recherchen kurz zusammenfaßt. Dabei wird zum einen der Aderlaß deutlich, den der deutsche Parlamentarismus auf Länderebene erlitten hat. Von 1465 Abgeordneten haben 232 Frauen und Männer die zwölf Jahre nationalsozialistischer Herrschaft nicht überlebt. Zum anderen wird aber auch deutlich, mit welchen Schwierigkeiten die Bearbeiter zum Teil bei ihren Recherchen konfrontiert waren. Trotz intensiver Bemühungen bis hin zur Befragung der wenigen noch lebenden Zeitzeugen bzw. deren Nachfahren ist es in einigen Fällen nicht gelungen, das Schicksal der oder des Betroffenen befriedigend zu klären. Ihre Spuren verlieren sich in Gefängnissen oder Lagern, auf der Flucht, in der Emigration, im Spanischen Bürgerkrieg oder aber im Moskauer Exil. Der Band, der auf 150 Seiten neben Namen, Vornamen, Geburts- und Todesdatum einschließlich des jeweiligen Ortes sowie Berufes lediglich Angaben über die Parlaments- und Parteizugehörigkeit enthält, stellt insofern, ähnlich wie der Band über die Reichstagsabgeordneten eine Zwischenbilanz dar. Obwohl sich seit der Öffnung der Mauer im Jahre 1989 die Archivlage entscheidend verbessert hat, ist die Arbeit an diesem verdienstvollen Unternehmen trotz oder gerade wegen der beeindruckenden Ergebnisse noch nicht abgeschlossen. Aus der Sicht der Betroffenen ebenso wie der Forschung bleibt zu hoffen, daß auch dieser Biographische Index vielleicht schon bald eine zweite, ergänzte Auflage erleben wird.

Stefan MARTENS, Paris

Michael H. KATER, Gewagtes Spiel. Jazz im Nationalsozialismus. Aus dem Amerikanischen übersetzt von Bernd RULLKÖTTER, Köln (Kiepenheuer & Witsch) 1995, 453 S.

Kater, seit Jahrzehnten einer der unermüdlichsten empirischen NS-Forscher, hat sich mit diesem Buch einen langgehegten Wunsch erfüllt: Ist er doch, wie sein sehr persönlich gehaltenes Vorwort deutlich macht, seit den Studententagen in Toronto und dann Ende der fünfziger Jahre in München selbst ein begeisterter Jazzer – und immer wieder in Kontakt mit den Großen der Szene. So war es mehr als naheliegend, daß er sich des Themas »Jazz im Dritten Reich« irgendwann einmal auch als Zeithistoriker annehmen würde. Nun hat er es getan, und zwar, dies vorab, mit großem Ertrag.

Auf der Grundlage von (nur in Maßen ergiebigen) Archivrecherchen, vor allem aber einer breiten Korrespondenz mit Künstlern und Zeitzeugen, der Einsichtnahme in deren private Sammlungen sowie rund 50 ausführlichen Interviews vermag Kater die ebenso komplizierte wie interessante Geschichte des Jazz, seiner Interpreten und Anhänger unter der Diktatur mit einer Fülle von Einzelheiten nachzuzeichnen. Wer sich in der Materie und in den Personenkonstellationen schon gut auskennt, wird über den hier dargebotenen Detailreichtum vermutlich entzückt sein; den weniger Bewanderten wird vor allem das dichte Kapitel über die »Wiederbehauptung (sic) einer Kultur« womöglich etwas überfordern. Mit großer Sympathie für die Musiker und ihr Publikum rekonstruiert der Autor hier die widerspenstige Präsenz des Jazz im Vorkriegsdeutschland. Deutlich wird dabei freilich auch, daß die offiziell verfemte Musik, wie empörte NS-Studenten konstatierten, noch 1937 in den »repräsentativsten Hotels« blühte. Doch damit nicht genug, Kater kann zeigen: »Sogar die sprichwörtlichen Rowdys der Nazibewegung, die SA-Männer, naschten von der verbotenen Frucht.«

Selbst während des Krieges erwies sich der Jazz als eine »unverwüstliche Kunst«. Allerdings war dies nicht nur Ausdruck der Hartnäckigkeit seiner vergleichsweise jungen Fangemeinde und einer relativ ineffizienten Zensur, sondern auch – jedenfalls bei Leuten wie Goebbels – Kalkül: Je härter die militärischen Kämpfe und die damit verbundenen Entbehrungen wurden, desto weicher wurde die Linie des Propagandaministers auf kulturpolitischen Nebenkriegsschauplätzen. Solche Einsichten in die – lange erfolgreichen – Bemühungen, die »Volksgemeinschaft« bei Laune zu halten, relativieren allzu hoch ansetzende Vorstellungen von »Resistenz« nicht weniger als allzu weitgehende Annahmen hinsichtlich des Ausmaßes der totalitären Durchdringung der deutschen Gesellschaft unter Hitler.

Die Geschichte des Jazz im Nationalsozialismus, so heißt es in einem zutreffend und ironisch-trotzig mit »Der Endsieg« überschriebenen Nachwort, sei »mit ihren Widersprüchen, Ungereimtheiten und Paradoxien ein gutes Beispiel für den improvisatorischen Charakter eines diktatorischen Regimes, dessen angeblicher Totalitarismus weder nahtlos noch unvermeidlich war«. Das klingt wie anspruchsvolle Interpretation – und ist vielleicht doch nur das unklare Ergebnis einer Übersetzung, die leider an nicht wenigen Stellen schwammig erscheint.

Norbert Frei, Bochum

Joachim Hoffmann, Stalins Vernichtungskrieg 1941–1945, München (Verlag für Wehrwissenschaften) 1995, 336 p.

Le titre même de ce livre interpelle et se pose en paradoxe et provocation: la guerre de destruction de Staline. Dans son introduction déjà, l'auteur avance qu'il est à peu près le seul à avoir le courage – et l'honnêteté intellectuelle et scientifique – d'exposer les excès et atrocités perpétrés par les Soviétiques dans la campagne à l'Est, alors que selon lui, dans l'ensemble, l'ignorance, les tabous, le parti pris et ce que l'on pourrait appeler le »politiquement correct« imprègnent négativement l'historiographie consacrée à la guerre de 1941–1945 sur le front de l'Est.

Hoffmann sait donc qu'il sera attaqué sans ménagement et n'hésite pas – en note il est vrai – à égratigner certaines dispositions juridiques allemandes qui, estime-t-il, empêchent toujours les historiens courageux, tels que lui, de démolir des tabous, comme celui d'Auschwitz, entre autres.

Mais ce n'est pas la volonté affichée d'exposer et de faire le catalogue des atrocités - vérifiées ou non – commises dès le déclenchement des hostilités par les troupes soviétiques, et ensuite en Allemagne notamment, qui devrait poser un problème en soi mais bien plutôt le ton et les intentions qui étayent l'écriture de ce livre. A partir de quel moment quitte-t-on l'historiographie neutre et objective – idéale et théorique certes – pour pénétrer dans une autre catégorie, sous-tendue par des intentions plus personnelles et que le style maîtrise mal?

Rappelons que Hoffmann est un historien patenté qui a travaillé 35 ans au Militärgeschichtliches Forschungsamt et il savait que cet ouvrage ne pouvait pas ne pas provoquer soit controverse et irritation, soit, au contraire, en réveillant peut-être quelques vieux démons en léthargie, bénéficier d'une réception enthousiaste. Il y a donc amplement matière à discussion et le cadre de la revue Francia, qui veut bien accueillir nos récensions, ne paraît guère convenir à nous laisser entraîner dans une telle voie et l'on peut, pour terminer cette trop brève présentation, proposer deux citations d'auteurs d'horizons différents, désormais négligés: »le pouvoir d'oublier, très fort chez les individus, l'est encore plus dans les sociétés humaines«, (Jacques Bainville). Et Paul Valéry enfin: »L'histoire est le produit le plus dangereux que la chimie de l'intellect ait élaboré (...) Il fait rêver, il enivre les peuples, leur engendre de faux souvenirs, exagère leurs réflexes, entretient leurs vieilles plaies, les tourmente dans leur repos, les conduit au délire des grandeurs ou à celui de la persécution et rend les nations amères, superbes, insupportables et vaines...«.

Marcel Spivak, Les Lilas

James K. Pollock, Besatzung und Staatsaufbau. Occupation Diary and Private Correspondence 1945–1948, hg. von Ingrid Krüger-Bulcke, München (R. Oldenbourg) 1994, VI–404 p. (Biographische Quellen zur deutschen Geschichte nach 1945, 14).

C'est en quelque sorte à un travail que Pollock n'avait pas pu réaliser lui-même, que I. Krüger-Bulcke s'est attelée en publiant les notes et la correspondance privée de ce professeur de sciences politiques qui fut aussi l'un des principaux conseillers du Gouvernement militaire américain en Allemagne occupée. Pollock organisa et dirigea le Regional Government Coordinating Office jusqu'en août 1946, puis séjourna à nouveau plusieurs mois en Allemagne en 1947 et 1948, à la demande du Général Clay.

Dans l'introduction de l'ouvrage, I. Krüger-Bulcke présente les données biographiques essentielles à la compréhension de l'œuvre de Pollock en Allemagne et montre l'originalité de sa mission. Il fut le principal responsable de la réorganisation administrative locale et régionale en zone américaine et doit être considéré comme le père du Länderrat. Elle offre une analyse pertinente des documents présentés dans cette publication.

I. Krüger-Bulcke a choisi d'éditer toutes les notes du »Journal d'occupation«, rédigé par Pollock de 1945 à 1948, ainsi que sa correspondance privée – essentiellement adressée à son épouse – dans la mesure où celle-ci se rapportait à l'occupation de l'Allemagne. En fin de volume sont publiés quelques documents que Pollock avait lui-même mis en annexe de son journal ainsi qu'un memorandum tout à fait fondamental adressé au State Department le 3 février 1947. Les notes et lettres sont présentées dans leur langue d'origine (anglais), dans un ordre strictement chronologique et sont regroupées en trois parties correspondant aux trois séjours de Pollock en Allemagne occupée. Ce choix, justifié par le souci de préserver l'intégrité des documents, entraîne inévitablement de nombreuses redites entre journal et correspondance et aboutit à la publication de textes d'un intérêt inégal.

Certes, il ne s'agit pas d'une source principale pour l'étude de l'occupation américaine en Allemagne, mais le lecteur y trouve une mine d'informations concernant la période 1945–1948. Il n'y est pas seulement question de la restauration administrative et politique confiée à Pollock (on sait gré à I. Krüger-Bulcke d'avoir renvoyé en note aux documents d'archive pour tous les »rapports Pollock« dont il est fait mention) mais tous les principaux problèmes de l'époque sont évoqués: les destructions matérielles, le ravitaillement, la dénazification, la question des personnes déplacées, l'établissement des frontières des Länder (notamment celles du Bade et du Wurtemberg ainsi que celles de l'enclave brêmoise), l'évolution vers la bizone, la préparation de la conférence de Moscou au printemps 1947, le déclenchement de la crise de Berlin en 1948 ... On lira aussi avec grand intérêt les commentaires de Pollock concernant les autres puissances d'occupation: recherche d'une entente avec l'URSS et modération des propos concernant la zone soviétique jusqu'en 1947 (en juin 1946, Pollock espère briser le rideau de fer); ton parfois légèrement condescendant à l'égard de l'allié britannique dont la politique n'est pas si hardie que celle menée par les Américains (il faut noter l'autosatisfaction de Pollock); exaspération face à l'attitude française accusée de bloquer tout travail constructif au Conseil de Contrôle et de viser au maintien de la désorganisation de l'Allemagne. Pollock en vint à regretter la participation française à l'occupation de l'Allemagne et à désirer des mesures de représailles économiques pour infléchir la politique de cet allié rebelle. A l'opposé des positions françaises , Pollock était partisan d'une restauration rapide d'une Allemagne démocratique, de la restitution aux Allemands de leurs prérogatives et de l'établissement d'un gouvernement central. Au delà des données intéressant la zone américaine, cette publication offre donc un matériau original pour appréhender l'image des occupants entre eux.

Une chronologie sélective ainsi qu'un index des noms de personnes – avec mention des fonctions exercées – complètent cet ouvrage. On peut seulement regretter l'absence d'une table thématique qui aurait facilité l'accès aux documents et leur utilisation.

Corine DEFRANCE, Paris

Gerd WEHNER, Die Westalliierten und das Grundgesetz 1948–1949. Die Londoner Sechsmächtekonferenz, Freiburg (Rombach) 1994, 537 p. (Rombach aktuell).

C'est essentiellement une étude de la Conférence des Six (Etats-Unis, Grande-Bretagne, France et pays du Benelux), qui se déroula à Londres en 1948, que l'auteur nous propose. Il entend ainsi apporter sa contribution à l'étude de la préhistoire de la République fédérale. Etant donné les divergences perceptibles dans les politiques allemandes des occupants occidentaux et la position dominante des Etats-Unis (surtout depuis l'aide Marshall), Wehner analyse le rôle que Français et Britanniques pouvaient encore jouer dans les négociations et la disposition des Alliés – notamment Américains – à parvenir à un compromis. Il concentre son propos sur quatre thèmes qui furent au cœur des débats: la question de la constitution de l'Etat allemand à créer, le statut d'occupation, le contrôle et le statut de la Ruhr, les problèmes de sécurité. Tout en reconnaissant le caractère fondamental de ces quatre points, on peut regretter que Wehner n'ait pas justifié son choix ni précisé les sujets alors abordés, dont lui-même ne traite pas. L'organisation résolument thématique de l'étude (quatre parties consacrées respectivement aux points précédemment mentionnés) oblige le lecteur à de nombreuses allés et venues dans la chronologie. Il en résulte une perte du sens global de la conférence et de son évolution. Toutefois, l'ouvrage apporte des informations pertinentes et étayées sur de nombreux extraits de documents d'époque, cités en langue originale. Ainsi les divergences entre Alliés sont-elles nettement mises en évidence: Américains, essentiellement motivés par la reconstruction économique de l'Allemagne et de l'Europe de l'Ouest; Britanniques, préoccupés de contrôler l'élaboration de la constitution et de la structure politique du futur Etat ouest-allemand. Français, soucieux de maintenir des contrôles de tous ordres sur l'Allemagne. Ces points de vue devaient conduire à d'inévitables conflits d'intérêts comme en témoignent tous les pourparlers relatifs à la Ruhr et à la production industrielle allemande. Sans doute l'ampleur de ce dernier problème et l'importance qu'il revêtait pour chacun des occupants occidentaux justifient-t-elles les 170 pages qui lui sont consacrées. Inversement, la question de la sécurité était-elle si marginale qu'une quinzaine de pages suffit à en rendre compte? Cette disproportion paraît bien être le résultat de l'étrange démarche méthodologique de l'auteur. Affirmant, a priori, que la France n'a rien initié mais s'est contentée de réagir aux initiatives anglo-saxonnes, il s'est dispensé de consulter les archives françaises, comme celles des pays du Benelux d'ailleurs. Aussi la question qui se trouvait au cœur des préoccupations françaises est-elle seulement appréhendée dans la perspective des Britanniques et des Américains. La brève bibliographie (moins de 150 titres) témoigne d'une approche analogue: on y cherchera vainement toute référence aux travaux des historiens français, à l'exception, toutefois, de deux articles de R. Poidevin publiés en allemand. Cette méconnaissance de l'historiographie étrangère conduit l'auteur à affirmer dans sa conclusion: »In dieser Untersuchung konnte auch der Zusammenhang zwischen der Londoner Sechsmächtekonferenz und der Berlin-Blockade deutlicher präzisiert werden, als dies in der bisherigen Forschung der Fall war«. On aimerait rappeler que C. Buffet, jamais cité par Wehner, en avait fait la démonstration dans Mourir pour Berlin (Paris, 1991).

Corine DEFRANCE, Paris

Peter WEINGART, Doppelleben. Ludwig Ferdinand Clauß: Zwischen Rassenforschung und Widerstand, Frankfurt Main, New York (Campus) 1995, 251 p.

Weingart, sociologue et historien de la science de renommée, nous offre un roman captivant, qui relate les destinées de Ludwig Clauß, »explorateur de l'âme raciale« sous le IIIe Reich. Une »note éditoriale« en fin de volume insiste pourtant sur le fait que cet ouvrage est purement scientifique. »Tous les passages placés entre guillemets sont extraits de documents. Parfois certains changements mineurs sont introduits qui ne modifient cependant pas le sens de citations.« Doté de cette carte blanche autodiscernée, l'auteur se passe de fournir les preuves dont certains dialogues inventés voudraient se prévaloir.

La doctrine de Clauß relative aux barrières spirituelles absolues qui sépareraient les »races« reste occultée au lecteur. Ces dernières ne peuvent être sondées, pense notre raciologue, qu'à l'aune de l'»empathie« (Einfühlung) et de la »mimique« (Mimikry). La »raciologie de l'âme« (Rassenseelenkunde), variante du dogme nordique des races, est réduite par Weingart a une méthode apparemment anodine, l'»observation participante« (Mitleben). Néanmoins, quelle qu'ait pu être la méthode appliquée, c'est bien un objectif raciologique qui amena Clauß parmi les bédouins: identifier la »frontière« qui divise l'âme »levantine-sémitique« de l'âme »nordique«, »rédemption du monde« et si proche de Dieu.

La biographie de la protagoniste juive, Margarete Landé, laisse sans réponse la question centrale. Pourquoi cette sioniste, étudiante du phénoménologue Husserl, tout comme Clauß, collabora-t-elle vingt ans durant avec ce raciologue? Au lecteur de le deviner. Soupçonne-t-on une histoire d'amour entre Landé et Clauß, trois fois divorcé? Cette liaison particulière expliquerait-elle pourquoi le raciologue – dévoué à un »instrument« unique lui permettant de connaître de l'intérieur l'»âme sémitique« – préserva cette femme de la Gestapo à partir de 1943 en la cachant dans une grotte située près de la maison où il résidait?

Weingart centre son roman autour du procès engagé contre Clauß en 1941 par le Tribunal suprême du parti nazi, qui le soupçonne, ainsi que son assistante, d'»infamie raciale« (Rassenschande). Cette action en »justice«, bien connue des spécialistes du IIIe Reich, s'étala sur deux ans et eut notamment pour objet de soumettre à examen idéologique la méthode empathique préférée par le raciologue. Weingart s'aligne sur la vision que Clauß voulut bien en proposer après 1945: le discours antisémite tenu face à ses juges n'aurait été qu'une tentative de camouflage, autrement dit une application ciblée de la méthode de l'observation participante. L'issue de la procédure se révéla singulièrement banale: l'accusé fut exclu du Parti, mais ses ouvrages ne furent pas mis à l'index. Tandis que les juges bruns interrogeaient courtoisement le prévenu, la SS s'ingéniait à le protéger. Le mentor de Clauß au sein du Corps noir était le SS-Hauptsturmführer Dr Bruno Beger. Dans l'imagination de Weingart, Beger fait figure de brave Aryen tout blond; mais l'auteur omet de préciser que celui-ci fut condamné, en 1971, pour complicité de meurtre dans quatre-vingt six cas lors de sa participation au projet de constitution d'une »collection de squelettes juifs«. Cette commande fut exécutée aux camps d'Auschwitz et de Natzweiler pour le compte de la Fondation SS »Héritage des ancêtres« (Ahnenerbe), à la demande de Himmler, et sous la responsabilité du professeur d'anatomie et SS-Oberführer August Hirt, bien connu en Alsace: il s'agissait alors de rassembler une documentation anthropologique attestant la spécificité de la prétendue »race juive«, dont on anticipait la disparition prochaine. Pour cela, on a sélectionné quelque cent vingt victimes qui furent gazés à la cyanure afin de préserver l'»intégrité« de leurs cadavres.

Autre bévue, le lecteur n'apprend pas pourquoi la »raciologie de l'âme« (Rassenseelenkunde) prônée par Clauß était si bien accueillie au sein de la SS. Car cet éloge de l'»âme hyperboréenne«, dont Clauß s'était fait le chantre, correspondait bien à l'idéal de l'Ordre: froid, détachement et fidélité nordique étaient les conditions sine qua non du meurtre »au nom de la Race«.

En 1947, dans le cadre de la procédure de »dénazification« à laquelle il fut astreint, Clauß réussit à convaincre de sa bonne foi de »récalcitrant« en faisant valoir la théorie de la »mimique raciale«. Le feuilleton de Weingart trame un mythe autour de la »résistance« de Clauß. Cela rappelle le précédent de l'anthropologue Karl Saller, déclaré »opposant au national-socialisme« en 1935 pour avoir préféré la théorie de l'émergence d'une »race allemande« composite à celle de la primauté de la »race nordique« pure. Ces deux exemples illustrent bien à quel point des catégories de »résistance« et d'»adaptation« sont inadéquates pour analyser le parcours d'intellectuels sous les IIIe Reich. Car la »vision du monde« nazie était régie par un processus permanent d'ajustement au cours duquel le Parti tranchait tour à tour, au gré de la conjoncture, les têtes successives de l'»hydre raciale«.

L'insuffisance de la lecture simpliste de l'»antisémitisme éliminatoire« proposée par Goldhagen montre qu'il est essentiel de poursuivre les recherches visant à repérer les méandres du »labyrinthe racial« où Clauß et bien d'autres se sont fourvoyés. Car la stratification confondante de théories raciales tantôt convergentes, tantôt antagoniques a été un facteur non négligeable contribuant à l'absence de résistance de la part des savants face à l'»accomplissement de la Weltanschauung« nazie que fut l'Holocauste.

Cornelia ESSNER-CONTE, Berlin

Dieter KRÜGER, Das Amt Blank. Die schwierige Gründung des Bundesministeriums für Verteidigung, Freiburg (Rombach) 1993, 257 p. (Einzelschriften zur Militärgeschichte, 38).

L'intérêt de cette recherche est de se fonder sur l'exploitation d'archives jusque-là fermées, et de combler une lacune dans l'historiographie du réarmement allemand: les origines du ministère fédéral de la Défense, étudiées jusqu'ici seulement à partir d'une documentation imprimée.

Dix chapitres retracent les phases successives de la mise sur pied progressive des services appelés à constituer un ministère de la Défense: création, au printemps 1950, de la Dienststelle Schwerin; réunion, en octobre, d'une commission d'experts qui élabore un mémorandum sur les modalités d'une participation allemande à la constitution d'une force euro-américaine; le même mois, la Dienststelle Schwerin est remplacée par l'Amt Blank, avec des sections administrative, économique, puis militaire, juridique, et un service de renseignement. Les services de l'Amt Blank s'étoffent lors des discussions de Petersberg (janvier à juin 1951) et surtout des négociations de Paris sur la CED. Le traité de la CED signé, l'organisation de la section militaire, confiée au général Heusinger, passe au premier plan; la mise sur pied d'une section de l'armement ne va pas sans de difficiles discussions avec le ministère de l'Economie et avec les milieux industriels. Krüger étudie ensuite la participation de l'Amt Blank aux groupes de travail du Comité intérimaire prévu par le traité de la CED, puis à ceux mis en place à la suite des traités de Londres et de Paris. Les implications de l'entrée de la RFA dans l'OTAN, le passage de l'Amt Blank à un ministère de la Défense, les structures d'organisation de ce ministère donnent lieu à de nombreuses discussions entre la chancellerie, les militaires, les différents ministères concernés, et à l'intérieur de l'Amt Blank.

Cette étude met en valeur le souci des hauts fonctionnaires d'insérer les futures forces armées dans les structures de l'administration fédérale, de manière à garantir le primat du Politique sur le Militaire. Adenauer, bien que Speidel ait, dès 1948, exercé sur lui une influence importante dans la question du réarmement, se méfiait des militaires et voulait éviter tout retour au militarisme. A l'intérieur de l'Amt Blank, militaires et responsables civils entraient souvent en conflit, en raison de la priorité affirmée par Wirmer, le puissant chef des services administratifs, de placer les futures forces armées sous le contrôle du pouvoir politique.

Krüger montre bien, d'autre part, l'effet des avatars de l'alternative solution CED ou solution OTAN, sur les plans et projets concernant les structures d'une organisation de la défense, longtemps hypothéqués par les incertitudes sur la solution qui serait finalement retenue.

Pierre GUILLEN, Grenoble

Gero von GERSDORFF, Adenauers Außenpolitik gegenüber den Siegermächten 1954. Westdeutsche Bewaffnung und internationale Politik, München (R. Oldenbourg Verlag) 1994, 403 p. (Beiträge zur Militärgeschichte, 41).

Cette thèse, soutenue devant l'Université de Fribourg-en-Brisgau, s'inscrit dans un programme de recherche sur la politique ouest-allemande de sécurité, lancé par le Militärgeschichtliches Forschungsamt. L'ouvrage est centré sur le débat qui court tout au long de l'année 1954: le réarmement allemand se fera-t-il sous la forme d'une armée nationale dans l'Alliance atlantique, ou d'une participation à une armée européenne intégrée?

A partir de la fin de 1953, Adenauer pressent l'échec de la CED, réfléchit à de possibles solutions de rechange et cherche à influencer le processus de décision à cet égard. L'auteur examine ce qui, aux yeux du chancelier, est possible et quelles sont les conditions à créer pour que ce possible se réalise, selon la représentation qu'il se fait et l'information qu'il a de la politique des quatre puissances garantes du statut de 1945, également en tenant compte des contraintes de politique intérieure.

L'auteur a exploité principalement les archives militaires ouest-allemandes, ainsi que des archives britanniques et américaines, ainsi que d'abondantes sources imprimées – malheureusement mêlées à la bibliographie, ce qui ne facilite pas leur repérage.

Une première partie étudie l'attitude et les réactions d'Adenauer en face de la politique allemande de l'URSS. La deuxième partie porte sur les politiques allemandes des

Etats-Unis, de la Grande-Bretagne et de la France, et la politique définie et suivie par Adenauer face à chacune de ces trois puissances. Dans la troisième partie l'auteur analyse l'évolution des conceptions d'Adenauer sur les modalités du réarmement allemand. La quatrième partie rassemble des données générales sur les différentes priorités dans la définition par Adenauer des objectifs de politique extérieure, sur les variations dans l'ordre de ces priorités (défense de la RFA ou porte ouverte à la réunification, coopération atlantique ou intégration ouest-européenne), sur la continuité des conceptions d'ensemble d'Adenauer en ce qui concerne le binôme souveraineté-sécurité, malgré des inflexions dues aux limites de la liberté d'action du gouvernement de Bonn en fonction de l'évolution de la politique allemande des Quatre et de la conjoncture intérieure ouest-allemande.

Pierre GUILLEN, Grenoble

Johannes-Dieter STEINERT, Migration und Politik. Westdeutschland – Europa – Übersee 1945–1961, Osnabrück (secolo) 1995, 368 S.

Vom Kriegsende bis zum Jahr 1961 untersucht Steinert Wanderungsbewegungen mit dem westlichen Deutschland als Ziel oder Ausgangspunkt, betrachtet vom Blickwinkel der Besatzungsmächte und bundesdeutschen Regierungen.

Unmittelbar nach dem Ende des Zweiten Weltkriegs werden die westdeutschen Besatzungszonen zu Drehscheiben großer Wanderungsbewegungen, zunächst als Zielort der 12,5 Millionen Flüchtlinge aus den ehemaligen Ostgebieten und zum Teil auch als Ausgangspunkt für diese und 8 Millionen Displaced Persons zur Weitervermittlung in europäische Nachbarländer oder nach Übersee. Bei der politischen Wahrnehmung dieser Wanderungen und den internationalen Bemühungen um ihre Kanalisierung, die hier ausführlich beschrieben werden, stehen nicht nur wirtschafts- und arbeitsmarktpolitische Argumente im Vordergrund. Als bedeutend werden auch die handelspolitischen Aspekte grenzüberschreitender Migrationen vorgestellt. Arbeitskräfte werden in Europa zu einer wertvollen Ressource, über die in multilateralen internationalen Konferenzen verhandelt wird. Die ›Übervölkerung‹ der westdeutschen Besatzungszonen bereitet den westeuropäischen Nachbarn größere Sorge als den deutschen Politikern. So wird im parlamentarischen Rat entschieden, nicht an die Tradition der Weimarer Verfassung anzuknüpfen und das Recht auf Auswanderungsfreiheit nicht als Grundrecht in das Grundgesetz mitaufzunehmen (S. 41ff). Steinerts Schilderung der Rechtslage bleibt jedoch ungenau, wenn er in seiner Zusammenfassung diesen Umstand nochmals zitiert und wenig später ohne weitere Erläuterung die Auswanderung und »deren im Grundgesetz garantierte Freiheit« erwähnt (S. 331). Die Anwerbung von DPs und deutschen Kriegsgefangenen trägt in Großbritannien und Frankreich zur Linderung des erheblichen Arbeitskräftemangels dieser Länder bei. Eine rege politische Zusammenarbeit innerhalb Europas zur Steuerung von Arbeitskräftewanderungen, aber auch über Europa hinaus mit traditionellen Einwanderungsländern wie USA, Kanada und Australien wird hier auf einer breiten Quellengrundlage nachvollzogen. Für das Jahrzehnt nach der Gründung der Bundesrepublik beschreibt Steinert neben der deutschen Auswanderungs- auch die deutsche Zuwanderungspolitik, die bis Mitte der 1950er Jahre an Bedeutung gewinnt und schließlich mit den ersten Anwerbevereinbarungen für Gastarbeiter aus verschiedenen Mittelmeerländern zum Schwerpunkt im Bereich der Wanderungspolitik wird. Der Bearbeitungszeitraum schließt mit dem Jahr 1961, in dem der Mauerbau die deutsch-deutsche Wanderung von der DDR in die Bundesrepublik beendet und eine Verordnung der EWG erste Maßnahmen zur Herstellung der Freizügigkeit der Arbeitnehmer innerhalb der Mitgliedsstaaten bestimmt. Interessant ist die erstmals in dieser Ausführlichkeit zu findende quellenbasierte Darstellung einzelner Regierungsprojekte wie das der gescheiterten Ansiedlung von Deutschen in La Serena (Chile) zu Beginn der 1950er Jahre. Ein besonderes Verdienst der Untersuchung ist die ausführliche Behandlung der zwischenstaatlichen Zusammenarbeit hinsichtlich der Wanderungen sowie die Politik einzelner Aufnahmeländer in Europa und Übersee gegenüber der Einwanderung von Deutschen. Dazu sind Quellen aus verschiedenen deutschen Archiven sowie aus Nationalarchiven in Kanada, Australien, USA und Großbritannien herangezogen worden, und angesichts dieser breit angelegten Quellenbasis überrascht es, daß bei der Bedeutung des französischen Falles französische Archive nicht konsultiert wurden.

In seiner Darstellung der deutschen Wanderungspolitik in ihren verschiedenen Aspekten und der ganz unterschiedlichenWanderungsbewegungen, die in den ersten beiden Nachkriegsjahrzehnten Westdeutschland zum Ziel- oder Ausgangspunkt genommen hatten, geht Steinert von einer »Vielfalt determinierender Faktoren« (S. 15) aus. In dieser Vielfalt der angesprochenen Bereiche birgt sich jedoch auch die Schwierigkeit, übergreifende Entwicklungen, Kontinuitäten und Brüche im Blick zu behalten, was dem Autor nicht immer gelingt. So wünscht sich der Leser bisweilen einige zusätzliche reflexive Atempausen vom durchweg detailreichen Rückgriff auf Ministerialprotokolle und Verwaltungskorrespondenzen. Freilich können die Erschließung neuen Quellenmaterials und die quellennahe Darstellung als willkommene Ergänzungen der Migrationsforschung zu diesem Zeitpunkt gelten.

Imke STURM, Berlin

Verzeichnis der Mitarbeiter

PD Dr. Volker Ackermann, Universität Düsseldorf, Historisches Seminar, Universitätsstraße 1, D-40225 Düsseldorf

M. Gilbert Badia, Professeur émérite de l'Université de Paris VIII, 9 rue du Fauconnier, F-75004 Paris

M. Christian Baechler, Professeur à l'Université de Strasbourg II, 4 rue Metzeral, F-67100 Strasbourg

M. Pierre Barral, Bussy d'Amboise, 160 rue d'Alco, F-34080 Montpellier

M. Robert Beck, La Chollet, F-37380 Reugny

Dr. Elfi Bendikat, Sesenheimerstraße 14, D-10627 Berlin

Dr. Agnes Blänsdorf, Esmarchstraße 68, D-24105 Kiel

Dr. Elisabeth Bokelmann, Waldfrieden 9, D-45133 Essen

Helga Bories-Sawala, Kammerweg 13 b, D-27574 Bremerhaven

M. Cyril Buffet, 22 rue Royale, F-75008 Paris

Prof. Dr. Victor Conzemius, Schädrüthalde 12, CH-6006 Luzern

Mme Anne-Marie Corbin-Schuffels, 9 rue Albert Guilpin, F-94250 Gentilly

Dr. Andreas Daum, Deutsches Historisches Institut Washington, 1607 New Hampshire Avenue, N.W., USA-Washington D.C. 20009

Mme Corine Defrance, 18 avenue Villemain, F-75014 Paris

Dr. Wilhelm Deist, Siegelsbachstraße 3, D-79117 Freiburg-Kappel

Mme Regina Delacor, Deutsches Historisches Institut Paris, 8 rue du Parc-Royal, F-75003 Paris

Prof. Dr. David J. Diephouse, Calvin College, History Department, USA-Grand Rapids MI 49546

Prof. Dr. Christof Dipper, Dürerstraße 35, D-64291 Darmstadt

Prof. Dr. Jost Dülffer, Universität zu Köln, Historisches Seminar, Albertus-Magnus-Platz, D-50923 Köln

Dr. Herbert Elzer, Güntherstraße 23, D-56626 Andernach

M. Michel Espagne, Directeur de recherche au CNRS - Transferts culturels, 45 rue d'Ulm, F-75005 Paris

Mme Cornelia Essner-Conte, 2 rue Mignet, F-75016 Paris

M. Michel Fabréguet, 28 rue des Cordeliers, F-75013 Paris

Prof. Dr. Stefan Fisch, Hochschule für Verwaltungswissenschaften Speyer, Postfach 14 09, D-67324 Speyer

Corinna Franz, Kaiserstraße 73, D-53113 Bonn

Dr. Norbert Frei, Institut für Zeitgeschichte, Leonrodtstraße 46b, D-80636 München

Dr. Ralf Fritze, Universität Düsseldorf, Abteilung für Landesgeschichte, Universitätsstraße 1, D-40225 Düsseldorf

Daniel Gerson, Archiv für Zeitgeschichte, Dokumentationsstelle jüdische Zeitgeschichte, ETH-Zentrum, CH-8092 Zürich

Dr. Christine Maria Grafinger, Biblioteca Vaticana, I-00120 Città del Vaticano

Dr. Stefan GRÜNER, Institut für Zeitgeschichte, Leonrodstraße 46b, D-80646 München
Dr. Peter GRUPP, Endenicher Allee 92, D-53121 Bonn
M. Pierre GUILLEN, Professeur à l'Université de Sciences Sociales de Grenoble II, Institut Historique, BP 25 X, F-38040 Grenoble
Dr. Axel KÖRNER, University College London, Department of History, Gower Street, GB-London WC1E 6BT
Prof. Dr. Peter KRÜGER, Philipps-Universität Marburg, FB Geschichtswissenschaften, Wilhelm-Röpke-Straße 6 C VIII, D-35039 Marburg
Dr. Rainer LAHME, Lenzersdorf 11, D-94116 Hutthurm
Dr. Ulrich LAPPENKÜPER, Historisches Seminar der Rheinischen Friedrich-Wilhelms-Universität, Konviktstraße 11, D-53113 Bonn
M. Alain LATTARD, Maître de conférences, Université Sorbonne-Nouvelles (Paris III), 68 rue Parmentier, F-93430 Stains
Dr. Peter LESSMANN-FAUST, Informations- und Bildungszentrum, Schloß Gimborn, Schloßstraße 10, D-51709 Marienheide
Dr. Hanns Christian LÖHR, Reichenberger Straße 88, D-10999 Berlin
M. Claude LORENTZ, 23 rue Oberlin, F-67000 Strasbourg
Prof. Dr. Wilfried LOTH, Universität-GHS Essen, FB Geschichte, Postfach 103764, D-45117 Essen
Dr. Herbert MAKS, Faculteit der Letteren, C 8 A 34, Vrije Universiteit Amsterdam, De Boelelaan 1105, NL-1081 HV Amsterdam
Dr. Reiner MARCOWITZ, TU Dresden, Institut für Geschichte, Mommsenstraße 13, D-01062 Dresden
Dr. Stefan MARTENS, Deutsches Historisches Institut Paris, 8 rue du Parc Royal, F-75003 Paris
M. Roland MARX, Professeur à l'Université de Paris III-Sorbonne Nouvelle – Collège franco-britannique, Cité Universitaire Internationale, 9 B boulevard Jourdan, F-75014 Paris
M. Jean-Marie MAYEUR, Professeur à l'Université de Paris IV, 189 avenue du Maine, F-75014 Paris
Général Albert MERGLEN, 1 rue Bordot, F-21000 Dijon
Prof. Dr. Ahlrich MEYER, Jahnstraße 13, D-26122 Oldenburg
Dr. Eckard MICHELS, Combahnstraße 50, D-53225 Bonn
Prof. Allan MITCHELL, 8394 Larkspur Road, USA-Boulder CO 80302-9322
Dr. Daniel MOLLENHAUER, Erbprinzenstraße 15, D-79098 Freiburg
Mme Monique MOMBERT, 12a rue de la Liberté, F-67450 Mundolsheim
Dr. Wolfgang MÜLLER, Bismarckstraße 28, D-67655 Kaiserslautern
Beatrix PIEZONKA, Nibelungenallee 17, D-60318 Frankfurt
Prof. David Wingeate PIKE, The American University of Paris, 31 avenue Bosquet, F-75343 Paris Cédex 07
Prof. Dr. Reiner POMMERIN, TU Dresden, Institut für Neuere und Neueste Geschichte, Mommsenstraße 13, D-01069 Dresden
Barbara PORPACZY, Westbahnstraße 27-29/4/92, A-1070 Wien
Dr. Thomas RAITHEL, Institut für Zeitgeschichte, Leonrodstraße 46b, D-80636 München
Prof. Dr. Lutz RAPHAEL, Universität Trier, Neuere und Neueste Geschichte, D-54286 Trier

Martin RASS, 37, rue Henry Chéron, F-14100 Lisieux

Prof. Dr. Helmut REINALTER, Universität Innsbruck, Institut für Geschichte, Innrain 52, A-6020 Innsbruck

Prof. Dr. Wilhelm RIBHEGGE, Universität Münster, Institut für Didaktik der Geschichte, Pferdegasse 1, D-48143 Münster

M. François ROTH, Professeur à l'Université de Nancy II, U.F.R. sciences historiques et géographiques, 3 place Godefroy de Bouillon, B.P. 3397, F-54015 Nancy Cédex

Prof. Dr. Reinhard SCHIFFERS, Kommission für Geschichte des Parlamentarismus und der politischen Parteien, Colmantstraße 39, D-53115 Bonn

Dr. Dieter Marc SCHNEIDER, Institut für Zeitgeschichte, Leonrodstraße 46b, D-80636 München

Dr. Karen SCHNIEDEWIND, Martin-Luther-Universität, Graduiertenkolleg »Identitätsforschung«, Neuwerk 11, D-06108 Halle

Dr. Martin SENNER, Universität Mainz, FB 16 – Historisches Seminar IV, D-55099 Mainz

Holger SKOR, Rennerstraße 16, D-79106 Freiburg

Dr. Dagmar SOLEYMANI, 5 rue La Caille, F-75017 Paris

M. Marcel SPIVAK, 19 rue Jules David, F-93260 Les Lilas

Dr. Martin STAUCH, Siebengebirgsstraße 70, D-53229 Bonn

M. Jean STENGERS, Membre de l'Académie Royale de Belgique, Professeur à l'Université Libre de Bruxelles, 91 avenue de la Couronne, B-1050 Bruxelles

Dr. Helmut STUBBE-DA LUZ, Bredenbekstieg 6, D-22397 Hamburg

Imke STURM M.A., Humboldt-Universität zu Berlin, Institut für Geschichtswissenschaften, Unter den Linden 6, D-10099 Berlin

Dr. Angela TAEGER, Universität Oldenburg, Historisches Seminar, FB 3 – Sozialwissenschaften, Postfach 2503, D-26111 Oldenburg

Dr. Fritz TAUBERT, Maître de Conférences, c/o Millot, 23 rue Bénard, F-75014 Paris

Mme Rita THALMANN, Professeur émérite de l'Université de Paris VII, 285 rue de Vaugirard, F-75015 Paris

Guido THIEMEYER, Hausacker 17a, D-51503 Rösrath

Dr. Christiane TICHY, Stockfleethweg 126, D-22417 Hamburg

M. Dieter TIEMANN, Professeur à l'Université de Tours, 17bis rue du Chaudron, F-37100 Tours

Mme Marianne WALLE, Professeur à l'Université de Rouen, 68 boulevard Kennedy, F-51000 Chalons sur Marne

Claudia WEISS M.A., Bahrenfelder Straße 101, D-22765 Hamburg

Dr. Hermann WENTKER, Institut für Zeitgeschichte, Außenstelle Berlin, Finckensteinallee 63, D-12205 Berlin

Klaus WILSBERG, Windmühlenstraße 103, D-51063 Köln

Dr. Edgar WOLFRUM, FU Berlin, FB Politische Wissenschaft, Ihnestraße 21, D-14195 Berlin

Universität